KB271384

韓國實學思想研究 2
政治經濟學篇

Studies on the Thoughts of *Sirhak*
in the late Chosŏn Dynasty

연세국학총서 61

韓國實學思想硏究 2
政治經濟學篇

연세대학교 국학연구원 편

혜안

간행사

　연세대학교는 세계적 수준의 교학 능력을 가진 대학으로 발돋움하기 위하여 2000년대 들어 '교책 특성화 사업'을 적극적으로 추진해 왔다. 국학연구단은 이러한 사업을 추진하기 위한 기구의 하나로서, 국학연구원을 중심으로 국학 관련 여러 단체를 결합하여 발족하였으며, 2002년부터 국학진흥을 위한 연구과제를 개발하여 연구해 왔다. 실학연구와 그를 압축한 '한국실학사상연구' 편찬작업은 연구단이 출범하면서 의욕적으로 내건 첫 사업이었다.

　연세대학교에서의 실학 연구는 위당 정인보 선생 이래로 오랜 연원을 가지고 있으며, 학문 방법론과 이념적 지향과 관련하여 단단한 학문적 전통을 지니고 있다. 조선후기 양명학의 학문적 전통을 이어받은 정인보 선생은 민족주의를 바탕으로 우리 민족의 역사와 정신을 체계적으로 정리하였다. '조선학' 운동으로 상징되는 일제하 국학 연구의 핵심 주제는 실학이었다. 정인보 선생은 이익 정약용 등 실학자들의 저술을 정리하는 한편으로 그 내용을 천착, 실학이 가진 현재적 의미가 무엇인가를 식민지 현실과 연계하여 정열적으로 탐구하였다.

　정인보 선생의 실학 연구는 해방을 전후한 시기에 홍이섭 선생의 실학 연구, 민영규 선생의 양명학 연구로 계승되었다. 또한 용재 백낙준 선생은 연세대학교의 실학 연구 학풍이 국학 연구의 핵심이 되어야 할 것으로 판단하여 정책적인 지원을 아끼지 않았다. 1967년부터 약 10년간 국학연구단에서 이루어진 '실학공개강좌'는 연세대학교가 내장하고 있던 실학에 대한 관심과 연구역량이 총결집된 대형 기획이었다. 이 강좌에는 사계의 실학 연구의 권위자들이 대거 참가하였으며, 실학과 관련된 주요한 문제들이 집중 논의되었다.

연구단에서는 이러한 연세대학교에서의 실학 연구의 전통과 성과를 되새김하여 실학의 현재적 의미를 재확인하는 한편, 앞으로 실학의 전망을 어떻게 세워나갈 것인가를 깊이 고민, 이를 '한국실학사상연구'의 편찬을 통해 확인하고자 하였다. 그동안 학계의 실학 연구는 방대한 양적 축적과 함께 괄목할 만한 질적 성장을 이룩했음에도 그 개념과 범주, 의의는 오히려 더 산만하고 모호해진 듯하여 재정리의 필요성이 커지고 있었다. 연구단은 '한국실학사상연구'의 편찬을 통해 "그동안의 실학 연구의 종합"과 "새로운 창조적인 연구"를 결합시킴으로써, 실학을 한국의 현대학문 속에서 되살리고자 하였다.

그리하여 연구단에서는 먼저 '한국실학사상연구'를 편찬하기 위하여 4명의 전임연구원을 두어 이들로 하여금 작업 실무를 담당하게 하였다. '한국실학사상연구'는 역사·철학·문학·예술·과학기술의 4분야로 나누어, 총 40개의 주제로 구성하고 이를 4권의 책으로 묶기로 하였다. 각 책별 주제는 다음과 같다.

1책인 철학·역사 분야에서는 실학의 학문관과 경학관, 세계와 인간에 대한 인식, 유교적 질서[禮]에 대한 인식과 그 지향, 역사학의 변화란 주제 등 모두 10개의 소주제를 설정하였다. 2책인 정치·경제학 분야에서는, 새로운 국가구상과 정치이념, 정치사회 개혁론, 경제 재정 개혁론의 대주제 하에 11개의 소주제를 설정하였다. 3책인 어문학 분야에서는 한시, 散文·評論, 어학, 예술의 네 가지 대주제 하에 10개의 주제를 설정하였다. 4책인 과학기술 분야에서는 실학적 자연인식의 전개, 전문과학 지식의 제 모습 등의 대주제를 9개의 소주제로 나누어 정리하였다.

'한국실학사상연구'는 실학에 대한 연구범위를 넘어 새로운 방법과 연구영역을 개척하기 위한 작업이라 할 수 있다. 우리 학문의 새로운 방법과 영역을 개척하기 위해서는 우리의 역사로부터 현실을 해석하고 전망하는 자원을 얻어내는 일이 우선되어야 할 것인데, 그 첫걸음은 당대의 시대적 과제에 대한 치열한 탐구를 통해 새로운 학문적 성취를 이루었던 '실학'의 연구로부터 시작하는 것이 적절하다고 판단된다.

앞으로 국학연구원에서는 이번에 간행되는 4책의 '한국실학사상연구'의 성과를 바탕으로, 실학과 실학자 연표 작성을 비롯, 실학의 전 범위를 아우르는 연구를 더 진행하고자 한다.

이 연구가 그간 우리 학계에서 이루어진 실학 연구의 다양한 면모를 한눈에 보여주고, 또 앞으로의 연구방향이 어떠해야 할 것인가를 조감하는 데 기여할 수 있기를 기대한다. 이미 오래 전에 옥고를 보내주신 여러분들께는 미안하다는 말씀 전한다. 또 '한국실학사상연구'를 기획하고 책이 나올 수 있도록 지원해준 전임 원장과 부원장님, 그리고 국학연구단 교수들께도 감사의 말씀을 함께 전한다.

2005년 9월
연세대학교 국학연구원장 설성경

차 례

간행사 5

조선후기 실학 연구의 동향과 정치경제학 ················ 정 호 훈 ······ 15

　　1. 남·북한 학계의 조선후기 실학 연구 추이 15

　　2. 실학의 '정치경제학' 연구 동향과 그 성격 27

　　3. '실학의 정치경제학'의 구성 38

朝鮮後期 實學의 理想國家와 政治體制論 ·················· 趙 誠 乙 ······ 55

　　1. 머리말 55

　　2. 柳馨遠 57

　　3. 尹鑴 66

　　4. 李瀷 72

　　5. 丁若鏞 78

　　6. 맺음말 95

實學者의 政治理念과 政治運營論 ····························· 정 호 훈 ····· 101

　　1. 머리말 101

　　2. '國家=公' 이념의 추구와 '法治的 政治運營論의 强化 105

　　3. 黨爭 革罷 構想과 政治門戶 擴大論 135

　　4. 맺음말 151

대외인식의 변화와 세계 이해의 확장
 ―華夷觀의 변화와 '東事' 인식의 강화― ···················· 원 재 린 ····· 155
  1. 머리말 155
  2. 상대적 인식의 提高와 화이관의 변화 162
  3. 세계 이해의 확장과 '東事' 인식의 강화 176
  4. 맺음말 190

朝鮮後期 所有論과 土地論 ······························· 최 윤 오 ····· 195
  1. 머리말 195
  2. 所有論과 量田事業 198
  3. 土地論과 地主制 改革 219
  4. 맺음말 244

실학자의 신분제 개혁론 ······························ 김 무 진 ····· 247
  1. 머리말 247
  2. 인간 이해의 변화와 人民觀 252
  3. 신분제 개혁론 269
  4. 평등사회의 윤리관 325
  5. 맺음말 334

조선후기 실학파의 지방제도 개혁론 ····················· 오 영 교 ····· 345
  1. 머리말 345
  2. 17세기 향촌사회 현실과 지방제도 개혁론 348
  3. 18세기 지방제도 개혁론의 대두 362
  4. 맺음말 389

실학자의 군사제도 개혁론 ························ 서 태 원 ····· 397

　　1. 머리말 397

　　2. 국방개혁의 방향과 이념 400

　　3. 군사조직 개혁론 411

　　4. 군비개혁론 423

　　5. 방어체제 개혁론 432

　　6. 맺음말 440

실학자의 교육제도 개혁론 : 연구 현황과 과제 ········ 차 미 희 ····· 445

　　1. 머리말 445

　　2. 시기별 연구 동향 448

　　3. 조선후기 교육 현실에 대한 실학자의 인식 456

　　4. 실학자의 교육개혁론의 내용과 지향 469

　　5. 맺음말-향후 연구를 위한 제언 484

찾아보기 489

CONTENTS

Jeong, Ho-hun   Trends in Scholarship on the *Sirhak* Thought in the late Chosŏn period and Political Economy

Cho, Sung-uel   *Sirhak* scholars' Ideas on the ideal State and the Political System

Jeong, Ho-hun   *Sirhak* scholars' Political Ideas and Theories of Political Administration

Won, Jae-rin   Changes in *Sirhak* scholar's view of International Affairs and the Expansion of their Understanding of the World

Choi, Yoon-oh   Theories of Land ownership and Land Reform in the late Chosŏn period

Kim, Moo-jin   *Sirhak* scholars' Theories on Reform of the Social Status System

Oh, Young-kyo   *Sirhak* scholars' Theories on Reform of the Political Administration System

14

Seo, Tae-won   *Sirhak* scholars' Theories on Reform of the
                      Military System

Cha, Mi-hee   *Sirhak* scholars' Theories of Educational Reform :
                      The Current State and Future Tasks of Research

조선후기 실학 연구의 동향과 정치경제학

정 호 훈[*]

1. 남·북한 학계의 조선후기 실학 연구 추이

조선후기 실학(이하 실학)에 대한 연구의 역사는 참으로 오래되었다. 근대학문·근대사학이 본격 발전하기 시작한 이래로 지금까지 실학은 한국학·한국사 분야의 핵심 연구 주제 중의 하나로 다루어져 왔다. 또한 실학은 남북으로 분단된 상황 하에서, 남한과 북한 공히 중시하는 주제로서 집중적으로 검토되었다. 그런 만큼, 실학에 대한 연구 성과가 많이 제출되었고, 그 학문의 성격과 역사적 의미에 대한 견해가 여러 층위에 걸쳐 다양하게 축적되어 있다.

실학에 대한 학계의 연구 성과는 풍성하다. 國史學을 비롯하여 다양한 학문 분야에서 실학의 성격, 실학의 범위, 실학 형성의 주역, 실학의 역사적 位相 등등을 근본 世界觀과 관련하여, 그리고 政治社會 改革論과 관련하여 검토해왔다.[1] 실학을 통하여 조선에 고유한 중세에서

＊ 연세대학교 국학연구원 연구교수, 국사학

1) 실학 연구사에서의 주된 논점과 주제, 그리고 그 성격을 이해하는 다양한 양상에 대해서는 다음의 연구사 검토를 참고할 수 있다. 김항수, 「朝鮮後期 儒學思想 研究現況」, 『韓國中世社會 解體期의 諸問題(上)』, 한울, 1987 ; 池斗煥, 「조선후기 실학연구의 문제점과 방향」, 『泰東古典研究』 3, 1987 ; 金容燮, 「朝鮮後期의 社會變動과 實學」, 『東方學志』 58, 1988 ; 조성을, 「실학과 민중사상」, 『한국역사입문』, 풀빛, 1995 ; 趙珖, 「朝鮮後期 實學思想의 研究動向과 展望」, 『何石 金昌洙敎授 華甲紀念 史學論叢』, 범우사, 1992 ; 한국역사

근대로의 移行動力 혹은 그 樣相을 확인하고자 하는 사회적 욕구와도 맞물리며 실학 연구는 이미 일제 강점기부터 광범위하게 이루어져 왔고, 그 결과로 여타의 연구 주제를 압도하는 주요한 성과들이 축적되게 된 것이다.

이같이 오랜 내력을 가진 실학 연구는, 그러나 연구가 진행되는 매 시기의 정치·사회적 규정성을 크게 받았다. 일제 강점기와 해방 후 남·북한 양 체제의 발전기에 이루어진 연구는 각기 당대 사회가 정신사적으로 추구했던 지향에 영향 받으며 다양한 모습을 띠었다. 근현대 사회로 들어와 실학이 본격적으로 검토되는 과정에서 실학에 대한 이해가 이와 같이 시대적 규정성 속에서 이루어지는 점은 실학의 연구사적 의미를 검토하고자 할 때 반드시 전제해야할 사항이다.

일제 강점기 실학 연구는 일제로부터의 해방을 이루기 위한 정치적 학술적 노력의 일환으로 이루어졌다. 일제의 식민 지배는 조선 민족과 조선 문화 자체를 소멸시키기 위한 정치행위였고 식민사학은 일제의 그러한 의도를 조선인의 역사를 매개로 관철하기 위한 학문행위였다. 이를 대응하고 극복하기 위하여 치열한 노력을 펼쳤던 조선인 실학자, 특히 민족주의 사학자와 사회경제 사학자들은 조선후기의 새로운 학문 경향으로서의 실학을 주목하고 이를 주요한 연구 과제로 설정했다.

일제하 실학 연구는 '실학'의 개념을 직접 내세우지 않은 가운데 주자학과는 성격을 달리하며 나타난 조선후기의 새로운 학풍에 주목하며 그 의의를 살피는 방식으로 행해졌다. 이 같은 노력은 1910~20년대 최남선, 이능화, 장지연, 정인보 등에 의해 그 싹이 텄다.[2] 특히 정

연구회 17세기 유학사상사반, 「조선시기 유학사상 연구 -쟁점과 과제-」, 『역사와 현실』 7, 1992 ; 金駿錫, 「實學의 胎動, 『한국사 31』, 국사편찬위원회, 1998 ; 원유한, 「實學 및 그 展開에 관한 諸說의 整理」, 『國史館論叢』 81, 1998 ; 조광, 「실학과 개화사상」, 강만길 편, 『조선후기사 연구의 현황과 과제』, 창작과 비평사, 2000 ; 조성을, 「'조선후기실학' 연구의 현황과 과제」, 『한국사상사입문』, 서문문화사, 2006.

인보는 1929년 『星湖僿說類選』을 편찬할 때, 17세기 조선의 신학풍을 '依實求獨之學'이라 이름 짓고 그 새로운 학풍이 鄭齊斗, 崔錫鼎, 李頤命에게 영향을 주는 한편 이익에게로 이어진다고 하여 이 시기 새로운 학문 경향의 출현과 그 계승 양태를 정리하였다.[3] 특히 그가 유의했던 것은 이익과 그의 제자들이었는데, 이익은 歷史學을 비롯 '政治經濟學' 등 다양한 학문 영역을 개척하였고, 정약용은 '政治經濟學'의 방면에서 이익을 계승했다고 하였다. 이때에는 아직 정인보가 실학이란 개념을 적극 도입하지는 않았지만, 새로운 학문 경향의 특징을 다양하게 파악하는 가운데 '정치경제학' 영역을 설정하고 의미를 부여했던 점을 주목하게 된다.

1930년대에 들며 일어난 '조선학 운동'은 조선후기 새로운 학풍을 정리하는 데 주요한 촉매가 되었다. 정인보는 『星湖僿說』과 『與猶堂全書』를 간행하는 데 절대적인 역할을 하였으며, 이들을 중심으로 하는 조선후기 사상사 연구를 선도했다. 안재홍, 문일평 등도 조선후기의 새로운 학문에 큰 관심을 가졌는데, 문일평은 이를 '實事求是學'이라는 이름으로 부각시켰다.[4] 이와 함께 문일평과 정인보의 훈도를 받은 홍이섭은 조선후기 새로운 학문의 출현을 주목하여 학문으로서는 실사구시학·실증학, 학파로서는 실사구시학파·실증학파로 이름하며 그 의미를 부각했다.[5] 실사구시적 실증적인 학문 방법을 활용하여 성립한 실용학이라는 개념이었던 것으로 이해된다. 홍이섭은 이 같은 성격의 조선후기의 새 학풍은 유형원에게서 연원하여 이익에게로 전수되며, 이익의 실증적인 학문은 영·정조의 실학자들에게 절대적인 영향을 미쳤다고 보았다. 이때 배출된 실학자를 홍이섭은 역사학파, 지리학파, 언어학파, 사회정책적 경제학파, 북학파 등 모두 5유파로 분류하였다.

---

2) 원유한, 위의 글, 185쪽.
3) 鄭寅普, 「星湖僿說類選序」, 『星湖僿說』, 文光書林, 1929.
4) 文一平, 「朝鮮文化史의 別項」, 『湖岩 文一平 全集』 2, 民俗苑, 1994.
5) 홍이섭, 『朝鮮科學史』, 1944.

본격적인 실학 연구를 전망하며 제기한 이러한 이해방식은 일제 강점기 주자학과는 성격을 달리하는 학문에 대한 연구 분위기를 잘 보여준다 할 것이다.

일제 강점기 사회경제사학의 새로운 학풍에 관한 연구는 민족주의 사학의 활동에 비하면 미약한 편이다. 백남운은 『朝鮮社會經濟史』에서 이익·정약용 등을 現實學派로 명명하고, 이들의 학문이 한국학술사의 발전과정에서 중요한 유산이 된다고 하였다.[6]

최익한은 1930년대 후반 『동아일보』에 수십 차례에 걸쳐 정약용의 생애와 사상을 정리하며, 정약용 학문이 갖는 새로움을 깊이 검토하였다.[7] 그의 작업은 정인보 등이 벌인 조선학운동의 일환으로 이루어졌다. 최익한은 정약용의 생각이 '루소와 같은 서구의 계몽주의'에 가까우며 또한 '공상적 사회주의'의 면모를 보인다고 하였다. 『여유당전서』의 주요한 저술과 논문을 서구 근대의 정치사상과 경제사상을 매개로 이해하는 점이 특별했다.

일제하의 실학 연구는 조선의 문화, 조선의 역사를 객관화 상대화시키는 가운데 실학을 입체적으로 조명하는 것은 아니었다. 그러나 이 시기 연구는 실학이라는 개념을 내걸지 않은 상태에서, 조선사회의 자주적이며 보편적인 역사발전의 양태를 입증하는 중요한 근거로서 새로운 사유의 성장을 주목하였다. 일제의 식민사학이 朝鮮 敗亡의 一端을 조선학계 특히 주자학의 공리공담성과 현실적 무기력에서 구하려는 노력이 강화될수록, 실학의 새로움을 찾으려는 의식도 더 강렬해졌다.

실학 연구는 해방 이후로 본격화되었다. 그러나 신국가 건설을 둘러싼 노선 갈등과 체제 분단이 이루어지는 상황에서 그 연구는 매우 상

---

6) 백남운, 『朝鮮社會經濟史』, 改造社, 213쪽.
7) 여기에 대해서는 송찬섭, 「최익한과 다산 연구」, 『실학파와 정다산』, 청년사, 1989 참조.

이한 형태로 진행되었다. 실학에 대한 이해 방식과 연구 방향이 그 체제의 성격과 연관하여 매우 이질적인 형태로 틀 잡히며 그 평가가 아주 다른 형태로 나오게 되었던 것이다. 이미 일제 강점기에 민족주의 사학과 사회경제사학에서의 실학에 대한 이해의 초점이 서로 달랐고 그 의미부여도 일치하지 않는 등 학술 상의 대립과 분화를 어느 정도 노정하고 있었지만, 남북분단 후의 실학 이해는 양 체제의 정치적 특성을 첨예하게 반영하며 이루어졌다. 해방 공간에서의 격렬한 대립과 3년여의 남북전쟁이 두 체제간의 갈등을 극단적으로 몰아갔기에, 실학에 대한 연구에서도 매우 미묘한 국면이 조성되었으며, 그 연구의 내용과 관련하여 첨예한 차이를 드러내게 되었다.

남한에서의 실학 연구는 1950년대 초, 천관우의 연구를 필두로 본격적으로 이루어졌다. 학계에서는 韓國歷史上에 문제되는 그 어느 주제보다도 주요하게 실학을 다루었고, 실학의 주요한 성과들이 이 시기에 다양하게 제출되었다. 사회경제사학적 방법론이 배제되는 가운데 일제하의 다양한 학문 전통과 접맥되는 연구 성과들이 나타나는 것이 이 시기의 특징이었다.

천관우는 유형원을 연구하며 실학의 형성과 전개, 실학의 성격 등을 논하였다.8) 그는 실학은 반주자학의 성격을 띠며 이러한 새로운 사조가 발생한 것은 서양 및 중국에서의 새로운 문화의 영향 때문이라고 파악하였다. 그는 실학의 전개과정을 준비기·맹아기·전성기로 크게 삼분하고 전성기에는 시대사조의 지배적 경향으로서의 존재를 차지하다가 서구적 근대문명이 들어오면서 시대사조의 위치를 바꾸게 되었다고 파악하였다.

이와 함께 그는 실학의 성격을 '자유성'의 實正, '현실성'의 實用, '과학성'의 實證 개념으로 정리할 수 있다고 하였다. 실학에서의 實의 의

---

8) 천관우, 「磻溪 柳馨遠 研究」, 『歷史學報』 2·3, 1952·3(『近世 朝鮮史 研究』, 一潮閣, 1979 재수록).

미를 이와 같이 이른바 三實論으로 파악하는 천관우의 견해는 자유성, 현실성, 과학성을 따지는 점에서 실학으로부터 근대적 특성을 찾으려는 노력을 여실히 보여준다 하겠다. 그러나 천관우는 실학을 근대성과 연관하여 이해하려 하면서도, 궁극적으로는 실학이 근대정신일 수는 없었으며, 다만 "정체된 봉건사회를 극복하고 '근대'를 가져오는 거대한 별개의 역사적 세계와의 접촉을 준비하는 한 시련을 겪고 있었다는 의미에서, 근대정신의 내재적인 태반의 역할을 담당하였다"고 파악하였다.

　이러한 연구시각은 그 바탕에서 살핀다면, 신생 자본주의 국가에서의 문화적 이념적 지향을 어느 측면 반영하고 있었으며 나아가 조선후기 사회를 부정적으로 파악하던 일제하의 일부 시각이 전제되어 있었다고 할 수 있을 것이다. 자유와 과학성이란 개념은 근대 사회의 주된 특성이고, 또 현실성이란 특징은 조선에서의 주자학 혹은 유교문화를 비현실적인 空理空談적인 성격을 갖는 것으로 이해할 때 의미 있게 추출되기에, 三實論으로 집약되는 천관우의 생각은 조선사회를 한계지워 파악하면서도 동시에 자본주의 체제를 어떻게 만들어갈 것인가 고심했던 당대 남한 사회의 일반적인 분위기를 반영하고 있었던 것이다.

　이 시기, 홍이섭은 '정약용의 정치경제학'을 집중적으로 검토, 본인의 관심과 실학 연구 영역을 확대했다.9) 이미 천관우의 작업이 이루어졌고 또 북한에서의 실학 연구 성과가 제시되던 상황에서, 홍이섭의 연구는 남한에서의 실학 연구의 外延을 확장하고 그 내용을 보다 풍부하게 하는 작업이었다. 홍이섭은 정약용으로 대표되는 조선후기의 실학은 '儒敎主義' 곧 주자학의 이념적 사상적 굴레를 벗어나려는 것이었으나 보수 지배세력의 탄압 때문에 그것을 성공적으로 이루지는 못한 것으로 정리했다. 이때 유교주의를 넘어서게 하는 주요한 동력을,

---

9) 洪以燮, 『丁若鏞의 政治經濟 思想 硏究』, 韓國硏究圖書館, 1959.

홍이섭은 중국 明·淸 交替期의 經世學 그리고 西敎·西學에서 구하였다. 근대의 열림이 주자학을 중심으로 하는 조선의 유교 문화를 절연할 때 가능해지는 측면 또한 있음을 유의한다면, 서교·서학의 수용과 그를 통한 자기 변화를 중시하고 그것이 어떻게 새로운 세계를 만들어가는가를 구명하는 것은 대단히 중요한 의미를 갖는다 하겠는데, 홍이섭의 시각은 여기에 가 있었던 것으로 보인다. 그런 점에서 홍이섭의 연구는 천관우와는 성격을 달리하였다.

홍이섭은 정약용의 정치경제학을 분석하며 『牧民心書』와 『經世遺表』를 체제상 상보적인 성격을 갖는다고 파악, 정약용의 생각에 바탕하고 있던 變法性에 대해서는 그다지 강조하지 않았다. 토지개혁론에 대한 생각을 사회주의와 연결시키고 있던 최익한 등 북한 지역에서의 정약용 이해에 대응하여, 이들과는 다른 시각과 방법으로 정약용을 어떻게 이해해야 할 것인가 하는 고민이 깊게 깔린, 그러면서도 조심스런 연구였다.

한우근의 실학 연구는 조선후기에 한정하여 실학의 개념을 찾으려던 종래의 연구를 부정하여, 虛學의 對槪念으로 실학의 성격을 재정립하려는 방식으로 진행되었다.[10] 한우근은 조선초기의 주자학이 불교를 虛學으로 규정하고 이를 극복하려 한 '實學'이었다는 점을 들어, 실학은 조선전기에도 존재하였다고 하였다. 실학을 조선후기만의 특별한 현상으로 한정하여 보아서는 아니 된다는 이해였다. 이러한 실학 이해는 조선후기의 새로운 개혁적 사고로서 실학을 파악하던 방식과는 어느 정도 거리를 두는 일이었는데, 실학의 외연을 넓혀 가는 적극적 의미를 가지면서도 동시에 '실학'의 연구로부터 정치성을 배제하는 모습이기도 했다.

해방 후 북한에서의 실학 연구에서 주목할 성과는 1950년대 중반에 나온 최익한의 『실학파와 정다산』이다.[11] 이 저술은 일제하에 진행했

---

10) 韓㳓劤, 「李朝 實學의 개념에 대하여」, 『震檀學報』 15, 1958.

22

던 정약용 연구에 조선후기 실학 발생의 배경을 보완하여 재정리한 것이었다. 이 시기 북한에서의 실학에 대한 이해가 아직까지 일제 강점기의 성과를 활용하며 이루어짐을 확인할 수 있다.[12]

1960년대에 이르면 남한에서의 실학 연구는 50년대 연구경향을 어느 정도 벗어나 연구방법과 관련하여 또 다른 변화를 보인다. 내적 발전론의 관점에서 조선사회의 역사상을 해명해야 한다는 문제 의식 아래, 실학이 서학 및 고증학 등 외래 사조의 영향에 의해서만 아니라 조선의 내적 발전에 따라 생성 발전되었다는 견지에서 파악해야 한다는 주장이 1960년대 초반에 제기되었다.[13] 이때 내적 발전의 준거로 주목되었던 것은 사회경제적 변화상, 민의 의식 성장과 사회모순 해결을 위한 적극적 실천과 같은 요소였다. 이러한 주장은 해방 이후 이루어진 남한에서의 실학 연구의 주된 경향에 대하여 문제 제기하는 측면이 강했으며, 이후 이러한 문제의식은 조선후기 사회에서 주자학과 실학의 정치사상적 특성이 어떠한가, 사상의 사회경제적 배경은 어떠한가를 해명하는 작업으로 확장되었다.

북한에서는 1960년대 초반에 주요한 성과자 다수 제출되었다. 1961년의 『조선철학사』[14], 『조선전사』, 1962년의 정다산 연구[15] 등에서 이 시기 연구 경향을 살필 수 있다. 『조선철학사』에서는 해방 후 북한 학계의 실학 연구를 공식적으로 집약하였다. 여기서는 "실학자들이 '實事求是'의 정신으로 조선 봉건사회의 현실을 연구 분석하고 조국의 부강 발전과 인민의 복리 증진을 위하여 투쟁하였으며 모든 부문에서 개

---

11) 최익한, 『실학파와 정다산』, 사회과학출판사, 1955(청년사, 1989 재간행).
12) 북한의 실학연구에 대해서는 원유한, 「북한의 조선시대 실학사상 연구동향」, 『북한의 한국사연구동향(1)』, 국사편찬위원회, 2003에 자세히 정리되어 있다.
13) 金容燮, 「最近의 實學 硏究에 대하여」, 『歷史敎育』 7, 1963.
14) 정진석 외, 『조선철학사 상』, 과학원 역사연구소, 1961(이성과 현실, 1988 재간행).
15) 과학원 철학연구소 편, 『정다산』, 과학원 철학연구소, 1962(『정다산연구』, 한마당, 1989로 재간행).

혁을 주장"하였다고 정리하였다. 실학의 역사성을 매우 긍정적으로 평가하는 모습이라 하겠다.

1970년대를 전후한 시기는 남·북한 학계에서의 실학 연구의 또 다른 전환기였다. 이때로 들어서면 남·북한 모두 체제 내부의 변화가 심대하게 일어났으며, 이와 연관하여 역사를 이해하는 시각의 전환도 동시에 일어나고 있었다. 남한에서는 제3공화국 이래 경제개발 5개년 계획에 기초한 경제개발이 가속화되면서 자본주의의 획기적 성장이 이루어졌으며, 북한에서는 주체사상에 기초한 체제 정비 작업이 본격화되었다. 실학 연구 역시 그러한 영향을 크게 받고 있었던 것으로 판단된다.

남한에서는 실학에 대한 연구가 한층 진전되었다.『實學硏究入門』,[16]『實學論叢』[17] 등의 저술을 통하여 조선후기 학문사상계와 여러 학자들의 활동을 '실학'을 준거로 재정리하는 작업을 비롯, 가히 실학 연구의 전성기라 할 정도로 이 시기 들며 실학 연구가 붐을 이루는 현상을 목도할 수 있다. 국학의 전통이 깊은 한 대학에서는 이미 1960년대 후반부터 이어진 실학 학술대회를 1970년대 중반까지 10여 년간 계속 이어가며, 실학의 주요 문제를 집중적으로 천착하였다.[18] 이 시기 실학 연구는 그 다루는 대상이 확대되었고 그 가진 의의도 다양한 측면에서 적극 평가되었다. 박정희 정권의 '근대화' 작업, 곧 경제개발 5개년 계획으로 표현되는, 외자를 활용한 자본주의 발전이 본격화되고 그러한 가운데 제반 정치사회적 문제가 빈발하던 사회 분위기, 그리고 내적 발전론에 입각하여 한국사를 이해한다는 지향과 연구방법론이 학계 내부에서 크게 확산되던 점도 이러한 연구를 촉진시키는 한 요인이었을 것이다.

---

16) 歷史學會 編,『實學硏究入門』, 一潮閣, 1973.
17) 李乙浩 編,『實學論叢』, 全南大學校 出版部, 1975.
18) 이때의 연구 성과를 묶어 연세대학교 국학연구원에서는『연세실학강좌 1·2』(혜안, 2003)로 간행하였다.

24

여러 논의 가운데서도 두드러진 견해는 실학을 우리의 전통 사상이 스스로 개척한 사회개혁사상이자 근대화론으로 이해하되, 그 농업개혁론에서 확인할 수 있는 것처럼 농민층 위주의 성격을 지니고 있다고 파악하는 경우였다.[19] 이 견해에서는 실학이 주자학에서 출발하여 그 것을 이탈하게 되는 반주자학적인 성격을 지니며, 지배층 위주의 서구적 일본적 근대화방안과는 성격을 달리하게 되고, 또 실학파의 농업개혁론은 아래로부터의 개혁운동—농민전쟁에서의 농민군의 개혁이념—과 상통하는 바가 있다고 파악하였다. 이 같은 이해는 주자학을 지주·양반층의 처지를 반영한 학문론으로 파악하는 이해와 대비하여 이루어진 것으로, 주자학을 공리공담의 학문으로 파악하고 이에 맞서 실학의 진보성을 따지던 일반적인 실학 이해를 벗어남에 인식상의 주된 특성이 있었다. 나아가, 북한에서와 같이 실학을 봉건적 사상의 틀 속으로 제한하려던 시각과도 큰 차이를 보였다.

북한에서는 실학의 진보성을 긍정하면서도 그 한계성을 더 많이 강조하는 견해가 제기되었다. 이에 따라 이전 시기의 실학관도 크게 수정되었다.[20] 『실학파의 철학사상과 사회정치적 견해』[21]에서 확인할 수 있는 바, 실학은 '공리공담의 주자학'을 비판적으로 파악하고, 과학과 기술의 발전에 관심을 기울이며, 사대주의를 반대하여 애국주의를 고양하는 등 진보적 역할을 하였지만, 공자·맹자와 같은 인물들이 제시한 봉건적 유교 자체를 반대하거나 벗어나지 못한 점, 또 기술 과학

---

19) 金容燮, 「朝鮮後期의 農業問題와 實學」, 『동방학지』 17, 1976(『증보판 조선후기 농업사연구 2』, 일조각, 2001 재수록) ; 「甲申·甲午改革期 開化派의 農業論」, 『東方學志』 15, 1974(『增補 韓國近代農業史硏究』(1), 지식산업사, 2004에 재수록).

20) 1969년 김일성은 실학파와 그들이 주장한 제 견해를 주체적 입장에서 바르게 평가하라는 교시를 내렸으며, 『실학파의 철학사상과 사회정치적 견해』 등의 실학 이해는 그 결과물이었다. 이러한 사정은 이 책의 머리말에 자세하다.

21) 정성철, 『실학파의 철학사상과 사회정치적 견해』, 사회과학출판사, 1974(한마당, 1979 재간행).

의 연구도 중세적 수준을 벗어나지 못한 점, 사회정치적 견해가 봉건 제도와 특권적 양반 신분 제도를 영구히 보존하려는 입장을 지니고 있었던 점에서 큰 한계를 가지고 있었다. 실학에 대한 이 같은 절하된 평가는 이전 시기 제시되었던 그 어떤 평가보다도 각박했다 하겠는데, 주자학을 비판하며 새롭게 등장한 실학의 의미를 인정하면서도 그것이 결국은 중세 지배층의 세계관을 벗어나지 못했기에 특별히 높일 것은 없다는 인식이었다. 한편 실학에 대한 이러한 평가는 이규경, 최한기, 개화파 등의 생각을 자본주의 발전추세를 반영한 사상이라 하여 적극적으로 이해하는 것과는 대비되었다.22) 실학에 대한 냉정한 거리두기는 이후 북한학계에서는 고정되는 것으로 보인다.

1980년대를 넘어서며 남한 학계의 실학 연구는 대체로 이전 시기에 제기되었던 문제의식을 참조하며 그 내용을 심화시켜 나갔다. 실학에 대한 주요한 연구사적인 검토가 1980년대와 90년대에 거의 대부분 이루어졌다 할 정도로 여러 차례 다양한 시각으로 실학의 의미를 되짚어 보는 작업이 이루어지는 것이 이 시기의 특징이었다.23) 이 같은 작업을 통하여 학계에서는 기존의 견해를 넘어 실학의 의미를 보다 색다르게 파악하고자 노력하였다.

그 가운데서도 실학의 범위를 18세기의 북학파에게만 한정하고 그 이전의 학문은 '조선 성리학'의 범주에서 이해해야 한다는 견해는 지금까지 이루어져 오던 논의를 전면 부정하는 점에서 특이했다.24) 북학파에 와서야 주자학적 세계관을 벗어난 새로운 학문의 성립이 가능해졌고, 이때에 이르러서야 비로소 실학의 근대성을 논의할 수 있다는 의견이었다. 이 같은 견해에서는 유형원이나 이익과 같은 인물들의 실학적 사유를 '조선성리학'의 범주 위에서 평가함으로써 종래 이들이 실학의 발전사에서 갖던 위상을 현저히 약화시켰다. 이러한 새로운 실학관

---

22) 정성철, 위의 책, 23쪽.
23) 주 1)의 여러 논문 참조.
24) 池斗煥, 「朝鮮後期 實學硏究의 問題點과 방향」, 『泰東古典硏究』 3, 1987.

은 17, 18세기 노론계 학자들의 역할을 긍정적으로 파악하려는 노력과 결합하여 조선 학술계의 발전을 '조선성리학'→실학(북학론)으로의 단선적인 발전을 염두에 두며 파악하는 견해였다. 이 시각은 조선후기의 실학을 상품화폐경제의 발달, 자본주의적 요소의 발전과 연관하여 그 특성을 파악하려는 기존 견해를 보다 극단적으로 강조한 결과로 보여진다.

실학에 대한 새로운 접근과 인식을 강조하는 노력은 1990년대 이후로 보다 활발해지고 있다. 종래의 실학 이해에 바탕 하거나 아니면 이를 벗어나 새로운 인식틀을 세우려거나 어느 경우든 실학을 재조명하려는 의식이 확산되고 있는데, 실학이란 개념을 통해서 조선후기 사상계의 흐름을 이해하는 것이 가능하고 또 필요한 일인가라는 외국 연구자의 시각이 소개될 정도이다.25)

이같이 실학의 성격을 재조명하려는 노력이 활발히 일어나는 데에는 한국사회와 이를 둘러싼 국제정세가 이전과는 비교할 수 없이 큰 변화를 보이고 있기 때문일 것이다. 소련 체제의 해체, 중국의 자본주의적 변모, 냉전의 해소 및 미국의 일방적 세계 주도 강화와 같은 외부 세계의 변화와 남한 자본주의의 급격한 성장과 팽창, 북한 사회주의 체제의 경제적 정치적 정체 현상 등 새로운 조건은 이전과는 다른 시각과 방법으로 사회와 역사를 이해할 것을 요청하고 있으며, 실학 이해가 어떻게 이루어져야 할 것인가 하는 고민 또한 그 속에서 새롭게 제기되고 있는 것이다. 21세기로 들어와 본격화되는 미국 주도의 신자유주의 흐름의 가속화는 이러한 필요성을 더 한층 강조하는 조건이 되고 있다.

---

25) 도날드 베이커, 金世潤 譯, 『朝鮮後期 儒教와 天主教의 대립』, 一潮閣, 1997.

2. 실학의 '정치경제학' 연구 동향과 그 성격

한국 근현대사의 주요한 연구 주제였던 조선후기의 실학은 그 자체 가진 성격과도 관련하여 근현대사의 역사적 규정성을 그 어떤 주제보다 강하게 받았다. 이 사상 경향이 가진, 주자학을 벗어나는 새로움 혹은 사유의 진보성 등등이 변화와 개혁의 아우라로 가득 찼던 근현대사의 시공간을 비추어 주는 더없이 좋은 역사적 경험이라고 많은 연구자들이 적극적인 의미 부여를 했기 때문이었을 것이다. 실학은 말하자면 개혁과 진보의 다른 이름이었다. 변혁을 위한 열망은 그 또 다른 이름이었다. 그런 점에서 실학만큼 정치성을 강하게 띠는 주제가 없었다고 할 것이다. 실학연구로부터 정치성을 부정하여 가치중립성을 내세울지라도.

그간 연구된 조선후기 실학의 영역은 다양하다. 실학의 근본 사유와 관련하여 실학의 세계관이 검토되었고, 실학의 역사학, 실학의 개혁론, 실학의 정치론, 실학에서의 과학기술, 실학의 문학과 예술관 등등도 논의되었다. 실학의 사유가 여러 요소 요소로 분절하여 이루어진 것이 아니라 총체성을 지니며 나타났기에, 조선후기 실학을 여러 부면으로 나누어 파악하는 것은 실학의 특성을 충분히 살리지 못할 위험성이 크다. 그럼에도 실학의 사유 영역을 구분해보면, 실학의 철학, 실학의 역사학, 실학의 정치경제학, 실학의 과학기술, 실학의 예술관 등등으로 나누어 볼 수 있을 것이다.

그러나 앞의 정리에서 드러나듯이, 일제 강점기 이래로 실학 연구의 주된 대상과 내용은 정치경제학적인 요소에 집중되어 있었다.[26] 그와

---

26) 실학의 정치경제학에 대한 초기의 관심은 앞서 본대로 정인보에게서 살필 수 있다. 정인보는 유형원→이익→정약용으로 이어지는 한 계보를 '정치경제학'의 계통 속에서 이해하고자 하였다. 이때 그가 사용했던 정치경제학은 그 개념이 구체적으로 무엇인지는 명확히 드러나지 않으나, 거론한 세 학자가 모두 정치사회 개혁론의 구상에 집중하였고, 『반계수록』, 『경세유표』와 같은 새

같은 현상이 벌어진 것은 일단은, 조선후기 실학자들의 관심이 가장 뚜렷하게 집중적으로 드러난 분야가 정치경제학 영역이었기 때문이었다. 실학자들은 조선후기 사회를 변혁하고자 하는 열망으로 이상적인 사회를 전망하며 그 대안을 모색했고, 그것을 정치적 개혁론으로 틀 잡아 제기하였다. 실학자들은 그들 나름의 세계관과 인식론을 토대로 정치, 경제, 사회, 교육 등 다방면에 걸쳐 개혁 방안을 구상하였다. 실학자들이 현실을 직접 대면하고 그로부터 이끌어낸 숱한 정치적 모색이 집약되어 있는 점에서 그들이 제시했던 제반 개혁론은 그들 사유의 모든 것을 끌어안고 있는 핵심이었다. 실학을 연구하는 연구자들이 이들의 정치사회개혁론을 주로 검토하는 것은 자연스런 일이었다.

이와 더불어, 실학 연구가 정치경제학 중심으로 발전하게 된 것은 이 연구가 한국근현대사의 이해에서 갖는 의의 때문이었을 것이다. 일제 강점기 이래로 우리 사학계를 지배했던 주요한 요소 중의 하나는 우리 역사에서 發展과 變革의 精神史를 발견하고 이를 근거로 현실을 이해하며 또 변화를 위한 활동에 도움 받을 수 있는 새로운 사유를 발전시키고자 하는 의식이었다. 그리하여 정치, 경제, 사회, 사상 등 전 영역에 걸친 개혁의 논리, 변혁의 논리를 실학 연구자들은 주목하고 정리하였다. 물론, 개혁과 변혁론의 성격을 근본적으로 규정하는 연구자의 역사인식과 방법론이 어떠했던가 하는 것은 별개의 문제였지만.

사정이 이러하기에 실학의 정치경제학에 대한 연구의 시각과 방법은 '실학' 이란 학문 영역을 대상으로 한 연구의 시각·방법과 그다지 차이나지 않았다. 실학의 정치경제학을 검토한 그간의 연구 경향을 살피면 다음 몇 갈래의 시각 위에서 연구가 진행되어 왔음을 확인할 수 있다.

우선, 북한에서의 연구이다. 북한에서의 연구는 사회주의적 역사 연

로운 국가 구상이 정연히 나왔던 점으로 유추해본다면, 새로운 국가·사회를 전망하는 학문의 의미로 정치경제학이란 용어를 썼을 것으로 보인다.

구방법론을 근거로 행해졌으므로, 남한의 연구와 여러 면에서 이질적이다. 대체로 1950년대와 60년대의 연구, 1970년대 이후의 연구로 대별할 수 있다.

1950년대 초창기 연구 수준을 보여주는 것으로는 최익한의 실학 연구를 들 수 있다. 이 연구는 일제하의 정약용 연구 성과를 해방 후 새로이 수정하고 보완하여 실학파 전반으로 그 범위를 확대하여 다루었지만 초점은 정약용의 정치경제학을 살핌에 놓여 있었다. 이 저술에서 초기 사회주의자들의 연구 경향도 함께 읽을 수 있다.27)

정약용의 정치사상으로 최익한이 주목한 것은 均民主義였다. 문벌·계급·중앙에 대한 지방 차별을 타파하고 인재를 蔚興하자는 것이 그 내용이라고 파악하였다. 한편으로 최익한은 정약용이 민주·민권주의 사상을 제기하였다고 평가하였다. 「原牧」 「蕩論」의 글에서 표현된 이 사상을 두고 그는 종래의 실학자들이 도달하지 못했던, 조선 근세의 정치사상 중 위대한 창발적 이론이며, 18세기 장 자크 루소의 사회계약설과 일맥상통한다고 보았다. 그러나 사회모순의 진상과 계급투쟁의 역사적 임무를 제대로 파악하지 못한 점에 정약용 사상의 한계가 있다고 평가하였다.

이와 함께, 최익한은 정약용의 정치사상을 잘 담고 있는 『經世遺表』와 『牧民心書』를 두고 광의와 협의의 내용을 담고 있는 책으로 구분하였다. 『경세유표』는, 그 현행본이 보다 급진적인 내용을 담고 있는 별본과는 구별되는데, '광의의 牧道에 대한 응급적 합법적 개혁안'이며, 반면 『목민심서』는 '협의의 목도에 대한 응급적 합법적인 대책'이라 함이었다. 두 책의 현실 인식과 대책에서 단계적인 차이가 있다는 이해였다.

토지제도에 대해 최익한은 정약용이 토지공유론자이며 토지균분론자라고 파악하고, 이의 실현을 위해 사전과 더불어 공전을 설치, 전세

---

27) 최익한, 『실학파와 정다산』, 사회과학출판사, 1955(청년사, 1989 재간행).

를 수취하는 公田均稅論과 촌락 단위의 공동 경작과 노동력 투입량에 따른 보수제 시행으로 특징짓는 여전제 등 두 단계의 구상을 제기하였다고 파악하였다. 여전제는 그 최후의 구상이었는데, 최익한은 이러한 평가를 바탕으로, 여전제는 농민혁명 이념의 위대한 체계인 바 민주민권주의의 정치사상과 밀접한 관련을 가지고 있다고 파악했다.

최익한은 그러나 이러한 체제의 실현을 "피착취계급의 혁명적 투쟁을 위주로 하지 않고 프랑스의 계몽주의 학자들이나 공상적 사회주의자들처럼 '이성의 재판석' 앞에 모든 것을 호출하는 방식을 취할 수밖에 없다"고 하였다. 그러면서도 농민혁명의 이념으로 충만한 여전제론은 토지와 자유와 평등을 요구하고 계급차별과 일체의 專制를 반대하는 인민의 심정과 이상을 이론적으로 대변하였으며, 그런 점에서 역사의 진보적 방향에서 인민의 이익을 촉진할 수 있는 유용한 공상이라고 평가하였다.

한편, 1962년 과학원 철학연구소 주도로 이루어진 '정다산 연구'[28]는 이 시기 북한 학계의 실학 연구 수준을 집약하여 보여주는데, 최익한에게서 보이는 바 일제 식민지 시기의 연구에 영향 받던 데서 많이 벗어나 있음을 확인할 수 있다. 이 책에서, 정진석은 실학파들의 생각이 '공리공담의 유교·주자학'을 비판한 점, 자연과학의 유산들을 충분히 연구 체득한 기초 위에 유럽의 선진적 자연과학과 기술을 습득하여 유교적 세계관에서 해방되고 유물론적 세계관의 확립에로 나아간 점, 조국의 현실을 분석 비판하고 정치 경제적 개혁안을 제기한 점, 사대주의를 배격하고 민족적 자주의 정신과 애국주의 사상으로 일관하고 있는 점들을 특성으로 들고, 정약용의 실학도 이 같은 측면에서 해명할 수 있다고 파악했다. 이를테면 정약용의 여전제 개혁론은 '농민이 토지의 주인이 됨으로써 인민의 생활이 안정되며 그들에게서 애국주의를

---

28) 과학원 철학연구소 편, 『정다산』, 과학원 철학연구소, 1962(『정다산연구』, 한마당, 1989로 재간행).

불러일으킬 수 있는 물질적 토대를 마련해 주는 선진적 견해'라고 파악하였다. 실학의 개혁성을 대단히 높게 평가하는 의식이 전제되어 있음을 확인할 수 있는데, 이와 더불어 실학의 성격을 이해함에 '조선' 대신 '조국'이란 용어를 쓰는 점, 사대주의와 연관하여 민족의 자주성, 애국주의를 강조하는 점을 주목할 수 있겠다.

김석형은 정약용의 실학이 한말의 개화사상가, 애국계몽학자들, 갑오농민전쟁 참가자들에게까지 영향을 미쳤다고 하여 실학이 한말의 여러 정치세력, 정치사상에 다양한 형태로 영향을 미친다고 정리했다. 실학을 내용상 여러 갈래로 나누고 이를 성향을 달리하는 한말 개화개혁기 여러 정치세력과 연결시키고자 하는 시각이 흥미롭다.

김광석은 정약용의 閭田制 개혁안을 두고 이것이 均産思想에 기초한 탁월한 견해이지만 봉건적 토지소유관계의 모순을 일시적 부분적으로 해결하려 하지 않고 일체의 계급대립 위에 선 토지소유관계를 근절하지 않고는 농민을 구제할 수 없다는 생각을 반영하고 있는 점에서 역사적 제한성을 가지며 공상적·농민적 공산 사상이라고 평가하였다. 이 같은 견해는 현실에서의 토지개혁은 농민의 이해를 반영하면서 점진적으로 이루어져야 한다는 역사적 경험을 기초로 하여 제출된 것으로 여겨진다.

북한 학계의 실학의 정치경제학에 대한 평가는 1970년대로 가면 이전과는 달리, 실학의 시대적, 역사적 한계성을 더 강조하는 흐름을 보이며 이루어졌다. 그 이전에도 이 같은 경향이 없었던 것은 아니지만, 실학을 양반 지식인의 학문으로 인식하여 실학이 지배층의 사유를 반영하고 있으며 중세의 유교적 사유를 벗어나지 못했음을 강조하였다. 실학이 '주자학의 공리공담성'을 배격하고 현실의 제 폐단을 개혁하기 위하여 다양한 방안을 제시하는 등, 정치적 학문적 측면에서 숱한 진보성을 가지지만 조선시기 일부 선진적 진보적인 양반의 정치론에 머무른다고 파악하여 그 역사적 의의를 치자·지배층의 사유로 한계 지었다. 이러한 이해 방식은 민중의 힘, 농민의 힘을 역사 발전의 주된 동력으로 설정한 위에 실학의 정치성을 판단하고 이 맥락에서 실학이 가진 한계를 두드러지게 부각시키는 것이었다.

이 같은 시각에서는 실학의 집대성자로 평가되는 정약용의 정치경제적 사유도 봉건 지배층의 사유가 잔존하는 한계를 갖는다고 평가하였다. 실학이 가진 역사적 의의를 그다지 크게 강조하지 않는 이해방식이다.

남한 학계의 실학의 정치경제학 연구는 북한의 연구에 비해 내용이 풍부하고 다양하다. 실학의 정치경제학이 '근대'와 어떤 연관을 맺고 있었던가가 주된 논점으로 제기됨을 볼 수 있다. 이는 중세 해체와 근대 이행을 둘러싼 내적 동력과 주체를 어떻게 이해할 것인가 하는 문제이기도 했다. 우선 실학을 왕도정치론에 기초한 이상국가 구상으로 파악하고, 이러한 실학의 역사적 의의를 '근대'와는 어느 정도 거리를 두며 파악하는 시각을 들 수 있다.

이는 천관우의 유형원 연구에서 처음으로 제시되었다. 천관우는 실학이 '學'적인 체계를 갖추는 것은 유형원에 이르러서였다고 평가하고 이를 『반계수록』 분석을 통해서 드러내었다. 그가 파악한 바 『반계수록』의 특징은 토지국유제에 기초한 토지 경영, 兵農一致主義의 병력 운용, 봉건적 신분제의 엄격한 운영, 조세제의 변화, 재정 운용에서의 기획성 강화, 상공업의 장려와 화폐유통 강화, 과거제 폐지와 貢擧制 시행, 중앙 행정체계의 효율적 정비, 집권력과 지방 자치의 원활한 운영 등을 내용으로 하고 있으며, 이는 尙古적인 왕도정치 사상을 기본 원리로 하는 合理的인 封建國家의 실현을 지향하는 구상이라 하였다.

천관우는 유형원의 이상 국가는 토지를 최대의 구조적 특질로 삼는 가운데 科田的 土地所有와 독립적 소농경영과의 대척적 구성을 전제로 하는 점에서, 봉건적 신분 관계가 엄연히 유지되며 농민의 부담이 공공연한 긴박과 강제 혹은 인격적 예속을 전제로 하는 점에서, 정치권력의 하이에라르키가 과전적 토지소유의 하이에라르키에 대응하는 점에서, 동양적 봉건사회의 본질을 구유한다고 보았다. 그런 점에서 『반계수록』의 구상은 봉건사회에 대한 '拔本적인 도전'은 아니었지만, 관료·대토지소유자·吏胥 등의 이익과 상반되는 급진적인 요소를 담고 있었다.

천관우의 유형원 이해는 조선후기 실학의 특성을 이해하는 근거이기도 했는데, 천관우는 실학이 봉건사회의 제현상에 대한 회의와 반항이기는 했지만 유교를 근저로 하는 집권 봉건사회의 규범 안에서 분비된 산물이었으며 또 사실상의 보수적 행동으로 *忍從*하였다고 평가하였다. 그런 면에서 실학이 근대정신일 수는 없었으며, 다만 *停滯*된 *封建社會*를 극복하고 '근대'를 가져오는 거대한 별개의 역사적 세계와의 접촉을 준비하는 한 시련을 겪고 있었다는 의미에서, 근대정신의 내재적인 태반의 역할을 담당하였다고 파악하였다. 말하자면 천관우는 실학의 정치경제학과 근대를 직접 연결하지는 않았는데, 반면 실학 내부에 배태된 근대 의식은 갑신정변, 독립협회 운동 등 조선의 근대화 운동에서 잠재적이나마 전통적인 일대 원동력을 이루었다고 파악했다.

실학의 정치경제적 성격을 성리학의 이상사회론과 연관하여 구하는 견해도 있다. 이는 실학의 정치경제적 성격을 조선후기의 '小農社會' 성립과 연관하여 이해하는 방식이다.[29] 이 견해는 조선후기의 자본주의 맹아설을 부정하며 중세 해체와 근대 이행의 문제를 이해하려는 시각에서 도출된 것으로, 실학이 소농사회의 성숙을 반영한 성리학적 사유라고 이해한다. 곧 "실학이란 16세기에 토착화한 조선성리학이 17·8세기 소농사회의 성숙이라는 커다란 사회경제적 변동을 맞아 그에 규정되거나 그에 작용하면서 새로운 형태의 이상적 사회관계와 국가형태를 모색한 일련의 성리학적 사유"[30]였다. 그런 면에서 실학의 정치

---

29) 李榮薰, 「朝鮮後期 社會變動과 實學」, 『韓國 實學의 새로운 摸索』, 景仁文化社, 2001.

경제학과 근대사회는 상관관계를 갖는 것이 아니었다.

한편, 위의 두 견해와는 다른 각도에서 왕도정치론과 이상국가론의 논리를 활용하며 실학의 국가개혁론과 그 특성을 살핀 연구도 제기되었다.[31] 이 연구에서는 실학이 당대 가장 이상적인 국가체제로 알려졌던 三代의 王政 이념을 추구하여 조선후기 사회의 구조적 모순을 근원적으로 지양할 국가론으로 재해석 재창조해 낸, 전근대 최후의 국가개혁론으로 이해하고, 그 핵심을 국가공동체의 실현으로 파악하였다. 나아가 실학의 이러한 국가개혁론은 王政 실현을 전망하며 근본 개혁을 주장하는 점에서 현실과는 괴리된 이상론의 성격을 강하게 지니었다고 파악했다.

실학이 현실의 전면적 개조를 기획한 점에서 비현실적이며 이상론적일 수밖에 없다는 판단을 하였던 연구자는 그러나 실학이 자본주의적 길을 예비한다는 이해는 성립할 수 없다고 파악, 실학에서의 현실은 결코 근대적 현실은 아니었다고 강조했다. '근대'로 접속되는 길을 예비하고 있었다는 단편들을 가지고 실학의 현실 인식의 선진성 혹은 그 '근대'성을 평가하게 되면 실학을 '근대'주의에 매몰시키는 결과를 가져오게 된다는 것이 그의 평가였다.

이러한 측면에서 살핀다면 이 연구는 실학과 근대 혹은 자본주의적 특성을 연관하여 이해하려는 학계의 일반적 실학 연구를 부정하는 것이었는데, 이는 그의 독특한 근대사에 대한 이해의 시각과도 맞물려 있었다. 근대사는 세계사로 전개되었고 자본주의 체제의 세계 진출은 각국의 역사가 이질적인 굴적을 겪도록 강제하였으며 이는 실학의 왕정론과는 관계없는 세계사적 현상이었다는 것이 그의 생각이었다. 서양 자본주의 혹은 합리주의 등 근대적인 것, 혹은 현대적인 시각을 기준으로 실학은 평가하는 것은 평가의 기준이 결코 맞지 않다는 것이었

---

30) 李榮薰, 위의 책, 118쪽.
31) 金泰永, 『실학의 국가개혁론』, 서울대학교 출판부, 1998.

다.

실학의 역사성에 대해 이 연구는 실학은 현 체제에 구애받지 않고 새로운 시대를 창출할 역사적 진리와 진실을 추구함으로써 전근대 우리나라 국가체제 개혁론의 최후의 원형을 이루게 되는데, 이 점에서 실학은 다시없는 고전이며 학술전통으로 남게 되었다는 점으로 그 의미를 평가하였다. 실학이 전근대를 총체적으로 점검 정리 비판하면서 체계적으로 변혁의 논리를 제기해 둔 학술의 보고로서 무한한 가치를 지닌 고전이며 전통이라 함이었다.

실학의 정치경제적 성격을 조선후기 상공업의 발달상을 반영하고 또 그 발달을 전망하는 사고와 연관하여 이해하려고 하는 방식도 제시되었다. 이는 주로 북학파와 북학론을 주목하는 시각이다. 여기에는 북학파를 조선후기 여러 실학 유파 중의 하나로 파악하는 연구시각32)에서부터, 북학파들이야말로 이 시기 역사 변화의 방향을 가장 잘 반영하고 있으며, 그런 점에서 이들에 의해서 비로소 주자(성리)학으로부터 벗어난 새로운 사유로서의 실학이 성립하게 되었다는 시각33)까지 다양하게 존재하고 있다. 어느 경우든, 실학의 역사성을 농업 위주의 조선사회를 벗어나 상품화폐경제를 토대로 발전하는 사회를 전망하는 선진성을 지니고 있는 데서 찾을 수 있음을 강조하는 시각이다. 그러나 북학론자로 분류되는 학자들의 정치경제학에 대한 본격적인 분석은 아직 충분히 제시되지 않은 것으로 판단된다.

실학의 정치경제적 성격은 공리공담의, 개인의 도덕성 실현을 강조하는 주자학의 보편주의적 성격을 벗어나 功利主義를 개척함에서 찾을 수 있다는 이해도 대두하였다.34) 주자학이 도덕 가치에 치중한 데 비하여 실학은 이와는 달리 공리를 중시하는 사유였으며 그런 점에서 근대적 성격을 지닌다는 이해를 전제로 하는 이 같은 시각은 실학이

---

32) 李佑成, 「實學硏究序說」, 『實學硏究入門』, 일조각, 1973.
33) 지두환, 앞의 글, 1987.
34) 朴忠錫, 『韓國政治思想史』, 三英社, 1982.

주자학을 극복하여 형성되었으며 한말에 개화사상으로 연결되었음을
강조하였다. 주자학 → 실학 → 개화사상의 흐름으로 조선후기 사상사
가 전개되는 양상을 이해하는 방식인데, 실학이 주자학과 개화사상의
매개항으로써 역할하며 근대적 사유를 만들어나갔다고 규정하는 점,
조선후기 사상사의 흐름을 단선적으로 파악하는 점에 그 특징이 있음
을 알 수 있다.

실학의 정치경제적 성격을 이해하는 과정에서 대두된 또 다른 시각
은 실학의 특성이 地主佃戶制와 身分制로 대표되는 조선사회의 구조
를 전면적으로 변혁하려는 구상과 관련하여 발전한 데 있으며, 이러한
측면에서 실학은 양반 지식인에 의해 구축된 사상이면서도 지주제와
신분제의 굴곡 속에 살고 있던 민들의 열망을 담으며 발전했던 진보적
사상으로 파악하는 견해이다.[35]

여기에서는 실학에서 구상하는 사회변혁과 개혁의 주된 동력을 국
왕, 국왕으로 대표되는 국가와 연관지어 해명하고자 하였다. 조선후기
의 주자학에 대해서 조선사회의 지배층인 양반과 지주의 정치적 사회
적 이해를 반영하여 발달하였으며, 조선후기 들어 형성된 국가적 위기
를 개량·개선의 측면에서 해결하고자 한, 지배층 중심의 사상으로 파
악하는 것이 이 견해의 주요한 특징이기도 하다. 그러니까 이러한 시
각으로 파악한다면, 실학은 주자학과 대비되는 진보적 사상이되, 피지
배층 일반의 이해를 국가적 차원의 개혁으로 실현하려는 새로운 사유
였다.

이 견해에서는 또한 실학의 근대사상으로의 변모, 혹은 실학과 근대
사상과의 관계에 대해, 한말 실학의 영향을 받은 변법론자들에게로 계
승되거나 혹은 농민전쟁 주도층의 정치사상으로 연결된다고 이해했다.
실학을 근대사상과 연관하여 이해하되 이를 개화사상과 연결짓는 일

---

35) 金駿錫, 『朝鮮後期 國家再造論의 擡頭와 展開』, 연세대학교 사학과 박사학
　　위 논문, 1990 ; 『朝鮮後期 政治思想史 研究』, 지식산업사, 2003.

반적인 시각과는 성격을 크게 달리하는 이해였다.

결국 이 시각은 조선후기 사상계의 흐름을 주자학과 실학을 축으로 파악하되 두 사상을 동일한 층차에서 신분계급성과 관련하여 이해하는 시각이었다. 주자학이 양반지배층의 신분계급적 이해를 반영하는 보수적 성향의 개선론으로서의 성격을 지니고 있다면, 실학은 피지배층의 신분·계급적 이해를 반영하는 진보적 성향의 변혁론이라는 이해였다. 이러한 판단은 조선후기의 역사적 흐름이 지주적 측면과 농민적 측면의 대립 구도를 이루며 발전한다는 역사 인식과 맞물려 있다. 나아가 이 시각은 한국중세사가 오랫동안 발전하는 과정에서 발달해 온 군주 혹은 군주로 대표되는 국가의 역할을 주목하고 중시하는 특징을 지니고 있었다. 집권체제의 틀 속에서 성립 발전해 온 중세 국가가 가진 수탈성, 폭압성, 신분계급의 지배를 원활히 함에 필요한 도구적 성격만으로 중세 국가와 군주의 특성을 한정하여 볼 것이 아니라, 보다 긍정적인 측면에서도 인정해야 한다는 역사 인식이 밑바탕에 자리 잡고 있다는 것이다.

이상과 같이 조선후기 실학의 정치경제학에 대한 그간의 연구는 남한과 북한에서의 연구로 대별되며, 남한과 북한 내부의 연구도 시기별로 혹은 논자별로 다양하게 이루어졌음을 알 수 있다. 북한에서의 실학 연구는 실학의 계급적 한계성과 시대적 제약성을 강조하고 이로부터 더 이상의 논의를 진전시키지 않고 있다. 반면 남한에서의 실학 연구는 다양한 측면에서 실학의 역사적 의미를 높게 평가하고 그 실학으로부터 현재적 의미를 탐색하는 것에 큰 의의를 부여하는 경향을 보이는데, 크게 보아 자본주의적 요소, 근대적 요소와 연관하여 실학의 의미를 파악하는 견해, 근대와의 연관성을 부정하는 가운데 근원적 국가 개혁론으로서의 함의를 주목하는 견해, 중세에서 근대로의 이행 과정에서 나타나는 신분계급적 갈등을 반영하여 지주적 입장의 주자학과는 구별되는 농민적 이해를 내재한 정치사상으로 보는 견해 등이 있음을 알 수 있다. 실학의 정치경제학이 근현대사의 다난한 굴곡을 적극적으로 반영하며 다양하게 재구성됨을 확인할 수 있을 것이다. 개별 학자마다 역사를 이해하는 시각과 방법론이 근본적으로 다르기 때문에 이와 같이 드러나는 다양한 견해 차이를 해소하는 것은 무망하다 하겠지만, 이후의 새로운 연구를 개척함에 이 모든 연구 경향은 주요한 바탕이 될 것임은 틀림없다.

3. '실학의 정치경제학'의 구성

이 책에서 다루는 주제인 실학의 정치경제학은 연세대학교 국학연구단이 기획하여 편찬하는 『한국실학사상연구』의 한 부분을 구성한다. 『한국실학사상연구』는 연세대학교 국학연구단이 특성화 사업을 벌인 학교 당국의 지원을 받아 그간 한국사회에서 이루어진 실학 연구의 성과를 총 정리하고 그 바탕 위에서 실학 연구의 새로운 지평을 모색하려는 의도 하에 기획하였다. 여기에는 남·북한 실학 연구의 대체적인 경향이 다른 것은 물론이고 남한 내에서도 실학에 대한 이해가 다양하게 나오는 상황에서, 이를 현재적 관점에서 재정리함으로써 방대한 실학 영역을 통일적으로 이해하고 나아가 제반 국내외적 조건이 변화하는 21세기의 벽두에 실학 이해의 새로운 지평과 단서를 모색해 보자는 야심이 자리 잡고 있었다.

『한국실학사상연구』에서는 실학의 철학·역사학, 실학의 정치경제학, 실학의 과학기술, 실학의 문학·예술 등 네 영역으로 나누어 실학의 전 영역을 아우르기로 하고, 실학의 정치경제학에서는 실학자의 정치이념과 정치운영론, 정치·사회·경제·교육·국방개혁론 등을 정리하기로 하였다. 이들 주제는 그간 대체로 국사학계에서 주도적으로 연구를 진행하였기에, 이 정리를 통하여 국사학계 고유의 실학 연구의 시각과 방법을 보다 풍부하게 이해할 수 있는 성과도 있을 것이다. 수록된 글의 주제와 내용을 정리하면 다음과 같다.

조성을의 「朝鮮後期 實學의 理想國家와 政治體制論」에서는 실학자들이 전망했던 새로운 국가, 새로운 사회의 성격이 어떠한지를 살폈다. 필자는 이를 위하여 유형원, 윤휴, 이익, 정약용 등 기호남인계 학자들의 생각을 집중적으로 검토하였다. 필자는 실학의 정치이념이 민본주의에서 점차 변화하여 민주주의의 정치이념에까지 이르렀다고 파악했다. 곧 유형원·윤휴에서 시작된 민본주의의 변화는 이익 단계에서 단초적으로 민을 나라의 주인으로 볼 수 있게 하는 과정을 거쳐 정약용에 이르러서는 완전히 민주주의적 단계에 이르렀으며, 이것은 동아시아 중세의 정치 이념으로 기능하여 왔던 유학의 민본주의가, 실학에 의해 궁극적으로 민주주의 단계로 발전하였다는 것이다.

이 같은 이해를 바탕으로 필자는 실학 전체의 성격에 대해 몇 가지 적극적인 주장을 펼쳤다. 정리하면 다음과 같다. 첫째, 실학은 정치 이념의 측면에서 近代指向的인 데에 그치는 것이 아니라, 근대지향적인 데에서 출발하여 점차 발전하여 근대적인 것에 도달하였다. 그것은 이를테면 정약용의 생각이 신분제 해체를 주장하고 농본주의를 극복, 사농공상의 대등성을 주장하는 차원에까지 이른데서 확인할 수 있다. 이것은 독자적인 朝鮮性理學의 기반 위에서 발생한 實學이, 명말청초의 양명학 및 경세치용학과 청대 고증학이라는 외적 영향을 받는 가운데에서도, 기본적으로는 내재적으로 발전하여 이룩한 성과였다. 즉 이것은 공자·맹자에 의해 민본주의 이념으로 출발한 유학이 실학자들에 의해, 민주주의 이념에 기초한 근대사상으로 발전하였음을 의미한다. 이런 점에서 조선후기 실학은 동아시아 유학 발전의 최정점에 있는 동시에 東아시아 文化圈이 스스로의 힘에 의해, 內在的으로 '近代를 理念的으로 創出'하였음을 의미한다.

둘째, 실학은 원래 유학이 갖고 있던 爲民政治 관념의 연장선상에서

民生에 적극적인 관심을 기울였다. 이것은 서구의 부르주아 민주주의가 형식적, 절차적 민주주의만을 주장하는 것과 차이가 있다. 실학은 서구가 수정자본주의의 단계에서나 갖기 시작한 복지의 이념을 이미 갖고 있는 한편, 小民(소농민・중소상공업자) 입장에서의 경제 발전을 추구하였다. 이것은 실학이 현재 21세기의 초두에도 현실적・실천적 의미를 갖고 있음을 뜻한다.

셋째, 실학은 근대 서구가 내셔널리즘의 경향을 갖는 것과 달리, 매우 개방적인 對外觀, 보편주의적 시각을 갖고 있었다. 따라서 실학의 성격을 '民族的'이라고 이해하는 방식은 수정되어야 한다.

필자는 이러한 결론을 바탕으로, 조선후기 실학의 정치 이념은 근대 민주주의 성격의 단계에 도달함과 아울러 그것을 넘어서는 측면도 있다고 파악, 조선후기 실학은 21세기 세계주의적인 민중적 민주주의를 향해 열려진 체계라고 할 수 있다고까지 적극 평가했다.

정호훈의 「實學者의 政治理念과 政治運營論」에서는 실학자들이 개척했던 정치운영론의 성격을 '法治'와 연관하여, 그리고 당쟁 혁파와 정치문호의 확대와 연관하여 정리하고자 하였다. 필자는 실학자들이 『經國大典』으로 법제화된 조선의 국가체제를 해체하여 새로운 사회구성까지 전망하는 가운데 사적인 경제 활동, 사적인 권력 행사를 국가가 가진 위력을 통하여 제한하고 통제한다는 의미로서의 '國家=公'이라는 이념을 발전시켰으며, 실학자들의 정치운영론은 이러한 이념 위에서 확립되었다고 파악했다.

실학자의 정치론에 대해 필자는 이들이 주자학의 도덕 정치론에 대해 지극히 비판적이었으며 이를 止揚, 克服할 수 있는 논리를 적극 개척하였다고 파악하였다. 주자학의 도덕정치론은 法・刑政과 같은 강제적 외재적 규범을 강조하면서도, 정치의 준거를 治者 內面의 도덕성에 연관하여 설정하는 점에서 德治論의 성격을 지녔으며 또 臣權 중심 정치론의 근거가 되었는데 반해, 실학자들은 국가의 권한을 강화하며 일률적이고 공정한 法·制度를 중심으로 정치가 이루어져야 한다고 구상했다는 이해이다. 필자는 이를 두고 법의 역할을 적극 활용하는 정치론, '法治'的 方式의 강화라고 정리하였다.

필자는 실학자들의 정치개혁론은 이러한 도덕정치론의 틀을 벗어나 '法治'의 방식을 강화하자는 구상을 전면적으로 담으며 성립하였는 바, 이들은 公論政治에 기초한 黨派政治를 부정하고 관료제를 정비, 그 운영을 강화할 것을 구상하였다고 정리하였다. 특히 言官制의 정비를 이들은 강조하였다고 하였다. 이들의 생각은 양반 사대부의 臣權 중심의 정치를 벗어나, 새로운 사회체제 국가질서를 전망함에 필연적으로 요청되는 정치운영론을 모색하자는 노력의 소산이었다. 실학자들은 당색에 따라, 그 구체적인 내용을 놓고는 서로 그 성격을 달리했지만, 이 같은 이념, 이 같은 방식을 통하여 양반 사대부들의 계급적 이해를 억제하는 한편, 民生을 안정시키고 民權을 성장시킬 수 있다고 생각하였다.

한편 필자는 이러한 정치운영론은 양반만이 아니라 일반 民人들도 정치에 참여할 수 있는 길을 열어놓는 것으로 연결되었다고 이해하였다. 丁若鏞의 단계에 이르러 나타난, 국가의 각급 행정단위, 정치단위의 수장을 아래로부터의 공론을 바탕으로 선출하자는 논의는 그러한 정치운영론의 집약태였다는 것이었다.

필자는 이러한 연구를 바탕으로, 실학자들이 개척한 정치이념, 정치운영론은 당대 조선사회가 요구했던 변화의 열망을 혁신적으로 반영하며, 또 시대를 先取하며 형성되었다고 할 수 있는 바, 실학자들이 제기했던, 國家=公 理念, 그리고 法이 사회 운영의 중심적인 수단·근거로 되어야한다는 논의는 한말 이후로, 끊임없이 주목되며 서구의 여러 새로운 사유를 받아들임에 주요한 자양분이 되었다고 정리하였다.

원재린의 「대외인식의 변화와 세계 이해의 확장」에서는 화이관의 변화, 東史 인식의 강화를 중심으로 실학자 특히 이익과 홍대용의 대외관과 세계 이해 능력을 살폈다. 종래 연구에서 실학자들의 대외인식과 연관하여 실학의 특징으로 민족성 자주성을 추출하였는데, 그런 점에서 이 연구는 실학의 특성을 이해함에 매우 중요한 주제라 하겠다.

필자는 이익과 홍대용에서 인식론의 변화가 공통적으로 일어나며 그 주된 내용은 漢族 중심의 중화질서체계로부터 벗어나 이적으로 간주했던 청나라의 문화를 긍정하고 수용하는 과정에서 상대적 관점에서 개별 사물의 이치를 객관적으로 인식하는 노력이라고 파악했다. 필자는 이러한 변화는 한편으로는 時勢를 중시하는 사고와도 연결된다고 하고 이러한 사고가 급변하는 국제정세 속에서 청나라와 서양 제국의 선진문물을 수용할 수 있었던 인식론적 근거로 작용했다고 파악하였다.

한편 필자는 시세를 중시하는 사고 속에서 華와 夷를 상하 수직적으로 파악하던 이해방식은 다원주의적 관점에서 상대 국가를 상호 평등적으로 이해하는 방식으로 점진적으로 대체되어 갔다고 정리하였다. 그 결과 과거 尊華卑夷의 시각에서 이적시되었던 주변 국가들의 정체성을 인정하는 경향이 나타났으며, 다원적 세계관에 입각한 동양과 서양 제국에 대한 관심은 최종적으로 東國의 정체를 객관적으로 인식하는 데로 귀결되었다는 것이다. 필자는 한편 실학자들은 동국 체제를 상대적 관점에서 비판적 안목으로 파악하였으며, 그 과정에서 드러난 문제점을 해소하기 위한 방안을 마련하고 제시함으로써 양란 이후 새롭게 정립된 국제질서 속에서 국가 경쟁력을 제고해 나아가기를 기대했다고 한다.

필자가 파악하기에, 이들 실학자들의 東國 인식에서 무엇보다 주요한 주제로 부각되었던 것은 국가운영에 필요한 제도적 기반, 그리고 동국의 외재적인 형세를 규정하는 疆域이었다. 특히 실학자들에게서 강역이 주목되었는데, 입국의 확립을 위해 도덕체계나 윤리규범보다는 국력을 구성하는 외형적·물질적인 요소 혹은 형세를 중시했던 결과였다.

필자는 이 같은 강역에 대한 관심은 자연스럽게 영토 수호의 의지로 표출되었으며, 그것은 안민을 고려하는 가운데 이루어졌다고 파악하고, 토지개혁을 안민을 이루기 위한 방안으로 연결하여 이해했다. 이익과 안정복, 홍대용과 박지원에서 나타나는 바, 토지개혁을 통해 자영소농층을 육성할 수 있는 立國 토대를 마련함으로써 기왕의 양반지주 중심의 국가운영방식에서 벗어나고자 한 구상은 이 같은 생각이 응축된 결과였다는 것이다. 필자는 이러한 농민적 토지소유의 보장과 국가운영체제 전반에 대한 변혁은 동국의 정체를 일신하며 국가구성원 모두가 안복을 누리는 일이었고, 여기에 실학의 특징으로 거론되는 자주성과 민족성의 내연과 외포가 담겨져 있다고 파악했다.

필자에 의하면 성호학파와 북학파의 대외인식에서 나타난 실학의 면모는 최종적으로 다음과 같이 정리된다. 곧 이들 실학자들은 상대적 관점에서 사물을 객관적으로 파악하고, 실제적·경험적 개별성을 중시하는 학문인식 태도를 지녔다. 이를 토대로 실학자들은 동국의 정체를 정확히 인식할 수 있었으며, 동사에 대한 관심과 연구를 진척시켜 실학의 체계화와 그 실용성을 한층 고양시켰다. 그 과정에서 실학은 자연스럽게 중세적 사회운영방식을 극복할 수 있는 근대적인 성격을 갖는 새로운 학문과 사상체계로 확정되어 나아갔다.

최윤오의 「朝鮮後期 所有論과 土地論」에서는 실학자들의 토지제 개혁론을 所有論과 土地制 改革論을 중심으로 다루었다. 필자는 조선후기 토지소유를 둘러싸고 전개된 토지개혁론은 17세기 이후 제기된 국가개혁 논의, 곧 국가재조를 위한 노력과 밀접한 관련을 맺고 확대되었다고 파악하는 가운데, 이러한 토지개혁론 구상을 소유론과 연관하여 본다면 私的 所有權를 전제로 收租權을 제한하는 방향과 국가가 사적소유를 통제하거나 박탈하여 國有 또는 公有 방식으로 정전제 이념을 실현시킨다는 논리의 대결로 압축된다고 하였다.

이와 연관하여 필자는 이러한 토지개혁론이 크게 두 가지 입장으로 귀결되었다고 하였다. 1719~1720년의 庚子量田 연장선에서 시행된 1897년 光武量田 단계의 양전사업이 하나의 방법론이었다면, 1894년 농민전쟁에서 나타난 '平均分作'의 논리는 그와 구분되는 또 다른 방법론이었다는 것이다. 필자는 전자의 경우는 정부지배층의 입장에서 양반지주층의 이익을 대변하는 양전사업으로 나타났다면, 후자의 경우는 농민의 입장에서 토지개혁을 요구한 사건이었다고 이해한 뒤, 이러한 토지개혁론은 일본제국주의의 침략에 의해 왜곡된 채 1945년 이후 남쪽의 농지개혁과 북쪽의 토지개혁으로 마무리되었다고 하였다.

결국, 필자는 조선후기 토지개혁론의 의의는 곧 근대국가 건설 논리와 밀접한 관련을 가지는 데서 구할 수 있다고 이해하고 다음과 같이 결론지었다. "조선후기 양란 이후의 체제위기에 직면하여 國家再造를 행하고자 했을 때 儒者들의 입장에 따라 다양한 논의가 나왔고 그것은 두 가지 방향으로 나타났다. 양반지주층의 입장을 고수하면서 다른 의견을 배제하는 한편 보수적으로 농민지배를 실현하려는 지배층의 입장인가, 아니면 농민적 입장에서 지배체제를 타도하고 새로운 체제를 만들어 내려는 혁명적인 방향인가, 그렇지 않으면 양자의 논의가 合作의 방식을 통해 통일적으로 수렴되는가 였다. 19세기말 근대 한국이 경험한 것은 대립이었고, 20세기 중반 분단 한국이 경험한 것도 대립이었다."

김무진의 「실학자의 신분제 개혁론」은 크게 두 내용으로 이루어져 있다. 그 하나는 실학자의 인간관을 통한 신분관 이해이고 또 다른 하나는 사회 구성원들이 새로운 사회에서 신분질서상 어느 위치에 편성되는가에 하는 점에 대한 고찰이다.

필자는 실학자들의 신분제 개혁론은 근본적으로 인간에 대한 이해의 변화에서 출발했으며, 나아가 조선사회의 인민을 어떻게 볼 것인가의 문제와 관련이 있다고 파악했다. 그리하여 인간관의 변화에 따라 인민의 범주가 변화하는데 여기에는 인민의 범주 가운데 노비를 포함시키는 것과 노비제를 폐지하여 양인화 하는 길, 두 가지가 제시되었다고 이해했다.

실학자들의 사회신분제에 관한 개혁론과 관련하여 필자는 이것이 두 가지의 측면에서 전개되었다고 파악했다. 하나는 사회의 分業體系를 再編成하는 것이었고 다른 하나는 사회의 階層을 再編成하는 것이었다. 분업에서의 직업이 사회신분제와 결합되었던 사정 하에서는 그 둘이 별개의 것이 아니었지만 그 둘은 엄밀히 말하자면 다른 것으로 이해될 수 있다는 것이었다.

사회의 분업체계를 재편하는 문제에 대해서 필자는 실학자들이 종전의 四民編成을 기준으로 논의를 전개하였다고 파악했다. 四民再編論은 사민 구도 자체를 건드리지 아니하고 사회구성원을 사민 안에 어떻게 재배치할 것인가의 문제였는데, 여기서 사민재편론은 단순히 양반층의 농업 혹은 상업 등으로의 투신을 유도하는 것과 전사회구조의 재체제화를 수반하는 것 두 양상으로 나타나는데, 전자의 경우에도 사회구조의 변화를 예상할 수 있지만 후자의 경우에는 결국 양반층의 사회적 제 특권을 배제하고 새로운 신분질서를 형성하겠다는 것이며 그 지향은 평등한 사회였다는 것이 필자의 의견이었다. 필자는 또한 차별적 신분제의 철폐는 토지를 통한 양반의 계급적 지배를 제거하는 것, 곧 생산자 농민의 토지소유를 실현하고 지주제를 부정하는 것으로 연결된다고 파악했다.

한편 필자는 실학자의 四民分業論의 특징 중의 하나로 사민의 틀을 그대로 유지하고 있지만 사민의 선택에 신분적 제약을 배제시키고 있다는 점을 거론하였다. 실학자들은 농업뿐만 아니라 工商을 선택할 수도 있다고 하였는데, 이것은 사민분업체계를 유지하되 이 시기 발달하고 있는 상품화폐경제의 발달을 재편에 반영하여 균형적인 상공업의 발전을 도모하는 것이었다는 이해이다.

필자는 이러한 사민재편은 단순히 사회적 분업을 재조정하는 것에 그치는 것이 아니라 계층을 재편하는 것이기도 하였음에 주목하였다. 종전의 분업이 계층화되어 운영되고 있었기에 그것을 재편하는 것은 종전의 직업에서의 차별을 유지하건 아니면 새로운 분업의 조정이 직능에 따르면서 차별적 성격을 불식시키건 간에 재편된 분업체계 안의 각 직업을 가진 자는 종전의 계층일 수는 없기 때문이라는 것이다.

한편 필자는, 실학자들의 신분제 개혁론에 따라서 삼강오륜으로 대표되던 윤리관도 변화하였다고 정리하였다. 상하 차별의 엄격한 신분제적 질서가 유지되는 사회에서의 윤리와 상하관계가 점차 평등한 것으로 전환되는 사회에서의 윤리는 다를 수밖에 없기 때문이었다. 그러면서도 필자는 이들 실학자들의 윤리관에는 여전히 종전의 가치 기준이 묻어 있음을 놓치지 않았다. 이들이 존재론적인 인간 이해에서 인간 평등을 지향하고 있었지만, 현실의 인간관계는 쉽게 새로운 것으로 전환될 수 없는 것이었기에 실학자들은 현실의 인간관계를 유지하는 윤리를 기존의 윤리론에 의거하여 전개하게 된다는 이해였다.

결국 필자는 조선후기 실학자들의 신분제 개혁론은 신분제가 유지되는 현실을 반영한 요소를 내재하는 한편으로 차별적 질서가 철폐되고 평등한 인간관계를 바탕으로 하는 사회를 지향하고 있었다고 결론지었다. 그 때 그러한 사회는, 신분제가 지주전호제와 함께 조선사회를 유지해온 기둥이었던 것에서 보듯이, 전 사회구조의 개혁을 의미하는 것이었다.

오영교의 「조선후기 실학파의 지방제도 개혁론」에서는 실학자들의 지방제도 개혁론을 17세기와 18세기 두 시기로 나누어 살폈다. 17세기에는 유형원의 향정론을 주로 검토했고, 18세기는 안정복의 향사법, 그리고 정약용의 지방제 개혁론을 다루었다.

유형원의 향정론에 대해 필자는, 外任重視論, 官職久任論 및 冗官革罷=併省州縣論은 앞선 李珥의 지방제도 更張論을 계승한 위에 여기서 한 걸음 더 나아가 土地制度 改革論과 토지분급제를 바탕으로 생산단위와 적절한 家戶數와의 일치를 통해 古法制의 향촌사회를 재현시키려 했다고 파악했다. 한편 필자는 유형원의 鄕政論은 국가의 향촌지배정책의 강화, 기저의 생산력 발전에 기인한 자연촌의 성장이라는 향촌상황을 직시한 논리였다고 파악했다. 토지분급을 전제로 한 향촌제도의 단위 확정과 이를 기반으로 한 貢擧制·學校制 및 軍事制度의 개혁을 강조한 사실에서 이를 확인할 수 있다 함이었다.

안정복에 대해 필자는 향촌통치에 대한 방책과 鄕社法의 시행방안을 제시한 데 주목하였다. 필자에 의하면 안정복은 경제력을 담보한 富民을 주목하고 그들의 향촌지배기구(말단 실무 향임직)에의 참여를 유도하였으며, 「廣州府慶安面二里洞約」의 운용사례에서 보듯 실질적인 군현통치 과정에서 수령중심의 향촌교화를 도모하려 하였다고 한다. 필자는 안정복이 18세기 신분제 변동과 양반층의 형해화된 현상을 깊이 인식하고 있었지만, 그는 下民의 이익을 옹호하는 논리를 발전적으로 계승하기보다는 '抑强扶弱'의 논리와 洞約실시를 통하여 사족 중심의 사회질서의 재구축을 모색하고 있었던 것으로 이해했다. 중세사회를 해체시키면서 성장하고 있는 민의 실체를 예리하게 포착하였지만 이들 사회세력을 중세적인 사회질서 속에 재편입시키고자 노력하였을 뿐이라는 평가였다.

필자는 또한 안정복의 토지제 개혁에 관심을 두어, 안정복이 「配井田法」에서 대토지 겸병을 비판하고 노동력에 따른 토지소유의 상한선을 규정하고 民産의 균등화를 지향하고 있었음을 정리하였다. 향촌문제의 해결은 궁극적으로 민들이 일정한 산업과 거처가 있을 때 가능한 것임을 안정복은 인식하고 있었다는 이해였다.

정약용에 대해 필자는 郡縣分隷論·郡縣分等論을 통해 지방행정구역의 조정을 모색한 점, 목민관으로서 守令制 개혁론을 考績制와 더불어 전면 제시한 점, 재지세력에 대한 대책으로 鄕所制 개선론 및 束吏

48

論을 제기한 점 등을 검토하였다. 필자는 정약용의 지방제도 개혁론은 周禮의 6典 編制에 근거하고 있으며, 그것은 지나친 이상론이 아니라 당시 조선사회의 현실을 직시하여 실천이 가능하도록 전용시킨 방안이었다고 정리하였다.

이와 같이 살핀 뒤 필자는 실학자들 사이에서 지방제도 개혁론은 조선후기 사회경제의 단계적 변화, 그리고 실학 전반의 발전과 대응하며 달라진다는 인식 위에서, 柳馨遠과 安鼎福 및 丁若鏞의 鄕政論의 특징을 다음과 같이 정리했다. 첫째, 실학자들은 기존 郡縣制 대책에서 군현의 효율적인 배치와 수령·향리제의 개혁론을 언급하고, 보다 하부기구인 面里制를 향촌통치의 근간조직으로 설정하면서 향촌내 여러 사회조직을 통일적으로 접합시키고자 하였다. 둘째, 실학자들은 재지사족은 私的 토지소유, 노비에 대한 인신적 지배를 통해 그리고 차별적인 신분제 및 국가권력에 의해 보장된 계급적 이해관계를 발현하고 있었던 바, 이들을 공적 사회제도인 面里機構의 제 직임 속에 적극 포섭하고자 노력하였다. 한편 유력한 재지사족에 대해서는 전통적인 鄕約조직의 직임을 부여하고 守令 보좌기구로서 鄕官의 직임을 공식화하여 임용시키려 했다. 이처럼 재지사족을 面里기구의 운영 직임으로 적극 유치함으로써 효율적인 향촌통치가 이루어진다는 점에 공통된 견해를 보이고 있다. 즉 향촌사회·민에 대한 국가의 단일 지배체제의 확립을 도출하고자 하였다. 셋째, 실학자들은 철저히 토지분급을 전제로 한 향촌조직을 강조하여 생산자·생산단위와 향촌통치조직을 연계시키려고 한 점에서 보다 근본적인 변혁을 주장하였다.

서태원의 「실학자의 군사제도 개혁론」에서는 국방개혁의 방향과 이념, 군사조직 개혁론, 군비개혁론, 방어체제 개혁론을 중심으로 실학자들의 국방론을 다루었다. 필자는 종래 실학자의 군사제도 개혁론에 대한 연구 경향을 인물 중심으로 한 연구 및 실학자의 군제개혁론을 주제별로 세분하고 이를 비실학자의 견해와 대비하여 살핀 경우 등으로 정리한 뒤, 첫째 국방개혁의 방향과 이념에서는 병농일치론과 문무일치론을, 둘째 군사조직 개혁론에서는 중앙군·지방군·수군을, 셋째 군비(軍備) 개혁론에서는 무기·군수 및 축성론을, 넷째 방어체제 개혁론에서는 읍성론·도성방어론 및 민보의와 변방론 등으로 나누어 검토하였다.

필자가 파악한 실학자의 군제개혁론은 다음과 같이 정리할 수 있다. 필자는 실학자의 병농일치론에 대해 군인에게 토지를 제공해준다는 점에서 給保에만 의존했던 조선전기의 군사제도에 비해 군인의 처우를 크게 개선하려 한 진보적인 견해이며, 국가의 근본인 토지제도의 개혁을 통해 군포의 폐단 등 군역문제를 해결하려 하였다는 점에서 정부지배층의 한정수괄론이나 지배층 일각에서 제시한 호포론에 비해 종합적이고 본질적인 개혁론이었다고 파악하면서도, 사 이상의 양반들은 토지를 받으면서도 군역을 면제받음으로써 양반에게도 군역부담을 시키려 했던 정부지배층의 호포론이나 조선전기 오위제에 비해 보수적이며, 직업 군인이나 장기 복무하는 군인에 비해 농민이 군인을 겸함으로써 군인의 전문성을 떨어드리는 데에서 야기되는 문제점 등을 제대로 인식하지 못하였다고 파악하였다. 실학자의 兵農一致論에서는 진보적·애민적 측면은 물론이고 양반계급적 한계와 보수적인 측면 등이 함께 엿보인다는 것이다.

文武一致論에 대해 필자는 17세기와 18세기 이후의 생각에 차이가 있음을 강조하였다. 17세기는 유형원이 문과와 무과를 폐지하는 등 문무의 구분을 없게 하여 문무일치를 추구했다면, 18세기 이후 실학자들은 무과의 폐지가 아니라 문에 비해 경시된 무를 강화하여 문과 무를 동등하게 하는 문무일치론을 모색했다는 것이다.

실학자의 군사조직 개혁론과 관련해서도 필자는 17세기와 18세기 실학자들 사이에 차이가 있다고 정리하였다. 즉 17세기 유형원은 조선전기의 五衛制와 鎭管體制를 복구하되 조선전기와는 달리 군인에게 토지를 지급하려 하였고, 중앙에는 軍額이 축소된 훈련도감을 존속시키고 지방에는 『紀效新書』의 편제를 지방군 하부조직에 유지시키는 가운데 신·구군제를 병용하려 하였다. 반면 18세기 이후의 실학자들은 조선전기 오위제나 진관체제를 복구하려 하지 않았다는 점에서 유형원과 차이가 있었다고 하였다. 즉 중앙군 개혁에서는 이미 조선후기 중앙군제로 자리 잡은 오군영의 문제점을 시정하려 하였고, 지방군 개혁에서는 행정과 군사를 일치시키는 진관체제의 이념을 바탕으로 하되 정전법·여전법 등과 결부하여 향촌조직과 군사조직을 일치시키려 하였다. 아울러 18~19세기에 평화의 시대가 전개되고 중세사회 해체기를 맞이하여 도적의 저항 규모도 커지고 빈도도 많아짐에 따라, 이 시기의 실학자들도 치안문제의 해결에 보다 관심을 기울이는 변화도 나타났다고 파악했다.

실학자의 군비개선론과 관련하여 필자는 17세기의 유형원에 비해 18·19세기의 실학자들이 무기의 제작과 관리 및 성의 방어시설에 보다 많은 관심을 보였다고 정리하고 이것은 유형원이 생존하였던 시기에 비해 18·19세기는 무기의 보관과 관리에 문제점이 많았고 군사력도 약해졌기 때문이라고 여겨진다고 하였다.

방어체제 개혁론과 관련해서 필자는 이를 읍성·도성방어론 및 民堡議와 변경론으로 나누어 살폈다. 17세기 유형원의 유성전수론은 인구의 증가와 상공업의 발달 등에 따른 사회경제 변동을 미리 인식함으로써 18세기 정부지배층의 도성방어론보다 훨씬 앞서 제기된 개혁안이며, 민보의는 지방 군사력이 약화된 현실에서 유사시 향촌민 스스로 자기의 재산과 생명을 지키게 하는 민간 방어론이라는 점에서 실학자로서의 현실성이 돋보인다고 파악하였다. 한편 변방론은 민족주의와 연관할 때 의미가 있음을 강조하였다.

차미희의 「실학자의 교육제도 개혁론」에서는 조선후기 교육 현실에 대한 실학자의 인식, 실학자의 교육제도 개혁론의 내용과 지향을 살피고 향후 연구를 위한 제언을 제시했다.

필자는 대체로 실학자들의 교육제도 개혁론이 과대하게 평가되어 왔다고 정리했다. 그간 연구자들은 대개 서양 근대교육에서 나타난 일반적인 특징들을 실학자의 교육제도 개혁론에서도 찾아내기 위해 특정한 연구 성과만을 고집하고, 무리하게 사료를 끌어대거나 논리적 비약을 서슴지 않았다는 것이 필자의 진단이다.

이 같은 판단 위에서 필자는 실학자의 교육제도 개혁론을 제대로 연구하기 위해서는 다른 무엇보다도 전통시대의 교육, 조선시대의 교육이 지니는 특질을 정리하고, 그것이 조선후기에 이르러 교육에 어떠한 변화를 나타내는지를 정확하게 이해해야 하고, 이를 위해 몇 가지를 유의해야 할 것으로 보았다. 조선시대 교육제도사에 대한 연구 역량이 보다 강화되어야 하며, 교육제도를 사회사적인 관점이 아닌 교육사적 입장에서 연구하는 경향도 회복되어야 할 것, 조선후기 국가 차원, 관료(중앙관료, 지방관)들의 교육 현실에 대한 문제 인식과 대응책을 함께 다루고, 더 나아가 실학자의 교육제도 개혁론을 개화기 정부의 교육정책 및 지식인의 교육개혁론과도 비교해야 할 것, 조선후기 실학자들의 교육개혁론은 그들의 사회개혁론 속에서 매우 중요한 비중을 차지하기 때문에 기타 사회 부분의 개혁론과도 연결하여 검토해야 할 것, 서양의 근대 교육사를 정확하게 이해해야 할 것 등등이 그것이다.

이와 함께 필자는 그간의 연구에서 드러난 실학자들의 교육개혁론의 특징을, 첫째 실학자들의 교육제도 개혁론이 문반관료 양성 교육을 중심으로 나타나는 점, 둘째, 유형원, 홍대용, 정약용과 같이 체계적인 개혁론을 제시한 실학자에게서 공통적으로 볼 수 있듯이, 학교제도의 조직과 운영을 국가의 행정조직에 따라 보다 위계적으로 체계화하고, 그 중 행정 최하위 단위의 교육기관(초등교육)에서는 신분의 제한이 없게 하자고 주장하는 점 등 두 가지라고 정리하고 이를 바탕으로 새로운 해석을 시도하였다.

필자에 의하면, 실학자들은 조선후기의 사회 변화를 수용하여 초등 교육 단계에서는 종래 교육은 물론 교화의 대상에서도 제외된 천인까지를 포함한 모든 신분의 아동에게 기초 유교 교육과 문자 교육을 실시함으로써 체제 내에서 유교적 교양과 지식의 확산을 시도하였다. 또한, 실학자들은 행정 최하위 다음의 상위 교육기관(중등·고등교육)에서는 기존의 양반 사대부를 중심으로 삼고 기타 신분층 내의 뛰어난 몇몇 사람들을 포함하여 관료를 양성시키는 교육을 담당하도록 구상하였다. 이때에는 새로운 관료상에 맞추어 종래의 德行과 道藝를 중심으로 하면서도 이전에 비해 실용과목과 국사의 비중을 강화한 내용을 교육하는데, 이것은 국내외의 현실 변화를 지배층이 주도적으로 수용하면서도, 새로운 신분체제를 지향함으로써 국가체제를 유지하려는 의도로 이해된다는 것이다.

필자는 이러한 내용을 토대로 실학을 근대지향적인 것으로 평가하고 '실학을 개화사상과 연결하려는 기존의 견해'는 성립할 수 없으며, 오히려 실학이 東道西器論과 연결되어야 한다고 주장하였다. 이를테면, 개항 후 1883년에 어윤중 등 동도서기론자들이 중심이 되어 설립한 원산학사의 교육내용이 실학자들이 주장한 교육내용과 일치하는데서 실학과 동도서기론의 연결성을 확인할 수 있다고 하였다.

결국, 필자는 다음 문장과 같이 자신의 실학관을 압축하였다. "우리는 지금까지 실학과 성리학과의 단절성, 실학과 근대 개화사상과의 연결성을 주문처럼 머리에 외워왔고, 간절히 바래왔다. 이것이 식민사학을 극복하고 내재적 발전론에 의해서 한국의 역사상을 구성하는 지름길이라고 여기고 실증의 부재, 논리적 비약에는 눈감아 왔던 것이다. 그러나 이제까지의 실학 연구를 총정리하고, 다시 실학 연구를 출발시키려는 지금, 똑같은 결과를 되풀이하지 않길 바라면서 조심스레 제언을 마무리한다."

이상 8편의 논문에서는 각기 실학의 정치경제학의 특성을 부문별로 정리하고, 향후 연구에 대한 전망을 제기하였다. 매 편마다 지금까지 이루어진 실학의 정치경제학에 대한 이해를 비판적으로 계승하며 새로운 지평을 적극 모색하고 있음을 확인하게 된다. 그러나 실학자의 상공업 개혁론, 재정 운영론, 정치체제 개혁론 등이 빠진 까닭으로 실학의 정치경제학의 전모를 살피기에는 부족한 점이 있다. 또 각 논문들은 실학을 이해하는 방식, 그리고 실학의 향후 연구에 대한 전망에서도 서로 일치하지 않는다. 그런 면에서 애초 의도한 바의 기획을 이 책이 완전히 충족하고 있다고 할 수는 없다.

그럼에도 불구하고 이 책은 조선후기 실학을 '정치경제학'의 영역과 관련하여 본격적으로 정리하고 그 의의를 음미하고자 한 점에서 연구의 의의를 구체적으로 찾을 수 있을 것이다. 실학이 실학인 所以는 이것이 당대 사회가 안고 있던 여러 모순을 새로운 국가와 사회의 체제 구축을 통하여 해결하고자 하는 사유로서 성립하고 발전하는 가운데 현실의 장벽을 허물어 가는 역할을 했기 때문일 것이다. 근현대 우리 역사가 새로운 국가를 어떻게 만들고 발전시킬 것인가 하는 과제를 근간으로 하여 전개되었고 또 그 과제가 현재진행형인 상태에서 '실학의 정치경제학'에 대한 논의는 여전히 치열하게 이루어져야 할 것이다.

朝鮮後期 實學의 理想國家와 政治體制論

趙 誠 乙[*]

1. 머리말

　해방 후 남북의 학계에서 朝鮮後期 實學에 대하여 많은 연구가 행하여져 왔다. 이것은 조선후기에 자본주의 맹아가 싹트고 있었음을 입증하려는 연구와 표리를 이루는 것으로서, 우리 역사를 停滯論의 관점에서 이해한 植民史學을 극복하고, 개항 이전에 內在的 發展 즉 중세사회의 해체와 근대사회로의 이행이 진행되고 있었음을 사상사적 측면에서 밝히려고 하는 노력이었다. 따라서 1960년대 후반 이후 朝鮮後期 實學의 性格을 대체적으로 近代志向的, 民族的인 것으로 이해하여 왔다.

　그러나 최근, 조선후기를 내재적 발전론의 관점에 파악하여 왔던 지금까지의 연구 경향에 대하여 비판이 제기되는 가운데 실학에 대하여 그 한계를 강조하거나 실학의 출발을 매우 늦게 잡는 경향 등이 나타나기 시작하였다. 이러한 연구 경향이 대두된 것은, 조선후기를 바라보는 패러다임의 변화라는 요인 외에, 기존의 연구 가운데에도 실학의 한계를 강조한 연구 경향이 적지 않았던 데에도 기인한다. 예를 들면 실학자들의 身分觀에 대하여 그 한계를 강조하는 연구가 최근까지 계속되어 왔다. 실학자들의 신분관에서 그 한계가 분명하다면, 우리는 실

---

* 아주대학교 인문학부 교수, 국사학

학의 성격에 대하여 적극적으로 규정하기 어렵다.[1]

조선후기 실학의 여러 부문 가운데 身分觀과 더불어 실학의 성격을 명백하게 보여줄 수 있는 것이, 실학자들이 어떠한 國家를 理想으로 하였으며 궁극적으로 어떠한 政治體制를 지향하였는가 하는 實學의 政治理念이다. 하지만 실학의 정치이념에 대하여는 실학자들의 중앙 관제 및 지방제도 개혁론에 비하여, 상대적으로 연구자들의 관심이 적었으며 체계적으로 고찰하여 그 발전 과정의 전체 모습을 명확하게 보여준 연구가 없었다. 더욱이 실학의 신분관에 대한 연구에서와 마찬가지로 그 한계에 주목하는 경향이 없지 않았다.

이 글에서는 먼저 실학의 정치이념과 관련하여 기호남인계의 柳馨遠·尹鑴·李瀷·丁若鏞에 대하여 살펴보기로 한다.[2] 마지막으로 맺

---

1) 실학자들의 신분관에 대하여는 최근 그것을 전체적으로 살펴, 조선후기 실학자들의 신분관은 점차 신분제 해체를 지향하는 방향으로 전개되었으며 마지막 정약용 단계에서는 완전히 신분제 해체를 주장하는 단계에 도달하였음을 밝힌 연구가 있었다(조성을, 「실학의 사회·경제사상 - 신분제도 개혁을 중심으로」, 『대동문화연구』 37, 2000. 12). 실학의 신분관의 문제는 그 정치이념의 성격 문제와도 관련된다. 실학 자체도 크게 보아 儒學의 범주에 속하며, 유학은 '修己安人'을 목적으로 하므로 실학 역시 修己安人을 목적으로 한다. 다만 원래 孔子는 修己安人을 목적으로 하였으나 공자의 사상이 점차 上下關係的 身分秩序 觀念과 結合되고 體制敎學化하면서 그 목적이 '修己治人'으로 바뀌게 되었다. 이런 修己治人에 입각한 정치이념이 바로 民本主義이며 이것은 孟子에게서 비롯되었고 이것이 동아시아 문화권에서 2000년이나 통치이념으로 기능하여 왔다. 유학에서 신분질서의 관념을 배제한다면 그것은 다시 修己安人으로 돌아가는 것이며 近代 이후에 계속 살아남을 수 있다. 이런 신분관의 변화가 조선후기 실학자들에게서 나타나 정약용 단계에 이르러서는 신분관념을 완전히 극복할 수 있었다. 이것은 그의 평등적 인간관에 기초한 것이기도 하였다(조성을, 「정약용의 신분제도 개혁론」, 『동방학지』 51, 1986 참조).

2) 정인보에 따르면 실학은 기호남인계 외에 소론계와 노론계에서도 발전하였다. 실학이 당색별로 발전해 온 것이 사실이므로, 실학을 당색별로 분류하는 방식은 조선후기 당시 실상에 부합된다. 다만 당색별로 발전해 가면서 점차 상호 영향 관계가 있었던 것으로 생각되며 사상의 경향도 비슷한 방향으로

음말에서는 실학의 정치이념의 변화·발전과 그에 따른 실학 성격의 변화·발전, 그리고 이것이 실학 전체의 성격 규정에 대해 갖는 의미, 현재 우리에게 갖는 의의 등에 대하여 생각해 보기로 한다.

2. 柳馨遠

유형원의 정치사상 가운데 중앙관제 개혁론, 지방제도 개혁론 등에 대하여는 어느 정도 연구가 진척되었으나 정치이념에 대한 연구는 거의 없다고 할 수 있는 실정이다. 이에 대한 관심이 적었던 탓도 있지만, 현존 자료 가운데 정치이념과 관련된 것이 매우 희소한 탓도 있다. 그러나 그런 가운데에도 『磻溪隨錄』 등에 그의 정치이념을 엿볼 수 있는 자료들이 散見된다.

먼저 유형원은 정치의 기능에 대하여 '古者政在養民'이라고 하여 養民에 있다고 하였다.[3] 여기서 古란 무엇인지가 문제이다. 그는 古에 대하여 다음과 같이 말하였다.

> 按古之聖王 代天理人 其所爲制 皆以道範事 而使萬物各得其所也 經夏歷商 損益彌密 至周則大備矣 秦人蕩覆滅之 百爲皆變 無復可論[4]

여기서 '古之聖王'은 夏나라와 商(殷)나라에 앞서서 언급되고 있으므로, 문맥상 堯舜을 가리키는 것으로 볼 수 있다. 古之聖王으로서의

수렴되었다. 기호남인계 실학자들의 정치이념만이 아니라 노론계와 소론계 실학자들의 그것까지 다루어야 실학의 정치이념 발전과정의 전모를 알 수 있지만, 지면 관계상 소론계와 노론계 실학자들의 정치이념에 대하여는 이 글에서 다루지 않고, 추후 별도의 글에서 다루기로 한다.

3) 『磻溪隨錄』 卷1, 전제 상, 11쪽. 이하 '반계수록'을 '수록'으로 약칭한다.
4) 『隨錄』 卷17, 직관고설 상, 338쪽.

堯舜이 제도를 道에 입각하여 만들었으며 夏나라와 商(殷)나라를 경유하면서 가감하여 보다 잘 정비되어 周나라에 이르러 완비되었으나 秦나라가 이를 모두 파괴하였다는 것이다. 유형원에게서 古란 堯舜에서 夏殷周 三代에 이르는 시기를 가리키는 것이며 堯舜 시절 道에 입각하여 만들어지기 시작한 여러 제도가 周나라 때에 이르러 完備되었다고 생각함을 알 수 있다.[5]

이런 생각에 따라 유형원은 周나라 때의 제도를 체계적으로 정리한 책으로 생각되어 온,『周禮』에 수록된 제도를 가장 이상적인 것으로 생각하였다.『磻溪隨錄』에서는 먼저 자기의 개혁론을 주장한 다음 攷說을 붙여 유교 경전과 중국 및 우리나라의 제도상의 변화를 고찰함으로써, 자신의 견해가 정당함을 입증하고자 하였다. 이런 攷說에서 유형원이 가장 우선적으로 개혁의 이상적 모델로 생각한 것이 대체로 周禮에 언급된 각종 제도이다. 이런 周나라의 제도 가운데에서 가장 기본이 되는 것으로 생각한 것은 土地制度와 官制이다. 위의 인용문에 이어서 유형원은 "設官分土 乃經理天下之大綱大紀也"이라고 하였다.[6]

---

5) 그러나 유형원은 이 三代의 이상적 제도가 秦나라에 의해 붕괴된 뒤, 漢·唐·宋나라를 거쳐 시대가 내려올수록 쇠퇴하였다는 퇴보적 역사관을 가졌다. 즉 "自周衰 官失而百職亂 戰國競爭 各有變易 然大槩猶承周制 至秦幷天下 建皇帝之號 廢先王之典"(『隨錄』卷17, 직관고설 상, 338쪽)이라거나 "漢仍秦制 不置六官 未免苟陋 於其名義條序之間 亦見有失當者 然其設官皆實事 無一浮靡之員 亦比後世之所可比也"(『隨錄』卷17, 직관고설 상, 339쪽)이라거나 "宋因唐季五代之亂 官制多紊"(『隨錄』卷17, 직관고설 상, 344쪽)이라거나, 唐志를 인용하여 "宰相之職 佐天子摠百官治萬事 其任重矣 自漢以來 位號不同 而唐世宰相 名尤不正 初唐因隋制 以三省之長 中書令侍中 尚書令 共議國政 此宰相職也"(『隨錄』卷17, 직관고설 상, 343쪽)라고 하였다. 그는 "本國 官制 則大抵倣宋以後而爲之"(『隨錄』卷16, 직관지제 하, 320쪽)라 하여 조선의 제도는 宋나라 이후의 제도를 모방한 것이라고 보았다. 즉 宋나라 이후의 제도를 답습하여 三代의 이상적 제도에서 매우 멀어진 것을 원래 삼대제도에 맞게 대로 變革하려는 것이 유형원의 생각이었다.

6) 위와 같음.

이상적인 토지제도로는 "古井田法 至矣 經界一定 而萬事畢擧 民有恒業之固 兵無搜括之弊 貴賤上下 無不各得其職"이라고 하였다.[7] 이에 따라 유형원은 井田制에 입각하여 농민에게 토지를 분배하는 토지제도 개혁론을 주장하였다. 다만 그의 토지개혁론에서의 토지 구획은 周나라의 井田制가 아니라 殷나라의 그것에 입각한 것이었다. 그의 개혁론은 자신이 "苟能因今之宜 酌古之意而行之"라고 하였듯이,[8] 옛 제도의 근본 취지는 따르되 현실의 실정에 맞추려는 것이었기 때문이다. 즉 그는 周나라와 殷나라의 井田制가 근본 취지는 같지만, 구체적 내용에 있어서는 殷나라의 그것이 조선의 실정에 더 들어맞는다고 생각하였다.[9]

다음으로 官制에 대하여 유형원이 이상적 모델로 생각한 것은 周나라의 官制이고 이를 표준으로 하여, 당시 조선의 관제를 개혁하려 하였다. 첫째, 그의 관제개혁론의 기본 입장의 하나가 不必要한 官員을 없애고 필요한 관원만 두는 것이었다. 이에 대하여 그는 다음과 같이 말하였다.

盖王者設官分職 只是爲民也 唐虞建官唯百 夏商官倍 咸臻至治 後世官逾多 而政有亂 昔賢有言 曰官省則事省 事省則民淸 官煩則事煩 事煩則民濁[10]

즉 중국의 堯舜 및 三代의 理想 시대에는 오히려 官職이 적어 정치가 잘 되었는데 후대에 내려올수록 관직이 많아져 정치가 점점 문란해

---

7) 『隨錄』卷1, 전제 상, 6쪽.

8) 『隨錄』卷1, 전제 상, 6쪽.

9) 이와 관련하여 유형원은 韓百謙의 箕田攷를 인용하여 殷나라의 井田이 箕子에 의해 평양에 실제로 설치되었다고 하였다. 그러나 이것은 나중에 정약용에 의해 부정된다. 그것은 정약용의 토지개혁론은 주나라의 井田制에 입각한 것이었기 때문이다.

10) 『隨錄』卷15, 직관지제 상, 296쪽.

졌다는 것이다. 이에 이어 그는 李珥를 인용하여 "栗谷 告于宣祖曰 我國之大 比於中國 不及一道 臣見 中朝官職衙門 反少於我國 可見我國之官司太冗"이라고 하였다.11) 즉 우리나라의 관직이 중국에 비하여 볼 때에도 지나치게 많다는 것이었다.

이렇게 관직의 수를 줄이려고 한 것은 관리에게 祿을 후하게 주어야 한다는 생각과 관련된다. 그는 『磻溪隨錄』 祿制에서 "我國 地褊人稀 稅入不敷 安可與中朝比隆 然量其邦之大小 稱設官之多寡 要使各報其功 各酬其勞 及於仁親 免於艱食 則一也"라고 하였다.12)

또 이것은 관리의 腐敗를 없애는 방안이기도 하였다. 그는 관리의 淸廉 문제와 관련하여 "出米者 無過於什一 而害於耕 無輕於什一 而不足於用 然後可以裕民生 而給國用 受祿者 職卑而足以代乎耕 秩崇而足以仁其親 然後加以勵廉恥 而成禮俗矣"라고 하였다.13) 즉 관리에게 祿을 후하게 주어야 하며 그래야 관리의 청렴을 바랄 수 있다는 것이다.

유형원의 관제개혁론의 기본 입장 가운데 둘째로 생각한 것이 宰相의 役割과 任務 强化이다. 그는 職官攷說(상)에서 다음과 같이 胡氏의 말을 인용하였다.

胡氏曰 上古一相 專任賢也 漢置二人 存交修之意焉 唐自武后以來 乃有數宰相 然李林甫·楊國忠·元載·盧杞之專權 故以擇人爲要 不以多員爲善也 夫聖王之法 關盛衰 必欲綱擧而紀從 莫若法古 置一相14)

즉 上古에는 오로지 한 사람에게만 宰相의 임무를 맡겼는데 漢나라

---

11) 위와 같음.
12) 『隨錄』 卷19, 녹제, 365쪽.
13) 『隨錄』 卷19, 녹제, 364. 그는 위의 구절에 이어 "本國冗官太濫 俸祿之薄 秩崇者猶患艱食 況其卑者乎 於是苟且之習紛起 營私之弊莫禁"이라고 하였다.
14) 『隨錄』 卷17, 직관고설 상, 343쪽.

때 두 사람이 되었고 唐나라 武后 이래 여럿이 되었으며, 이것은 재상들끼리 상호 견제하도록 하기 위한 것이었으나 가장 좋은 것은 옛날과 같이 宰相을 하나만 두는 것이라고 하였다.15) 이에 따라 그는 京官職(중앙관제) 職制(상)의 서두에 "治一相 與幷置三相 累年不能決 今乃曉然無疑 置一相爲是"라고 하였다.16) 흔히 기호남인의 정치사상을 王權强化論이라고 하지만 유형원의 경우 실제적으로 그 내용을 보면 현명한 재상이 책임지고 관료기구를 통솔하는 것으로 되어 있다. 기호남인계 실학자들이 표면적으로는 서인 또는 노론에 비해 상대적으로 왕권강화를 주장하는 것처럼 보이지만 이것은 국왕의 恣意的 혹은 專制權力의 强化를 주장하는 것이 아니라, 國家 公權力의 强化를 말한 것이다. 國王權 强化論은 국가 공권력의 상징으로서의 국왕을 표면에 내세운 名目的인 것이다. 즉 國家 公權力 强化를 주장하기 위해 方便的으로 제시된 것이라고 할 수 있다.17)

---

15) 그는 漢나라와 唐나라의 宰相 제도에 대하여, 唐志를 인용하여 다음과 같이 비판하기도 하였다. "唐志曰 宰相之職 佐天子摠百官治萬事 其任重矣 自漢以來 位號不同 而唐世宰相 名尤不正 初唐因隋制 以三省之長 中書令侍中尙書令 共議國政 此宰相職也"(위와 같음).

16) 『隨錄』卷15, 직제지상 경관직, 196쪽. 그는 周禮를 인용하여 天官 冢宰, 즉 재상의 임무를 다음과 같이 강조하기도 하였다. "惟王建國……設官分職 以爲民極 乃立天官冢宰 使帥其屬 而掌邦治 以佐王均邦國"(『隨錄』卷17, 직관고설 상, 331쪽).

17) 국왕의 임무에 대하여 유형원은 "古之聖王 代天理人"이라거나(『隨錄』卷17, 직관고설 상, 338쪽), 周禮를 인용하여 "惟王建國 辨方正位 體國經野 設官分職 以爲民極"(『隨錄』卷17, 직관고설 상, 331쪽)이라고 하였다. 그에 따르면 國王은 天을 대신하여 사람을 다스리는 존재이지만 국왕은 구체적으로 마련된 制度(堯舜 및 三代의 理想的 制度)에 의하여 통치해야 한다. 또 실제 관료기구는 현명한 재상(冢宰)이 장악하도록 구상하였다. 따라서 유형원의 관제개혁론이 실현되었다면 국왕의 위치는 명목적인 것이 될 수밖에 없다. 이렇게 周禮에 입각하여 실질적 통치 권한을 재상에게 주면서 군주권을 상징적, 명목적인 것으로 하려고 한 발상은 이미 정도전에게 보인다. 세습제에서 등장하는 군주가 반드시 현명한 사람일 수는 없다. 당시 조선은 세습군주제였고 臣僚로서 이를 정면으로 부인할 수는 없었다. 이런 문제점은 현명한 재

한편 地方制度와 관련하여, 일반적으로 儒者들이 전통적으로 理想
的인 것으로 생각하여 온 것이 周나라의 封建制度이다.[18] 유형원은
周나라의 제도를 가장 이상적인 것으로 생각하였으나 지방제도로서
封建制度를 부활시키려고 하지는 않았다. 그는 지방제도와 관련하여
"後世事 異封建任官制祿 縱不能一如古制 亦必久任而後 治效可責
重祿而後 廉恥乃行"이라고 하였다.[19] 후세의 형편상 옛날 封建制度
는 실시할 수 없다고 본 것이다. 다만 봉건제도에서 좋은 점을 따서,
지방관의 任期를 길게 하고 祿을 충분히 줌으로써 지방 정치를 원활하
게 하자는 것이었다.[20] 이후 李瀷 등 기호남인계 학자들 사이에서는
郡縣制에 封建制의 長點을 加味하는 折衷的 見解가 제시되었다.[21]

　　이렇게 유형원은 封建制의 復活을 원하지 않았다. 이것은 당시 世
襲身分制의 弊端에 대하여 적극적으로 개혁론을 주장하였던 그로서는
당연한 것이라고 여겨진다. 신분관과 관련된 그의 기본 입장을 살펴보

　　상의 존재로서 해결되어야 하였다. 따라서 정도전이래 周禮에 입각한 개혁론
　　자들이 天官 冢宰를 근거로 위와 같은 생각을 한 것으로 여겨진다. 이것은
　　뒤에 살펴볼 것처럼, 尹鑴나 丁若鏞에게서도 마찬가지이다.
18) 儒者들 사이에 있어 왔던, 중국에서의 봉건제와 군현제 논의에 대하여는 민
　　두기, 「중국의 전통적 정치상」, 『진단학보』 29 · 30 합, 1996 참조.
19) 『隨錄』 卷26, 속편 하, 노예, 508쪽.
20) 유형원이 秦나라의 봉건제 폐지와 군현제 실시를 비판적으로 보지 않았음은
　　그가 지관고설 하에서 "秦滅諸國以其地爲郡 罷候置守"(『隨錄』 卷18, 351쪽)
　　라고 항목을 기록하고 그 뒤에 아무런 비판적 언급이나 주석을 달지 않고 그
　　대로 비워 둔 것에서 간접적으로 확인된다. 다른 항목들에 대하여는 그는 자
　　세히 주석을 붙이거나 자신의 견해를 덧붙였다. 또 周나라의 봉건제를 논의
　　할 때에도(『隨錄』 卷18, 직관고설 상, 350~351쪽), 아무런 평가를 하지 않았
　　다.
21) 박광용, 「18-19세기 조선사회의 봉건제와 군현제 논의」, 『한국문화』 22, 1998.
　　12. 이익 이후 기호남인계 학자들이 점차 군현제 주장을 강화하여 갔지만, 정
　　약용은 그의 仲兄 丁若銓이 郡縣制를 지지한 것과는 달리, 오히려 封建制를
　　적극적으로 지지하였다. 이런 점에 대하여는 뒤에서 이익과 정약용을 다룰
　　때 다시 보다 자세히 언급하기로 한다.

기로 한다.『磻溪隨錄』祿制에는 다음과 신분제에 대하여 다음과 같은
언급이 있다.

> 治於人者食人 治人者食於人 天下之通義也 故立之君師 承以卿士
> 使奠民居 以遂其生 耕者出米 仕者受錄[22]

여기에서 보면 治者와 治於人者(被治者)를 구분하는 것을 '天下의
通義'라 하고 被治者가 경작자로서 治者를 부양하도록 하는 방식이
그대로 孟子를 답습하고 있음을 알 수 있다. 또 그는 "天下之通義 只
是治人者役人 治於人者役於人而已 是以使令之盛 僕隷之衆 唯在官
者爲然 若夫家食者 則本非所當論也"[23]라고도 하였다. 이에 따르면
被治者는 경작자로서 治者를 부양하는 존재에 그치는 것이 아니라, 治
者를 위하여 使役되는 존재로도 상정하였음을 알 수 있다.

그러나 유형원의 위에서 "立之君師 承以卿士 使奠民居 以遂其生
耕者出米 仕者受錄"이라고 하였듯이, 祿을 받는 것은 民의 居處와 生
活을 안정시키는 것에 대한 반대급부이며, 被治者를 사역하는 것도
'唯在官者爲然'이라고 하듯이 오직 官職에 있는 자만이 하도록 되어
있다. 즉 유형원은 治者와 被治者를 구분하되, 오로지 官職에 있는 사
람만을 治者로 생각하며 그 임무는 民生을 위한 것이라고 생각하였음
을 알 수 있다. 이리하여 유형원은 官職이 세습되는 것을 반대하고 자
기의 능력에 의하여 獲得되어야 하는 것으로 생각하였다.[24] 그는 양반
신분세습제의 폐지를 생각하였으며 노비제의 경우도 그 폐지를 理想
으로 생각하였다. 즉 유형원은 능력이라는 기준에 입각하여, 무능한 양
반층의 도태와 능력 있는 일반민외, 양반층으로의 신분상승을 꾀하였
으며, 제1단계 종모법 실시-제2단계 노비세습제 폐지-제3단계 노비의

---

22)『隨錄』卷19, 녹제, 364쪽.
23)『隨錄』卷26, 속편 하, 노예, 508쪽.
24) 정구복,「반계 유형원의 사회개혁사상」,『역사학보』45, 1970.

점진적 소멸이라는 방식을 거쳐 노비제 폐지를 도모하였다.[25)]

이런 점에서 그가 생각하는 이상사회는 세습제가 철폐되어 능력에 따라 治者와 被治者가 정해지는 사회였다. 이것은 엄밀한 의미에서 身分制 社會로 볼 수 없는 것이고 그 당시의 兩班身分制를 撤廢하려는 것이었다. 또 이것은 조선초기로 돌아가려는 復古的인 것도 아니었다. 다만 토지분배 등에서 治者의 특권을 인정하고 商工人에 대한 차별이 남아 있는 것은 그의 身分觀에서의 한계이다. 이 점은 나중 정약용 단계에 이르러서는 모두 극복되었다.

이상과 같은 유형원의 정치이념은 그의 道器一元論的 세계관에 기초하는 것이다. 유형원은 家系 상으로 보아, 처음에는 서경덕 계열의 氣一元論을 가졌을 것으로 생각된다. 하지만 理氣論에서 한백겸의 영향을 받는 가운데, 이황 계열의 理發 이론을 받아들인 것으로 여겨진다. 그러나 그에게서 氣를 중시하는 생각이 없어진 것은 아니어서, 『磻溪隨錄』을 저술할 무렵에는 理와 氣를 통일된 것, 하나로 생각하는 견해를 갖고 있었다. 『반계수록』의 書隨錄後에서 그는 다음과 같이 말하였다.

> 天地之理 著於萬物 非物理無所著 聖人之道 行於萬事 非事道無所行 古者敎明化行 自大經大法以至一事之微 其制度法式 無不備具……(三代之制 皆是循天理順人道 而爲之制度者 其要使萬物 無不得其所 而四靈必至 後世之制 皆因人欲圖苟便 而爲之制度者 其要使人類 至於靡爛 而天地閉塞 與古正相反也)[26)]

여기서 우리는 理와 만물의 일치, 聖人의 道와 三代 제도의 일치를 엿볼 수 있다.

---

25) 조성을, 「실학의 사회·개혁사상 - 신분제도 개혁을 중심으로」, 84~89쪽(제3장 : 유형원의 신분제도 개혁사상 부분).
26)『隨錄』卷26, 속편 하, 書隨錄後 518쪽.

그러면 유형원의 위와 같은 생각의 발전은 어떤 과정을 통해 이루어진 것인가. 그는 처음에는 氣(현실적 제도·문물)를 중시하는 입장을 취하였다. 그러나 현실적 제도와 문물을 중시하는 것 자체만으로는 現實에 대한 變革 意志가 나타나지 않으며, 오히려 현실 상황을 그대로 긍정하는 길로 나아갈 수도 있다. 그런데 유형원은 當爲로 나아가는 힘, 바꿔 말하자면 實踐理性, 혹은 善에의 實踐意志를, 이황의 理發 철학에서 발견하였다. 그리하여 유형원은 현실의 제도가 삼대의 제도와 일치하는 것이 되어야 한다는, 강력한 當爲論的인 견해를 갖게 되었다.27) 이에 따라 당시 조선의 실정에 의거하면서, 조선의 제도를 堯舜·三代의 제도의 정신에 맞게 개혁하려 한 것이 그의『반계수록』이다.28)

---

27) 유형원의 제도개혁론이 강력한 당위론적 전제를 갖는 것은 그가 "三代之法 皆以天理而爲之制 後世之法 皆以人欲而爲之制 行人欲之制 而欲國家之治者 天下豈有是理哉"(『반계연보』, 答鄭伯虞(東益)問隨錄書)라고 한 것에서도 확인된다.

28) 이황의 학문은 그 자체로는 心性論에 제한된 것이었으나, 그것의 '理發'이 실천이성으로서, 현실 제도의 변혁으로 연결됨으로써 實學 발생의 한 원류가 되었다. 이성에 따른 적극적 실천이라는 점에서, 이황의 철학은 명나라 말 양명학이 중국에서 한 역할을 조선에서 하였다고도 생각된다. 즉 유형원의 학문에서 이황 철학의 理發은, 양명학이 중국에서 한 역할을 대신하는 동시에, 周禮에 입각한 제도 개혁론과 결합되었다. 윤휴에게서는 양명학적 요소가 나타나기 시작하여 제도 중시의 관념(순자의 영향)과 결합하였고 양명학의 영향은 이익의 제자 가운데 나타났다. 이 점에서 보면 이황의 理發 철학은, 조선후기 기호남인계 실학자들에게 있어서 양명학 수용의 매개적 역할을 하였다고 생각된다. 소론계 실학자들의 경우 직접 양명학을 수용한 것과는 다소 차이가 있지만, 소론계의 원류가 되는 성혼이 이황의 철학을 지지한 것을 보면 소론계에서도 이황 철학이 일정 부분 매개적 열할을 한 것으로 볼 수도 있다.

3. 尹鑴

　윤휴는 양명학적 사유를 갖고 있었을[29] 뿐만 아니라 荀子的인 사상 경향도 갖고 있었다. 그는 「家語哀公問政」이라는 글에서 “百王之道 觀於後王 故遠則堯舜 近則文武”라고 하였다.[30] 맹자가 先王之道를 본받을 것을 주장한 것과 달리 순자는 後王을 본받으려 한다고 하였다. 윤휴가 순자적인 생각을 수용하게 된 것은 그가 제도 개혁을 중요 시하게 된 것과 밀접한 관련이 있다.

　윤휴는 法制가 제대로 정비되어야만 세상이 道德的으로 올바르게 된다고 생각하였다. 그는 「漫筆(하)」에서 다음과 같이 말하였다.

　　天道福善禍淫 三代以上 此理不僭矣 後世一切反是 何歟 福善禍淫 天之正理 猶人之爲善去惡之心也 非先後左右之不行 氣數奪之 人爲 撼之 天下不能爲政 聖人知其故也 爲之禮樂刑政 大法三百 曲禮三千 無非所以扶擁此理 斡旋調和……後世 聖人不作 綱紐逐弛 古昔聖帝 神后 所以協贊天命維持民物之具 一切蕩然 上帝雖神 豈能獨持正理 以逐禍福之衷[31]

---

29) 이에 대하여는 조성을, 「조선후기 성리학 해체의 제양상」, 『국학연구』 5, 2004. 12, 58~61쪽 참조. 윤휴에게서 보이는 양명학적 사유는 박세당에게서 보다 분명하게 되었다. 박세당은, 윤휴처럼 당색이 기호남인계에 속하는 것이 아니라, 소론계이다. 양자의 영향 관계는 현재로서는 명확히 밝히기 어렵다. 다만 이미 기존의 연구에서 박세당과 정약용의 유사성에 대하여는 지적된 바 가 있다. 또 정약용은 윤휴의 사상이 이익의 제자 권철신에게 연결된 것으로 보았으며 정약용 자신이 대학 해석에서 권철신과 매우 유사한 경향을 보인 다. 성호학파에게서 새로운 대학 해석과 양명학적 경향이 나타나게 되고 이 것이 권철신·정약용 등에게 영향을 크게 끼친 것으로 생각된다.

30) 『백호전서』하, 卷39, 잡저, 家語哀公問政, 1559쪽. 한편 윤휴는 「공고직장도 설」 중의 말미에서 “聞得荀卿子論古今弊塞之禍 不弊之福者 其言感慨痛切 足爲世道流涕 分附于左 冀聖明 特爲之三復焉”이라 하고(『백호전서』 중, 卷 29, 1258쪽), 이어서 길게 순자를 인용하였다.

31) 『백호전서』 중, 卷27, 1173쪽.

위에서 보면 三代 이상의 세상에서는 善한 자가 福을 받고 惡한 자를 罰을 받았는데 그 이후에는 반대가 되었으며, 이것은 후대에는 제대로 된 법제가 모두 붕괴되어 그 반대로 되었기 때문이라는 것이다. 이렇게 법제가 顚倒된 상황에서는 上帝라도 어떻게 할 도리가 없다고 하였다.

또 윤휴에게는 後王이 구체적으로 무엇을 의미하는지가 문제이다. 위의 인용문에서 "故遠則堯舜 近則文武"라고 한 것을 보면 後王은 文武(周나라의 文王과 武王)를 지칭하는 것으로 생각된다. 이것은 윤휴가 "政者 修己正物之稱 不言堯舜而稱文武 法後王之意也"라고 한 것에서도 확인된다.[32] 따라서 윤휴는 周나라의 제도를 기본으로 하여 자신의 개혁론을 전개하였다. 이 점에서 그는 유형원과 같다. 周나라의 제도에 입각하여 개혁론을 전개하는 태도는 이후 이익에게서도 보이며 정약용의 『經世遺表』에서 가장 명확하게 살필 수 있다.

그러나 "百王之道 存乎後王 文武之道 同伏羲也"라고 한 것을 보면,[33] 聖王의 道가, 중국 고대의 伏羲 이래 周나라의 文王·武王에까지 일관되게 이어져 온 것으로 간주한 것으로 여겨진다. 그리고 중국 상고시대의 제도 가운데 어느 한 시대의 것만을 취하지 않고 각 시대마다 부문별로 각기 우수한 것을 언급하였다.[34] 그럼에도 불구하고, 윤휴가 周나라의 제도를 기본으로 하려고 생각한 것은, 伏羲나 堯舜은 너무 고원하여 실천하기 어려우나, 周나라의 제도는 현재에 가까우므로 실현 가능하다고 생각하였기 때문이다.[35]

---

32) 『백호전서』 하, 卷36, 잡저, 중용주자장구보록, 1479쪽.
33) 『백호전서』 하, 卷36, 잡저, 중용주자장구보록, 1494쪽.
34) 윤휴가 어느 한 시대의 제도만을 취하려 하지 않았음은, 그가 이상적인 제도와 관련하여 "井田之制壞 而邦本搖 賓興之制廢 而賢否亂 軒轅之制壞 而夷狄橫 封建之制不行 而聖主不作 姦臣竊命 肉刑之制不行 而天討不嚴細民無嚴 此皆天之有賴乎人 人主之所以佐上帝者"(『백호전서』 중, 권27, 만필 하, 1173쪽)라고 한 것에서도 확인된다.
35) 윤휴가 周나라의 제도를 기본적으로 따르려고 생각하였으나, 그의 정치이념

하지만 윤휴는 유형원이 『반계수록』을 집필한 것과는 달리, 국가제도 전체에 대하여 체계적인 구상을 하지는 않았다. 다만 현존 자료를 통해 그가 토지제도 및 정치제도 등과 관련하여 무엇을 이상으로 하였는가 살필 수 있다.

먼저 토지제도와 관련하여 윤휴는 "井田之制壞 而邦本搖"라고[36] 하였으므로 井田制를 이상으로 하였음을 알 수 있다. 다만 그가 유형원처럼 殷나라의 井田制(이른바 箕子 井田)를 이상으로 하였는지, 周나라의 井田制를 이상으로 하였는지가 문제이다. 그가 「公孤職掌圖說」에서 "自秦廢井田 而同力合作之制 不行"이라고[37] 하였으므로 일단 周나라의 정전제를 이상으로 한 것으로 여겨진다. 이 점에서 윤휴는, 殷나라 정전제를 자신의 토지개혁론의 모델로 한 유형원과 다르다.[38]

을 가장 체계적으로는 정리한 公孤職掌圖說은 『周禮』가 아니라, 『書經』에 수록된 「周官」(주나라의 관제) 편을 토대로 한 것이다("公孤職掌圖(幷序)……本以經傳 參以史記 庶幾學古建事之資 且冠以書周官一篇 以見公孤職掌", 『백호전서』 중, 卷28, 雜著(製進), 1177쪽). 「周官」은 『周禮』와 다소 다른 점이 있다. 윤휴가 주나라의 제도를 기본으로 하였다는 사실에는 변화가 없으나 주나라의 제도를 어떻게 보는가 하는 점에서 유형원과 다른 점이 있다.

36) 『백호전서』 중, 卷27, 만필 하, 1173쪽.
37) 『백호전서』 卷27, 공고직장도설 하, 1560쪽.
38) 윤휴도 유형원과 마찬가지로 한백겸의 기자 정전론(기전고)을 알았던 것은 확실하다. 만필(하)에서 "我國平壤城 含毬正陽門外 有田經畫方正 相傳是箕子井田 歷世千百 形止宛然 然其形非井也 乃田字形……韓參議百謙公 目擊其田形 以爲商家七十而助 一田四區 各七十畝 其制在此 與周家徹法 異制而同法"(『백호전서』 중, 卷27, 1171쪽)이라 하였기 때문이다. 그러나 이 인용문의 말미에서 "與周家徹法 異制而同法"이라 한 것에서 볼 수 있듯이 주나라의 정전제나 은나라의 정전제나 그 취지는 같다고 생각하였다. 그러면서도 윤휴가 은나라의 정전제가 아닌, 주나라의 정전제를 이상으로 한 이유는 확실하지 않다. 유형원처럼 토지개혁에 대하여 구체적으로 구상하여 현실적으로 실현할 방도를 생각하지 않고 막연히 토지 분배의 이념으로서 周나라 정전제를 생각하였기 때문일 가능성이 크지만, 앞서의 인용문에서 보았듯이 협업적 농업에 井字形 구획이 보다 적합하다고 생각하였기 때문일 수도 있다.

다만 윤휴는 유형원과 달리, 토지개혁론을 구체적으로 주장하지 않았다. 토지집중 문제에 따른 모순와 관련하여 그는 단지 宮房田·衙門田을 革罷하고 호조에서 세를 거두어 각 궁방과 아문에 지급하며 屯田 등을 혁파하는 개혁안을 주장하였을 따름이다.[39] 유형원처럼 근본적인 토지개혁을 생각하면서도, 당시 현실 정치상황에서 당장 할 수 있는 것만 제시한 것인지, 아니면 토지문제에 대한 그의 견해가 여기에서 그치는 것인지는 알 수 없다.

다음 정치제도와 관련된 그의 이념에 대하여 살펴보기로 한다. 앞서 언급하였듯이 그의 정치이념을 표명한 「공고직장도설」은 『書經』의 「周官」편에 기초한 것으로서, 서두에서부터 「周官」을 길게 인용하였다.[40] 「주관」에서 인용된 부분 가운데에는, 三公과 관련하여 "立太師太傅太保 玆有三公 論道經邦"이라는 구절이 있다. 이것은 宰相으로 三公을 두려고 한 것으로서, 「周禮」에서 天官의 冢宰 한 사람만을 宰相으로 하려 한 것과 다르다. 윤휴는 이것을 이상으로 하고 있으므로, 군주를 대신하여 재상이 실질적으로 권력을 행사하면서 관료기구를 총괄적으로 지휘하는 것을 이상으로 한 유형원의 견해와는 다르다. 유형원이 『周禮』의 冢宰에 기초하여, 왕권은 단지 국가 공권력에 대한 상징적 의미를 띠고 실제 총괄 권한은 재상에게 있는 것을 이상으로 한 것과는 차이가 난다. 즉 윤휴는 국정을 총괄하는 권한이 國王에게 있어야 한다고 생각한 것이다. 그는 大變通은 군주의 독단에 의할 때 가능하며 군주는 구래의 법제, 관행을 초월하는 존재라고 주장, 대개혁의 주체가 君主임을 끊임없이 확인하였다.[41]

이후 정약용은 한백겸의 설을 부정하고 井字形 구획의 井田制 개혁론을 주장하였다.

39) 윤휴의 전정론에 대하여는 한우근, 「백호 윤휴 연구」(2), 『역사학보』 16, 79쪽 이하 참조.

40) 『백호전서』중, 卷28, 1178~1179쪽.

41) 정호훈, 「백호 윤휴의 현실인식과 군권강화론」, 『학림』 16, 1994, 158쪽.

그러나 윤휴가 恣意的인 專制君主權을 확립해야 한다고 생각한 것은 아니었다. 그는 비변사 혁파 및 의정부 복설과 관련하여 다음과 같이 말하였다.

三公不兼治事之職　既非古者隆師重道之制……今若辱遵古之道　蓋復三公兼六卿　六卿攝三公之制……且罷備局一司　以專公府之任　政府之官　必妙選一時之中　以諫垣兼之……三公之府　視古左右之義　而側近宸居　凡政事之百司者　必經是而出[42]

三公이 六卿의 실무를 겸하도록 하며 비변사를 혁파하고 의정부를 복설해야 한다고 주장한 것이다. 이것은 단순히 의정부를 復設하자는 것이 아니다. 의정부가 있더라도 육조 직계제도를 채택한다면 의정부의 권한은 상당히 약하며 군주권이 상대적으로 강화된다. 위에서 보면 윤휴의 주장은 의정부 서사제도와 같은 제도를 채택하는 것이라고 볼 수 있으며 더욱이 諫官의 기능까지 의정부에서 흡수하자는 것이다. 의정부를 경유하지 않는 육조 직계제도는 상대적으로 三公의 권한을 축소시켜 명목적인 것으로 만드는 것이고 의정부 서사제도는 삼공이 육조를 관할하게 함으로써 그 권한이 강화되는 제도이다. 즉 윤휴는 국왕에게 국정을 총괄하는 권한을 주되 실제 관료기구는 三公이 장악하도록 한 것이다. 따라서 윤휴가 자의적인 專制君主制를 주장한 것으로 볼 수 없으며 그를 君權强化論者라고 할 수 없다.[43]

---

42) 『백호전서』중, 卷28, 공고직장도설 상, 1181쪽.

43) 윤휴가 유형원과 달리 국왕의 국정 총괄 권한 및 三公제도를 주장한 것은 당시 현실 정치의 상황 때문으로 생각된다. 서인에 의해 국정이 농단되는 상황에서 이를 견제하기 위해서는 국왕의 총괄적 권한을 강하게 주장할 수밖에 없었기 때문으로 여겨진다. 또 三公제도를 주장한 것은 한 당파에 권력이 집중되지 않고 상호 견제되어 당파 간의 공존 또는 조화를 이루어야 된다고 생각하였기 때문이 아닌가 여겨진다. 유형원은 현실에서의 실현 가능성보다도, 이념에 충실하게 국가제도를 개혁하려고 한 것이라면, 윤휴는 이념에 따르려

윤휴는 지방제도와 관련하여서는 封建制를 지지하였다. 즉 그는 「漫筆(하)」에서 "封建之制不行 而聖主不作 姦臣竊命"이라고 하였다.44) 하지만 윤휴는 封建制를 이상시하는 정치이념과 관련하여 지방제도 개혁론을 제기하지는 않았다. 윤휴가 봉건제를 지지한 것은 유형원이 봉건제의 이념을 이용하여 郡縣制에서 나타나는 弊端을 是正하려 한 것과 차이가 난다. 그리고 나중에 성호학파에서, 봉건제와 절충하는 형태이기는 하지만 군현제를 지지하는 경향이 나타나는 것과도 차이가 있다.

정치제도 외에 윤휴의 개혁론 가운데 주목되는 것은 그의 戶布制 주장이다. 이것은 일반 庶民과 士族(兩班)에 대한 그의 인식과도 관련된 것이었다. 그는 일반 서민보다도 양반의 도덕성이 더 떨어져 있으며 양반도 일정한 役을 부담해야 하고 國家 公權力에 의해 規制되어야 한다고 생각하였다.45) 윤휴는 신분제 자체를 혁파하자는 주장을 하지는 않았으나 戶布制 주장은 결국 兩班의 身分的 特權을 否認하는 주장이라고도 볼 수 있다. 아울러 그는 신분을 표시하는 號牌法을 반대하고 일반민과 양반을 일률적으로 파악하는, 齊民編戶의 방법, 즉 紙牌法의 실시를 주장하였다.46) 이런 윤휴의 입장은 세습 신분적 특권을 부인한 유형원과 맥락을 같이 하는 것이라고 할 수 있다.

윤휴의 荀子적인 사유는 이후 이익에게서 보다 분명해진다. 이익은 人性論을 전개함에 있어서, 순자의 설명 방식을 원용하였다. 정약용 역시 이익과 같은 방식으로 人性을 설명하였다. 즉 순자적 경향은 윤휴에게서 나타나기 시작하여, 이익에게서 보다 발전되고 기호남인계에

하면서도 당시의 현실적 조건, 정치적 상황을 깊이 고려한 것이 아닌가 여겨진다. 윤휴가 전면적으로 토지개혁론을 제기하지 않은 것도 이런 이유 때문일 수 있다.

44) 『백호전서』 중, 卷27, 만필 하, 1173쪽.
45) 정호훈, 「백호 윤휴의 현실인식과 군권강화론」, 179쪽.
46) 위의 논문, 180쪽.

계속 영향을 주어 정약용에까지 이어진 것으로 여겨진다.[47] 순자의 이론은 제도 개혁을 중시하는 기호남인계 실학자들의 입장과 논리적으로 연결되는 것으로 생각된다. 다음 장에서는 이익의 정치이념에 대하여 살펴보기로 한다.

4. 李瀷

李瀷은 尹鑴에게서 나타나기 시작한 荀子적인 사유를 보다 분명하게 제시하였다. 『星湖僿說』을 보면 彊國・榮辱・海蔽・非十二子・義兵・大略・仲尼・王制・宥坐 등 여러 편을 荀子에서 인용하였다.[48] 이익은 순자의 性惡說 자체는 받아들이지 않았다. 그리하여 義가 인간에게만 고유한 것이라는 점을 인정하였으나 그 앞에 氣・生・知란 존재를 인정함으로써 食色과 같은 욕구의 존재, 바꿔 말하면 외적 상황이 인간에게 미칠 수 있는 영향력을 보다 크게 인정한 것이라고 할 수 있다.[49] 이런 사고 방식이 인간을 규율하는 외적 여러 제도 및 그것의

---

47) 다만 윤휴가 자연과 인간을 분리하는 순자의 관점을 채택하였는지는 분명하지 않다. 아직 동중서와 같이 天人感應說을 따르고 있기 때문이다. 즉 "윤휴는 자연・우주의 최고 존재로서 天을 상정하고 그 하위 개념으로 천의 의지와 주재 하에 만물과 인간을 형성, 규율하는 기본 재료와 법칙으로서 理와 氣를 위치시켰"으며 이런 인격적 天의 관념이 천인감응설과 연결되어 있었다 (정호훈, 「윤휴의 경학사상과 국가권력강화론」, 101쪽 이하 참조). 윤휴의 생각은 이익과 차이가 나지만 이익에게서도 인격적 天의 관념은 나타나며 이런 天의 관념은 정약용에게서 더욱 뚜렷이 나타났다. 정약용은, 자연과 인간, 존재와 당위를 구분하면서도 인격적 天을 상정하였다. 이것은 어떤 점에서 논리적 모순으로 보이기도 하지만 기호남인계 실학자들이 순자의 설을 일정 부분 수용하면서도 성악설은 받아들이지 않은 것과도 관련된다. 이렇게 된 것은 이들에게서 이황 철학의 영향이 계속되기 때문이라고 생각된다. 어쩌면 이황의 理發이 上帝 개념을 수용하는 매개 기능을 하였다고도 여겨진다.

48) 원재린, 「성호 이익의 인간관과 정치 개혁론」, 65쪽.

49) 이익의 인성론과 순자와의 관계에 대하여는 조성을, 「조선후기 성리학 해체

道와의 일치에 보다 관심을 경주하게 할 수 있었다.

이익이 이상적인 정치제도로 생각한 것은, 윤휴와 마찬가지로 三代의 정치제도이며 이를 본받아 현실의 제도를 개혁하고자 하였다. 그러나 그가 삼대의 제도가 그대로 회복될 수 있다고 생각한 것은 아니었다.[50] 먼저 경제제도에 대한 그의 이념을 생각해 보기로 한다. 경제제도와 관련하여 이익은 井田制를 이상으로 하였다. 그는 『성호사설』에서 다음과 같이 말하였다.

王政不歸於經界 皆苟而已矣 其說本是 然周家畫井之後 溝洫畛域 不應易以毀滅 商鞅廢井止於秦中 孟子與之並世 而齊滕中華之地 已不識其形制者 何哉 意者 立法如此 而亦不能遍行天下也[51]

여기서 보면 王政은 經界로 귀결되어야 함이 옳다고 하였는데 그것에 바로 이어 周나라의 井田이 설명되었다.[52]

의 제양상」, 61~62쪽 참조 요.

50) 다만 삼대 이후 제도 가운데에서는 漢나라 것을 가장 좋은 것으로 보고 실제적으로는 漢나라의 제도를 많이 따르고자 하였다. 『성호사설』에서 "西京之亡 天下思漢 世祖自以中興……而未聞有思唐思宋思明 何也 漢去古未遠 懲秦之苟 約法三章 文景尚儉 天下富庶……法寬則樂業 風淳則貪息此所以愈久而不忘"(『성호사설』卷21, 경사문 思漢)이라고 하였다. 漢나라의 제도를 상대적으로 좋게 보는 것은 이미 유형원에게서도 볼 수 있었다. 이것은 그 이후 기호남인의 일반적 경향이었다고 생각된다. 漢나라의 제도를 상대적으로 높게 평가하는 이익의 태도는 漢法에 따라 德治와 刑政을 병행하여야 한다는 그의 입장과도 연결된다.

51) 『성호전서』 5(『성호사설』 卷7), 인사문 결부지법.

52) 그러나 위의 인용문에서 이익이, 井田이 그대로 天下에 두루 시행되었다고 보지는 않았음을 알 수 있다. 이렇게 주장하는 이유는 지형상 井田制식대로 구획하기 어려운 곳이 많은 우리나라 실정을 감안한 듯하다. 더욱이 이익은 「결부지법」에서 한백겸이 주장하였고 유형원이 받아들인, 田字形 구획의 殷나라 井田制에 따른 토지 구획도 반대하였다("近世柳磻溪 謂當行四區之法 田四區 比井九區雖簡 亦恐不可爲也", 위와 같음). 이것은 토지개혁에서 반드시 井字形 또는 田字形이 되도록, 일률적으로 구획할 필요는 없다는 생각

한편 井田制를 回復할 수 있는가 하는 문제에 대하여 이익은 다음과 같이 말하였다.

王莽雖曰亂逆 其所施爲卽先王之遺迹 故光武因其勢 除其煩而復舊
直易易然耳 此又一大機會也 光武惟知王莽之可革 而不悟王莽之所言
皆先王聖法 乃一頓剗則過矣[53]

이것은 어떤 점에서 보면 漢高祖나 光武帝와 같은 대전란 이후의 시기에나 井田을 시행할 수 있을 것이라고 본 주자의 견해와 유사하게도 느껴진다. 하지만 기본적으로 이익은 소농민의 입장에서 점진적으로 토지개혁을 해 나가자는 견해로서, 주지하듯이 限田의 방법을 통해 이를 성취하고자 하였다.[54]

다음으로 정치제도 가운데 중앙관제에 대한 이익의 이념에 대하여 살펴보기로 한다. 중앙관제의 핵심인 재상 문제와 관련하여 이익은 『성호사설』에서 다음과 같이 말하였다.

周官 先以三公三孤 次之以六卿 人疑其與周禮不同 苟此之疑 將無
所不疑也 周之官制 以周官爲正 周禮則特著六卿之職也 如此不及於
公孤 而末後冬官又缺 所謂首尾不具者 此也 周公爲三公 又爲冢宰

에서였다. 이익의 이런 생각은 이후 정약용의 井田制 개혁론에 계승되었다.

53) 『성호전서』5(『성호사설』卷14), 경사문 大機會.

54) "若高帝初定天下及光武中興之後 民人稀少 立之易矣"(『주희집』卷68, 井田
遺說). 이 점에서 이익도 주자와 마찬가지로 井田 難行說을 갖고 있었다는 견해가 있다(신항수, 『이익의 經・史 해석과 현실 인식』, 고려대 박사학위논문, 2001, 102쪽 이하). 주자도 限田의 방법을 생각한 것 같기는 하지만, 그는 토지개혁이 아니라 소작지의 균등한 배분을 생각한 것으로 여겨진다. 南宋代의 토지문제에 대한 주자의 견해는 앞으로 좀 더 검토를 요하는 문제이지만, 조선후기 주자를 절대적으로 신봉하는 노론계의 입장에서는 주자의 井田難行說을 조선후기 토지개혁의 반대를 정당화하는 것으로 이용하였고 생각된다.

> 故朱子以三公之類爲兼任 然三公三孤 其任比六卿較重 豈他官之所可
> 兼者耶余謂周公雖居三公之位 以天下之貴 都係一身 故又兼冢宰職
> 苟非周公 三公自三公 冢宰自冢宰……三公之職 若是其重且大矣 只
> 因信周禮太尊 遂疑三公之爲虛位 可乎 故曰 周公兼冢宰三公非六卿
> 所兼也 周禮之不及三公 何也 意者 位愈下則事愈繁 六卿統百職 則
> 不得不著三公 統六卿 無許多事 其任不過如經傳所見故然也[55]

이것은 윤휴와 마찬가지로 三公과 三孤이 별도로 존재하였음을 인
정하고 三公이 六卿과 겸직이었음을 부정하는 내용이다. 육조 직계제
도를 반대하고 의정부에 권한을 실어주려는 입장에서 나온 것임을 위
의 인용문에서 알 수 있다. 이것은 그의 의정부 복설 주장과도 연결된
다. 이 점에서도 이익은 윤휴와 같은 입장이며 이익 역시 왕권강화론
자가 아니다. 그러나 정약용은 왕권강화론자가 아니면서도 이들과 다
른 입장인데 이에 대하여는 후술하기로 한다.

한편 이익은 정치제도 가운데 지방제도와 관련하여서는 봉건제도를
이상시하던 종래 儒者들과는 다른 입장을 보인다. 이익은 『성호사설』
에서 다음과 같이 말하였다.

> 然分封天下 與有功者共之 私中之公也 悉爲州郡 以天下封一人 私
> 而益私 斷非天理之當 然後人論其得失 只以國祚之長短爲言 不過擧
> 前迹而證之……余則曰 苟因封建之制 而行牧守之義 可以兩求其弊[56]

여기서 보면 이익이 封建制를 일단 公이 아닌, 私로 보고 있는 점이
주목된다. 그 이유는 봉건제가 세습신분제에 기초한 것이기 때문일 것
이다. 그러면서도 '私中之公'이라고 하여 '私而益私'인 郡縣制(군주가
모든 것을 독차지)에 비해서는 우월한 것으로 보았다. 이리하여 이익

---

55) 『성호전서』 6(『성호사설』 卷18), 경사문 三公三孤.
56) 『성호사설』 卷26, 경사문 封建.

은 봉건제에 군현제를 절충한 제도를 주장하였다. 이것은 漢나라의 제도를 따른 것이라고 할 수 있다. 漢나라의 제도는 군현제에 봉건제를 가미한 것이었기 때문이다. 이익이 이런 절충적 제도를 주장한 것은 신분세습제를 반대하는 한편, 지방의 富 또는 잉여생산이 모두 중앙으로 수탈되는 당시의 상황에서 봉건제의 지방자치적 요소를 가미함으로써 지방 民富의 유출을 막으려고 했기 때문이다. 이후 성호학파의 사람들은 대체로 군현제와 봉건제를 절충하는 형태를 주장하였다. 다만 정약용의 경우 적극적으로 봉건제를 지지하여 그의 형 정약전(군현제 지지)과 논쟁을 벌이기도 하였다. 이것은 民에 의한 지방자치를 생각하는 정약용의 입장에서 나왔다.[57]

한편 이익은 儒者의 전통적인 王道政治 이념에 대하여 새로운 해석을 하였다. 그는 王道와 覇道 문제에 대하여 『성호사설』에서 다음과 같이 말하였다.

> 漢宣帝云 漢家自有制度 王覇並用 覇者以力假仁者也 漢帝必不曰 並用此也 其意若曰 威德並施 德刑互資 與子産寬難同 貫德禮者 故 爲治之本 政刑亦輔治之具 不可闕一 太子欲專意弛刑 故云爾 不然 宣帝之所用覇道 果何物 盖五覇之所尙 專在政刑 故此云覇者但指此 也 若曰無本末則可矣 其爲桓文之道 則失其指矣 後元帝 果以柔弱喪 邦 其言有徵[58]

---

57) 이에 대하여는 뒤에 정약용의 정치이념 가운데 지방제도 부분을 다룰 때 보다 상세히 언급하기로 한다.

58) 『성호전서』 6(『성호사설』 卷26), 경사문. 『孟子疾書』에도 이와 관련하여 다음과 같은 언급이 있다. "有以力不假仁而服人者 秦政是也 有以假仁而服人者 桓文是也 然假者終非其有 而有力則服 無力則否 是所以服在力不在仁也 故總謂之以力服人 苟非先王之道 以詐力取之 雖有等不同 槩乎其均辜也 然 秦政之服人 力不贍也 故力可以敵則衆起而亡之 桓文之服人假仁也 故沒世 而稱述不衰 彼假猶然"(『성호전서』 4, 맹자질서, 공손추 상 3장). 즉 覇道를 어느 정도는 실제적으로 인정한 것이라고 할 수 있다. 한편 논어질서 위정편에도 이와 관련한 언급이 있어야 하는데 공교롭게 위정편에서 이와 관련된

여기서 이익은 표면적으로는 漢나라 宣帝가 王覇並用을 주장하였다는 것을 부인하였다. 그러나 그는 王道政治에 威嚴과 德, 또는 德治와 刑政이 병행되는 것이라고 새롭게 王道를 해석함으로써, 刑政을 가급적 배제하려 했던 전통적인 王道政治 이념에 변화를 가져 왔다.[59] 이렇게 德治와 아울러 刑政을 중요시하는 입장은 이후 정약용에게 계승되었다. 이익의 정치이념 가운데 가장 주목되는 民에 대한 새로운 인식이다. 일반 민 가운데 우수한 자를 관직에 들어오도록 하여 정치 주체화하는 한편, 양반의 세습적 신분제를 부정하고 능력에 의한 획득 신분제 사회를 이상적으로 보는 생각은, 앞서 보았듯이 유형원에게서 이미 나타났다. 그러나 民을 나라의 주인 식으로 보는 발상은 아직 찾아 볼 수 없었다. 이익은 이와 관련하여 『孟子疾書』에서 다음과 같이 말하였다.

有人此有土 土皆民之田也 聖王畵井授民 民非授王之田也 乃王者因民之有 而經界之 禁其爭奪也 於是賦以什一 非王者鎰其九而與民 乃民出其一而供君也 故曰天下者天下之天下也 非一人之天下也 王莽欲效王政 而名天下田曰王田 失其本矣[60]

여기서 보면 사람들이 있으므로 토지가 있게 된다고 하였다. 즉 인간이 존재하므로 토지가 의미(삶의 터전, 생산의 터전)를 갖게 된다는

부분만이 빠져 있다.

59) 한우근은 이익의 정치이념을 王道政治로 보았으나 그 개념 상 변화가 일어난 점에는 주목하지 않았다(『성호 이익 연구』). 조광은 "이익은 주자의 왕도론과 달리 새로운 왕도론의 전개를 시작하며, 刑政과 같은 외재적 규율을 주요 통치수단으로 하는 覇道까지도 인정하여 이른바 王覇並用論을 수용하였다"라고 하였다(「실학의 발전」,『한국사』35, 국사편찬위원회, 1998, 233쪽). 이익이 刑政을 인정한 것은 사실이지만, 그것을 覇道로 보지 않고 王道 속에 포함시켜 인정하였다는 점이 주목된다.

60) 『성호전서』4(맹자질서).

뜻이다. 따라서 토지는 모두 民의 토지(民之田)이다. 聖王은 단지 이를 잘 구획하여 민에게 나누어 주어 다툼을 막는 조정자의 기능을 할 뿐이다. 세금이라는 것도 민이 자기 것의 10분의 1을, 관리자로서의 군주에게 조정 또는 관리의 대가로 주는 것이라고 하였다. 여기서 고용자는 民이고 被雇傭者는 君主이다. 이런 생각을 보다 더 발전시켜 간다면, 나라의 주인을 民으로 보고 군주와 민의 관계를 상호 계약관계로 볼 수 있게 된다.61) 바로 이러한 발전은 정약용에 의해 이루어졌다. 이익의 정치이념은 순자적 사유(또는 周禮 수용의 입장)의 영향이 보다 명백해지는 가운데 이것이, 이황의 理發을 계승하는 그의 철학적 입장과 연결되는 것에서 가능하였다고 생각된다. 이하 정약용의 정치이념에 대하여 살펴보기로 한다.

5. 丁若鏞

정약용은 유형원·윤휴·이익 등의 사상을 계승하는 한편, 더욱 발전시켰다. 특히 정치이념의 면에서 정약용의 사상은 이전의 실학자들에 비해서 질적인 비약이 있었다. 신분관의 변화는 이미 유형원에게서 시작되었고 이익은 民土설을 주장함으로써 民을 나라의 주인으로 볼 수 있게 하는 길을 열었다. 그러나 정약용 전까지 실학자들의 정치이념은 아직 王朝體制 또는 君主主權을 그대로 인정한 위에서 전개된 것이었다. 정약용은 이와 달리 정치권력의 기원 및 궁극적 소재와 같은 根本的 문제를 끝까지 추구하여 이전 실학자들과는 질적으로 다른 단계에까지 도달하였다.

정약용은 정치의 근본적 이념과 관련하여 첫째 정치란 기본적으로

---

61) 따라서 "爲民을 보다 철저히 강조하기는 하였으나 민에 의한, 민의 정치라는 관념이 개재될 여지는 전혀 없었다"고 한(한우근, 『성호 이익 연구』, 80쪽) 주장은 수정되어야 할 것이다.

무엇이고 어떠하여야 하는가, 둘째 권력의 궁극적 소재 즉 정치권력은
이념적으로 어디에서 유래하며 권력자는 어떻게 정하여지는가, 셋째
권력은 어떻게 그 정당성을 유지하며 정당하지 않을 때는 어떻게 하여
야 하는가, 넷째 권력의 구조와 배분은 어떠하여야 하는가 하는 문제
등을 생각하였다. 이상과 같은 문제에 대한 정약용의 견해는 그의 사
상 전체의 성격을 규정하는 것이며 궁극적으로는 실학 전체의 성격 규
정과도 관계가 있다.62)

　첫째 정치란 무엇인가에 대하여 정약용은 「原政」에서 "政也者 正也
均吾民也"라고 명확하게 규정하였다.63) 이 正(正義)과 均吾民(均民)
가운데 원정에서 正(正義)은 언제나 均民과 결부되어 설명되었다. 정
약용에게 정치는 正義인데 정의는 바로 均民인 것이다. 均民에 대하여
「原政」에서는 경제상의 풍요와 균등 및 능력에 따른 권력에의 참여로
규정하였다. 즉 이런 均民이 正義이며 바로 정치이다.64) 原政에서 정
약용은 능력에 따른 관직 참여와 붕당의 철폐를 이야기하였으나 이것
이 완전한 신분의 철폐를 주장한 것인지는 분명하지 않다.65)

---

62) 기존의 연구는 그의 정치사상의 성격에 대하여 근대적인 것으로 보는 것과
　　봉건적인 틀 안에서 있는 것으로 보는 두 가지 견해가 있다. 전자의 대표적인
　　것으로는 조광, 「정약용의 민권 의식의 연구」(『아세아연구』19-2, 1976. 7)가
　　있으며 후자의 대표적인 것으로는 정성철, 「정약용의 철학 및 사회정치사상」
　　(『실학파의 철학사상과 사회정치적 견해』, 사회과학출판사, 1974)이 있다.
63) 『여유당전서』1, 시문집, 202쪽. 이하 '여유당전서'를 '전서'로 약칭한다.
64) 정치를 正義라고 규정하는 것은 儒家의 전통적인 생각이다. 正義의 구체적
　　내용이 문제이다. 전통적으로 유가의 정의는 신분질서가 조화된 것이 정의이
　　며 유가는 원래 정치의 목표의 하나로 경제상의 균등을 내세웠다. 그러나 이
　　것은 신분적 차별을 전제한 위에서 각 신분 내에서의 균등이다.
65) 적어도 후기에는 신분적 차별의 단계적 철폐를 생각하였다. 졸고, 「정약용의
　　교육제도 개혁론」, 『역사교육』57, 1995. 6 및 졸고, 「정약용의 인사제도 개혁
　　론」, 『오세창교수 화갑기념 한국근대사 논총』, 1995. 12 참조. 전기작이라고
　　생각되는 跋顧亭林生員論과 전기작인 田論(1798)에 의하면 이때 이미 양반
　　제의 타파를 생각하였다. 그러나 이것이 장기적인 전망을 갖고 구체화되는
　　것은 후기이다(졸고, 「정약용의 신분제 개혁론」, 『동방학지』51, 1986 참조).

이 「原政」은 초기의 저작이라고 생각된다. 「原政」에서는 아직 "計地與民 均分焉"이라고 하였다.[66] 후기 저작은 경제 면에서 사람 수에 따라 토지를 나누어 준다는 식의 생각이 극복되어 노동력에 따라 분배하는 방향으로 발전하였다.[67]

정약용에게 정치는 그 자체로 완결되는 것이 아니라 언제나 경제상 균등의 문제와 결부되어 이해되었다. 초기에는 형식적, 기계적인 균등이었으나 후기에는 실질적 균등으로 발전하였다. 잡문 전편에 실린 점에서 보아도 原政은 후기의 작품이 아니라 전기의 작품으로 추정할 수 있다.

둘째로 정치권력의 궁극적 소재와 유래에 대하여는 「原牧」, 「湯論」(1801~1811 사이), 「逸周書克殷編辨」(1832)에서 명확히 언급하였다. 먼저 「원목」에서는 다음과 같이 말하였다.

> 邃古之初 民而已 豈有牧哉 民于于然聚居 有一夫與隣莫之決 有焉善爲公言 就而正之 四隣咸服 推而共尊 名曰里正 於是 數里之民 以其里之決 有焉俊而多識 就而正之 數里咸服 推而共尊之 名曰黨正[68]

여기서 보면 民의 분쟁을 해결하기 위해, 추대의 방식으로 爲政者와 君主(皇王)가 생겼다는 견해를 표명하였다. 또 군주의 근본은 결국 里正에 있다고 하는데 里正은 민의 추대에 의한 것이니 결국 君主는 그 根本이 民에 있다는 뜻이 된다. 이것은 바로 권력의 궁극적 소재는 民이라는 의미이다. 즉 主權在民의 주장이라고 할 수 있다. 다만 여기서는 아직 民이 자신의 분쟁을 해결하기 위하여 보다 현명한 자에게 가

---

66)『전서』1, 202쪽.

67) 이것이 均産을 완전히 부정하는 것은 아니다. 노동력에 따라 토지를 주는 것은 결국 小農民에게 토지를 부여하게 되는 것으로 이 역시 均産이다. 다만 이런 균산은 그 위에 治産이라는 농업생산력 발전을 그 위에 덧붙이는 것이다.

68)『전서』1, 203~204쪽.

서 그를 推戴하여 높이는(尊) 것으로 되어 있다. 민과 군주가 대등하다는 입장 또는 민이 위정자의 고용주라는 생각보다는 아직 지배층을 다소 위에 놓고 보는 것이다. 이런 점은「湯論」에서 완전히 극복된다.69)

「탕론」에서 정약용은 위정자의 선발에 대하여 다음과 같이 비유적으로 설명하였다.

> 舞於庭者　六十四人　其能執羽保者　能左右之中節　則衆尊而呼之曰我舞師　其執羽保者　不能左右之中節　則衆執而下之　復于列　再選之得能者　而升之尊而呼之曰我舞師　其執而下之者衆也而升而尊之者亦衆也70)

여기서 보면 민과 위정자는 완전한 대등하며 민이 위정자를 뽑는(選) 것으로 되어 있다. 또 정치는 위정자가 위에서 따로 하는 것이 아니며 民 모두가 정치의 主體(함께 춤추는 것)로 되어 있다. 따라서「탕론」에서는 주권을 기본적으로 民에 있다고 보는 것이다.

다음으로「逸周書克殷編辨」은 매우 중요한 자료이지만,「탕론」,「원목」이 일찍부터 주목되었던 것과는 달리 주목을 받지 못하였다.『상서』주석서인 수정본「梅氏尙書平」의 한 모퉁이에 있었기 때문이다. 이것은 晚年의 작이며「탕론」의 연장선상에 있는 것으로서,「탕론」의 생각을 보다 부연한 것이다.71) 정약용은「逸周書克殷編辨」에서 "今人

---

69)「원목」의 저술 시기는「탕론」보다 앞이라고 생각된다. 다만 정확한 시기를 추정하기 어렵다.그의 저작 시기는 실천 활동과 일반적으로 관련이 있다. 그러므로 이것은 곡산부사로 있을 시절의 저작이 아닌가 한다. 혹『목민심서』를 저술할 때 그와 관련하여 지은 것이 아닌가 생각할 수도 있으나 내용상「탕론」보다 앞이므로 그렇게 볼 수 없다. 잡문 전편에 실려 있으므로 전기작으로 추정된다.

70)『전서』1, 시문집, 233쪽.

71) 그는 여기서 "余 昔作湯論 今又書此而續之"라 하였다.『전서』3, 194쪽.

以秦以後之眼　仰視秦以前之天　其萬事萬物　無一非倒景斜光"이라고 하여 중국 상고사를 秦나라 이전과 이후로 나누었다.72) 또 하나의 중요한 晚年 저작인,「合編 尙書古訓 堯典」에서는 "禪受者 官天下 世傳者 家天下　其禮不得相同　今以三王之禮　冒之五帝　其合乎"라고 하여 秦나라 이전을 다시 三王과 五帝의 시대로 나누었다.73)

역사를 크게 秦나라 이전과 이후의 둘로 나누고 다시 秦나라 이전을 五帝의 시대와 三王(三代)으로 나누었으므로 역사가 전체적으로 3단계로 된다. 秦을 경계로 나누는 것은 유가의 전통적인 견해이지만 五帝와 三王을 나누는 것은 정약용의 특색이라고 생각된다. 위에서 보면 五帝의 시기는 국왕의 지위가 세습이 아니라 유능한 자에게 물려주는 공적인 것(官)이고 三代에 이르러 사적인(家) 세습제가 되었다.

마찬가지로 만년의 저작인『合編 尙書古訓』「堯典」에도 군주의 위치와 관련하여 매우 중요한 언급이 있다. 여기에서 정약용은 "五帝之視天位如官署"라고 하여 5제의 시대에는 군주가 하나의 국가기관에 불과하였다고 보았다.74) 군주의 위치를 다른 관직과 기본적으로 동렬에 놓는 것이다. 이것은 군주의 발생을 民의 선거에 의해 이루어졌다고 보는 생각과 연결되는 것이다. 따라서 정약용은 초기의 「原牧」에서부터 晚年의 「逸周書克殷編辨」,『合編 尙書古訓』「堯典」에 이르기까지 일관되게 궁극적으로는 군주가 선거에 의해 실시되어야 한다고 생각한 것으로 볼 수 있다.

그러나 정약용은 현존 자료에 한정해서 볼 때, 선거에 의한 국왕의 선출 방식을 구체적으로 제시하지는 않았다. 그의 『合編 尙書古訓』「堯典」의 주석 부분을 보면 "乃考績　皆在三載之間……堯之求舜　本求以天子之材　不求臣佐之在木"이라 하여 五帝 때인 堯舜의 禪讓을 選擧가 아니라 考績에 의한 것으로 설명하였다.75) 정약용은 堯舜의 禪

---

72) 위와 같음.
73)『전서』2, 532쪽.
74) 위와 같음.

讓을, 규정된 考績(인사고과)을 통과한 능력자에게 준 것으로 이해하였다. 『尙書』의 經文에 대하여도 "師錫帝曰有鰥在下 曰虞舜……"이라고 하여 考績에 앞서 먼저 신하들이 舜을 추천한 것으로 하였다.[76] 이렇게 정약용이 『合編 尙書古訓』 「堯典」의 주석 부분에서 舜임금이 인사고과에 의해 군주가 되었다고 본 것은 군주와 신하를 同列에 놓는 것이라고 할 수 있다.

현존 자료에서 유추하여 보면 君主의 선발은 『合編 尙書古訓』 「堯典」에서 보듯이 臣下들의 推薦者를 前任 君主가 考課하여 禪讓하거나, 아니면 「湯論」에서 "諸侯之所共推者 爲天子"라고 하듯이[77] 諸侯의 選擧이거나 두 가지가 된다. 「逸周書克殷編辨」에서는 諸侯가 君主를 추대하는 방식(選擧하는 것)을 候戴(제후의 추대)라 하였다.[78] 「逸周書克殷編辨」에서는 「湯論」과 같은 방식을 고려하였음을 알 수 있다. 다만 「逸周書克殷編辨」에서는, 「탕론」에서 아직 제후의 추대에 의한 국왕의 선출을 구체적인 역사적 사실들과 결부하여 설명하지 않은 것과 달리, 구체적 역사적 사실로 설명하였다.[79]

한편 앞서 보았듯이 前期作이라 추정되는 「原牧」에서도 諸侯에 의한 君主의 選擧를 생각하였다. 『合編 尙書古訓』 「堯典」의 방식이든, 「탕론」 방식이든 양자 모두 적합한 능력자를 선발한다는 점에서는 공통이다. 또 「탕론」의 방식에서도, 잘 하는지를 보아 올리고 내리고 하므로, 이 역시 考課를 하는 것이다. 따라서 두 가지 방식은 서로 본질적으로 다르지 않다. 아마도 정약용이 생각한 방식은, 諸侯들이 薦擧한 자를 君主가 考績하여 禪讓하되 그 禪讓도 諸侯들의 동의를 얻는

---

75) 『전서』 2, 517쪽.
76) 『전서』 2, 516쪽 이하.
77) 『전서』 1, 233쪽.
78) 『전서』 3, 184쪽.
79) 黃帝가 天子가 된 것, 夏나라의 小康이 中興한 것 등이 그것이다(『전서』 3, 194쪽).

84

방식을 생각하지 않았나 생각된다. 이때의 諸侯도 물론 인사고과에 따라, 民이 단계적으로 選擧한 자로 하는 방식을 구상하였을 것이다. 諸侯에 대한 選擧는 「原牧」, 「湯論」, 「逸周書克殷編辨」에 모두 나타난다. 간접선거이기는 하나 民이 군주를 선거하는 것이라고 할 수 있다.

　이상과 같이 民에게 권력의 근원이 있다는 생각, 그리고 民에 의하여 군주가 選擧되어야 한다는 생각은 바로 '民主主義 政治理念'이라고 할 수 있다. 이런 생각은 초기에 있다가 후기에 보수화된 것도 아니며, 晩年에 이르러 비로소 이런 생각을 하게 된 것도 아니다. 이상에서 살폈듯이 대체로 前期에 「原牧」을 지을 때부터 이런 생각이 시작되어 晩年까지 지속되었으며 晩年에 이런 생각이 보다 구체화되었다. 이것이 바로 그가 이상으로 생각하는 것이었다.

　다음으로 권력이 어떻게 정당화되는가 하는 문제는 전통적으로 儒家에서 王道政治, 民本政治로 설명한다. 이것은 어디까지나 지배층과 피지배층의 분리를 전제한 위에서의 '인민을 위한 정치'에 불과하다. 그러나 정약용은 「原牧」에서 "民爲牧生　豈理也哉　牧爲民有也"라고 하였다.[80] 이것은 유가의 전통적인 爲民이 아니다. 지배자가 군림하면서 爲民政治를 하는 民本主義 政治가 아니라, 정치를 하는 자는 어디까지나 민을 위해 봉사한다는 뜻이다. 이것이 정치를 하는 자의 존재 이유가 된다. 따라서 정치를 하는 사람, 즉 봉사자가 그 일을 제대로 못하면 바꾼다고 생각하였다. 앞서 인용한 「탕론」에서 舞師(춤의 우두머리)가 제대로 못하면 바꾼다고 한 것이 그것이다. 이것은 유가의 전통적인 易姓革命의 이념이 '人民革命權'으로 발전한 것이라고 할 수 있다.[81]

---

80)『전서』1, 204쪽.

81) 정치권력이 정당하지 못할 때, 민본정치를 제대로 못할 때, 革命을 할 수 있다고 인정하는 것은 儒家의 전통적인 사고이다. 그러나 혁명에는 상당한 유보 조건이 붙어 있으며 혁명의 주체도 민이 아니라 새로 天命을 받은 지배자와 그 측근 세력이다. 즉 지배층은 그대로 존재하며 王朝의 姓만이 바뀌는

정약용은 「湯論」에서는 "武王湯王黃帝之等 王之明 帝之聖者也 不知其然 輒欲貶湯武 以卑於堯舜 其所謂達古今之變者哉"라고 하여[82] 혁명을 아주 적극적으로 긍정하였다. 이 혁명에서 문제되는 것은 그것이 평화적이냐 무력에 의한 것이냐 하는 것이다. 그리고 혁명의 주체는 누구냐 하는 것도 문제다. 일단 정약용은 평화적인 방법을 우선시한 것으로 보인다. 즉 그는 「탕론」에서 군주의 교체를 말하면서 "夫升而尊之 而罪其升以代人 豈理也哉"라고 하였고[83] 「일주서극은편변」에서도 "天子之子若孫不肖 諸侯莫之宗也 亦安而受之 有奮發中興者 諸侯復往朝之 亦安而受之 不問其往事也"라고 하였다.[84] 사실 이런 평화적인 교체는 혁명이라기보다 국왕의 재선출이라고 하는 것이 나을지 모르겠다. 어쨌든 군주에 대한 召還權이 인정되는 점은 마찬가지이다.

아울러 정약용은 무력에 의한 혁명도 적극적으로 용인하였다. 이것은, 「탕론」에서 黃帝, 湯王, 武王의 武力革命을 적극적으로 용인하는 것에서 알 수 있다.[85] 그리고 「逸周書克殷編辨」에서는 국왕이 바뀌는 방법으로 侯戴(제후의 추대) 외에 帝命(天命에 근거한 武力革命)을 들고 있으며 제후의 추대에도 뒤에서 볼 것처럼 평화적 교체 외에 武力革命이 포함되어 있다.[86]

그러면 다음으로 혁명의 주체가 누구냐가 문제이다. 諸侯에 의하여 새로 선출하는 평화적인 경우라면 민을 대신하여 제후가 하는 것이고 제후는 민에 의해 선출되므로, 그 주체는 궁극적으로 民이 된다. 무력에 의할 경우가 문제다. 정약용은 「일주서극은편변」에서 다음과 같이

易姓革命에 불과하다.
82) 『전서』 1, 233쪽.
83) 위와 같음.
84) 『전서』 3, 184쪽.
85) 『전서』 1, 233쪽.
86) 『전서』 3, 184쪽.

말하였다.

神農氏世衰 黃帝習用干戈 戰而獲勝 諸侯戴之爲天子……至桀而暴
虐 湯知候之戴己 伐桀而代之[87]

이것은 무력혁명이 제후의 추대 또는 상호 추인에 의한 것임을 보여
준다. 이 인용 대목이 바로 候戴(제후의 추대) 항목에 대한 설명으로
되어 있다. 즉 정약용은 무력혁명도 제후의 추대라는 前提 하에서 긍
정하는 것이 된다. 따라서 제후를 民에 의해 選擧한다는 전제에서 보
면 무력혁명의 주체도 역시 民이 된다. 이상에서 보면 君主 交替의 궁
극적인 주체는 바로 민이다. 따라서 정약용은 人民의 革命權을 인정하
였다고 할 수 있다.[88]

다음 권력의 구조에 관하여 살펴보면 정약용은 권력 기구 속에 行政
府署 외에, 원칙적으로 따로 選擧 機構를 둘 것을 생각하였다. 「原牧」,
「湯論」에서 보듯이 군주는 최하위 단위인 里 또는 隣에서의 선거를
시작으로 차례로 상위 단위를 간접선거하여 최후로 제후들이 군주를
선거하는 식으로 되어 있다. 이들 제후는 군주에 앞서 먼저 독립적으
로 존재하므로 이들은 국왕의 관료 기구에 속하는 것으로 상정하기 어
렵다. 즉 이들 각 급의 선거로 구성된 기구는 행정기구가 아니라, 선거

---

87) 위와 같음.
88) 이것은 유가가 전통적으로 혁명을 인정한 것과는 다른 혁명권론이다. 다만
  정약용은 「일주서극은편변」에서 제후의 추대 방법 외에 帝命(上帝의 명, 天
  命)에 의한 군주 교체 방식을 들었다. 즉 소상히 天命을 미리 아는 자를 통해
  자신이 천명을 받은 것을 알고 혁명을 하는 방식이다. 그러나 여기서도 구체
  적 예는 湯이 伊尹을 통해 알고 武王이 尙夫를 통해 알아 혁명을 하는 것으
  로 되어 있다(『전서』 3, 194쪽). 이런 탕과 무왕의 혁명은 모두 候戴를 설명
  할 때에는 제후의 추대를 받는 것으로 하였다. 즉 候戴와 帝命은 서로 다른
  것이 아니라 제명 자체가 후대에 의하여 긍정됨을 알 수 있다. 즉 諸侯의 推
  戴가 帝命의 正當性을 保證하는 것이므로 帝命도 候戴 속에 포함되는 것으
  로 볼 수 있다.

기구, 즉 選擧人團으로 보아야 할 것이다.[89]

이 選擧人團은 선거만 하는 것이 아니라 입법 기능도 있다.「原牧」에 의하면 "當是時 里正從民望而制之法……黨正從民望而制之法 上之州長 州長上之國 國君上之皇王 故其法皆便民"이라고 하였다.[90] 따라서 선거인단은 민에 의하여 선출되며 민을 위하여 입법을 하는 代議機構라고 할 수 있으며 위에서 보면 여러 등급으로 구성되어 있다. 이렇게 里에서부터 長을 선거하며 법안을 올리려는 생각은 당시의 현실과 완전히 동떨어진 것이 아니다.[91]

이런 각 급의 代議기구는 지방자치와도 관련이 있다. 정약용은『合編 尙書古訓』「杍材」편에서 다음과 같이 언급하였다.

　公侯伯子 非天官太宰所能擇立 建其牧者 擇於諸侯之中 建之爲州牧 建其長者 擇於諸都之中 建之爲宗長 斯則太宰之所能[92]

여기서 太宰는 周禮의 天官이므로 행정기구에 속한다. 행정기구에 속한 太宰가 公侯白子 등의 諸侯를 세우지 못한다고 한 것에서도, 行政과 代議機構가 분리됨을 알 수 있다. 제후를 선거하는 것이라면 지방행정의 長은 민이 선거한 제후 중에서 선출되는 것이 된다. 따라서 지방행정의 장도 결국 민이 선거한 것이 된다. 이것은 바로 근대적인 지방자치에 근접하는 것이다.

이런 정치이념을 가진 정약용이 중앙관제와 관련해서는 어떤 이념

---

89) 이것은 바로 뒤에 지방자치 문제를 살필 때 볼 것처럼 정약용이 천자의 관료기구를 관장하는 총재는 지방관을 임명하지 못하며 지방관은 제후 중에서 임명한다고 한 것에서도 방증된다. 제후라는 자격이 지방관에 앞서 있으므로 행정직으로서의 지방관과 제후는 성격상 다른 것이다.

90)『전서』1, 204쪽.

91) 이것은 民 주도의 鄕會가 발전하고 여기에서 여론이 수렴되고 있던 19세기 초의 현실을 어느 정도 반영한 것이라고 생각된다.

92)『전서』3, 66쪽.

을 가졌는지 살펴보기로 한다. 『합편 상서고훈』「요전」에서 이와 관련하여 다음과 같이 언급하였다.

> 百揆者 周之大冢宰也 統率百僚 揆度百事 而以八法治官府 以八柄
> 馭群臣 以八統馭萬民[93]

라고 하여 총재의 권한을 매우 강조하였다. 이것은 『경세유표』 개혁론 단계의 의정부에 3公 및 3孤가 있는 것과 달리, 행정권이 총재에게 집중된 형태이다.[94] 따라서 궁극적 단계에서는 순수 행정은 총재가 총괄하며 선출된 군주는 그 위에서 총재를 지휘 감독하면서, 제후와 더불어 주로 보다 정치적 일을 하는 방안을 생각하였다고 여겨진다.[95] 이것은 윤휴·이익과는 다른 생각이며 오히려 유형원의 입장과 유사하다. 이렇게 정약용의 생각은 윤휴·이익과는 다르다. 윤휴·이익의 경우, 왕권에 대하여 완전히 명목적인 것으로 하려는 생각은 아직 할 수 없는 단계이었으므로, 국가 공권력의 상징이 되어 자칫 專制的으로 흐를 수 있는 왕권을 의정부 권한 강화에 의해 견제하려고 하였다. 정약용의 경우 달라진 것은 궁극적으로 왕권을 완전히 명목화하고 국가 공

---

93) 『전서』 2, 533쪽.

94) 『周禮』와 다른 점은 천관 총재가 六官을 모두 통할하는데 비해 『경세유표』에서는 삼공과 삼고라는 다자에 의해 구성된 의정부에 육관이 귀속되도록 되어 있다. 이 점에서는 정약용도 윤휴·이익과 같다. 정약용이 궁극적으로는 『周禮』 식으로 冢宰가 육관을 일률적으로 통할하는 체제를 이상적으로 보면서도 『경세유표』 단계에서는 선초의 의정부 서사제도와 유사한 것을 채택한 이유는 19세기 전반기 세도정치에 의해 국가권력이 특정 세도가에게 집중되는 현상을 막기 위해서였다고 생각된다.

95) 한편 사법과 행정의 분리에 대한 생각은 현존 자료에 관한 한 보이지 않는다. 그러나 사법을 위한 전문지식과 전문직의 필요성은 생각하였으며 경세유표 단계에서 형정 관계 기구를 형조 아래 통일하는 방안을 구상하였다(조성을, 「정약용의 형정관」, 『학림』 23, 2002 참조). 권력분립 면에서 정약용은 아직 삼권분립과 같은 발상은 하지 못하였고 이권분립을 생각한 것으로 여겨진다.

권력을 완전히 관료기구 자체에 귀속시키려고 하였다.

그러나 유형원·정약용이든, 윤휴·이익이든 이들이 모두 君主權
强化論者가 아닌 것은 분명하다. 혼히 정약용을 군주권 강화론자로 생
각하며 이것을 기호남인계 실학자들의 전통으로 이해하는 경우가 많
다. 그러나 유형원에서부터 지금의 정약용까지 보았듯이 기호남인계
실학자들은 왕권강화를 주장하지 않았다. 그들이 주장한 것은 어디까
지나 국가 공권력의 강화였다. 그들에게서 왕권은 국가 공권력의 상징
일 따름으로 실제 정치과정에서 가급적 군주의 권력을 명목화하려고
하였다. 이것이 가장 뚜렷이 나타난 것이 정약용의 경우였다.

한편 지방제도 이념으로 정약용은 封建制를 지지하였다. 조선후기
유자들이 일반적으로 봉건론을 지지하는 가운데, 앞서 언급한 바와 같
이 이익이 봉건제와 군현제를 절충하려는 생각을 제기한 이후 그의 제
자들, 특히 성호좌파의 흐름 속에서 군현제의 주장이 점차 강해진 것
으로 여겨진다. 이리하여 성호좌파에 속하는 정약용의 형 정약전은 명
백히 군현제를 지지하여 흑산도 유배지에서 강진에 있는 정약용에게
보낸 편지에서 다음과 같이 말하였다.

> 三代之法 事事皆善 而獨封建一事 決非天理 特勢使然也 何者 其祖
> 其父 一有功德 不肖子孫盡享富貴者 何異於我東之世閥取人也 上古
> 之時 民物愚弱 故眼大力强者 出於其間 則却脅衆氓 自立君長 星羅
> 棋布 根盤條達 有王者作 亦無以掃除 故因其勢而封建而已 非必天理
> 宜然也[96]

---

96) 「巽菴尺牘」, 정신문화연구원 소장 필사본, 『洌水全書』 속집 제4책. 이 책에
   는 정약전이 흑산도에서 강진의 정약용에게 보낸 편지가, 정약용 자신의 편
   지와 함께 수록되어 있다. 이것은 현재의 여유당전서본에는 누락되어 있다.
   아마도 정약용 자신의 것이 아니라는 이유에서 누락시킨 것으로 여겨진다.
   그러나 이 자료는 정약전 사상의 연구를 위해 중요할 뿐만 아니라, 정약용 연
   구를 위해서도 소중한 자료이다. 강진 시기 정약용이 자신의 학문을 토론할
   수 있는 거의 유일한 상대가 정약전이었기 때문이다. 정약전의 저술에 대하

즉 정약전에 따르면 삼대의 제도는 모두 좋은 것이지만 봉건제만은 세습제로서, 당시 조선의 閥閱政治와도 같은 것이므로 天理에 위배된다는 것이다. 정약전이 신분제를 반대하는 입장에서 이와 같이 말한 것이라고 할 수 있다.

이에 비하여 정약용은 1817년 저술한 『경세유표』에서 다음과 같이 봉건제를 지지하는 언급을 하였다.

> 封建是蒼蒼之古法 今人所謂必不可行者也 今中國之法 與蒙古結婚 以其女婿列爲北藩 邊境遂安 日本之法 正以郡縣兼治爲封建 守令世襲 國用治安 何必封建爲亂兆乎[97]

그러면 세습적 신분제를 반대하는 정약용이 왜 봉건제를 지지하였는지가 문제이다. 봉건제에는 世襲과 地方自治라는 두 가지 성격이 있다. 정약용은 세습적인 신분제를 반대하므로 세습적인 봉건제에는 당연히 반대하였을 것이다. 이것은 정약용 역시 『합편 상서고훈』「요전」에서 "其登庸之人……盡是華閥 蓋其人文始闢 世流未廣 聰明在俊之士 不起於下戶也"라고 하여[98] 정약전과 마찬가지로, 중국 상고에 관직을 세습하는 것을 어쩔 수 없는 당시의 형세로 파악하는 것으로도 방증된다. 따라서 정약용이 봉건제를 지지하는 것은 중앙집권적인 군현제의 폐단을 시정하기 위한 것으로 추정할 수 있다. 앞서 언급한 바와 같이 이미 유형원도 봉건제의 이념을 이용하여 군현제의 폐단을 시

여는 정약용이 지은 先仲氏墓地銘에 언급되어 있다. 그 가운데 그의 사상을 엿볼 수 있는 자료로는 論語難, 玆山易柬, 松政私議 등이 있는데 玆山易柬은 정약용의 周易四箋 가운데 수록되어 있으며 최근 松政私議가 발견되었다.

97) 『전서』 5, 135쪽. 이것은 이미 1816년 정약전이 죽은 뒤에 저술한 것으로, 흑산도에서 정약전이 보낸 위의 편지를 받은 이후에 저술된 것이므로 정약전에 대한, 일종의 반론이라고도 볼 수 있다.

98) 『전서』 2, 508쪽.

정하려 하였다.

봉건제를 儒者들이 전통적으로 지지한 것은 향촌에서의 그들의 자치권 혹은 鄕權을 확보하기 위한 것이었다. 이런 전통적인 주장과 정약용의 입장과의 차이가 무엇인지 문제이다. 그 차이는 정약용은 지방사회에서의 자치의 문제를, 양반층이 아니라 民의 입장에서 하고 있다는 점이다. 당시 점차 권력이 중앙집권화 또는 수령에의 집중이 진행되는 상황에서 民에 의한 地方自治를 위한 이론적 토대가 될 수 있는 것이 封建制 이론이었다. 이것은 앞서 언급한 바와 같이 그가 각 지방에서 각기 民에 의해 선출된 기관이 있고 여기에서 지방관이 선출되는 것을 이상으로 생각한 것이다.[99]

이상과 같이 정약용이 封建論을 주장한 것은 지방제도 및 지방자치에 대한 그의 구상과도 관련이 있다.[100] 다만 이것은 그가 자신의 개혁론의 마지막 단계에서 시행할 것으로 구상한 것이다. 그의 지방제도 개혁론을 보면 『經世遺表』 단계에서는 아직 중앙에서 일방적으로 지방관을 내려 보내는 것을 전제로 논의가 전개되고 있다.[101]

다음 행정의 주체 문제를 살펴보면 행정기구 내에서 실질적으로 관료기구 자체가, 전체적으로 행정의 주체가 되다고 생각된다. 『경세유표』 단계에서부터 벌써 행정의 실질적 주체는 군주가 아니라 상호 견제와 균형을 잘 유지되며 능력을 위주로 하는 관료체계 자체였다.[102]

---

99) 정약용이 생각하는 향촌사회의 권력구조는 의회적인 것과 행정적인 것으로 양분되며 궁극적으로 행정 기구는 의회에 지배를 받는 것이 된다. 의회는 民에 의해 선출되도록 구상되었으므로 의회와 행정기구 모두 민에 의해 지배되는 것이 된다. 이것이 바로 지역민의 지방자치이며 그 당시 이를 적절하게 설명할 수 있는 용어는 封建 밖에 없었을 것이다.

100) 정약용의 지방제도 개혁론에 대하여는 조성을, 「정약용의 지방제도 개혁론」, 『동방학지』 77·78·79합, 1993 참조.

101) 졸고, 「정약용의 지방제도 개혁론」, 575쪽 이하 참조.

102) 조성을, 「정약용의 중앙관제 개혁론」, 『동방학지』 89·90합, 1995, 305쪽 이하 제도 개혁론 부분 참조.

따라서 궁극적 단계에서는 더욱 그러할 것이다.

이상에서 정약용의 정치사상을 궁극적 이념의 측면에서 살펴보았다. 그는 유형원·윤휴·이익 등의 정치이념을 계승하는 한편 더욱 발전시켜, 이상과 같이 민주주의 정치이념의 단계에 도달하였다. 이것은 사상 자체의 발전의 결과이기도 하지만 그가 겪은 시대적 상황에 따른 것이기도 하다. 18세기 말과 19세기 초의 사회변동 과정 및 세도정권하의 극단화된 권력 집중과 그에 따른 정치적 부패, 수탈 속에서 民은 당시 정치체제에 대한 비판의식을 발전시키고 스스로 정치세력화하여 민란을 일으키는 등 정치적으로 성장하였으며, 정약용은 이러한 시대적 동향을 예민하게 감지하였다.103)

---

103) 조선후기 경제 및 사회상의 변동은 결과적으로 民의 意識의 發展을 가져왔다. 당시 일반민은 대체로 문자기록을 남기지 않았으며 남기는 경우에도 지식인과 같이 자기 생각을 조리 있게 체계적으로 표현하지는 못하였다. 따라서 우리는 民의 意識을 살필 때 迂廻的 方法을 쓰지 않을 수 없다. 民의 意識 發展은 조선후기 여러 방면에서 검출되고 확인되지만 특히 文學과 藝術 분야에서 잘 찾아 볼 수 있다. 일반적으로 글을 남기지 않는 일반민의 의식은 주로 文學과 藝術에 반영되어 나타나기 때문이다. 우선 小說을 보면 18세기 이후 소설의 새로운 발전이 이루어졌다(『조선문학통사』, 제8장 18세기 문학, 화다, 1989 참조). 소설은 그 작자가 반드시 庶民 出身인 것은 아니지만 이 시기 그 需用者層은 일반민이 다수였다. 창작은 작자 혼자서 하는 것이 아니라 주된 수용자 층의 일반 정서와 생각에 맞게 행해지므로 그 내용은 민중의 정서나 생각에 따르는 것이었다. 이것은 한글소설의 경우 더욱 그러하였다. 한글소설은 주된 需用者層이 일반민이었기 때문이다. 이런 문학 작품의 수용자 층인 일반민은 18세기 이후 경제적 변화가 진행되고 이에 따라 신분제의 해체가 더욱 진행되며 새로운 계급관계가 형성되어 가는 사회변동에 따라 그 의식이 변화, 발전하였다. 이리하여 18세기 이후 소설에서는 민중의 입장에서 당시 사회의 모순을 폭로하고 이에 저항하는 의식을 보이는 것들이 나타났다. 지배층 특히 지방관의 부정과 위선에 대한 준엄한 비판은 우리가 잘 아는 춘향전의 변학도의 행태에 대한 묘사에도 잘 나타나 있다. 다음 詩歌의 경우도 18세기에는 시의 작자로서 庶民層이 대두하였다(조동일, 『한국문학통사』 8, 5장 문학담당층의 확대에 따른 변모). 庶民 詩人들은 한문 또는 우리말 시를 짓는 두 경우가 있었는데 그 어느 것이든 민중의 의식을 반영하였다고 여

겨진다. 19세기에 들어와서는 流言蜚語와 秘記 讖說이 유행하였다. 이것은 그만큼 사회에 대한 불만과 불안이 고조되었음을 의미한다. 이런 가운데 민란 주동자들이 노래를 지어 퍼뜨리는 등 민란을 선동하는 노래도 많이 나타났다. 19세기 민란 단계의 농민의식에 대한 연구로는 정창렬, 「조선후기 농민봉기의 정치의식」(『한국인의 생활의식과 민중예술』, 1984)이 참고된다. 다만 정창렬은 이 논문에서 "홍경래난의 정치이념은 민본 이데올로기의 부활의 요구였고 임술민란의 그것은 민본 이데올로기에 名實이 相符한 내용·실체를 담아줄 것을 요구하였던 것"이라고 하였다. 그러나 민중의 요구가 단지 민본주의적인 요구에 그치는 것이라는 보는 것은 어쩌면 남겨진 기록이 지배층의 입장에서 서술된 데에서 오는 한계 때문일 수 있다. 민중의 의식상에 신분관념의 변화가 일어나고 있었는지 보아야 할 것이다. 그렇다면 당연히 민본 이데올로기에서의 변화도 감지할 수 있을 것이다. 18세기 때까지의 詩歌가 지배층에 대한 단순한 비판에 그친 것이라면 19세기에는 저항을 선동하는 노래가 많은 점에서 한 단계 民의 意識의 發展을 의미한다고 하겠다. 이것은 이 시기 민란이 격발하는 것과 궤를 같이 한다. 『牧民心書』에서 그는 '思亂已久'라 하여 많은 민이 변란을 생각한 지가 이미 오래되었고 도처에 흉흉한 소문이 떠돈다고 하였다(『전서』5, 496쪽). 이 시기 민은 의식만 발전한 것이 아니다. 19세기에 들어 그들은 이미 政治勢力化하고 있다. 전통적으로 우리 농민은 그들 나름의 조직을 가져 왔다. 향촌공동체를 기반으로 한 자체적인 노동협업 조직 또는 신앙공동체 같은 것이 그것이다. 그러나 이것은 정치적 성격은 아니었다. 19세기를 전후로 하여 종래 지배층 중심의 鄕會에 일부 平民이 참가하기 시작하여 향회는 基層民의 자치 조직적 성격을 띠는 것으로 변모하여 갔다(안병욱, 「조선후기 자치와 저항조직으로서의 鄕會」, 『성심여대논문집』18, 1986 ; 「18세기 임술민란에 있어서의 향회와 饒戶」, 『한국사론』14, 1986). 이런 가운데 정조의 사후 성립된 세도정권은 스스로 권력을 유지하기 위해 권력집중을 극도로 심화시켰다. 조선전기에 비교하여 후기에 나타난 정치제도상의 가장 큰 변화는 비변사의 기능이 18세기를 통하여도 계속 강화되어 세도정권기에 이르러서는 국가의 중요 권한이 여기에 거의 집중되었다는 점이다(이 시기 비변사에 대하여는 오종록, 「비변사의 조직과 직임, 『조선정치사』하, 청년사, 1990 참조). 한편 세도정권기에는 지방에 대한 통제도 강화되었다. 지방통제 강화는 17세기이래 지속적인 중앙집권화 과정과 맥락을 같이 하는 것이다. 이것은 군현 차원에서 面里制가 擴大, 强化되고 수령의 행정기구인 作廳이 커지는 현상으로 나타났으며 道의 차원에서는 감사의 권한이 커지는 것으로 나타났다. 지방통제의 강화는 중앙집권화 현상일 뿐 아니라 중앙 차원에서 권력이 노론 벌열 및 세도가문으로 집중되는 것과 관련이 있었다. 이것은 권력층이 중앙뿐 아니라 지방까지 자기 권력의 직접 통제 아

유형원에게서 이상적인 제도가 현실에 이루어져야 한다는 當爲的인 생각이 일방적으로 강한 것이었다면 정약용의 경우 當爲는 역사적 과정을 통해 실현되는 것으로 여겨졌다. 정약용은 이상적인 제도가 상고의 三代에 이미 이루어졌다고 생각하면서도 技藝(기술적 발전)는 시대가 내려올수록 더욱 진전된다는 진보사관을 견지하였다. 그리고 그가 이상시한 제도가 수백 년의 역사 과정 속에서 점진적으로 이루어질 수 있는 방안을 생각하였고 제도 개혁을 실현할 수 있는 주체로서 당시 새로이 대두하고 있는 계층을 상정하고 이들을 관직체계 속에 끌어들임으로써 제도 개혁을 이루어 나가려고 생각하였다. 이 점에서 정약용의 경우 當爲는 存在와 떨어져 주장되는 것이 아니라, 새로운 담당 주체의 출현에 의해 현실 속에서 점차 이루어져 가야 하는 것으로 구상되었다. 즉 역사의 전개과정 속에서 존재와 당위는 무매개적으로 결합되는 것이 아니라 역사과정 속에서 인간의 손에 의하여, 합일되어 가는 것으로 생각되었다. 이렇게 하여 달성되는 미래의 理想사회는 기술이 훨씬 발전되어 있다는 점에서 상고의 이상사회와는 다르다. 이런 점에서 그의 정치이념은 복고적인 것이 아니다. 또 신분제가 철폐된다는 점에서도 상고의 이상사회와는 다르다. 이상과 같은 정약용의 정치사상은 그에게서 평등적 인간관이 확립된 것에 기초하였다.104)

래 두려는 것이었다. 여기에는 지방의 民富를 중앙으로 집중하려는 경제적 이유도 있었다. 비변사에서는 8도 구관 당상을 두고 지방관을 통제하였다. 이것은 지방관의 자율성을 극도로 위축시키고 세도정권에 복무하도록 기능하였다. 이런 과정에서 지방관은 지방민의 이익보다는 중앙 권력자의 이해에 맞는 방식으로 역할을 하였다. 이상과 같은 특정 가문에의 권력집중 현상과 더불어 정치적 부패와 수탈이 극에 달하게 되었다. 이에 대한 저항으로 민란이 터져 나오게 되고 민란이라는 항쟁 속에서 민은 의식이 보다 성숙하고 저항을 점차 조직화하여 갔다. 이런 상황이 정치의 근본문제를 생각하게 하는 계기로 작용하였을 것이다.

104) 정약용의 평등적 인간관에 대하여는 조성을, 「정약용의 신분제 개혁론」 가운데 '평등적 인간관' 부분 참조.

한편 인심과 도심에 대한 정약용의 논의는 이황을 계승한 것으로, 理發 철학이 크게 영향을 미치고 있었다고 생각된다. 성호좌파에서는 양명학을 수용하였으나 정약용은 그들의 양명학적 해석은 받아들이면서도 양명학의 致良知 개념은 거부하고 오히려 이것을 道心(이황의 理發的인 발상)으로 대신하게 하는 동시에 이 도심이 上帝에게서 유래하는 것으로 보았다. 한편 정약용은 이익을 계승하여 인간성에 대한 순자적인 설명 방식을 받아들이면서, 유형원이래 기호남인의 周禮學을 보다 깊이 연구하여 자신의 개혁론의 기초로 하였다. 정약용은, 이황의 理發이라는 실천 철학의 문제의식을 계승하면서도 이를 더욱 발전시켜, 理氣論의 틀을 벗어나 上帝와 연결시킴으로써 보다 실천적 철학이 되게 하였다. 그는 이것을 동시에 周禮學 및 荀子的 발상과 결합함으로써 적극적인 정치·경제·사회제도 개혁론을 형성하게 하였다. 더욱이 上帝와 연결된 그의 평등적 인간관은 신분관을 완전히 극복하게 하는 동시에 민주주의적 정치이념까지 창출하였다.

6. 맺음말

이상에서 유형원·윤휴·이익·정약용 등 기호남인계 실학자들의 정치이념을 살펴보았다. 우선 이들에게 공통으로 나타나는 것은 신분관의 변화이다. 유형원은 노비제를 부정하고 양반의 獲得身分化를 추구하였으며 윤휴는 호포제를 주장함으로써 양반의 신분적 특권을 부정하였고, 양반을 포함한 모든 民을 하나로 일률적으로 파악하려는 생각을 갖고 있었다. 이익은 유형원의 노비제 부정을 계승하는 한편, 노비에게도 과거 응시의 길을 열어주고 양반과 농민을 하나로 하려는 土農合一論을 주장하였으며 다음 정약용 단계에 이르러서는 양반제와 노비제를 모두 부정하는 신분제 개혁을 생각하였다. 원래 유학은 민본

이념에서 출발하고 있으나 그것이 지배층과 피지배층을 나누는 신분관에 기초하고 있는 한, 어디까지나 중세적인 사유로서 근대 민주주의 이념과는 질적으로 다른 것으로 남아 있을 수밖에 없다. 그러나 신분제 관념이 극복되면 그것은 민주주의로 전화될 수 있다. 위와 같이 조선후기에 기호남인계 실학자들은 신분관을 점차 단계적으로 극복하여 갔으며 그와 더불어 점차 민본주의의 틀을 벗어나 민주주의의 방향으로 나아가게 되었고, 정약용 단계에 이르러서는 민주주의 정치이념에 도달하게 되었다.

이런 변화는 民에 대한 관념 변화와 더불어 전개되었다. 민본주의는 爲民的 정치이념이기는 하지만, 나라의 주인은 君主라는 관념—달리 표현하면 주권은 어디까지나 군주에게 있는 君主主權論—에 토대하고 있으며 민은 통치의 대상일 뿐 정치의 주체는 국왕과 그의 신료, 즉 지배층에 한정되었다. 유형원은 양반을 세습신분에서 획득신분으로 개혁함으로써 모든 민에게 정치에 참여할 수 있는 길을 열었다. 또 윤휴는 양반을 포함한 모든 민을 국왕이 일률적으로 파악하는 생각을 가짐으로써 양반과 일반민 사이의 신분적 차이를 부정하였으며 이것은 그 역시 일반민도 정치에 참여하게 하려 하였다는 생각을 갖게 한다.

이익 단계에서는 農과 士의 신분적 차이가 부정되는 士農合一論을 제시함으로써 일반 農民의 정치적 참여의 길을 보다 명시적으로 제시하였다. 더욱이 이익은 토지의 주인은 民이며 군주는 어디까지나 그 관리자이며, 10분의 1 세금은 그 관리의 대가라는 혁명적인 발상을 해냄으로써 나라의 主人은 군주가 아니라 民이라고 하는 생각을 단초적으로 드러냈다. 이익이 그 후반의 생을 살았던 英祖代에는 군왕의 입장에서 양반을 포함한 모든 민을 均是赤子라는 보는 주장이 제기되는 한편, 民國이라는 용어도 사용되었다. 물론 이때의 民國은 오늘날 主權在民의 民國 개념과는 다른 뜻이다. 하지만 종래 단지 민을 통치의 대상으로만 보는 것과 달리, 군주가 나라의 주인이지만 동시에 그 나라는 民의 나라이기도 하다는 관념을 제시함으로써 國에서의 民의 위치를 보다 격상시키는 역할을 하였고 民도 나라의 주인으로 볼 수 있는 계기를 마련하였다고 여겨진다.

토지의 주인이 民이고 나라는 民의 나라이기도 하다는 생각이 발전하여 정약용 단계에 이르러서는 아예 권력의 근원이 民에게 있다는 主權在民의 관념에까지 도달하게 되었다. 또 그는 양반제와 노비제를 모두 부정하여 신분제 자체를 혁파하려 하였다. 이것은 모든 사람이 정치의 주체가 될 수 있는 길을 열어 놓은 것이다. 즉 정약용은 주권재민의 관념과 더불어 민에 의한 정치라는 정치이념까지 갖게 되었다. 이리하여 유형원·윤휴에서 시작된 민본주의의 변화는 이익 단계에서 단초적으로 민을 나라로 주인으로 볼 수 있게 하는 과정을 거쳐 정약용에 이르러서는 완전히 민주주의적 단계에 이르렀다. 이것은 공자·맹자에서 시작되어 동아시아 중세의 정치이념으로 기능하여 왔던 유학의 민본주의가, 우리 실학에 의해 궁극적으로 민주주의 단계로 발전하였다는 뜻이다.[105] 조선후기 기호남인계의 정치사상을 흔히 왕권강화론으로 이해하여 왔으나 그들이 실제로 추구한 것은 왕권강화가 아니라 국가 공권력의 강화였으며 왕권은 국가 공권력의 상징으로 주장

---

105) 유학이 민주주의로 발전한 또 하나의 예를 우리는 김창숙에게서 볼 수 있다. 그는 영남학파의 유학적 계통(理를 강조하는 이황 계통의 성리학)에서 출발하였으나 독립운동의 과정에서 완전하게 민주주의자가 되었으며 해방후 이승만에 대한 반독재투쟁의 선봉에 섰다. 그의 반독재투쟁은 철저하게 민주주의에 입각한 것이었으며 그는 자신의 민주주의 이념을, 맹자 등 유교 경전에 토대하여 주장하였다. 그가 이렇게 된 것 역시, 강력한 실천 의지를 갖는, 이황의 理發 철학과 관련이 있다. 근대에 들어와서 더 이상 신분제 관념은 존재할 자리가 없게 되어 김창숙은 자연히 신분관을 극복하였을 것이다. 이 점에서 그의 사상은 민주주의로 발전할 길을 갖는 동시에, 이황 철학의 영향이 여전히 남은 가운데 강력한 실천적 성격을 띠게 되었다고 여겨진다. 한편 그가 제도 개혁의 문제, 사회경제적인 문제를 어떻게 보았는지, 그것이 실학과 같은지 다른지 여부, 그가 1930년대 실학 연구를 중심으로 한 조선학 운동을 어떻게 생각하였는지 하는 등의 문제도 흥미로운 과제로 떠오른다.

98

된 것이다. 왕권은 정약용 단계에서는 실제적으로 완전히 명목적인 것
이 되었다.

정약용 이후 그의 사상은 기호남인 쪽에서는 제대로 계승되지 못한
것으로 여겨진다. 그러나 그의 사상은 신작 등을 통해 강화학파(소론
계)에 계승되었다. 이리하여 개항후 계몽운동기에 강화학파의 이건방
은『경세유표』에 서문을 썼고 여기에서 서양의 사회계약론을 소개하
였다. 이건방이 서양의 민주주의 사상을 쉽게 수용할 수 있었던 것은
정약용 사상의 영향이 선행적으로 있었기 때문으로 생각된다.106) 정약
용의 실학은, 이후 이건방을 매개로 정인보에게 계승되었다. 정인보는
여유당전서 간행에 참여하는 한편, 1930년대 실학을 중심으로 한 조선
학 운동에 주도적인 역할을 하였다.

實學의 政治理念을 民本主義에서 民主主義로 발전한 것으로 이해
할 수 있다면, 우리는 실학 전체의 성격에 대하여 보다 적극적인 주장
을 할 수 있다. 정치이념의 측면에서 실학은 近代指向的인 데에 그치
는 것이 아니었다. 근대지향적인 데에서 출발하여 점차 발전하는 가운
데 근대적인 것에 도달하였다. 이것을, 실학자들의 신분제 개혁론이 점
차 그 해체를 지향하는 방향으로 나아가서, 마지막으로 정약용 단계에
이르러서는 신분제 자체의 해체를 생각하는 데까지 도달한 것 및 農本

---

106) 강화학파를 강화양명학파라고 하기도 하지만 이 용어는 잘못되었다. 그것은
강화학파가 양명학적 입장에서 출발하기는 하였으나 그에 그치고 않고 나중
에 신작 단계에 이르러서는 漢代 정현의 학문을 추종하는 漢學으로 발전하
였기 때문이다. 이렇게 하여 강화학파가 신작 단계에 이르러서는 강력한 실
천 지향성을 갖는 양명학과 제도에의 관심이 결합되었다고 여겨진다. 또 강
화학파의 양명학을 흔히 양명우파로 보지만 이 문제도 앞으로 재고되어야 할
것이다. 성호학파 내에서 양명좌파적인 양상이 나타나고 이것이 제도개혁론
과 결합되었는데 이와 유사한 양상이 강화학파 내에서 전개되었다고 여겨지
기 때문이다. 다만 강화학파를 양명좌파로 규정할 수 있는 것도 아니다. 이것
은 조선적 양명학이다. 노론계 북학파의 경우, 인물성 동론이 인물성 균론으
로 발전하는 가운데(즉 인간 평등을 보다 강조) 이것이 명물도수지학과 결합
되는 속에서 北學論이 생겨나게 되었다.

主義를 극복하고 士農工商의 대등성을 주장하는 단계에 이른 것 등과 아울러 생각하면,107) 실학의 정치사상은 마지막 단계에서는 전체적으로 중세적 성격을 완전히 극복한 가진 것으로 규정할 수 있다. 이것은 16세기에 서경덕·이황·이이 등에 의해 우리의 독자적인 朝鮮性理學이 성립된 기반 위에서 발생한 實學이, 명말청초의 양명학 및 경세치용학과 청대 고증학이라는 외적 영향을 받는 가운데에서도, 기본적으로는 내재적으로 발전하여 이룩한 성과였다. 즉 이것은 공자·맹자에 의해 출발한 민본주의 이념으로 출발한 유학이 우리 실학자들에 의해, 민주주의 이념에 기초한 정치사상으로 발전하였음을 의미한다. 이런 점에서 조선후기 실학은 東아시아 유학 발전의 최정점에 있는 동시에 동아시아 문화권이 스스로의 힘에 의해, 內在的으로 '중세 극복을 달성'하였음을 의미한다.

한편 실학은 원래 유학이 갖고 있던 강력한 爲民政治 관념의 연장선상에서 民生에 적극적인 관심을 기울였다. 이것은 서구의 부르주아 민주주의가 형식적, 절차적 민주주의만을 주장하는 것과 차이가 있다. 실학은 서구가 수정자본주의 단계에서나 갖기 시작한 복지의 이념을 이미 갖고 있는 한편, 小民(소농민·중소상공업자) 입장에서의 경제발전을 추구하였다. 이것은 실학이 오늘날 21세기 초에도 우리에게 현실적·실천적 의미를 갖고 있음을 뜻한다.108)

---

107) 조성을, 「정약용의 신분제 개혁론」 및 「실학의 사회·경제사상 - 신분제도 개혁을 중심으로 - 」 참조.

108) 서구의 근대는 부르주아 민주주의에서 출발하여 대중적 민주주의로 발전하였다. 우리는 실학에서 小民 위주의 발전을 추구하였으며 정치에서 경제를 분리하지 않았다. 흔히 서구의 발전 과정을 전형적 혹은 이념적으로 본나년, 아무리 보아도 우리에게서는 서구의 부르주아와 같은 것이 제대로 검출되기 어렵다. 따라서 우리의 근대는 후진적·종속적인 것이 될 수밖에 없다. 그러나 小民의 위주의 발전 추구가 민란·농민전쟁 등을 거치면서 近代 民衆의 형성을 초래하고 이것이 다시 의병전쟁, 3·1운동, 독립전쟁 등을 통해 민중적 민족주의로 발전하는 것이 우리의 근대의 특색이다. 앞으로 21세기의 세

　더욱이 실학은 근대 서구가 내셔날리즘의 경향을 갖는 것과 달리, 매우 개방적인 對外觀, 보편주의적 시각을 갖고 있었다.[109] 따라서 실학의 성격을 '民族的'이라고 이해하는 방식은 수정되어야 한다.[110] 이상에서 보면 조선후기 실학의 정치이념은 근대 민주주의 성격의 단계에 도달함과 아울러 그것을 넘어서는 측면도 있다. 조선후기 실학은 21세기 세계주의적인 민중적 민주주의를 향해 열려진 체계라고 할 수 있다. 중세 해체기에 대두한 실학은 근대만을 지향하는 것이 아니라 보다 근본적 변혁의 지향까지 갖는 것이었기 때문이다.

　계사의 발전이라는 것도 민중이 주체가 되어야 한다면, 오히려 우리의 20세기 근대를 보다 적극적으로 볼 수 있게 하며 향후 21세기에 근대를 넘어서는 측면까지 생각할 수 있게 한다. 실학의 의의와 성격도 이와 연관지어 말할 수 있다.

109) 조성을 「조선후기 화이관의 변화」, 『근대국가와 민족문제』, 한국사연구회, 1995 ; 「홍대용의 역사인식」, 『진단학보』 79, 1995.

110) 이것은 우리가 너무 지나치게 서구의 근대를 의식하면서 우리의 실학을 생각하여 왔기 때문이다. 우리의 실학은 서구의 근대를 넘어설 수 있는 요소까지도 이미 갖고 있었다. 여기에서 우리의 실학은 21세기에도 여전히 현재적·실천적 의미를 갖고 있다. 조선후기 실학의 이념은 남북의 이데올로기적 대립을 넘어설 수 있게 하는 것이며 동아시아가 앞으로 그것을 기반으로 함께 나아가야 할 공동의 유산이며 21세기에 全世界 民衆이 같이 추구해야 갈 목표이기도 하다.

實學者의 政治理念과 政治運營論

정 호 훈[*]

1. 머리말

조선후기의 實學은 중세 해체기의 사회변동을 보다 급진적이고 개혁적인 측면에서 견인하려는 학자들의 노력을 반영하며 형성·발전한 사상이다. 조선후기 사회에서 사상의 근간을 이루었던 朱子學이 이 시기 일어나는 여러 새로운 변화를 체제 내적으로 끌어안음에 유효한 사상으로 활용되고 있었던 것과는 사정을 달리한다 하겠다. 실학의 사유는 주자학의 지향과 여러 측면에서 대립각을 이루며 발달하였다. 實學의 핵심에는 중세사회·중세사상에 대한 반성·비판과 새로운 사회에 대한 전망이 자리잡고 있었다. 중세사회, 중세 사상에 대한 비판과 반성이 곧장 근대사회를 구체화하는 것은 아니었지만, 조선후기 실학은 近代를 내재하고 있었다.[1]

실학에 대한 학계의 연구 성과는 풍성하다. 國史學을 비롯하여 다양

---

* 연세대학교 국학연구원 연구교수, 국사학

1) 그간 이루어진 실학 연구는 '近代性'과 연관하여 실학의 성격을 구명하고자 하였다. 그 내용을 둘러싸고 여러 논의가 전개되었는데, 문제는 실학의 성격이 근대적인가 아닌가를 넘어서, 한국사에서의 近代 移行의 특별한 사정을 實學 혹은 朱子學은 政治思想史의 측면에서 어떻게 반영하고 있었던가 하는 점을 구체적으로 해명하는 일이 필요할 것이다. 이를 위해서는 일제 강점하 식민지 시기와 남북 분단의 근·현대사를 고려하는 연구 시각이 요청된다 하겠다.

한 학문 분야에서 실학의 성격, 실학의 범위, 실학 형성의 주역, 실학의 역사적 位相 등등을 근본 世界觀과 관련하여, 그리고 政治社會 改革論과 관련하여 검토해왔다.[2] 실학을 통하여 조선에 고유한 중세에서 근대로의 移行動力 혹은 그 樣相을 확인하고자 하는 사회적 욕구와 맞물리며 실학 연구는 이미 일제 식민지기부터 광범위하게 이루어져 왔고, 그 결과로 여타의 연구 주제를 압도하는 주요한 성과들을 축적하게 된 것이다.

실학의 성격을 이해함에, 실학의 政治理念 실학의 政治思想에 대한 해명은 그 무엇보다 중요한 의미를 갖는 것으로 보인다. 중세 말기 조선사회에서 사회변동기, 사회이행기의 문제란 정치상의 과제로 응축되고 있었다. 17세기 이래로 각 당파간에, 그리고 君權과 臣權 상호 간에 치열한 政爭이 일어나고 그로 인하여 숱한 변화들이 일어났던 것은 그 점을 드러내는 주요한 징표라 할 것이다. 그 과정에서 구래의 정치론을 재정비하거나 새로운 정치론을 구체화하며 사회변화에 대응하려는 노력이 집중적으로 드러났던 것인데, 실학은 그러한 움직임의 와중에서 형성되고 발전했던 것이다. 실학의 성격이 정치이념 정치사상에 뚜렷이 드러날 수밖에 없는 까닭이 여기에 있는 것이다.

실학의 정치개혁론과 관련한 연구가 실학 연구의 초창기부터 비중

---

2) 실학 연구사에서의 주된 논점과 주제, 그리고 그 성격을 이해하는 다양한 양상에 대해서는 다음의 연구사 검토를 참고할 수 있다. 김항수, 「朝鮮後期 儒學思想 研究現況」, 『韓國中世社會 解體期의 諸問題(上)』, 한울, 1987 ; 池斗煥, 「조선후기 실학연구의 문제점과 방향」, 『泰東古典研究』 3, 1987 ; 金容燮, 「朝鮮後期의 社會變動과 實學」, 『東方學志』 58, 1988 ; 趙珖, 「朝鮮後期 實學思想의 研究動向과 展望」, 『何石 金昌洙敎授 華甲紀念 史學論叢』, 범우사, 1992 ; 한국역사연구회 17세기 유학사상사반, 「조선시기 유학사상 연구-쟁점과 과제-」, 『역사와 현실』 7, 1992 ; 金駿錫, 「實學의 胎動」, 『한국사 31』, 국사편찬위원회, 1998 ; 조성산, 「조선후기 성리학 연구의 현황과 전망」, 강만길 편, 『조선후기사 연구의 현황과 과제』, 창작과 비평사, 2000 ; 조광, 「실학과 개화사상」, 강만길 편, 같은 책.

있게, 그리고 깊이 있게 다뤄진 것도 실학이 갖는 이러한 성격 때문일 것이다. 학계는 磻溪 柳馨遠을 비롯, 星湖 李瀷, 茶山 丁若鏞과 같은 중요한 인물들의 政治思想에 대한 정보를 풍부하게 확보해두고 있다. 그러나 한편으로, 이들 외에 주요한 인물들의 정치사상에 대한 연구는 생각만큼 그렇게 풍부하게 이루어진 것으로는 보이지 않는다. 洪大容, 朴趾源, 유수원, 서유구와 같은, 종래 실학의 주요 인물로 거론되는 사람들의 정치사상에 대한 연구는 거의 없는 편이다. 그런 점에서 본다면, 실학의 연구 영역을 보다 다양하게 넓혀가야 할 필요가 있을 것이다.

본 연구에서는 기왕에 이루어진 연구 성과를 바탕으로 실학·실학자의 정치사상을 정치이념, 정치운영론과 연관하여 살피고자 한다. 실학의 유파를 남인계 실학, 소론계 실학, 노론계 실학으로 분류하고 그 중요한 인물들을 다루기로 하겠다.3) 대체로 17세기이래 주자학을 비판적으로 사유하는 한편으로 국가체제, 사회구성의 혁신을 도모하여 改革的 政論書를 남겼던 인물들이 검토될 것이다.

정치론의 체계를 구성하는 요소는 다양하게 살필 수 있을 것이다. 여기에서는 실학의 정치론을 크게 정치이념, 정치운영론의 두 층위에서 살피고자 한다. 정치이념이 실학자들의 정치적 전망을 보다 포괄적으로 제시하는 범주라면 정치운영론은 이러한 이념을 현실에 구현하는 구체적인 정치운영술이라 할 수 있다. 이와 연관하여 다음과 같은 점들을 구체적으로 살피고자 한다.

첫째는 이들 실학자들의 政治的 志向과 展望에 관한 생각이다. 실학은 사회 개혁성을 본질로 한다. 政治經濟學으로서 볼 수 있는 면모이다. 이들은 당대 조선사회의 구 질서를 해체하여 새로운 사회를 구성하기를 열망하였다. 그러한 지향은 곧 지주전호제와 양반 신분제, 집

---

3) 이에 대해서는 정호훈, 「조선후기 실학의 전개와 개혁론」, 『東方學志』 124, 2004를 참고.

권체제를 근간으로 구축된 중세적 조선사회에 대한 전면적 비판과 연결되어 있었다. 그들의 전망은 달리는 중세해체기, 社會 移行의 문제를 내용으로 담는 일이기도 했다. 이 같은 전망은 사회를 운영하는 방식, 그 속에 살고 있는 구성원들을 이해하고 파악하는 방식 등등을 규정하는 주요한 근거였다. 둘째, 政治運營의 方法과 관련한 문제이다. 이들 실학자들의 정치적 사유는 새로운 社會構成에 대한 문제제기를 넘어, 사회를 운영함에 중시되고 핵심이 되어야 하는 방법이 무엇이 되어야 하는가 하는 점을 근본적으로 고민하는 가운데 성립하였다. 주자학의 정치적 사유는 흔히 德治 人治로 이야기되는 바, 사회·국가의 경영에서 무엇보다 중요한 것은 개개인의 道德的 敎化가 이루어질 때 인간의 가치가 실현되고 諸 關係 속의 질서 유지가 안정적으로 이루어짐을 강조하는 특성을 지니고 있었다. 治者를 비롯하여 國家公權은 일차적으로 도덕성을 갖추어야 하며, 그 권력의 실현도 철저히 도덕적이어야 한다는 점이 강조되었다. 그러한 특성은 요컨대 도덕 정치론이라 할 것인데, 실학자들은 이러한 도덕 정치론의 특성을 부정하지는 않았지만 정치의 실현 방법과 관련하여 도덕과는 다른 차원의 기준을 정치 운영의 핵심원리로 설정하고자 하였다. 셋째, 구체적인 政局 運營, 政治體制의 運營術의 성격에 관한 해명이다. 조선후기 사회의 정치적 특성은 黨爭·政爭으로 집약할 수 있는 바, 조선의 官人·儒者들은 주자학의 정치론을 최대한 활용하며 정국운영의 원리와 방침을 모색하고 실현하고자 하였다. 이른바 公論·公議에 기초한 정치는 조선후기 당쟁을 밑받침하는 주요한 지향이었다. 공론에서 是是非非가 확립되고 실현되므로, 올바른 공론을 세우고 확산하는 문제가 정치의 주요한 과제로 설정되었다. 실학자들은 정치에서의 공론이 갖는 의미를 부정하지는 않았지만 공론을 중심으로 이루어지는 정치운영 방식에 대해서는 부정적이었다. 넷째, 정치참여 세력의 폭과 성격에 대한 해명이다. 조선사회에서 정치의 주체는 양반 사대부였다. 그러나 조선후기로 들며 사회변동이 격심해지는 상황에서 平民層의 정치의식이 확장되고 구래의 강고한 질서가 무너져 내렸다. 실학자들은 이러한 변동을 반영하며 정치에의 참여폭을 대폭 확장하는 그러한 정치론을 구상하였다.

실학이 가진 정치적 사유의 특성이 보다 구체적으로 밝혀지기 위해서는 조선후기 실학자들이 남긴 풍부한 논의, 이를테면 그들의 經學的 土臺와 연관하여 정치적 사고가 어떻게 마련되고 또 확장되었는지 하는 점들도 동시에 검토되어야 할 것이다. 조선후기의 실학자들은 대부분 새로운 경서해석을 통하여 자신들의 사유의 근거를 마련하고 이를 다양하게 변주하며 세계와 인간에 대한 이해를 재구성해 나갔다. 정치적 사유도 그 위에서 마련된 것이었다. 그런 면에서 이들의 정치적 사유를 경학적 근거와 연관하여 살피는 것이 필요하지만, 본고에서는 일단 이상 네 가지 점들을 중심으로 실학자들이 남긴 구상을 정리하고자 한다.

2. '國家＝公' 이념의 추구와 '法治'的 政治運營論의 强化

1) 새로운 체제 구상과 '國家＝公' 이념의 추구

조선후기의 실학자들은 당대 조선사회가 가진 모순을 풀어내기 위해서는 국가체제의 전반적인 개혁이 필요하다고 생각하였다. 현 시점은 국가·사회가 안고 있는 여러 모순을 해소할 필요성이 있는 바, 그것은 단순히 제도의 운영상 문제만 해소하고자 하는, 부분적인 개량에 멈추는 것이 아니라 전면적인 變法의 형식을 띠어야 하며, 정치적 諸改革도 그렇게 가야 한다는 것이었다. 그러나 그 수준과 방법을 두고는 학파별, 시기별로 다양한 견해가 제시되어 의견 상호 간에 많은 차이를 보인다.4) 南人들은 대체로 17세기 중엽부터 체제 전반에 걸쳐 구

106

체적이고도 체계적인 내용을 갖춘 국가개혁론을 마련하고 있었다. 반면 少論系나 老論系 實學者들은 남인들에 비해 시기적으로 늦게 출현했으며 그들이 내세웠던 논리는 치밀함이나 세세함에서 남인에 비해 크게 떨어졌다. 더우기 이들의 실학적 사유는 남인과 비교할 때 근본 방향에서 차이를 보이는 측면도 있었다. 조선후기 실학자들 사이에서 나타나는 이러한 차이는 현실 인식의 태도와 방법이 일치하지 않은 데서도 연유했거니와, 그 근거하고 있는 이념, 정치적 지향이 다른 데서도 말미암았다.

　　古道·古法 지향의 變法論과 新國家 構想：南人系 실학자들은, 중국 古代社會에서 시행했던 제도, 곧 三代의 法, 三代의 制度를 중시하였다. 이들은 三代를 이상사회로 설정하고 이때의 古制·古法을 제대로 복원, 時俗에 맞게 펼치면 조선사회가 안고 있는 문제를 충분히 풀어갈 수 있다고 보았다. 고대로의 복귀를 통하여 현재의 당면한 과제를 풀어간다는, 고대에 대한 재발견이었다. 이를 위하여 이들은『周禮』에 주목하고 이 경전의 이념과 방법을 적극 활용하고자 하는 등, 古典 儒學에 대해 깊이 연구하였으며, 이를 근거로 새로운 이념 근거와 학문방법론을 마련하고 체계화해 나갔다.[5] 그것은 곧 古典主義로 이름 붙일 만한 내용과 방법론을 지니는 학문체계였다.[6]

---

4) 여기에 대해서는 정호훈, 앞의 글, 2004에서 대략적으로 검토했다. 필자는 조선후기에 형성 발전한 실학의 내용과 성격을 살피기 위해서는 南人, 少論, 老論의 당색별로 나누어 볼 필요가 있다고 생각하였다. 남인으로는 柳馨遠, 李瀷, 丁若鏞, 소론으로는 朴世堂, 柳壽垣, 徐有榘, 노론으로는 洪大容, 朴趾源, 朴齊家를 실학자로 분류하여 그 특징을 살피고자 하였다. 이 글에서도 그 같은 기준을 따른다.

5)『周禮』는 조선이 건국할 때부터, 국가체제의 원형을 제시하는 경전으로서 중시되었으며, 17세기 이후 國家 再造의 문제가 본격화하면서 조선의 儒者 官人들에게 주목되었다.『周禮』의 政治思想이 조선사회의 改革과 變化에 미친 영향에 대해서는, 시계열적으로 꼼꼼히 정리할 필요가 있을 것이다.

6) 이 시기 남인들의 학문체계를 두고 고전주의로 명명하고 그 구조와 원리를 해명하고자 한 시도는 金駿錫,『朝鮮後期 政治思想史 硏究』, 지식산업사,

이들은 토지제도를 비롯, 정치제도, 신분제, 인재 선발방식, 군사제도 등등 사회 전 구조에 걸친 개혁에 대단히 깊은 관심을 기울였다. 국가 체제 전반의 개혁이 필요하다는 인식 위에서였다. 그 가운데서도 이들은 특히 토지제도의 개혁을 중심으로 조선사회가 안고 있던 제반 문제를 풀어갈 수 있다고 보았다. 토지를 둘러싸고 모든 관계, 제도가 형성되고 변화하므로 이 토지제도를 둘러싼 문제를 풀면 얽혀 있는 제반 모순을 해결할 수 있다는 사고였다. 이들에게서 토지는 문제 해결의 근본이자 중핵으로 인식되고 있었다.

이 같은 사고의 원형은 柳馨遠에게서 확인할 수 있다. 유형원은 중국과 한국 역사상 나타났던 여러 토지제도 운영의 경험과 그에 대한 經濟論을 검토하는 가운데, 公田制 개혁론을 펼쳤다. 전국의 토지를 公田으로 설정하고 사회 전 구성원에게 분배, 관리케 하자는 방안이었다.[7] 유형원은 이러한 토지제도야말로 '天理'를 담고 있으며 이상적인 정치를 실현할 수 있는 근본 매개가 된다고 주장하였다.[8] 성리학의 최고의 개념인 天理를 구체적인 법제와 연관하여 이해하고자 하는 방식이었다. 그것은 곧 토지개혁의 의미가 갖는 엄중함과 절대성을 天理의 힘을 빌어 최고로 강조한 셈이었는데, 그는 이러한 개혁 과정에서 일어날 수 있는 地主・富民의 저항에 대해, 국왕권을 강력히 발동하여 제압해야 할 것으로 생각하기도 했다.

유형원의 구상은, 당대 조선사회가 안고 있는 문제를 해소하기 위해서는 국가 그 자체의 大變化가 필요하다는 것이었다. 그는 이이의 말을 빌어, "옛날에 착한 국왕 혼자서 천하를 위해서 일을 했고, 천하 사

2003, 제1부를 참조할 수 있다. 한편 정성철은 정약용의 학문을 두고 考證學 古典學(=漢學)과 구별하여 '실학적 고전학'이라 불렀다(『실학파의 정치사상과 사회정치적 견해』, 사회과학출판사, 1974(한마당 재간행, 1989, 391쪽)).

7) 『磻溪隨錄』 卷1, 田制 上.

8) 『磻溪雜藁』 鄭 別紙, 83, "禮儀三百 威儀三千 無非實理之形著也 所謂節文者 因其度數而節文之也";『磻溪隨錄』 卷26, 續篇 下, 27가, "天地之理 著於萬物 非物 理無所著 聖人之道 行於萬事 非事 道無所行".

108

람이 국왕 일인을 위하여 복무한 것이 아니었다"[9]하여 국왕의 존재 의의를 설정하고, "국가란 것은 본래 백성을 위하여 설치"[10]했다고 보았다. 그리고 이러한 국가와 왕이 발생한 조건으로, "인간들이 욕심이 있기 때문에"[11] 이를 다스리기 위하여, 또 "전국의 利權을 관리하기 위함"[12]으로 이해했다. 인간 사회의 욕심과 이권을 다스리는 도구 혹은 기구로서 국가와 왕의 역할을 인정하고 그 위에서 문제의 해결점을 찾고자 했던 것이다.

星湖 李瀷 역시 토지겸병이 가진 폐해를 그 무엇보다 중시하였다. 토지란 본래 '國家의 所有'이므로 私主가 함부로 전유할 수 없다는 것이 그의 생각이었다. 그는 이를 공·사로 구분하여 "王者 公"이라 하였다.[13] 사의 반대가 곧 공이므로, 그 제도는 최고의 가치를 지니고 있었다. 그런 한편으로 이익은 유형원과는 달리, 限田制 改革論을 구상했다.[14] 일정한 규모 이상을 개별 농가에서 보유하지 못하게 하며, 그 이상을 소유할 경우에는 공권의 힘으로 강력히 제어해야 한다는 방안이었다. 그는 현재의 지주제의 해체와 관련해서는, 정부에서 적극적으로 그 토지를 구입하여 오랜 세월에 걸쳐 점진적으로 그 같은 과업을 완수할 수 있어야 한다고 보았다. 李瀷은 전 국토를 국유화하고 이를 일괄적으로 국가에서 관리하는 방안에 대해서는 유보적이었다. 급작스럽게, 과격하게 일을 추진하게 되면 富民들의 광범위한 저항에 직면하

---

9) 『磻溪隨錄』 卷3, 田制後錄 上.

10) 『磻溪隨錄』 卷19, 祿制.

11) 『磻溪隨錄』 卷14, 任官攷說.

12) 『磻溪隨錄』 田制後錄攷說 下.

13) 『星湖僿說類選』 卷4下, 田制, 18나, "夫田者 本國家之所有 恐非私主所敢斷 ……私之反則公也 孰非公田 田主者 不過借公田而耕耘納稅於公者也……昔 王莽 名天下田曰王田 王者公也 名之所以明其非私也 其意則甚大 後人莫能 及其力量也".

14) 『星湖集』 卷45, 雜著, 論均田 論田制, "國家宜稱量一家之産 限田幾負爲一 戶永業田" ; "各以一頃爲永業 貧者 一頃之內 有入而無出 則貧不得賣田 而 兼竝不售 富必有分除 而稍漸均平矣".

게 되고, 그럴 경우 실질적인 효과를 기대하기 어렵다는 것이 그의 생각이었다.

정약용의 경우, 앞선 시기 남인들이 개척했던 바, 조선사회의 전면적 개혁론을 집대성하는 면모를 보인다. 閭田論, 井田論의 두 체계의 토지개혁론[15] 구상이 가진 정밀함과 치밀함에서도 이를 확인할 수 있거니와, 『經世遺表』의 새로운 국가 구상은 중국 고대 이상사회의 이념과 역사를 대상으로 행했던 오랫동안의 검토를 國家論 차원에서 총결한 것이었다.[16] 정약용은 앞선 시기 남인학자들의 견해를 충분히 수렴하면서도 그를 뛰어넘는 자신만의 독자적인 체계를 세웠다.

土地制 改革論과 더불어 南人 實學의 정치적 사유를 구성하는 또 다른 축은 身分制 改革論이었다. 남인들은 신분제 문제에 대해 적극적으로 대처, 노비제와 양반제를 폐지하는 방안까지 구상하였다. 柳馨遠은 궁극적으로 奴婢制를 폐지해야 한다고 보았다. 그러면서도 실제로는 奴婢從母法을 실시하고 노비세습제를 폐지하여 완만하게 긴 시간에 걸쳐 노비제 문제를 해소해야 한다고 보았다.[17] 이익 또한 유형원의 관점을 계승하여 奴婢從父法과 奴婢世襲法의 폐지를 주장하였다. 이에 더하여 그는 奴婢制限法을 실시하여 奴婢의 自贖을 촉진하고 또 노비의 科擧 應試, 官職 參與를 허용해야 한다고 보았다.[18] 丁若鏞 역시 노비종모법을 실시하고 궁극적으로 노비세습제를 철폐할 것을 구

---

15) 정약용 토지 개혁론의 성격에 대해서는 金容燮, 「조선후기 토지개혁론의 推移」, 『東方學志』 62, 1989(『증보판 朝鮮後期 農業史研究Ⅱ』, 일조각, 1990 재수록).

16) 『經世遺表』의 국가구상에 대해서는, 그 이념과 구성원리, 국가체제 등과 관련하여 지금까지 여러 측면에서 검토되었다. 洪以燮, 『丁若鏞의 政治經濟思想 研究』, 韓國研究院, 1956 ; 趙誠乙, 『丁若鏞의 政治經濟 改革思想 研究』, 연세대학교 박사학위논문, 1991 ; 金泰永, 『實學의 國家改革論』, 서울대학교 출판부, 1998 등을 통하여 그 대강의 골격을 살필 수 있다.

17) 『磻溪隨錄』 卷13, 田制(下) ; 『磻溪隨錄』 卷92, 續集(下), 奴隷.

18) 『星湖集』 卷46, 論奴婢.

상하였다.[19] 이와 더불어 그는 全 民을 양반화하게 되면 양반이 없어
지게 된다고 하여 양반제의 철폐까지 가능하다고 생각하였다.[20]

　남인계 실학자들이 가진 이와 같은 사고는 조선사회의 法 體系를
근본적으로 바꾸어 재구성해야 한다는 變法性을 지니고 있었다. 이들
은 공통적으로 私的 所有에 기반한 사회체제 사회구조를 철저히 부정
하고 公的 所有, 혹은 國家的 所有에 기반하여 유지·운영되는 사회
를 전망하고 있었다. 그 점에서 이들의 구상은『經國大典』에 규정된
바, 현실의 법질서를 훌쩍 뛰어넘고 있었다.

　反'古道'의 法古刱新論과 社會改革 : 노론계 실학의 경우, 개혁이
념과 그 지향에서 南人과 많은 차이를 보인다. 18세기 후반, 北學의 필
요성을 적극 주장하며 노론 내부의 反朱子學 사고를 확산시키는데 앞
장서며 활동했던 노론계 실학자들은, 사회변혁 사회개조의 필요성을
주장하면서도, 古道·古法에 기초하여 개혁을 펼치는 것에 대해서는
부정적이었다. 홍대용이 反古道論을 주장한 것은 이들 사고의 성격·
특성이 어떠한 것인지를 명백히 보여준다. 홍대용은 풍속에 따라 순응
하게 하는 것이 聖人의 權道이자 治世의 기술이라고 하여,[21] 억지로
옛 법, 옛 제도를 시행해서는 안될 것으로 보았다. "지금 세상에 살면
서 古道만을 회복시키려 한다면 재앙이 그 몸에 미칠 것이다"는 옛말
은 홍대용의 마음을 그대로 대변하는 표현이었다.[22] 홍대용의 이러한

---

19) 정약용의 노비제 개혁론에 대해서는 연구자에 따라 그 견해가 일치하지 않
　아, 노비제 개혁에 적극적이었다고 보기도 하고(趙誠乙,「丁若鏞의 身分制
　改革論」,『東方學志』51, 1986) 반면 부정적이었다고 보기도 한다(李培鎔,
　「茶山의 身分觀에 대한 再檢討」,『梨花史學研究』16, 1985). 본고에서는 정
　약용의 평등적 인간관, 단계론적인 개혁구상 등을 들어 노비제의 개혁에 적
　극적이었다는 견해를 취했다.
20)『與猶堂全書』第1集, 詩文集, 跋, 跋顧亭林生員論, "若余所望則有之 使通一
　國而爲兩班 則通一國而無兩班矣 有少斯顯長 有賤斯顯貴 苟其皆尊 卽無所
　爲尊也".
21)『湛軒書』內集 補遺, 卷4, 毉山問答.
22)『湛軒書』內集 補遺, 卷4, 毉山問答.

反古道論은 고대사회를 이상적인 사회로 설정하고 이의 회복을 강조하는 주자학에 대한 비판과도 통하는 것이었지만 한편으로는 중국의 옛 사회를 이상시하는 시각에 근거하여 실학적 사유를 펼쳤던 南人들의 사유와는 같은 지점에 이들이 서 있지 않음을 보이는 모습이기도 하다.

그러나 이들은, 홍대용 박지원에게서 볼 수 있듯, 사적인 토지소유의 무한 확대와 몰락 농민층의 확대, 그리고 이로 인한 농업경제의 파탄, 양반·사대부의 무제한적인 特權의 享有 등 당대 조선사회를 규정하는 여러 사회경제적 요소에 대해서는 대단히 비판적이었으며, 그 가진 문제를 바로잡기 위해서는 특별한 개혁이 필요하다고 생각했다.

홍대용의 경우, 토지의 일률적인 分給制를 구상했다. 홍대용은 井田制 방식의 개혁은 불가능하지만, 결혼한 농민의 경우 2結의 토지를 균등히 지급하며, 그 땅을 지급 받은 자가 사망하면 3년 뒤, 다시 이를 다른 이에게 分給해야 한다고 생각했다.[23] 국가의 公權으로 私的 所有를 일정 제한해야 한다는 생각이었다.

박지원의 생각은 홍대용에 비해 좀더 구체적이었다. 박지원은 地主豪富層의 토지 집적으로 인한 토지 겸병의 문제를 풀어야만 당대 사회가 안고 있는 제반 과제를 해소할 수 있다고 생각했다. 그것은 새로운 法制를 새우는 데서 가능했는데,[24] 구체적으로 박지원은 정전제의 이상을 인정하면서도 한전제를 실시해야 한다고 생각했다.[25] 일정한 시기를 기준으로 限田令을 내려 그 이상의 토지를 소유하지 못하게 하고

---

23)『湛軒書』內集 補遺, 卷4, 林下經綸, "均九道之田 十而取一 男子有室以上 各受二結 [限其身 死則三年之後 移授他人]".

24)『課農小抄』限民名田議, "誠以法制不立 故治擧國 而聽於兼併之家……然兼併者 亦豈苟欲勵貧民而賊治道也 欲爲治本者 亦非可深罪其豪富 而當患法制之不立".

25)『課農小抄』限民名田議, "故曰 限田而後 兼併自息 兼併自息然後 産業均 産業均然後 民皆土著 各耕其地 而勤惰著矣 勤惰著而後 農可勸而民可訓矣".

112

多田者들이 소유토지를 자손에게 물려주거나 放賣하기를 수십 년간 기다리면 민의 토지소유가 자연 均等해지리라는 것이었다.[26] 박지원의 구상은 均田制의 원리와 限田論의 방법을 종합한 성격을 지니고 있었다.[27] 박지원은 자신의 이 구상이 선왕의 '至均至公之制'[28]를 실현하는 일이라고 하여 그 가진 의미가 '均'과 '公'에 있음을 강조하였다. 均等한 토지소유와 '至公'의 실현을 같이 생각하는 사유를 주목하게 되는데, 박지원은 현실적으로 그것이 가능한 것은 제왕이란 영토의 주인으로 무엇이나 소유하고 무엇이나 專管할 수 있는 존재이기 때문이라고 여겼다.[29] 요컨대 국가적 토지소유를 전제한 발상이었다.

노론계 북학파들의 사회개혁 구상은 남인계 학자들에 비하면 그다지 정밀하지도 않으며 또 그 내용이 풍부하지도 않다. 홍대용의 경우 『林下經綸』을 통하여 국가개혁론을 나름대로 구상했었지만, 『磻溪隨錄』이나 『星湖僿說』에서 제시된 개혁구상에 비하면 그 체계성과 엄밀성, 그리고 구체성에서 많이 부족했다. 박지원 역시, 국왕 정조의 求言敎에 응하여 「限民名田議」를 구상하는 정도였으며, 특별한 政論書를 따로 남기지는 않았다. 이들에게서, 사회개혁의 대체를 설정하고 그 구체적인 節目을 마련하는 일은 그다지 큰 관심 사항이 아니었을는지도 모르겠다. 그러나, 어쨌든 이와 같이 제한적인 구상에 그쳤지만 이들의 개혁 사유 역시 국가의 공권에 기초한 사적인 소유, 사적인 경제활동에 대한 干與와 統制를 적극적으로 긍정하는 면모를 지니고 있었다. 이들은 공공의 이익을 실현하고 이를 통하여 사회 전반의 활력을 도모

---

26) 『課農小抄』, 限民名田議, "誠立爲限制曰 自某年某月以後 多此限者 無得有加 其在令前者 雖連阡跨陌 不問也 其子孫有支庶而分之者聽 其或隱不以實 及令後加占過限者 民發之與民 官發之沒官 如此 不數十年 而國中之田可均".

27) 金容燮, 앞의 글, 1989.

28) 『課農小抄』, 限民名田議.

29) 『課農小抄』 限民名田議, "夫帝王者 率土之主也 究其本 則孰所有而孰能專之 苟無利民澤物之志 則已如有是志均之云乎".

하기 위해서는 국가가 土地兼倂의 문제를 해결하는 것과 관련하여 그 私的 所有를 통제할 필요가 있다고 판단하고 있었다.

實政·實事의 정치론과 체제개혁 구상：少論 실학자들은, 南人·老論系 실학자들과는 성격을 달리하는 독자적인 이념을 개척하고 있었다. 소론계 실학은 17세기의 박세당, 정제두, 그리고 18세기의 유수원, 19세기의 서유구 등으로 이어지며 발달했다. 이들 소론들은 숙종 때와 영조 초반, 상당한 세를 확보하며 노론과 더불어 국정을 주도적으로 주도하였다. 그러나, 노론의 정국 주도가 강화되는 상황에서, 1728년의 戊申變亂을 거치고 영조 31년의 乙亥逆獄을 경험하며 이들 세력들이 축적하고 있던 이들만의 개성 넘치는 학풍과 학문 방법론은 크게 약화되었다. 그랬던 까닭으로 이들에게서 새로운 사상과 논리는 그 가진 세력에 비해볼 때 풍부하게 체계적으로 마련되지 못하였다.

이들은 朴世堂의 경우처럼, 주자학적인 명분론보다는 현실의 實質·實事·實理를 중시하는 태도를 지니기도 했고, 鄭齊斗에게서 볼 수 있듯이, 陽明學을 적극적으로 소화하는 가운데 限田制를 통하여 均田을 실행하며[30] 또 兩班·賤民制를 해체할 것을 주장하기도 했다.[31]

유수원의 경우, 조선의 법제를 새롭게 정비하고[32] 이를 통하여 새로운 국가 사회 전반의 문제를 풀 것을 구상하였다. 限田制를 시행하여 토지제도의 모순을 해결해야 한다는 구상을 하기도 했지만 토지제도를 중심으로 일어나는 농업문제 사회문제에 대해서 그는 전면적인 변

---

30) 『霞谷集』外集, 卷22, 箚錄, "一戶限三結 原已過限者 雖勿減 而未過者 今勿過 未滿者 加買 而滿者 不得加買 冒名買者贖之". 정제두는 이와 같은 법제를 시행하면 100년 정도 지나면 자연스럽게 균전이 가능해질 것으로 보았다. 곧, "限田從歸自均 百年可至均"이라 함이었다.

31) 『霞谷集』卷22, 箚錄, "消朋黨……消兩班……消奴婢".

32) 유수원의 생각이 갖는 특점 중의 하나이다. 그는 역대 국가에서 어떤 영역일지라도 그에 걸맞는 법을 시행할 의지가 없는 것은 아니었지만, 입법의 미비함, 제도의 소활함으로 인하여 많은 문제가 생긴다고 보았다. 『迂書』第6卷, 論戶口雜令.

114

혁을 구상하지 않았다. 그가 역점을 두어 생각했던 것은 理財였다. 그것은 곧 구체적으로 부세제도를 정비하고 이를 바탕으로 하여 民産을 마련하며 國用을 풍족하게 하는 일과 같이 국가에서 적극적으로 財富를 관리함을 의미했다. 그는 허다한 이익의 원천이 私門에 널리 흩어져 있는데도 수취할 줄을 모르고 있으므로 숱한 폐단이 생긴다고 진단하고,[33] 四民의 分業을 명확히 하고 徭役을 균평하게 하며 '私孔'을 막아 국가가 그 이익을 수렴해야 한다고 보았다.[34] 그의 이러한 생각은, 상품화폐경제의 발달에 國家가 적극 介入·干與하고 理財에 관심을 크게 기울여야 함을 강조하는 모습을 지니고 있었다.[35]

서유구 역시 토지문제를 비롯한 농업경제에 큰 관심을 기울였다. 서유구는, 民屯田 官屯田과 같은 형태로, 국가에서 民의 사유지를 매입하여 국영농장을 설치하고 이를 무전농들에게 임차, 농업문제를 풀 것을 구상하였다.[36] 19세기 초반 서울 경기지역에 살던 소론계 실학자의 면모를 확인하게 하는 방안이었는데, 남인들의 경우에서 볼 수 있는 것처럼 국가가 강제력을 동원하여 국가체제를 변혁하는 방식을 피하여, 경제적인 방법을 최대한 활용하고자 하는 것이었다. 국가의 주도적이고 중심적인 역할을 강조하되, 이를 자유로운 민간의 경제활동을 적극 활용하는 차원에서 풀어 가려는, 소론계 특유의 방법이라 할 것이었다.

그러나 이들 역시, 古道·古制의 古法主義를 채택하고자 하지는 않았다. 오히려 이들은 유수원이 명대 법제를 통하여 조선 법제의 미비점을 보완하고 그 법으로 현실의 제 문제를 해소해 가야 한다고 생각했던 것처럼,[37] 조선 현실에 가장 걸맞는 제도, 방법을 당대 경제구조

---

33) 『迂書』卷6, 論戶口雜令.
34) 위와 같음. 특히, '私孔'을 막는 방법으로 그는 民産을 丁·田·事·産으로 나누고 이 모두를 국가의 帳籍에 기록하여 관리해야 한다고 생각했다.
35) 유수원의 구상을 두고 王安石의 新法에 가깝다는 비판이 일기도 했다.
36) 『楓石全集』金華知非集 卷12, 擬上經界策 上·下 참고.

위에서 찾고자 노력하였다. 이들의 태도는 보다 유연하게 현실의 변화
를 수용하면서, 국가가 가진 권력을 적절히 활용, 토지제도의 모순을
해소하고, 전 사회에 가득 찼던 갈등을 풀어가고자 하는 면모를 지니
고 있었다.

　이와 같이 學派別·政派別 學問傳統을 반영하며 각기 상이한 방식
으로 전개된 실학자들의 정치적 사고의 근저에는 古制·古法의 이념
을 채택할 것인가, 아니면 反古道의 현실적 입장을 취할 것인가 하는,
성격을 달리하는 생각이 놓여 있었다. 당연히 變法의 方法과 內容, 그
리고 그 범위에서 많은 차이를 보일 것이었다.

　그러나 이들의 구상은 國家·公權의 권한을 강화하며 私家 私門의
이해를 축소 억제하고자 하는 지향 위에서 조선사회가 안고 있는 제반
모순을 풀어가고자 하는 성격을, 강약의 차이는 있었지만 어느 정도
공통적으로 지니고 있었다. 그것은 구체적으로, 국가가 가진 강한 권한
을 발동하여 조선사회를 근저에서 밑받침하고 있는 私的인 土地所有
制度와 사적 권한, 사적인 특권에 기초한 신분제를 억제 혹은 철폐하
고 이를 통하여 조선사회가 지닌 제반의 사회 모순을 풀어간다고 함이
었다. 극단적인 경우 조선사회의 생산관계 혹은 社會構成의 변화를 전
망하는, 본질적이고 근본적인 차원의 논의였다 할 것이다.

　이들의 논의는 새로운 이념, 새로운 정치적 사유를 전제하고 있었다.
국가 공권의 권한을 강화하며 사적 소유권을 억제하거나 철폐하자는
사유는, 조선사회가 발전시켜오던 일반적인 가치와는 전면적으로 배치

---

37) 明代의 제도에 주목하는 유수원의 견해는 특별했다. 조선사회에서 명대의 학
　문과 문물제도에 관심을 기울이고 또 국가의 경영에서 명대의 정치를 중시하
　는 풍조는 16세기 말부터 대두하고 있었지만 그 의미를 적극적으로 해석하는
　것은 미약했으며, 유수원에 이르러 명대의 정치제도는 조선사회가 안고 있는
　문제를 풀기 위한 모델로서 본격적으로 파악되었다. 유수원의 이러한 태도는
　이 시기 노론이 '對明義理論'을 내세우며 정국운영의 근본 원칙을 마련하는
　것과, 그리고 古典主義를 채택하고 있던 남인과는 크게 대비된다 할 것이다.

116

되는 성격을 지니었다. 조선사회에서 발전해 온 주요한 정치이념은 公
과 私 개념과 연관하여 살필 수 있을 것이다. 公論—私論, 公義—私利,
公益—私欲 등으로 각기 짝을 이루며 사용되었던 공·사 개념은 권력
주체들이 권력을 행사함에 정당성과 합법성을 부여하는 한편으로 봉
건권력이 專制化되거나 부패하는 것을 방비함에 나름대로 기능하였
다. 단적으로 말하자면, 公을 지키고 私를 배제하는 것은 '天理를 보존
하고 人欲을 막아내는' 차원에서 운위될 수 있는 것이었다. 한편으로
조선에서의 公 개념은 사적인 소유권을 인정하고 용인하는 가운데서
성립되었다. 그런 면에서 그것은 양반 사대부의 사적 이익을 거의 훼
손하지 않는 상태에서 이룰 수 있는 이념이었다.

　　그러나 실학자들의 사유에서 사용된 公의 개념은 토지의 사적소유
권을 압도하는 위에 성립하였다. 이익이 "王者 公"의 관념 위에서 토
지제도를 거론38)한 것이나, 박지원이 균전제를 '至均至公'의 제도라고
이해했음은 이를 극명히 드러내 보인다 할 것이다. 이들의 사유는 國
家=公의 관점을 취하였다. 국가라는 정치공동체가 소유의 주체가 되고
그러한 가운데 민의 경제 활동, 국가재정 운용 등등을 비롯한 제반 공
적 활동이 이루어져야 한다는 것이었다. 실학자들에게서 公·私의 개
념은 전통적 사유에서의 그것과는 성격이 판이하게 달라졌으며, 그것
은 이들의 정치적 사유를 근저에서 새롭게 규정했다. 君=國은 公이고
父=家는 私이므로, 國에 어려움이 있으면, 私를 뒤로 하고 公을 먼저
해야할 것을 강조하는39) 의식도 아마 이런 면모일 것이다. 실학자들이
새로운 법제 속에서 구성하고자 하는 사회는 국가=공의 이념에 근거
하여 구축된다고 할 수 있을 것이다.

---

38) 『星湖僿說類選』 卷4(下), 田制.
39) 『星湖先生文集』 卷53, 禹氏雙節旌閭記, 19가～19나, "君與父孰先 父子以後
　　有君臣 然國公而家私 故君有難 後私而先公也".

2) 주자학적 도덕정치론의 止揚과 '法的 정치' 강화 의식

조선후기 사회의 개혁을 두고, 地主佃戶制를 혁파하여 公田制 혹은 限田制와 같은 토지제도를 시행하고 이를 바탕으로 국가체제 전 영역에 걸친 여러 법제를 재구성한다거나, 혹은 국가의 공권을 강화하여 富國强兵의 체제를 만들겠다는 실학자들의 생각은 조선사회를 주도하는 지주·양반 사대부들의 정치적 경제적 이해 기반을 根底로부터 무너뜨리고 새로운 질서를 재편하겠다는 발상에 기초하고 있었다. 그것은 農業經濟·農民經濟가 안고 있었던 問題, 나아가 조선국가가 가진 제반 모순을 해소해 가는 방식을 기존 지배질서의 解體, 革新 속에서 찾아나가는, 대단히 급진적인 생각이었다. 실학자들의 이와 같은 體制變革의 사고에 놓여있는 기본적인 생각은 양반·사대부 중심의 정치구조, 정치운영방식을 크게 수정하거나 혹은 해체하여 새로이 재조직하자는 것이었다.

새로운 체제에 대한 전망은 정치의 방법, 곧 정치운영 방식에 대한 새로운 사고와도 맞물려 있었다. 조선후기 실학자들은 지배 사상인 朱子學의 道德政治論과는 성격과 내용을 달리하는 정치론을 풍부한 논리와 엄정한 체계 속에서 마련하고자 하였다. 실학의 정치론은 주자학의 정치론과 정면으로 맞서며 구체화되었다.[40]

주자학에서는 사회 운영이 道德에 근본하여 펼쳐져야 한다고 보았다. 三綱五倫의 윤리규범이 제대로 실행될 때, 이상적인 정치가 실현된다 함이었다. 유학이 이상으로 삼는 바 德治, 王道政治의 정신을 그 어느 시기의 학문보다 주자학은 긍정하고 계승하고 있었다. 이러한 사회운영과 관련하여 주자학은 이전 시기에는 볼 수 없던 精緻한 논리와 체계로 그 방법과 원칙을 제시하였다. 그것은 요컨대, 修己—治人의 논리에 구축된 방법론이었다. 주자학에서는 爲政者·治者가 도덕적인

---

40) 여기에 대해서는 金駿錫, 『朝鮮後期 政治思想史 硏究』, 지식산업사, 2003 참조.

완성, 곧 修己를 이룬 후에, 이를 근거로 被治者를 통치하는 일, 곧 治人이 이루어져야 함을 정식화하였다.

주자학에서는 정치의 근본 전제로 필요한 것이 군주 신료와 같은 치자 일반의 도덕성을 확립하는 것이라고 상정하였다. 三綱五倫 질서가 제대로 작동하는 도덕적 이상사회를 완성하기 위해서는, 정치에 참여하는 주체인 군주·신료들이 무엇보다 治者로서의 자격을 갖추어야 하는데, 그 자격을 갖추는 과정에서 근본적으로 요구되는 것이 도덕적 능력을 갖추어야 한다 함이었다. 그 전망하는 수준이란 聖人의 경지였다. 이러한 조건이 갖추어질 때, 국가 公權도 도덕성을 지니고 작동할 수 있으며, 그 기반 위에서 仁政·德治로 대표되는 바 유교정치의 이상이 실현될 수 있다는 것이었다.

이 같은 생각에서 유의하게 되는 것은 두 가지 점이었다. 군주와 신료 일반 모두에게 도덕성의 완성을 요구하는 모습이 그 하나이고, 仁政과 德治의 이상을 그 어느 시기의 사상보다 강조하면서도 그 방법을 治者 內面의 道德性 確立에서 찾는 점이 그 둘째이다.

주자학에서는 爲政의 주체들에게 필요한 것이 성인의 경지에 오를 수 있을 정도로 도덕성을 제대로 갖추는 것임을 강조하였다. 그런 면에서 주자학은 聖學이었다. 누구나 성인의 경지에 오르는 것이 학문의 목표가 되어야 하며, 이를 실현할 때 治者로서의 책무도 정상적으로 수행할 수 있다는 것이었다.

治者의 道德性을 확립하는 일은 어떻게 가능했을까? 주자는 心性上에 일어나는 제반 감정과 욕망들, 이성적 활동이 天理와 人欲에 준거하여 통제되고 제한되는 한편으로 또 확충되어야 한다고 보았다. "存天理 遏人欲"의 명제였다. 본래 내재한 天理로서의 덕성이 氣의 부정적 요소에 의해서 방해받지 않고 제대로 발현된다면 도덕성의 완성이 가능하다는 것이었다. 四德 혹은 五常으로 운위되는 도덕성이란 삼강오륜과 연관되는 봉건적 윤리규범과 안팎을 이루는 것이었으므로,

심성상의 도덕성의 완성은 실제 三綱五倫을 완벽하게 실현할 수 있는 능력을 갖춤을 의미했다.

한편, 주자는 치자에게 요구되는 이러한 도덕성은 곧 治人의 전제이자 목표가 된다고 생각했다. 피치자들이 도덕 규범을 준수하며 사회질서를 평온하게 유지하도록 하기 위해, 치자는 그들 피치자들이 人欲의 악에 물들지 않도록 끊임없이 계도하고 계몽해야 한다고 보았다. 이른바 敎化의 논리였다. 그 과정에서 禮法·刑政과 같은 외재적 강제 수단이 더불어 필요함을 주자는 인정하고 있었다. 덕성에 의한 자율적 교화가 근본이 되지만, 강제력을 갖는 외재적 수단도 보완적으로 필요하다는 것이었다. 그것은 德과 刑政을 本末關係로 이해하는 사고였다. 삼강오륜적 규범이 정상적으로 수립되고 사회질서가 아무런 문제없이 유지되는 것은 그러한 데서 가능하다는 것이었다. 이와 같이 주자학에서는 修己와 治人의 논리를 통하여 사대부를 주체로 하는 치자들이 정치를 어떤 방식, 어떤 내용으로 펼쳐가야 할 것인가 하는지를 치밀하게 마련하고 있었다. 修己를 전제로 하여 治人을 이루되, 그 내용은 철저히 三綱五倫的 德性의 확립과 그것의 정치적 사회적 실현을 통하여 이루어간다는 논리였다. 치자는 피치자와의 수직적 관계 속에서 그들을 통제하고 계몽하는 가운데 治者로서의 責務를 다하고 지위를 유지하고자 하였다. 주자학에서는 이처럼 정치적 사회적 관계 속에서 이루어지는 정치적 활동을 위한 근거를 학문론의 차원에서 뒷받침하고 있었다. 그런 점에서 주자학의 學問論은 곧 政治論이었으며, 정치론은 학문론이기도 했다.

주자학에서는 이러한 修己治人의 방식을 四書學의 학문 체계 속에서 정립하였다. 특히 『大學』은 주자학의 학문론 징치론을 펼침에 근간이 되는 책이었다.41) 주자는 전혀 새로운 접근 방식으로 『대학』을 해

---

41) 여기에 대해서는 정호훈, 「朝鮮後期 새로운 경서해석과 그 政治思想-윤휴의 『大學』 해석과 군주학-」, 『韓國史의 구조와 전개』 혜안, 2000 참조.

120

석하고 이를 바탕으로 자신이 구상한 바 학문론의 핵심을 제시했다. 『大學』에서는 修身(=修己)과 治人의 관계를 '明明德'과 '新民'의 방식으로 제시하고 있으며, '명명덕'의 수신은 格物窮理를 통하여 이루어가야 한다는 것이 주자의 해석이었다. 格物窮理를 통한 광범위한 지적 학습을 매개로 도덕성을 확보하며, 그러한 기반 위에서 舊惡에 물든 백성들을 교도하고 이끌어 간다는 발상이었다.

주자학의 도덕정치론은 군주를 중심으로 하는, 강화된 중앙집권체제 위에서 성장한 사유였다. 중앙집권체제의 구축과 그것의 강화는 이미 唐宋 變革期를 관통하여 추구되었던 주요한 정치적인 과제였거니와 南宋代 들어서며 그 작업은 한층 진전되고 있었다. 이 같은 상황에서 주자를 비롯한 송대 성리학자들은 지주 사대부의 사회 경제적인 이해를 온전히 실현할 수 있는 정치운영을 지향, 이를 이론화하였다. 주자학의 도덕정치론은, 그런 점에서 국가의 공권이 강화되고 그와 연관하여 군주의 정치적 역할이 높아지는 정치현실 위에서, 그 강화된 君權의 제한을 통하여, 그리고 國家 公權의 道德的 發現을 통하여, 지주 사대부의 이해를 실현해간다는 의미를 담고 있었다. 君權의 制限과 사대부 이해의 실현은 상호 연관되는 문제였던 것이다.

요컨대, 이 같은 성격의 주자학의 도덕정치론은 조선사회에서 지주제가 발전하는 것과 맞물리며, 전국적으로 강력한 勢를 형성하며 확산되고 있었거니와, 이미 16세기 후반 黨派가 형성, 발전하는 단계에 이르러서는 정국운영의 기본적인 이념 근거로서 기능하였다. 조선의 양반 사대부들은, 그 이해하는 방식에서 다양한 모습을 드러내기는 했지만, 주자학을 활용, 그들의 사회경제적 지위를 유지하고 사회를 안정적으로 다스림에 필요한 제반 이론 근거를 마련하고자 하였다. 조선의 현실에 주자학의 정치론은 매우 유효했던 까닭으로 조선사회에서 빠른 속도로 확산되었다.

실학자들은 주자학의 도덕정치론을 긍정하면서도 또 새로운 사유를 적극 받아들이며 새로운 내용의 정치론을 개척해 나갔다. 주자학의 도덕정치론을 벗어난 새로운 정치론이 필요하다는 생각을 어떤 학파, 어떤 계보보다 뚜렷하게 인식하고 그 대안의 논리를 구체적으로, 그리고 精緻하게 발전시킨 것은 南人 實學者들이었다. 이들은 대변화를 이룬 사회체제를 운영함에 필연적으로 요청되는 것은, 禮法 制度를 엄밀하게 마련하는 일과 그러한 禮法을 엄격하게 운영하는 일이라고 생각했다.[42] 이들은 고도로 체계적이되 또 급진적인 변법론에서 드러나듯, 先秦 儒學의 세계관, 정치론을 적극적으로 개발하며 禮法의 객관적 제도 객관적 규범의 실현에 기초하여 이루어지는 정치운영의 새로운 원칙과 방법을 정밀하게 마련하고 있었다.

유형원은 治國·治世의 조건이 도덕적 교화에서보다는 객관적인 法制 혹은 規範에 좌우되므로 그 조건을 法制的으로 완비할 수 있어야 한다고 생각하였다. 그는 법의 역할과 기능을 두고, "대저 法이란 匠人의 繩尺과 같고, 治人의 模範과 같다.……세상에서 솜씨 좋은 장인만 입에 올릴 뿐, 繩尺과 模範을 반드시 쓸 필요는 없다고 말하니, 생각이 참으로 짧다."[43]고 하여 세계를 다스리는 데는 良工, 곧 뛰어난 능력을 가진 주체의 역할이 중요하지만 이와 더불어 繩尺·模範으로서의 객관적 제도, 법이 중요함을 강조하였다. 繩尺과 模範이 없으면, 어떤 솜씨 좋은 工人이라 할지라도 한 간의 집도, 한 개의 器物도 만들지 못하는 것처럼 법이 없으면 제대로 된 治世가 불가능하다는 것이었다.[44] 그의 제도개혁 구상은 모두 이러한 관점 위에서 이루어진 것이었는데, 그의 과거제에 대한 생각도 이를 뚜렷이 보여준다. 유형원은 당대 사

---

42) 그것은 정치의 기본 원칙을 군주를 비롯한 치자 일반이 도덕성을 확립하며, 나아가 공적인 질서의 운영을 그러한 도덕성의 실현을 통하여 완성한다는 주자학의 心性論的 教化論을 벗어난다는 의미였다.

43) 『磻溪隨錄』 卷4, 田制後錄(下), 23나~24가, "大抵法者 猶匠人之繩尺也 猶治人之模範也 所謂繩尺非繩尺 所謂模範非模範 雖有天下良工 無以成一間室 一箇器 世之徒談良工 而謂不必用其繩尺模範者 其不思甚矣".

44) 위의 註 참고.

회에 드러나는 人情의 浮薄함을 과거제와 연관짓고 貢擧制와 같은 과거제와는 성격을 달리하는 法制의 시행을 통해서 그 폐단을 해소할 수 있다고 보았다.[45] 이 역시 객관적 제도와 환경에 인간이 영향 받음을 중시하는 인식이었다. 制度·法이 그와 같이 부박하게 만든다는 이해였다.

이처럼 치국 과정에서 법이 가진 역할을 우선적으로 강조하는 유형원의 발상은 주자학의 도덕정치론과 정면으로 맞부닥치는 것임을 확인할 수 있는데, 여기서 그는 그러한 法이 天理와 벗어나는 것이 아니라고 하였다. 유형원은 事理·道理의 절대적 原理·準據로서 '天理'를 설정하고 그것이 法制 속에서, 法制를 통하여 실현되는 것으로 이해했다. 天理가 法이며 法이 곧 天理라는 인식이었다. 法制의 實現을 통하여 天理를 政治化하는 것이 가능하다는 사고였다. 『磻溪隨錄』에서 제시된바 국가체제 전반에 걸친 여러 典章·法制는 이러한 天理를 담고 있는 그릇·수단이며, 그 수단의 적절한 발현을 통하여 天理가 실현된다는 것이었다.[46] 법치의 면모를 보이면서도, 法家적인 法治와 구별되는 모습이었다.[47]

여기서 유형원이 정의한 천리란 자연의 질서이며, 그것은 자연의 질

---

45) 『磻溪隨錄』 卷10, 敎選之制(下), 29나, "後世人情之浮薄 法使然也 若無科擧 則雖日撻而使之 浮薄亦不可得也 凡天下之事 衆共則難私 獨見則易私 責實 則難私 以僞則易私 陽明則難私 暗秘則易私 經久則難私 問暫則易私 貢擧 之法 博採鄕黨公共之論 叕以平日善惡之實".

46) 물론 이때 天理를 담고 있는 法이란, 『磻溪隨錄』과 같이 유형원 개인의 정치적 이상 속에서 설정된 것이라는 제한된 의미를 지니고 있었지만, 법과 천리가 따로 분리되어 있지 않다는 점에서 주자학에서의 天理 추구와는 다른 의미를 지니었다.

47) 유형원의 정치론을 간단히 '法治'의 개념으로 정의할 수는 없다. 그러나 그는 누구보다 명확히 객관적 法制에 기초한 治國의 논리를 선명히 펼쳤다. 이 점에서 조선후기 사상계에서 주자학의 사유를 벗어남에 '法治'적 방법이 갖는 의미에 대해서는 충분히 주목해야 할 것이다. 이와 연관해서는 정호훈, 앞의 책, 2004에서 조금 다루었다.

서가 그러하듯이, '至公無私'함을 그 주된 성격으로 하였다. 그것은 구체적으로 權力과 그 권력의 원천이 되는 財富는 사적으로 누군가에게 專有되어서는 안되며, 공동체적으로 소유되고 분배되며 소비되어야 한다는 것이었다. 토지의 사적 소유를 부정하고 國有·公有를 생각하거나 財富에 관한 국가의 적극적 간여와 통제를 생각할 수 있는 근거가 여기에 있었으며, 또 군주의 권력 행사가 사적인 차원에서 사사로이 행해지는 것이 아니라, 공적인 규제와 규범 속에서 이루어져야 하는 까닭이 여기에 있었다.48) 유형원은 이러한 천리를 갖춘 제도 속에서 인간은 악을 버리고 선을 행하게 된다고 하였다. 天理를 갖춘 制度 속에 살면 인간은 惡을 멀리하고 善을 행하게 되며, 그 반대의 경우 곧 人欲으로 채워진 제도 속에 살면 자연 惡을 행하게 된다는 것이었다.49)

유형원의 법 중시의 정치론은 그 자신의 개성 넘치는 노력에 의해 새로운 국가체제론으로 구체화되었지만, 실상은 이 시기 남인학자들, 특히 北人系 南人學者들과 공유하는 바였다. 북인계 남인이란, 선조 광해군대의 북인과 남인의 학문에 고루 영향 받으며, 당시로서는 크게 이질적인 새로운 학문을 발전시키고 있던 許穆이나 尹鑴와 같은 인물들이었다.50) 이들 허목이나 윤휴의 행동과 사유를 밑받침하는 것이 예

---

48) 유형원의 이러한 생각은, 『磻溪隨錄』의 서문을 썼던 吳光運이 표현한대로, 道는 器이며 器는 道라는 인식으로 압축하여 정리할 수 있다. 유형원의 생각은, 禮와 法의 관계를 명확히 구분하고자 하는 성리학의 사유를 따르지 않을 뿐만 아니라, 非定形의 公議·公論에서 天理를 추구하고 이러한 公議 公論을 기반으로 정치를 수행하고자 하는 조선 사대부 일반의 정치적 사유를 초월하고 있었다.

49) 『磻溪隨錄』 卷25, 續篇 上, 29나, "古者 上自朝廷郊廟 以至宮府閭巷 政教號令衣服飲食燕樂 莫非以天理爲之制度 故人皆習其事 安其俗 而不自知其日遷善遠罪也 後世 朝廷宮府以及閭巷 凡百規制 一切苟且 唯人欲之取便 是故 習其事 安其俗者 亦日流於惡而不自知 此所以世道汗下亂常多 雖有嚴刑峻法 而不能禁人之入於罪也 明王有作 當一齊正之".

50) 여기에 대해서는 정호훈, 『朝鮮後期 政治思想 研究』, 혜안, 2004 참조.

법주의 학문론이었다. 허목은 예법론의 학문론을 발전시키며 서울·경기 지역의 남인과 영남 지역의 남인을 架橋하는 학문활동을 펼쳤고, 윤휴 역시 예법주의 학문론을 기초로 새로이 경서해석을 도모하고 또 대경장책을 모색하고 있었다. 그런 점에서 유형원의 예법주의 정치론은, 이 시기 남인들의 정치이념과 학문사상을 집대성한 면모를 보이는 것이었다.

유형원의 政治論은 李瀷에 이르면 보다 풍부한 내용을 갖추며 발전하였다. 이익은 德治의 정치를 지향하면서도 국가경영에서 法制, 刑政, 賞罰, 곧 규정성을 강하게 갖는 외재규범의 역할을 크게 강조하였다. 형벌은 정치를 보조하는 수단인 바 刑法이 修明되지 않으면 禮敎가 행해지지 못함을 그는 명확히 하고 있었다.[51]

이익이 法·刑罰의 시행을 강조하며, 이를 治國의 중심적인 방법으로 설정한 것은, 爲政者의 도덕적인 교화로는 사회 질서를 바로 잡을 수 없다고 여겼기 때문이었다. 법의 엄격한 실행, 이것은 일단 사회질서를 해치는 惡의 요소를 제거함에 필수의 일이었다. "대개 법이란 결국 조정에서 틀에 넣어 똑 같이 만들려는 것이다. 천하에 착하지 못한 사람이 많은데 만약 刑政으로 인도하여 통일시키지 않으면 폐단이 없을 수 없다. 지금 아무 관직도 없는 사람에게 師表와 模範의 도리로써 통치하는 책임을 지우면 비록 그런 훌륭한 사람을 얻었다 하더라도 통솔할 수 없는데, 하물며 그런 스승을 얻지 못하면 어떠하겠는가?"[52]라고 한대로 도덕적 師表를 통해서는 악한 사람이 다수 존재하는 사회질서를 제대로 잡을 수 없다는 것이 그의 생각이었다.

이익은 여기서 한 걸음 더 나아가, 법이 있음으로 해서 정치적 사회적으로 우위에 있는 자가 열위에 있는 약자들을 부당하게 겁주고 괴롭

---

51) 『星湖僿說』寬猛, "刑者補治之具 刑法不明 禮敎無以行也".
52) 『星湖全書』1, 雜著 ; 論學制 578 上右, "蓋法者 終是朝廷之所陶鑄 天下之不善者衆 若無刑政以導齊 則事未有不弊也 今以無位之人 而責以表率之道 雖果得其人 未可爲也 況未必得也".

히지 못하게 됨을 주목하였다. "진실로 法의 嚴正한 限界가 없다면 强者는 弱者를 위협하고 多數者는 少數者에 횡포하고 知者는 愚者를 속이고 勇者는 怯者를 괴롭혀서 仁恩으로서는 다시 제어할 수 없을 것이다."53) 그것은 말하자면, 仁政으로 대표되는 바의 도덕적 교화에 의해서는, 사회의 善惡 혹은 治亂이 자율적으로 결정되지 못하며, 강자와 약자의 알력을 비롯한 사회적인 갈등도 제대로 해소하지 못하므로, 보다 강압적이고 강제적인 규범체계를 동원해야 한다는 생각이었다. 그것은, 韓非子의 말을 빌리면, 어쩌다 이루어질지 모르는 선 곧 '適然의 善'에 의지하지 아니하고, 반드시 그 결과가 명확히 드러날, 必然의 道로써 治國하는 일이었다.54)

이익은 法에 기초하여 정치가 행해져야 한다는 근거를, 현재의 형세는 도덕적 교화로는 제대로 질서 잡을 수 없을 만큼 많이 타락했다는 데서 구하였다. 과거 三代 社會에는 도덕적 교화만으로도 충분히 정치가 가능했지만, 인심이 심하게 타락한 지금에는 그것은 불가능하다고 함이었다. 강제적 수단이 필요한 것은 형세상 어쩔 수 없다는 인식이었다.55)

그렇다고 하여 李瀷이 형법이 실행되면 모든 것이 해결된다고 생각했던 것은 아니었다. 法과 더불어, 그러한 法 制度를 운영할 사람의 능력과 수준이 문제된다고 이익은 강조했다. 법을 운용할 수 있는 자질을 가진 사람을 교육하고 관료로서 활용하는 일, 그것이 治國의 핵심이어야 한다는 것이었다. 元儒 許衡의 말을 빌린 것이지만, '人法相維論'은 그 득의의 표현이었다.56) 법과 사람은 상호 연관되어, 그 역할을

---

53) 『星湖僿說類選』卷12, 刑法論.
54) 『星湖僿說類選』卷5 上, 刑法.
55) 여기에는, 본질적으로는 그의 독특한 人民觀-人間觀이 내재하고 있었다.
56) 『星湖僿說』卷10, 人法相維, "政治之要 在用人 立法二者而已 治人者 法也 守法者 人也 人法相維 上安下順 不煩不勞……故無法無以治民 無賢無以施法 是謂人法相維 而厥一不可".

한다고 함이었다.

정약용에게서 예법주의 논리는 한층 정밀하게 다듬어지고 있었다. 經書에 대한 재해석을 통하여 독자적인 경학사상을 마련하고 중국과 조선의 역사에 대한 충실한 연구와 고증 위에서 조선사회를 변혁할 이념을 방대하고도 엄밀한 체계 속에서 구상했던 정약용은 앞 시기의 논리들을 적극적으로 재해석하고 계승하면서 또한 독자적인 논리를 개척하고 있었다. 정약용은 새로운 정치론의 근거를 고대 성인의 사상으로부터 추출하고자 했으며, 그것을 이루기 위한 방법으로 경서 해석에 주력했다. 四書 六經에 이르는 그의 방대한 경서해석은, 말하자면 새로운 정치론을 경학상으로 보증하기 위한 노력의 일환이었다.

새로운 정치운영론을 모색하는 정약용의 시각은 孔子의 정치론을 새로이 해석하는 데서 단적으로 확인할 수 있다. 정약용은 공자가 주나라를 그리워한 것은 주나라의 典章·法制를 그리워한 것이라 이해하고, 공자의 '尙文'의 정신을 받아들일 것을 갈망하였다.57) 文과 質에 대한 재해석을 가한 것으로, 質이 제대로 보존되려면 文을 제대로 꾸미는 것이 필요하다는 인식이었다. "文이 비록 質을 기다려 제대로 꾸며지지만 질도 역시 문을 기다려 본래대로 보존하게 된다.……문이 없어져 버리면 三綱이 침몰하고 九法이 썩어버리는데 質인들 어떻게 혼자서 존재하겠는가?"58)라고 하여 문과 질의 상호보완관계를 살피는 가운데 문의 정비를 통하여 質의 회복을 기대해야 한다고 보았다. "지금의 급선무는 문을 닦고 정비하는데 있으니 文이 정비된 이후에야 질이 회복되어진다."59) 함이었다.

정약용의 이러한 생각을 修文論이라고 이름 붙일 수 있겠는데, 그것

---

57) 『論語古今注』3-11, "今之陋儒 每云周末文勝……一開口 輒以抑文爲主 豈所謂識時務者乎".
58) 『論語古今注』5-19, "文雖待質而成者 質亦待文而存本 文之旣亡 三綱淪而九法斁 質安得獨存乎".
59) 『論語古今注』5-19, "今之急先務 在乎修文 文修以後 質可復也".

은 새로운 법제, 국제의 모색이 필요하다는 것을 강조하는 논리라고 할 수 있을 것이다. 文 곧 法律과 制度의 정비를 통하여 인간 가치의 구현이 가능하다는 주장이었다. 그런 점에서 이는 그 내용상으로 보아 법치, 제도의 필요성을 강조하는 논리로 보이는 것이지만 그러나 이는 단순한 법치에 대한 강조, 이해의 수준을 넘어선다고 하겠다.

정약용의 법 개념은 궁극적인 경지에서는 民權의 성장, 代議的 政治의 실현과 깊이 연계되어 있었다. 정약용은 上古時代의 法의 성격을 들어 자신의 생각을 드러내었다. 그에 의하면 이 시대는 "里正은 백성의 희망을 쫓아 法을 제정하여 黨正에게 올렸으며 黨正은 백성의 희망을 쫓아 법을 제정하여 州長에게 올렸다. 주장은 國君에게 국군은 皇王에게 올렸다. 따라서 그 법은 모두 백성에게 편리하였다"[60]고 한 대로, 아래로부터의 의견을 수렴하여 법을 만들었으며 그렇게 만들어진 법은 백성들의 권익을 충분히 반영한 백성을 위한 법의 성격을 지니고 있었다.

이와 같이 남인들의 예법을 강조하는 정치론은, 제도·법제 그 자체가 천리를 담아야 하며, 조선사회가 안고 있는 제반 모순과 폐단을 해소한 이상사회의 실현은 이러한 '天理'를 구현한 법제를 제대로 시행할 때만 가능하다는 것이었다. 그 구상하는 내용에서 구체적인 측면에서 차이는 있었지만, 이들의 생각은 17세기 유형원 이래로 19세기 정약용에 이르기까지 일관된 내용 위에서 확대 발전하고 있었다. 이들의 정치론은 국가를 경영하는 과정에서 治者 일반의 도덕성 확립을 중심되는 문제로 설정하고 이에 기반하여 도덕정치를 구현하겠다는 주자학의 정치론과는 전면적으로 배치되는 양상을 보이었다. 군주를 비롯한 치자 일반의 덕성에 기초한 정치보다는 제도와 법제의 시행을 무엇보다 중요하게 생각하는, 예법 위주의 정치론이었다. 어찌 보면 이들 남인학자들의 禮法主義 政治論에 이르러, 조선사회는 중세 주자학의

---

60) 『與猶堂全書』 1集 卷10, 4나~5가, 原牧.

정치론이 가지는 가공할 만한 위력을 벗어날 수 있는 논리와 방법을 체계적으로 마련했다고 할 수 있을 것이다.

소론계 실학자들 역시, 치자 일반의 도덕성에 기초한 도덕정치를 중시하는 주자학의 정치론에 대해 많은 문제를 제기하고 있었으며, 이를 벗어나 자신들만의 독자적인 정치론을 모색하였다. 이들은 정치는 현실을 제대로 담아내는 법제를 마련하고 이를 실행하는 데서 이루어져야 한다고 생각하였다. 이들은 현실의 정치질서를 긍정하는 가운데, 보다 체계적이고도 정밀하게 국가 운영의 새로운 원칙을 모색하고 있었다.61)

무엇보다도 주목하게 되는 인물은 柳壽垣이다. 유수원은 官制序陞法 등 탕평정책을 펼침에 중요한 논리와 방법을 제시, 영조로부터 識務에 밝다고 평가받고 중용되었던 인물이다. 영조 31년 乙亥逆獄에 연루되어 처형되었지만, 그의 정치적 구상은 현실 가능성의 측면에서 따진다면 어떤 학자들의 그것보다 유연하고 풍부했다.62)

유수원은, 국가를 다스린다는 것은 實事를 제대로 갖추는데서 가능하며 그 실사는 곧 政事라고 이해했다.63) 政事가 제대로 되어야 사회의 제 폐단을 제거하고 정상적인 국가 경영이 가능해진다는 것이었다. 유수원에게서 그것은 곧, 형식적인 논의와 도덕을 중시하는 정치를 벗어나, 국가 경영에 필요한 실질적인 法制를 마련하고 정비하며 실행한다는 의미였다. "정치의 大體가 周密하고 庶政의 규칙도 구비되어 오직 實事에 힘쓰고 형식적인 議論을 숭상하지 않는다면 국가의 體貌가

---

61) 소론계 실학자의 생각은 18세기로 접어들며 더 한층 풍부하게 확장되고 심화되었다. 소론은 영조 초반, 영조를 도와 탕평정국을 이끌며 탕평론의 이론적 근거를 제공하는 등, 18세기 정치 경제의 새로운 發展 局面을 선도적으로 주도하고 있었다. 노론과의 정치적 대립도 보다 격화되는 상황 위에서였다. 이들 소론의 정치론을 공유하고 또한 소론 정치론을 선도하는 가운데 몇몇 뛰어난 학자들은 독자적인 실학의 이념을 풍부히 발전시켰다.

62) 정호훈, 앞의 글, 2004, 377쪽.

63) 『迂書』卷10, 論變通規制利害.

존엄해지고 세상의 道義도 밝아져서 族黨에 치우쳐 서로 반목할 염려
도 필연코 없게 될 것이다"라고 함은 그 명확한 언명이었다. 이때 實事
로서의 政事를 가능하게 하는 구체적인 내용이란 學制를 갖추는 일,
官制를 정비하는 일, 考績을 엄하게 하는 일, 四民을 분별하는 일, 財
貨의 생산과 재물 수취의 법제적 정비, 백성의 재생산 기반의 확보와
같은 일이었다.64)

　유수원의 정치운영론이 가진 성격은 國家의 공권을 강화하고, 그 강
화된 공권의 힘을 법제적으로 실현하고자 하는 구상에서 확인할 수 있
다. 유수원은 '법제'에 기반하여 움직이는 강력한 권력을 지닌 국가를
이상적인 형태로 생각했던 것으로 보인다. 그는 법으로 모든 것을 다
스리며, 그래서 국가에로 利門이 통일되고 민간의 모든 재산과 소득을
국가가 파악하고 빠짐없이 收稅하는, 그러한 국가를 상정하였다. 국가
가 그 가진 힘을 강하게 정비하여, 私門으로 이익이 흩어지는 가운데
국가가 이익을 환수할 수 있는 권리를 잃어버리지 않도록 해야 한다는
것이었다.65) 법제를 완비하고, 그 완비된 법제를 기초로 四民 分業體
制를 정비할 것이며, 그렇게 해서 상품화폐경제를 발전시켜 나가면,
'足國便民'하는 체제가 만들어질 것으로 파악하였다. 그러나 그러한 국
가는 국가적 토지소유, 국가적 관리체제에 기반하여 운영되는 것은 아
니었다. 오히려 富民에 의해 움직이는 사회였고 그런 측면에서 富民의
사회경제적 이해를 보장하는 체제였다. 말하자면 富民에게 사회를 주
도하고 이끌어 가는 기회를 제공하고 그들이 그 주체임을 자각하게 하
는 체제를 유수원은 구상하고 있었던 것이다.

　결국 유수원이 지향한 국가체제란 국가의 公權과 富民이 서로 결합
하여 상호의 이익을 향유하도록 하자는 성격을 지니고 있었다. 國家의
역할을 강조하는 측면과 부민의 지위와 역할을 인정하는 측면을 동시

---

64) 『迂書』 卷10, 論變通規制利害.
65) 『迂書』 卷6, 論戶口雜令.

130

에 지니는 특성을 가지고 있다고 이야기할 수 있을 것이다. 이러한 유수원의 사고는 19세기 전반에 활동했던 徐有榘에서도 그대로 드러난다.

서유구는 앞서 보았던 대로, 조선사회가 안고 있는 체제상의 문제를 풀어 가는 과정에서 무엇보다도 중요한 문제로 대두하는 것은 농업개혁이며, 이러한 농업개혁을 이루기 위해서는 국가가 주체로 나서 세운 官屯田과 富民의 힘을 활용한 民屯田을 설치, 無田農民들로 하여금 운영하게 할 것을 구상하였다. 國家와 富民의 역할을 상호 긍정하는 그러한 면모를 지닌다고 할 것이다.

이와 같이 소론계 실학자들의 정치론은 實政·實事의 政治論으로 정리할 수 있는 바, 특히 경제운용에서 國家의 적극적인 역할을 상정하는 한편으로 民間에서의 富民의 역할을 긍정하는 2원적 면모를 지니고 있었다. 도덕정치론을 벗어나, 현실의 제 변화를 법적으로 수렴하는 政事를 실현해야 하며, 이를 위해서는 군주로 대표되는 국가와, 당대 조선사회의 富民들의 역할이 커져야 함을 강조하는 사고였다. 이들은, 여전히 중세적 의리명분론의 틀을 벗어난 것은 아니었지만, 적어도 주자학의 도덕정치론의 구속으로부터는 벗어나고 있었다.

18세기 후반의 노론계 실학자들은 정치적 개혁보다는 사회의 문화적 사상적 변화에 많은 관심을 기울였다. 이들에게서 정치체제의 개혁, 정치운영의 혁신과 같은 조선사회를 쇄신함에 필연적으로 요청되는 정치적인 사고는 그다지 풍부하게 발달하지 않은 것으로 여겨진다.[66]

노론계 실학자들의 정치적 사고는, 홍대용의 새로운 학문론에서 그 단서를 찾을 수 있다.[67] 홍대용은 도덕 중심의 학문론을 반성, 새로운

---

[66] 사정이 그러했음으로 실제 지금까지 이뤄진 北學派를 중심으로 하는 老論系 實學者들에 대한 연구도, 政治思想과 관련해서는 매우 빈약하다고 할 수 있다.

[67] 홍대용의 학문론에 대한 연구는 유봉학, 『연암일파 북학사상 연구』, 一志社, 1995 참조.

사유를 개척하고 있었다. 홍대용은 학문의 성격을 두고 '義理之學' '經濟之學' '詞章之學' 등으로 3분하고, 그 중심이 되는 것은 義理之學이라고 강조하였다. 그가 주자학적 사유에 서 있음을 보이는 대목이다. 이와 동시에 홍대용은 의리지학을 비롯한 세 영역은 상보적인 관계에 있기 때문에 어느 하나라도 결여되어서는 아니 된다고 보았다.[68] 의리지학을 인정하면서도 경제지학과 같은 다른 분야 다른 차원의 학문을 동시에 진행해야 한다는 것이었다. 여기서 그가 상정하는 경제지학이란, 律曆·算數·錢穀·甲兵을 망라하여 연구하는 학문분과로서, 자연과학은 물론 경제학 정치학 법학 군사학 농학 등을 포괄하는 개념이었다.[69] 그 포괄하는 범위가 대단히 광범하므로, 博學이기도 했으며, '開物成務'의 大端이었다.

홍대용의 이러한 생각은, 의리지학을 강조하면서도 그것을 상대화하여 '경제지학' '사장지학'의 중요성을 확인하고, 이로써 '경제지학'에 대한 관심을 가능하게 하는 전제였다. 홍대용의 자연세계에 대한 다양한 관심과 탐구, 정치학 경제학 농학 등에 대한 탐구는 이러한 학문관 위에서 나오는 것이었다. 도덕의 학문을 강조하면서도, 이와 동시에 여타의 학문을 강조하는 자세는 결국은 本으로서의 道德學과 末로서의 經世學을 병행하여 추구하게 하는 근원이었다.

박지원은 홍대용의 생각을 보다 뚜렷하게 발전시켰다. '利用厚生과 正德의 關係論'으로 이름지을 수 있는 사유에서 홍대용-박지원의 새로운 생각을 읽을 수 있다. 박지원은 정치사회 운영의 기본 방략은 인민의 생활상의 재생산 조건을 풍부하게 하는 것, 곧 물질적인 풍요를 인민들에게 부여하는 것이 우선이 되어야 하며 그러한 조건 위에서 正

---

68) 『湛軒書』外集 卷7, 燕記, "余曰 學有三等 有義理之學 有經濟之學 有詞章之學……余亦笑曰 學分三等 世儒之陋見 捨義理 則經濟淪於功利 而詞章淫於浮藻 何足以言學 且無經濟 則義理無所措 無詞章 則義理無所見 要之 三者捨一 不足以言學 而義理其本乎".

69) 유봉학, 『연암일파 북학사상연구』, 일지사, 1995, 100쪽.

德 곧 도덕적 교화가 필요하다고 생각하였다. 이른바 '先利用厚生 後
正德論'이었다.70)

　노론 북학파들의 이러한 생각은 正德의 문제 곧 도덕적 교화를 근
본으로 설정하는 점에서 도덕중심 정치론의 문제의식을 전면적으로
부정하는 것은 아니었지만, 그러나 실제로는 주자학의 도덕중심 정치
론, 도덕근본 정치론에서 많이 벗어나고 있었다. 正德의 道德 敎化보
다는 利用厚生의 경제적인 문제를 보다 적극적으로 풀어야 한다는 논
리였다. 박지원은 도덕을 本, 利用厚生의 經濟를 末로 파악하여, 도덕
근본론의 사고는 여전히 견지하고 있었지만, 末로서 本을 추구한다는
보다 새로운 관점을 내세우고 있었던 것이다. 도덕을 버리지 않되, 도
덕 근본론자들이 등한히 여겼던 末의 문제를 학문상의 과제로 적극 수
용하고, 그리고 이를 정치 실천상의 과제로 적극 풀어가겠다는 사고였
다. 박지원은 이러한 생각을 『書經』의 「洪範」에 대한 이해 속에서도
피력하고 있었는데,71) 어쨌든 노론 주자학 진영에서 도덕 제일주의, 도
덕 근본주의에 대한 전면적 반성을 하고 있는 점에서 주목되는 일이라
할 것이다.72)

---

70) 이러한 생각은 달리는 사회적 생산력을 제고하는데서 조선사회가 안고 있는
　　문제를 풀어가야 한다는, 生産力 優先, 生産力 重視의 論理이기도 했다. 이
　　것은 古制 古法의 법제에 근거하여 조선사회를 근본적으로 혁신하고자 하는
　　논리, 곧 생산관계의 전면적 변혁에 대해서는 큰 비중을 두지 않았던 점과 연
　　계하여 그 특성을 살필 수 있을 것이다. 노론계 북학파들은 생산관계의 변혁
　　을 통한 사회개혁보다는 생산력의 증대를 기반으로 하여 조선사회가 안고 있
　　는 문제를 풀어간다는 사유를 중시하였다(정호훈, 「조선후기 실학의 전개와
　　개혁론」, 『東方學志』 124, 2004 참조).
71) 『燕巖集』 卷1, 洪範羽翼序.
72) 한편, 박지원의 이러한 생각은 士에 대한 새로운 이해와도 맞물려 있었다. 박
　　지원은 士를 두고 독서인 곧 지식인이라는 의미로 이해하는 가운데, 그 범주
　　를 天子로부터 일반 庶民에까지 신분을 고려하지 않고 포괄하여 설정하였다.
　　이를테면 군주는 한 士였다. 士의 역할을 강조하고, 천자나 일반 백성 모두
　　지식인이란 地平에서는 모두 동등하다는 매우 독특한 성격을 지닌 이 같은
　　사 규정은, 종래 특권 양반 사대부의 주도적인 지위를 긍정하는 가운데 종래

18세기 후반 노론계 북학파의 道德—經濟에 대한 새로운 이해는 단순한 학문론의 변화에 멈추는 것은 아니었다. 오히려 정치운영의 근본 원칙에 대한 사유의 전환이었다. 자연, 정국운영의 방법과 관련하여 새로운 논리가 제시될 터인데, 이들에게서 이 점은 그다지 풍부하게 발달하지 않았다. 다만, 홍대용의 생각에서 그 사유의 싹을 조금 확인할 수 있다.

홍대용은 『林下經綸』의 국가 구상 속에서, 국가의 公權을 강화하며 토지와 인민에 대하여 엄격하게 관리할 것을 강조하였다. 특히 주목되는 것은 刑法에 의한 치밀한 人民 통제 구상이었다. 홍대용은 이를테면 인민들이 자신의 거주지를 옮길 경우 반드시 官에 신고하여 허락을 받아야 하며, 먼 곳으로 여행하거나 이동할 경우에도 통행증을 소지해야만 한다고 생각했다.73) 이러한 생각은, 法家의 사회통제론에 가까운 측면이 있었다. 홍대용이 사회를 정상적으로 운영함에 필요하다고 내세운 것은 "嚴立科條"74)의 원칙이었다. 세세한 규정을 엄격하게 마련하여 실행해야 한다고 함이었다. 이와 같이 법에 의한 人民 統制를 강조함은 이들의 법에 대한 관념의 일단을 드러내는 것으로 보인다.

박지원의 생각이 생산활동, 경제활동과 연관해서 정리되었다면, 홍대용의 경우에는, 국가체제 전반에 관한 문제제기와 새로운 운영론에 대한 관심이 좀더 폭넓게 나타난다. 홍대용은 앞서 살폈듯, 과거 三代

의 士가 갖지 못했던 역할을 보다 확장하여 이해하는 의미가 있었다. 박지원에게서 士란, 모든 身分 職域에서 요구되는 지식을 제공하는 사람이었다. 농업 상업 공업과 같은 제 산업은 士가 이들 산업을 운영함에 필요한 제반 지식을 정리하고 제공하지 않는다면, 커다란 진보와 발전이 없다는 것이 그의 생각이었다. 전문지식인으로서 집약되는 박지원의 이러한 사 개념은 종래 李睟光과 같은 백과전서파의 '通儒' 개념과도 상통하는 것이었다.

73) 『湛軒書』 內集 補遺 卷4, 林下經綸, 8나~9가, "凡民各守田里 死徙無出鄕 若有不得已 則告官受狀 割其本籍 至于所居 亦卽告官入籍受田 不告擅移者 刑之而復其居 無官狀而許其居者 罰其面任".
74) 『湛軒書』 內集 補遺 卷4, 林下經綸, 9가.

의 法制에 기초한 사회를 이상적인 사회로 전망하지 않았다. 정치사회 구조의 大體를 지키는 가운데, 정치운영상의 변화를 꾀해야 한다는 것이 이들의 생각이었다. 그런 점에서 이들의 사유가 현 체제를 변함 없이 운영하고자 했던 현실론자들과 큰 차이를 보이는 것은 아니었다.

이상 살핀 대로 조선후기의 실학자들은 당대 조선의 社會構造, 社會體制의 大變革, 大改造를 구상하는 가운데 그러한 사회에 조응하는 새로운 정치론을 마련하고 있었다. 그것은, 정치사회적 개혁이 단순한 제도·법제상의 변화에서 운위되는 것이 아니라, 주자학이 가진 근본 사고, 곧 중세의 정치적 사고를 문제삼으며 이루어짐을 의미하는 일이었다. 실학자들은 주자학에서의 政治論, 治者 一般의 도덕성 확립을 근본 전제로 하고, 그것이 정치로 外化·發現되어야 한다는 도덕정치론을 부정하여 법과 같은 강제적 규범이 정국운영의 중심이 되어야 함을 강조하였다. 물론 그 법이 담고 있는 내용이 한결 같은 것은 아니었다. 남인의 경우, 三代의 법 이념을 그 내용으로 담고 있었고, 소론이나 노론 북학파가 상정했던 법에는 상품화폐경제가 발전하고 있는 사회를 적극 긍정하며 그 현실을 규율할 수 있는 객관적 규범의 의미를 강하게 지니었다. 그런 면에서 이들 실학자들이 법의 역할, 법의 성격에 대해 일치된 견해를 갖는 것은 아니었다. 그러나 이와 같이 법이 가지는 역할을 강조하는 사유는, 신분제적 질서를 반영하며 만들어진 도덕정치론을 대신하여 객관적이며 일률적인 규범을 중심으로 사회를 운영해가자는 노력의 산물이었다. 새롭게 열리는 사회는, 그 무엇보다 법의 역할이 일차적으로 강조되었다. 이제 이 같은 사유에서는 사회의 변화에 대응하여 끊임없이 새로운 법제를 만들어내는 것, 그것 이상으로 중요한 일은 없게 되었다.

3. 黨爭 革罷 構想과 政治門戶 擴大論

1) 黨爭 革罷 構想과 官僚制 整備論

　　조선후기 실학자들은 사회운영, 정치운영의 새로운 원칙으로 법치적 방식을 강화하거나 혹은 利用厚生의 실용성을 증진시키는 문제를 주목하였다. 그것은 주자학의 도덕정치론을 넘어 정치원칙 혹은 정치의 구체적인 지향을 이론적으로 새롭게 마련하려는 노력과 결부되어 있었다. 이와 같이 원리적, 이념적인 측면에서 주자학 정치론을 극복하려는 노력은 실제 정치 현실과 관련해서는 黨派政治를 극복하고자 하는 생각으로 구체화하였다. 조선 사회에서 당파정치는 다양한 조건과 배경 위에서 발생하고 발전했지만, 그 정치를 움직이는 이념은 기본적으로 도덕정치론과 연관되어 있었던 까닭으로, 도덕정치론의 극복은 당파정치의 극복과 자연스레 연결되게 마련이었다.

　　조선후기의 당파정치는 근본적으로는 다양한 연원을 갖는 정치세력들이 자파의 정권 장악을 위하여, 그리고 정치적 헤게모니 유지를 기도하며 벌이는 政爭이었다. 16세기로 접어들며, 집권화가 강화되고 地主佃戶制가 확장되는 가운데 양적인 팽창을 이룬 양반 사대부들은 지역적 학문적으로 분화했으며, 그들 상호 간에 정치적 주도권 확보를 놓고 치열한 政爭을 벌였다.[75] 그러한 政爭의 전개는 한편으로는 양반 사대부의 정치적 분열·분화로 볼 수도 있거니와, 달리는 이 시기 정치사상계의 지형이 다양해지고 그를 구성하는 양반 사대부층의 규모도 두터워졌음을 보이는 일이었다. 당쟁은 중앙정계에 진출하는 양반 사대부의 양적 성장과 그들 내부의 정치적 학문적 分化가 일어나는 과

---

75) 15, 16세기 학계와 정계가 徐敬德, 曺植, 李滉, 李珥의 學統과 연관하여, 그리고 각 지역별로 분화하는 가운데 성격을 달리하며 발전하는 것은 당파정치의 전개가 학문과 지역적 기반을 가지며 이루어지는 것임을 단적으로 보여주는 것이라 하겠다.

정에서 자연스럽게 전개되는 정치현상이었다.[76] 집권체제가 가진 정치적 수용능력은 제한적이었던 반면에 그 체제에 진입하는 세력의 양은 절대적으로 늘어나고 있었던 상황에서 정치적 갈등을 제어할 특별한 방법이 발달하지 않았던 까닭에 政爭은 필연적으로 일어날 수밖에 없었던 것이다.

이 시기 당파정치는 公論에 기초하여 움직이는 정치, 곧 공론정치의 양상을 띠었다. 공론·공의란 용어는 이미 조선초기부터 등장하여 사용되었거니와, 16세기 여러 차례 士禍를 거치며 사대부 정치를 밑받치는 주요한 개념이 되었다. 이때의 公論·公議란 지배층을 이루는 양반 사대부의 이해를 충분히 반영하며 형성된 논의 혹은 여론을 의미했다. 그러나 그 여론이 일정하거나 특별한 기준을 가지며 형성되는 것은 아니었다. 學淵, 정파, 지역, 계층에 따라 여론이 달라질 것은 자명한 일이었다. 공론·공의에 기초한 정치란, 그것이 강조되면 강조될수록, 공론·공의의 절대성 우월성을 둘러싼 논쟁이 치열하게 일어나게 마련이었다. 당쟁이 격화되는 것과 공론정치가 발달하는 것은 필연의 관계에 놓여 있었다. 어쨌든, 이러한 공론에 기초한 정치의 주장은 현실에서의 君主의 私的인 利益 追求를 배제한다는 의미, 그리고 士大夫 일반의 공통적인 견해에 기초하여 정치를 실행한다는 의미를 지니고 있었다. 그것은 말하자면, 당대 조선사회의 諸 秩序를 그대로 인정한 위에서, 양반 우위의 정치론을 펼쳐 나감을 의미했다.

공론정치론은 그 발전의 시점에서 알 수 있듯, 地主佃戶制를 기반으로 한 兩班·士大夫들의 정치적 이상을 충실하게 반영하고 있었다. 공론에 기초하여 정국을 운영해야 한다는 논의는 15세기에 이미 싹트고 있었지만, 16세기 중엽 士禍가 격렬해지고 黨爭이 일어나는 시점부

---

76) 물론 여기에는 社會變動과 결합하여 나타나는 政治構造의 변화가 가로놓여 있었다. 조선사회에서 사회경제적으로 실력을 가진 계층들이 자신들의 정치적 이해를 실현할 수 있는 제도의 변화가 16세기 내내 격렬하게 전개되었고 이 과정과 맞물리며 黨爭이 시작되었음을 주목해야 할 것이다.

터 본격적으로 발전하였다. 收租權 分給制의 약화와 소멸, 京在所의 약화, 貢納制의 해체 등의 현상으로 나타나는 바, 국가권력의 集中化・專一化가 가속화되는 상황에서, 양반 사대부들은 권력의 집중과 그 행사가 君權을 중심으로 이루어지는 것을 크게 경계하였다. 대세상, 권력의 중앙집중화가 이루어지고 있었지만, 그것이 다시 君主의 專制權으로 집약되어 행사되어서는 안된다는 것이었다. 이 시기 사대부들은, 그러한 가능성을 君主聖學論을 통하여 견제하고 동시에 사대부 중심의 정치운영을 공론정치론 형식으로 새롭게 제기하였다. 조광조와 己卯士林에 의해 제시된 至治主義 政治論과 이후 선조대 東・西人의 여러 정치론은 공론정치론이 구체화된 양상이었다.77)

　공론정치를 추구하는 이 시기 당파정치의 특징은 그것이 기본적으로 도덕적 성격을 띤다는 점이었다. 政爭이 격화되는 과정에서 官人・儒者들은 자신들의 정치적 주도권을 장악하기 위한 방법을 여러 모로 마련하고 시행하였다. 구양수・주자의 朋黨論을 근거로 당파에 기초한 정치운영이 정당하다는 논리를 마련하려고도 했으며,78) 이와 더불어 당쟁의 담당자들은 자파와 상대 세력을 君子와 小人으로 양분하기도 하고, 自派의 說과 相對 黨의 說을 是非, 邪正의 기준 위에서 한편으론 옹호하고 한편으론 배척하기도 하였다. 그리하여 자신들의 현실 인식과 정치적 견해를 두고 正論, 公論이라 강조하였다. 공론・공의란, 여러 多衆의 공변된 의견이자 여론이었다. 그러나 당대 사대부들은 이러한 공론과 공의를 도덕적 가치 판단에 근거하여 그 정당성을 헤아리고자 하였다.

　여기서 주목해야 할 점은 공론・공의를 天理論과 연관하여 이해하는 방식이다. 天理라는 절대의 도덕 개념을 통하여 이들은 공론・공의

---

77) 崔異敦, 「16세기 公論政治論의 形成過程」, 『國史館論叢』 34, 국사편찬위원회, 1992.

78) 鄭萬祚, 「朝鮮時代 朋黨論의 展開와 그 性格」, 『朝鮮後期 黨爭의 綜合的 檢討』, 한국정신문화연구원, 1992.

138

에 기초한 政治의 正當性을 끌어내었거니와, 보다 중요한 것은 이제 정치운영의 핵심에서 天理라는 추상적이면서도 절대성을 갖는 개념이 중시되며 강력한 힘을 발휘하기 시작했다는 점이다. 천리는 是是非非를 가릴 수 있는 준거이며 邪正을 변별할 수 있는 근거라는 것이, 공론정치론에서 제시하는 주요한 논리였다. 是是非非와 邪正을 얼마만큼 구현할 것인가, 이상적인 정치와 그렇지 못한 정치의 구별은 이러한 공론의 구현 여부에 달려 있게 마련이었다. 그것은 요컨대 정치의 기준을 道德的 準據 위에서 설정하고 실현하고자 하였다. 天理의 실현과 人欲의 제거와 같은 측면에서 판단하고 풀어가도록 하는 근원이었다. 이러한 모습은 주자학의 道德政治論이 黨爭으로 표현되는 바 조선의 정치현실에서 구체화됨을 보이는 일이었다. 당쟁의 근저에는 주자학의 도덕정치론이 자리잡고 있었던 셈이고, 그것은 달리 공론정치론에 근거하여 정치가 전개된다는 의미였다.

공론정치론을 매개로 구축된 조선후기 당파정치는 자연 言官과 言官制의 발전과 맥락을 같이 하였다. 공론을 담당하고 그것을 형성하고 전개시키는 주역이 言官이었던 까닭으로 이들의 역할이 중시되었다. 言官制가 발달하는 것도 자연스런 일이었다. 언론을 담당하던 관서가 초기 司諫院 司憲府의 兩司에서 弘文館으로까지 확대되어 三司體制로 운영되는 것도 모두 이러한 과정에서였다.[79] 정치적인 주요한 문제들이 이들에 의해 是是非非, 邪正, 義理와 反義理의 차원에서 규정되고 論辯되었다. 당쟁이 격화되는 과정에서 숱하게 나타났던 換局·處分과 같은 여러 정치적인 사건들도 公論政治와 궤를 같이하며 이루어졌다.

요컨대 조선후기 당파간의 政爭을 추동하는 주요한 힘은 公論에 기

---

79) 이러한 사정에 대해서는 다음 연구가 참고된다. 崔異敦, 『朝鮮中期 士林政治 構造硏究』, 一潮閣, 1994 ; 金燉, 『朝鮮前期 君臣權力關係 硏究』, 서울대학교 출판부, 1997.

초한 정치운영 방식에서 나왔으며, 그러한 공론정치는 곧 주자학의 도덕정치론을 밑받침하여 전개되었다. 조선의 官人·儒者들은 자신들의 정치적 명분과 정당성을 이와 같이 구하고 있었다. 그런 점에서 실제 도덕정치를 넘어서고자 한다는 것은 달리는 黨派政治를 극복하는 일이었다.

조선후기 사회에서 黨派政治를 극복하려는 노력은 일단, 蕩平政治에서 확인할 수 있을 것이다. 당쟁이 체제를 부정하려는 變亂까지 釀成하는 상황에서 영조는 적극적인 탕평책을 시도했고, 그것은 정조대에까지 지속적으로 이어졌다.80) 翰林回遷法의 혁파와 같은 관료제의 정비, 黨色別 人才의 고른 등용 노력과 政爭의 완화, 蕩平義理論의 구축과 정치이념의 풍부화 등등을 이 시기 탕평의 주요한 성과로 꼽을 수 있을 것이다.81) 영·정조대의 탕평정치는 여러 정치세력의 정치적 대립과 그로 인한 국가적 위기상황을 완화하고 나아가 18세기에 이루어졌던 사회 성장을 이끄는 견인차가 되었다.

당파정치에 대해 극히 비판적이었던 실학자들은 蕩平의 방식을 긍정하기도 하였다. 그러나 현실 정치에서의 탕평 방식에 대해 이들은 그다지 긍정적이지 않았다.82) 이들은 탕평과는 다른 방식으로 당쟁 극

---

80) 조선후기 사회에서 당파정치는 18세기로 접어들며 남인과 북인의 몰락, 노소론 세력간의 헤게모니 장악을 둘러싼 갈등의 방식을 보이며 전개하였다. 여러 정파간의 갈등과 대립상이 커지고 사회 내부의 정치적 압력이 지속적으로 증대되는 양상이었다. 급기야 1728년에는 남인, 소론의 양반층, 양민, 노비층이 대거 참가하는 대규모 정치변란, 무신변란이 일어나기에 이르렀다.

81) 이 시기 蕩平政治·蕩平論의 性格과 構造에 대한 개략적인 이해는 鄭萬祚, 「英祖代 初牛의 蕩平策과 蕩平派의 活動 - 蕩平基盤의 成立에 이르기까지」, 『震檀學報』 56, 1983 ; 崔完基, 「英祖 蕩平策의 贊反論 檢討」, 『震檀學報』 56, 1983 ; 鄭豪薰, 「18세기 政治變亂과 蕩平策의 전개」, 『韓國 古代·中世의 支配體制와 農民』, 지식산업사, 1997 ; 朴光用, 『朝鮮後期 蕩平硏究』, 서울대학교 박사학위논문, 1995에서 확인할 수 있다.

82) 이를테면 이익은 영조대 조제보합적 탕평 방식에 대해 그다지 긍정적이지 않았다(『星湖僿說』 上, 卷9, 朋黨, "朋黨之反 則蕩平 以蕩平爲號 疑若可以歐

140

복의 문제를 생각하고 있었다. 이들은 이른바 淸議·公議를 내세우며 진행되는 공론정치를 추장하는 원동력으로 言官制를 지목하고 그 제도의 대폭적인 개혁이 필요할 것으로 보았다. 언관제의 완전한 혁파에서부터 변형된 형태의 운영에 이르기까지 다양한 견해들이 제시되었다.

柳馨遠은 司諫院을 혁파할 것을 구상하였다. 그는 본래 간관은 古制에는 없었는데 한대에 이르러 '開廣言路'를 위해 제도화한 것이었으나 후세로 오면서 그 자체의 폐단으로 言路를 스스로 쇠퇴시켰음을 지적하고, 우리나라도 대간이 淸流를 자처하여 고유의 職事와 機衡을 돌보지 않는 폐해가 크다고 비판하였다. 그리하여 그는 諫諍 기관을 따로 두지 말고 관인 모두를 言官化하는 방책을 취해야 한다고 생각했다. 곧 '公卿輔弼之臣으로부터 草野之微에 이르기까지' 사안에 따라 規諫한다면 '以諫爲名'하는 폐단이 없는 대신에 言路가 저절로 열려서 "德無不修 事無不正"하게 되리라고 전망했다.[83]

李瀷은 의정부 복구 그리고 備邊司 철폐와 같은 중앙정치체제 개혁을 논의하는 가운데 간관제의 개혁안을 제기했다. 이익은 諫諍을 專任하는 職制를 따로 두지 말고 전 관원이 자유롭게 간언할 수 있도록 할 것을 구상하였다. '散官之鼓', '誹謗之木'을 설치하여 누구나 諫言할 수 있게 한다는 방안이었다.[84] 이 같은 생각은 百官의 諫官化 방책으로, 언로를 확대하고 나아가 간쟁 기능을 강화하는 의미도 지니고 있었다.

전 관원을 言官化한다는 방안은 홍대용도 구상하고 있었다. 홍대용은 司憲府·司諫院 중심으로 이루어지는 諫官制度를 혁파하고, 公卿으로부터 胥隷에 이르기까지, 그리고 宦官으로부터 農民에 이르기까지 맡은 일을 행하는 과정에서 가지고 있는 생각을 자유롭게 개진하도

去 而近世 又有所謂蕩平黨者 不彼不此 居中立朋 舉人則兩取 出言則雙非").
83) 『磻溪隨錄』 卷9, 職官之制(下) 職官因革事宜, 5가, 9가 참조.
84) 『星湖僿說』 卷10, 諫職 ; 『星湖僿說』 卷11, 諫官兼帶.

록 해야 한다고 보았다.85) 그것은 言路의 개방을 의도하는 것이었지만, 한편으로는 諫官制에 의해 축소된 國王의 發言權을 확대 강화하려는 의미를 갖는 것이기도 했다.86)

정약용은『周禮』의 예에 비추어 간관제를 혁파해야 한다고 생각하였다.87)『주례』등 고대의 제도에서는 간관을 별도로 두지 않았으며 三公 이하 모든 관리가 간관이었으므로 굳이 간관을 둘 필요가 없다는 것이었다. 그는 이 같은 제도를 원용하여 간관제 체제를 구상하였다. 우선 그는 承政院, 弘文館, 侍講院, 太史院, 國子監, 司憲府 및 6曹의 卿 大夫에게 간쟁의 권리 혹은 의무를 부여하였다. 간쟁의 범위를 크게 확장한 셈이었다. 동시에 그는 간쟁을 담당하는 기구로 종래의 사간원을『經世遺表』의 체계 속에서 두고 있었다. 사간원을 혁파하면 선왕의 법을 잘 모르는 당대인들이 言路를 막는 것이라 생각할까봐 이를 두려워하여 일단 그대로 두도록 한다는 것이었다.88) 정약용의 이러한 간관제 대책은 유형원이나 홍대용과 같은 앞선 시기 학자들의 견해를 따르면서도 현실적인 필요성을 고려하는 성격을 지니었다.

이상의 논의가 언관제 자체를 혁파하고자 하는 것이라면 유수원의 발상은 官制・職制의 운영을 바로 잡는데서 머무르는, 보다 온건한 방안이었다. 유수원은 조정에 實政이 없는 것은 主論者 때문에 오는 폐해라고 하여, 정치의 폐단을 당론에서 구하고, 그 당론을 형성하고 유포함에 중심 기구가 되는 三司를 개혁할 것을 주장하였다. 유수원의 구상은 홍문관 사헌부 사간원의 삼사가 언론기관으로서 기능하는 것

---

85)『湛軒書』內集 卷4, 林下經綸, "後世諫官之法 非不好矣 但六卿之屬 各有所掌 一呼一令 當否立辦 十數人之聞見 理難遍及 郎吏牧守 雖有目擊 慷慨欲言 而畏於越俎 不敢出位 此其設官之意 雖好 而來諫之道 狹矣 當革兩司 上自公卿 下至吏隷 近自宦寺 遠自農畝 各執藝事 有懷必陳".
86) 趙珖,「洪大容의 政治思想研究」,『民族文化研究』14, 1979, 76쪽.
87) 정약용의 중앙관제 개혁론, 간관제 개혁론에 대해서는 조성을,『丁若鏞의 政治經濟 改革思想 研究』, 연세대학교 박사학위 논문, 1992의 제4장 2절 참조.
88)『經世遺表』春官 司諫院 항,『與猶堂全書』5集, 14면.

은 적절하지 않으므로, 홍문관이 언론기관으로 활동하는 것을 금하고 대간의 업무는 兩司에서만 맡도록 해야 한다는 것이었다. "經幄은 輔導를 맡고 대관은 간쟁을 맡아서 각기 그 직무를 맡는 것이 옳다"[89]고 함이었다. 유수원은 당쟁이 시작된 뒤로, 主論者가 실권을 지게 되며 三司의 의논은 모두 主論者에게서 나와 是非와 黑白이 모두 그로부터 결정되는 상황이 조성되었다고 보았다. 公議니 淸議니 하는 것은 한낱 말에 문자에 그칠 뿐 주론자의 견해에 지나지 않는다는 것이었다.[90] 여기서 주론자란 己卯年 이후로 젊은 사람들 중에서 淸議를 가지고 領首가 된 사람들을 일컬었다.[91]

이와 같이 實學者들은 조선후기의 黨派政治를 부정, 비판하여 그 政爭의 원인이 黨論과 연관되어 있으므로 당론 생산의 근거지인 言官制를 개혁하자는 구상을 펼쳤다. 이들의 생각은 당론 생산과 유포의 중심 기구를 해체함으로써 政爭 격화를 방지하는 효과를 가짐과 동시에 言路의 개방을 가능하게 하여 다양하게 존재하는 정치적 의견을 광범위하게 수렴, 정국운영에 활용할 수 있는 기반을 닦는 의미를 지니고 있었다.

이들의 언관제 개혁 구상은 대체로 전 국가체제를 변혁하고 사회구성을 혁신하고자 했던 이들 실학자들의 정치제도 전반에 걸친 개혁안 속에서 마련된 것이었다. 『磻溪隨錄』, 『星湖僿說』, 『林下經綸』, 『迂書』, 『經世遺表』와 같은 政論書에 제시된 바, 그들이 구상한 체제개혁론은 풍부하고도 치밀하였다. 그런 면에서 언관제에 관한 논의는 이들의 정치적 구상에서 차지하는 비중으로 본다면 부분적이며 그다지 크지 않다고도 볼 수 있다. 그러나 言官·言官制에 대한 견해는 정치운영 방식을 언론을 중심으로 펼쳐갈 것인가 아니면 다른 요소를 중시할 것인가 하는 점을 결정짓는 주요한 요소였다. 말하자면, 정치운영의 방

---

89) 『迂書』 卷4, 論三司責任事宜.
90) 『迂書』 卷4, 論主論之弊.
91) 『迂書』 卷4, 論主論之弊.

식과 성격을 규정한다고 할 때, 중심에 놓이는 것이 언관제 문제였다. 言官의 專任化, 공론에 기초한 정국운영을 비판하였던 실학자들의 구상은 당파정치에 기반하여 움직이던 당대 정치운영 방식의 골간을 문제삼아 제시된 것이었다.

공론에 기초한 정국운영, 당파적 정치운영을 부정했던 실학자들의 생각은 官僚制 整備論과 짝을 이루고 있었다. 정치제도 전반을 정비하는 종합안을 제시함과 동시에 이들 실학자들은 관료제 자체가 엄격하게 운용되어야 한다고 보았다. 특히 문제가 되는 것은 관료들이 해당 분야의 전문적 실무적 능력을 제대로 갖추고 안정적으로 주어진 직무를 처리할 수 있는 토대를 어떻게 마련할 것인가 하는 점이었다. 실학자들은 이와 연관하여 官吏 選拔制度, 敎育制度, 官僚의 管理制度 등의 여러 방면에서 획기적인 제도 개혁이 이루어져야 한다고 보았다. 과거제를 혁파하여 貢擧制를 시행하는 문제, 學校와 官僚制를 직접 연관하여 운영, 학교의 인재를 직접 관료로 활용하고자 하는 방안, 官僚久任法을 통한 직무의 일관성과 안정성 추구, 엄격한 考績法 시행과 재능 있는 관료의 適材 適所 활용 등등이 이와 연관하여 거론되는 주요한 사항들이었다.[92]

조선후기 실학자들의 공론정치에 대한 부정적 시각과 그와 밀접한 상관을 맺는 官僚制 整備論은 당쟁의 폐해를 극복하고자 하는 의도를 지니는 것이었다. 그러나 이들의 시각은 달리 본다면 士大夫 내부에 한정되어 있긴 했었지만, 정치적인 의견이 활발하게 형성, 표출되는 力動的인 政治를 부정하는 측면도 있었다고 할 수 있다. 사회적으로 적지 않은 폐단을 낳음에도 불구하고 당파정치는 대단한 에너지를 지니고 사회를 역동적으로 변모시키는 요소도 지니고 있었다. 그런 면에서 실학자들의 생각은 사회와 정치를 기계적으로 또 무겁게 운영하게 되는 측면도 지니고 있었다. 그러나 그렇다고 할지라도, 이들의 생각은

---

92) 이들 주제와 관련된 주요 연구성과는 주 1)의 여러 글들에서 확인할 수 있다.

양반 사대부의, 臣權 중심의 정치를 벗어나 새로운 사회체제 국가질서를 전망함에 필연적으로 요청되는 정치운영론을 모색하자는 노력의 소산이었다. 실학자들은 당색에 따라, 그 구체적인 내용을 놓고는 서로 그 성격을 달리했지만, 이 같은 이념, 이 같은 방식을 통하여 양반 사대부들의 계급적 이해를 억제하는 한편으로, 民生을 안정시키고 民權을 성장시킬 수 있다고 생각하였다.

그러한 전망은, 이제 정치의 운영을 놓고, 양반이 아니라 일반 民人들도 정치에 참여할 수 있는 길을 열어놓는 것으로 연결되었다. 실학자들의 정치운영론에서 주목해야 할 것은, 그들이 일반 민인들의 정치참여 논의를 얼마만큼 끌어내고 있는가 하는 점일 것이다.

2) 政治門戶의 擴大와 民의 政治的 參與

실학자들의 정치적 사고는 당대 조선사회의 일반 民人들의 성장하는 정치의식, 정치적 지위를 반영하며 체계화되고 또 발전해 나갔다. 신분제의 붕괴, 상품화폐경제의 성장, 대중문화의 확산과 같은 조선후기의 독특한 여러 변화상은 그 속에 살고 있는 사회 구성원들의 의식을 새롭게 변모시키는 주요한 계기로 작용했다. 이들은 새로운 환경을 활용, 자신들의 지위를 크게 변모시키고자 하였고, 그 사회경제적, 정치적 지위를 개선시키는 과정에서, 전에 없던 정치적 각성을 경험하였다. 이들의 성장은 일상 생활에서도 끊임없이 드러났지만, 강렬한 정치적 저항으로도 표출되었다. 17, 18세기 들어 흔히 나타났던 농민을 비롯한 노비들의 숱한 저항, 1728년의 戊申政變과 같은 대규모의 반란, 1811년의 평안도 농민전쟁 등은 민인들의 사회의식 정치의식이 이전 시기에 비해 많이 변화하고 있었음을 잘 보여준다.[93] 민들의 정치의식

---

93) 조선후기를 살았던 민인들은 이러한 저항을 경험하면서 또한 정치의식, 사회의식이 전례없이 伸張되었다.

은 또 이런 사건들을 겪으면서 더 한층 확장되기도 했는데, 실학자들은 민인들의 성장하는 정치의식을 보다 적극적으로 수렴, 이를 정치제도화 할 수 있는 방안을 구상하기도 했다. 실학자들의 사고에서 주목할 수 있는 것이 이들 民人의 정치적 의사와 정치적 행동을 실학자들은 어떻게 보고 있었으며, 구체적인 개혁안 속에 어떻게 형상화하는가 하는 점이다.

실학자들은 대부분 정치를 담당하는 세력과 사회의 물질적 생산에 종사하는 세력을 명확히 구분했던 것으로 보인다. "통치를 받은 사람은 사람을 먹여 살리고 통치를 하는 사람은 사람에게 먹을 것을 얻는 것이 천하의 공통된 원칙이다. 때문에 임금을 세우고 또 높은 사람과 선비를 두어 백성으로 하여금 살 곳을 정하여 생활을 해 나가도록 한다. 그리하여 농사짓는 사람은 쌀을 바치고 벼슬하는 사람은 먹을 것을 얻는 것이 천하의 공통된 원칙이다."[94]라거나 혹은 "귀한 자는 사람을 부리고 천한 자는 사람에게 부림을 당한다는 것은 바꿀 수 없는 이치이다."[95]라는 생각에서 크게 자유롭지는 못했다. 이들은 대부분 士農工商을 엄격하게 하자는 발상을 하였는데, 이것은 모두 이와 연관된 것이었다. 그것은 "천지자연의 원리"[96]였던 것이다. 이 같은 견지에서 실학자들은 공통적으로 四民 分業을 보다 분명히 하여, 각 계층의 역할과 경계를 엄히 규정할 것을 구상하였다. 정치를 하는 계층과 여타 사회적으로 필요한 노동·직무를 엄격히 분장하여 사회를 운영해야 한다는 것이었다. 이런 측면에서 본다면 이들의 정치적 사고는 기존의 그것으로부터 크게 벗어나는 것은 아니었다. 그러나 이들은 여러 방안을 구상하며 政治 門戶의 확대를 기본적으로 긍정하고 있었다.

실학자들이 구상한 바, 일반 민인들의 정치적 참여가 확장될 수 있

---

94) 『磻溪隨錄』卷19, 祿制, 京官祿磨鍊條, "治於人者食人 治人者食於人 天下之通義也 故立之君師 承以卿士 使奠民居 以遂其生 耕者出米 仕者受祿".
95) 『磻溪隨錄』卷26, 續篇(下), 奴隷.
96) 『磻溪隨錄』卷10, 敎選之制(下) 貢擧事目, "名分乃天地自然之理".

는 정치문호 개방을 위한 제도는 官僚 登用制의 변화와 연관하여 살필 수 있다. 당론에 근거한 당파정치를 부정하는 한편으로 그 정치적 대안을 관료제 운영의 강화에서 모색하였던 실학자들은 科擧制를 중핵으로 이루어지는 관료 등용제를 혁파하여, 새로운 인재 등용책을 실시해야 한다고 구상하였다. 이 시기 관료란 오늘날과 같이 단순한 행정실무자 차원의 성격을 넘어, 정책·법제를 입안하고 제정하며 이를 실행하는 존재들이었다. 행정가로서, 정치가, 그리고 학자로서의 면모를 동시에 지니고 있던 존재가 이들 관료였다 할 것이다. 새로운 인재 등용책은 그런 점에서 중앙정치에 참여하는 정치세력을 새로이 선출하는 방안이기도 했다.

새로운 인재등용책과 연관하여 대부분의 실학자들은 학교 교육과 인재 선발을 연계시키는 방안을 구상하였다. 유형원은 科擧制를 철폐하고 貢擧制를 시행해야 할 것으로 구상하였다.97) 그의 생각은, 邑學(京은 四學)—營學(京은 中學)—太學의 계통으로 인재를 선발하여 교육시키고, 조정에서는 태학에서 추천한 현능자를 선발하여 進士院에서 일정 기관 수련시킨 뒤 관료로 등용하게 한다는 방안이었다. 이러한 구상은 교육 대상으로 大夫와 士의 자제, 庶民의 자제로 제한하고 工商巫覡雜類의 자제, 公私賤人은 입학할 수 없게 제한한 측면에서 전면적인 문호개방은 아니었다. 그러나 유형원은 이 제도를 통하여 인재 등용에서 서울과 지방의 평준화를 이룰 수 있을 것이라고 기대하였다. "登仕當路者는 모두 京華形勢家의 자제들 뿐이고 鄕曲의 조금 재주 있는 자들은 자포자기하여 학문에 뜻을 잃거나 嗜利僥倖만을 일삼은 폐습"98)이 사라질 것이라는 기대였다. 유형원의 구상은, 정치세력의 전면적 확대를 기대할 수 있는 것은 아니었지만, 세습 문벌의 특권을 제한하고 인품과 능력 본위의 관리 선발을 보장함으로써 일반 민인

---

97) 『磻溪隨錄』 卷10, 敎選之制(上)(下).
98) 『磻溪隨錄』 卷10, 敎選之制(下), 貢擧事目.

의 정치에의 참여 폭을 비교적 쉽게, 확대할 수 있게 하는 성격을 지니었다.

李瀷의 과거제에 대한 불만 또한 유형원과 유사했다. 이익은 과거제가 가진 폐해가 한두 가지가 아니므로 이를 혁파, 科薦合一의 제도로 전환해야 한다고 보았다. 과거제를 全廢하자는 것이 아니라, 과거제가 가진 폐단을 수정, 보완하고자 하는 생각이었다. 그는 3년 式年制를 폐지하여 5년에 한번씩 과거를 치루되, 크게 3단계에 걸쳐 5년 동안 시험을 실시하여 인재를 선발할 것을 구상하였다.99) 몇 가지 규정 과목을 한꺼번에 치루어 인재를 뽑는 것이 아니라, 經史와 治道에 관한 식견과 지혜를 긴 시간 꼼꼼히 살피는 가운데 능력 있는 자를 뽑자는 방안이었다. 이 과정에서 이익은 문벌을 존중하고 신분을 제한하는 법을 철폐할 것을 강조하였다. 종래 四祖와 그들의 官職名을 試券에 적도록 하는 것을 없애고 조부와 부의 성명만을 적도록 한다거나, 賤人이라도 과거에 응시토록 하며, 시험에 합격한 자는 국가에서 贖良하도록 할 수 있어야 한다는 주장이 그러했다. 이와 아울러 이익은 漢代의 孝悌力田科의 정신을 살려, 농경에 종사하는 백성을 선발하여 入仕의 길을 넓게 개방해야 한다고 주장했다. "尙閥의 폐풍을 단연코 혁신하는 특별한 법"100)이라는 것이 이익의 기대였다.

이러한 과거제와 함께 이익은 鄕擧里選의 薦擧制를 시행해야 한다고 생각하였다. 경대부나 州郡에서 각기 능력 있는 사람을 천거하여, 이들을 적절한 관직에 보임하는 방법, 향리의 孝悌順行者나 識務多能者를 관찰사와 어사가 추천하여 庶職에 보임하는 방법, 향교에서 현능자를 천거하여 入仕하게 하는 방법 등, 이익은 다양한 방식으로 천거제 시행을 구상했다.101)

---

99)『星湖集』卷30, 貢擧私議.
100)『星湖集』卷31, 答韓瀞別紙 辛未.
101) 이에 대한 구체적인 생각은『星湖僿說』卷14, 薦賢 ;『星湖僿說』卷16, 求賢治民 ;『星湖集』卷30, 選擧私議 ;『星湖集』卷30, 貢擧私議 ;『星湖集』卷

이익의 科擧制 革罷論은 결국 門閥과 身分에 구애받지 않고 관료 등용의 문호를 다양하게 모색하는 가운데 인재를 적절히 수용하자는 구상이었다. 이 점은 점점 閥閱 중심으로 정치계가 좌지우지되던 상황을 탈피하여 보다 새로운 기풍을 정치계에 불어넣으면서 동시에 일반 민인들의 정치적 참여의 폭을 넓히는 방법이었다.

홍대용의 인재 등용책도 새로운 면이 있었다. 홍대용은 유형원과 마찬가지로, 학교 교육과 관료 선발을 일치시킬 것을 구상하였다. 王都의 九府와 道에서 面에 이르기까지 모두 학교를 설치하여 8세 이상 된 이들을 가르치고, 우수한 자들은 大學 교육까지 마칠 수 있도록 하는데, 그 가운데 행실과 재능이 뛰어난 자를 조정에 천거하여 관직을 맡게 한다는 구상이었다. 홍대용은 面 단위의 농촌지역에서 성장한 인물도 재주가 있으면 가르쳐 조정의 관료로 쓰도록 하고 자질이 둔하고 용렬한 자는 농촌(野)에서 생활하게 해야 한다고 생각했다. 工藝에 종사할 이, 商業에 종사할 이, 武班에 종사할 이 등등 모두 각각 가진 재능에 따라 적절한 직무를 맡아야 한다는 생각이었다.102)

이와 같이 17, 18세기 실학자들의 과거제 폐단에 대한 문제제기와 그 개혁 구상은 유형원과 이익, 홍대용에게서 그 대체를 확인할 수 있다. 이들은 한결같이 신분·지역을 벗어나 능력 위주로 관료를 선발할 것을 구상하였다. 이 시기 정치에의 참여가 官僚로 나아가는 것으로 이루어지는 것을 감안한다면 이들의 생각은 정치문호를 크게 확장하여 그 참여폭을 확대하는 성격을 지니고 있었음을 알 수 있다.

言路를 확대하여 정치적 의견을 자유로이 개진할 수 있게 제도를 마련하자는 생각도 일반 민인들의 정치적 참여를 보장하고 확대하는 방법을 모색한다는 생각과 통하는 점이 있었다. 앞서 살핀 대로 실학자들은 諫官制가 가진 폐해를 혁파하기 위한 방안과 관련해서, 三司

30, 論貢士 등의 자료에서 확인할 수 있다.
102)『林下經綸』.

중심의 언관제를 폐지하고 일반 백성으로부터 관료들에 이르기까지
누구나 가진 의견을 자유로이 進言할 수 있도록 해야 한다는 생각을
구상하고 있었다. 그 같은 견해는 언관제가 지닌 문제를 해결하기 위
한 제도적 장치와 연관된 것이었지만, 일반 민인들의 정치적 의견이
아무런 제한 없이 군주 혹은 중앙 정부에까지 개진될 수 있도록 보장
해야 한다는 의미를 지니고 있었다. 직접적인 정치 참여, 立法 참여를
가능하게 하는 구상은 아니었지만, 이 생각은 어쨌든 정치적 의견을
개진하고 수렴할 수 있는 통로라도 마련한다는 점에서 적지 않은 의미
를 지닌 것이었다.

실학자들의 이러한 言路 확대와 政治門戶의 확장론은 여전히 위로
부터의 지배층(治者) 중심적인, 지배층의 일방적인 정치운영론이었다.
왕을 정점으로 하는 봉건적 정치체제를 인정하는 위에서의 언로 확대
와 개방론이었다. 조선후기 실학의 정치적 성격이 여전히 중세적 틀
내에 머무르고 있었음을 보여주는 요소라 하겠다.

이 같은 생각은 그러나 丁若鏞에 이르러 근본적으로 변화하여 새로
운 형태로 나타났다. 정약용은 고대의 이상적인 정치에서 사례를 구하
여, 하부 행정단위로부터 최상층 군주에 이르기까지 체계적으로 이루
어지는 정치조직 곧 국가조직의 형성은 각 단위 정치체가 가지고 있는
여러 정치적 문제를 해결할 목적과 연관하여 이루어졌다고 보았다. 또
한 그 정치체의 중심을 이루는 인물들은 공동체의 公論에 의해 추대되
는데, 상부단위의 정치적 구심인물은 하부단위 정치체의 추대에 의해
이루어진다고 생각했다.103) 말하자면 정치는 근본적으로 아래로부터
위로 上向하는 방식으로 이루어졌다는 이해였다. 정치적 수장인 군주
의 경우도, 이 같은 아래로부터의 추대 과정에서 최후 단계에 해당하
는 인물이었다. 이와 더불어 정약용은 군주의 세습에 대해서도 비판적
이었다. 古代社會에서 군주의 지위는 혈연으로 계승 세습되는 것이 아

---

103) 『與猶堂全書』 1集 卷10 4나~5가, 原牧.

니라, 현명한 자를 대대로 선출하여야 한다고 이해했다. 君主 推戴論, 君主 選出論이었다.

이러한 논의는 결국 일반 민인의 정치 참여, 立法過程에의 참여를 상정하며, 정치조직의 구성이 민의 힘으로 이루어짐을 긍정하는, 특별한 성격을 지니고 있었다. 원리상 代議政治였다. 그 구상이 비록 구체적인 제도와 실행세칙까지 마련하는 데까지는 이르지 못한 초보적인 견해였지만, 어쨌든 봉건사회의 정치운영방식과는 성격을 크게 달리하였다. 오래 전부터 평가된 대로 루소의 民約論에 방불했다.[104] 정약용의 정치론이 여타 실학자들의 정치사상과 결정적으로 구별되는 점이 곧 일반 민인의 정치적 참여를 적극적으로 인정하고 그로부터 정치권력의 형성이 이루어짐을 인정하는 것에 있었다.

이상에서 살핀 대로 실학자들은 정치운영의 주된 요소와 연관하여 민의 정치적 참여를 어떻게 할 것인가 하는 문제는 그다지 충분히 논의하지는 않았다. 실학자들에게서 이것은 주요한 관심사가 아니었던 셈이다. 그러나 이들은 관료 내부에서만 시행되던 정치적 의견의 개진에 대해서는 비판적이었으며, 가능한 한 民人들이 자유롭게 정치적인 문제를 정부에 제기할 수 있는 방안을 고민하고 구상하였다. 그것은 민인들의 정치적 의견을 부분적이나마 수용하는, 정치적 영역과 경계의 확장을 의미하는 일이었다. 이와 연관하여, 영·정조대 들어 上言·擊錚과 같은 민인의 對政府 발언이 강화되고 또 국왕이 이를 적극적으로 청취하려고 하던 노력이 강하게 펼쳐지고 있었던 현실을 상기하게 된다.[105] 실학자들의 사고는 현실을 어느 정도 반영한 측면이 강했다.

대체로 민의 정치적 참여를 두고 판단할 때, 이에 대한 실학자들의 정치적 의견은 그다지 풍부하지 않은 편이다. 그러나 丁若鏞의 단계에

---

104) 최익한, 『실학파와 정다산』, 사회과학출판사, 1955(청년사, 1989 재간행).
105) 韓相權, 『朝鮮後期 社會와 訴冤制度 : 上言 擊錚 研究』, 一潮閣, 1996.

이르면, 그것이 原論 혹은 理想論의 형태로 제시된 것이었지만, 국가
의 각급 행정단위, 정치단위의 수장을 아래로부터의 추대에 이루어 선
출하자는 논의까지 나오고 있었다. 군주 역시 추대 혹은 선출해야 한
다는 것이 정약용의 생각이었다. 이러한 생각은, 실학자들이 구상했던
새로운 국가론 중에서도 가장 앞선 내용을 담고 있는 것이었는데, 실
학사상이 중세를 벗어나 근대사회를 준비하는 그러한 면모를 여기서
확인할 수 있게 된다.

4. 맺음말

조선후기의 실학은 중세사회가 해체되는 동시에 근대사회가 만들어
지는 과정에서 여러 문제가 표출된 특별한 시대적 조건 속에서 발생,
발달한 사상으로, 당대 사회의 제반 문제를 전향적인 차원에서 풀어가
려는 학자들의 지향을 지니고 있었다. 그러한 노력은 조선사회의 격변
기에 새로운 사회, 새로운 국가를 어떤 방략 어떤 이념으로 건설해야
할 것인가 하는 문제로 집약되고 있었다. 실학은 修己와 治人의 문제
를 本領으로 다루는 유학의 일반적인 성격에 더하여, 새로운 사회 건
설을 위한 정치사상적 노력이라는 사회 역사적인 조건을 그 내부에 가
지게 되었던 것이다. 말하자면 실학은 정치경제학으로서의 면모를 그
핵심에 지니고 있었다.
이러한 실학에서 두드러지게 드러나는 면모는 기존의 정치론을 넘
어서는 새로운 변모이다. 실학자들의 정치이념과 정치운영론은 주자학
의 정치이념, 정치운영론을 止揚, 克復하려는 노력과 맞닿아 있었다.
이들의 정치적 지향은 그 속한 학파 정파의 성향에 따라 서로 다르게
나타났지만 일단은 당대 조선사회가 가진 제반 모순과 문제를 극복하
자는 데서 일치하였다. 그 구체적인 방향성은 私的 所有와 특권적 신

분에 기초하여 유지되는 사회질서 정치질서를 국가의 公權으로 어느 정도 제한하고 통제할 수 있는 힘을 마련하고 이를 제도로서 실행해야 한다는 것이었다. 이 경우, 南人은 보다 급진적이고 과격했고, 老論과 少論系 인사들의 생각은 조금 온건했다.

『經國大典』으로 법제화된 조선의 국가체제를 해체하여 새로운 사회 구성까지 전망했던 이들 실학자들이 발전시켰던 국가·사회에 대한 새로운 생각은 '國家=公'이라는 이념 위에서 발전해 나갔다. 그것은 곧 사적인 경제 활동, 사적인 권력 행사를 국가가 가진 위력을 통하여 제한하고 통제한다는 의미이기도 했는데, 이를테면 이들은 국가의 권한을 대단히 강조하여 토지에 대한 사적 지배를 철폐하고 이를 공유화하거나 혹은 그 소유 지배권을 어느 정도 제한해야 한다고 생각하였다. 이들에게서 國家는 새로운 法의 根源이었으며 公·私를 판별하는 핵심 근거였다.

실학자들의 새로운 國家=公의 이념은 당대 조선사회에서 통용되던 이념과는 크게 배치되었다. 사적인 소유, 사적인 경제주체들의 자유로운 경제활동을 보장하는 사회체제 위에서 가치를 가지는 이 이념은 권력이 사적 경제주체를 자의적으로 침탈하고 억압하는 것을 배제하는 지향과 연관하여 발전하였다. 권력은 私的 所有權을 보호하고 발전시켜주는, 公的인 權威를 갖는 기반이었다. 그런 점에서 실학자들의 생각은 당대의 일반적인 생각을 혁명적으로 顚倒하는 면이 있었다. 토지개혁론을 비롯한 이들의 제반 개혁 구상은 그러한 이념을 구체적인 영역에서 구현하는 방법론이었다.

실학자들의 정치운영론은 이러한 이념 위에서 확립되었다. 이들은 주자학의 도덕정치론에 대해 지극히 비판적이었으며 이를 止揚, 克服할 수 있는 논리를 적극 개척하였다. 정치란 敎化의 방식을 통하여 실현되어야 하며 이를 위해서는 무엇보다 爲政 主體의 도덕성 확립이 선결되어야 한다는 논리 위에 성립한 도덕 정치론은, 法·형벌과 같은

강제적 외재적 규범을 강조하면서도, 정치의 준거를 治者 內面의 도덕
성에 연관하여 설정하는 점에서 人治論의 성격을 지녔으며, 또 臣權
중심 정치론의 근거가 되었다. 실학자들은 국가의 권한을 강화하며 일
률적이고 공정한 法·制度를 중심으로 정치가 이루어져야 한다고 구
상했다. 법의 역할을 적극 활용하는 정치론이었다. 이를 두고, '法治'的
方式의 강화라고 할 수 있을 것인데, 국가·사회의 운영과정에서 無形
의 道德性보다는 객관적이며 통일적인 법 규범이 주된 권위를 가져야
한다고 실학자들은 생각했던 것이다. 물론 실학자들이 구상했던 법의
내용이 조금씩 달랐던 것은 사실이다. 남인의 경우, 三代의 法制를 긍
정하는 法 理念을 그 내용으로 담고 있었고, 少論이나 老論 北學派가
상정했던 법에는 상품화폐경제가 발전하고 있는 사회를 적극 긍정하
며 그 현실을 규율할 수 있는 객관적 규범의 의미를 강하게 지니었다.
그렇다 할지라도, 法을 사회운영의 중심으로 설정하는 발상은 중세를
벗어나 근대로 나아가는 주된 징표였다 할 것이다.

실학자들의 정치개혁론은 이러한 도덕정치론의 틀을 벗어나 '法治'
의 방식을 강화하자는 구상을 전면적으로 담으며 성립하였다. 이들은
公論政治에 기초한 黨派政治를 부정하고 관료제를 정비, 그 운영을
강화할 것을 구상하였다. 특히 言官制의 정비를 이들은 강조하였다.
이들의 생각은 양반 사대부의, 臣權 중심의 정치를 벗어나 새로운 사
회체제 국가질서를 전망함에 필연적으로 요청되는 정치운영론을 모색
하자는 노력의 소산이었다. 실학자들은 당색에 따라, 그 구체적인 내용
을 놓고는 서로 그 성격을 달리했지만, 이 같은 이념, 이 같은 방식을
통하여 양반 사대부들의 계급적 이해를 억제하는 한편으로, 民生을 안
정시키고 民權을 성장시킬 수 있다고 생각하였다.

그러한 전망은, 정치의 운영을 놓고, 양반이 아니라 일반 民人들도
정치에 참여할 수 있는 길을 열어놓는 것으로 연결되었다. 실학자들의
정치운영론에서 주목해야 할 것은, 그들이 일반 민인들의 정치참여 논

154

의를 얼마만큼 끌어내고 있는가 하는 점일 것이다. 실학자들은 대체로 言路의 개방을 통하여, 그리고 관료제 참가의 폭을 다양하게 넓히려는 방식으로 정치 참가층의 문호를 확대하려는 구상을 하였다. 諫官制 革罷論, 科擧制 革罷論이 그 대표적인 생각이었는데, 이러한 생각은 기존의 신분제적인 질서를 어느 정도 부정하는 면모가 강하였다.

民人의 정치적 참여를 두고 판단할 때, 실학자들의 이에 대한 견해는 그다지 풍부하지 않았다. 그러나 丁若鏞의 단계에 이르면, 그것이 原論 혹은 理想論의 형태로 제시된 것이었지만, 국가의 각급 행정단위, 정치단위의 수장을 아래로부터의 공론을 바탕으로 선출하자는 논의가 나오기에 이르렀다. 代議政治論적인 발상이었다. 이러한 생각은, 실학자들이 구상했던 國家論 중에서도 가장 새롭고 전향적이었는데, 실학사상이 중세를 벗어나는 면모를 지님을 여기서 확인할 수 있게 된다.

조선후기 실학의 정치이념, 정치운영론은 주자학을 사상적 기반으로 삼아 작동되던 조선사회가 그 현실의 체제를 어떤 방식으로 극복하려고 했던가를 잘 보여준다. 『經國大典』으로 구체화된 바 조선사회의 틀을 벗어나려는 방식은 조선후기 사회에서 다양하게 나타났고 실학의 사유는 그 한 부분에 지나지 않는 것이었지만, 이들 실학자들이 개척한 정치이념, 정치운영론은 당대 조선사회가 요구했던 변화의 열망을 혁신적으로 반영하며, 또 시대를 先取하며 형성되었다고 할 수 있을 것이다. 그들이 체계화했던 정치이념은 당대 사회에서도 변화의 주된 동력으로 작용했거니와 뒷 시기 들어 확립, 체계화되는 정치사상의 주요한 근원이기도 했다. 실학자들이 제기했던, 國家=公 理念, 그리고 法이 사회 운영의 중심적인 수단·근거로 되어야 한다는 논의는 한말 이후로, 끊임없이 주목되며 서구의 여러 새로운 사유를 받아들임에 주요한 자양분이 되었다.

대외인식의 변화와 세계 이해의 확장
―華夷觀의 변화와 '東事' 인식의 강화―

원 재 린[*]

1. 머리말

實學 연구는 停滯性論에 입각한 일제 식민사관을 극복하고 중세사회 해체기, 근대사회를 전망하는 시점에서 내재적 발전의 양상을 '國學'분야에서 확인하려는 노력의 일환으로 시작되었다. 1950년대 이래 柳馨遠(1622~1673)과 李瀷(1681~1763), 丁若鏞(1762~1836) 등 주요 실학자들의 經世論에 대한 분석으로부터 본격화 된 조선후기 실학 연구는 점차 연구방법과 주제가 확대되면서 철학체계를 포함한 사상 전반으로까지 확대되었다.[1] 그 결과 다양한 부문에서 사회개혁사상으로서 실학의 면모를 확인하는 성과를 거둘 수 있었다. 하지만 역사학자 간에 조선시대사에 대한 인식의 차이로 인해 실학의 개념과 범주, 성

---

* 연세대학교 국학연구원 연구교수, 국사학

1) 鄭寅普, 「椒園遺藁」, 『朝鮮古書解題』(『薝園 鄭寅普全集』2, 연세대학교 출판부, 1983, 28쪽 재수록) ; 千寬宇, 「磻溪 柳馨遠 研究 - 實學發生에서 본 李朝社會의 一斷面(下)」, 『歷史學報』3, 1953, 133쪽 ; 洪以燮, 『丁若鏞의 政治·經濟思想 研究』, 1959(『洪以燮全書』2, 연세대학교 출판부, 1994, 재수록) 洪以燮, 「實學에 있어서 南人學派의 思想系譜」, 『人文科學』10, 1963 (위의 책, 407~411쪽 재수록) ; 韓㳓劤, 『星湖 李瀷 研究』, 서울대학교 출판부, 1980 참조.

156

립 시기와 배경, 그 발전과정 및 사상계보를 설정하는 데 있어서 적지 않은 異見들이 나타나고 있다.[2] 이에 사상사적 관점에서 실학의 역사성을 재고하는 노력이 요망된다. 이와 관련하여 주목되는 주제로 실학자들의 대외인식을 들 수 있다.

기왕의 연구에서 근대지향의 학문·사상으로서 실학의 성격을 규정할 때 제시된 주요한 특징 가운데 하나가 대외인식 속에 내재된 '민족성'·'자주성'이었다. 전통적 華夷觀에 기초한 중국중심의 차등적 세계이해에서 벗어나 근대지향의 민족자존의식을 형성해 나아가는 면모가 확인되었다.[3] 실학자들은 이 같은 대외인식 태도를 견지하면서 청나라와 서양의 근대 문물을 능동적으로 수용하여 근대국가의 면모를 갖추어 나아가기 위한 학문노력을 강구하였다.[4] 한편 대외인식 변화의 외적 계기로 壬辰倭亂(1592)·丙子胡亂(1636)과 이로부터 초래되었던

---

2) 韓㳌劤,「李朝 '實學'의 개념에 대하여」,『震檀學報』19, 1958 ; 全海宗,「釋實學」,『震檀學報』20, 1959 ; 金容燮,「最近의 實學研究에 관하여」,『歷史敎育』6, 1962 ; 千寬宇,「柳馨遠 – 새 學風의 先驅者」,『韓國의 人間像』, 新丘文化社, 1965 ; 千寬宇,「韓國實學思想史」,『韓國文化史大系』6, 1970 ; 李佑成,「實學研究序說」,『實學研究入門』, 一潮閣, 1973 ; 李乙浩,「實學思想의 哲學的 側面」,『韓國思想』13, 1975 ; 尹絲淳,「實學思想의 哲學的 特性」,『亞細亞研究』56, 1975 ; 千寬宇,「實學의 概念是非」,『近世朝鮮史研究』, 一潮閣, 1979 ; 池斗煥,「朝鮮後期 實學研究의 問題點과 方向」,『泰東古典研究』3, 1987 ; 金炫榮,「實學研究의 反省과 展望」,『韓國中世社會 解體期의 諸問題(上)』, 한울, 1987 ; 趙珖,「朝鮮後期 思想界의 轉換期的 特性 – 正學·實學·邪學의 對立構圖」,『韓國史 轉換期의 문제들』, 지식산업사, 1993 ; 朱七星,「실학의 개념과 그 변천」,『실학파의 철학사상』, 예문서원, 1996 ; 金駿錫,「實學의 胎動」,『韓國 中世 儒敎政治思想史論Ⅱ』, 지식산업사, 2005 참조.

3) 千寬宇,「洪大容의 實學思想」,『서울대 文理大學報』6, 1958 ; 朴忠錫,「朝鮮朝後期에 있어서의 政治思想의 展開(4)」,『현상과 인식』, 1978 ; 趙珖,「洪大容의 政治思想 研究」,『民族文化研究』14, 1979 ; 유봉학,「北學思想의 形成과 그 性格」,『韓國史論』8, 1982.

4) 盧大煥,「正祖代의 西器受容 논의 – '중국원류설'을 중심으로」,『韓國學報』94, 1999 참조.

동북아시아 국제질서의 재편과정이 주목되었다. 明나라의 멸망과 淸나라의 중국통일은 조선으로 하여금 春秋戰國時代 이래 漢族의 중국지배 정당성을 강조하기 위한 차원에서 마련되었던 화이론적 국제질서를 재정립하는 외적인 조건을 제공하였다. 이러한 상황 속에서 실학자들은 주변 국가들을 객관적으로 인식하게 되었으며, 그 과정에서 자국중심의 관점을 提高시켰다.5) 이와 함께 대외인식 변화의 내적 요인으로 실학자들의 사유체계 변화에 대한 분석도 진행되었다. 대표적인 주제로서 '湖洛'논쟁을 들 수 있다. 특별히 北學派에 속하는 실학자들에게서 나타나는 人性과 物性을 동일하게 파악하는 인성론상의 특징이 주목되었다.6) 조선후기 실학자들은 人物性同論을 통해 청나라와 동아시아 諸國을 夷狄視하는 관점에서 벗어났으며, 서양의 과학기술에까지 학문적 관심을 갖고 적극 수용하려 했다.7)

그런데 화이관 변화의 추이를 논구하는 과정에서 연구자들 간에 견해 차이가 발생하였다. 명・청교체가 화이관의 변화를 초래한 객관적 조건임을 인정하면서도 이후 전개과정에서 이를 주도해 간 세력과 그들의 대외인식을 평가하는 데 있어서는 시각차이를 보였다. 우선 17세기이래 등장한 西人들의 자존의식을 부각시키는 주장이 있다. '朝鮮中華主義'로 평가되는 宋時烈(1607~1689)을 중심으로 하는 서인들의 화이관은 仁祖反正(1623)이래 그들의 집권논리였던 綱常名分論을 바탕으로 하여 형성되었다. 이들은 명나라에 대한 의리를 지킴으로써『春秋』에서 제시한 '大一統之義'의 정통성을 확보하고, 중화문화질서의 계승자임을 자부하는 尊周論을 통해 조선후기 사회의 정신적 지주로

---

5) 趙誠乙,「조선후기 사학사 연구현황」,『韓國中世社會 解體期의 諸問題(上)』, 한울, 1987 ; 趙誠乙,「朝鮮後期 歷史學의 발달」,『韓國史 認識과 歷史理論』(金容燮教授停年紀念韓國史學論叢1), 지식산업사, 1997 참조.

6) 유봉학, 앞의 글, 1982 ; 김용헌,「율곡학의 비판적 계승 - 낙학파」,『조선유학의 학파들』, 예문서원, 1996 참조.

7) 河宇鳳,『朝鮮後期 實學者의 日本觀研究』, 一志社, 1989 ; 孫承喆,『朝鮮時代 韓日關係史研究』, 지성의 샘, 1994 참조.

청나라에 대한 저항의식을 표출하였다. 이때 조선중화주의는 조선의 문화적 자부심을 고취시켜 고유문화 창달에 기여하게 되었다.8) 이후 조선중화주의는 비록 한계를 드러냈지만 서인·노론계열의 신진학자들의 북학론을 통해 발전적으로 극복되어 갔다. 북학론은 기존의 조선중화주의가 폐쇄적인 구조 속에서 자라 나온 한계를 넘어서기 위한 것이었고, 그런 의미에서 시대정신으로 자리잡아 갈 수 있었다.9)

반면 17세기의 小中華의식은 형태적으로 조선중화론의 논리를 갖추고 있지만 명나라의 그림자, 즉 崇明性을 완전히 탈피하지 못했다는 점에서 소중화의식의 한 부류로 보아야 한다는 주장이 일찍부터 제기되었다.10) 송시열이 추종했던 朱子의 反金的 攘夷思想이 崇明反淸論의 이론적 배경이 되면서 조선의 대외인식은 지극히 폐쇄적이며 자기도취적인 고립주의에 빠져들게 되었다. 중화에 가탁해서 만주족인 淸朝에 대해 가지고 있었던 우월감 내지 자존심이 어떠한 형태로든지 극복되어야만 참다운 자아의식과 새로운 대외국관이 출현했다고 볼 수 있다.11) 이러한 점에서 북학론은 이를 내재적으로 극복하기 위한 논리로서 조선을 소중화로 인식하는 尊華攘夷사상에 도전하여 그 사상적 폐쇄성을 근본적으로 해체·극복하고자 한 사상체계로 평가할 수 있다.12) 이때 북학사상의 先河를 이룬 인물로 이익을 들 수 있으며, 화이관의 변화와 관련해서 북학파와 이익은 긴밀한 관련성을 맺고 있었

---

8) 정옥자, 『조선중화사상연구』, 一志社, 1998, 11·17쪽 ; 鄭玉子, 「正祖代 對明 義理論의 整理作業」, 『韓國學報』 69, 1992, 85쪽.

9) 배우성, 「정조시대 동아시아 인식의 새로운 경향」, 『韓國學報』 94, 1999, 117쪽.

10) 河宇鳳, 「實學派의 對外認識」, 『國史館論叢』 76, 1997, 259쪽 ; 河宇鳳, 「朝鮮後期 實學派의 對外認識」, 『韓國實學의 새로운 摸索』, 景仁文化社, 2001, 156쪽.

11) 趙珖, 앞의 글, 1979, 88쪽.

12) 孫承喆, 「北學議의 尊周論에 대한 性格 分析」, 『人文學研究』 17, 1982, 223·236쪽.

다.13) 진정한 의미에서 화이관의 변화는 18세기 실학자들에게서 비로소 나타나며, 그 계보는 이익-북학파-정약용으로 계승·발전되어 갔다.14)

　조선중화론의 성격을 둘러싼 이견은 기본적으로 실학의 성격을 규정하는 차이에서 연유하고 있다. 전자의 입장에서 실학은 朝鮮性理學의 내적 발전과정에서 등장한 사상체계인 점이 부각되고 있다.15) 반면 후자의 경우 주자성리학과의 絶緣性이 보다 강조되었다. 단절을 강조한 입장에서 볼 때 중세적 이념체계에서 벗어나 자주성을 강조하는 진정한 민족의식은 17세기 서인·노론계에서는 결코 나타날 수 없었다. 사실 호란이래 조선의 양반 지식인들에게서 본격적으로 나타났던 화이관의 변화는 청나라의 존재를 부정하든 긍정하든 간에 어느 것이나 자존의식의 확립을 통해 새로운 국가운영의 방안을 모색하려는 목적에서 이루어졌음은 분명한 사실이다. 문제는 이러한 대외인식의 변화에 내재된 논리와 방식, 그 지향점이었다. 그것이 양란 이전 양반 사대부 중심의 사회운영원리를 보강·재활용하면서 국제관계를 인식하려는 것인지, 아니면 實利의 차원에서 사회변화에 대처하여 체제개혁을 도모하려는 것인지가 각각의 대외인식의 특징과 역사적 의미를 평가하는 주요한 기준이 된다고 볼 수 있다. 따라서 실학자들의 대외인식과 세계관 속에 내포되었던 현실문제를 타개하기 위한 논리와 방식 및

---

13) 孫承喆, 「北學의 中華的 世界觀 克服 - 그 展開過程 理解를 위한 序說 - 」, 『江原大 論文集』 15, 1981 ; 孫承喆, 「17~8世紀 韓國思想의 進步性과 保守性의 葛藤에 관한 硏究 1 - 특히 實學思想의 對外認識을 中心으로」, 『江原史學』 1, 1985 ; 최석우, 「朝鮮後期의 西學思想」, 『國史館論叢』 22, 1998, 200쪽 참조.

14) 孫承喆, 위의 글, 1981 참조 ; 박성래, 「과학과 기술」, 『한국사』 35, 1998, 368쪽 참조.

15) 최완수, 「秋史書派考」, 『澗松文華』 19, 1980 ; 정옥자, 『조선후기 역사의 이해』, 一志社, 1993 ; 유봉학, 『燕岩一派 北學思想 硏究』, 一志社, 1995 ; 유봉학, 『조선후기 학계와 지식인』, 신구문화사, 1999 ; 金文植, 『朝鮮後期 經學思想硏究』, 一潮閣, 1996 참조.

그 귀결점에 대한 평가는 조선후기 사회 제 현안들을 國富·民生 본위의 개혁적인 차원에서 타개하려 했던 일련의 사상경향과[16] 관련하여 이루어져야 할 것이다.

본고에서는 이러한 견지에서 기왕의 연구들에서 주요한 분석대상으로 상정했던 이익과 洪大容(1731~1783)에 주목해 보겠다. 양자는 실학을 대표하는 성호학파와 북학파의 宗師로서 일정한 학문적 연계 속에서[17] 해당 주제를 심도 있게 다루면서 논의를 주도하였다. 뿐만 아니라 畏友와 문하의 學人들은 스승의 논의를 심화시켜 가는 가운데 적지 않은 연구성과를 제출하였다. 화이관 변화의 구체적 양상을 검토할 때 이들의 학문성과를 반드시 살펴보아야 할 것이다. 이익과 홍대용을 중심으로 한 실학자들의 대외인식과 그 의미를 분석할 때 우선적으로 살펴볼 내용은 사유체계이다. 그 중에서도 주목되는 것이 인식론의 변화이다. 대외인식의 변화는 주변 物像들에 대한 이해방식의 전환을 전제로 하기 때문에 이에 대한 분석을 통해 실학의 사유체계를 해명할 수 있을 것이다. 漢族중심의 중화질서체계로부터 벗어나 이적으로 간주했던 청나라의 문화를 긍정하고 수용하는 과정에서 주목되는 특징은 상대적 관점에서 개별사물의 이치를 객관적으로 인식하는 노력이었다.[18] 인식론의 변화는 사물을 이해하는 관점의 변화를 의미한다. 따라서 화이관의 기준이었던 의리명분론이 개별사물에 대한 상대적 관점의 고양에 따라서 어떠한 방향으로 전환되어 나아가는지를 살펴야 할 것이다.[19] 이에 주목되는 내용이 화이관을 극복하는 과정에서

---

16) 金駿錫, 「兩亂期의 國家再造 문제」, 『韓國 中世 儒敎政治思想史論』 Ⅱ, 지식산업사, 2005 참조.
17) 『薑園 鄭寅普全集』 5, 「椒園文錄」 4.
18) 金漢植, 「洪大容의 個體性 論據와 政治思想上의 評價」, 『精神文化』 10, 1981 ; 김형찬, 「세계관의 변화와 선진 문물의 수용 - 북학파」, 『조선유학의 학파들』, 예문서원, 1996 ; 李東歡, 「洪大容의 世界觀의 두 局面」, 『韓國實學研究』 창간호, 솔, 1999 ; 김인규, 『북학사상의 철학적 기반과 근대적 성격』, 다운샘, 2000 참조.

공통적으로 나타난 실학자의 時勢를 중시하는 사고이다. 급변하는 국제정세 속에서 청나라와 서양 제국의 선진문물을 수용할 수 있었던 것은 이전 시기와는 다른 致用의 관점에서 현실을 바라보는 인식론의 변화를 전제로 가능한 것임을 입증해 보기로 한다.

한편 이러한 화이관의 변화양상과 그 현실지향을 구체적으로 논증할 수 있는 주제로 세계이해의 확장과 '東國'인식의 강화를 들 수 있다. 우선 실학자들이 다원적 세계관에 입각하여 각국의 정체성을 인정하면서 객관적으로 궁구했던 점을 일본과 서양 제국에 대한 이해를 통해서 살펴보겠다. 일본은 전통적인 事大交隣 관계 속에서 문화적 열등국이자 시혜의 대상이었다. 따라서 조선후기 일본에 대한 관심은 곧 실학자들의 다원적 세계관이 지향했던 실제적인 이유가 무엇인지를 가늠해 볼 수 있는 주제이다. 동일한 관점을 서양이해에도 적용시켜 볼 수 있다. 西勢東漸 과정에서 실학자들은 국력의 열등을 극복하기 위한 방안 마련을 위해 서양문명에 많은 관심을 기울였다. 그 과정에서 자국의 정체성에 대한 진지한 성찰이 이루어지게 되었다. 이와 관련하여 주목되는 것이 실학자들의 동국을 구성하는 '東事'에 대한 관심이었다. 다원적 세계관에 기초하여 동서양 제국들에 대한 관심이 고조되는 가운데 실학자들이 추구했던 현실지향이 무엇인지는 동사 관련 주제들에 대한 분석을 통해 검증해 보겠다.

이상의 검토를 통해 조선후기 실학의 역사적 성격을 사상사의 관점에서 재고해 봄은 물론, 실학의 성격과 개념을 다시 한 번 확정해 보는 기회를 마련해 보고자 한다.

---

19) 金文奎, 「洪大容思想에 관한 硏究」, 『弘益史學』 2, 1985, 174쪽 참조.

2. 상대적 인식의 提高와 화이관의 변화

1) 개별사물 이치의 탐구와 致用의 추구

동양의 전통적인 대외인식은 화이관이었다. 춘추전국시대 이래로 중국을 문화의 宗祖로 상정하고, 이를 기준으로 중화와 이적으로 구분함으로써 중국에 의한 동아시아 지배를 합리화시키는 논리였다. 이 같은 화이관 속에는 중국을 형성하는 종족과 영역, 문화를 기준으로 상대를 분별하는 인식이 내재되어 있다. 이것이 중국의 藩邦에 해당하는 주변국가로 전래되었으며, 중세이래 지식인들이 사물을 인식하는 주요한 기준으로 작용하였다. 하지만 중세사회 해체기에 들어서면서 화이관은 일대 변화의 계기를 맞게 되었다. 대표적인 논자로 이익을 들 수 있다. 그는 중국에 대해 조선의 개별성을 천명하였으며, 상대적 관점에서 중국이 세계의 중심이 아니라는 사실을 분명히 밝혔다.[20] 중국은 大地 가운데 한 片의 토지에 불과하며, 크게는 九州도 하나의 나라요, 작게는 楚도 하나의 나라이고, 齊도 하나의 나라인 것이다.[21] 지리적인 측면에서 중국을 세계의 중심으로 이해하는 관점이 소멸되어 가고 있었다. 변화된 대외인식은 直系 및 再傳弟子에 이르도록 주요한 가르침으로 전수되었다.[22] 정약용은 동서남북의 중심이면 어느 곳이나 중국이 아닌 곳이 없었다고 했다.[23] 두 주장에서 발견되는 공통점은 중국과 조선을 종속이 아닌 상대적 관점에서 독립된 개체로 인식하였다는 사실이다. 이것이 가능하기 위해서는 格物致知로 표현되는 인식론의 변

---

20) 趙誠乙, 앞의 글, 1997, 20쪽 참조.

21) 『星湖僿說』(上) 卷2,「天地門」‘分野’(慶熙出版社 영인본, 1967), 32쪽.

22) 『星湖全集』I 卷25,「書」‘答安百順問目’(韓國文集叢刊 198권 : 이하 총간) 505~511쪽 ;『星湖僿說』(上) 卷9,「人事門」‘華夷之辨’, 322쪽 ;『星湖僿說』(上) 卷12,「人事門」‘萬曆恩’, 428쪽.

23) 『與猶堂全書』1,「詩文集」卷12, ‘拓跋魏論’(景仁文化社 영인본, 1969), 242쪽, “中國與夷狄 在其道與政 不在乎彊域也”;『與猶堂全書』1,「詩文集」卷13, ‘送韓校理致應使燕序’, 270쪽.

화가 전제되어야만 했다. 인식주체의 事象을 바라보는 관점의 변화 없이 중국에 대한 조선의 개별성 강조는 있을 수 없었다.

이익은 주자학에서 사물의 이치를 체득하는 방법으로 제기된 격물을 다음과 같이 설명하였다. 그는 격물의 '격'자를 '各'의 의미로 파악하여, 격물을 事事物物 가운데에서 해당 사물만이 갖는 개별조리를 궁구하는 것으로 이해하였다.[24] 그는 격물을 사물의 개별적 이치에 대한 탐구문제에 한정시켜 이해할 뿐 주자의 학설과 같이 그것들을 하나의 이치로 통합시키는 것에는 관심이 없었다.[25] 物理와 道理를 일치시켜 이해하는 一元的 관점에서 벗어나 개별사물에 내재된 이치를 파악하는 데 보다 주력하였다. 이러한 변화는 天理와 사물의 관계를 긴밀하게 인식하지 않았기 때문에 가능했다. 그는 性에 대한 理의 주재력을 강조하지 않았다. "理는 共公의 명칭이며, 성은 형기에 떨어진 것이다"라고 설명하면서 "理로서 성의 뜻을 다 할 수 없다"고 보았다. 다만 이를 들어 성을 설명할 수 있는 것은 성이 이로부터 나와 이루어졌다는 사실을 말할 수 있을 뿐이라고 하였다.[26] 사물에 품수된 이후 이는 해당사물의 특성을 규정하는 개별 條理에 불과할 뿐이었다. 이익은 이가 사물에 품수된 이후에는 독자성을 잃고 氣質之性이 되며, 本然之性은 말하는 관점의 차이에서 인정될 뿐 사실상 존재하지 않는다고 했다.[27] 이 같은 인식론과 이기심성론에 입각하여 이익은 이가 물에 있으면 물의 성이 되고, 불에 있으면 불의 성이 되고, 소는 소의 성, 말은 말의 성이 되는 것으로 이해하였다.[28] 따라서 격물을 통해 치지해야 할 내용은 해당사물에만 적용되는 조리였다. 仁義는 인간만이 가지는 속성이기 때문에 외물 모두에게 적용될 수 없는 人事에만 활용되는 제한적

---

24) 『星湖僿說』(下) 卷22, 「經史門」, '格致誠正', 170쪽.
25) 김홍경, 「이익의 자연 인식」, 『실학의 철학』, 예문서원, 1996, 197쪽.
26) 『星湖全書』 4, 「中庸疾書」(驪江出版社 영인본, 1986), 618쪽.
27) 金容傑, 「星湖思想의 理氣論体系」, 『儒敎思想硏究』 2, 1987, 290쪽.
28) 『星湖全集』 I 卷9, 「書」 '答洪亮卿'(총간 198권), 311쪽.

164

속성으로 보았다.[29] 인간의 도덕적 본성은 인간에게만 적용되는 조리일 뿐 다른 사물과 아무런 관련이 없기 때문에 인성을 파악하기 위해서 인간 이외의 萬物萬事의 이치를 인식해야 할 필요는 없었다.

한편 이익은 '격'을 '窮至'로 풀이함으로써 사물의 이치를 탐구하는 공부이자 사물의 이치가 이르는 공효의 측면이 내재된 것으로 해석하였다.[30] 해당사물의 이치를 변별하고 이를 현실에 활용할 방도를 거의 동시에 모색하였다. "소의 성을 궁구하는 것은 소의 힘을 이용하여 무거운 짐을 끌게 하기 위함이며, 말의 성을 파악하는 것은 바로 말의 힘을 이용하여 먼 곳까지 달리게 하기 위해서이다"라고 하였다. 그리고 이러한 원리가 부자·군신의 관계로부터 자연계의 금수·초목에 이르기까지 만물만사에 적용된다고 보았다.[31] 결국 개별사물의 이치를 파악하는 것은 단순히 지식습득을 위한 목적이 아니었다. 각 사물의 운영원리를 파악한 후 현실에 활용하고자 하는 致用의 목표가 내재되어 있었다. 이익은 치용을 강조했던 학자로 許衡(1209~1281)을 꼽았다. 허형의 견해를 인용하여 학자들의 급선무로 治生의 중요성을 강조하였다.[32] 허형이 치생을 강조한 것은 生利가 부족하면 학문을 수행하는

---

29) 송갑준, 「星湖 李瀷의 經學思想(Ⅱ)」, 『哲學論集』, 경남대, 1989, 55쪽 ; 金容傑, 「星湖 李瀷의 近代的 思惟」, 『島巖趙豊淵博士華甲紀念論文集』, 1992, 673쪽.

30) 앞의 책, 「經史門」, '格致誠正', 170쪽.

31) 『星湖全書』 4, 「大學疾書」, 658쪽, "有物而後有事 不究此物之性 則無以處此事 故究牛性而後 知其可使引重 究馬性而後 知其可使致遠 凡大而父子君臣 小而禽獸草木 莫不如此".

32) 반면 송시열과 韓元震(1682~1751)은 허형과 허형尊信者들을 극력 배척하였다. 송시열은 丁酉封事(『宋子大全』Ⅰ, 卷5, 「封事」 '丁丑封事', 총간 108권, 209쪽)에서 허형을 文廟에서 축출하자고 제안하였다. 한원진은 송시열의 尊華攘夷·春秋大義에 입각하여 오랑캐인 元왕조에 出仕한 허형은 異說·異學을 대표하는 학자로 간주하였다(金駿錫, 「韓元震의 朱子學 認識과 湖洛論爭」, 『李載龒博士還曆紀念 韓國史學論叢』, 한울, 1990, 575~580쪽). 허형에 대한 상반된 평가는 후술하게 될 의리명분론을 둘러싼 실학자들과의 화이를 판별하는 기준의 차이에서 기인하는 것이다.

데 방해가 되기 때문이었다. 따라서 허형은 士君子라 할지라도 농사에 참여하여 생계를 유지해야 하며, 이것이 여의치 않을 때는 상업에 종사해도 무방하다고 보았다. 비록 장사가 末利를 좇는 일이긴 해도 생리를 마련하는 데 적지 않은 도움이 되기 때문에 의리를 잃지 않는 범위 내에서 상업활동에 참여할 수 있었다.[33]

동일한 견해가 정약용에게서도 나타나고 있다. 그 역시 개별사물의 조리에 관심을 갖고 있었다. 천지만물의 理는 각각 그 만물 자체에 국한된 것이라고 전제하면서 개에게는 개의 이가 있고, 소에게는 소의 이가 있을 뿐이며, 이것들이 나(=인간)와는 아무런 상관이 없다고 보았다. 그는 사람이 개처럼 짖어서 도둑을 좇지 못하며, 소가 인간처럼 독서궁리를 하지 못하는 것은 당연한 사물의 이치라고 하였다.[34] 그가 관심을 가졌던 것은 개별사물의 이치뿐이었다. "物이란 물이며, 知란 바로 지인데 그것이 천하의 물과 천하의 이를 알아야 한다는 것과 무슨 상관이 있을 것인가"라고 반문하였다.[35] 物事에 공통적으로 내재해 있는 천리의 보편성을 인지하기보다는 해당사물에만 적용되는 개별이치를 습득하는 것이 우선해야 할 과제였다. 그 목적은 치용의 차원에서 해당사물을 활용하기 위함이었다. 그는 "배추의 성은 오줌을 좋아하고, 마늘의 성은 鷄糞을 좋아하며, 벼의 성은 물을 좋아하고 기장의 성은 燥强한 땅을 좋아한다"고 했다. 그리고 해당사물의 기호에 따라서 적합한 환경을 조성해 줄 때 비로소 무성하게 번성하고 아름다워질 수 있다고 보았다.[36] 각종 채소류에는 인간이 갖지 못하는 해당사물에만 적용되는 기호의 성질이 내재되어 있다.[37] 따라서 각각 사물의 본

---

33) 앞의 책, 「人事門」 '爲學治生', 233쪽.
34) 『與猶堂全書』 2, 「孟子要義」, 145쪽.
35) 『與猶堂全書』 2, 「大學公議」, 8쪽.
36) 『與猶堂全書』 1, 「詩文集」 卷19, '答李汝弘 丙子(1816) 九月', 416쪽.
37) 이 점은 거의 모든 정약용 관련 論著들에서 茶山學의 반주자학 혹은 탈성리학적 성격을 논할 때 지적하고 있는 사안이다.

성을 잘 발현하기 위해서는 개별조리를 파악하고, 그것에 적합한 여건을 마련해 주어야만 했다. 치용을 목표로 한 사물의 객관적인 탐구는 자연스럽게 상대적 관점에서 물상을 파악하게 하는 인식론상의 변화를 초래하였다.

홍대용 역시 개별사물의 조리에 대해 관심을 보이면서 사물을 객관적으로 인식하려는 태도를 견지하였다. 우선 그는 '此性者 一身之理'[38]라고 하여 성이란 인간의 한 몸에만 국한된 하나의 이치에 불과할 뿐이라고 보았다. 따라서 그는 "五倫과 五事는 사람의 禮義이고, 무리를 지어 다니면서 서로 불러 먹이는 것은 금수의 예의이며, 떨기로 나서 무성한 것은 초목의 예의이다"라고 하여 개별 사물로부터 파악한 조리에 대한 정확한 인식을 강조하였다. 이때 특정 사물의 조리에서 나타난 특징을 일반화시켜 다른 사물에 적용하는 것은 무의미하였다. "봉황은 높이 천 길을 날고 용은 날아서 하늘에 있으며, 시초와 울금초는 신을 통하고 소나무와 잣나무는 재목으로 쓰인다. 사람의 類와 견주어 어느 것이 귀하고 어느 것이 賤하랴"는 것이다. 개별 사물은 해당 사물이 보유한 조리에 따라 존재의 의미가 정해질 뿐이었다. 이에 "以人視物 人貴而物賤 以物視人 物貴而人賤 自天而視之 人與物均也"고 하여[39] 상대적 관점에서 그 이치를 깨달아야 함을 강조하였다. 이처럼 개별사물 이치에 대한 관심이 상대적 관점을 제고시키는 계기를 제공했던 것이다.[40] 이러한 논리는 대외관계를 인식하는 데에도 그대로 적용되었다. 그는 '華夷之分'을 부정하면서 "하늘에서 본다면 華夷內外의 구분은 없는 것이요. 따라서 공자가 九夷에 살았다면 域外春秋를 지었으리라"는 견해를 제시하였다.[41] 사물에서 뿐만 아니

---

38) 『湛軒書』 內集 卷1, 「心性問」(총간 248권), 5쪽.
39) 『湛軒書』 內集 卷4, 「補遺」 '毉山問答'(총간 248권), 90~91쪽.
40) 홍대용 사상의 근대적 지향성을 밝히는 모든 논저에서 이 점을 강조하고 있다. 즉 '以天視物'의 상대적 가치론을 통해 객관사물을 인식하였으며, 인간이 物性을 이용할 수 있는 이론적 근거를 제시하였다는 것이다.

라 인사와 관련하여 중국중심의 세계관에서 탈피하여 화와 이의 구분 대신에 개별 사물의 이치를 객관적으로 이해하려는 태도가 엿보인다. 이 같은 인식을 통해 얻고자 했던 목표는 명분보다는 현실에서의 務實 勸業을 실현하기 위함이었다.[42] 즉 상대주의적 관점에 따라 재고된 화 이관을 통해 현실을 인식할 때 주목되는 점은 인사에 내재된 치용이었 던 것이다.

이 점은 朴趾源(1737~1805)의 견해에서 잘 나타나고 있다.[43] 그도 상대적 관점에서 인식대상을 객관적으로 보아야 한다는 점을 주지하 고 있었다.[44] 그 이유는 사물의 이치를 궁구하여 치용을 이루기 위해 서이며, 이를 달성하지 못한 학문을 空疎한 것으로 비판하였다. 그는 당시 지식인들이 경전의 輪人·輿人·車人·軌人 등을 거론하면서도 그것을 만드는 법이나 움직이는 법을 모르는 상황을 지적하였다.[45] 사 물의 조리를 치용의 차원에서 인식하지 못했기 때문에 발생한 폐단이

---

41) 상대주의적 인식을 통해 중국 중심의 세계관을 극복할 수 있는 과학적·지리 학적 근거로 地球說의 수용이 주목된다. 홍대용은 종래의 天圓地方說을 부 정하고 지구설을 받아들였다. 즉 球形 위에는 고정된 하나의 중심을 설정하 는 것이 불가능하기 때문이다. 따라서 지구설을 적극적으로 수용할 경우, 누 구나 세계의 중심이 될 수 있다는 상대주의적 인식에 도달할 수도 있게 된다 (구만옥, 「朝鮮後期 '地球'說 受用의 思想史的 의의」, 『河炫綱敎授定年紀念 論叢』, 혜안, 2000, 718·743쪽).

42) 『湛軒書』內集 卷4, 「林下經綸」(총간 248권), 86쪽, "我國素重名分 兩班之屬 雖顚連窮餓 拱手安坐 不執未耜 惑有務實勸業 躬甘卑賤者 群議衆笑……".

43) 박지원의 사물인식태도를 專論한 글로는 다음의 논문 참조. 崔信浩, 「燕巖의 文學論에서 본 事物認識과 創作意識」, 『韓國漢文學硏究』 8, 1985 ; 李東歡, 「燕巖의 思惟樣式」, 『韓國漢文學硏究』 11, 1988 ; 林熒澤, 「朴燕巖의 認識論 과 美意識」, 『韓國漢文學硏究』 11, 1988 ; 崔信浩, 「燕巖의 文學論에서 본 事物의 認識問題」, 『東洋學』 18, 1988 ; 洪承和, 「燕巖 認識論 形成過程의 意味」, 『伏賢漢文學』 6, 1990.

44) 『燕巖集』卷2, 「書」 '答任亭五倫原書'(총간 252권) 38쪽, "……卽物而視我 則我亦物一之也".

45) 『燕巖集』卷12, 「熱河日記」 '馹迅隨筆'(총간 252권), 179쪽.

었다. 그는 치용을 달성하기 위해서라면 청나라의 문물에도 관심을 가져야 한다고 주장하였다. "천하를 위하여 일하는 사람은 진실로 백성에게 이롭고 나라에 유익하다면 그 법이 오랑캐에게서 나온 것이라 할지라도 이를 거두어 본받을 것이다"[46]라고 하였다. 그의 북학론은 치용의 관점에서 상대적 인식을 통해 새롭게 부각된 개별 국가에 대한 이해를 전제로 하여 제시될 수 있었다. 즉 경제적 안정은 여진족을 이적시하는 전통적 관념과 명나라에 대한 명분론을 버리고 청나라로부터 제반 선진 생산기술을 도입할 때 가능했던 것이다.[47]

2) 의리명분론의 탈피와 時勢 중시의 사고

치용은 화이관의 변화를 초래한 주요한 요인이었으며, 화이를 구분하는 절대적 기준이었던 尊華攘夷的 명분론을 극복하는 계기를 제공하였다. 화이관은 禮로 대변되는 도덕적 가치포폄을 기준으로 국제관계를 중화와 四夷로 구분하면서 형성된 중국중심의 대외인식이었다. 주자는 이를 더욱 보강하여 화이 구분의 절대적 기준으로 의리명분론을 확정하였다. 그는 형이상학의 논리적 근거인 太極을 매개로 천지자연과 인간을 하나로 연결시켰으며, 인사 운영의 절대준칙으로 綱常倫理를 천리로 확정지었다. 階梯的 신분질서 속에서 인간에게 품수된 천리를 지켜 나아가기 위해서는 각자의 분수에 맞는 윤리와 도덕을 현실에서 체현하는 일이 무엇보다 중요했기 때문이었다. 그리고 이러한 인사운영의 원칙을 사회교화의 차원에서 뿐만 아니라 經世운영 과정에도 적용시켜 나아갔다. 더욱이 주자 당대 오랑캐인 金나라의 침략과 이에 따른 국가적 위기 상황은 국제관계를 의리명분의 차원에서 인식

---

46) 위의 책, '馹迅隨筆', 177쪽, "若固有之 爲天下者 苟利於民而厚於國 雖其法之或出於夷狄 固將取而則之……".
47) 元裕漢, 「燕巖 朴趾源의 社會經濟思想에 대한 考察」, 『弘益論叢』 10, 1979, 162쪽.

케 하는 결정적인 계기를 제공하였다. 그 결과 南宋이외의 다른 국가들은 품수받은 氣質의 차이로 인한 윤리·도덕의 결여로 禽獸로 간주되었다.[48] 이처럼 의리명분론은 주자에 의해 日用之事로부터 대외관계에 이르기까지 적용되는 절대불변의 준칙으로 확정되었다.

주자의 화이관을 그대로 계승하여 조선사회에 적용했던 인물이 송시열이었다. 당시 조선의 현실은 남송과 흡사한 측면이 있었다. 송시열은 청나라의 두 차례 침략으로 초래된 조선사회의 위기상황을 극복하기 위해서 再造藩邦論·崇明反淸 의식을 고양시키는 한편, 이를 실현하기 위해서 북벌론=복수설치론을 제기하였다.[49] 송시열의 內修外攘論은 기본적으로 주자의 화이관에 입각한 것으로, 명나라의 조선출병을 君父가 臣子에게 베푸는 시혜로 간주하고, 명왕조=군부, 조선왕조=신자라는 明·朝一體意識으로 확장된 논리였다. 즉 국제관계의 혼란은 인류와 금수, 중화와 이적의 본말전도로부터 야기되었던 것이다. 따라서 이를 타개하기 위해서는 대내외적으로 강한 의리명분에 입각하여 상하·존비·귀천에 의한 차등적 인간·사회 관계를 재확립해야만 했다.[50] 송시열은 청나라를 극복의 대상으로 상정하고, 조선을 華로하고, 他를 夷로 설정하는 조선 중심주의인 소중화의식을 정착시켜 자존의식을 강화시켰으며, 그 구체적인 노력으로 북벌론을 제시하였다.[51] 조선은 천리를 밝혀 民彝를 바로 잡는 과업, 즉 복수설치의 북벌론을 완수하는 주체였다.[52]

반면 許穆(1591~1682)은 이 같은 의리명분의 화이관에 입각한 북벌논리에 반대하였다. 그는 송시열·宋俊吉(1606~1672) 등 서인이 주장

---

48)『朱子語類』卷4,「性理 一」‘人物之性氣質之性’(京都 : 中文出版社 영인본, 1979), 11항목 169쪽, “……到得夷狄便在人與禽獸之間 所以終難改".

49)『宋子大全』I 卷5,「封事」‘己丑封事’(총간 108권) 188·199~203쪽 ;『宋子大全』Ⅷ 卷213,「傳」‘三學士傳’(총간 115권), 153쪽.

50) 金駿錫,『朝鮮後期 政治思想史 研究』, 지식산업사, 2003, 228~245쪽.

51) 孫承喆, 앞의 책, 1994, 20쪽.

52) 정옥자, 앞의 책, 1998, 87·102쪽.

한 伐湖策이 空論임을 지적하고 민생 안정을 위해서는 禍亂을 자초하
는 경술함을 삼가해야 한다고 경계하였다.53) 사실 호란은 청나라의 조
선에 대한 영토 야심 때문이었다기 보다는 오히려 대륙의 명청 교체과
정에서 조선 정부가 일방적으로 친명반청, 즉 對淸斥和의 기치를 드높
인 데로부터 기인하였다. 이러한 사실을 주지했을 허목은 북벌론이야
말로 장차 사람을 죽이고 나라를 망칠 계책이라고 여겼다.54) 허목이
당시 國論·國是化 되다시피 한 親明排金 복수설치의 논리에 따르지
않았던 것은 명나라든 청나라든 어느 일방에 대한 지지 호응이나, 반
대로 다른 일방에의 경원·배격이 조선의 입장에서 볼 때 결코 현실적
이지 않다는 인식 때문이었다.55) 이러한 관점에서 허목은 명과 청나라
에 대해 은인과 원수라는 극단의 모순관계, 兩分論理를 강요하지 않았
다. 보다 중요한 것은 崇明報恩이나 복수설치와 같은 명분에 우선하여
彼我間 실상 파악에 입각한 현실적 대안 모색이었다. 이때 진정한 의
미의 내수로 민생의 보전이 우선 과제로 부각되었다.56) 허목의 반북벌
론에서 주목되는 논리는 의리명분의 관점에서 벗어나 각각의 事勢에
알맞은 조리를 찾아내기 위해 현실상황을 객관적으로 인식하려는 태
도이다.57) 이러한 시국관은 허목을 사숙한 것으로 평가받았던 이익에

---

53) 鄭玉子, 『朝鮮後期 知性史』, 一志社, 1991, 110쪽.
54) 『記言』I 卷51, 「論事 二」'論政弊箚'(총간 98권), 346쪽, "……如此之國勢
　　妄意天下之功　不顧國家之大患　將殺人亡國而有不戒者　臣未知大計必如此
　　也".
55) 非綱目體 史學者로서 허목은 중화의 개념이 정통주자학자와 다른 유학이라
　　는 점에서 실학자의 문화적 화이론의 선구를 이룬다고 평가되어지고 있다(趙
　　誠乙, 앞의 글, 1997, 19쪽 참조).
56) 金駿錫, 앞의 책, 2003, 56~65쪽 ; 金駿錫, 「許穆의 反北伐論과 農民保護對
　　策」, 『島巖 柳豊淵博士 華甲紀念論文集』, 1991, 719~720쪽.
57) 시세를 고려한 북벌론 비판은 종국에는 국체를 보존하는 데 그 최종 목표가
　　있었던 것이다. 이 점은 그가 편찬한 『東事』의 의미를 고려할 때 더욱 분명
　　한 것이다. 그는 '方外의 別國'이라는 표현을 통해 조선의 개별성을 강조하였
　　다. 그는 기후와 말, 풍속, 취미 등에서 나타나는 조선의 특징을 구명함으로써

게서 잘 나타나고 있다.

　이익은 북벌의 비현실성을 지적하면서 강약을 헤아리지 않고 함부로 거센 적과 부딪쳐 백성들을 도탄에 빠뜨리고, 국가를 멸망에 이르게 해서는 안 된다는 견해를 밝혔다.[58] 또한 '以小事大'는 나라를 도모하는 자로서 마땅히 거울로 삼아야 할 것임을 강조하였다.[59] 그가 국가보전의 차원에서 사대를 주장했음을 다음의 사실을 통해 확인할 수 있다.[60] 그는 당시의 주자학자들이 계속 崇禎年號를 쓰는 것을 비판하였다.[61] 숭정연호는 尊明事大의 의미를 지닌 상징적 표현으로서 전통적인 화이관에 입각해 볼 때 논란의 대상일 수 없었다. 그러나 이익은 의리명분론에 입각한 맹목적인 연호 사용을 거부하였다. 중화의 주인으로 청나라가 대세를 확정지어 가는 형세를 받아들이자는 인식이 반영된 주장이었다. 이 같은 시국관에 기초하여 尊明排淸의 풍조가 국익에 도움되지 않음을 분명히 하였다. 오히려 약육강식이 지배하는 국제사회에서 생존을 보장하는 방책으로서의 사대의 불가피성을 역설하였다.[62] 이때 주목되는 점은 時勢를 중시하는 이익의 태도이다.

　이익은 인사의 성패를 이루는 관건이 形勢를 잘 만나는 데에 있음을 강조하였다.[63] 이때 형세를 만난다는 것은 그것에 따라 무의지적으로 대응하는 것이 아니라 현실 변화에 인간이 능동적으로 대처하는 것이었다. 그는 시세 중시의 사고에 입각하여 고금의 성패를 '積德累仁'과 같은 도덕적 기준으로 판단할 것이 아니라, 과거나 현재에 있어서

　　중국 중심의 세계관에서 벗어날 것을 주장하였다(韓永愚, 『朝鮮後期史學史研究』, 一志社, 1989, 110~114쪽).
58)『星湖僿說』(上) 卷12, 「人事門」 '萬曆恩', 428쪽.
59)『星湖僿說』(下) 卷18, 「經史門」 '麗朝仁宗', 18쪽.
60)『星湖僿說』(上) 卷8, 「人事門」 '恇怯徼幸', 257쪽.
61)『星湖全集』I 卷28, 「書」 '答李汝久'(총간 198권), 562쪽.
62)『星湖僿說』(上) 卷9, 「人事門」 '華夷之辨', 322쪽, "隣國之道 小弱不可敵大强" ;『星湖僿說』(上) 卷13, 「人事門」, '和戰', 465쪽.
63)『星湖僿說』(下) 卷20, 「經史門」 '讀史料成敗', 96쪽.

인간이 얼마나 시세의 변화에 맞춰 능동적으로 대처하여 천리를 회복해 나갔느냐에 초점을 맞춰야 한다고 주장하였다.[64] 그런데 문제는 시세변화에 알맞은 적절한 행동을 취하는 방법, 즉 權을 마련하는 일이었다. 經常만을 믿고 형세변화를 고려하지도 않은 채 행한다면 '刻舟失劍'의 잘못을 저질러 결국 坑塹에 떨어지는 파국을 초래하게 될 것이 분명하였다.[65] 그렇다면 형세의 변화 속에서 경상에 얽매이지 않고 인사의 성패를 이룰 수 있는 방법은 무엇일까. 이익은 '時中'에서 해결책을 찾았다. 현실적으로 인사가 "有中而不正 正而不中者"로 전개되는 상황에서 '中正'을 '中必正'으로 규정하는 것은 무리였다.[66] 다시 말해서 현실의 인사는 형세에 따라 항상 유동적인데, 그런 변화무쌍한 현실 속에서 中 내지는 경상만으로 문제를 해결해 나가는 것은 불가능했다. 그는 일단 두 끝을 잡아 그 중을 쓰면 된다고 보았다. 이때 중은 '子莫의 執中'처럼 전혀 융통성 없이 중간의 방법만을 고수하는 것이 아니었다. 그는 '旣中且正' 할 수 있는 시중을 얻어야 한다고 보았다.[67] 이익이 상정한 시중이란 경상만을 고집하는 경우도 아니며, 더욱이 이도 저도 아닌 중간만을 주장하는 '자막의 집중' 또한 아니었다. 그것은 때에 따라 厚할 때는 후하고 薄할 때는 박하는 것으로써 정도를 헤아려 時宜의 마땅함에 나아가는 것이었다. 危亂할 때 磨頂放踵하는 墨子의 후함을 사용하는 것이, 遯世避遯할 경우에는 털끝 하나라도 뽑지 않는 楊朱의 박한 이치를 행하는 것이 집중이라고 했다.[68]

　이러한 시중관에 따르면 전국시대 자기생명 보존에만 급급하였던 莊子의 처세방식도 문제가 될 수 없었다. 이익은 '미복차림으로 송나라를 지났다'라고 하는 공자의 일화를 들어 군자도 난세를 피하기 위

---

64) 『星湖僿說』(下) 卷27, 「經史門」 '陳迹論成敗', 417쪽.
65) 『星湖僿說』(上) 卷13, 「人事門」 '規有摩', 469쪽.
66) 『星湖僿說』(下) 卷26, 「經史門」 '臨容執敬別', 346쪽.
67) 위의 책, 「經史門」 '臨容執敬別', 346쪽.
68) 『星湖全書』 卷4, 「中庸疾書」, 625쪽.

해 형세에 따른 사실에 주목하였다. 즉 혼란 시에도 한결같이 곧은 마음만 가지고 조금도 회피하지 않다가 쉽게 환난과 해로움에 걸린다면 이는 '中道'가 아니었다. 거듭 그는 형세의 顯晦와 시의를 참작하여 권도를 행할 것을 주장하였다.[69] 권도에 입각해 볼 때 다 같은 사람일지라도 개인이 처한 상황에 따라서 각각 적용될 道는 다를 수밖에 없었다. 비유하자면 禹와 稷이 하는 일은 顔回에게는 도가 아니며, 안회의 일은 우와 직에게 도가 아닌 것과 같았다. 또한 나의 부모나 나의 자식은 타인에게는 남의 부모요, 남의 자식에 불과할 뿐이기에 慈·孝 역시 사람마다 상황에 따라서 각기 다를 수밖에 없다는 사실을 강조하였다.[70] 인간에게 일괄적으로 관철되어야 할 윤리규범 조차도 시세를 중시하는 사고에서 볼 때 각자 처한 상황에 따라 달리 상정되어야 한다는 상대적 인식이 엿보이는 대목이다. 이때 적용된 도덕규범은 천리의 절대성과 초월성, 고정불변성을 강조하기보다는 시세에 맞는 '상황윤리'로서의 의미가 부각되었다.[71]

시세를 중시하는 사고를 대외문제에 적용해 볼 때 우선 고려해야 할 사안은 상대국의 국력이었다. 이익은 국제관계는 전통적인 화이질서나 의리관념에 매달리는 것이 아니라 냉엄한 힘의 강약을 기초로 하여 강국과 약국의 평화적 공존을 추구하는 것으로 이해했다. 따라서 강자와 약자 사이의 사대관계는 불가피한 공존 방식으로 받아들였다. 이 점에 비춰 볼 때 遼·金·元을 이적으로 간주하여 和好를 거부하고, 宋·明은 중화이기 때문에 사대해야 한다는 생각은 잘못된 것이었다.[72] 이

---

69) 『星湖僿說』(下) 卷22, 「經史門」 '莊周', 186쪽.
70) 『星湖全書』 4, 「中庸疾書」, 619쪽.
71) 이처럼 事勢를 중시하며 권도에 통할 것을 주장하는 논자들은 당파별로 본다면 西人보다는 東人에게, 그 중에서도 북인계 보다 많이 포진해 있었다(金貞信, 「16世紀末 性理學 理解와 現實認識」, 『朝鮮時代史學報』 13, 2000, 20쪽 각주 66). 이익 家系가 小北系라는 점에서 北人系 南人의 학문전통의 영향을 감안해야 할 것이다(李成茂, 「星湖 李瀷의 家系와 學統」, 『韓國實學研究』 2, 2000 참조).

174

보다는 상대국의 국력을 고려한 사대가 필요하였다. 그렇다고 해서 사대가 이익이 상정한 진정한 외교적 목표는 아니었다. 그는 사대의 문제점을 다음과 같이 지적하였다. 조선이 약국으로 전락한 이유로 지역이 편벽되고 백성이 가난한 것에 기인할 뿐만 아니라 文敎가 성행하면서 武備를 허술하게 한 데서 비롯되었다. 문교는 守成을 선호하여 征討를 꺼리는 경향을 조장하였으며, 이는 사대를 중시하는 국가정책으로 나타나게 되었다. 그는 이러한 국정운영 방식이 3천여 년 이상 지속되면서 국력이 위축되었다고 보았다.[73] 결국 그에게 있어서 시세를 고려한 사대관계의 유지는 최종적으로 조선의 국력신장을 통해서 富國을 달성하기 위해 불가피하게 취해야 할 외교방법이었다. 이 점은 대청관계의 개선을 통해서 얻고자 했던 현실목표에 잘 반영되어 있다. 이익이 제창한 淸朝肯定論은 청나라가 달성한 선진 문물제도에 대한 공감에서 비롯되었다.[74] 당대 청나라 문화가 번영을 이룰 수 있었던 이유는 변화하는 풍속과 시세에 맞추었기 때문이며, 그 결과 生財·器用·制度·國力 면에서 명나라와 견주어 손색이 없게 되었다. 청나라를 인정하는 태도는 국력 증진이라는 치용의 목표를 달성하려는 의지와 맞물려 자연스럽게 문물제도 수용의 계기로 작용하였다.

동일한 논리가 홍대용에게서도 나타나고 있다. 그는 지극한 다스림이 끝날 무렵 衰亂이 이르는 것은 시세 때문이라고 보았다. 이는 성인의 힘으로도 어쩔 수 없기 때문에 권도이자 制治의 방법으로 시대를 따르고 풍속에 순응해야 했다. 만약 옛 방도만을 고집하다가는 재앙을 초래하게 될 것이라는 경고도 잊지 않았다.[75] 그가 현실에서 강조한

---

72) 『星湖僿說』(下) 卷22, 「經史門」 '高麗事大', 170쪽 ; 『星湖僿說』(下) 卷25, 「經史門」 '會戎', 329쪽 ; 韓永愚, 앞의 책, 1989, 201~202쪽.
73) 『星湖僿說』(下) 卷26, 「經史門」 '東國內地', 338쪽.
74) 孫承喆, 앞의 글, 1982, 412~413쪽.
75) 『湛軒書』內集 卷4, 「補遺」 '毉山問答'(총간 248권), 99쪽, "因時順俗 聖人之權 制治之術也 夫太和純厖 聖人非不願也 時移俗成 禁防不行 逆而遏之 其亂滋甚 則聖人之力 實有不逮也 故曰 居今之世 欲反故之道 災及其身".

논리는 '因時順俗'이었다. 시대를 따르고 풍속에 순응함으로써 세상을 다스려야 한다는 논리였다. 홍대용은 오늘의 세상에 살면서 나라를 잘 다스리려고 도모하는 자는 반드시 '變通之制' 또는 '通變之術'이 있어야 한다고 했다.[76] 시세를 강조하는 사고 속에서 상하귀천, 내외라는 의리명분적 기준은 더 이상 유효하지 않았다. 그는 화와 이의 수직관계를 수평관계로 전환, 夷에 대한 사상적 폐쇄성을 타파하여야 한다고 주장하였다.[77] 청나라의 번성을 '天時之必然'으로 인정하는 사고 속에서[78] 청나라 문물의 수용은 필연적이었다.

의리명분이 더 이상 대외인식을 결정하는 기준이 아님은 박지원의 견해를 통해 재확인할 수 있다. 그는 직접적으로 대명의리론을 주장했던 송시열을 비난하였다. 명나라의 천자를 자신의 군주로 삼고 명의 원수를 자신의 원수로 보는 尊明事大的 북벌론은[79] 무의미하였다. 尊攘을 空談[80]으로 평가하는 그의 인식 속에는 강상론에 입각한 화이의식은 점차 희석되어 갔으며, 북벌론은 대내적으로 사상 탄압의 유리한 수단이었으며, 대외적으로 세계인식을 저해·왜곡하고 국제 활동 및 교역을 차단하는 역기능을 초래하고 있었다.[81] 오히려 청나라는 국가의 財富 확장을 위해서 본받을 만한 대상이었다. 만약 그 법이 좋고 제도가 훌륭하다면 오랑캐라도 받들어서 스승으로 모셔야 한다고 했다.[82] 박지원이 판단한 청나라의 문물수용 이유는 이익과 홍대용에게

---

76) 具萬玉,「湛軒 洪大容의 宇宙論과 人間·社會觀」, 1995, 79~81쪽.

77) 한국철학사연구회 지음,『한국실학사상사』, 다운샘, 2000, 191~193쪽.

78)『湛軒書』內集 卷4,「補遺」'毉山問答'(총간 248권), 99쪽, "胡運之日長 乃人事之感召 天時之必然也".

79)『燕巖集』卷3,「記」'貂裘記'(총간 252권), 63쪽, "先王有臣 時烈英甫 忠于天子 如忠其主 先王有仇 維彼建州 豈獨我私 大邦之讎".

80)『燕巖集』卷14,「熱河日記」'口外異聞 - 羅約國書'(총간 252권), 297쪽.

81) 林熒澤,「燕巖의 主體意識과 世界認識」,『第3回 東洋學國際學術會議論文集』, 1986, 90쪽.

82)『燕巖集』卷6,「序」'北學議序'(총간 252권), 109쪽.

서와 마찬가지로 치용이었다.[83] 그는 청나라의 문물 중에서도 특히 농경·양잠·질그릇 굽기·야철로부터 공업의 환함과 상업의 슬기로움을 배워야 한다고 했다. 또한 殷과 周의 冔·冕이 당시의 時制였듯 청나라의 紅帽도 하나의 시제로서 동일한 가치를 지닌다고 보았다.[84] 이러한 생각에 朴齊家(1750~1805) 역시 공감하였고, 그에 의해서 보다 적극적으로 청나라를 배워야 한다는 북학론이 제기되었다.[85]

이처럼 현실적으로 청나라 중심의 국제질서를 인정하는 과정에서 기왕에 고수되었던 의리명분론에 기반한 존명사상은 비판되었으며, 나아가 청나라의 문물제도를 재평가하는 데 결정적인 영향을 끼쳤다. 기존의 관념적 의리명분론에 입각한 화이관에서 볼 때 이적에 불과했던 청나라의 生財와 器用이 실학자들에게는 부국안민을 위해 필요한, 그래서 적극 수용되어야 할 대상으로 상정될 수 있었다.

3. 세계 이해의 확장과 '東事' 인식의 강화

1) 다원적 세계관과 객관적 '東國' 인식

시세를 중시하는 사고 속에서 중국 중심의 상하수직적 화이관은 상호평등의 다원주의적 대외인식으로 대체되어 갔다.[86] 상대주의적 관점에서 사물을 인식할 때 의리명분을 기준한 중국중심의 세계관은 점차

---

83) 박지원과 李德懋(1741~1793)는 현실에 있어서의 實質的인 정치적 사회적 功利性의 추구를 전면에 내 놓음으로써 정통주자학파가 이적시하고 있던 對淸朝觀을 변혁시켜 갔다(朴忠錫, 『韓國政治思想史』, 三英社, 1982, 176~177쪽).

84) 『燕巖集』 卷12, 「熱河日記」 '馹迅隨筆'(총간 252권), 176~181쪽.

85) 『楚亭集』 「北學議」 外篇 '尊周論'(國史編纂委員會, 1961), 437쪽 ; 『楚亭集』 卷3, 「丙午所懷」, 334쪽, "當今國之大弊日貧 何以抹貧 日通中國而已矣".

86) 金駿錫, 「朝鮮後期 進步的 歷史觀의 성립」, 『韓國 中世 儒教政治思想史論 Ⅱ』, 지식산업사, 2005 참조.

사라지고, 과거 尊華卑夷의 시각에서 이적시되었던 주변국가들의 개별성을 인정하는 경향이 나타나고 있었다. 이 같은 맥락에서 세계이해가 확장되어 가는 구체적 양상을 이익에게서 확인할 수 있다.

그는 동아시아 여러 나라의 역사에 관심을 보이면서 자국의 일반 史書들이 주변 국가들을 外夷로 간주하여 소홀히 다룬 사실을 애석하게 여겼다. 또한 역사기술에 있어서 漢族에만 치우친 점을 비판하면서 기왕에 이적으로 규정하였던 국가들에 대한 관심을 고취시키고자 했다. 遼・金・元나라를 사례로 들면서 이들 나라가 禮樂을 갖추지 않은 적이 없었다는 사실을 강조하였다. 다원적 세계관을 견지하면서 고조된 동양 여러 나라에 대한 관심은 서양 국가의 政體를 인정하는 방향으로까지 확대되었다. 그는 서양에도 각기 皇帝와 王이 있으며 그 지배를 받고 있다고 이해하였다.[87] 해당 국가를 주권국가로 인정함으로써 역사적 맥락에서 객관적으로 검토할 수 있는 토대를 마련해 놓고 있었다. 이는 계층적 상하관계 속에서 국제관계를 이해하려는 인식이 점차 해소되어 가고 있음을 의미한다. 홍대용 역시 동일한 관점에서 개별국가의 正體性을 상대적인 관점에서 인정해야 한다고 보았다.[88] 이러한 관점에 따라 주변국가, 그 중에서도 일본을 체계적으로 정리한 학자로 李德懋(1741~1793)를 들 수 있다. 선초 이래 일본은 사대교린 관계 속에서 문화적 시혜를 받는 나라로 인식되었다. 따라서 조선후기 일본에 대한 이해방식의 변화는 곧 실학자들의 다원적 세계관의 일면을 살펴볼 수 있는 주제로 손색이 없다. 더욱이 일본이 임진왜란 당시 교전상대였다는 점에서 일본관의 변화는 실학자들의 대외인식 특징과 구체적인 양상을 가늠해 볼 수 있는 사례였다. 이덕무는 종합적인 日本國志로 평가받는 『蜻蛉國志』를 작성하였다. 여기서 일본의 독특한 정

---

87) 『星湖全集』II 卷55, 「題跋」 '跋天問略'(총간 199권), 518쪽.
88) 『湛軒書』內集 卷4, 「補遺」 '毉山問答'(총간 248권), 99쪽, "自天視之 豈有內外之分哉 是以各親其人 各尊其君 各守其國 各安其俗 華夷一也".

178

치제도인 천황제와 관료제도, 일본의 귀족과 관백에 대해 주목하면서
천황과 관백의 이원적 권력구조를 여러 군데에서 상세히 언급하였
다.89)

　이처럼 상대주의 관점에서 제고된 다원적 세계관에 기초할 때 중국
중심의 화이관은 자연스럽게 해소되면서, 모든 국가는 각기 그 나름의
역사적·문화적 정체성을 지니는 것으로 인식되어질 수 있었다. 다원
적 세계관을 토대로 東夷 제국을 객관적으로 파악하려는 학문 노력을
기울이게 된 데에는 앞서 살펴본 바와 같이 시세를 고려한 사고가 크
게 작용하였다. 일찍이 일본에 대한 관심을 제고시켰던 이익은90) 명분
론적 사고방식에서 탈피하여 시세에 따라 대일정책을 세워 나가야 한
다고 했다.91) 그가 일본과의 교린관계를 통해 달성하고자 했던 목표는
宗社를 보존하고 백성들을 편하게 하는 것이었다.92) 이를 위해 이익은
동북아시아 국제질서의 변화를 초래할 수 있었던 일본의 객관적 조건
들에 대해 관심을 가졌다. 보다 구체적으로는 전쟁을 일으킬 수 있었
던 일본의 신장된 국력이었다.93) 그 중에서도 풍부한 물산과 조선에
비해 뛰어났던 기술에 주목하였다.94) 일본과의 비교를 통해95) 조선의

---

89) 河宇鳳, 앞의 책, 1989, 163~166쪽 참조.
90) 이익은 남인의 학문전통 속에서 일본에 주목하면서 주권국가로서 정당한 대
　　우를 해야 한다는 점을 강조하였다. 즉 이익은 허목이 일본을 『東事』에서 列
　　傳으로 취급한데 대해 일본은 우리나라와 交隣抗禮國이므로 당연히 日本世
　　家로 해야 한다고 했다. 이러한 관점에서 그가 『星湖僿說』을 통해 소개한 일
　　본관련 항목은 90여 개에 달하고 있다(河宇鳳, 위의 책, 1989, 48·57·63쪽).
91) 河宇鳳, 앞의 책, 1989, 88쪽.
92) 『星湖僿說』(上) 卷12, 「人事門」 ‘萬曆恩’, 428쪽.
93) 『星湖僿說』(上) 卷8, 「人事門」 ‘生財’, 272쪽 ; 『星湖僿說』(上) 卷9, 「人事門」
　　‘倭僧玄方’, 295쪽 ; 『星湖僿說』(上) 卷11, 「人事門」 ‘倭知守成’, 386쪽 ; 『星
　　湖僿說』(上) 卷17, 「人事門」 ‘騎兵’, 605쪽 ; 『星湖僿說』(下) 卷18, 「經史門」
　　‘日本史’, 6~8쪽.
94) 『星湖僿說』(上) 卷5, 「萬物門」 ‘火砲’, 147쪽 ; 『星湖僿說』(上) 卷5, 「萬物門」
　　‘火具’, 165쪽 ; 『星湖僿說』(上) 卷6, 「萬物門」 ‘倭刀’, 194쪽 ; 『星湖僿說』(上)
　　卷6, 「萬物門」 ‘火箭’, 210쪽 ; 『星湖僿說』(上) 卷17, 「人事門」 ‘騎兵’, 605쪽.

國體를 객관적으로 파악할 수 있었다. 이 점은 임진왜란 당시 일본에게 敗退할 수밖에 없었던 원인들을 분석하는 다양한 글들에서 잘 나타나 있다.96) 이처럼 다원적 세계관에 입각하여 개별국가의 정체를 구체적으로 살피는 노력은 시세의 변화 속에서 국체를 보존하려는 의지의 표현이었다.

이와 같은 점은 安鼎福(1712~1791)에게서도 발견된다. 그는 『東史綱目』 작성시 『日本書紀』를 참조할 정도로 일본사에 지대한 관심을 갖고 있었으며, 본격적인 일본사 저술로 『東史外傳』(1757)을 남기기도 하였다.97) 일본사를 검토하면서 주목했던 부분은 일본의 지리 조건과 이에 대한 군사적·경제적 관점이었다.98) 스승과 마찬가지로 일본의 국력신장에 맞서 국체를 보존하기 위한 방안을 마련하기 위해 주목하였던 것이다. 그는 일본의 침략을 의식하여 海防과 邊方 경계문제를 거론하면서, 삼면이 바다로 둘러싸인 한반도 지형을 고려할 때 해안 방어가 중요하다고 보았다. 그리고 선비로서 변경을 방어하고 바다를 방비하는 대책을 세우는 것은 당연한 일로 간주하였다.99) 일본의 위협

---

95) 『星湖僿說』(上) 卷5, 「萬物門」 '兵器', 155쪽 ; 『星湖僿說』(上) 卷10, 「人事門」 '備預外敵', 360쪽 ; 『星湖僿說』(上) 卷14, 「人事門」 '倭寇始末', 497~499쪽.

96) 『星湖僿說』(上) 卷7, 「人事門」 '武備危急', 231쪽 ; 『星湖僿說』(上) 卷8, 「人事門」 '黨習召亂', 263쪽 ; 『星湖僿說』(上) 卷10, 「人事門」 '備預外敵', 360쪽 ; 『星湖僿說』(下) 卷20, 「經史門」 '倭患', 120쪽 ; 『星湖僿說』(下) 卷23, 「經史門」 '秀吉犯上國', 235쪽.

97) 河宇鳳, 앞의 책, 1989, 103쪽.

98) 『順菴集』Ⅱ 卷19, 「說」 '倭國地勢說'(총간 230권) 200~201쪽. 기타 안정복의 일본관련 기록은 河宇鳳, 앞의 책, 1989, 104~106쪽 참조.

99) 『順菴集』Ⅱ 卷19, 「說」 '東國地界說'(총간 230권), 199~200쪽, "我東惟三面環海 西北阻險 其實四面受敵之國也……觀於此則海防邊禦之策 籌國之士 當加之意爾". 이와 관련하여 李家煥(1742~1802)에게 보낸 편지에서 섬이 많은 지형을 고려할 때 해방을 철저히 하기 위해서는 무엇보다 정확한 海圖가 필요하다는 의견을 제시하기도 했다(姜世求, 『東史綱目研究』, 民族文化社, 1994, 293쪽).

은 영토문제에서 뿐만 아니라 경제분야에서도 나타나고 있었다. 안정복은 당시 일본이 중국과 서양을 포괄하는 해외 여러 나라들과 활발한 교역을 전개하고 있던 사실을 지적하면서 이로 인해 조선의 대중국무역량이 감소되는 현상을 우려하였다.[100] 해외 통상이라고 하는 경제적 측면에서도 일본은 조선에게 부담스러운 경쟁자였다.

그런데 동일한 지적이 박제가의 견해에서도 확인된다. 그는 技藝와 기술을 존중하는 일본의 제도와 풍속을 조선의 실정과 비교하면서 상세히 기술하였다. 특히 당시 일본의 해외통상에 대해 깊은 관심을 보였다.[101] 이와 관련하여 주목했던 지역이 長岐島였으며, 이곳에서 청나라와 네덜란드의 상인들이 왕래하면서 30여 국과 중계무역이 이루어졌다. 그리고 안정복과 마찬가지로 과거 왜와 중국 간의 중계무역을 통해서 적지 않은 이익을 얻었던 조선이 왜의 직접무역으로 인해 손해를 입게 된 상황을 소개하였다.[102] 이처럼 안정복과 박제가가 일본과의 비교를 통해 조선의 대외무역 활동으로 위축되었던 사실에 주목했던 것은 경제분야에서 나타나고 있었던 시세 변화양상을 파악하기 위해서였다. 이 점은 정약용의 견해에서 재확인할 수 있다. 그는 일본이 중국과의 直交를 통해 경제적인 이득 외에 실용의 부유함을 증대시킨 사실에 주목하였다.[103] 그 결과 일본은 중국과 대등하게 되어 백성은 부유하고 군사는 강성하여 이웃나라가 침범하지 못하는 강국이 되었다[104]하여 일본의 부국강병책에 대한 남다른 감회를 표시하였다.

이로써 보건대 통상문제를 둘러싼 실학자들의 조일간 비교는 시세 파악을 위한 자료의 확보라는 측면에서 뿐만 아니라 국부를 증대시킬

---

100) 『順菴集』Ⅰ 卷10, 「東史問答」 '上星湖先生書 己卯'(총간 229권), 553쪽, "倭人自古以通商爲業 故海外諸國 至于西洋 莫不往來 至今日益盛 財寶充牣 商舶輻湊 又與中國通貨 江南西蜀物貨南注 故中産之來我者絶少矣".
101) 河宇鳳, 앞의 책, 1989, 127·148쪽.
102) 『楚亭集』「北學議」外篇 '通江南浙江商舶議', 432~433쪽.
103) 『與猶堂全書』1, 「詩文集」 卷11, '日本論 二', 241~242쪽.
104) 『與猶堂全書』1, 「詩文集」 卷11, '技藝論 三', 227쪽.

방안을 모색하려는 의도가 내포되어 있다. 실제로 북학파에서는 이러한 학문노력을 토대로 하여 구체적인 방안을 제시하였다. 박제가는 국제적 경쟁 관계에서 나타나는 조선의 열세를 만회하기 위해서 선진 문물의 수용을 적극 주장하였다. 특히 기술분야의 열세를 만회하기 위해서 과학기술에 정통한 서양선교사의 초빙과 기술 도입을 제안하였다.105) 다원적인 세계관에 입각하여 동양 여러 나라의 국체를 살피고 이를 통해 조선사회를 객관적으로 인식했던 실학자들에게 서양문물은 자국의 경쟁력을 제고시키기 위해서 반드시 수용해야 할 대상이었다.

서양에 대한 조선 양반 지식인들의 관심은 17세기 燕行과정에서 입수된 서양서를 통해 점차 확산되었다. 선구자적 역할을 수행했던 李睟光(1563~1628)은 『芝峯類說』을 통해 서양 여러 나라를 소개하였다.106) 이렇게 해서 제고된 서양 각국에 대한 이해는 이익의 단계에 이르면 주권국가로 인정하는 방향으로 진행되었다.107) 일본의 사례와 마찬가지로 다원적 세계관에 입각할 때 서양 제국 역시 개별 정체를 보유한 엄연한 독립국으로 인식되었다. 그런데 서양문물을 본격적으로 탐구하기 위해서는 한 가지 해결해야 할 과제가 있었다. 그것은 西學에 포함되었던 天主敎 문제였다. 현실적으로 천주교는 이단의 학문으로서 이를 연구하는 것 자체로 사문난적으로 단죄될 수 있는 위험성이 내포되어 있었다. 따라서 이단의 혐의를 피하면서 서학을 수용할 원칙이 필요하였다. 그 중 하나로 '小道'의 논리가 있다. 이익은 공자의 '猶在小道可觀之內也'를 이단을 평가하는 원칙으로 제시하였다.108) 이단에 대해서 일방적으로 배척하기보다는 비판적 검토를 통해 그 장단점을 헤아려 선택적으로 활용할 것을 주장하였다.109) 그는 명확한 기준

---

105) 金龍德, 「貞蕤 朴齊家 硏究」, 『史學硏究』 10, 1961 참조.
106) 李萬烈, 「芝峯 李光 硏究 - 그의 行蹟과 海外認識을 中心으로 - 」, 『淑大史論』 6, 1971 참조.
107) 앞의 책, '跋天問略'(총간 199권), 518쪽.
108) 『星湖僿說』(上) 卷14, 「人事門」 '異端', 493쪽.

182

도 없이 무조건 배격하는 것은 올바른 태도가 아니라고 보았다.[110] 이
때 소도의 내용은 다름 아닌 치용이었다. 그는 紅夷砲·水車·眼鏡
등과 같은 서양의 器機들에 대해서 관심을 보였다. 그리고 이러한 기
기들을 일상생활에서의 편리함과 관련하여 설명하였다.[111] 이 점은 천
주교 수용에 반대했던 안정복 역시 인지하고 있었던 사실이었다. 그는
『天學問答』에서 서양인들의 천체 운행과 역법, 산수 및 기계를 만드는
기술이 뛰어나다는 점을 간접적으로 시인하였다.[112] 치용으로 대변되
는 소도의 기준은 천주교를 반대하는 문인들에게도 일정한 영향을 주
었던 것으로 보인다.

북학파의 경우 서양과학기술을 받아들이는데 큰 문제가 없었다. 홍
대용은 중국의 과학기술에 비해 그 우수성이 입증된 서양의 것을[113]
즉각 수용하고자 했다. 이미 다원적 세계관을 견지하면서 국력신장을
이루고자 했던 북학파에게 西器는 주요한 수용대상이었다. 실제로 홍
대용은 燕行을 통해 북경에 도착하자마자 南天主堂에서 세 번이나 선
교사들을 만났으며, 그 곳에 있는 觀測器나 그 밖의 여러 가지 과학
기계에 관심을 보였다. 또한 직접적인 면담을 통해 그 운영원리를 이
해하려 노력하였다.[114] 박제가는 보다 진전된 성과를 기대하면서 서양
선교사를 직접 초빙하여 천문·易學·農桑·의학 등 과학기술을 배울
것을 주장하였다.[115] 실학자들이 다원적 세계관에 입각하여 동양 및

---

109) 『星湖僿說』(下) 卷25, 「經史門」 ‘聖廟從祀’, 324쪽.
110) 『星湖僿說』(下) 卷13, 「人事門」 ‘俗儒斥佛’, 454쪽.
111) 『星湖僿說』(上) 卷4~6, 「萬物門」. 『星湖僿說』에 담긴 西洋科學의 구체적인
　　　내용에 대해서는 朴星來, 「『星湖僿說』속의 西洋科學」, 『韓國古典심포지움』
　　　3, 一潮閣, 1991 참조.
112) 『順菴集』Ⅱ 卷17, 「天學問答」(총간 230권), 141~142쪽.
113) 『湛軒書』外集 卷1, 「杭傳尺牘」 ‘與蓉洲書’(총간 248권), 126쪽, “泰西人之學
　　　……若其算術儀象之巧 實是中國之所未發”.
114) 김태준, 『洪大容 評傳』, 民音社, 1987, 141~151쪽 참조.
115) 金龍德, 앞의 글, 1961 참조.

서양 제국의 문물에 주목했던 것은 부족한 국력을 보강함으로써 국제
사회에서 경쟁력 있는 국가로 거듭나기 위해서였다. 이는 선진문물에
대한 적극적인 수용자세를 고취시켰을 뿐만 아니라 스스로를 객관적
으로 되돌아보는 계기를 마련하였다. '東國'과 이를 구성하는 '東事'에
대한 관심이 그것이다.

2) '東事' 이해의 심화와 체제 정비

세계 이해의 확장에 따른 개별 국가에 대한 관심은 현실적 차원에서
동국의 정체성을 확인하기 위해 동사분야의 연구를 활성화하는 계기
를 마련하였다. 동국을 객관적으로 인식하기 위해 실학자들이 궁구했
던 대표적인 분야로 역사학을 들 수 있다. 이익의 '三韓正統論'은 이
같은 맥락에서 제기되었으며, 이에 따라 자국사를 체계화시켜서 중국
중심의 역사인식에서 벗어나려 했다.[116] 그는 "동국은 그 자체로서 독
자적인 법규와 제도, 체제와 형세를 갖고 있다"고 확신하였다. 그리고
"요즘 학자들이 동방에 태어났으면서도 東事에 대해 자세히 살피지 않
는다"고[117] 아쉬움을 표시하였다. 역사학을 통해 동국의 정체를 확인
하려는 의지를 엿볼 수 있다. 홍대용 역시 '域外春秋論'에서 상대적 자
기 중심성을 확인함으로써 한국사에 대해 주체적으로 인식하였으며,
더불어 모든 국가를 대등하게 인식하여 藩邦의식을 극복할 수 있는 근
거를 제시하였다.[118] 그는 중국의 문헌에만 매달려 東史와 典故를 소
홀히 하는 경향을 비판하면서 이로 인해 지난 400여 년간 조선의 良法
과 美政 등을 모두 고증해 내기가 어렵게 되었고 했다.[119] 이처럼 역

---

116) 李佑成, 「李朝後期 近畿學派에 있어서의 正統論의 展開」, 『歷史學報』 31,
　　1966(『韓國의 歷史像』, 創作과批評社, 1982, 82~83쪽 재수록).
117) 『星湖全集』 I 卷25, 「書」 '答安百順 乙亥(1755)'(총간 198권), 512쪽.
118) 한국철학사연구회 지음, 『한국실학사상사』, 다운샘, 2000, 191~193쪽.
119) 『湛軒書』 外集 卷1, 「杭傳尺牘」 '鐵橋臨終前一日寄詩'(총간 248권), 116쪽,
　　"……惟本國四百年間 良法美政 名臣鉅儒 代不乏人 而書籍甚寡 有難考證

사학에 대한 관심을 통해 제고된 동사로서 법규와 제도, 양법과 미정은 立國에 필요한 기본적인 사안들이었다. 역사적 안목에서 동국의 정체를 파악할 때 무엇보다 국가운영과 관련된 구체적인 제도와 전장들이 주요한 관심사로 떠올랐다.

한편 실학자들은 동국의 외재적인 형세를 규정하는 彊域과 이를 정리한 역사지리학 분야에 관심을 기울였다. 역사지리학은 역대 왕조 혹은 국가의 변화를 그 영역, 인구, 關防, 都邑의 변화 등과 연관하여 살피는 것으로서 옛 강역에 대한 역사지리적 고증을 통해 현재의 國勢를 파악하는 데 적합한 학문분야였다.[120] 즉 동사인식이 고양되면서 강역을 역사적 추이 속에서 검토하려는 노력이 일어났으며, 이를 통해 현재의 관점에서 동국의 형세를 정확히 파악하려 했다. 이는 입국의 확립을 위해 도덕체계나 윤리규범보다는 실제 국력을 구성하는 외형적·물질적인 요소 혹은 형세의 중요성을 더 주목한 결과였다. 이 같은 맥락에서 동국의 실정에 맞는 지리지의 개비를 주장한 학자가 이익의 종손이자 문인이었던 이가환이었다. 그는 나라를 다스리는 자로서 제도를 확정하기에 앞서 지리적 소양을 갖추는 것이 필수조건이라고 했다. 또한 통치를 위해서 무엇보다 한 나라의 방위와 分野 및 原濕의 墳衍, 山澤의 浸藪, 寶藏의 所興과, 謠俗의 所宜를 반드시 숙지해야 한다고 보았다.[121] 지리지의 필요성을 강조한 이유는 지리적 조건에 유념하면서 동국 경영에 필요한 통치의 기본자료를 확보하기 위함이었다.

성호학파에서 국세와 관련하여 주목했던 지역은 북방강역이었다. 이익은 그 중에서도 특히 단군·기자조선의 옛 강역이었던 요동지역에

......".

120) 尹熙勉, 「韓百謙의 學問과 『東國地理誌』 著述動機」, 앞의 책, 1991, 21쪽.
121) 『錦帶殿策』 「墜勢策」, "有國者 必須周知一國所有方位分野 原濕墳衍 山澤浸藪 寶藏之所興 謠俗之所宜 然後可以制置其國 此必然之勢 不可易之理也".

지대한 관심을 보였으며,122) 이 지역이 역사적으로 동국의 영토였음을
고증하였다.123) 그가 요동에 주목하였던 것은 해당지역이 역사상 동국
의 운세를 결정지었던 주요한 거점이었기 때문이었다.124) 스승의 지리
적 관점을 계승한 안정복 역시 요동을 동국의 흥망과 직결되었던 지역
으로 인식하였다. 그는 고구려 멸망의 직접적인 원인으로 唐나라 太宗
의 東征으로 인해 요동을 상실한 사실을 들었다. 이후 신라가 발해의
위세에 눌려 더 이상 국력을 신장하지 못한 원인도 이 때문이라고 생
각하였다. 조선이 요동을 회복하지 못한 채 압록강을 경계로 국경을
설정하였기 때문에 약소국으로 전락한 것으로 보았다.125) 요동에 대한
체계적인 성과를 제시하지는 못했지만 북학파 역시 이 지역에 높은 관
심을 보였다. 홍대용과 박지원은 압록강 북쪽 요동 일대를 고구려의
옛 땅으로 인정하였으며, 박제가는 고려 왕건이 고구려의 고토를 회복
하지 못한 사실을 안타깝게 여겼다.126)

양쪽 학파에게 요동지역의 회복은 역대 왕조의 주요한 과업이자 현
재의 관점에서 보아도 국세를 증진시키기 위해서 간과해서는 안될 지
역이었다. 이와 관련하여 이익은 壬辰年(1712, 숙종 38) 청나라 烏喇總
管 穆克登이 경계를 정하러 왔을 때127) 당시 조선의 대표였던 接伴使
朴權(1658~1715)과 함경감사 李善溥가 보인 미온적인 태도를 비판하
였다. 이들이 두만강 북쪽 백리 밖에 위치한 先春嶺에 설치된 尹瓘
(?~1111)의 碑를128) 증거 삼아 국경 문제에 보다 적극으로 나서지 못

---

122) 『星湖僿說』(下) 卷23, 「經史門」‘檀箕’, 245쪽.
123) 『星湖僿說』(上) 卷1, 「天地門」‘檀箕疆域’, 18~19쪽 ; 『星湖僿說』(上) 卷2,
     「天地門」‘朝鮮地方’, 37~38쪽.
124) 『星湖僿說』(下) 卷21, 「經史門」‘遼金元之屬’, 127쪽.
125) 『東史綱目』3, 「地理考」‘遼東郡考’(景仁文化社 영인본, 1975), 580쪽.
126) 『湛軒書』外集 卷2, 「杭傳尺牘」‘乾淨衕筆談’(총간 248권), 129~154쪽 ; 『燕
     巖集』卷14, 「熱河日記」‘度江錄’(총간 252권), 152~155쪽 ; 『貞蕤閣集』「文
     集」卷1, ‘渤海考序’(총간 261권), 603~604쪽.
127) 『肅宗實錄』卷51, 38년 2월 丁丑 40책, 432쪽.

한 점을 아쉬워하였다.129) 안정복 역시 목극등이 국경선을 획정한 사실을 상세히 기술하였다. 목극등이 백두산 정상에 비석을 세울 때, '西爲鴨綠 東爲土門'을 기준으로 경계를 나누었고, 이를 기준으로 하여 양국의 국경이 확정되었다.130) 안정복은 그 강은(=토문강) 두만강의 북쪽 3백여 리에 위치한 것임에도 불구하고 당시 청나라와 협상을 맡은 조선의 당국자들이 이 문제를 쟁점화 시키지 못하고 목극등의 견해를 일방적으로 따른 사실을 지적하였다.131)

이 같은 북방강역에 대한 관심은 자연스럽게 영토 수호의 의지로 표출되었다. 이익은 특히 동북 변경지역인 西關, 압록강 일대 함경도의 閭延·茂昌·虞芮·慈城(=廢四郡) 등지에 깊은 관심을 보였다.132) 안정복의 경우도 앞서 살펴보았듯이 정확한 해도의 필요성을 제기하면서 한반도 지형을 고려하여 해방의 중요성을 강조하고 있었다. 변경과 연안지역의 경비강화는 조선후기 이래 전국적 前方位的 방어정책이 후퇴하고 지역차등의식에 입각하여 도성 외곽지역, 즉 수도권 중심의 방위책으로 전환되고 있었던 상황을 고려할 때 적극적인 국방의식의 발로라고 평가할 수 있다.133) 이때 주목되는 점은 영토수호가 安民을 고려하는 가운데 강구되었다는 사실이다. 이익은 영토수호가 단순히 군사력 강화만으로 이루어질 수 없다고 보고, 안민의 실현이 근본대책임을 밝혔다. 그는 淸北 여러 군들에서 자행되었던 무관들의 가렴문제

---

128) 『星湖僿說』(上) 卷2, 「天地門」 '尹瓘碑', 58쪽.

129) 『星湖僿說』(上) 卷2, 「天地門」 '白頭山', 57쪽 ; 『星湖僿說』(上) 卷2, 「天地門」 '尹瓘碑', 58쪽.

130) 姜錫和, 「1712년 朝淸 定界와 18세기 朝鮮의 北方經營」, 『震檀學報』 79, 1995, 136쪽 참조.

131) 『順菴集』 I 卷7, 「書」 '與李廷藻家煥書 乙酉(1765)'(총간 229권), 490쪽.

132) 『星湖僿說』(上) 卷1, 「天地門」 '西關', 14쪽 ; 『星湖僿說』(上) 卷2, 「天地門」 '廢四郡', 60쪽.

133) 金駿錫, 「조선후기 國防意識의 전환과 都城防衛策」, 『韓國 中世 儒敎政治思想史論 II』, 지식산업사, 2005 참조.

를 사례로 들면서, 백성들의 유리도산을 막지 않는다면 비록 다시 4군을 개설한다 해도 소용이 없을 것이라고 전망하였다.134)

안민을 고려한 형세파악은 인문지리학 분야에서도 적용되었다. 평소 이익은 事務를 입증할 문헌자료가 제대로 남아 있지 못한 점을 안타깝게 생각하였다. 경학은 문자로 남아 있어 의뢰할 수 있지만 사무는 형체가 없어 그렇게 할 수 없었다.135) 그런데 문헌을 통해 입증할 수 없는 사무의 증거를 인문지리에 대한 고찰을 통해 확인할 수 있었다. 이익은 서울을 필두로 하여 조선 각 도의 인문사안을 정리하면서 특별히 경주에 남아 있는 方田遺址에 대해 그 속에 담긴 聖智의 餘意를 천하에 미루어 행하지 못한 점을 애석하게 여겼다.136) 여기서 '남아 있는 뜻'이란 토지개혁을 통해 농민의 토지소유를 확정함으로써 소농경제의 안정을 이루는 것이다. 이익에게 경주에 남아 있는 방전유제는 안민을 이룰 수 있는 內政개혁의 구체적인 근거였다. 같은 관점은 안정복의 『동사강목』에서 잘 나타나고 있다.137) 그는 기자조선의 입국규모를 파악하면서 한백겸의 '箕田遺制說'을 인용하였다.138) 비록 한백겸이 평양에서 기전유제를 직접 돌아 본 소감을 피력한 대목을139) 인용한 것이지만 이를 통해 경세지향을 추론해 볼 수 있다. 이와 관련하여 그가 주나라 정전제도에 관심을 보인 사실이 주목된다. 그가 내린 결론은 分田之法에 따라 정전의 제도가 시행되면 천리내 數百萬家의 사람들이 田地를 받게 되어 안정적인 민산을 유지할 수 있다는 것이었다.140)

---

134)『星湖僿說』(上) 卷10,「人事門」'備預外敵', 360쪽.
135)『順菴集』II 卷16,「函丈錄」(총간 230권), 118~119쪽.
136)『星湖僿說』(上) 卷8,「人事門」'生財', 272~276쪽.
137) 안정복은 동국의 역사를 東事의 하나로 간주하였다.『동사강목』의 저술 동기가 바로 동방사람으로서 東事를 익히기 위해서였다(『順菴集』I 卷9,「書」'答鄭子尚書 辛丑', 총간 229권, 527쪽).
138)『東史綱目』1, 第1上 箕子 원년, 106쪽.
139)『久菴遺稿』(上),「箕田遺制說」(총간 59권), 158~159쪽.
140)『順菴集』II 卷19,「說」'井田說 庚申(1740)'(총간 230권), 192쪽.

토지론을 통해 확인할 수 있었던 동사의 특징은 농민경제를 안정시키려는 적극적인 의지와 이를 실현시켜 줄 제도개혁의 모색이었다.

이 점은 서인·노론계와 분명한 차이를 보였다. 송시열을 중심으로 하는 노론 집권층은 量田사업을 통한 소유권 보호와 그것에 대한 방임의 형태를 통해 토지생산성을 극대화시킬 것을 주장하였다.[141] 동국의 최대의 현안이었던 토지문제를 해결하는 정제로 부세제도를 통한 개량의 방법을 선택하였다. 대표적인 논자로 韓元震(1682~1751)을 들 수 있다. 그의 견해에 따르면 三代 시기 정치·사회제도의 근간인 정전과 봉건, 肉刑은 제도 자체의 재현에 의미가 있는 것이 아니라 현행 제도의 효과적인 운영을 통해서 삼대 성왕의 정치 이상을 실현하는 데 있을 뿐이었다.[142] 삼대법제의 不可復·不可行으로 집약되는 한원진의 時宜變通論에서 중심과제는 부세제도의 釐正이었다. 즉 토지제도의 전면개혁과 이에 의한 소농경제 기반의 확립이 실현 불가능하다고 보는 입장에서는 그것만이 최선의 방안이었다.[143] 보수적인 경세지향은 조선이 직면한 위기를 제도개혁 보다는 의리명분론에 입각한 삼강오륜의 실천을 통해 해결하려는 과정에서 발현되었다. 한원진의 사례에서와 같이 노론의 화이관에 내재되었던 의리명분론은 대내문제를 해결하는 데 필요한 지배 이데올로기의 역할과 기능을 수행하고 있었다.

이러한 점은 동일한 당파였지만 토지개혁을 주창한 홍대용과 좋은 대비를 이루고 있다. 그를 통해 치용 혹은 의리명분에 기초한 각각의 대외인식이 어떤 경세지향의 차이를 초래하였는지를 살펴볼 수 있다. 그는 정전제를 "嘗曰 後世無以復井田 則王道終不可行矣"[144]라 하여

---

141) 崔潤晤, 『朝鮮後期 土地所有權의 發達과 地主制』, 혜안, 2006, 377쪽.
142) 金駿錫, 「韓元震의 均賦均稅論과 治安對策」, 『于江權兌遠敎授定年紀念論叢』, 1994, 457~458쪽.
143) 金駿錫, 앞의 글, 1994, 460쪽.
144) 『湛軒書』 附錄, 「遺事」 '從兄湛軒先生遺事'(총간 248권), 323쪽.

이상적인 토지제도로 평가하였다. 또한 주자의 '井田難行說'에 근거하여 정전제로 대표되는 토지개혁론에 제동을 걸어왔던 노론 집권층과는 달리[145] 기자정전의 실체를 인정하였다. 예전에 기자정전이 우리나라 땅에서 시행된 적이 있고, 그 명백한 증거가 평양의 기자정전 遺制라고 보고 토지개혁론으로 均田制를 제시하였다.[146] 균전제는 정전제의 원리에 의거하여 토지를 농민가족 1가구당 2結씩을 균등하게 분배하는 제도였다. 이처럼 홍대용은 당시 만연된 사적 지주제도를 완전히 폐지하고 토지를 균등 분배하는 토지개혁을 실시하여 농민층을 사적 지주의 賭租착취로부터 보호해서 농민층의 생활을 안정시키고 후생을 도모하려고 했다.[147] 이 같은 토지개혁론의 면모는 박지원에게서도 나타나고 있다. 그는 평양성 밖에서 그 전제의 痕跡을 직접 살펴보고 그 정연하고 공정한 구획에 감탄하였다.[148] 이 같은 토지개혁의 취지를 구현하기 위해 토지소유 상한선을 제한함으로써 나머지 토지가 농민들에게 돌아갈 수 있도록 하는 限田論을 제기하였다.[149]

동사인식의 강화는 실학자들에게 자국의 정체성을 객관적인 차원에서 궁구하는 계기를 마련하였다. 양란 이후 재편된 국제질서 속에서 국가의 위상을 새롭게 정립하고 경쟁력을 제고하기 위해서 동국의 정체를 파악하려는 노력이 경주되었으며, 그 과정에서 국가운영에 필요한 다양한 요소들이 체계적으로 검토되었다. 그 중에서도 토지개혁론은 입국의 전제조건일 뿐 아니라 중국중심의 화이관에서 벗어나 근대지향의 민족자존의식을 고양시켜 나갈 물적 토대였다는 점에서 그 현실지향이 주목된다. 따라서 실학자들의 토지론을 통해 제시한 소농중

---

145) 金容燮, 「朱子의 土地論과 朝鮮後期 儒者」, 『增補版 朝鮮後期農業史硏究』 II, 一潮閣, 1990, 408~421쪽 참조.
146) 具萬玉, 앞의 글, 1995, 81~84쪽.
147) 千寬宇, 앞의 글, 1958, 39쪽 ; 愼鏞廈, 「湛軒 洪大容의 社會身分觀과 身分制度 改革思想」, 『韓國文化』 12, 1991, 363쪽.
148) 『燕巖集』 卷16, 「課農小抄」 '田制'(총간 252권), 359~360쪽.
149) 『燕巖集』 卷17, 「限民名田議」(총간 252권), 402~404쪽 참조.

심의 개혁방략은 이들이 견지했던 대외인식의 역사적 성격을 규명하는데 데 반드시 고려해야 할 점이라고 본다.

4. 맺음말

화이관은 춘추전국시대 이래로 중국을 중심으로 한 동양의 국제질서를 유지해 나가는 기준이자 논리로서 남송대 주자에 의해 의리명분론의 요소가 강화되면서 차등적 신분질서 체계에 기초한 중세사회운영 원리로까지 확대·적용되었다. 중화문화의 영향권에 있었던 한반도를 포함한 중국 주변 지역의 왕조들은 국가의 영속을 위해서 국내외 주요한 정책을 입안할 때 현실적으로 반드시 고려해야 할 사안이었다. 화이관계를 반영한 외교정책은 외견상 사대주의를 표방하면서도 원만한 대중국관계를 도모함으로써 국내의 정치적 안정을 유지해 나아가는 데에는 실질적인 도움이 되었다. 중국중심의 화이관에 기초한 국가운영방식은 중세사회의 재편과정을 거쳐 조선에 이르도록 견지되었다. 그런데 이 같은 전통적인 화이관은 양란으로 초래된 국제질서의 변화와 '國家再造'로 표현되는 국가운영 전반에 걸친 재편과정을 거치면서 결정적인 변화의 계기를 맞이하게 되었다. 倭와 淸을 여전히 오랑캐로 간주하면서 전란을 수습하는 과정에서 발생한 체제모순으로 동요하는 국가를 의리명분의 차원에서 개량시켜 나아갈 것인가 아니면 새로운 대외관을 토대로 국제관계의 안정을 도모하고 실리의 차원에서 전면적인 체제 개혁을 도모할 것인가를 결정하는 선택의 기로에 서게 되었다. 이와 관련하여 송시열과 허목의 북벌논의가 주목된다.

당시 북벌은 누구도 부정할 수 없는 시대적 과제였다. 송시열은 인조반정의 정당성을 강조하기 위해 서인·노론이 내세웠던 강상명분론에 입각하여 청나라를 아버지를 죽인 원수로 상정하고, 자식의 도리를 다하는 것이 무엇보다 중요한 일임을 강조하였다. 따라서 그는 청나라의 실체를 부정하고, 존주의리론과 소중화의식에 근거하여 조선이 명나라의 뒤를 이어 유교문화의 전통을 온전히 전수 받은 사실을 부각시켰다. 이것은 자칫 대청관계의 긴장을 고조시킴으로써 또 다른 침략을 불러일으킬 위험성을 내포한 것이지만 대내적으로 의리명분론의 강화를 통해 이완된 신분체제를 강고히 유지하면서 양반지주 중심의 국가운영체제를 복원하는 데 유효했다. 반면 허목은 북벌론의 당위성은 인정하면서도 서인·노론 주도의 북벌방안이 실질적인 국가운영에 도움이 되지 못하다는 점과 그 속에 내재된 당파적 이해관계를 간파하고, 현실적인 내수방안을 제시하였다. 보민·민본의 차원에서 제기되는 허목의 북벌반대론은 또 다른 측면에서 민족적, 문화적 자존의식을 고양시키는 계기가 되었다. 이 점은 허목의 사상을 계승한 이익의 대외인식에서 잘 나타나고 있다.

이익은 중국에 대해 조선의 개별성을 천명하였으며, 중국이 세계의 중심이 아니라는 점을 분명히 하였다. 이러한 대외인식의 변화는 개별 사물에 대한 상대적 관점의 제고와 치용의 추구라는 인식론상의 변화를 전제로 하였다. 이를 통해 전통적인 화이질서나 의리관념에 매달리지 않고 중화의 주인으로 청나라의 국세를 인정할 수 있었다. 동일한 인식론상의 변화가 홍대용에게서도 나타나고 있다. 그는 지극한 다스림이 끝날 무렵 衰亂이 이르는 것은 시세에서 연유하기 때문이라고 보았다. 시세를 강조하는 시국관 속에서 상하귀천, 내외라는 의리명분적 기준은 더 이상 유효하지 않았다. 그는 화와 이의 수직관계를 수평관계로 전환, 이에 대한 사상적 폐쇄성을 타파하여야 한다고 주장하였으며, 청나라의 번성을 천시의 필연으로 인징하고 받아들였다. 양자의 인식론과 현실인식은 성호학파와 북학파 소속의 주요한 문인들에게서도 발견되었다. 박지원과 정약용 등은 국내 학문의 공소성을 비판하면서 상대적 관점에서 인식대상을 객관적으로 파악하고, 이로부터 획득한 사물의 조리를 치용의 차원에서 적극 활용하고자 했다. 박제가는 전통적 화이관에서 벗어나 명나라를 존숭하는 명분론을 버리고 청나라로부터 제반 선진 생산기술을 수용할 것과 부국을 위해서 청나라를 배워야 한다는 북학론을 제기하였다. 치용의 차원에서 사물을 인식할 때 의리명분론에 기반한 존명사상은 점차 극복되었으며, 전통적인 화이관에서 볼 때 이적에 불과했던 청나라와 그들이 향유했던 생재와 기용은 부국안민을 위해 필요한, 그래서 적극 수용되어야할 대상으로 상정되었다.

한편 시세를 중시하는 사고 속에서 화와 이를 상하수직적으로 파악하던 이해방식은 다원주의적 관점에서 상대국가를 상호 평등적으로 이해하는 방식으로 점진적으로 대체되어 갔다. 그 결과 과거 尊華卑夷의 시각에서 이적시되었던 주변국가들의 정체를 인정하는 경향이 나타났다. 다원적 세계관에 입각한 동양과 서양 제국에 대한 관심은 최종적으로 동국의 정체를 객관적으로 인식하는 데로 귀결되었다. 실학자들은 동국 체제를 상대적 관점에서 비판적 안목에서 파악하였으며, 그 과정에서 드러난 문제점을 해소하기 위한 방안을 마련하고 제시함으로써 양란 이후 새롭게 정립된 국제질서 속에서 국가 경쟁력을 제고해 나아가기를 기대했다. 동국의 정체를 파악할 때 무엇보다 주요한 주제가 국가운영에 필요한 제도적 기반이었다. 이와 관련하여 주목되었던 동사의 주제와 학문분야로 동국의 외재적인 형세를 규정하는 강역을 들 수 있다. 이는 입국의 확립을 위해 도덕체계나 윤리규범보다는 국력을 구성하는 외형적·물질적인 요소 혹은 형세를 중시했던 결과였다. 이 같은 강역에 대한 관심은 자연스럽게 영토 수호의 의지로 표출되었으며, 그것은 안민을 고려하는 가운데 이루어졌다. 안민을 이루기 위해서는 무엇보다 토지개혁이 필요했다. 동국의 정체를 유지하는 데 직결되는 입국의 토대가 바로 전제였기 때문이다. 이익과 안정복, 홍대용과 박지원은 토지개혁을 통해 자영소농층을 육성할 수 있는 입국토대를 마련함으로써 기왕의 양반지주 중심의 국가운영방식에서 벗어나고자 했다. 그것은 농민적 토지소유의 보장과 국가운영체제 전반에 대한 변혁을 통해 동국의 정체를 일신하며, 국가구성원 모두가 안복을 누리는 일이었다. 여기에 실학의 특징으로 거론되는 자주성과 민족성의 내연과 외포가 담겨져 있다.

성호학파와 북학파의 대외인식에서 나타난 실학의 면모는 상대적 관점에서 사물을 객관적으로 파악하고, 실제적·경험적 개별성을 중시하는 학문인식 태도로 정리할 수 있다. 이를 토대로 실학자들은 동국의 정체를 정확히 인식할 수 있었으며, 동사에 대한 관심과 연구를 진척시켜 실학의 체계화와 그 실용성을 한층 고양시켰다. 그 과정에서 실학은 자연스럽게 중세적 사회운영방식을 극복할 수 있는 근대적인 성격을 갖는 새로운 학문과 사상체계로 확정되어 나아갔다.

朝鮮後期 所有論과 土地論

최 윤 오[*]

1. 머리말

　조선후기 토지소유를 둘러싸고 전개된 토지개혁론은 17세기 이후 제기된 국가개혁 논의와 밀접한 관련을 맺고 확대되었다. 중세적 토지제도를 개혁하려 한 것은 신분적 특권에 입각한 지주제를 타파하고 농민의 항산을 보장하는 새로운 생산체제를 창출해내기 위해서였다. 동시에 중세적 위기를 극복하고 근대적 질서를 만들어내는 과정이기도 하다. 이러한 논의가 본격적으로 나오게 된 것은 17세기 양란 이후 체제적 위기가 가속화되면서부터였다. 구체제의 위기를 직감하고 새로운 체제를 구상했던 토지개혁론자들은 각 논자의 사회적 지위나 계급적 위치에 따라 다양한 토지개혁론을 제기하였다. 그들의 공통점은 국가를 再造해 내는 데 있었다. 어떤 입장에서의 재조이든 모두 국가체제의 개혁을 목표로 하였지만 그 방법이나 목표는 달랐다고 할 수 있다.

　조선후기 개혁론의 구상은 井田論에 대한 이해방식에서 출발했다. 동양적 이상세계였던 夏殷周 3대의 井田制를 17세기 현실에 복구할 수 있는가를 논의했고 이것이 어렵다는 難行說과 어떠한 방식으로든 복구해야 한다는 可行說이 대립하게 되었다.[1] 정전제를 둘러싼 논의

＊ 연세대학교 사학과 교수, 국사학

1) 金容燮, 「朱子의 土地論과 朝鮮後期 儒者 - 地主制와 小農經濟의 問題 - 」, 『延世論叢』 21, 1985.

는 단순히 그것을 시행할 수 있는가 없는가의 방법론 차이가 아니라, 당시의 체제적 위기가 무엇이고 그것을 타개할 수 있는 방법이 무엇인가 하는 데 초점이 맞추어져 있었다.

정전제 논의의 핵심원리는 所有論에 있다. 정전제 논의는 중세 전시기에 걸쳐 발달되어온 사적소유의 무한 편중현상과 그로 인해 벌어지는 토지모순을 해결하기 위해 제시된 것이다. 중세의 토지지배는 이러한 私的 所有權者에 대한 收租權者(田主:國家・支配層)의 지배가 상호 갈등 대립하면서 모순이 극대화되게 된다.[2] 정부층의 일반적인 대책은 토지소유를 제한하거나 부정할 수 없다는 점에서 역사적 대세인 私的 所有權를 전제로 收租權을 제한하는 방향을 취했다.[3] 그에 반대해서 당시의 토지모순을 해결하기 위해서는 사적소유를 통제하는 방법을 통해 농업생산력 전반을 제고시키면서 농민의 항산을 보장하는 방법을 구상해야 한다는 논자도 나타났다. 정전제 시행은 결국 사적소유를 통제하기 어렵기 때문에 과거에도 그래왔던 것처럼 방임할 수밖에 없다는 논리와, 국가가 사적소유를 통제하거나 박탈하여 國有 또는 公有 방식으로 정전제 이념을 실현시킨다는 논리의 대결로 압축되었다.

정전제 시행의 방법은 經界論에 대한 이해에 달려 있다. 仁政은 經界에서 출발한다고[4] 전제하면서도 그 방법을 量田에서 찾느냐, 아니

---

2) 金容燮, 「土地制度의 史的推移」, 『韓國中世農業史硏究』(1981 草稿 ; 1998 補), 지식산업사, 2000 ; 李景植, 「朝鮮前期 土地의 私的 所有問題」, 『東方學志』 85, 1994.

3) 李景植, 「農業의 발달과 地主制의 變動」, 『韓國史硏究入門』, 1981(『제2판 한국사연구입문』, 지식산업사, 1987 재수록) ; 이영호, 「조선시기 토지소유관계 연구현황」, 『韓國中世社會 解體期의 諸問題(下) - 朝鮮後期史 연구의 현황과 과제 -』, 한울, 1987 ; 이세영, 「조선후기 토지소유형태와 농업경영 연구현황」, 같은 책, 1987 ; 김건태, 「토지소유관계와 지주제」, 『한국역사입문②』, 풀빛, 1995 ; 최윤오, 「농업개혁과 근대적 토지소유」, 『한국역사입문③』, 풀빛, 1996.

4) 『孟子』 滕文公 章句上.

면 土地改革의 방법에서 찾느냐에 따라 달라지기 때문이다. 정전제 시행이 어렵다는 논의는 17세기에 들어 더욱 발달한 지주제를 부정하기 어렵다는 것과 맥을 같이 하면서 전개되었다. 사적소유를 배경으로 한 지주제의 발달은 역사적 현실이었고 그것을 부정하는 것은 혁명이나 전쟁 후에나 가능하다는 것이다. 이에 비해 정전제 시행이 가능하다는 입장에서는 정전제를 夏殷周 시대의 방식이 아니라 조선적 방식으로 적용하고 그를 통해 몰락한 농민에게 恒産을 보장하면서 부국강병을 도모하자고 주장했다.

조선후기 토지개혁론은 크게는 두 가지 입장으로 귀결되었다. 1719 ~1720년의 경자양전 연장선에서 시행된 1897년 광무양전 단계의 양전사업이 하나의 방법론이었다면, 1894년 농민전쟁에서 나타난 '平均分作'의 논리는 그와 구분되는 또다른 방법론이었다. 전자의 경우는 정부지배층의 입장에서 양반지주층의 이익을 대변하는 양전사업으로 나타났다면, 후자의 경우는 농민의 입장에서 토지개혁을 요구한 사건이었다.[5] 이러한 토지개혁론은 일본제국주의의 침략에 의해 왜곡된 채 1945년 이후의 남쪽의 농지개혁과[6] 북쪽의 토지개혁으로[7] 마무리되게 되었다.

따라서 조선후기 토지개혁론의 의의는 곧 근대국가 건설 논리와 밀접한 관련을 가진다고 할 수 있다. 조선후기 양란 이후의 체제위기에 직면하여 國家再造를 행하고자 했을 때 儒者들의 입장에 따라 다양한 논의가 나왔고 그것은 두 가지 방향으로 나타났다. 양반지주층의 입장을 고수하면서 다른 의견을 배제하는 한편 보수적으로 농민지배를 실현하려는 지배층의 입장인가, 아니면 농민적 입장에서 지배체제를 타

---

5) 金容燮, 「農業改革의 두 方向」, 『한국자본주의 성격논쟁』, 대왕사, 1988.
6) 방기중, 「농지개혁의 사상 전통과 농정이념」; 김성보, 「입법과 실행과정을 통해 본 남한 농지개혁의 성격」(이상, 홍성찬 편, 『농지개혁 연구』(현대한국학연구소학술총서③), 연세대 출판부, 2001).
7) 김성보, 『남북한 경제구조의 기원과 전개』, 역사비평사, 2000.

도하고 새로운 체제를 만들어 내려는 혁명적인 방향인가, 그렇지 않으면 양자의 논의가 合作의 방식을 통해 통일적으로 수렴되는가 였다. 19세기 말 근대 한국이 경험한 것은 대립이었고, 20세기 중반 분단 한국이 경험한 것도 대립이었다. 그 결과는 양자의 통일적인 합작이 아니라 분단을 낳았다. 조선후기 토지개혁론을 검토하는 것은 이 같은 분단의 역사적 배경과 그 추이를 이해하는 배경이 되기도 한다.

2. 所有論과 量田事業

1) 소유권의 발달과 토지제도의 모순

소유권은 중세 전 시기를 거쳐 발달해 왔고 그것은 역사적인 대세이기도 했다. 토지소유 상의 모순은 그러한 사적소유의 발달과 그에 대한 방임이 신분제를 매개로 극대화되어 나타나고 있었다. 토지소유란 중세사회 내 인간관계를 규정하는 주요 요인이기 때문에 사회구조 분석에 있어 가장 중시된다. 토지소유 여부는 또한 그것을 둘러싼 생산방식을 반영할 뿐 아니라 제반 사회관계도 규정한다. 따라서 소유권의 발달 정도를 통해 당시기 정치경제 수준을 읽어낼 수 있다.[8]

농업공동체 해체 이후 발달해 온 私的所有의 존재와 그것을 바탕으로 한 중세국가의 토지지배 방식은 상호 拮抗관계를 통해 병존하고 있었다. 그러한 길항관계는 기본적으로 소유관계를 계기로 형성되고 있었다. 구조적으로는 소유자와 비소유자 간의 계급적 대립으로 나타나지만, 현상적으로는 국가와 일반 농민간의 대립, 즉 납세를 둘러싼 대립으로 나타나기 마련이었다.

소농경제를 바탕으로 운영되어 온 중세국가의 토지관리 방식은 납세원인 토지와 인민을 보호하기 위해 지주제를 견제했다. 지주제 발달

---

8) 앞의 주 2)의 토지소유론 관련 논문 참조.

은 조선후기에 들어서도 확대되는 가운데 토지와 인민을 사적으로 점유하게 되면서 국가의 세원이 더욱 축소하게 되었다. 이전에도 이러한 지주제 확대에 직면하여 국가에서는 지주제를 견제하였지만, 지주제가 근본적으로 견제되기 어려웠던 것은 중세 지배층 자신들이 지주로 존재했기 때문이었다. 따라서 지주제의 발달은 소농경제의 몰락을 가져올 수밖에 없었고 이에 대한 국가의 개혁논의는 중세 전시기에 걸쳐 지속되었지만 근본적인 대책은 나오기 어려웠다. 이러한 양자의 관계를 둘러싼 논의의 귀결은 당연히 양전론으로 나타났다.

조선후기 양전론에서 주목되는 현상은 사적소유를 전면적으로 보장하면서 토지와 제반 부역에 관한 조세 부담을 田結에 부과하였다는 점이다. 大同法의 등장과 量田事業의 시행으로 地主 역시 田結稅를 부담하지 않을 수 없게 되면서 지주제도 국가가 관리할 수 있게 되었다. 결과적으로 이러한 과정은 지주의 대토지소유를 엄연한 사적소유로 인정하게 되었고, 따라서 소유의 편중 현상은 더욱 가속화되게 되었다.

17세기의 소유권 발달은 이러한 차원에서 개혁대상이 되고 있었다. 농업공동체 해체 이후 발달해 온 사적소유의 17세기적 형태는 근대적 토지소유권으로 전환되기 이전의 것으로서, 광무양전지계 사업에9) 의해 최종적으로 정리되기 직전 단계에 도달한 과도적 형태이다. 중세의 사적소유권이란 근대의 배타적 소유권과는 차이가 있었지만 17세기 이후에 들어서 발달한 그것은 질적 형식적 수준에서 근대적인 소유권에 거의 근접해 있다고 할 수 있다.10) 그러한 차이를 가져오는 것이 개인 소유권에 대한 국가의 法認 절차였다.

즉 중세의 토지소유권 발달 과정은 17세기와 같은 변혁기에는 오히

---

9) 金容燮, 「光武年間의 量田地契事業」, 『韓國近代農業史研究』(下), 일조각, 1968 ; 한국역사연구회 토지대장연구반, 『대한제국의 토지조사사업』, 민음사, 1995 ; 최원규, 『韓末 日帝初期 土地調査와 土地法 研究』, 연세대 박사학위 논문, 1994.

10) 崔潤晤, 「17세기 土地所有權 發達과 起主의 등장」, 『東方學志』 113, 2001.

려 역으로 농민의 소유권을 규정하게 된다는 점이 주목된다. 농민의 토지소유권은 물론 그 이전부터 발달해 온 것이며 현실적으로 역할을 다해 왔던 경제관계로서의 사적소유이지만, 국가의 입장에서 그것을 최종적으로 정리하면서 보증했다는 것을 말한다. 그러한 과정은 물론 법적 개념으로서의 소유가 정립되었다는 의미와는 구분되어야 하며, 현실적으로 엄존해 왔던 사적소유를 국가차원에서 재규정하는 法認 과정이라고 할 수 있다.11) 이러한 의미에서 17, 18세기 양전사업 단계의 법인과정은 근대적 소유권으로12) 발달해 가던 최종적인 형태라고 할 수 있다.

중세의 소유권을 제약하는 요소는 왕토사상과 수조권의 존재였으며, 그러한 요소가 해체되면서 중세적 성격을 벗게 되었다. 이때의 사적소유권은 중세 전 시기의 수조권의 역할에 따라 위축되면서 발전해 왔다.13) 그러던 것이 職田法을 계기로 수조권이 소멸하게 되면서14) 이전의 어느 시기보다 발달하게 되는 것이다. 그것을 최종적으로 규정한 것이 17세기 이후의 양전사업이다.

토지소유권자에 대해 '起主' 즉 '起耕者爲主'라는 용어를 통해 '永作

---

11) 중세적 토지소유의 성격을 법적으로도 사적소유의 발달과정으로 설명하는 방식도 있지만(朴秉濠, 『韓國法制史 特殊研究-李朝時代의 不動産賣買及擔保法』, 1960 및 『전통적 법체계와 법인식』, 1972) 그것을 국가가 사적소유로 확인하고 법적으로 보호해 주는 것과는 별개의 문제이다.

12) 최윤오, 「농업개혁과 근대적 토지소유」, 『한국역사입문③ 근대·현대편』, 풀빛, 1996.

13) 중세 전시기의 所有權과 收租權, 그리고 王土思想의 추이에 대해서는 다음의 글이 참조된다. 金容燮, 「土地制度의 史的推移」, 『韓國中世農業史研究』, 지식산업사, 2000.

14) 金泰永, 『朝鮮前期 土地制度史 研究』, 지식산업사, 1983 ; 韓永愚, 『朝鮮前期社會經濟史研究』, 1983 ; 李景植, 『朝鮮前期 土地制度史研究 - 土地分給制와 農民支配 - 』, 一潮閣, 1986 ; 李景植, 「朝鮮前期 土地의 私的 所有問題」, 『東方學志』 85, 1994(『朝鮮前期土地制度史研究Ⅱ - 農業經營과 地主制』, 1998 재수록).

己物'할 수 있도록 量田法을 통해 규정하기 시작한 것은 17~18세기 갑술양전(1634)과 경자양전(1720)에서였다.[15] 양안상의 납세자·소유권자에 대한 규정은 조선초기 이래 지속적으로 발전되어 왔다. 즉 양안이 발굴되지 않아 명확치 않지만 수조권 중심의 田主·佃客 규정을 통해 수조권의 귀속 여부를 기록했던 것같다. 물론 이 같은 규정 내에는 사적소유 관계는 표현되지 않았으며 모두 王土國田制의 영향을 받았다고 할 수 있다. 이 같은 규정이 일대 전환을 보인 것이『田制詳定所遵守條畫(이하 遵守冊)』에서였다. 遵守冊에서는 量田時 해당 토지를 時執한 佃夫 名字를 기록하여 근거로 삼도록 하고 있다.[16] 이후 17세기 중엽의 양전사업 때 起主가 등장하면서 田主佃客 → 佃夫 → 起主로의 발달과정이 마무리되게 되며,[17] 19세기 말 광무양전 단계에서 정착하는 時主의 등장은 이미 18세기 말부터 나타나기 시작했다.[18]

17세기 양전사업은 이 같은 전근대 소유권 발달과정의 최종적인 결과물이었다. 삼남지방을 중심으로 전국 차원의 전결수 확보와 납세자 확정조사가 일단락되었고, 이를 바탕으로 18세기 중엽에는 起主라는 규정을 통해 토지소유권자를 법제화하기에 이르렀던 것이다.[19] 사적 토지소유권의 규정을 통해 확인할 수 있는 국가적 토지관리의 의도는 양안상의 납세자 확정과 토지소유권자 확인 2가지 방식이었다. 이 같은 사업은 결국 양안상의 기주와 소유권자를 일치시켜 가는 한편, 나아가 기주와 납세자 역시 동일 인물로 일치시켜 가는 중세국가의 토지관리 방식일 따름이다.[20] '主' 규정의 등장은 토지상품화가 진전되면서

---

15) 『新補受敎輯錄』戸典 量田 ;『典錄通考』戸典 量田.

16) 李榮薰,「朝鮮佃戸考」,『歷史學報』142, 1994 ; 李榮薰,「『田制詳定所遵守條劃』의 制定年度」,『古文書研究』9·10, 1996.

17) 崔潤晤,「17세기 土地所有權 發達과 起主의 등장」,『東方學志』113, 2001.

18) 왕현종,「18세기 후반 양전의 변화와 '時主'의 성격 - 충청도 懷仁縣 사례를 중심으로 - 」,『역사와 현실』41, 2001. 9.

19) 『續大典』戸典 田宅.

20) 崔潤晤,「朝鮮後期 量案의 기능과 역할」,『河炫綱敎授停年紀念論叢』, 2000.

나타난 18세기 국가의 대응방식이었으며 이를 통해 토지소유권은 일층 발달할 수 있었다.

이 같은 17세기 토지소유권은 농업생산력 발달과 상품유통경제를 배경으로 더욱 발달하지만, 반대로는 오히려 지주층을 중심으로 한 토지집중을 가속화시킴으로써 농민층 몰락을 부채질하게 되었다. 따라서 이 시기 소유권 발달은 곧 지주제 발달이라는 현상을 초래하게 되었으며 이전의 지주제보다 더욱 발달된 형태로 나타나게 되었다.

17세기 이후의 소유권 발달은 농업경영의 분해를 가속화시키고 있었다. 조선후기 경영변동은 자본주의적 농민층분해의 과도적 형태로서의 농민층분화를 촉진시켰으며 이전의 봉건적 분해와 다른 양상을 보이고 있었다. 특히 신분제 붕괴에 따른 경제외적 강제의 소멸은 이 시기 농업경영의 획기적인 발달을 가져왔다. 양반이 아닌 일반 상민이나 천민층 가운데서도 지주가 등장하는 계기를 만들었으며, 경영합리화를 꾀하던 부농경영의 등장은 밭농사를 중심으로 한 상품작물 재배로 토지소유를 확대할 수 있었다.

이 시기 지주제는 과거의 지주제처럼 신분제를 매개로 한 형태로부터 탈피하고 있었다. 지주와 작인의 관계는 점차 상하 지배관계로부터 탈피하기 시작했으며, 비효율적인 노비노동 대신에 농업고용노동을 이용하기 시작했다. 농번기 때의 농업노동력은 바야흐로 청부노동의 형태인 雇只勞動을 미리 예약해 두어야만 할 정도로 고용노동을 많이 이용하게 되었다. 지주경영과 부농경영은 따라서 노비를 중심으로 한 관계로부터 탈피하여 점차 농업고용노동을 이용하는 방향을 취하기 시작했다.

17세기 이후의 소유권 발달은 소유분화뿐 아니라 경영상의 분화까지 가속화시켰다. 농민층의 분화 결과 상층부에는 부농층(饒戶·富民·大戶 등)과 지주층이 형성되었으며, 하층부에는 다수의 빈농과 몰락농·(반프로) 임노동층이 양극을 이루게 되었다. 소유권의 발달은 따라서 부익부 빈익빈 현상을 가속화시켰으며 소농경영을 몰락시키는 대신 지주제를 더욱 강화시키게 되는 계기를 가져오게 됨으로써 커다란 사회문제로 등장하게 되었다.

따라서 정부지배층의 입장에서는 이러한 토지소유권 발달로 인한 사회모순을 해결하기 위해 여러가지 방안을 강구하지 않을 수 없었다.

2) 지주제 유지 · 개선론

(1) 지주제 유지론과 量田法

지주제 유지론은 집권지배층의 입장에서 항상 고수했던 방안으로서 당연히 전제가 되었다. 조선후기의 지주제 유지론은 주장하는 자의 입장에 있어서는 적어도 논리적으로 완벽한 것이어야 했다. 왜냐하면 이들은 토지개혁은 불가능하며 양전사업을 통한 방법만이 유일한 대안이라는 입장을 취하고 있었기 때문이었다. 양전론은 그러한 가운데 등장한 개혁론이었으며 그 배경에는 北宋의 개혁가 朱熹의 토지론이 자리하고 있었다.[21] 그 특징은 井田制難行說에 기반을 두고 있었고 따라서 토지개혁보다는 현실적인 양전사업에 초점을 두고 있었다.

1720년의 경자양전사업은 조선후기 최대의 마지막 양전사업이었다. 조선후기의 임진, 병자 양란은 국가 자체의 再造를 생각하지 않으면 안 될 정도로 전국토를 황폐화시켰다. 따라서 국가의 재정은 피폐해질 대로 피폐해진 가운데 田結數 확보를 위해 제반 대책을 강구하기 시작했다. 그러한 대책 가운데 17세기 조선 정부가 택한 방안은 전통적으로 그래왔듯이 量田이라는 방법이었다. 1634년의 갑술양전과 1719년에서 1720년까지의 경자양전 사업은 따라서 조선후기 정치경제의 성격을 결정지을 수 있는 중요한 사건이었다.

이 같은 상황에서 그것을 결정한 집권층은 金昌集을 비롯한 이이명,

---

21) 앞의 주1) 참조.

이건명, 조태채 등의 老論 4大臣이었으며 그들의 중심에는 尤庵 宋時烈(1607~1689)이 자리하고 있었다. 따라서 이들의 양전관은 尤庵의 朱熹 수용방식과 밀접한 관련이 있다고 할 수 있다.[22] 조선후기 儒者들은 朱熹의 토지론을 이해하는 방식이 조금씩 달랐지만 양전사업을 추진했던 당사자들의 입장에서 수용한 양전방식은 대단히 현실보수적인 것일 수밖에 없었다. 그것은 이미 世宗 貢法으로 조선적 田制가 만들어졌고, 이후 그것을 부분적으로 고치는 것만이 가장 현실적인 방법이라고 생각하고 있었기 때문이었다.

朱熹 經界法의 궁극적인 목표는 均産을 통해 均賦稅를 실현하는데 있었다. 여기에서의 均産이란 소유한 畝數에 따라 그에 맞는 産錢을 내도록 하는 것이다. 이에 따라 빈농들은 혜택을 입기 때문에 찬성했지만 豪强奸民들은 이구동성으로 반대하고 있었다. 왜냐하면 주희의 경계법은 그의「條奏經界狀」[23]에 잘 드러나 있듯이 圖籍과 魚鱗圖를 만들어 대토지소유자들은 隱結을 모두 적발해 내었을 뿐 아니라 모든 토지를 철저하게 관리하였기 때문이다.[24] 朱熹는 經界法이 제대로 시행되기 어려운 것을 알고 여러가지로 대비책을 세웠으나 결국 기득권 상실을 우려한 세력들의 반대에 부딪쳐 막을 내리게 되었다.

조선의 朱熹 經界法 수용방식은 주희가 실패했던 전철을 밟지 않는 방법이었다. 그것은 주희의 경계법에서 보여주었듯이 隱結을 파악해 내기 위해 적용했던 모든 강제규정을 수용하지 않은 것에서도 잘 드러난다. 주희는 토지대장의 일종인 砧基簿를 만들어 토지소유권의 근거를 삼았으며 만일 토지를 숨기는 자가 있으면 몰수했다. 또한 經界法을 완수하기 위해 圖帳 제작을 가장 중시했으며 그것을 砧基簿와 魚鱗圖를 통해 해결했다. 그렇지만 庚子量案에서는 圖籍 즉 양안 작성에는 만전을 기했지만, 그것을 완성하기 위해서는 魚鱗圖나 또는 地籍

---

22) 崔潤晤,「朝鮮後期의 量田均稅論」,『朝鮮時代史學報』19, 2001.
23)『朱子大全』卷19, 條奏經界狀.
24) 최윤오, 앞의 글, 2000, Ⅱ. 朱熹의 經界法 참조.

圖가 필요했는데도 그것을 만들지 않았다.

주희 경계법의 특징은 魚鱗圖에 있다고 해도 과언이 아니었다. 어린도란 모눈 종이에 모든 토지를 그려 넣음으로써 일목요연하게 토지를 파악할 수 있는 방법이었다. 어린도는 완성되면 마치 물고기의 비늘처럼 보였고 그것을 통해 한 고을의 토지를 손바닥처럼 들여다 볼 수 있었다. 이러한 어린도는 庚子量案에 단순히 田形 5가지로 압축되어 수용되었다. 개별 토지의 모양을 단지 方田, 直田, 梯田, 圭田, 句股田 등 5가지 田形으로 파악하고 불분명한 것은 方田, 直田으로 조각내어 그려 넣는 방식이었다. 결코 일정 지역의 토지 전체를 일목요연하게 파악할 수 없었다.

따라서 경자양전의 均賦稅 목적은 朱熹가 도달한 수준에도 미치지 못하는 것이었다. 비록 그 이념은 수용했다 하더라도 가장 보수적이고 현실적인 방법을 택했던 것이다. 우암 송시열의 양전관은 비록 주희의 양전균세론을 수용했다 하더라도 그것을 실천하는 방법은 전혀 달랐다고 할 수 있다. 量田法 자체에 대한 개혁보다는 구래의 양전제도의 운영 폐단을 고치는 데 주력하고 있었으며 그것은 法보다는 得人에 두었다. 관리만 제대로 된다면 漸變할 수 있다는 것이다.

지금까지 살펴보았듯이 조선후기 양전법 자체는 사적소유를 인정하면서도 대토지소유자들을 견제할 수 있는 방안에서부터, 그것조차 인정치 않는 대단히 보수적인 방법까지 다양할 수 있었다. 실제 양전사업이 진행되기까지 양전법 조차도 여러가지 찬반 논의가 그치지 않았던 것을 보면 그러한 상황을 잘 살필 수 있다. 조선후기 토지개혁론을 살피는 데 있어 우선 검토하지 않을 수 없는 것이 정부지배층의 전통적인 田政論으로서의 量田論이다. 양전론은 단순한 토지측량 논의를 넘어 중세국가의 토지지배 논리와 맥을 같이 하기 때문이다.

1719~1720년 경자양전 시행과정에서 나타난 양전보류론과 양전시행론은 당시 양전을 둘러싼 이해관계가 어떻게 나타나고 있었는지를

잘 보여주었다.25) 경자양전에 대한 양전 논의는 대략 1715년(숙종 41) 발의가 되어 1720년 삼남양전이 끝날 때까지 지속되었다. 중앙정부와 지방의 갈등, 중앙 정부 내 양전논의를 둘러싼 갈등, 지방 내 양전을 둘러싼 이해관계의 대립 등 양전을 둘러싼 갈등과 대립은 예상했던 대로 끊임없이 제기되고 있었다. 그 논의의 진원지에는 토지지배를 둘러싼 이해관계가 공론을 빙자하여 표출되고 있었으며, 주로 지방의 대토지소유와 은여결을 이용해 지방재정을 충당해 온 지방관에 의해 주도되었다. 기득권층의 반대를 무마시킬 수 있는 방법이어야 했다. 따라서 반대 이유는 표면상으로 표출될 때는 단지 흉년이나 기근 등의 자연재해를 반대 이유로 들어 得時를 봐야 한다고 주장하거나 아니면 양전사업을 전담하고 강행할 수 있는 사람을 得人한 후에나 비로소 가능하다는 등의 이유가 주류를 이루었다.

그러나 양전에 대한 불가피성은 17세기 이후 끊임없이 제기되어 온 것이고 더욱이 大同法이 시행됨에 따라 전결수에 대한 명확한 관리는 필수적이었다. 따라서 양전사업 쪽으로 가닥이 잡혀가면서 양전의 방법만이 남게 되었다. 양전보류론과 양전시행론은 그러한 과정을 잘 보여준다.

18세기 초반 경자양전 시기의 양전보류론은 우선 양전보다는 大同 문제나 均役 문제를 우선 해결해야 한다는 명분으로도 제기되었지만, 대개는 양전을 행하려면 우선 제도적인 장치를 보완하면서 得人과 得時할 때까지 보류해야 한다는 논의로 집중되었다. 양전보류론은 양전을 연기하는 빌미로 제기되었으며 양전 반대세력의 호응을 받아 공공연하게 제기되고 있었다.

양전시행론은 양전보류론의 명분에도 불구하고 양전의 불가피성을

---

25) 오인택, 『17·18세기 量田事業 硏究』 제2장 17~18세기 초의 量田, 부산대 사학과 박사논문, 1996. 8 참조 ; 염정섭, 「숙종대 후반 양전론의 추이와 경자양전의 성격」, 『역사와 현실』 36, 2000 ; 이세영, 『朝鮮後期 政治經濟史』 제1장 朝鮮 肅宗代의 量田의 政治學, 혜안출판사, 2001 참조.

주장하던 세력에 의해 추진되었다. 특히 노론 4대신을 중심으로 한 양전추진 세력은 量田廳을 설치하고 均田使를 파견하는 전통적인 방법을 통해 조직을 정비했다. 전통적인 방식이란 중앙에서 파견된 균전사가 각 지역 감사와 합심하여 양전 책임자인 수령층을 통괄하는 방법을 의미하며, 이는 결국 지방 공론과의 타협을 이끌어내는 방법이었다.

경자양전의 시행은 지방의 토호 지주와 수령의 반대에도 불구하고 강행되었다. 지주층의 입장에서 볼 때 토지소유권이 발달하게 되면서 그것을 보호받을 방법이 필요했다. 立案을 내거나 量案에 등재하는 방법을 통해서 사적소유권을 국가로부터 인정받는 것이다. 물론 등재된 토지가 수령층과의 타협에 의해 陳田이나 隱漏結로 인정된다면 그 피해는 농민에게 돌아갈 수밖에 없었다. 이 같은 양전사업의 한계는 결국 현실타협의 산물이라는 데서 연유했다고 할 수 있다. 경자양전이 끝난 직후 양전사업에 대한 각종 민원이 그것을 말해 주고 있다. 양전사업은 전정문란과 부세불균을 해결하지 못한 채 보완책을 기다리게 되었던 것이다.

지금까지 살펴보았듯이 중세국가의 양전론은 사적소유의 발달로 인해 초래된 소유불균과 그로 인해 야기된 토지문란 현상을 바로잡는다는 취지로 지속된 논의였다. 그것은 중세 말기까지 계속되었으며 그 귀결은 해당 시기의 정치개혁 논의와 관련하여 전개되었다. 그렇지만 조선후기 토지개혁론 가운데 양전론은 17세기 조선이 처한 체제적 위기를 극복하는 방향을 택하기는 하였지만 결국 양반지주층 자신들의 이해를 벗어나지 못했다. 토지편중으로 인한 구조적인 모순을 해결하지 못하고 그것을 확대시켰다는 점에서 지주제는 더욱 발달하는 계기가 되었다. 그것은 양전론의 성격이 지주제 유지와 그것을 전제로 한 대책이었기 때문에 나타난 현상이다. 양전론의 귀결은 결국 18, 19세기 체제문란으로 확대되어 농민의 저항에 직면하게 되었다.

(2) 지주제 견제론과 方田法

17세기 이후의 양전론의 성격은 결국 지주제를 전제로 한 것이었다는 점에서 체제 보수적 성격을 가졌다고 할 수 있다. 경자양전의 양전론도 그러한 범주에서 벗어날 수 없었다. 이 시기 量田事業이 地主制를 긍정하고 그것을 바탕으로 농업정책을 추진하는 것이었다면, 그로부터 야기되는 문제점을 해결하는 방법의 하나로 전 토지를 관리하고 통제해 넘으로써 대토지소유제를 지양하면서 사적소유를 장려하고 나아가 소농경제를 되살리는 방법을 구상하게 되었다.

현실의 私的所有를 인정한 위에서 所有나 耕作地를 국가가 개입하여 통제하는 방식은 지주제를 인정하는 가운데 농민보호 방안을 강구하는 것이었다. 따라서 이 같은 방법은 국가가 직접 개입하여 관리를 행하지 않으면 안되는 방안으로서 근본적인 개혁이 되지는 못했지만 절충적인 형태로서 문제를 해결하려 했다.

이러한 토지관리론은 국가의 철저한 관리통제를 근거로 私的所有의 自由放任과 무제한 확대를 견제하고 소농경제를 활성화시키려는 방안이었다. 이들의 방안은 토지개혁을 주창하던 개혁적 논지와 구분될 정도로 점진적이며 완만한 개혁방식을 채택하고 있었지만 자유방임적인 형태가 아니라 국가의 公權力이 개입하는 경우였다.

이 같은 토지관리론은 地主制를 인정한다는 공통점 위에 소농경제를 되살리기 위해 私的所有를 국가가 관리통제하는 방법을 택하였다. 그러한 관리통제의 가장 전형적인 방법 가운데 하나가 魚鱗圖와 方田圖였다. 魚鱗圖란 量田圖의 가장 이상적인 형태로 인식되었으며 茶山 丁若鏞(1762~1836)에 의하면 魚鱗圖로써 方田을 만들면 더할 나위가 없다고 하였다.[26] 따라서 魚鱗圖와 方田法은 토지관리 방안으로써 가장 이상적인 형태라고 평가되었으며 그만큼 시행되기 어려웠기에 조

---

26)『牧民心書』卷五 戶典六條 田政, "總之量田之法 莫善於魚鱗爲圖 以作方田 須有朝令 乃可行也".

정의 명령이 내려져야만 시행될 수 있다고 하였다.

가. 魚鱗圖法

다산 정약용은 『周禮』 小司徒에서도 모든 地訟은 圖로써 해결했다고 한 것을 들어 魚鱗圖는 그 遺法이라고 생각하고 있었다.[27] 井田法으로 시행치 못하는 가운데 마련된 방안이라고 할 수 있다.

魚鱗圖는 朱子의 經界法 시행 때도 작성된 토지측량도로서 이전부터의 圖帳 제작방법을 체계화함으로써 賦稅不均을 해결하려는 목적으로 시행된 것이었다. 朱子 이전에 시행된 경계법은 대개 실패로 돌아갔는데,[28] 주희는 그것을 재연시켰던 것이다. 砧基簿와 魚鱗圖를 통해 戶口와 土地에 대한 파악을 정확히 하는 것이 필요했고 그 과정은 반대에 부딪쳐 실패로 돌아가곤 했다.

그러한 打量 과정은 크게는 山川道路, 작게는 人戶田宅에 이르기까지 동서남북을 서로 맞추고 頃畝의 闊狹이나 水土의 高低에 이르기까지 정확히 그려낼 때 비로소 1保의 圖帳이 완성되었다. 이후 10保를 합쳐 1都를 완성시키고 諸都를 모아 1縣을 완성하는 방법으로 전국의 圖帳을 마무리하도록 하였다. 이러한 과정을 통해 완성된 침기부와 어린도는 大小 甲頭에게 널리 알려 이후 경계법을 시행하는 데 착오가 없도록 하였다.[29] 이러한 魚鱗圖가 다시 체계화되어 나타난 것은 洪武 20년(1387, 明太祖) 魚鱗圖冊의 작성에서였다. 國子監의 학생들을 각처에 보내어 논두렁에 나아가 토지를 方圓으로 그려내고, 또한 主名과

---

27) 『牧民心書』卷五, 戶典六條 田政.

28) 1143년(紹興 13)부터 시행된 경계법은 1150년(소흥 19)까지 특수한 지방을 제외한 남송 전역에서 실시되었지만 전 州縣의 반 이상은 경계법이 완전히 시행되지도 못한 상태로 막을 내렸다.

29) 『朱子大全』卷100, 公移 曉示經界差甲頭榜, "打量紐算 置立土封 椿標界至 分方造帳 畫魚鱗圖砧基簿 及供報官司文字 應干式樣 見已講究 見得次第 旦夕當行鏤板 散下諸縣 庶幾將來經界 大小甲頭等人 各通曉……".

210

토지의 경계 四至를 낱낱이 기록해 넣음으로써 완성시키게 되자 온갖 폐단이 근절되었다는 것이다.

　星湖 李瀷도 어린도에 대해 정확히 이해하고 있었다. 즉 어린도란 전국의 田地를 모두 그려 넣은 것이 마치 邦域地圖 같고, 그것은 각 道, 郡, 面, 洞, 坪에 이르는 分圖로 이루어져 있다고 했다. 이같은 全圖와 分圖는 전체 상황 뿐아니라 각 지역을 나누어 황무지까지 모두 빠짐없이 그려넣었다고 하였다. 이리하여 總圖 위에 모두 기록하기를 토지의 廣狹 長短과 山河의 모양까지 그려 넣음으로써 考驗에 대비토록 하였으니 어찌 숨기고 빠뜨릴 수 있겠는가 하였다.30)

<그림 1> 魚鱗圖

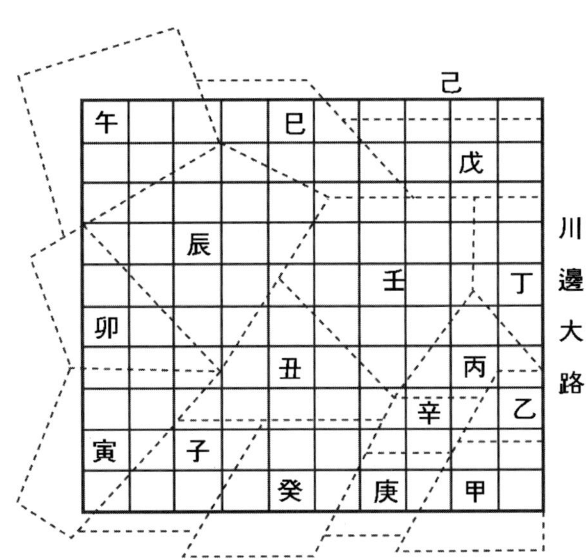

---

30)『星湖僿說類選』均田條 ;『經世遺表』第9卷, 地官修制 田制別考2 魚鱗圖
　　說.

茶山은 어린도를 단순한 토지측량 수준에서의 이해를 넘어 그것을 자신의 井田制 시행을 위해 반드시 시행해야 할 것으로 이해하고 있었다. 어린도라는 것은 온갖 토지의 모양이 환하게 눈앞에 드러나기 때문에 털끝만큼도 속일 수가 없었고 국가의 입장에서 토지를 관리하기 위해서는 우선 이 같은 어린도를 활용해야 한다는 것을 잘 알고 있었기 때문이다. 비록 井田으로는 못하더라도 1/9로 하는 데에는 이 어린도가 없어서는 안될 것이니, 結負制를 사용하더라도 이 같은 어린도를 만들면 모든 폐단을 막을 수 있다고 했다.31) 다음의 어린도가 그러한 토지 파악 방식을 보여주고 있다.32)

<그림 1>에서 보듯이 魚鱗圖는 9區 중의 1區로서 經緯線을 중심으로 각 토지의 경계를 점선으로 표시한 것이다. 위의 1區는『魚鱗圖冊』의 1坵에 해당하며 이 같은 區가 모여 1圲를 이루니, 1圲는 수없이 많은 坵가 모여 이루어짐으로써 마치 魚鱗처럼 보였던 것이다. 이리하여 토지의 온갖 형태가 정확히 눈앞에 나타나기 때문에 털끝만큼도 속일 수가 없고 아무리 어리석은 縣令이라도 쉽게 파악해 낼 수 있다는 것이다. 반드시 井田으로는 못하더라도 9분의 1로 실행하는 데에는 어린도가 없어서는 안될 것이며, 또한 結負制로써 田地를 풀이하기 위해서는 어린도를 만들어 시행하는 것이 마땅하다고 했다.33)

茶山은 이 같은 어린도를 전국에 걸쳐 만들어 합하고 나눌 수 있게 하면 토지를 隱漏시키는 것이 불가능하다고 한 星湖의 말을 다시 확인하고 있다.34) 그리고 다산은 우선 어린도를 만들고 方田法을 시행하는 것을 생각했다. <그림 1>과 같이 어린도가 완성되었다면 방전법을 시행하는 것은 그야말로 쉬울 것이며, 나아가 간사한 짓이 용납되지 못하며, 비록 年分에 차등이 생기더라도 폐단이 없을 것이라고 하여

---

31)『經世遺表』第8卷, 地官修制 田制10 井田議2.
32)『經世遺表』第8卷, 地官修制 田制10 井田議2.
33)『經世遺表』第8卷, 地官修制 田制10 井田議2.
34)『牧民心書』卷五, 戶典六條 田政, "總之 量田之法 莫善於魚鱗爲圖……".

어린도를 강조하고 있다.[35]

어린도법은 토지개혁을 생각하는 논자들, 특히 다산 등에 의해 수용되게 되지만 정부지배층의 양전법에서는 채택되지 못했다. 주희의 경계법 수용 때도 어린도법은 받아들여지지 못한 상태였다. 이 같은 어린도법의 조선적 적용은 方田法에 의해 시도되기도 하였다.

나. 方田法

方田法은 魚鱗圖의 개혁정신과 방법을 한 단계 진보시켰으며 그 원리는 멀리 井田制 실현의 한 방법으로까지 검토되었다는 점에서 중요하다. 단 방전법이라는 혁신적인 토지측량 방법이 토지개혁을 수반하지 않은 채 구상되었다는 점에서 소홀히 평가되기도 했었지만, 토지개혁을 구상하는 논자들에게 있어서 방전법이란 어떠한 방식을 구상하더라도 반드시 검토하고 넘어갈 수밖에 없는 획기적인 토지측량 방법으로서 주목되었다.

그렇지만 方田法을 창안한 兪集一은 그것을 말하기를 전통적인 양전법에 方圍를 첨가한 것에 지나지 않는 간단한 것으로 낮추어 말하고 있다. 즉, 그가 1708년(숙종 34)에 탄핵을 받았을 때,

이른바 方田法은 신이 창안한 바도 아니며, 역시 신기한 법도 아닙니다. 이것은 실로 송나라 학자 張載와 朱熹의 유제인데 우리나라의 양전법에다 方圍 한 가지를 첨가하여 농부로 하여금 스스로 새끼로 얽어 打量하게 하고 監官과 色吏의 농간이 끼어들지 못하게 한 것에 불과할 뿐입니다.[36]

---

35) 『經世遺表』第9卷, 地官修制 田制別考1 結負考辨.

36) 『牧民心書』卷4, 戶典六條 田政, "……所謂方田非臣所創 亦非新奇之法 此實宋儒張載朱熹遺制 而不過吾東量法 加方圍一著 使田夫各自繩量 毋容監色弄奸而已……".

라고 하여 張載의 井田法과 朱熹의 經界法을 연구하여 생각해낸 것이라고 말하고 있다. 장재와 주희가 현실에 적용하기 위한 방편으로서의 정전법을 서로 달리 검토하였다는 것을 전제로 한다면, 유집일의 방전법은 정전제 실시가 가능하다는 장재의 견해를 바탕으로 주희의 魚鱗圖를 결합시켜 구상한 것이라고 볼 수 있다.37) 이 같은 방전론은 양전사업과 관련하여 肅宗 末年에 구체적으로 논의되었고 또 실현되었던 방안이었다는 점만으로 그 의미가 크다. 方田論은 비록 대토지소유자층의 반대론에 부딪쳐 실패로 돌아가고 말았지만 황해도 3읍에서 실현되었던 개혁론이었다는 점에서 한말에 이르기까지 계속하여 검토되고 있었다.38) 조선에서의 방전법 논의는 유집일로부터 시작하여 다산 정약용에 이르러 높이 평가되었으며, 한말 광무양전 논의가 진행될 때 여러 학자들에 의해 다시 주목되었다. 18세기로부터 19세기 말에 이르는 방전법 논의는 토지측량 방안의 조선적 모델이 되고 있었다.

兪集一의 方田法은 18세기 초에 등장했던 토지관리론으로써 이후 등장했던 方田法 계열의 논의 중 가장 선구적인 형태였다. 1702년(숙종 28) 우의정 申琓의 箚子에서 획기적인 양전법으로 소개되면서39) 황해도 3개 읍에서 시험 실시되었는데, 이는 유집일의 주변 少論側 인물 가운데 韓泰東의 井田可行論이나40) 崔錫鼎의 箕田이나41) 「井田」42)에 대한 긍정적인 인식태도로부터 영향을 주고받은 바가 적지 않았다고 할 수 있다.

方田法은 井田法을 시행할 때 가장 어렵다고 한 구획정리, 즉 논두

---

37) 주자가 漳州에서 시험적으로 행한 후 泉州, 汀州에 시행하려 한 經界狀에는 양전후 圖籍이 그려졌는데, 이는 周의 井地圖法을 응용했다는 魚鱗圖였다. 『朱子大全』 卷19, 「條奏經界狀」 38쪽 참고.
38) 崔潤晤, 「肅宗朝 方田法 시행의 역사적 성격」, 『國史館論叢』 38, 1992.
39) 『肅宗實錄』 卷37, 肅宗 28년 8월 庚寅, 39-695.
40) 『是窩遺稿』 卷7, 「科體」.
41) 『明谷集』 卷5, 詩 「薦回錄」.
42) 『明谷集』 卷3, 詩 「椒餘錄」.

령, 밭두렁을 새로 만드는 것이 아니라 뚝[墩]을 쌓아 표식을 만들어 토지 파악을 쉽게 하는 것이다. 표에서 보는 것처럼 돈대를 설치하고, 360步 간격으로 표지를 세워 기준을 삼는 방식으로 하여 사방 1里를 1井으로 삼는다. 이런 방식이면 몇 일만에 전 토지를 측량할 수 있을 것이라는 것이다. 이 같은 방전법은 전국의 토지를 손바닥 들여다 보듯이 地籍圖로 그려 내고 그것을 국가는 관리만 하면 된다는 것이다. 이에 은결이나 누결 등 국가의 수취 대상에서 빠져나가는 토지는 있을 수 없다는 것이다. 이를 八道에 두루 시행한다면, 수백 년 동안 문란해진 경계를 정돈할 수 있을 것이라고 생각한 것이다.

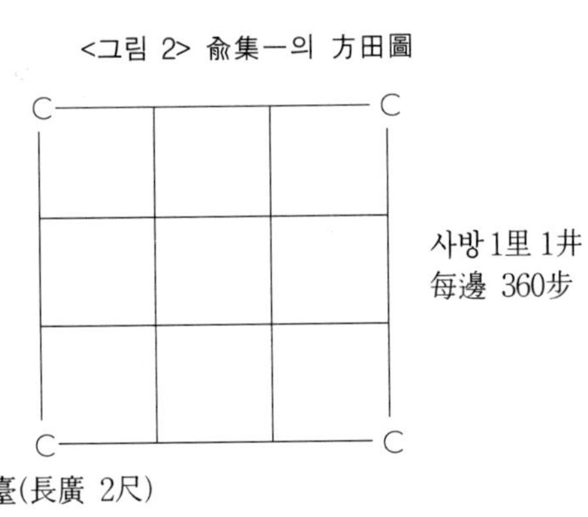

<그림 2> 兪集一의 方田圖

방전법의 목적은 국가의 정확한 토지 파악과 획기적인 토지관리에 있었다. 방전법을 통해 일단 전국 방방곡곡을 구획지어 놓는다면, 국가에서 토지를 파악하기란 손쉽기 이를 데 없는 것이다. 國家의 大地主 견제는 용이할 것이며 중간횡렴을 방지할 수 있을 듯한 방안이었다. 그러나 이러한 방법은 대토지소유자들의 반대에 부딪쳐 실패로 돌아가고 말았다. 반대 이유는 국가가 농민을 생각하고 均賦稅를 실현하기 위해 경계책을 펼치는 것이 아니라 增結만을 목적으로 하고 있다는 것이다.

茶山은 三代 井田法 실현의 출발점이 方田으로부터 비롯되었다는 점을 들어 方田法을 높이 평가하고 있었다.[43] 즉 흙을 쌓아 봉우리를 만들고 나무를 심어 표식을 삼아 네귀의 方을 표시하니 이름하여 方田이라 하며, 三代의 井은 반드시 모든 방전을 합하여 이룬다는 점을 통해 그 역사적 의의를 평가했다. 즉 세간에서 부르는 방전은 三代의 방전이 아니나 정전의 遺意가 그 안에 남아 있으며 方田法이 井田制 실현의 출발이 될 수 있다고 보았다. 井田制 실현을 위해서는 井井方方의 토지구획을 통해서만이 구체화될 수 있을 뿐 아니라 정전제의 경계구분이 方田으로부터 비롯되었다는 것을 알았기 때문이었다.[44] 다산 이전에 이미 磻溪도 토지구획 없이 정전의 이념만을 살리려 한 均田制와 限田制를 비판하면서 그것이 실패로 돌아간 이유를 이 같은 데서 찾고 있었던 점을 보더라도,[45] 역시 方田法의 중요성을 알 수 있다.

더 나아가 다산은 유집일의 방전법을 丘井量法이라는 차원에서 보완하여 설명하고 있다. 돈대를 쌓은 후 그 丘井에 따라 道路의 里數를 관측하면 한 고을 중의 동서남북 원근 및 산천과 들의 형세가 선명하여 친히 돌아보지 않고서도 명료하게 살펴볼 수 있을 것이라고 하였다.[46] 이때의 丘井은 周나라의 丘井量法이라는 제도에서 나온 것으로서, "4井으로 읍을 삼고, 4읍으로 丘를 삼아 兵車의 賦를 丘井에서 내는 것으로……유집일은 그러한 구정법을 보고 方田圖를 만들어 내었을 것이다"[47]고 하여 방전법의 연원을 밝히고 있다. 아마 유집일도 丘

---

43) 『經世遺表』卷9, 地官修制 田制別考 1,「方田始末」10쪽, "井田者諸田之模範 至盡天下 而爲之井也 則三代之制 必皆方田合計諸方 以成一井……立土爲峰植木爲標 以識方隅 而名之曰方田 此後世之所謂方田 非三代之方田 然其遺意 則在是也……".

44) 『經世遺表』卷9, 地官修制 田制別考 1「方田始末」.

45) 『磻溪隨錄』卷5,「田制攷說」上 秦漢以後井田論議.

46) 『經世遺表』卷9 地官修制 田制別考 3,「魚鱗圖說」26쪽, "……因其丘井推步 道里一邑之中 東西南北之遠近 山川田野之形勢 有若列眉指掌 一展圖帳 則不待親自經歷 而固已瞭然於目中 是信此法之簡便 可行於八路矣……".

賦法이나 司馬法이 그랬던 것처럼 丘井法을 통해, 田制를 통한 兵車
차원의 富國强兵策을 구상했을 것이라고 보고 다산은 그것을 복원하
고 있었던 것이다.

19세기 후반 토지문제가 심각하게 논의되면서 方田法은 井田法을
가능하게 할 수 있는 것으로 다시 관심을 끌고 있었다. 海鶴 李沂의
토지론은 실학파의 그것을 계승한 것으로 주목되는데,[48] 후일 광무년
간의 양전사업에 부분적으로 반영된 바 그의 양전론 역시 유집일의 網
尺制(방전법)를 주목하여 정확한 토지측량을 통한 제반 폐단을 없애고
자 하였던 것이다. 편찬자와 편찬연대가 불분명한 『丘井量法事例幷圖
說』과 兪鎭億의 「田案式」(1897년) 역시 方田法을 복원하여 토지문제
를 해결하려 했던 경우였다.

<그림3> 丘井量法事例幷圖說

1井(매변300尺)

小墩(土高半尺)

大墩(土品 準 一尺, 長廣 二尺)

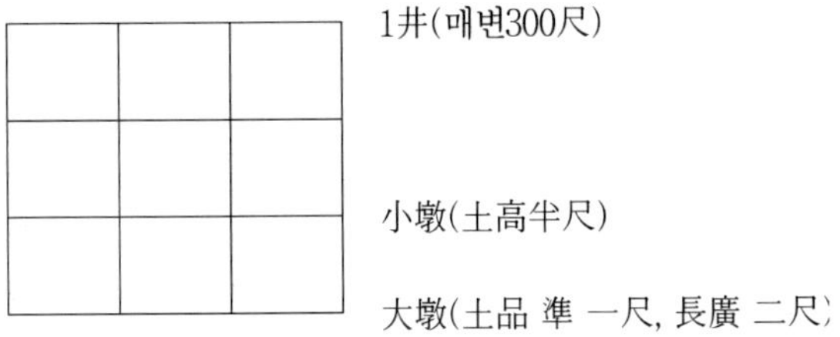

1井＝(300척×300척)實積90000方尺＝9頃
1頃＝(100척×100척)實積10000方尺＝25區
1區＝(20척× 20척)實積 400方尺[49]

---

47) 『經世遺表』卷9 地官修制 田制別考 3,「魚鱗圖說」26쪽, "……其謂之丘井
　　量法者 周制四井爲邑 四邑爲丘 而兵車之賦 出於丘井 春秋傳謂之丘賦 刑
　　法志謂之司馬法 兪集一推丘井之法 以作方田之圖 故謂之丘井量法也……".
48) 金容燮,「光武年間의 量田・地契事業」,『韓國近代農業史硏究』(下), 1984.
49) 『丘井量法事例幷圖說』「量田事例」第2節 物料, "用一等量田尺 卽世宗朝所
　　製 而準周尺四尺七寸七分五厘 或稱遵守舊尺者也".

<그림4> 兪鎭億의 方田圖[50]

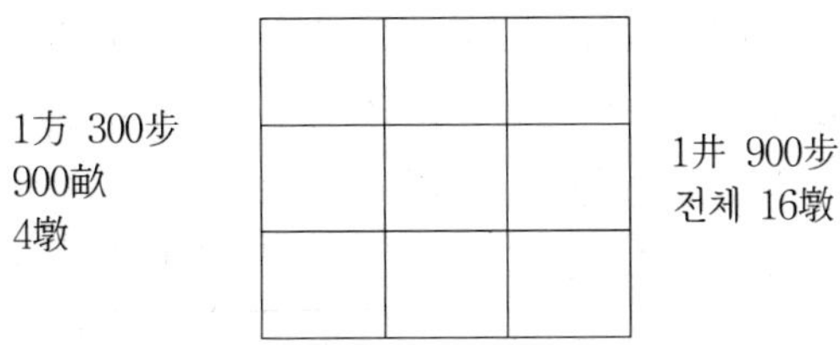

유진억은 이 시기 광범위하게 행해지던 토지겸병과 그로 인한 농민 몰락 현상에 대해, 그리고 국가가 수취해야 할 조세가 地主의 손으로 들어가는 것을 한탄한 나머지 지주제의 폐단을 제거해서라도 方田制를 통해 얼마간의 땅이라도 경작할 수 있으면 하는 '眞私'를 털어놓게 된 것이다.[51] 그리하여 조세수취에 있어 2/10를 받아 1은 왕세로, 1은 전주에게 돌아가게 한다는 '半公半私之法'을 생각하고 있었다.[52] 나머지는 농민의 몫으로 남겨둔다는 것이다. 옛부터 왕이 된 자는 1/10세를 받았는데 지금의 富者는 5/10를 받아 먹으니 농민도 가난해지고 국가 재정도 빈곤해질 수밖에 없다고 하여,[53] 그것을 제기하여 지주제를 자연스럽게 없애간다는 방책이었다.

方田法의 역사적 의의는 18세기 초 조선에서 과학적 토지측량이 최초로 시도되었다는 점 하나만으로도 충분하다. 또한 그것은 토지측량 단계를 넘어 정전제를 시행할 수 있는 준비단계로서도 주목되었다. 茶山과 磻溪가 이미 주목했듯이 방전법과 같은 토지측량과 구획을 전제

---

50)『田案式』「方田條例」(국사편찬위원회).

51)「方田條例」12. 易簡贊, "……八域量政之告 竣計不過旬月間事 此皆非所患也 但患朝廷之不能去一私字而已 余尤甚者也……伏願朝野君子去一私者 保我皇極 保我黎民".

52)「方田條例」7. 分等定稅, "而罷結負遞改之法 行方田頃畝之制 稅收什二而一爲王稅 一給田主".

53)「方田條例」7, 分等定稅, "嗚呼自古王者什稅其一 而今富者十收其五 故農民則觸處皆桀 國家則無端爲貊 田制如斯 而安得不窮 國安得不貧也哉".

로 했을 때만 비로소 井田制의 이념이 실현될 수 있는 준비가 이루어질 수 있기 때문이다. 토지구획 없이 民戶 기준으로 토지를 분배한 均田制가 실패로 돌아간 것은 당연한 것이며, 따라서 方田法이 비록 사적소유를 전제로 지주제를 인정하는 선에서의 지극히 현실타협적인 방안인 것처럼 보이지만, 만일 方田制가 토지개혁의 출발점이 될 수 있다면 향후 소농민 보호를 위한 개혁이 기대될 수 있을 것이다. 方田法은 井田制를 구현할 수 있는 준비단계로서 方田制 토지측량을 통해 전국의 私的所有地를 직접 관리하고 통제할 수 있기 때문이다. 중간수탈을 방지하여 國富를 창출할 수 있으며, 또한 국가의 의지가 있다면 다음 단계로서의 井田制를 시행할 수 있는 준비단계일 수 있기 때문이다. 그렇지만 方田法 논의 자체도 당시 양반지주층들에게는 허용되지 않았음이 방전법 실패 과정을 통해 잘 드러나고 있고, 그것은 方田法이 양반지배층들에게 얼마나 위협적인 제도였는가를 간접적으로 보여주는 것이었다.

어린도법이나 방전법은 사적소유를 전제로 한 토지관리론으로서 國家가 모든 토지를 철저히 측량하고 파악해 내어 중간 수탈을 없애고 전 국토를 관리해 내는 방식이었다. 이러한 토지관리 방식은 지주제를 인정하지만 結負量田制에 대한 철저한 관리를 통해서도 사회모순을 일부 해결할 수 있는 것일 수 있었다. 현실적으로 가장 실행 가능한 방법으로 보였지만 그것마저 시행되지 못했던 것을 보면 조선의 토지정책이 어떠한 성격을 지녔는가를 간접적으로나마 알 수 있게 해준다. 그러한 주장은 정부지배층의 전통적이고 현실타협적인 양전법보다 한 단계 진전된 것으로서 대토지소유를 견제하면서 중소토지소유를 중심으로 체제를 활성화시키는 방안이라고 할 수 있다.

3. 土地論과 地主制 改革

토지론은 지주제 개혁과 관련된 토지개혁론 전반을 포함한다.[54] 이러한 논의가 17세기 들어 급격하게 증가했던 것은 사회전반에 걸친 위기에서 연유했다. 양란 이후 황폐화된 조선의 경제는 1634년의 갑술양전과 1720년의 경자양전을 거치면서 재정비되면서 급속히 회복되었다. 이 같은 국가체제의 정비가 가능했던 것은 당시기 생산력과 상품경제의 발달에서 연유했다. 17세기 대개간의 시기를 거치면서 사회전반에 걸쳐 사회생산력의 급속한 발달을 가능케 했던 것은 당시기 이앙법 등의 농법발달과 상품작물 재배, 이 같은 생산물의 유통을 가능케 했던 유통경제의 발달이었다.

18세기 사회모순은 이 같은 사회생산력 전반의 발달과 관련하여 더욱 심화되었다. 사회생산력 발달이 전체 농민에게 균등하게 재분배되는 것이 아니라 일부 특권층이나 지주 부농에게만 집중되었기 때문이었다. 18, 19세기의 사회모순은 결국 중세 전반을 지탱해 왔던 생산방식에 대한 재검토 작업을 통해서만 해결될 수 있었다. 이때 지주제란 중세 경제의 중심적인 생산방식이었기 때문에 그것을 개혁한다는 것은 곧 중세적 생산관계를 부정하고 새로운 방식을 모색한다는 것을 의미했다. 따라서 조세제도 개혁을 포함하는 토지제도 전반에 걸친 개혁 논의는 중세체제 모순에 대한 자기 반성이면서 동시에 새로운 체제로의 전환을 모색하는 것이기도 했다.

이때의 토지론은 물론 중세의 상하위계적 계급질서를 유지하던 身分制와 商品經濟를 어떠한 방식으로 인식하느냐에 따라서 그 역사적

---

54) 토지론의 범주를 조세개혁 논의를 제외하고 토지개혁 논의로만 압축했다. 조세개혁 논의만을 주도했던 집권지배층의 경우는 토지개혁을 불가능하다고 보고 체제위기를 극복하려 했기 때문이다. 이들의 조세개혁 논의는 위기를 극복하려는 방법이 아니라 체제를 보수하려는 것이었다는 점에서 별도로 검토될 필요가 있다.

성격이 달라지고 있었다.55) 신분제라는 중세적 특권을 부정하는 방법으로써 토지개혁론을 제기하는 방향이야말로 중세를 극복하는 가장 진보적인 방법이 될 수 있었다면, 토지개혁을 부정하며 신분적 특권을 유지하고자 했던 집권지배층의 보수적인 체제유지 방안이 그 대극에 자리하고 있었기 때문이다. 또한 이 시기 발달하던 商品經濟는 구래의 抑末論을 넘어서 제반 국가경제를 보완하는 補末論 형태로서 인식되기 시작했다.56) 농민경제를 복구하고 국가경제 전반을 회복하는 방안으로 상품경제 전반에 걸친 이해방식도 이전보다 한층 자유롭게 논의되기 시작했다.

토지론의 논의 주체는 儒者로 대표되는 당시기 지식인층이었다. 이들은 각 朋黨에 소속되었으며 자신의 현실인식 태도와 정치경제적 기반을 배경으로 다양한 형태의 토지개혁론을 제시하였다. 이들의 논의는 물론 각 붕당의 정치사상적 입장에 따라 활발하게 제시되었으며 향후 18, 19세기 조선의 경제를 결정하는 것이었다는 점에서 중요하다.

토지론의 논의 대상은 井田制라는 토지·조세제도였다. 정전제는 중국 고대의 夏殷周라는 이상적인 통치질서가 유지될 수 있었던 경제적 토대로 인식되었으며, 그것을 朝鮮에 복원하는 방법을 통해 17세기 체제위기를 극복하고자 했다. 그러나 17세기 儒者들은 정전제를 이해하는 방식이 서로 달랐다. 한편에서는 古代의 정전제를 17세기에 복원하는 것은 현실적으로 불가능하다고 생각하고 土地改革 대신 賦稅改革을 통해 문제를 해결할 수 있다는 논자들이 주자의 '井田難行說'을 추종하고 있었다면, 또다른 한편에서는 그러한 차원의 개혁으로서는 몰락하던 농민경제를 살릴 수 없다는 입장에서 井田制를 복원해야 한다는 움직임이 나타나고 있었다.57) 특히 후자는 '井田制'라는 제도를

---

55) 金容燮, 「朝鮮後期의 農業問題와 實學」, 『東方學志』 17, 1976 ; 金容燮, 「朝鮮後期의 社會變動과 實學」, 『東方學志』 58, 1987.
56) 白承哲, 『朝鮮後期 商業史 研究』, 혜안, 2000.
57) 金容燮, 「朝鮮後期 土地改革論의 推移」, 『東方學志』 62, 1989(『증보판 朝鮮

둘러싼 논의의 범주를 넘어서 朱子學 자체를 비판하고 반성하는 가운데 토지제도 개혁론을 주도하고 있었다. 주자학 수용을 통해 조선의 현실 경제를 해결하기 위해서는 朱子 이전의 原始儒學으로의 회귀를 통해 그 원형을 되찾아야 한다고 생각했던 것이다. 이들은 朱子的인 정치경제에 대해 反朱子 내지는 脫朱子라는 입장에서 토지개혁의 당위성을 제시하고 있었다.58)

　조선의 토지론은 漢唐 이래 宋代까지의 개혁론으로부터 크게 영향을 받고 있었다. 중국에서도 夏殷周 三代의 井田制 이해 방식에 따라 井田論이나 限田論, 均田論으로 검토되어 왔다. 정전제를 실천하는 방법으로서 한전론이나 균전론 또는 정전의 이념을 현실에 맞게 복원하는 방법을 강구했던 것이다. 그것은 조선에서도 마찬가지였다. 가장 기본적으로는 사적토지소유를 어떠한 방법으로 제한하여 농민에게 토지를 되돌릴 수 있는가 하는 고민에서부터 지주의 대토지소유를 제한하여 한전론이나 균전론 등을 시행하는 방법을 강구해 내기에 이르렀으며, 이와는 달리 토지소유를 제한하지 못하는 현실 속에서 지주제를 인정하면서 지대를 1/4 또는 1/10으로 減下하는 減租論도 나왔으며, 또한 지주제를 전제로 하여 경작권만이라도 균등하게 분배될 수 있도록 해야 한다는 均佃論(均作論)에 이르기까지 다양한 논의가 나왔다.

　조선후기 토지론의 핵심은 지주제 혁파와 소농경제의 회복에 두어졌다. 특히 소농경제를 회복하고 국가재정을 충실히 할 수 있느냐의 관건은 사적토지소유에 기반을 둔 지주제를 어떠한 방식으로 제한하고 나아가 혁파할 수 있느냐에 있었다. 그것이 전제되어야만 농민경제를 회복할 수 있기 때문이다. 소농경제를 회복하기 위해 지주제적 소유와 경영방식에 대해 통제를 가하는 방식으로 해결될 수 있다고 보기도 하지만, 지주제 자체를 혁파하는 방법을 통해서만이 체제위기를 극

　　後期 農業史硏究 Ⅱ - 農業과 農業論의 變動 - 』, 一潮閣, 1990 재수록)
　58) 김준석,『朝鮮後期 政治思想史 硏究』, 지식산업사, 2003.

222

복할 수 있다는 논의가 나오기도 했다.

그것은 두 가지 개혁방안으로 나누어 검토해 볼 수 있다. 즉 지주제 통제를 통해 토지재분배를 행하는 형태와 지주제 자체에 대한 혁파를 통해 토지재분배 뿐아니라 경영혁신을 꾀할 수 있는 방식이다. 이 같은 논의는 이미 다산에 의해 制田과 治田으로 구분되어 나타나고 있었다. 소농경제를 회복하기 위해 단순히 토지재분배를 통해 자영농을 육성하는 방안이라면 문제를 해결할 수 있다는 단계가 制田 단계라면, 토지재분배에 그치지 않고 집단경영 등의 방법을 통해 혁신적인 농업경영 방식을 도입해야만 소농경제가 확대 재생산될 수 있다고 믿는 治田 단계가 그것이다.[59] 따라서 17세기로부터 19세기에 이르는 시기의 토지론은 크게 나누어 지주제 통제론과 토지재분배라는 수준의 1단계 논의로부터, 지주제 혁파를 통해 국가(체제) 개혁에 이르는 2단계 논의로 살펴볼 수 있다.[60]

1) 지주제 통제 및 토지재분배론

지주제 통제를 통해 토지재분배 방법을 강구한 논자들은 사적소유를 박탈할 수 없다는 현실을 전제로 하였다. 토지집중의 모순을 해결하고자 지주제에 대한 제한을 유도함으로써 소농민의 恒産을 보장하려는 논의라고 할 수 있다. 이는 地代를 감하하는 減租論, 그리고 耕作地를 균등 분배하는 均佃論(均作論) 등에서 보이듯이 현실적 토지소유를 전제로 한 절충적인 방법이었다. 지주제의 무한 팽창을 억제하

---

59) 洪以燮, 「丁若鏞의 政治經濟思想硏究」, 1959 ; 朴宗根, 「茶山 丁若鏞의 土地改革思想의 硏究」, 『朝鮮學報』 28, 1963 ; 조성을, 「丁若鏞의 土地制度 改革論」, 『韓國思想史學』 10, 1998.
60) 이 같은 논의는 물론 1단계 논의로부터 2단계로 자연스럽게 진행된 것이 아니다. 2단계 논의가 茶山에 의해 구체화되었던 점을 근거로 조선후기 토지론의 전개형태를 살펴볼 것이다.

는 한편 국가가 지주경영을 통제·관리하면서 지주제를 약화시키는 방법이다.[61] 한편 지주제 혁파를 장기적인 목적으로 두지만 현실적인 실현방법은 지주적 토지소유의 上限을 설정하여 토지를 제한하는 限田制나 토지국유를 전제로 균분을 실현하는 방법으로서의 均田論이라는 방법, 혹은 한전제나 균전제를 절충하는 방법을 택했던 논자들을 주목할 수 있다. 한전론이나 균전론의 역사는 오래지만 그것은 시기가 갈수록 다양한 형태로 결합되어 제시되고 있었다. 초기의 한전론이나 균전론이 가지는 특징은 이미 사라진 채 새로운 방법론이 제시되었던 것이다. 급진적인 방법으로 지주제를 혁파하는 것이 아니라 완만한 방법으로 지주제를 사라지게 할 수 있는 방법을 통해 농민의 항산을 해결하면서 지주제 역시 국가가 관리하고자 했던 방안이라고 할 수 있을 것이다.

(1) 減租論과 均佃論(均作論)

가. 減租論

減租論은 지주의 수취량에 대해 통제를 가함으로써 지주제 확대를 억제하는 방법이다.[62] 지주의 토지소유는 그대로 인정한 채 지주제를 억제하는 절충적 방안이라고 할 수 있다. 지주제는 일반적으로 병작반수 형태로 경영되었기 때문에 지주는 생산량의 절반을 차지하는 것이다. 이와 같은 지대 1/2을 1/3, 1/4, 1/5, 심지어는 1/10으로까지 낮추어 국가에 내는 공세 1/10과 같이 하자는 논의까지 나오게 된다. 이렇게 된다면 지주제는 강제력을 사용치 않더라도 자연히 사라지게 될 것이

---

61) 그 외에 점진적인 개혁을 통해 궁극적으로 지주제를 해체하고 부국강병을 달성하고자 했던 茶山 丁若鏞의 井田論이나 楓石 徐有榘의 屯田論 역시 이러한 지주제 억제 방식을 전제로 하면서 均佃, 均作을 실천했던 형태였지만, 토지재분배로 그치는 것이 아니라 국가의 계획적인 영농을 전제로 했다는 점에서 한 단계 진보한 논의로서 뒤쪽에서 다루어질 것이다.

62) 金容燮, 「朝鮮後期 土地改革論의 推移」 앞의 책, 1989, 439~440쪽.

224

라는 생각이다.

磻溪 柳馨遠은 減租論을 인용하면서 作人이 4/5, 전주는 1/5을 취하고 조세도 관례대로 田主가 내도록 함으로써 토지겸병의 폐단을 없애는 방법을 거론했다.63) 만일 위반한 자가 있으면 官에 고하게 하여 田主의 1/5 수취도 모두 몰수하여 나누어준다면 겸병의 폐단은 저절로 없어질 것이라고 보았다. 그러나 이 같은 방법을 통해 겸병을 막을 수 있겠지만 한전법보다 더 심한 결과를 초래할 가능성이 있다고 보았고, 이러한 방법 역시 公田法이 시행되어야만 모두 해결될 수 있다고 보았다.

霞谷 鄭齊斗(1649~1736)의 경우 1호당 3결로 한정하여 균전을 실현하려 하였으며, 지대를 1/10로 경감한다면 지주제는 자연스럽게 사라질 것이라고 생각하였다. 게다가 둔전을 혁파하여 官田을 운영하면서 지대를 1/3로 경감시킬 것을 구상하였다. 1/10과 1/3로의 지대 경감 방안은 지주제 혁파와 국가재정을 보완하는 방법으로 마련된 것이며, 나아가 양반과 노비를 없앨 뿐아니라 貴賤嫡庶 차별도 없앨 것을 주장하기 때문에 하곡의 토지론은 지주경영을 인정하는 것이지만 장기적으로는 지주제가 자연스럽게 없어질 것이라고 보았던 것이다.64) 또한 雪溪 朴致遠(1680~1764)의 경우도 작인으로부터 1/10만 받게 하여, 국가의 조세 1/10과 같게 하는 방법을 생각하고 있었다.65)

姜瑋(1820~1884)는 1862년 삼남민란 때 수습방안을 말하면서 豪强의 地代 역시 국가의 조세처럼 1/10을 넘지 못하게 하는 방안을 생각하였고, 金炳昱 역시 사회모순을 해결하는 방법으로서 1/3 수취와 작인층의 永作을 보장한다면 지주제 개혁이 가능하다는 방안을 생각하였다.

---

63) 『磻溪隨錄』卷2, 田制(下) 田制雜議附.
64) 『霞谷集』卷22, 箚錄.
65) 『雪溪隨錄』卷25, 雜識 29장.

나. 均佃論

　均佃論(均作論) 즉 耕作權 分配論은 감조론과 함께 조선후기의 토지모순을 해결하기 위해 차선책으로 제시된 것이다. 이 같은 논의가 나온 것은 당시 지주제가 발달하면서 借地를 둘러싼 경쟁이 치열해지고 있었고 소농민층은 거기로부터 더욱 배제되었기 때문이다. 지주측에서는 지대수취를 안전하게 보장시켜 줄 수 있는 饒實可信者에게 주로 토지를 대여하고 있었기 때문에 농촌사회는 해체되고 농민몰락은 더욱 극심해졌던 것이다.

　均佃論은 이 같은 상황에서 지주의 토지소유를 뺏지 않고 경영권만을 통제하거나 관리함으로써 소농경제를 안정시킬 수 있다고 생각한 방법으로서 均耕論, 限耕論의 성격을 지니며, 鄭尙驥, 李圭景,[66] 李光漢[67] 등의 均作論과 楓石 徐有榘의 屯田論,[68] 그리고 茶山 丁若鏞의 井田制가 이에 해당한다. 이러한 논의는 대개 지주제를 전제로 한 것이기 때문에 지주적 입장에서의 소농 안정책이라고 할 수 있으며 정상기, 이규경, 이광한과 서유구의 경작권 분배론이 이에 해당한다. 그렇지만 다산 정약용의 정전제에서 함께 거론한 경작권 분배는 지주제 혁파를 목적으로 한 농민적 입장의 경작권 분배라는 점에서 차이가 있다.

　農圃子 鄭尙驥(1678~1752)의 방법은 지주의 토지소유권은 그대로 인정하고 경작권을 분배하는 방법으로서 전 국가적 차원에서 시행할 때 효과가 있다고 보았다. 각각의 경작자들에게 토지의 비척도나 노동력의 다과에 따라 전국의 토지를 계산하여 1결이나 70~80부, 혹은 50

---

66) 金容燮,「朝鮮後期 土地改革論의 推移」앞의 책, 1989, 440~442, 465~466 쪽.

67) 李潤甲,「18세기 말의 均並作論— 洪州儒生 李光漢의 貸田論을 중심으로」, 『韓國史論』9, 1985.

68) 金容燮,「18, 9世紀의 農業實情과 새로운 農業經營論」,『大東文化硏究』9, 1972(『증보판 韓國近代農業史硏究』上, 일조각, 1984 재수록).

226

~60부씩을 분배한다는 것이다.[69] 지주도 역시 그러한 범주에서 自耕할 수 있으며, 作人은 분배받은 토지에 대해 1/2을 지대로 바쳐야 했다. 지주제를 인정하는 선에서의 均作論이라고 할 수 있다.

18세기 말의 洪州 儒生 李光漢이나, 水原儒生 禹夏永 역시 농촌 붕괴의 현실 속에 均並作論을 제시하고 있었다. 이들은 廣作의 풍조를 극력 비판하면서 廣作兼幷의 폐단을 막기 위해서는 貸田論을 시행해야 한다고 했다. 그 중 이광한의 貸田論이 가장 자세하며, 소농경제를 안정시키기 위해 지주층의 경작권을 제한하여 노동 능력에 따라 소농민에게 경작권을 분배하는 방법을 제시했다. 소농경영을 안정시키려는 데 목표를 두었던 만큼 부농경영을 부정하려 하지는 않았지만 결국 그런 결과를 가져왔으며, 나아가 지주제를 전제로 한 것이기 때문에 지주제를 긍정하는 방안으로 분류될 수 있다. 19세기 중엽에 활동한 五洲 李圭景 역시 지주제는 그대로 인정하지만 경작지를 균등하게 분배하는 데 대해 국가가 깊숙이 개입하여 통제할 때 소농경제를 안정시킬 수 있다고 보았다.[70]

한편 풍석 서유구의 둔전론이나 다산 정약용의 정전론은 자신들의 개혁을 구체화시키는 가운데 均佃論을 결합시키고 있었다. 토지소유가 아니라 경작지를 국가가 관리함으로써 균등분배한다는 均佃論은 지주의 토지를 포함하여 전국토에 대해 혹은 집단농장 단위로 시험해 보자는 방안이었다.

楓石의 屯田論은 星湖 李瀷의 둔전 설치나 朴齊家와 朴趾源의 屯田 설치 논의를 발전적으로 계승한 것으로서, 시범적으로 농장을 설치하여 토지개혁 문제를 해결해 보고자 했던 점에서 주목된다. 이러한 둔전 농장은 요컨대 종래의 지주제를 새로운 농장경영 형태로 개편 전환하는 가운데, 농업생산력을 발전시키고 국가재정을 늘리며 民屯의

---

69)『農圃問答』均田制.
70)『五洲衍文長箋散稿』卷13, 倣井田均授均稅辨證說.

경우와도 아울러 佃作 농민을 흡수하여 그들을 안정시키려는 것이었다. 國屯에서는 力農者·明農者를 선발하여 농업발전·사회개혁의 동반자로 끌어올리려고 하였던 것이다.

다산의 정전론에 보이는 토지개혁론 역시 지주제를 현실적으로 인정하는 가운데 정전제 방식의 토지경영 방식을 통해 작인층을 포함한 농민의 몰락을 막는 방법이었다. 즉 지주층의 토지를 농민에게 대여하는 경우에도 작인층은 井田의 私田 1區만을 경작하도록 제한하여 견제하고 있다.[71] 토지개혁이 어려운 상황에서 토지소유권은 원래의 소유주가 가지며 관리권을 국가가 장악하여 耕作權을 균등 분배하거나 시범농장 형태로 운영하는 방법이라고도 할 수 있다.

지금까지 살펴본 減租論과 均佃論(均作論, 耕作地 分配論)은 지주제를 전제로 하면서 소농경제를 안정시키려는 방법론 가운데 가장 온건한 방법론이었다. 이러한 방법론은 양자를 결합시키거나 혹은 토지소유의 상한을 제한하는 한전론 등과 결합시켜 농민문제를 해결하는 방법으로 발전되기도 하였다. 이같은 방법이 모두 지주제를 전제로 한 것이었다면, 농민경제를 안정시키려는 입장에서 정전론 등과 결합시키는 경우에서처럼 보완적인 형태로도 이용되었다.

(2) 限田論과 均田論

가. 限田論

限田論은 토지사유제를 전제로 국가가 所有를 제한하는 방법이다. 이러한 한전론 역시 상한선을 제한하는 방법이 있고, 상한과 하한선을 동시에 정하는 방법, 그리고 하한선만을 제한하는 방법이 있는데, 각각의 개혁적 성격은 크게 달라질 수 있다.

초기의 한전론은 정전제가 무너진 후에 제시된 것이기 때문에 그 상한선만을 제한하는 방법으로 제시되었다. 즉 "井田制度를 복구하지 못

---

71) 金容燮, 「朝鮮後期 土地改革論의 推移」 앞의 책, 1989. 443~45쪽.

하면 마땅히 농지의 소유라도 제한하여야 한다. 이것도 시행이 잘 되지 아니하면 마침내 정치를 잘할 방법이 없으니 董仲舒가 漢武帝에게 限田制를 말하였고 哀帝 때에는 師丹이 또 이것을 건의하여 조목을 갖추어서 상주한 바가 있으나……"72) 방해를 받아 시행되지 못했다는 것이다. 이같이 한전제는 정전제가 폐지되면서 제시되었으며 토지편중 현상을 해결하고자 마련된 것을 알 수 있다.

한전론은 후대에도 그렇지만 대토지소유가 확대되면서 제기된 개혁론이기 때문에 대개는 토지모순이 심화되는 현상을 막기 위해 상한선을 책정하는 방법이 마련되었다. 그렇지만 상한선을 지나치게 높게 책정함으로써 실효를 거두지 못하는 경우가 많았던 것이 일반적이었다.

16세기 조선의 중종대에도 한전론이 대대적으로 논의되었지만 실효를 거두지 못한 것도 역시 그러한 사정을 잘 보여주고 있다. 조선초기 토지소유의 편중과 지주제의 발달이 극대화됨에 따라 제시된 대책으로서,73) 실제 논의의 시작은 정전제는 안 되더라도 균전제를 구체화시켜 볼 수 있지 않겠느냐는 논의에서부터 였다. 토지의 편중과 농민의 몰락이 극심했기 때문에 나타난 처방이었지만, 논의가 끝날 무렵에 결정된 것은 한전론이라는 미봉책이었다. 그것도 지주에게는 50결을 상한으로 한전을 하고, 농민에게는 陳荒田 耕作權 정도를 주선해 주자는 논의로 마무리되다가 결국에는 50결 한전론도 시행되지 못하고 그쳤다.74)

조선후기에 들어서도 여러 논자들에 의해 한전론이 제기되었는데 그것은 大土地所有者인 豪勢家들의 土地所有權을 일거에 몰수하는 방법이 아니라 土地所有의 상한선을 정함으로써 나머지 토지가 자연

---

72) 『磻溪隨錄』 卷五, 「田制攷說」上 秦漢以後井田論議. 22나~23가.

73) 李景植, 「朝鮮前期의 土地改革 論議」, 『韓國史研究』 61·62합집, 1988. 10 (『朝鮮前期 土地制度研究』Ⅱ, 지식산업사, 1998 소수) ; 金泰永, 「朝鮮前期의 均田·限田論」, 『國史館論叢』 5, 1989.

74) 『中宗實錄』 卷33, 中宗13년 5월 丙寅, 15-446.

스럽게 無田者에게 돌아갈 수 있다고 생각해낸 방안이었다. 이 같은 한전론은 점진적이며 장기적인 관리와 통제를 통해 농민경제의 안정을 기할 수 있는 방법으로 제기되었지만 그 입장이나 방법이 문제가 될 수 있었다.

18세기 들어서면서 토지모순이 심화되면서 한전론은 또다시 거론되기 시작했다. 南唐 韓元震(1682 숙종 8~1751 영조 27)의 경우 신분계급에 따라 상한선을 별도로 두는 방법을 제시했다. 양반 사대부 계급은 상한을 10결, 小民 계급은 5결로 하자는 것이다.[75] 지주제 개혁에는 찬성치 않았으며, 소농경제만을 내세우는 토지개혁론에도 반대하는 대지주층 입장의 개혁론이었다. 그는 井田制와 같은 토지개혁은 반대하면서 다만 지주층의 토지 상한만을 조정하면 된다고 보았다. 宋時烈을 중심으로 한 朱子의 토지문제 인식을 그대로 추종하는 선에서 현실을 받아들이고 있었다.[76] 농민의 토지소유를 보장하는 것보다는 지주적 토지소유를 제한하는 방법이라는 점에서 지주적 입장의 개혁론에 그치고 있었다.

楓石 徐有榘의 경우에는 농민층이 몰락하는 18세기 말의 현실을 보면서 나름대로의 방법론을 제시하고 있는데『林園經濟志』와「擬上經界策」의 屯田論으로 완성되기 이전의 限田論이 그것이다. 한전론은 正祖의 求言敎에 대한 대책으로 작성된 농업개혁론으로서 20, 30대 풍석의 생각을 반영해 주고 있다. 그가 제시한 한전론은 한전제를 시행하여 토지소유의 상한을 제한하면 無田農民에게 자연스럽게 농지가 분배될 수 있다는 방법이었다. 多作으로 인한 폐단을 막고 빈부의 격차를 줄일 수 있는 대책으로서의 한전론은 수리시설이나 농기구 보급, 농서편찬 등을 통해 보완되고 있었다.[77] 한전론 중심의 농지재분배와 그것을 보완할 수 있는 농법 개량을 통해 농업문제를 해결하려는 것이

---

75)『南唐集』卷37, 雜識 外篇 上, 9장.
76) 金駿錫,『朝鮮後期 政治思想史 研究』, 지식산업사, 2003.
77)『楓石全集』7,「金華知非集」卷11, 農對.

었다.

한전론은 지금까지 살펴보았듯이 토지사유제가 전제되는 선에서 상한선을 제한하는 방법으로 구상되었다는 데 특징이 있었다. 그렇지만 한전론은 이후 정전제나 균전제 등의 토지제도 개혁론과 결합하여 다양하게 나타나고 있었다. 즉 상한선만을 정해 놓는 초기의 한전론은 바야흐로 각 계층마다 상한선을 제한하는 방식에 그쳤으나, 이후에는 농민의 항산전을 정한 후에 토지소유의 상한선까지 정하는 방식이 나타나기 시작했다. 이러한 제한 규정은 토지소유의 상한 뿐아니라 하한까지 정함으로써 균전의 의미까지 내포하게 되었다.

나. 均田論

조선후기의 한전론과 균전론은 중국에서 처음 나타났던 그것과 크게 다르다. 조선적 현실에 맞추어 변용시켰기 때문이다. 한전론의 경우 상한선만을 정한 경우나 상한선과 하한선을 정한 경우는 분명한 한전이지만, 하한선만을 정한 경우 그것을 한전론이라 하기 어렵다는 점이다. 하한선의 경우 대개 정전론이나 균전론에서 말하는 농민의 항산전과 구분이 어렵기 때문이다. 애초에 중국에서 나타난 균전론은 국유를 전제로 計口授田의 방식으로 토지를 환수하는 특징이 있었지만,78) 그 내용을 보면 대토지소유를 인정하면서 단지 국가가 그것을 관리하는 정도로 융통성 있게 운용되었기 때문이다.79) 실제 균전제의 운용 역시

---

78) 균전제의 이념적 배경은 漢族的 전통인 王土思想과 土地均分思想, 그리고 유목적 전통인 土地共有主義의 結合이라고 할 수 있다. 예컨대 堀敏一(『均田制の研究』, 1975) 등은 기본적으로 共有制에 입각한 共同體的 集體所有制, 國有制 등으로 파악해 왔다.

79) 지금까지는 기본적으로 국유로 보는 견해가 다수였지만, 여기서 私有, 國有의 개념은 법률적 용어로서의 구분이라기보다 환수여부를 기준으로 하는 관리권의 永續性 차이를 의미하는 것에 불과하다는 견해가 설득력을 가진다 (김유철, 「균전제와 균전체제」, 『강좌 중국사』II, 1989, 164쪽).

노비에 대한 授田을 主家인 豪族의 대토지소유에 귀속되었을 것으로 본다면 대토지소유자들의 토지소유를 인정하면서 그들에게 황무지 개간을 유도하는 동시에 타협안으로 기능했을 가능성에 있다는 점이다.[80]

따라서 균전제 역시 사유제가 전제된 것임을 확인할 수 있으며 단지 토지환수를 국가가 장악하고 관리했다는 점을 주목할 필요가 있다. 그리고 토지분배는 정전제처럼 일정 면적을 기준으로 하는 것이 아니라, 노동력을 환산하여 나누어준다는 특징이 있었다. 이 같은 점에서 본다면 조선후기의 균전론 역시 사유제를 전제로 국가가 토지환수를 장악하는 가운데 균전의 이념을 실현하려 했다는 점과 노동력에 따라 토지를 분배하는 방법을 통해 구상되고 있었다.

霞谷 鄭齊斗(1649~1736)나 星湖 李瀷(1681~1763), 順庵 安鼎福(1712~1791)의 토지론이 농민의 항산전을 2결, 또는 1결(1頃)로 한정하여 균전을 추구하고 있다는 점은 따라서 한전과 균전이 결합되어 있는 것이라 할 수 있다. 농민의 항산을 보장하기 위해 하한선을 정해 놓은 경우를 한전론으로 구분할 수도 있고,[81] 星湖의 경우에서 보듯이 균전론을 목표로 限田을 말하였기 때문에 한전적 균전론의 성격을 가지며 궁극적으로는 균전론으로 구분할 수 있다. 조선후기의 한전론과 균전론의 구분은 따라서 농민의 항산을 보장하느냐의 여부가 커다란 관건이 되고 있었다. 사유와 국유라는 구분은 더 이상 구분의 근거가 되지 못하며 결국 농민의 항산을 보장하는 방법이냐의 여부에 따라 구분이 가능하다.

霞谷 鄭齊斗의 토지론은 한전론과 감조론을 결합하여 균전을 달성하려 하고 있다. 하곡의 한전론은[82] 1戶당 3결로 한정하고[83] 매 토지

---

80) 김유철, 앞의 글, 1989, 172쪽.

81) 金容燮, 「朝鮮後期 土地改革論의 推移」, 앞의 책, 1989, 433~439쪽.

82) 朴京安, 「霞谷 鄭齊斗의 經世論-『霞谷集』中 <箚錄>에 대한 一考察」, 『學林』 10, 1988. 3.

마다 帖牌을 만들어 관리하고 통제하는 방법이었다. 作牌하는 방법은 "改量田聚訟決畢 盡合各主文記 官以今田名作牌給之"하다고 하여[84] 量田을 통해 각 所有主의 文記를 모아 이름대로 牌를 만들어 주는 것으로 100년 정도 시행된다면 均田의 의미가 실현될[85] 것이라고 보았다. 이와 함께 地代 경감을 통해 토지겸병을 억제하는 방법도 병행하였다. 公稅나 私稅 모두 1/10로 일치시켜 지주제를 억제하는 방법이었다. 즉 勤農夫妻가 牛 1마리로 畓 60두락을 경작하는 上農의 경우 米 50석을 생산할 수 있는데, 이 가운데 1/10인 5石을 公稅로 내도록 하면 나머지 45石으로 1년 생활을 꾸릴 수 있다고 보았다.[86] 45석 가운데 식량으로 소비되는 량은 "一夫一年食七十二斗米 夫妻一年食餘用米十石"[87]이라고 하여 夫妻 기준으로 米 10석이라고 하였으므로 公稅 5石과 식량 10石을 제하면 35石이 남아 생활근거가 될 수 있다고 보았다. 뿐만 아니라 수령의 감독 하에 量田을 제대로 하여 田籍을 바로잡는다면 隱漏結의 발생이나 田品不均 등의 賦稅不均에 따른 폐단도 막을 수 있다고 하였다. 이러한 가운데 '消兩班', '消奴婢', '無貴賤嫡庶之分'하는 身分差別 없는 사회를 만들어 가자고 하였다.

星湖 李瀷은『藿憂錄』均田論에서 限民名田을 비판하면서 균전의 방법을 강구하고 있다. 그는 조선후기라는 시점에서 균전을 실현하기 위해서 상한선을 제한하는 것이 불가능하다는 점에서 균전을 행할 수 있는 방법을 강구하였기에 한전적 균전론의 계통으로 볼 수 있다. 즉 營業田을 한정하여 지급하고, 田券을 통해 국가가 적극 통제함으로써 점진적이나마 자영농을 중심으로 한 농민경제 안정을 추구하는 방식

---

83)『霞谷集』卷22, 箚錄, "限民田 一戶限三結 原已過限者雖勿減 而未過者禁勿過 未滿者加買 而滿者不得加買 冒名買者贖之".
84)『霞谷集』卷22, 箚錄.
85)『霞谷集』卷22, 箚錄, "限田終歸自均'過限者 不得加買 故田自歸於不及限者 其價且輕'百年可知均".
86)『霞谷集』卷22, 箚錄.
87)『霞谷集』卷22, 箚錄.

이다. 토지의 제한 규모는 "國家宜稱量一家之産 限田幾負爲一戶營業田"[88]하다고 하여 國家가 1戶당 營業田을 한정하여 지급하는 것을 말하고 있다. 면적은 1頃 정도의 넓은 규모로 정하여 빈민과 부민 사이의 욕심을 절충하는 방법이되, 영업전의 매매는 철저하게 금하고 그 규정을 어겼을 경우에는 처벌하라고 하였다. 그 외에는 자유로운 매매를 허용하여 점진적으로 대토지소유를 해체시키고 농민경제를 균산화시키려 하였다. 이때 모든 토지의 매매는 官에서 철저하게 관할하되, 매 토지마다 "官亦考驗田案而後 作券以付之"[89]하라고 하여 田案을 참고하여 田券을 작성 지급함으로써 매매에 대한 관리와 통제를 행하는 것이다. 이 같은 田券이 있어야 田訟 때 법의 보호를 받을 수 있었다. 星湖의 均田論은 대단히 점진적이지만 국가가 개입하여 장기간에 걸쳐 단행한다면 소농경제의 안정을 꾀할 수 있다고 확신하는 방법이었다. 그는 자신의 생각이 송나라 林勳의 『本政書』의 것과 비슷하다는 것을 알고 그 실현 가능성을 믿고 있었다.[90]

　順庵 安鼎福의 토지개혁의 원리는 1丁을 기준으로 1頃의 토지만을 갖도록 한다. 순암의 丁田法은 선생 星湖의 「均田論」에서 규정했던 永業田 이외에는 자유롭게 매매할 수 있도록 한 것보다 더 철저하다. 순암의 정전법에서는 丁의 노동력 기준에 맞추어 田을 지급할 뿐 그 이외는 절대로 사들이지 못하도록 하고 있다. 星湖처럼 더 사들인다면 균전이 붕괴될 것이라는 것을 이전에 수없이 보아 왔기 때문에 매매를 금해야 한다고 보았다. 더불어 겸병을 금했을 뿐아니라 장기적으로 지주제 혁파를 목적으로 했다. 順庵의 이 같은 '配丁田法'[91]은 先生 星湖의 均田論과 마찬가지로 오래도록 시행하면 다소의 효과가 생긴다고 보았다.[92]

---

88)『星湖全集』卷45, 雜著 論均田・論田制.
89)『星湖全集』卷45, 雜著 論均田・論田制.
90)『星湖僿說』卷7, 人事文 均田.
91)『雜同散異』,「井田溝洫諸法」, I-40쪽.

湛軒 洪大容(1731~1783)과 燕岩 朴趾源(1737~1805)의 토지론 역시 균전의 방법을 강구하고 있다는 점에서 주목되는데 모두 중국의 균전론과는 다르다. 담헌의 경우 1戶당 평균 2결을 限身制로 하는 방법을 통해서,[93] 연암은 1單位戶를 정하여 균전을 시행하는 방법을 구상하고 있었다.[94] 연암의 균전론은 沔川郡을 사례로 연구하고 있다는 점에서 주목되는데, 면천군 전체의 토지와 노동력을 나누어 규모를 조정하는 방법을 구상하고 있었다. 또한 限田의 방법을 통하여 균전을 실천하려 했다는 점에서 특이하다.[95]

許傳의 토지개혁론은 농민의 항산전을 정하고 더불어 상한선을 제한하고 있다는 점에서 균전과 한전을 결합시키고 있다. 許傳은 星湖-順庵學派의 학맥을 계승했으며 농민경제를 안정시킬 수 있는 토지론에 초점을 두고 있었다. 즉 농민에게 항산전을 갖도록 하고 부농의 토지소유 상한선은 10家의 恒産田을 넘지 못하도록 정하여 농민경제를 안정시키는 방법을 제기하였다.[96] 이때의 항산전은 幾結 단위로서 1夫의 소유지가 되도록 하였고 항산전의 매매는 원칙적으로 금했다. 또한 토지분배는 강제로 하는 것이 아니라 多田者에게는 토지 매매를 유도하되 10家의 토지소유량를 넘지 않도록 하였다. 부농이 소유한 최소 10결 면적은 대토지소유지로서 대지주층의 이해를 충분히 반영한 것이라는 점에서 토지모순을 해결치 못할 가능성이 존재하지만 현실을 인정하면서 동시에 항산전을 전제로 농민경제를 안정시키려 했다는 점에 특징이 있다.

지금까지 한전론과 균전론을 살펴 보았다. 한전론은 사적소유제가 전제되는 상황에서 소유의 상한선을 제한하는 방식으로 출발했음을

---

92) 최윤오, 「順庵 安鼎福의 土地論」, 『韓國實學硏究』 4, 2002.
93) 『湛軒集』 內集 卷4, 林下經倫.
94) 『課農小抄』, 限民名田議.
95) 金容燮, 앞의 글, 456~458쪽.
96) 『性齋文集』 卷9, 三政策.

알 수 있다. 한전론은 이후 균전론이나 정전론을 구상하는 논자들에게 있어 여러 가지로 응용되었다. 따라서 균전론이나 정전론은 한전론적 성격을 갖고 있으며 한전론적 균전론 등으로 분류될 수 있다. 그에 비해 균전론은 결국 항산전을 기준으로 토지론을 전개한다는 점에 있으며, 그 기준이 노동력이며 1夫 또는 1丁, 1戶 등의 기준으로 토지분배의 기준이 마련되고 있었다. 한전과 균전의 방식은 이후 각 신분직역에 따라 토지소유의 상한선을 두는 경우에서부터 농민층의 항산전을 1결 또는 幾結로 정해 놓고 나머지 계층의 자유로운 토지매매는 허용하는 방식에 이르기까지 다양하였다. 다만 지주적 입장에서 대토지소유자를 위한 한전론을 제시하는가, 아니면 농민을 위해 항산전을 정해 놓고 다른 신분계층의 상한선을 정하는 방식을 통해 문제를 해결하는가 하는 차이가 있었다. 이 같은 점은 결국 농민의 항산을 정하지 않고 토지소유의 제한을 이용하는 한전론과, 농민의 항산을 정하되 노동력 (1夫, 1丁 또는 1戶)에 따른 분배를 행하는 방식으로서의 균전론으로 구분될 수가 있다.

2) 지주제 혁파론과 체제개혁론

지금까지 살펴본 감조론, 균전(균작)론, 한전론이나 균전론 등의 토지론은 사적소유를 인정하는 가운데 추구된 점진적 방법론이라고 할 수 있다. 물론 사적소유를 인정하더라도 지주제를 인정하는 경우가 있고 반대로 지주제 혁파를 목표로 하는 경우도 있었다. 조선후기의 사적소유를 전제로 하면서 장기적으로 토지겸병을 없애는 방법을 강구했던 것이다. 이에 대해 적극적인 방법을 통해 지주제를 혁파하는 동시에 체제를 개혁하려는 논의가 나타났다.

이러한 방법론은 대개 정전법이 무너진 이후 모색된 한전법과 균전법 계통의 한계를 넘는 방법이기도 했다. 즉 반계 유형원과 다산 정약용 등에 의해 제기된 토지론은 정전제 본래의 뜻을 되살리는 정전법

계통으로서 과거의 논의를 한 단계 진전시킨 토지개혁론이었다는 점에서 다르다. 이 같은 논의가 나온 것은 한전법이나 균전법 역시 얼마 시행되지 못하고 무너졌기 때문이며 사회가 더욱 발달하고 분화된 상태에서는 적절치 못하다는 것이다. 보다 철저하고 근본적인 대책이 마련되지 못했기 때문에 실패로 돌아갔다는 것이다. 반계와 다산에 의해 제기된 토지론은 따라서 지금까지의 토지론을 면밀히 검토하는 가운데 제기된 것이라고 할 수 있다.

반계는 정전의 이념을 되살리고자 公田法을 회복해야 한다고 하면서 과도적인 방법론으로서 감조론이나 한전법을 채택할 수 있지만 반드시 공전법이 시행된 이후에야 효과를 본다고 했다. 반계는 또한 균전법을 철저하게 비판했다. 균전을 목표로 하지만 計口授田하는 방법이야말로 실패하는 근본적 요인이 되었다고 본다. 반계의 개혁론은 토지개혁 차원을 훨씬 넘어 국가 전반의 체제개혁론으로도 손색이 없을 정도였기 때문에 조선후기 개혁론 가운데 획기적인 것이라고 할 수 있다. 또한 다산의 토지론 역시 정전론이나 여전론에서 볼 수 있듯이 조선후기 토지개혁론의 결정판이라고 할 수 있다. 그것은 반계 이후 제기된 토지론을 면밀히 검토한 뒤에 정리된 것으로서 향후 농업개혁의 모델이 되었다는 점에서 검토될 필요가 있다. 결론부터 말하자면 반계에서 다산에 이르는 개혁론의 특징은 농민의 항산을 분급해 주는 것으로 그치지 않고 체제전반에 걸쳐 그것이 기능하도록 하거나, 항산을 분급해 주더라도 확대재생산이 가능하도록 관리 통제를 가하고 있다는 점이다.

이러한 토지론은 앞에서 검토한 바와 같이 사적소유에 대한 자유방임이 아니라 토지겸병과 토지집중의 모순에 대한 해결책으로서 제시된 것이었다. 그것은 주자의 토지론에 대한 반주자적 성격을 갖는 것이었다. 그 차이는 夏殷周 三代의 이상적인 제도로 검토되었던 '井田'을 어떻게 이해하는가에서 출발하고 있었다.[97]

(1) 公田論

　磻溪 柳馨遠(1622~1673)의 토지론은 균전론으로 분류될 수도 있지만 그가 궁극적으로 달성하려고 했던 것은 公田法이 전제된 井田制 사회였다. 그는 공전법의 역사적 의의를 부각시키기 위해 균전법을 철저하게 비판하면서 그 한계를 지적하기도 했던 것이다. 따라서『磻溪隨錄』이 17세기 위기상황에서 제출된 가장 체계적인 국가개혁 논의가 될 수 있었던 것은 바로 공전론 때문이기도 하다.

　磻溪의 궁극적인 목표는 井田制的 질서였다.『磻溪隨錄』卷1, 田制 上의 첫머리에서부터 그것을 강조하고 있다. 井田法에 의해 經界가 바로 서면 萬事가 해결된다고 보아 民은 恒業을 갖게 되고 兵을 별도로 搜括하는 폐단도 없어지며, 貴賤과 上下 모두 본분에 맞게 '各得其職' 할 수 있다고 보았다. 이러한 가운데 分數가 절로 정해지면서 각자의 사회적 지위와 신분이 정해질 수 있다는 것이다.[98]

　井田制的인 원리를 강조하기 위해 그는 均田制의 한계를 명확히 지적해 내고 있었다. 井田制는 '以地爲本'으로 원리를 삼고, 均田制는 '以人爲本'으로 원리를 삼는데서 차이가 나타난다고 하여 井田制로 돌아가야 한다고 하였다.[99] 우선 井田制의 以地爲本 원리는 土地로써 기본을 삼고 그 경계를 바로 잡아 사람의 자격에 따라서 農地를 받게 하고 이로써 均租稅하게 出兵役하는 제도로서, 비록 井田의 古制는 아니라 할지라도 실은 井田制의 本意를 체득한 것이니 이 제도가 한번 정해지면 百世를 가도 아무런 폐해가 없을 것이라는 것이다. 그리고 均田制의 以人爲本 원리는 人丁을 기준으로 하여 壯丁을 搜括해서 兵役을 정하고 口數를 계산하여 農地를 나누어주기 때문에, 그 증감을 일정하게 유지하기 어렵고 경지의 경계를 바로 잡지 못하여 비록

---

97) 金容燮,「朱子의 土地論과 朝鮮後期 儒者」,『延世論叢』21, 1985 참조.
98) 金駿錫,「柳馨遠의 變法論과 實理論」,『東方學志』75, 1992 ; 金駿錫,「柳馨遠의 政治・國防體制 改革論」,『東方學志』77・78・79 합집, 1993.
99)『磻溪隨錄』卷5,「田制攷說」(上) 秦漢以後井田論議, 22나~23가.

일시적 성과는 있을 지라도 이내 폐지됨을 면치 못할 것이니, 隋唐의 均田制가 바로 이런 것이라는 것이다.[100] 게다가 후세에 혹 土地私有制를 그냥 인정하고 그 매매까지도 허용하면서 한편 限田制를 제정하려는 이가 있으나 그것도 행해질 리 없다는 것이다.[101]

磻溪의 井田制를 통해 확인할 수 있는 것은 井田制는 실행 가능한 제도이며, 平壤의 箕田을 보아서도 그렇다는 것이다. 그가 복원한 정전제의 특징은 公田이 모두 한 군데 모아져 있었지 私田 가운데 있지 아니하였으리라는 것이다.[102] 磻溪가 복원하려는 井田制는 夏殷周 시기를 거치면서 완성된 周나라 井田制로서 公田制를 통해 그 원형을 복원할 수 있다는 것이다. 그는 분명 周나라 井田制를 하나의 이상형태로 보고 있었고 그것이 실현 가능하다는 것을 平壤의 箕田 遺蹟을 통해 확인하고 있었다.

磻溪의 公田制 원리는 지금까지 밝혀진 대로 公田이 설치되지 않은 형태의 井田制 운영에 있다.[103] 즉 井田制라면 助法이나 徹法에서 살펴보았듯이 公田 100畝를 私田農民이 공동경작하는 형태였는데, 磻溪는 그러한 중국 고대의 井田制 방식을 다시 복원하기는 어렵다고 보았다. 따라서 그가 생각한 朝鮮的 井田制는 현실에 적용할 수 있는 방법이어야 했다.

公田制의 첫 번째 특징은 개인의 私的所有를 제한함으로써 모든 토지를 國家的 所有로 환원하려는 것이다. 이때 대토지소유자의 토지를 公田으로 만드는 것은 官에서 人田을 탈취하는 것이 아니라 民의 노동력을 헤아려 각자 받기를 희망하는 토지를 분급받는 것으로 볼 수 있다.[104] 受田者에게는 사적 소유권이 아닌 公券을 발급해 주되,[105]

---

100) 『磻溪隨錄』 卷5, 「田制攷說」(上) 秦漢以後井田論議, 22나~23가.
101) 『磻溪隨錄』 卷5, 「田制攷說」(上) 秦漢以後井田論議.
102) 『磻溪隨錄』 卷5, 「田制攷說」(上) 秦漢以後井田議論, 36가.
103) 金駿錫, 「柳馨遠의 公田制理念과 流通經濟育成論」, 『人文科學(연세대 인문과학연구소)』 74, 1996.

受田者는 각 소속 관청에서 田籍의 字數를 갖추어 公券을 만들도록
하였다.106) 물론 사유제가 살아나지 못하도록 토지세습제는 폐지하는
것으로 하였다. 또한 竝作의 관행을 막을 수 없음을 알고 제도화하고
자 했는데, 耕作者는 5분의 4를 취하게 하고 田主는 5분의 1만을 취하
게 하는 減租論의 형태였다.107) 이 같은 점을 통해서 지주제가 자연스
럽게 소멸될 수 있는 방안도 강구했던 것이다.

두 번째 특징은 100畝(1頃) 단위의 토지분배 방식에 있다. 100畝(1
頃)는 民力을 헤아리고 産業을 계획하며 地利와 人事를 참작하여 정
한 것으로서108) 약 40斗落의 넓이였다.109) 이 같은 公田制 원리를 통
해 만들고자 했던 井田制는 결국 土地에 대한 國家管理를 통해 '重民
勤國 均賦薄斂'110)하는 데 목적이 있었다. 公田이라야 백성의 恒産을
근거로 産業이 恒久하고 人心이 안정되어 萬事가 分數를 얻을 수 있
다고 보았다.111) 나아가 양반지배층의 경우 官人이 되지 못한 자는 2
경에서 4경, 官人은 6경에서 12경을 지급했고, 왕족에게는 12경과 賜

---

104)『磻溪隨錄』卷2, 田制(下) 田制雜議附, "玆法之行 非官奪人田 計民分給 民
　　各自爲望受 則富人自當分於子弟奴僕 不過立號出兵耳".
105)『磻溪隨錄』卷1, 田制(上), 分田定稅節目, 34나~35가.
106)『磻溪隨錄』卷1, 田制(上) 分田定稅節目, 34나~35가 ;『磻溪隨錄』卷1, 田
　　制(上) 分田定稅節目, 20나.
107) 租稅는 지금처럼 田主가 내게 한다(『磻溪隨錄』卷2, 田制(下), 田制雜議附,
　　14나).
108)『磻溪隨錄』卷1, 田制(上) 分田定稅節目, 5가.
109) 1頃 100畝는 水田으로는 약 40斗落에 해당하며, 旱田으로는 4日耕이다. 旱
　　田의 경우 京畿・嶺南 지방은 소 1마리로 경작하기 때문에 4일갈이를 하며,
　　소 2마리가 끄는 全羅・忠淸은 3일갈이가 된다. 遼東 지방은 1畝마다 3畎이
　　있기에 시간이 걸려 6일갈이가 된다(『磻溪隨錄』卷1, 田制(上) 分田定稅節
　　目, 5가).
110)『磻溪隨錄』卷6, 田制攷說(下) 國朝田制附, 18나~19나, "謹按 祖宗立制 其
　　條理詳密如此 重民勤國 均賦薄斂之意 至矣 苟以是意行之 雖千萬世無弊可
　　也而式至于今 結負無紀 賦稅不均者 何也……".
111)『磻溪隨錄』卷2, 田制(下) 田制雜議附, 12가~나.

稅로서 500斛地 이하의 토지를 지급했다. 吏胥僕隷, 工商人 등에게도 토지를 지급하여 각각의 職分을 다하는 사회를 만들고자 했는데 이 같은 토지분배 방식은 均田論의 원리가 채용된 것이다.112) 또한 4頃마다 出兵토록 함으로써 農兵一致를 제도화시킴으로서 勤國하는 방법으로 삼았다. 이렇게 經界를 바로 하고 出兵을 명확히 하는 것은 公田制가 아니면 이루어질 수 없다고 하였다.113)

그의 토지론은 사회적 분업을 전제로 한 公田制라고 할 수 있다. 공전제를 배경으로 田制와 軍制를 정비하고 제반 役制도 田結에 배정하게 되면 地主制는 자연히 혁파되면서 國家는 富强해지고 農民은 풍요로워질 것이라고 보았던 것이다.

(2) 井田制와 閭田論

반계의 개혁안은 후대의 실학자들에 의해 계승되는데 그 중 井田制를 중심으로 한 토지개혁 논의를 살펴보면, 각각의 계열이 갖는 차이는 그 이념만을 계승하여 토지경계의 구분 없이 정전제를 주장하느냐, 아니면 井田制 원리에 입각한 土地劃定과 經界구분이 전제가 되는 가운데 토지분배를 행하느냐에 있었다.

첫 번째 계열은 井田制 복구가 어렵다는 것을 잘 알고 있었고 따라서 井田制 槪念을 융통성 있게 해석하고 그것을 시행하는 방법을 찾고 있었던 保晩齋 徐命膺, 文巖 丁志宬, 茶山 丁若鏞의 井田論이고,114) 두 번째 계열은 井田制를 조선의 현실에서 복구하는 방법을 찾았던 茶山 丁若鏞의 閭田論과 같은 논의이다.115)

---

112) 金容燮, 「朝鮮後期 土地改革論의 推移」, 앞의 책, 1989, 429~433쪽.
113) 『磻溪隨錄』 卷2, 田制(下) 田制雜議附, 14나~15가.
114) 金容燮, 「朝鮮後期 土地改革論의 推移」, 앞의 책, 1989, 442~451쪽.
115) 金容燮, 「18, 9世紀의 農業實情과 새로운 農業經營論」, 『大東文化研究』 9, 1972(『증보판 韓國近代農業史研究』(上), 일조각, 1984) ; 金容燮, 「朝鮮後期 土地改革論의 推移」, 앞의 책, 1989, 451~456쪽.

첫 번째 계열은 井田制 방식의 토지구획 없이 井田制 시행 가능성을 찾고 있었던 保晩齋 徐命膺, 文巖 丁志成, 茶山 丁若鏞의 井田論이다.

정전제 시행을 반드시 井字形 토지구획을 통해서만 시행하는 것이 아니라, 토지경계의 정비없이 시행하거나, 다산의 정전론에서 보이듯이 제한된 지역에서만 井田制 구획을 시도할 수 있다는 논의이다. 茶山이 方田法에 대해 그렇게 관심을 기울인 것은 이 같은 토지경계 구분이 전제가 된 토지개혁론이라야 정전의 원리를 제대로 실현할 수 있다는 것을 알았기 때문이다. 磻溪가 우려한 것도 경계 구분과 토지분배 없이 정전의 원리를 시험하는 것이었고, 정전제를 복원하려는 개혁론자들 역시 이를 잘 알고 있었다.

다산의 정전제에 나타난 토지수용과 토지분급은 우선 國有地나 新田을 대상으로 하고 나머지는 국가가 매수하는 방법을 통해 해결하는 점진적인 방법이었다. 그리고 토지구획도 이 같은 국유지만의 설치로 제한되고 지주제는 그대로 용인되는 상태로 운영하는 것이다. 또한 公田 설치가 어려운 곳은 計數로서만 운영토록 하되 魚鱗圖를 통해 관리한다는 것이다.116) 아울러 국가의 井田制的 농업생산계획과 관련하여 지주경영을 견제하는 방안도 강구하고 있는데, 作人 1夫는 통틀어 私田 1區를 넘지 못하도록 함으로써 地主의 병작 경영을 간접적이나마 통제하려 하고 있었다. 또한 佃作 농민 역시 광작 경영을 행할 수 없었다는 점에서 당시 借地競爭을 견제하고 均作(均田)이 시행되도록 하는 것이다.

국가가 주도하여 集團農場의 시범적 운영을 통해 농촌문제를 해결해야 한다는 논의가 茶山의 井田論이나 楓石의 屯田論을 통해 제기되었는데 이 같은 견해 역시 均作論과 관련하여 검토될 수 있다.

茶山은 國有地를 중심으로 井田制 방식으로 운영하고 자영농민의

---

116) 『經世遺表』, 地官修制, 田制10 井田議2.

242

농지는 계속 사들여 井田制에 점진적으로 편입시켜 나가는 한편, 지주층의 농지는 수백년에 걸쳐 점진적으로 전환시켜 나가는 방법을 구상했다. 제한된 地目에서의 井田制이기는 하지만 井田 1井은 公田 1區와 私田 8區로 구성되며 1區는 100畝(1頃, 40두락) 단위로 구획 정리하고 있으며117) 좁은 지역은 다만 計數로써 운영하며, 이를 모두 魚鱗圖로 작성하여 운영하고자 하였다.118) 이러한 정전제 운영은 均耕均作論에 입각하여 경영확대를 제한하되 井田 가운데 私田 1區를 받으려면 3인 이상의 壯男 노동력과 최소한 2家에 쟁기와 소 1필을 가지는 것으로 제한했다. 그리하여 빈농층, 무전농민을 독립자영농으로 육성하는 데 우선적인 목표를 두고 정전제를 시행하는 방법이었다. 이러한 방법을 통해 농업을 분업화하여 생산성을 높이는 가운데 농업개혁・사회개혁의 주체를 육성하는 것을 목표로 하고 있었다.

두 번째 계열은 井田制 복구를 통해 농민경제를 회복시키려 했던 다산의 閭田論을 들 수 있다. 다산의 閭田論은 정조 23년(1799) 谷山府使 시절 「應旨論農政疏」를 바칠 때 구상했던 「田論」의 핵심으로서, 土地國有化를 실현하고 나아가 근본적인 농민경제 안정책을 마련하고자 했던 개혁론이었다.119) 「田論」은 井田制를 통한 토지분배 이론과 集團農場을 통한 농업협동 이론이 종합되어 나타난 공동농장적인 농업론이었다. 閭田論은 井田論이 구상되기 훨씬 이전 젊은 시절에 구상한 것으로 현실의 경제제도를 개혁하고 농민경제를 근본적으로 안정시키는 방법이었기 때문에 井田制와 크게 다른 차원의 논의였다. 즉 다산의 井田論은 노년 시절인 순조 10년(1810)경의 『經世遺表』에서

---

117) 『經世遺表』, 地官修制 田制9, 井田議1.
118) 『經世遺表』, 地官修制, 田制10 井田議2.
119) 朴宗根, 「茶山 丁若鏞의 土地改革思想의 硏究」, 『朝鮮學報』 28, 1963 ; 朴贊勝, 「丁若鏞의 井田論 考察」, 『歷史學報』 110, 1986 ; 愼鏞廈, 「茶山 丁若鏞의 井田制 土地改革思想」, 『金哲俊博士華甲紀念史學論叢』, 1983 ; 金容燮, 앞의 글, 1972.

발표한 글로서, 토지수용이 현실적으로 어려운 상황에서 國有地와 자영농의 토지를 사들여 가능한 범위 내에서 井田制를 시행하자는 점진적인 개혁안이었다는 점에서 閭田論과 구분되는 것이다.

閭田論의 특징은 농업생산을 閭(촌락) 단위로 집단화하여 集團農場이나 共同農場을 설치하는 방법을 통해 문제를 해결하는 것이었다. 다산은 토지몰수와 분배에 대해서는 구체적인 언급을 하고 있지는 않지만 지주층의 토지를 국가가 무상몰수하고 그에 대해 1/10세를 행하는 방식으로 농민의 均産을 생각하고 있었고 나아가 국가의 부강을 꾀했다. 閭田 역시 토지국유화를 전제로 王土 아래 共同農場의 형태로 재분배되는 것이었다.

閭라는 향촌단위는 행정구획 가운데 최하의 단위로서 보통 30호의 농가를 기준으로 하되, 다시 3閭는 1里, 5里는 1坊, 5坊은 1邑을 이루도록 하며, 閭에는 閭長, 里에는 里長, 坊에는 坊長, 邑에는 縣令을 두려는 것이었다. 이러한 閭田 단위 집단농장은 공동으로 구성원들이 점유하고 공동으로 경영하되, 소득은 農場의 生産勞動에 참여한 정도만큼 분급하는 것이었다. 그리고 勞動力을 중심한 운영방법을 통해 農場 단위로 집약적인 경영을 통해 농업생산력을 한층 더 발전시키는 것이었다. 토지개혁과 함께 생산성을 획기적으로 높일 수 있는 협동농장형의 농장경영 방식을 구상하고 있었던 것이다.

土地國有化를 전제로 한 井田制 방식의 토지구획과 그것을 통한 토지분급 방식은 이 시기 농촌경제를 되살리고 국가를 부유하게 만들 수 있는 방법이라고 생각되었고, 그러한 바탕 위에 부국강병 할 수 있는 방안으로서 각 구성원의 職分에 따라 능력을 발휘할 수 있도록 배치하고, 또한 국가생산력을 제고시키기 위해 노동능력에 따른 경영방식을 채택하는 문제가 공통의 관심사가 되고 있었다. 이러한 방안이 성공할 수 있기 위해서는 토지구획과 그에 따른 분배가 행해질 때 가능하다는 점을 지적하고 있는데, 이는 과거의 균전제나 한전제가 모두 土地를 단위로 하지 않고 民戶를 단위로 均産을 지향했기 때문에 시간이 흐를수록 실현되기 어려워졌다는 것이다.

다산을 통해 종합된 토지개혁론은 단순히 토지개혁론 차원에만 머무는 것이 아니라 상품생산을 전제로 한 토지분배와 노동력 안배, 그리고 專業農의 육성까지 고려된 형태로까지 발전되고 있었다. 그것은 항산전을 통해 농민경제를 안정시킬 수 있는 시기는 지나갔다는 것을 전제로 하는 것이었다. 항산전을 제공하더라도 그것을 관리하고 육성하지 않으면 안될 정도로 상품경제가 발달하고 있었기 때문이다. 茶山이 활동하던 19세기 전반기에 이미 농촌경제는 파탄의 상태에 이르게 되었고 각지에서 농민항쟁이 시작되던 시기였다. 이러한 시기의 농민보호 방략은 농업경영을 집단화하는 방법을 통해서 회복될 수 있다고 보았다. 국가가 직접 관리하고 통제하는 방식을 통해서만 농촌경제가 회복될 수 있다고 보았던 것이다.

반계 이후 다산에 이르는 토지개혁론의 성격은 조선후기의 극심한 사회모순과 그에 대한 대응논리로 마련된 것이었다는 점에서 주목되고 있으며, 나아가 새로운 사회를 전망하고 있었다는 점에서 중요하다. 비록 그것이 구체화되지는 못했지만 1862년 농민항쟁과 1894년 농민전쟁의 이론적 기반이 되고 있었다는 점에서 중요한 의미를 지닌다.

4. 맺음말

토지개혁론은 중세사회 해체와 근대사회 탄생의 지표를 마련해 준다는 점에서 중요하다. 지금까지 살펴본 제반 개혁 논의는 각 입론자의 정치경제적 이해 기반에 따라 다양하게 나타나고 있었다. 토지개혁론을 통해 비록 그것이 실천되지는 않았다고 하더라도 새로운 사회를 만드는 다양한 개혁론이 제기되고 있었다는 점에서 조선후기는 역동적인 사회라고 할 수 있다. 또한 그러한 역동적인 논의를 제압하고 기존의 어떠한 제도도 바꾸지 않고 운영자만 바꾸면 모든 문제가 해결된다는 식의 체제유지 방식을 통해 조선사회를 이끌어온 양반지배층의 보수성 역시 극단적이라는 점에서 대극적이었다.

지금까지 살펴본 제반 논의는 토지를 중심으로 전개되었지만 그러한 논의를 보다 정확하게 분류하고 평가해 내기 위해서는 신분제에 대한 인식태도가 수반되어야 한다. 토지 연구와 신분제 연구가 정밀하게 결합될 때 각 개혁론의 성격이 보다 분명해질 수 있기 때문이다. 예컨대 반계 이후 성호, 순암에 이르는 실학파의 경우에도 양반의 특권을 인정하고 있었다는 점 때문에 개혁적 성격에 대해 평가절하되기도 하지만, 그것은 체제 전반의 개혁을 기반으로 한 계층론이기 때문에 적극적 평가가 이루어질 수 있다. 반계나 성호, 순암의 양반직역에 대한 우대 조항이 단순한 특권 차원에 머무는 것이 아니라 직업에 근거한 것일 가능성이 있다면, 그리고 또한 노비제 혁파와 임노동제로의 개혁이 제시되고 있었다면 그러한 요소를 통해 적극적으로 평가할 수 있는 계기가 마련될 수도 있다. 유수원의 경우는 토지개혁 없이 고공제를 제시했을 뿐 아니라 사회분업을 전제로 한 논의를 제시했다는 점에서 토지모순에 대한 해결 없이 고용계약 관계를 통해 돌파하려는 방안이 될 수 있다.

다산에 이르는 시기에 양반의 특권이라든가 노비세습 문제에 이르는 신분적 특권이 제거되어야 한다는 논의로 수렴되고 있었다는 것은 이전의 시대적 한계를 차츰 극복해 가던 증거로 볼 수 있다. 그렇지만 이들의 의견이 비록 시대적인 한계를 완전히 뛰어넘지는 못했다 하더라도 그들이 구상한 질서는 폐쇄적인 신분질서가 아니라 下情이 上達할 수 있는 사회를 전망했다는 점에서 높이 평가될 수 있다.

본고는 그런 점에서 과제를 남기게 되었지만 한편 상품경제가 발달하고 신분제가 와해되던 상황 속에서의 토지개혁론은 그 나름대로의 의미를 지니고 있었다고 본다. 조선후기의 생산관계는 구래의 경제외적 강제가 지배하던 시기의 그것과는 다른 차원에서 전개되고 있었기 때문이다. 신분제가 와해되는 가운데 서민층 가운데 지주가 등장하기 시작했으며, 양반층 역시 노비나 임노동자로 전락하고 있었기 때문이다. 따라서 이러한 시기의 직업관에 기반을 둔 신분제 개혁론과 토지제도 개혁론은 비록 중세적 질서를 완전히 부정하지는 못했지만 근대적 체제로 안착시키기 위한 제안으로 받아들일 수 있다.

다른 한편으로는 조선후기 집권층의 개혁론이 양전론에 머물렀다는 점은 다양한 의견이 제출될 수 있는 통로를 막았을 뿐 아니라 철저하게 대립적인 구도를 유지함으로써 극단화될 가능성을 가졌다는 점이다. 이 같은 부세제도 차원의 집권층의 보수적인 태도는 여타 개혁논의와 절충되지 못하면서 극단을 달리게 되었던 것이다.

이 같은 중세 지주제의 모순은 마지막 시기까지 해결되지 못한 채 농민층의 요구와 평행선을 달리고 있었다. 농민항쟁을 통해 제시된 농민층의 요구는 1894년 갑오농민전쟁에서 '平均分作'이라는 형태로 폭발했던 것처럼 가히 혁명적인 것이었지만 외세의 개입으로 좌절되기에 이르렀다. 이제 토지개혁론을 둘러싼 중세말기의 대립은 1945년 해방 이후 토지개혁 논의로 연장될 수밖에 없게 되었다. 남북 간의 토지개혁론은 중세 말 그것이 확대된 형태로 제기되고 있었다.

실학자의 신분제 개혁론

김 무 진[*]

1. 머리말

조선후기 사회는 그 변화의 정도가 시기에 따라 편차가 있지만 전반적으로 변화의 과정에 있었다. 물론 사회구조를 이루는 제 요소가 동일한 시기에 동일한 모습으로 변화하는 것은 아니었다. 예컨대, 정치구조를 보면 정치기구의 재정비나 정치세력의 부침 등이 있었지만 근본적으로 중앙집권적 정치체제가 바뀌었다든가 지배방식이 크게 변화하였다든가 하는 것은 아니었다. 조선후기 사회의 주목되는 변화 가운데 하나는 상품화폐경제의 발달과 농민층의 분해이었다. 이것은 종전의 지주전호제를 근간으로 하는 경제구조의 변화를 의미할 뿐만 아니라 사회구조 전체 혹은 다른 사회구성 요소들의 변화와 관련되는 것이었다.

상품화폐경제의 발달과 농민층의 분해는 농업에서의 토지소유와 경영방식 등의 변동을 수반하였는데 지주전호 관계에 있어서는 종전의 신분구성과는 다른 양상을 나타나게 했다. 상업이나 농업경영에서 돈을 번 서민층은 토지를 사서 지주가 되기도 하였으며, 양반 가운데에는 오랫동안 관직에 진출하지 못하고 경제적으로 몰락한 경우도 생겨났다. 양반이 수공업이나 상업과 같이 스스로 천시하던 직업을 갖게

---

* 계명대학교 사학과 교수, 국사학

되었으며, 양인층 역시 경제적으로 자립하여 경영형부농으로 성장하기도 하였고 소상품생산자로 성장하기도 하였다.[1]

조선후기의 경제변동뿐만 아니라 봉건국가의 농민지배의 방식, 조세제도의 비합리성이나 혹은 운영과정에서의 비리 등이 농민층의 분해를 촉진하였다. 이 시기의 조세제도가 신분제와 총액제에 기초하고 있어서 구조적으로 결함을 지니고 있었으며 그것을 운영하는 과정에서도 부정이 개재되었던 것이다. 조선후기 농업생산력 수준의 제고와 상품화폐경제의 발달에 힘입은 사람들은 幼學·유생을 冒稱하거나, 교생·원생·군관·장교가 되어 군역부담에서 빠져나가고 있었다. 이는 농민경제를 더욱 몰락시키는 요인이 되었다.

신분변동은 사회경제적 변화를 배경으로 하면서 합법 또는 불법적인 방법으로 이루어졌다. 奴婢從母法이 시행되면서 종전보다는 조금 더 양인이 될 수 있는 길이 열렸으며, 국가는 천민으로 束伍軍을 편성하여 이들을 양인화한다든가, 空名帖까지 내어준 관직매매와 같은 합법적인 신분변동의 길을 열어 놓고 있었다. 곧 納粟授職이었다. 또한 軍功을 세우면 신분변동이 가능하였다. 특히 역부담자를 확보해야 할 왜란과 같은 전쟁 때나 북벌정책의 수행 같은 경우에 贖良政策은 강력히 추진될 수밖에 없었다. 천민이 대가를 치루고 양인 신분을 획득할 수 있는 것은 그만큼 부를 축적할 수 있었기에 가능하였다.[2]

위와 같이 지주제와 함께 조선사회를 유지하던 상하 차별의 신분제

---

1) 李泰鎭, 「朝鮮後期 兩班社會의 變化」, 『韓國社會發展史論』, 一潮閣, 1992, 141쪽에 의하면 조선후기 신분제 변동에 관한 구체적 연구의 시작은 김용섭 교수에 의해서이다. 그후 김용섭 교수의 연구는 金容燮, 『증보판 朝鮮後期農業史研究(Ⅰ)』, 지식산업사, 1995에 재수록되고 金容燮, 「土地制度의 史的 推移」, 『韓國中世農業史研究』, 지식산업사, 2000에는 특히 농민의 계급구성의 변화에 관하여 약술하였다.

2) 平木實, 『朝鮮後期奴婢制研究』, 知識産業社, 1982 ; 李弘斗, 『朝鮮時代 身分變動 研究』, 혜안, 1999 ; 金容燮, 「朝鮮後期 身分制의 動搖와 農地所有」, 『증보판 朝鮮後期農業史研究(Ⅰ)』, 지식산업사, 1995.

적 질서는 그 내부로부터 서서히 변동되고 있었으며 실학과 같은 새로운 사회운영의 원리는 신분제에 관한 새로운 편성을 모색하였다. 실학자들은 그들의 여러 글에서 신분문제에 관하여 단편적으로 언급하기도 하고, 혹은 다른 주제와 관련하여 거론하기도 하고, 때로는 직접적으로 신분 문제에 관해 집중적으로 자신의 의견을 개진하기도 하였다. 유형원은 노비의 문제를 『반계수록』의 「奴隷」에서 직접 종합하여 다루었고, 유수원은 「奴婢」, 「論士庶名分論」에서 신분문제를 집중적으로 거론하였다.

주자학자들이 名分論을 신분제적 질서 유지의 근거로 삼고 있음에 비하여 과연 이들 실학자들은 어떠한 생각에서 어떠한 신분제를 구상하고 있었는가를 파악하기 위해서 단순히 그들의 노비나 양반에 관한 견해만을 살펴보아서는 전 모습이 드러나지 않을 것이다. 실학자들은 인간을 어떻게 보고 있으며 그 인간이 구체적인 정치사회적인 존재로 나타나는 인민에 대해서는 어떻게 생각하고 있는가 하는 것을 살펴보아야 할 것이다. 나아가서는 그들이 새로운 사회에서 어떠한 신분질서 가운데 어느 위치에 편성되는가 하는 것을, 신분제도에 관한 구상을 포함하여 전사회구조에 관한 구상을 시각에 넣으면서 살펴보아야 할 것이다.

알다시피 때로는 국가권력이 신분제에 관한 것을 일부 규정하기도 하고 그 신분제적 질서가 유지되는 조건을 제공하고 있기는 하지만 신분제 자체가 국가에서 마련한 제도는 아닌 것이었다. 신분제는 그 사회구조의 여러 구성 요소와 밀접하게 연관을 맺으면서 구성되는 것이었다. 이러한 신분제의 개혁론은 직접적인 신분에 관한 언급에서만 드러나는 것이 아니다. 직업관 혹은 사회 분업체계 등과 관련되기도 하고, 토지소유관계의 재조정과 관련되기도 하고 혹은 관료충원방식과 관련되기도 하는 것이다. 예를 들자면 유형원의 신분론은 그가 신분에 관해 언급을 한 부분만이 아니라 조선사회의 분업 혹은 각 사회의 기능을 작동시키는 구성원들을 어떻게 편성시킬 것인가에도 나타나는 것이다. 그것은 신분 결정의 주요 요소인 생산관계와도 밀접한 것임은 재언을 요하지 않는다. 조선후기 생산관계의 재편성은 계급관계의 재편성인 것이고 그로 인한 신분 재편성은 불문가지의 일일 수밖에 없는 것이었다.3)

조선후기 신분제의 문제는 전 계층이 연관되는 것이지만 직접적으로는 양반층과 천민층에 집중적으로 나타났다. 양반층의 제특권과 노비제에 관한 것이었다. 우리가 주목하는 것 가운데 하나는 양반으로의 직접적 상승이라 평가하건, 아니면 유학층이 그 경과로 파악되건 그러한 상승의 양상은 아직 이 시기에 양반의 특권이 유효하다는 것을 알려준다는 점이다.4) 실학자들은 이 양반의 특권을 어떻게 할 것인가에 대하여 관심이 높았다. 아울러 실학자들의 신분에 관한 견해는 노비제에 관한 것이 중심 내용이었다. 노비제는 인도적 견지에서 그리고 사회전체 구성원 노동력의 적절한 동원체계의 수립 내지 배정이라는 점에서 관심대상이었다.

신분제의 문제를 정확하게 파악하자면 이 시기의 신분제가 가진 사회적 제 의미를 먼저 확인하여야 할 것이다. 예컨대 그것이 법제화하여 나타나지 않았다 하여도 차별 운영이 실시되고 있다고 하면 그것은 실제 법으로 규정된 것이나 다름없을 것이다. 예를 들어 신분 차별을 나타내는 중요 지표 가운데 하나는 역의 부담이었다. 법적으로 양인에게 부담한다고 하여도 현실에서 그 부담을 차별적으로 운영하고 있다면 역이라고 하는 것은 법 규정 이상의 의미가 있다고 여겨지는 것이다. 직업, 혼인, 관직 획득의 기회를 가질 수 있다는 점에서의 교육기회

---

3) 金容燮, 「朝鮮後期의 農業問題와 實學」, 『韓國近代農業史硏究』(Ⅲ), 지식산업사, 2001, 6~10쪽.
4) 李俊九, 「18·19세기 身分制 변동 추세와 身分 지속성의 경향」, 『韓國文化』 19, 1997 등의 글에서 幼學이 신분상승의 하나의 경로로 그치는 것을 넘어서서 유학층을 하나의 계층으로까지 설정하였다.

와 같은 것들이 신분제 전체의 모습을 이해하는 중요한 요소들인 것이다. 결국 실학자들의 신분문제에 대한 견해는 이러한 제문제를 어떻게 보고 있으며 어떠한 것으로 구상하고 있는가 하는 것이다.

전술한 바와 같이 조선후기 사회의 변화가 일거에 이루어진 것이 아니었듯이 신분변동 역시 일시에 이루어진 것이 아니었다. 대체로 현재의 신분변동에 대한 연구는 17세기 이후를 변동의 기점으로 잡고 있다.[5] 임진왜란을 기점으로 잡건 17세기 이후를 그 시기로 설정하건 시간적인 차이는 크게 나지 않는다. 그러하기에 이것은 단순히 변동의 시기에 관한 문제는 아닌 것으로 보인다. 주목할 것은 신분변동의 원인으로 거론되는 요인들이 지속성을 갖고 신분제적 질서를 해체시키는 데까지 나아갔는가 그렇지 아니한가 하는 문제이다. 신분이 지닌 특징 가운데 하나인 시간적인 지속성을 가지고 있으며 변동된 신분이 세습까지 되고 있는가 하는 문제인 것이다. 신분질서가 사회의 단순한 제도가 아니라 사회구조의 제측면이 연결되고 있는 것이어서 한두 가지 제도의 변동으로 파악될 수 있는 것도 아니고, 조선후기 사회의 변화가 일순간에 이루어진 것이 아닌 것처럼 18·19세기를 거쳐가면서 그 변동의 내용이 다를 수밖에 없는 것이다.

신분변동이 시기에 따라 다르듯이 실학자들의 신분제에 관한 이해 역시 자신이 살고 있는 시대를 반영하였다. 그것은 개인 차이가 있기 때문에 단순히 신분제에 관한 실학자들의 이해 내용의 차이를 시대적 변화라고 할 수만은 없지만 동일한 것이 되기는 어려웠다. 본고에서는 이 점에 유의하면서 실학자들의 신분에 관한 이해가 사회적 분업론과

---

5) 李泰鎭, 앞의 글, 1992, 180~186쪽에서는 종전의 연구가 임진왜란을 변동의 한 기점으로 잡았으나 주요 근거로 삼은 납속공명첩 등의 발행이 근본적으로 신분질서를 동요 내지 해체시키는 데까지 이른 것은 아니었다는 이유로 사회적인 여러 변동의 원인 등을 찾으며 17세기 이후를 변동의 시기로 잡고 있다. 반면 李弘斗, 『朝鮮時代 身分變動 硏究』, 혜안, 1999에서는 그 변동의 실체가 있었음을 주장한다.

계층재편성론을 통하여 어떻게 펼쳐지는가 하는 것을 기존의 연구성
과를 바탕으로 검토할 것이다. 아울러 그를 위하여 먼저 실학자들의
인간관 그리고 그 인간의 구체적 실존으로서의 인민에 대한 견해를 살
펴볼 것이다.

2. 인간 이해의 변화와 人民觀

1) 人間觀

성리학자들은 인간의 心性에 대해 관심이 높았다. 성리학에서 인간
은 天理를 받아 性을 갖는다는 점에서 보편성을 지니지만 氣質之性에
따라 선악이 나뉜다는 점에서 차별성을 지니고 있다. 인간의 주체성과
자립성을 인정한다는 점에서 보면 분명 인간 이해의 진전이라 하겠으
나 그 내부의 차이를 출발선에서부터 인정하고 있었다. 인간은 氣의
淸濁에 따라 君子와 小人 그리고 賢愚·貴賤이 나뉘는 것이다. 현실
에서의 수양에 따라 변한다고 하지만 그의 출발은 분명 인간 내부의
도덕적 차별이었고 인간의 차별이었다. 그것은 사회의 제관계에서 각
각 지켜야 할 名分으로 표현되었다. 上下尊卑 혹은 貴賤으로 구분되
는 各位의 인간들은 명분을 지켜 자신의 위상에 맞도록 하여야 하는
것이다. 성리학은 이러한 名分論을 통하여 엄격한 상하차별의 신분질
서를 유지하는 원리를 제공하였다.6)

理氣論을 중핵 개념으로 하는 성리학은 관념적이고 도덕적인 인간
관을 형성하였다. 그 도덕의 기준 가운데 하나는 義理論이었다. 예컨
대, 道學思想은 성리학의 정밀한 분석과 더불어 義理論을 가다듬어
현실의 기준으로 제기하고 그의 실현으로서의 禮論을 확대하면서 엄
격한 실천을 추구하여 갔는데, 그 다른 한편에는 그에 따른 사상적 규

---

6) 韓永遇, 『朝鮮前期 社會思想研究』, 知識産業社, 1983, 60쪽.

범화·교조화에 의해 사고의 자율성이 제약을 받고, 형식화 내지 관념화의 경향을 뚜렷하게 드러내었다.

『大學』의 先本從末論은 德의 인격성을 본으로 파악하고 財의 물질적·경제적 대상을 末로 보아, 본으로서의 덕을 선행시키고 이에 주력함으로써 말로서의 財가 부수적으로 성취될 수 있다는 태도이다. 그런데 오히려 도학의 의리론에서는 義理之辨을 통하여 義와 利가 모순을 일으킬 수 있는 것으로 파악하는 경향이 강하여, 利를 배격하고 의를 실현하려는 의지를 높였다.[7] 李珥와 같이 義와 利를 일치시키고 조화시키려는 노력도 있었으나 성리학자들은 의와 리를 대립적으로 분별하여 양극화시켰다. 의리의 객관적 규범을 절대화함으로써 현실의 사태를 비판하는 데 과감하였지만 동시에 현실적 이해를 비속한 것으로 외면하여 이상주의에 흐르는 경향을 보이게 되었다.[8] 더군다나 현실의 왜란과 호란을 치루면서 의리론이 더욱 부각되었다. 利를 추구하는 상공업의 천시가 자연스럽게 이루어졌다. 굳이 이 시기의 상업론과 비교하자면 선본종말론은 四民分業에서의 務本補末論과 그리고 의리론은 務本抑末論과 같은 틀을 지닌 것이었다.[9]

성리학은 인간을 형이상학적 관념을 통하여 해석함으로서 인간 이해에 대해 보다 근원적이고 합리적인 의미를 제공했지만 다른 한편으로 이론 체계의 논리와 관념 속에 인간을 분석함으로써 현실 속의 생동하는 모습을 살려내지는 못하였다. 더군다나 그것은 변화하는 사회의 다양성에 적응하는데 많은 취약점을 갖고 있었기에 현실에서 괴리되었다.[10] 규범적이고 교조적인 사상적 분위기는 이미 변화하고 있는 사회의 격동을 충분히 흡수하고 해결하기 위한 능동적 자세를 보여주

---

7) 琴章泰, 『韓國實學思想研究』, 集文堂, 1987, 14쪽.
8) 금장태, 위의 책, 1987, 87쪽.
9) 조선후기의 상업론에 대해서는 白承哲, 『朝鮮後期 商業史研究』, 혜안, 2000 이 참고된다.
10) 금장태, 앞의 책, 1987, 148쪽.

254

지 못한 한계를 노출하게 된 것이다. 인간에 대한 새로운 이해가 요구되는 것이었고 도학적 정통이념에 뒷받침을 받는 기존의 經世論과는 다른 이념체계가 등장하게 되는 것이었다.

磻溪 柳馨遠은 알려진 대로 唯氣論的 사고를 갖고 있다가 이른바 實理論으로 전환하였다. 처음에는 氣를 중심에 두고 理가 그에 부수하는 것으로 이해한 것이다. 그 입장에서는 자연의 질서와 인간관계를 통하여 이루어지는 질서의 양자를 자연질서에 입각하여 파악하는 경향을 가지게 된다. 物의 영역을 중심으로 모든 문제를 이해하려 하고 인간보다는 자연에 대한 이해와 관심을 우선하게 되는 것이다. 이러한 인간 이해는 유형원이 실리론을 세우면서 전혀 다른 것으로 바뀌었다. 理는 實理이며 氣에 의해 뒤에 생기는 것이 아니라고 하였다. 理는 氣와는 상관없이 존재하며 主宰性을 갖게된다는 것이고 자연이나 인간과 관련된 어느 것도 理를 준거로 파악될 수 있는 것이다. 理는 곧 초월의 본원이며 구체적인 人道인 것이다. 인도를 궁극적 본원으로 파악하고 있다는 점에서 이것은 仁義의 의미를 강조한 것인데 문제의 핵심은 이 인의의 실현 방법이었다.

주자학에서의 인의의 실현은 실현 주체인 治者의 建極과 그의 실현인 敎化로 나타나는 것이다. 이는 君主聖學論에서 보이듯이 치자의 완성적인 도덕이 전제되는 것이다. 그에 비하여 유형원의 실리론은 규범과 법조문에 의한 法治를 인의 실현의 방법으로 생각하였다.11) 天理라고 표현되는 정해진 가치관과 원칙이라 하여도 그것이 사람을 통하여 실현되는 人治와 규범과 법조문을 통하여 규정된 것을 지키는 법치와의 사이에는 차이가 있다. 법치가 이루어지는 사회에서는 사회구성원이 모두 각각의 정해진 바대로의 할 일을 해야 하는 것이다. 법치의 경우에도 현실적으로 다스리는 자와 다스림을 받는 자의 구별이 있겠

---

11) 정호훈, 「『磻溪隨錄』의 理念과 法制 認識」, 『韓國實學의 새로운 摸索』, 韓國史研究會, 2001, 384~398쪽.

으나 형식적으로 그 모두는 법제에 규정받는 존재들인 것이다.

星湖 李瀷은 추상적인 理의 선차성, 결정적 의의를 강조하여 관념론에 머물렀다. 그럼에도 불구하고 그는 구체적이고 실재하는 존재로 인간을 이해하고 있었다. "사람과 物의 형체를 이루고 있는 것은 기와 혈액이며 기와 혈액의 英華를 精神이라고 한다. 精은 혈액에 속하고 神은 기에 속한다. 혈액이 아니면 기가 의거할 데가 없고 기가 아니면 정이 발동할 데가 없다"고 하였다.[12] 이는 이기론의 경우에도 기질지성을 통하여 구체적 인간이 등장하는 것이기 때문에 이기론에 의한 인간존재 이해의 방식과 기본적으로 다르지 않은 것처럼 보인다. 그러나, 이익의 정신론에서의 기는 구체적 존재가 발현되는 경로나 매개로서의 기가 아니라 그로 인해 나타나는 존재의 구성물로서의 기이다. 인간의 구성물은 기와 혈액이 되는 것이다. 그 기는 혈액에 의거하고 혈액의 영화인 精은 기를 통하여 발동하는 것이다. 이렇게 조금씩 관념론은 구체성을 띠면서 실존을 설명하려 하였다.

이익이 주장하는 德治主義 역시 일반 儒者들의 생각과 다를 것이 없는 것이었다.[13] 덕이 군자에게 요구되는 것이고 치자가 갖추어야 할 것이라면 그 덕에 의해 다스려지는 교화의 대상은 덕을 갖추지 못한 존재가 되는 것이다. 그는 인간은 본래 선한 것인 바 인욕에 의해 不善하여 선악이 나누어진 것으로 보고 있다. 본래의 인간성은 동일한 것이지만 현실에 존재하는 구체적인 인간은 덕의 차이가 있는 것이다.

그의 天에 대한 견해를 보면, 우선 인격적 주재자로서의 上帝를 자연현상의 운행을 주재하는 존재로 파악하였다. 이는 전형적인 天人感應論이다. 상제가 주재하는 천으로부터 천지의 중(=性)을 받아 태어난 인간은 자연의 조화에 능동적으로 대응해 나갈 것을 강조하였다. 또

---

12) 李瀷, 『星湖僿說類選』 卷2 上, 「精神」 "人物之所以爲形者氣血 而氣血之英華謂之精神 精屬血神屬氣 非血則氣無所屬 非氣則精無所發". 이하 실학자들의 저서는 처음에만 저자를 표기하고 이후는 생략한다.
13) 韓㳓劤, 『星湖李瀷研究』, 서울大學校出版部, 1980, 82쪽.

천은 자연 그대로인 것이다. 그러하기에 災異는 자연현상 그 자체이지 다른 의미를 가진 것이 아니라는 것이다. 이 점은 얼핏보아 천명의 준수에서 벗어난 것을 자연을 통하여 경고하는 것으로 이해하는 재이현상을 부정하는 견해로 보인다. 곧, 천인감응론과 모순되고 충돌되는 부분으로 보이는 것이다. 그런데, 이 둘을 종합하여 이해하자면 결국 상제의 자연현상의 운행의 적용 범주가 제한적이라는 것이다. 상제가 자연현상의 운행을 주재하지만 재이를 통하여 인간에 대한 정죄를 하는 것은 아니라는 것이다. 사실상 재이는 자연현상이었으나 그것을 상제가 주재한 것이 아니라 인간이 재이에 자신의 의지를 가탁하였던 것이었다. 따라서 이러한 재이에 대한 관점은 자연을 인간의 의지로부터 분리하는 의미를 갖는다 하겠다.

성호는 기질지성을 天理의 주재력에서 벗어나 개별사물에 내재되어 있는 하나의 고유한 특성이라고 파악하였다. 성호는 개별 理를 인식하는데 있어서 도덕적·의리적 차원을 넘어서 각 사물 속에 존재하는 개체적 특성의 분별을 강조하였으며, 이를 통해 그 사물의 법칙·원리에 도달할 수 있었다. 이는 도덕적 관념을 모든 사물현상이나 인간 사회 관계에 일률적으로 적용시키려 했던 주자의 인식 방법과는 다른 것이었다.14)

그는 인간의 수명이나 智愚는 하늘에 달린 것이지만 貧富貴賤 등과 같은 것은 천으로부터 분리되어 人事에 속한 것으로 태어나면서 고정되는 것이 아니라 인간의 후천적인 노력 여하에 따라 결정된다고 보았다.15) 그는 여전히 智愚 여부가 하늘에 달린 것으로 보고 있다. 귀천의 성격이 불명확하지만 후천적으로 얻어지는 사회적 지위를 의미하는

---

14) 원재린, 「星湖 李瀷의 人間觀과 政治 改革論」, 『學林』 18, 1997, 68~72쪽에서는 이러한 성호의 천인론이 윤휴의 천인감응론을 계승 발전시킨 것으로 순자의 천인분리론을 채용하여 천을 자연천으로 규정하고 인간과 명확히 구분함으로서 인간을 달리 이해할 수 있는 전기를 마련하였다고 평가하였다.

15) 원재린, 위의 글, 65쪽.

것으로 보인다. 성호는 荀子가 주장한 '인사의 성패는 인간의 노력 여하에 달려 있는 것이다'라는 것에 공감하여 '造命論'을 내세웠다. 조명은 時勢가 인간이 아닌 제3자에 의해 정해지는 것이 아니라 인간의 노력에 의해 만들어질 수 있다는 것이다. 이러한 인간은 앞서 말한 바와 같이 천으로부터 性을 받아 태어났지만 그가 구체적으로 살아가는 존재의 실상은 그 자신에 의하여 결정되는 것이다. 개인의 賢愚와 능력에 따라서 사회적 지위가 결정되어야 하는 것이다. 이러한 인간 이해는 세습적이고 불변적인 신분제를 부정하고 새로운 신분편성을 구상하는 터가 되는 것이었다.16)

이 시기의 실학자들은 당시 성리학의 연장 위에 있으면서 점차 독자성을 가지게 되었다. 잘 알려진대로 人物性同異論은 이 시기 성리학자들의 주요한 논쟁점이었다. 그런데 인물성동이론의 異論에 서게 되면, '다르다'는 이 차이는 곧 차별로 대치되고 그 차별은 인과 물을 차별 짓는데 그치는 것이 아니라, 그것을 넘어 인간 내부에까지 미치는 것이었다. "인간은 동물과 다르다. 그러니 금수나 오랑캐와는 한 자리에 놓일 수 없다. 또 인간이면 다 같은 인간이더냐. 타고난 기질의 美惡에 따라 인간의 品級 또한 없을 수 없다. 그러니 聖凡이 氷炭이며, 양반과 상인은 같은 부류가 아니다"라는 것이다. 異論의 주장인 남당 한원진은 노론 집권의 이념을 대변하며, 대내적으로는 보수적인 신분관을 지녔고, 대외적으로는 尊明排淸의 의리를 고집했던 사람이었다.

그런데 오랑캐를 배워야 한다고 하였던 北學派의 사상적 연원은 洛學이었다. 이들은 '인간과 동물의 초월적 본질은 같다'고 생각하였다.17) 洛論의 主理는 聖人과 凡夫가 기질의 유전적 제약에 의해 차별

---

16) 원재린, 위의 글, 76~78쪽.
17) 한형조, 「실학의 철학」, 『한국실학의 새로운 모색』, 한국사연구회, 2001, 192
　　~193쪽. 또 조성을, 「丁若鏞의 身分制改革論」, 『東方學志』51, 1986, 91쪽의
　　주 59)에서 정약용의 경우에는 人物性異論이 인간평등의 생각과 연결되었으
　　며 북학파의 경우에는 인물성동론에 의거해 신분 문제에 대해 비판적 시각을

되지 않는다 하여 신분차별론을 부인하였다. 이것은 凡人과 夷狄, 동물까지 동등한 가치와 독자적 개성을 갖고 있음을 의미하는 것이었다. 그리하여 홍대용은 양반을 없애는 길은 특권적 양반을 인정하지 않는 것도 방법이지만 상민과 노비들을 모두 양반으로 격상시키는 것도 그 대안일 수 있다고 주장하는 것이었다.[18]

湛軒 洪大容은 『毉山問答』에서 實翁의 입을 빌어 사람이 금수나 초목보다 귀하다는 虛子의 말을 부정한다. "사람으로써 사물을 보면 사람이 귀하고 사물이 천하지만, 사물로써 사람을 보면 사물이 귀하고 사람이 천하며, 하늘로부터 보면 사람과 사물이 균등하다"는 것이다.[19] '以天視物', '人物均'의 논리를 전개하였다.[20] '以天視物'은 사람으로써 사물을 볼 것이 아니라 하늘로써 사물을 볼 것을 요구하는 것이다. 곧 인간과 사물을 분리시켜 사물을 객관적으로 파악해야 하며, 사물을 인격적 가치 규범으로부터 해방시켜 자연과학의 영역을 독립시키려 하였다. 사람과 사물을 균등하게 보아야 한다면 사람 안에서의 차이는 근본적인 것이 될 수 없다. 실학자들의 사상 특징 가운데 하나는 이렇게 자연에 대한 이해가 변화하고 있다는 점이다. 그것은 곧 인간에 대한 이해의 변화이기도 한 것이다.

燕巖 朴趾源도 생각이 유사하였다. 그는 『虎叱』에서 物에도 禮義가 있다고 하면서, 物에서 보면 사람도 또한 물 가운데 하나이며 인간의

지녔다고 하였다. 그리고 북학파의 사상을 이루는 것 가운데 인물성동론과는 다른 요소가 그것을 가능하게 한 것이 아닌가하는 문제제기를 하였다. 아울러 그 인물성동론의 내용이 신분제를 다르게 보는 사람들 사이에서 차이를 보인다고 지적하였다. 결국 문제는 인물성동이론의 어느 쪽이 인간평등의 생각을 이끌어내는가 하는 사고의 출발선을 애초에 포기해야 하는 것으로 생각된다. 이기론에 의한 인간 이해에서 본연지성을 부인하고 신분적 차별을 주장하는 것이 아니었기 때문이다.

18) 한형조, 위의 글, 2001, 201쪽.
19) 洪大容, 『湛軒書』 內集補遺 卷4, 「毉山問答」.
20) 유봉학, 『연암일파 북학사상 연구』, 일지사, 1995, 95쪽.

性이 선하다면 호랑이의 性도 선하다고 하였다.21) 인간의 지위가 상대화되고 물의 지위에 중요성을 부여한 새로운 物論이었다. 이 물은 이용 대상이 되는 것이었다. 그의 생각은 사람의 위치를 상대적으로 격하시킨 ‘人物莫辨’의 논리로 정리되었다. 홍대용의 ‘인물균’이나 박지원의 ‘인물막변’의 논리는 낙론의 인물성동론의 논리적 전개이었다.

茶山 丁若鏞의 인간관의 출발점은 주자학에서 자연과 인간을 통하여 하나의 理法이 존재한다고 본 것을 비판하고 자연과 인간을 분리시켜 생각한 데에 있었다.22) 그는 성리학의 人性論에서 ‘性은 곧 理’라 하고, 사람과 사물이 천지의 理를 같이 부여받는 것이 ‘本然之性’이며, 부여받은 형질의 차이에 따라 사람과 사물의 차이가 나타난다는 입장에 대해, 불교의 無始自在 輪回轉化의 주장과 통하는 것이라 비판하였다.23) 그는 인간이 사물과 다른 것은 형질에 있어서 보다 靈明함을 타고나는 데 있는 것이라 파악하였다.

그는 인간을 神形妙合으로 이루어진 통일체임을 전제하며24) 인간을 그 자체로서 금수나 사물과 구별하여 심성의 성격을 분석하였다. 그는 心을 무형한 정신으로서의 ‘神’과 유형한 신체로서의 ‘形’을 묘합시키는 樞紐라 지적하고, 활동 신묘한 기능을 가진 것이라 하였다.25) 그리고 性은 심의 본질이 아니라 心이 지닌 ‘善을 즐거워하고 惡을 싫어하는’ 성질로서 파악하였다.26) 성은 천부적이지만 보편적 동질성이 아니라 개체적 특수성이므로 성을 통하여 인간과 금수가 구별되는 것

---

21) 한형조, 「실학의 철학」, 『韓國實學의 새로운 摸索』, 한국사연구회, 2001, 192~193쪽.
22) 朴忠錫, 『韓國政治思想史』, 삼영사, 1982, 127쪽 이하. 조성을, 앞의 글, 84쪽에서는 박충석 교수가 이러한 정약용의 생각에 철학적 기초가 없다고 주장한 것에 대하여 반박하였다.
23) 丁若鏞, 『與猶堂全書』 2 卷5, 「孟子要義」.
24) 『與猶堂全書』 2 卷2, 「心經密驗」.
25) 『與猶堂全書』 2 卷5, 「孟子要義」.
26) 『與猶堂全書』 2 卷3, 「中庸自箴」.

으로 이해하는 것이다. 따라서 性은 心의 嗜好로서 개체의 선천적 고유성이 되는 것이다.

조선후기의 성리학은 다양한 사변적 논쟁을 거듭하였는데 그것의 공통된 기반은 太極 理氣의 우주적 관념과 心性情의 인간 본성을 연관시키는 것이었다. 따라서 우주와 인간과 만물을 일관시키고 있었다. 다산에게 있어서 善은 인간 본성 속에 내재한 것이 아니고 惡이 인간 신체에로 귀속되는 것이 아니었다. 그것은 선 또는 악에로 지향하는 의지의 결정에 따른 결과일 뿐이다.27) 그는 인간의 내면에 선악의 원천이 혼재한 것으로 파악하는 입장이 아니라, 선악을 인간의 심성이 추구하는 객관적 규범으로 파악하였다. 인간의 심성은 선 또는 악으로서 결정되어 있는 것이 아니라, 실천을 통하여 결단하는 자주권 곧 자유의지를 가진 것이라 밝히고 있다.28)

인간은 욕구와 의지를 지닌 구체적이고 능동적이며 자주적인 개체인 것이다. 인간은 우주와 만물과 관계를 맺으면서도 이들로부터 독립된 존재이며 독특성을 지닌 존재로 나타난다. 여기에 상하차별의 신분제적 질서를 부정할 수 있는 단서가 있다. 인간은 보편적이고 고정된 선천적 내면적 실체를 통해 드러나는 것이 아니라 시간과 공간 속에서 다른 인간이나 사물과 관계를 맺는 행위를 통하여 형성되어 가는 것이기 때문이다. 이 진술에 의하면 최소한 신분의 세습성은 끼어들 수 없다.

이처럼 다산은 성리학의 심성론에서 벗어나서 인간존재를 그 현실성과 개체적 자율성 속에서 파악하는 새로운 인간 이해를 가졌다.29) 위와 같은 인간관 위에 서면 결국 인간 상호 간의 태생적이고 본질적 차이를 인정하기 어려운 것이 된다. 인간성을 존엄한 것으로 파악한 정약용은 주자가 기질의 淸濁에 따라 인간성을 차등적으로 보는 것을

---

27) 금장태, 앞의 책, 1987, 151쪽 ;『與猶堂全書』2 卷6,「孟子要義」.
28)『與猶堂全書』2 卷5,「孟子要義」.
29) 금장태, 앞의 책, 1987, 67~68쪽.

비판하였다. 그는 人間事가 기본적으로 자연의 변화에 의하여 규정된
다고 생각하였다. 人物性異論의 입장이었다. 인간은 義를 가진 점에서
동물과 구별되고 있는데 이 義가 道心이라는 것이다. 이 도심은 인심
과 대립하는 것으로서 道義之性을 의미한다. 인간만이 도의지성을 가
진 것이다. "인심은 기질이 발한 바이다. 도심은 도의가 발한 바이다.
사람은 이 두 心을 가질 수 있다".30) 이 도덕성은 聖人이나 凡人이 다
같다는 것이다. 정약용에 있어서 인간의 도덕성만이 인간성이므로 이
것은 인간성이 다 같다는 것을 의미하였다.

다산은 인간성을 평등한 것으로 파악하면서도 인간의 능력에는 차
이가 있음을 인정한다. 그에 따라 관리 선발이 행해질 것으로 생각한
다. 우수한 능력자가 특정신분에서만 배출된다면 실질적인 신분제 유
지를 의미하는 것이지만 그는 능력자는 지역과 신분에 관계없이 배출
된다는 생각을 하였다.31)

앞서 성리학자들은 선본종말론에서와 같이 인간의 덕을 본으로 하
고 財를 부수되는 것으로 보았으나 실학자들에 있어서는 그 생각이 달
라지는 것이다. 박지원은 利用을 이룬 후에 厚生을 할 수 있고 후생을
이룬 다음에야 正德을 이룰 수 있다고 하였다.32) 도덕이 근본이 아니
라 그 주체인 인간이 먼저이고 그 인간은 이용후생을 추구하는 존재인
것이다. 정약용의 生財論에서 보듯이 "백성이 이를 추구하는 것은 물
이 아래로 흐르는 것과 같다"는 것은 財利의 추구를 인간이 생존하기
위한 자연적 욕구로 긍정하는 것이다.33)

실학자들은 관념적 인간관으로부터 벗어나 서서히 구체적인 실존으

---

30) 趙誠乙, 앞의 글, 1986, 83~87쪽 ;『與猶堂全書』2 卷4,「中庸講義補」, "人心
    者 氣質之所發也 道心者 道義之所發也 人則可有此二心".
31) 趙誠乙, 위의 글, 1986, 91~93쪽.
32) 朴趾源,『熱河日記』,「渡江錄」27日 甲戌, "利用然後 可以厚生 厚生然後 正
    其德矣".
33) 금장태, 앞의 책, 1987, 86쪽.

로서의 인간에 대한 이해를 넓혀 나갔다. 유형원은 인의의 실현 방법으로 법치를 내세웠다. 인치의 경우에도 보편적인 가치관에 근거하여 이루어지는 것이지만 법치는 그 인치의 주체인 치자와 대상인 피치자 모두가 동일한 규범에 의해 적용되는 것이었다. 이렇게 실존하는 인간에 대한 이해는 이익의 경우에도 마찬가지여서, 기와 혈액으로 이루어진 실재하는 인간의 구성요소에 대하여 말하였다. 그의 인간 이해에 있어서 일반 유자들의 이해와 같은 점들도 있으나 천인감응론의 재이관의 전개에서 보이듯이 조금씩 차이를 보이고 있었다. 그리고 인간의 빈부귀천과 같은 것은 정해졌다기보다는 노력에 의하여 결정되는 것이라는 생각을 가졌다.

실학자들의 인간관은 인간이 만물과 함께 파악되다가 점차 자연과 인간이 분리되고 그 자연은 종국에는 인간의 대상으로 존재하게 된다. 유형원은 자연질서에 입각하여 인간과 사물을 보다가 실리론을 가지게 되면서 자연이나 인간을 모두 理를 준거로 파악하였다. 홍대용은 인간과 사물을 분리해서 이해할 뿐만 아니라 그 둘을 객관적으로 파악해야 한다면서 하늘로써 사물을 보도록 요구하였다. 그 점은 박지원의 경우에도 인간의 지위를 상대화시켰다는 점에서 동일하였다고 하겠다. 정약용의 경우에도 인간을 자연과 분리시켜 이해한 점에서는 동일하였다. 다산은 인간을 그 현실성과 개체적 자율성 속에서 보고자 하였다. 실존하는 구체물로서의 욕구와 의지를 가진 인간이 자신을 둘러싼 인간과 자연을 상대로 道心을 펼쳐나가는 것이었다.

2) 人民觀

실학자들에 의해 인식된 인간은 사실 조선후기 사회에서 살아가는 실존으로서의 인민이었다. 앞서 살펴보았듯이 실학자들은 관념의 인간 이해를 넘어서 구체적으로 실존하는 인간을 이해하고 있었다. 인민은 사회의 구성원이자 다스림의 대상이었다. 다스림은 治人에 의하여 제시되고 그들 스스로도 지켜야 할 규범에 따라 베풀어지는데 전형적으로 그 방법은 德治와 刑政으로 나뉜다. 통치의 原論인 덕치는 禮에 의하여 이끌려지는 敎化였으며 형정은 그의 차선책으로 혹은 그의 보완으로 이해되었다. 조선사회에서 양반은 덕의 기준을 제시하고 그를 현실에서 지켜야 하는 규범을 만들어 그들 양반은 물론 그 대상들이 교화되고 다스려지도록 하였다.

통치란 이렇게 백성을 교화하고 정령을 전달하여 다스리는 일이었다. 다스리는 일의 구체적인 것은 役을 부과하여 거두고 군졸로 거느리는 것이었다.[34] 문제는 역을 감당하고 군졸이 될 수 있는 사람이 누구인가에 있었다. 몸이 있으면 역을 부과한다고 하였지만 보편적 역으로의 良役은 말 그대로 양인의 역이었다. 조선국가가 職役의 대상으로 삼는 사람들, 그들이 백성이었다.

교화의 대상은 점차 넓어졌으나 부역자가 되는 것은 쉽지 않았다. 물론 역부담자의 입장에서는 언제나 그 역에서 빠져나가는 것이 소망이었다. 그러나, 부역부담이라는 의무와 함께 仕宦權 등의 권리가 주어지는 양인은 원한다고 될 수 있는 것이 아니었다. 그러한 의미에서 통치나 교화의 대상으로 늘 문제가 되는 것은 천민이었다. 법률적으로 양인이 통치의 대상이며 이들이 가장 중요한 부세부담자라고 하여도 천민 특히 노비를 언제까지 교화의 대상 범위 밖에 둘 수는 없는 것이었다. 교화의 대상이 된다 하여 그들을 교화시키는 사람과 똑같은 존재로 파악하지는 않는다. 일반 양인을 교화의 대상으로 삼는 경우에도 교화의 주체는 양반이 되는 것이고 양인은 교화되어야 할 대상이 되고 있다는 점을 상기하게 되는 것이다.

대체적인 흐름을 보면 인간관에 따라 인민의 범주가 변화하였다. 그

---

34) 柳馨遠,『磻溪隨錄』卷9, 敎選之制上,「鄕約事目」에는 교화와 정령이 본래 2가지의 별도의 일이 아니라는 점과 敎養・賦役의 일과 군사를 거느리는 일의 분장에 대해 말하고 있다.

264

길은 두 가지이었다. 하나는 인민의 범주 가운데 천민 곧 노비를 포함시키는 것이었다. 노비제 폐지를 지향하지만 현실을 감안한 신분제 운영을 구상할 경우에 가질 수 있는 생각이다. 인민 내부의 구별 혹은 차별의 경계를 없애지 않은 채로 노비를 인민으로 간주하는 것이다. 다른 하나는 노비제를 폐지하여 양인화 하는 길이다. 노비제를 유지하면서 노비를 인민으로 간주하였다면 그것도 인민의 양이 늘어나는 것은 틀림없으나, 노비제를 폐지하여 全구성원을 양인화한다는 것은 국가의 인민의 확보에 무게 중심을 둔 처리 방안이었다. 사적 예속에 처해있던 노비를 양인화한다는 것은 인민의 범주를 확대하는 것이 아니라 인민 내부의 구별 혹은 차별의 경계를 없애 그 양을 확보하는 것이었다. 다시 말하자면 노비를 적극적인 통치범주에 넣었다면 범주의 확대라고 하겠으나 노비를 양인화하여 통치의 범주에 넣었다면 이는 양적 확보에 속하는 것이라 하겠다. 인간 이해의 진전에 따라 천민도 교화의 범주에 들어가고 있었으나 직접적 통치의 대상에 들어가지 않기도 하였다. 이러한 점에서 실학자들의 인민관은 현실을 그대로 반영하거나 혹은 한 걸음 더 나아가 노비제를 사회적 문제로 삼아 현실의 인민의 신분문제를 타개하는 방안으로 표출하였다. 또한 각종의 개혁론은 이러한 인민의 여러 처지를 어떻게 개선할 것인가에 대한 것이었다.

유형원이 말하는 인민은 법치사회의 구성원이었다. 덕치의 기준은 객관적으로 세워졌다고 하지만 그것을 실현하는 治人은 주관적일 수밖에 없었다. 그러한 의미에서 인치는 법치에 비하여 恣意的이거나 다스리는 자와 다스림을 받는 자와의 사이에 사적 예속성을 띨 가능성이 높았다. 법치는 인민의 사회적 제 조건을 보다 합리적인 것으로 갖출 수 있는 것이었다. 유형원은 토지분급의 대상을 크게 보아 民, 士類, 관직자, 吏胥・僕隷, 왕실로 나누었다. 민은 노비를 포함하고 있다. "노비로 된 자들이 대대로 노비가 되어 무지한 賤夫에게 죽음을 당하기도 하고 賢才로 태어나도 금고되어 남의 노예로서 사역된다"[35)]는 것에서 알 수 있듯이 노비도 賢才일 수 있는 것이다. 노비도 하늘이 낸 사람이라 생각하고 있다. "人君은 하늘을 대신하여 사람을 다스리는 것이니 나라는 곧 인군의 나라이며 백성은 곧 인군의 백성이니 어찌 다시 그 사이에 따로 노비를 만들어서 인군의 백성을 해칠 수 있겠는 가" 하였다.[36]

이러한 생각은 같은 시기의 유수원의 경우에도 확인되는 것이다. "노비는 비록 주인이 있으나 사실은 나라의 백성인 것이다. 그런데 국가가 그들을 마치 다스리지 않을 백성인 것처럼 보면서 一役도 정하지 않고 한 푼도 걷지 않은 채 상전이 하는 대로 맡기고 손을 대지 못한 다"는 것이다.[37] 이처럼 유수원은 노비를 國家之氓으로 확고하게 인식하고 있다. 16세기를 거치면서 점차 양반들은 그들을 교화의 대상으로 생각하였지만 국가는 아직 이들 노비를 교화 대상의 울타리 밖의 존재로 여기고 있으며 그러기에 국가의 백성으로 파악되지는 않았다. 유수원의 이러한 이해는 국가의 통치대상 범주에 대한 인식의 외연이 확장되었음을 의미하는 것이다. 인민은 생업이나 신분의 차이를 두지 않고 국가로부터 토지를 나누어 받아 이를 경작하여 조세를 내고 병역 및 잡색역을 지는 사람들이다.[38] 이들의 신분은 세습되는 것이 아니라 능력에 따라 생활할 만큼의 祿을 넉넉히 주는 하급관직에도 고용될 수 있다.[39]

이익은 王道를 강조하였다. "나는 國風의 시를 읽고 王道가 쉽다는

---

35) 『磻溪隨錄』 卷26, 續篇(下) 「奴隷」, "本國奴婢之法不問有罪無罪唯按其世系 而百代爲之奴 是以或無知賤夫而制人死命 設令賢才出於其間而亦錮爲人奴 此豈理也哉".
36) 『磻溪隨錄』 卷26, 續篇(下) 「奴隷」.
37) 柳壽垣, 『迂書』, 「奴婢」, "且奴婢雖有主 其實則皆國家之氓 而國家視之如化 外之民 曾不得定一役徵一錢 任其上典之所爲莫敢下手".
38) 김선경, 「반계 유형원의 이상국가 기획론」, 『韓國史學報』 9, 2000, 210~217 쪽.
39) 鄭求福, 「磻溪 柳馨遠의 社會改革思想」, 『歷史學報』 45, 1970, 38쪽.

것을 알았다. 聖王이 天下를 다스리는 일은 백성들로 하여금 각기 그 樂을 즐기도록 했을 따름이다. 백성의 常情은 한 家室의 생활을 즐기는 것이다."[40] 그가 생각하는 인민은 백성으로서 가장 정상적으로 사는 것이다. 인민은 군주가 다스리는 대상이기는 하지만 그 다스림의 대상에 그치는 것이 아니라 자신의 삶을 누리는 사람들이다. 그것을 실현시켜주는 것이 왕도요 곧 保民이었다. "孟子가 왕도를 논하는 데는 保民 한 句에 지나지 않아서, 이른바 보민이라는 것은 바로 백성이 좋아하는 것은 주고 모이게 하며, 싫어하는 바를 베풀지 않을 따름이오, 집에까지 가서 날마다 보태어 주는 것은 아니다."[41] 그런데 이 왕도가 실현되는 사회에서의 인민은 비록 스스로 즐거움 속에 살도록 하였지만 분명한 것은 다스림의 대상이었다.

"대저 나라의 근본은 백성에 있으니, (중략) 군신이 바야흐로 승평을 누린다해도 그 근본을 추구해 보면 민에게서 온 것일 수밖에 없다."[42] 그는 국가의 근본이 民이며 保民이 천하를 다스리는 목적이어야 하며, 그러한 사회는 민이 위에 있고 그 다음에 국가가 있고 그 다음에 군왕이 있다고 생각하였다. "천하를 다스리기는 사람으로써 하고, 사람을 얻기는 천거로써 하고, 천거는 재능으로써 하는 것이니 이는 愚者이거나 智者이거나 다 같이 아는 바이다. 여기서 재능이라 함은 保民禦患을 일컬을 뿐이어서 위를 섬기는 일은 이에 관여되지 않는다. 군자로서 보민을 하고도 위에 득죄한 일은 있으나, 위를 섬기는 일로 말미암아 민에게 득죄한 일은 아직 없다. 그렇기 때문에 민이 위가 되고 社稷이 그 다음이요 군왕이 그 다음이 된다고 일컬어지는 것이다."[43] 國用은 民力에서 나오는 것이다.[44]

---

40) 『星湖僿說』卷21, 「桃夭萇楚」; 韓㳓劤, 앞의 책, 1980, 74쪽.
41) 『星湖僿說』卷14, 「流民還集」.
42) 『星湖僿說』卷7, 「枏樹歎」.
43) 『星湖僿說』卷10, 「擧主連坐」. 이는 『孟子』盡心章句下, 民爲貴章의 "民爲貴 社稷次之 君爲輕云云"에서 이끌린 말이다. 한우근, 앞의 책, 1980, 79쪽.

그는 『맹자』 「滕文公章句上」의 "勞心者治人 勞力者治於人 治於人者食人 治人者食於人 天下之通義也"에서 견인되어 "인군은 마음을 써서 민을 다스리고 민은 힘을 써서 인군을 섬겨 양자가 서로 報惠하는 것이 마치 父가 그 아들을 기르고 아들이 그 父에 효도하는 것과 같아서 어느 한쪽이 빠져서도 안되는 것이다. 그러나 인군은 없어도 민은 혹 스스로 그 몸을 부양할 수 있을지도 모르나 민이 없으면 君도 없을지니 이는 민의 혜택이 그 군보다도 중함을 의미한다. 어찌 億兆(民)의 힘으로써 군왕의 一口體를 길러서 물자가 늘상 부족하고 혜택이 늘 두루 미치지 못하게 할 수가 있겠는가"45)라 하였다. 인민은 통치의 대상임에는 틀림없지만 민이 없이는 군왕이 있을 수 없다는 것이다.

박지원은 인민은 사회의 생산층이라는 생각을 가졌다. 연암은 士의 요체를 독서인으로 파악하면서 사는 경제에도 밝고 政事를 제대로 해야 하는 존재이며 조선사회를 이끌어 가는 위치에 있는 것으로 이해하였다. 그에 비하여 農工賈를 백성의 일로만 보고 있다. 이것이 민의 성장을 보지 못하고 종전의 사민분업을 불변의 고정적인 것으로 이해하고 있는 연암의 한계이었다.46)

다산은 그의 田論에서 다음과 같이 말하였다. "하늘이 인민을 내고는 먼저 田地를 두어 거기서 살고 먹도록 하였으며 또 그들을 위하여 군장을 세우고 목민관을 세워 인민의 부모로서 그들의 재산을 균평하게 분배하여 다 같이 잘 살도록 하라고 하였는데, 군장과 목민관이 된 자들은 팔짱을 끼고 가만히 앉아서 자기 여러 아들들이 서로 싸우고 뺏고 삼키는 것을 보기만 하고 그것을 금하지 못하여 강한 놈은 더 많이 얻고 약한 놈은 빼앗겨 땅에 넘어저 죽었다면, 그 군장과 목민관이 된 자들은 군장과 목민관 노릇을 잘하였다고 할 것인가?"

---

44) 『星湖僿說』卷15,「勸戒」.
45) 『星湖僿說』卷14,「一年兩秋」; 한우근, 앞의 책, 1980, 80쪽.
46) 유봉학, 앞의 책, 1995, 111~112쪽.

다산의 인민관을 알 수 있는 대목이다. 인민을 하늘이 내었다고 하는 점은 일반유교에서의 인민관과 차이를 볼 수 없지만 그 인민이 자기 자신을 재생산하고 유지할 수 있는 경제적 조건을 하늘이 낸 것이라 하여 인민 생존의 조건을 다른 사람이 침범할 수 없도록 한 것은 인민을 중심에 두고 있는 것이라 하겠다. 그뿐 아니라 군장과 목민관 역시 인민을 위하여 있는 것이다. 그런데 그 인민은 동일한 모습으로 존재하는 것이 아니라 빼앗는 자와 빼앗기는 자 곧 강한 자와 약한 자로 나뉘고 있는 존재이다. 인민을 위해 존재하는 군장이나 목민관은 이들 인민 상호 간의 갈등을 조정해야 하는 것이다. 다른 사람의 토지를 빼앗아 과다한 토지를 소유하지 못하도록 조처를 취해야 하는 것이다.

그렇기에 다산은 「原政」에서 '均是民'이 정치 원리로 규정되어야 한다고 강조하였다. 위에서와 같이 서로 다르게 나뉜 인민이 아닌, 똑같은 인민이 되어야 하는 것이다. 이 균민주의가 종전의 체제를 전제한다면 이는 현실의 근본적인 문제를 덮어두고 부분만을 개량하려는 것이 되고 말지만, 이와 반대로 차별과 천대와 권력이 없는 사회적 처지에서 신음하면서 균등한 생활을 위하여 싸우는 인민을 위한 것이라면 이는 진보적인 것이라 하겠다. 다산은 후자의 것이었다.[47]

이 균민주의의 균등의 내용은 다음과 같다. 첫째 빈부 차등의 발생은 그 원천이 토지의 겸병과 이탈에 있으므로 토지를 균등히 나눌 것이고, 둘째 교통을 편리케 하고 도량형을 균일케 하여 물화의 융통과 교환을 촉진함으로써 지방 생산력의 불균등한 발전을 극복 또는 완화하게 할 것이고, 셋째 정치적 권리를 균등케할 것이고, 넷째 인민의 근로를 균평히 할 것이고, 다섯째 붕당을 제거하고 公道를 확장하여 인재의 賢愚를 엄격히 구별할 것이며, 水利를 일으켜서 水旱을 조절할

---

47) 최익한, 『실학파와 정다산』, 청년사, 1989, 316쪽. 이 책은 1955년도에 발간된 연구서인데 그에 대해서는 같은 책의 송찬섭, 「최익한과 다산연구」를 참조.

것 등등이었다.

이 균민은 신분제 문제 해결의 전제이고 수반하는 조건이라고 할 수 있다. 생산력 수준을 높이고, 근로 균평에서 보듯이 직업 재배치를 통하여 사회적 분업을 재조정하고, 이들의 정치 참여의 문제를 해결하고, 생존의 조건이자 사회적 신분 결정의 중요 요소인 토지소유에 대한 재조정을 통하여 차별적 질서를 유지하는 신분제를 평등한 관계로 재조정할 수 있는 것이었다. 이와 같이 다산은 정치적 균등의 기초를 경제적 균등에 둔 것처럼 사회적 불균등의 문제를 구조적으로 해결하고자 하였다. 앞서 진술한대로 신분문제의 해결에 경제적 구조의 재편과 사회적 분업 체계의 재조정을 함께 고려한 점은 이들 실학자들이 문제를 바라보는 구조적이고 거시적인 안목을 가졌음을 의미한다. 구조적 개혁을 통하여 인민의 실존 조건을 마련코자 한 것이었다.

예를 들어, 다산은 『경세유표』에서 鄕吏의 인원수를 한정하고 세습제를 금지하여 간활을 막을 것을 주장했는데 이같이 향리의 세습을 금지하겠다는 것은 양반의 특권 철폐, 노비제의 철폐와 맞물리는 일이었기 때문이었다.[48] 인민의 생존 조건의 확보이었다. 유교적 德治의 생각을 완전히 버린 것은 아니었지만 그의 인민은 사회의 중심이고 주체적인 존재였다. 그의 사회개혁론은 이러한 인민의 사회적 제조건을 마련하는 데 초점을 두고 있었다. 새로운 사회에서의 새로운 인민이었다.

3. 신분제 개혁론

1) 사회분업체계 재편싱론

유형원은 "대저 천지간에는 귀한 자도 있고 천한 자도 있기 마련이다. 귀한 자는 남을 부리고 천한 자는 남에게 부림을 당하게 되는 것이

---

48) 최익한, 위의 책, 1989, 324~325쪽.

니 이는 변하지 않는 사세이다"라 하였다.[49] 남을 부리고 부림을 당하는 것은 다스리는 자와 다스림을 당하는 자의 구분을 의미하는 것인데 이것이 貴賤이라는 것이다. 유형원은 이것을 천하의 通義라고까지 하였다. 남을 다스리는 자는 남을 부리며, 남에게 다스림을 당하는 자는 남에게 부림을 당할 뿐이라고 하였다. 귀천을 다스리고 다스림을 당하는 사회적 업무의 분장이라는 선에서 이해하고 있는 것이다.

이와 같이 사회구성원을 두 부류로 나누는 것이 일반적이었다. 그것은 단순히 구성원을 둘로 나누는데 그치는 것이 아니라 뒤에서 살펴볼 것처럼 생산자와 관리자와 같은 사회적 분업으로 이해하는 측면이 있었다. 구성원의 분류는 사회의 분업을 나타내기도 하였다. 상하귀천으로 나누기도 하고 四民으로 나누기도 하였다. 성리학자들의 직업관은 신분관과 표리관계이었다. 신분의 귀천은 직업의 귀천을 결정하며 그 역으로 직업의 귀천은 신분의 귀천을 결정한다. 양인의 직업은 士·農·工·商의 四民으로 나뉘었다. 성리학적 직업관에 의하면 사민만이 天理와 義理에 합당한 天職이었다. 그 밖의 僧侶·才人·禾尺 등은 그 자체가 생활수단이 된다고 하여도 천직으로 간주되지 아니하였다. 사민 내부에는 上下·貴賤·本末의 구별이 있었다. 농이 공상보다 상위에 있으나 士는 정신을 쓰는 자로 몸을 쓰는 농공상 보다 상위에 있다. 사는 사실 현실에서의 직업을 의미하는 것이 아니었다. 사는 독서계층을 말하는 것으로 이들의 직업은 관료가 되는 것이다. 사와 농은 상호 이동이 가능하다. 사민은 각각 자신의 덕에 맞는 직업을 가져야 하는데 현실은 그렇지 않았다.[50]

실학자들의 신분제 개혁론은 신분과 직업이 결합된 것을 분리하여 사민평등의 원칙을 세우고자 한 것이었다. 물론 四民九職을 평등적 직

---

49) 『磻溪隨錄』 卷26, 續篇下, 「奴隷」, "大槩天地間 自有貴者有賤者 貴者役人 而賤者役於人 此不易之理 亦不易之勢".
50) 이상 성리학자들의 분업론은 韓永遇, 앞의 책, 1983, 78~88쪽을 참조하였다.

분론으로 파악한다고 해서 그것이 반드시 신분제의 개혁론과 일치하는 것은 아니었다.51) 신분과 직업을 분리하되 상하차별의 신분제적 질서를 유지하는 경우에 단순히 사회적 분업의 재조정에 그치기 때문이다.

유형원은 호적에 기재할 개인 신상의 기본적 항목으로 職·姓名·年齡·性別을 들면서 細註에서 "職이라 하면 宰相·朝官으로부터 工·商·僕隷에 이르기까지 하는 일이 있으면 직이 아님이 없다"라고 정의하였다.52) 이는 관직, 산업, 신분을 가리키는 것이 섞인 것이었다.53) 반계는 직을 사회적 분업으로 이해한 것으로 보인다. 이것이 세습되건 그렇지 않건 간에 관직을 위시한 여러 직종이 사회를 유지해 나가는데 필요한 부문들을 맡고 있음을 의미한다. 반계는 맹자와 같이 勞心者와 勞力者 곧 정신노동과 육체노동을 구분하였다. 토지제도 개혁론에서 士 이상에게 토지를 나누어주는 것을 언급하면서 "국가가 선비를 양성하는 것은 곧 백성을 위하는 것이며 정신노동과 육체노동은 귀천의 직분을 나누는 것이니, 선비를 양성하는 일이 군인을 양성하는 것만 같지 못하다면 이것이 어찌 마땅한 이치이겠는가?"라 하였다.54)

조선후기 실학자들은 사회 전체의 개혁을 주장하면서 사회분업 또는 직업분화의 필요성을 역설하였다. 토지제도를 개혁하고 교육제도를 바로 세워 겸업을 지양하고 전업적 분업을 이루어야 한다는 것이다. 반계는 사민분업체계를 유지하려는 생각이었던 것으로 보인다. 문제는 그 분업체계에서의 각 산업의 담당자에 대한 조정을 전제로 하고 있다는 점이다. 예컨대, 士계층에서 관료를 배출하는 구도를 유지하되 이들 가운데 遊食兩班을 쇠퇴시킨다는 것이다. 전문적이고 능력있는 사가

---

51) 金永鎬, 「茶山의 身分制改革論」, 『韓國史學』 10, 1989, 169쪽.
52) 『磻溪隨錄』 卷3, 田制後錄上 「戶口式」.
53) 김채윤, 「조선후기 실학의 직업관」, 『한국사회학연구』 7, 서울대학교사회학연구소, 1984, 167쪽.
54) 『磻溪隨錄』 卷1, 田制(上).

되도록 하여 관료공급원을 확보하고 이들에게도 일정량의 토지를 지급하고 신분을 유지하다가 관직을 맡도록 한다는 것이다.[55] 농업생산을 위하여서는 신분을 가리지 않고 토지를 나누어주어 사회의 생산기반을 조성·유지하는 한편 상업기반의 유지를 위하여 專業的 상공인이 되지 못하는 사람에게도 일반 농민의 절반 정도의 토지를 분급하여 일정한 상공인을 확보하는 것이었다. 반계의 토지개혁은 궁극적으로 귀천 상하 모두가 항구한 생업과 職分을 튼튼하게 차지하게 하려는 것이었다.[56] 그리고 이 토지개혁은 농업을 비롯한 생산층, 관리자, 유통경제를 담당한 자 등의 생활기반을 유지하는 것 곧 사회적 생산층 및 생산물의 분배체계의 조정을 의미하는 것이었다. 반계가 시행코자 한 토지제는 신분제를 전제로 하는 균전적 토지분급제였다. 토지분급에 신분차를 두고 있다는 점에서 이는 완전한 균전제가 아니었지만 이는 지주제를 부정하는 변혁의 논리였다.[57] 물론 일정 기간 지주제가 온존되리라 예상되지만 종국에는 유식양반의 도태에 그치는 것이 아니라 사민분업체계에서의 농업생산의 방식까지 변화를 이끌어낼 토지분급제이었다.

그는 농업과 상공업의 균형적인 발전을 국가경제의 필수적인 요소로 생각하였다. "상고하건대 工商이 없어서는 안 될 것은 土農과 다름이 없다. 다만 이것을 생업으로 삼는 자가 너무 많으면 농업을 해롭게 하므로, 工商이 많으면 그 稅를 무겁게 하여 억제하고 적으면 세를 가볍게 하여 물화 유통의 길을 열 것이다. 지금 우리나라는 공산품의 제조가 정밀하지 못하고 물화가 유통되지 못하니 마땅히 그 세를 가볍게 해야 할 것이다."[58] 상업이나 공업은 독자적인 경제분야로 인정은 되

---

55) 정구복, 앞의 글, 1970, 24쪽.
56) 『磻溪隨錄』 卷1, 田制(上).
57) 金容燮, 「朱子의 土地論과 朝鮮後期 儒者」, 增補版 『朝鮮後期農業史研究』 (Ⅱ), 일조각, 1990, 417쪽. 반계의 토지분급제의 의미에 대해서는 본고의 사회계층 재편성론의 노비 부분에서 상론하였다.

지만 중심은 어디까지나 농업이었다. 단지 현재는 상품의 생산이나 유통이 발달하지 못하여 세를 가볍게 하여 국가가 상업의 발전을 이끌어야 한다는 것이다.

앞서 거론하였듯이 그는 상품생산자들의 恒産을 위하여 토지를 지급하고, 규정된 常稅 이외에는 일체의 수탈을 금하며, 상품이 유통될 수 있도록 도로를 정비하고 船商들에게 부과되는 각종 잡세를 금하도록 하였다. 그리고 중앙을 정점으로 하는 통일된 유통체제를 형성하고 그 상품유통체제를 국가의 공적인 관리체계 하에 두려 하였다. 새로운 유통기구인 常設鋪子를 설치하여 거점으로 삼고, 행정망인 站店에 상품유통기구의 기능을 더하여 전국적인 상품유통망을 형성하고자 하였다. 그는 특히 官需品 공급을 위한 貿備主人을 두어 일정한 상업 부분을 국가의 관리 하에 두려 하였다. 아울러 화폐의 주조 유통권을 국가가 장악하는 관리통화제를 구상하였다. 반계의 상업론은 상품생산, 유통기구, 유통수단, 상인 등에 대한 전면적인 개혁을 통하여 상업을 발전시키는 동시에 국가의 관리체제를 강화하는 방안이었다.[59] 반계의 분업론의 특징은 국가가 주도적인 위치에서 분업체계를 조정하는 데에 있었다.

이익은『성호사설』의「民得什九」에서 반계와 같이 생산자와 관리자 혹은 육체노동자와 정신노동자와의 분업체계를 말하고 있다.

"사람은 귀천이 없거나 곡식이 없으면 살지 못한다. 곡식은 천한 자에게서 나오고 귀한 자가 그것을 자뢰하는데 그 일은 걸인과 같다. 힘으로 수고하는 자가 곡식을 가지고 마음으로 수고하는 자와 바꾸는 것은 삯군과 같은 듯하다. 천한 자는 귀한 자가 없더라도 혹 스스로 살지

---

58)『磻溪隨錄』卷1, 田制(上). 유형원의 상업관에 대해서는 白承哲,「磻溪 柳馨遠의 商業觀과 商業政策論」,『韓國文化』22, 1998에 상세하며 이 글은 그의 앞의 책, 2000, 130~164쪽에 수록되었다.

59) 백승철, 위의 책, 2000, 348~349쪽.

만 귀한 자는 천한 자가 없으면 살아갈 수가 없다. 그런즉 그 권한이 아래에 있는 듯하다. 그러나 마음으로 수고하는 자가 아랫사람을 다스리는 데에는 지위가 없을 수 없다. 지위가 있으면 몸이 높아지고, 몸이 높아지면 위엄이 중하게 되므로 비천한 자가 굴복하게 된다. 그런 까닭에 취하는 것이 지나치게 많아도 비천한 자가 감히 항거하지 못한다.……그러므로 聖人이 10분의 1의 세금을 단정하였다. 그것은 갈고 심는 수고로움이 10분의 9나 된다는 것을 알았던 것이다. 까닭에 9를 남겨서 백성을 우대하였다. 10분의 1만 취하여도 또한 다스림의 공을 보상하기에 족했던 것이다."[60]

귀천의 구분은 사회 운영을 위하여 필요한 것이라는 것이다. 그것은 차별의 구조일 뿐만 아니라 업무 분장에 따른 구별인 것이다. 생산자와 관리자를 놓고 볼 때 관리자 없는 사회는 가능하지만 생산자가 없으면 사회는 운영이 되지 아니한다는 것이다. 그렇다면 천한 자로부터 권력이 나와야 하는데 그렇지 아니하고 관리자가 있으므로 그 관리를 위해서는 지위가 필요하게 된다는 것이다. 왕은 정신을 써서 백성을 다스리고 백성은 힘을 써서 왕을 섬긴다라고 하였듯이[61] 그는 勞心者와 勞力者로 사회집단을 구분하고 노심자는 인민을 다스려 먹고살며 노력자는 농사를 지어 노심자에게 바쳐야 된다고 생각하였다. 그는 「六蠹論」에서는 생산자 우대를 주장하였다. 그는 생산자를 중심으로 생각하고 그 생산의 유통에 기여하는 상품화폐경제의 필요성을 인정하고 그 전사회를 유지하기 위한 관리자들을 설정하고 있는 셈이다. 그 관리자들은 「漢學論」에서 제기한 것처럼 능력에 따른 업무 배치이다. 통역과 관련되는 일이라면 통역을 가장 잘하는 자가 그 책임자가 되어야 하는 것이다. 그리고 사회생산의 10분 1을 다스림의 대가로 지불하고 10분의 9는 생산자 몫이 된다는 것이다. 분업의 완성은 생산물의 분

---

60) 『星湖僿說類選』卷4, 「民得什九」.
61) 『星湖僿說』卷14, 「一年兩秋」.

배까지를 고려해야 이루어지는 것이다.

유수원이 활동한 18세기 조선은 사회적 분업의 문제가 심각한 시기였다. 양반층으로 지칭되는 土階層은 일부만이 관직을 맡아 분업의 한 부분을 감당하였으며 많은 양반은 이른바 유식양반으로 비생산적이며 사회의 병폐로 지적되었다. 다른 한편 농민층의 분해가 이루어지는 시기이어서 사회적 분업의 담당층이 대폭적으로 조정되는 시기였다. 상품화폐경제의 발달로 인한 새로운 유통망이 형성되면서 상인층이 재편성되고 있었으며 더군다나 임노동층의 형성은 분업체계 전반을 재조정해야 하는 이유가 되었다. 이러한 조선후기 사회에 대한 진단 내용은 차이가 나지만 분업체계가 조정되어야 할 것이라는 지적은 공통으로 거론되는 것이었다.

유수원은 이 시기 사회의 생산이 뒤떨어져 있으며 그 원인은 적절한 분업체계가 이루어지지 못한 것에 있다고 하였다. 곧 四民의 직업적 전문화가 이루어지지 못한 것이 원인이라는 것이다.[62] 전문화가 이루어지지 않아서 백성들이 자신의 직업에 충실하지 못하고 그러하기 때문에 생활이 가난하다는 것이다. 또 전문화가 이루어지지 못한 이유는 양반=문벌의 발달에 있다는 것이다. 양반이 되어야만 출세와 면역의 길이 트이고 농·공·상을 하게 되면 평민으로 간주되어 출세의 길이 막힐 뿐만 아니라 군역을 지게 되므로 사람마다 농·공·상을 수치로 여기고 이를 기피하게 된다는 것이다. 양반의 특권화와 농공상을 기피하게 만든 사회적 여건들이 문제의 핵심인 것으로 이해하고 있다. 四民의 未分 원인이 신분제의 모순에 있다고 보는 것이다.[63] 유수원은 이러한 현실의 四民을 '四民未分', '四民失職', '四民無法'이라고 표현하였다. 그는 사민제도의 문란은 土의 문란에서 비롯된 것으로 생각하

---

62) 『迂書』, 「總論四民」, "我朝 沿襲麗制 立國三百年來 四民之業 尙未分別 國虛民貧 專出於此".

63) 韓永愚, 「柳壽垣의 身分改革思想」, 『韓國史硏究』 8, 1972, 28쪽. 이 글에서는 유수원의 분업론이 정치하게 분석되었으며 본고는 이에 의존하였다.

였다.

그는 직업을 둘러싼 인간 상호 간의 관계 곧 신분문제가 국가와 인민의 빈부를 좌우하는 근본요인이라고 보는 것이다. 직업이란 士라고 하는 지식전문업과 농·공·상이라는 산업을 포괄하는 것이었다. 그 가운데 농·공·상의 피폐가 國虛民貧과 직접 관련되어 있다고 생각하였다.

    "사·농·공·상은 각각 그 법이 있어야 한다. 지금은 그 법이 없어져 백성이 職을 잃고 있다. 백성이 직을 잃었기 때문에 백성이 가난해졌다. 백성이 가난해졌기 때문에 나라가 텅빈 것이다. 법을 세우고 제도를 정하는 것은 四民을 본업에 돌아가게 하는 것이다."[64]

앞서 그가 직업 분화가 제대로 이루어지지 않은 이유로 문벌을 거론한 것을 상기하면 그의 생각을 다음과 같이 정리할 수 있겠다. 문벌이 발달하면서 직업과 신분을 일치시키는 폐단이 발생하였고 그에 따라 직업분화의 일정한 규칙이나 원칙과 같은 것이 무너지게 되었다는 것이다. 그로 인하여 정작 생산이나 유통이 제대로 발달하지 못하였고 그것이 백성들의 빈곤은 물론 나아가서 收稅源의 부족으로 인한 나라의 빈곤까지 이르게 되었다는 것이다. 따라서 신분제 모순의 시정과 철저한 분업체계인 사민제도의 확립이야말로 生財의 근원을 만드는 말 그대로 國富民安을 가져오기 위한 선결 문제가 되는 것이다. 사회의 개혁은 사민의 분업을 기초로 하여 추진되어야 하며 모든 제도 개혁은 사민의 분업을 가져오기 위한 것이어야 하는 것이다.

四民分業체계에 들어가는 사람들은 양인들이었다. 그리고 그들의 직업 선택은 자신의 뜻대로 되어야 하는 것이다. "사농공상은 국가가 이를 分付하거나 권장하거나 방해할 것이 못된다. 오직 자기의 마음에

---

64) 『迂書』,「論魚鹽征稅」, "士農工商 各有其法 今無其法 故民失其職 失其職故
　　民貧 民貧故國虛".

할 것이냐 안할 것이냐가 달려 있을 따름이다."65) 물론 능력과 자질을
전제로 하는 것이다. 특히 士는 일정한 정원이 있어야 하며 자질이 인
정된 특수한 사람만이 선발되어야 한다고 주장하였다. 士는 사민 중에
가장 수위에 위치하는 직업인이며 백성 가운데 가장 재능과 덕망이 뛰
어난 관료후보층인데 그들은 학생으로서 "독서하여 이치를 궁구하고
師友와 종사하면서 治己治人의 법을 배운 뒤에 관리로 나아가서 임금
을 섬기는 것"을 직업으로 하는 사람들이다. 사민의 어느 하나의 직업
도 갖지 않는 것은 용납될 수 없는 것이었다. 사민은 신분적으로 평등
하며 이것이 사민일치인 것이다. 직업의 가치는 士가 가장 으뜸이고
그 다음이 농업이며 공상은 말업이라 생각하였다. 그러나 비루한 직업
으로 생각하지는 않았다.

유수원은 직업의 무조건적인 세습을 부정하였기에 사의 子라도 학
업을 하다가 재능이 모자라면 농·공·상을 해야 하고 농·공·상의
子라도 재능이 뛰어나면 士가 될 수 있다고 생각하였다. 그는 양인의
四民으로의 직업적 전문화를 주장함에 있어서 능력에 따른 직업선택
을 강조하고 있으며, 그 능력을 기르고 평가하며 문맹자를 없애기 위
한 방법으로서 유년기의 보편적인 초등교육을 역설하였다. 직업을 선
택하기 전에 보편적인 초등교육이 필요하다는 것이다. 기초적인 학업
을 마치고 자질을 평가하여 자질이 준수한 자는 정식으로 관립 교육기
관에 입학하여 士가 되게 하고 우둔한 자는 농·공·상 三業中 하나
를 택해야 한다.66)

유수원은 사민분업을 이루기 위한 구체적인 방안을 갖고 있었다. 그

---

65) 『迂書』, 「論學敎選補之制」, "士農工商非國家所可分付勸沮者也 唯在自己之
 心爲與不爲而已"

66) 『迂書』, 「奴婢」, "試以中國言之 民有子而年至四五歲 則便已受學於塾師 稍
 長則必以本經試藝於本學 故能解操筆 則恒與同志士子 讀書課藝而已 元無
 暇隙可習他技 中略 有如此者 必須資質魯鈍 終無可望 然後棄而爲農工商三
 業 大抵十五歲以前 已決其趨向而亦無自暴自棄".

278

는 士를 選拔하고 養成하며 그를 관료로 진출시키는 절차와 방법을 제안하였다. 그가 말하는 士는 選士 곧 국가에서 일정한 자격시험을 거쳐 선발하여 학교에 적을 두게 된 학생을 말한다.67) 학생은 生員과 附學生의 二種인데, 생원은 廩饍生員과 增廣生員으로 구분된다. 전자는 관비 장학생으로 20명 정도의 정원을 두며, 후자는 전자의 결원이 생기면 陞補토록 하였다. 부학생은 정액외의 학생으로서 인원 제한을 두지 않았다. 향시 응시는 위의 두 학생만이 가능하였다.

관리 선발 방법으로는 科第(科擧)·歲貢(貢士)·恩蔭(蔭敍)·吏員을 구상하였다. 그런데 과제건 세공이건 향시를 거쳐야 하기 때문에 기왕의 과거와 크게 두 가지 점에서 다르다 하겠다. 하나는 학생만을 향시에 응시할 수 있도록 하였다는 점에서 학교제와 관료충원방식을 연결한 것이다. 다른 하나는 학교제와 연결함으로 인해 관료진출자격 범위가 대폭 줄었다는 점이다. 그리고 음서제도를 없애지는 않았지만 수혜범위를 줄이고 일반 경로의 진출자와 차별대우를 받도록 하였다. 또한 중외 각 관아 소속의 이원들을 임기만료에 따라 성적을 고사하여 品級과 廩級을 높여주자는 것이다. 이 밖에 무인을 선발하는 武擧가 있고 醫·譯·書·算·律·陰陽 등의 잡직기술관의 지위를 높여 주자고 하였다. 이는 직업 전문화가 그 목적임을 짐작할 수 있는데 그러나 의관 가운데에는 수령으로 나갈 수 있는 것이 이 시기의 사정이었음에도 불구하고 그들이 수령 등 타직으로 전직하는 것은 반대하였다.

그의 農業에 대한 改革案은 농업경영문제와 농업기술문제, 農業收稅문제에 초점을 두었으며 토지소유문제는 아니었다. 농업경영과 농업기술의 혁신을 통하여 농업생산력과 농민수입을 높이고 농업수세체제를 개혁하여 수취체제의 합리화와 국가재정 수입의 증대를 가져오며 무전농민의 임노동자로의 전환을 이룩함으로써 농업문제를 해결하려

---

67)『迂書』,「論學校選補之制」, "或曰 然則此外不得稱儒生乎 答曰 豈非學生 則只當稱民而已 他何有可稱之名乎".

하였다. 곧 그 나름대로 생산력 수준을 높이고 상업적 농업의 발전을
위한 구상을 가지고 있었다. 유식양반을 농업인구로 돌리고, 경영방식
을 개선하며 농업 내에서 철저한 작목별 분업을 통하여 생산력을 높이
고 이를 상품화폐경제와 연결한다는 것이다. 이 시기 창출되는 임노동
자는 이와 같은 농업생산 등에 투입하면 된다는 것이다.68) 이렇게 그
의 사민론은 보다 세분화된 것이었다. 곧 농민이라 하여도 돼지만 기
르고 닭을 기르지 않는다든가 포목점에서는 다른 것을 팔지 않는다는
것이었다.

그는 商工業에 대해서도 적지않은 관심을 갖고 있었다. 양역의 폐단
과 국가재정의 허갈을 상공세의 증수로서 해결하려는 생각이었으며,
나아가서는 상공업의 육성 발전을 통해 국민경제 전반을 향상시켜 보
자는 의도를 가지고 있었다. 현재의 상업구조는 국민경제 내지는 인민
생활 전반에 기여함이 적다 하여 자유상인들을 비판하였다. 그들은 첫
째 상인의 이익을 침해하며, 둘째 시전의 법을 문란하게 하며, 셋째 곡
식을 낭비하는 근원이 되며, 넷째 국가의 세금을 포탈하고 있다는 것
이다. 새롭게 성장하는 상인이나 새로운 유통구조가 가져오는 병폐에
대하여 심각하게 생각하는 그로서는 상업체계를 변화시킬 생각은 없
었으나 여하튼 새로운 상인을 기존의 체계 안에라도 포섭하지 않을 수
없는 것이었다. 이러한 문제를 해결하려면 상업경영을 합리화하여 소
상인과 대상인과의 제휴, 富商과 貧商의 제휴를 이루게 한다는 것이
다. 기존의 체계 안에서 기존의 상인을 중심으로 새롭게 성장하는 상
인을 포섭 결합하는 형태였다.69)

그의 분업체계의 재조정 방안 가운데 특이한 것은 구래의 개념을 차
용하여 새로운 분업담당자를 만들고 있다는 점이다. 一人一職 외에 임
금을 받고 잡역을 거들어 주면서 사는 閑民이 필요하다고 하였다. 이

---

68) 한영우, 앞의 글, 1972, 53~55쪽.
69) 한영우, 앞의 글, 1972, 55~58쪽.

는 『周禮』의 九職 가운데 아홉 번째의 閑民에서 차용한 개념이었다. 한민의 설정은 양인 계층분화로 생겨난 무수한 몰락양인, 무산농민들을 자유임노동자로 전환시킴으로써 그들의 생계를 터주어 실직자를 없게 하고 노비·고공에 의한 불합리한 고공제를 점차 지양함과 동시에 농상공의 발전을 측면에서 지원해 주려는 목적 때문이었다.[70]

홍대용에게서 보듯이 자연관과 인간관의 변화는 곧 사회분업에 대한 생각에서도 신분차별적인 것에서 벗어나게 하는 것이다. 그는 사농공상 모두가 생업을 위한 노동에 종사하고 신분과 상관없이 재능과 학식에 따라 직업에 종사할 수 있어야 한다고 주장하였다.[71] 담헌은 사회신분제와 분리된 사민제도를 편성하기를 바랐다. 재능과 학식이 있으면 비록 농부 상인의 자식이라도 의정부에 들어가 벼슬을 할 수 있고 재능과 학식이 없으면 양반사족 공경의 자식이라도 하인의 직책을 맡겨야 한다고 주장하였다. 이렇게 되면 신분제도는 해체될 것이며 사민제도는 점차 직능의 분업으로 전화하게 되는 것이다. 담헌은 사회신분제가 고정 불변의 것이 아니라고 주장하였다.[72]

그는 사회신분제도와 四民제도를 일종의 습속 풍속으로 생각했다. 사회신분제도는 名分, 사민제도는 職分으로 보았다. "우리나라는 본래 명분을 중히 여겼다. 양반들은 아무리 곤란과 굶주림을 받더라도 팔짱끼고 편히 앉아 농사일을 하지 않는다. 간혹 일을 열심히 하여 비천한 일이라도 즐겨하는 사람이면 비웃고 노예처럼 무시하므로 노는 백성이 많아지고 일하는 자는 적다. 재물이 어찌 궁하지 않을 것이고 백성이 어찌 가난하지 않으리요?"[73]

양반은 일하지 않으면서 일하는 것을 천하게 보아 무시함으로써 생

---

70) 한영우, 앞의 글, 1972, 58~60쪽.
71) 금장태, 앞의 책, 55쪽.
72) 愼鏞廈, 「湛軒 洪大容의 社會身分觀과 身分制度 改革思想」, 『韓國文化』 12, 1991.
73) 『湛軒書』 內集補遺 卷4, 「林下經綸」.

산을 정체시켜 나라와 백성을 빈궁하게 만드는 부정적인 존재로 보았
다. 뿐만 아니라 군왕의 발생에 대해서도 부정적이어서, 용맹과 지혜와
욕심을 가진 자가 마음을 같이한 자들을 이끌고 통치자가 되어 이권을
누렸고 강토를 서로 차지하려고 전쟁을 되풀이한 반면에 약한 자들은
일만 수고롭게 하여 백성들은 제대로 살기가 어렵게 되었다고 설명하
였다.74) 귀족들도 지략과 阿諂과 권모와 사욕 및 이욕을 꾀하는 신분
이라 하였다.

　홍대용은 이 시기 교육기구로 설치되고 있는 면훈장제를 이용하여
교육을 보편화하고 그를 바탕으로 신분을 넘어서는 인재의 배치 곧 사
회적 분업을 도모하였다. 교육의 기회를 균등히 하지 않고 능력에 따
른 인재의 재배치는 헛된 말일 수밖에 없는 것이었다.

　"안으로는 서울의 9부와 밖으로는 도로부터 면에 이르기까지 학교를
세워 각각 敎官을 둔다. 면에는 齋가 있고 재에는 반드시 長이 있다.
나이가 많고 덕이 높아 사표가 될만한 사람을 취한다. 면내의 자제 중
8세 이상을 모두 모아 가르치는데 孝悌와 忠信의 도리를 펴고 射御書
數를 익힌다."

　"대개 사람들에게는 인품의 고하가 있고 재능의 장단이 있다. 인품의
고하를 중시할 것이나 재능에 있어서 단점은 버리고 장점만을 취한다
면 천하에 아주 못 써서 버릴 재주는 없는 것이다. 면에서 가르칠 때
뜻이 높고 재능이 많은 사람은 위로 올려 조정에서 등용하고, 천성이
둔하고 어리석은 사람은 아래로 돌려 들에서 일하게 하며, 생각이 교
묘하고 일을 민첩하게 하는 사람은 工匠으로 돌리고, 이재에 밝고 재
화를 좋아하는 사람은 상인으로 돌리며, 책모하기를 좋아하고 용맹이
있는 사람은 찾아서 武人으로 삼는다. 장님은 점을 치게 하고 궁형을
받은 사람은 내시를 시킨다면 벙어리와 귀먹은 사람, 절름발이와 앉은
뱅이에 이르기까지 모두 맡아 할 일이 없지 않을 것이니 일을 하지 않
고 놀면서 입고 먹는 사람은 군장이 벌을 주고 향당에서 내쫓아야 할

---

74)『湛軒書』內集補遺 卷4,「毉山問答」.

것이다."75)

어떠한 능력을 가진 사람도 그를 필요로 하는 사회적 분업 부분이 있을 터이니 그 능력대로 적정하게 배치하고 그에 응하지 못하는 경우에는 통제하여 사회에서 도태시킨다는 것이다.

박지원은『양반전』에서 이 시기 양반에 대한 일반적인 이해를 기술하고 있다. 양반은 사족의 존칭이라며, "양반이란 명칭이 많아서 독서하면 士라 하고, 벼슬하면 大夫라 하고, 덕이 있으면 군자라 하는데, 무관은 서쪽에 서고 문관은 동쪽에 서게 되어 양반이라 하였다."76) 그런데 독특한 것은 士에 대한 이해이다. 原士는 천자로부터 서민에 이르기까지 生人의 근본을 이루는 모든 사람을 포함하는 개념이었다. "그러므로 천자도 원사이다. 원사란 생인의 근본이다. 그 벼슬인즉 천자이고 그 신분인즉 사이다. 그러므로 벼슬에는 고하가 있으나 신분은 변화가 없다. 지위에는 귀천이 있으나 士에는 轉徙가 없다."77) 원사는 그야말로 포괄적인 개념이고 그로부터 관료가 나오는 것이다. 그런데 이 士가 관직자를 배출하면서 사회의 분업체계에서 보아 매우 특별한 일을 맡고 있다.

> "사의 학문은 농업·공업·상업의 이치를 실제로 겸하는 것으로 세 가지 실업은 반드시 모두 사를 기다린 후에 이루어지는 것이다. 무릇 이른바 농사의 이치를 밝히고 상업을 일으키고 공업을 장려하는 것으로 말하면 그 이치를 밝히고 일으키고 장려하는 일을 선비들이 하지 않고 누가 하겠는가? 그러므로 내 생각으로는 후세에 농공상의 생업을 잃은 것이 곧 士들이 실학을 하지 않은 잘못 때문이라고 생각한다."78)

---

75) 주 73)과 같음.

76) 朴趾源,『燕巖集』卷8, 傳「兩班傳」.

77)『燕巖集』卷10,「雜著」; 愼鏞廈,「燕巖 朴趾源의 社會身分觀과 社會身分改革思想」,『韓國文化』10, 1989, 122~123쪽.

78)『燕巖集』卷16,「課農小抄」, 諸家總論, "士之學 實兼包農工賈之理 而三者

박지원의 사회 분업체계는 기왕의 士農工商의 四民으로 구성되어 있다는 점에서는 특이하다고 할 수 없다. 그런데 그가 추구하는 士의 기능은 다른 실학자와 비교하여 볼 때 확장된 것이었다. 士는 농공상의 실리를 탐구해야 하는 것인데 이때 士가 그 탐구를 하지 못하여 농공상의 실업이 발전하지 못하였다는 것이다. 탐구해야 할 학문의 범위는 넓다 하겠는데 이는 실제의 삶의 이치를 밝히는 것이기도 한 것이다.

이는 다른 한편 연암의 사민론에 대한 생각을 알 수 있는 것이다. 농공상이 구체적 삶에 필요한 부분이라면 그의 발전은 그의 이치에 대한 이해에서 출발하고 이루어지는 것인데 그것을 지식계층이 담당하는 것이다. 농공상이 각각 사회의 일정한 부분을 담당하는 정당한 부분으로 인정된다면 학문을 하는 선비 역시 사회의 온전한 구성과 발전을 위하여 필요한 것이다. 이러한 이해는 士가 사회의 관리자 혹은 관료를 배출하는 부분이라는 이해와는 다른 모습이다. 사민의 기능적 분화에서 사의 기능을 확대하여 설정하고 있음을 알 수 있다.

이는 짐작컨대 이 시기 학문이 利用厚生에 필요한 것이라는 이해가 보편화된 사정을 반영하는 것으로 생각된다. 연암은 물론 학문이 이 시기에 맡아야할 일을 충분하게 감당하지 못하고 있는 것으로 생각하였다. 사의 학문은 백성을 풍족하게 하고 나라에 도움이 되어야 하는데 그렇다면 그것이 오랑캐의 것이라도 배워 나라 안에 퍼지도록 하여야 하는 것이다. 그런데 지금은 백성들도 어리석고 게으르며 선비들은 浮華하고 배우지 못하였다고 현실을 진단하였다.

박제가의 사민론은 철저히 분업론에 근거를 두고 있다. 세상 사람들이 末利를 좇는 것을 비난하는 것에 대하여 모든 사람에게 농사만을

之業 必皆待士而後成 夫所謂明農也通商而惠工也 其所以明之通之惠之者 非士而誰也 故臣竊以爲 後世農工賈之失業 卽士無實學之過也" ; 신용하, 위의 글, 1989, 143쪽.

권할 수는 없는 것이라고 주장한다. 오히려 모든 사람에게 농사를 짓도록 한다면 생업을 잃는 자가 더욱 늘어나고 나아가서는 정상적인 사회운영 마저 어렵게 된다는 것이다.[79] 그는 상품화폐경제의 발달에 따라 사회적 분업을 재조정해야 한다고 생각한 것이었다.

정약용도 토지제도의 정립을 통하여 농민은 물론 土·工·商도 각각 그들의 본업에만 전념하게 해야 한다고 주장하였다. 閭田制를 시행함으로써 사농공상의 분업을 정착시키고 거기에서 전노동력의 효율적인 가동을 기도하는 것이다. 그는 권농 자체도 먼저 四民으로 하여금 각각의 직분을 갖고 거기에 전념하게 하는 데로부터 출발되어야 한다는 것을 강조하였다.[80] 그는 본래 농민은 사민 가운데서도 '農有不如者三'이라 하여 다른 세 부류에 미치지 못하는 것으로 보고 그것을 시정하려는 생각도 있었던 터이었다. 工者는 그들이 제조한 器物로 곡물을 교역할 수 있고 상인은 그들이 거래하는 화물로 糧穀을 매입할 수 있으므로 상공업자들은 자신의 직업에 충실하면 염려할 바가 못되는 것으로 생각하였다.

사는 관직에 나아가는 자만이 아니었다. 다산은 晝耕夜讀하는 자, 富民子弟를 교육하는 자, 實理를 講究하여 농토의 이용을 늘리고, 水利를 일으키고, 농기구를 만들어 功力을 절약케 하는 자, 농업기술과 畜牧을 가르침으로써 농업을 돕는 자 등 실용적인 면에서의 지적 활동을 하는 자에 대해서는 충분한 대우를 해야 한다고 생각하였다. 또한 놀고 있는 士는 농업으로 전업할 것이고 그리하면 토지로부터의 생산이 늘고 풍속이 좋아질 것으로 생각하였다. 아울러 농업으로 전업할 수 없는 자는 상공업으로 전업할 것이라 예상하였다. 이는 양반을 비롯한 遊食人을 없애고 사회적 분업을 전면적으로 재조정하는 것이었다.[81]

---

79) 朴齊家, 『北學議』 「末利」 ; 李錫浩 옮김, 대양출판사, 1973, 385쪽.
80) 茶山硏究會, 譯註 『牧民心書』Ⅲ, 創作과批評社, 1984, 203쪽.
81) 金容燮, 「18, 19世紀의 農業實情과 새로운 農業經營論」, 增補版 『韓國近代農

그러면서 다산은 양반과 분업과의 관계에 대하여 다음과 같이 주장하였다.

　"양반이 되면 몸소 농구를 손에 들고 토지의 이익을 일으키지 아니하고 소를 이끌거나 말을 타고서 市場에 장사하여 貨財를 유통시키지 않으며 손으로 도끼와 도가니를 잡아 그릇을 만들지 않는다. 양반이 많으면 노력이 줄어들고 사람의 노력이 줄어들면 토지의 이익이 개척되지 아니하고 토지의 이익이 개척되지 아니하면 나라가 가난해지고 나라가 가난해지면 士를 권장할 수 없으며 사가 권장되지 않으면 백성이 더욱 곤공해질 것이니, 그 근원을 구명하면 곧 軍布 때문일 것이다."[82]

　양반이 되면 농사를 짓는다든가 혹은 장사를 한다든가 혹은 물건을 만든다든가 하는 일들을 하지 않는다는 것이다. 양반은 농공상과 분리되어 있다는 것이다. 이는 결국 국가경제가 어려워지고 백성의 살림살이가 어려워진다는 것이다. 사민분업에서의 士와 일반 백성과의 관계는 국가를 매개로 하고 있다. 백성은 재화를 생산하고 유통하여 국가경제를 튼튼히 하여 그 국가가 사를 기르는 것이고 그 사로 말미암아 백성의 살림은 유지된다는 것이다. 이러한 사에 대한 이해는 다른 실학자들에서도 찾아볼 수 있는 것이었다. 반계가 언급한 전문적이고 능력있는 사, 유수원이 말한 농공상의 실리를 연구하는 士 그리고 다산의 교육하고 실리를 연구하는 사, 이들은 농공상과 분리되어 이해되면서 사회적으로 배려되는 존재들이었다. 이들은 모두 토지분급 시 일정한 고려 대상이었다. 직접 생산층은 아니지만 사회의 관리자 아니면 군주의 신하를 키운다는 명분 하에서 분급대상에 포함되었다.
　조선후기에는 유통경제가 발달하고, 지주제가 확대되면서 농민층 분

　業史硏究』(상), 一潮閣, 1984, 104~105쪽.
82) 『與猶堂全書』 1, 雜著 「身布議」.

286

화가 전개되고 있었다. 이러한 변동에 대한 처리를 놓고 경제구조 내지 사회체제의 재체제화의 방향에서 개혁방안이 제기되기도 하였다. 그 소유의 주체가 누구가 되었든 농민의 경작토지를 확보하여 재생산의 기반을 확보하고 왜곡된 사회분업체계를 바로 잡으면서 신분제를 폐기하는 방향으로 방안이 마련되는 것이었다. 이와 관련된 실학자들의 일반적인 과제는 봉건적인 신분제의 폐기와 아울러 분업체계를 재편하는 것이었다. 농업에 있어서는 지주전호제를 중심으로 한 토지제도를 전면적으로 개혁하려 하였다. 정전제를 이상으로 하면서 균전론이나 한전론을 제기하였다. 지주층의 봉건적인 토지지배를 폐기하고 그것을 생산자에게 균등하게 분배하거나 또는 토지의 소유에 있어서 일정 면적의 상한선을 넘지 못하도록 제한하라는 견해였다. 지주제의 전면적 개혁이 불가능할 경우에는 지주층의 농지임대만이라도 均耕均作의 이념으로 개선할 것을 내세우기도 하였다. 이 모두는 民産을 균등히 함으로써 농민경제를 안정시키려는 것이었다.83)

실학자의 사민분업론의 특징 가운데 하나는 사민의 틀을 그대로 유지하고 있지만 사민의 선택에 신분적 제약을 배제시키고 있다는 점이다. 반드시 농업만을 상호 선택할 수 있는 직업으로 정한 것이 아니라 공상을 선택할 수도 있는 것으로 설정하고 있다. 사민분업체계를 유지하되 이 시기에 발달하고 있는 상품화폐경제의 발달을 재편에 반영하여 균형적인 상공업의 발전을 도모하는 것이었다. 특히 그를 위하여 재편되는 사계층이 관직뿐만 아니라 농공상의 발전을 위한 학문적 이바지를 그 기능의 하나로 강조하고 있었다.

2) 사회계층 재편성론

전술한 바와 같이 상품화폐경제의 발달과 농민층의 분해는 농민층

---

83) 金容燮, 앞의 글, 2001, 6~14쪽.

의 재편성에 그치는 것이 아니라 전 사회구성원의 사회적 위상을 재편하는 것이었다. 실학자들의 관심도 자연 사회적 분업체계의 재조정을 넘어서 전사회구성원의 계층 재편성의 구상을 하게 되는 것이다.

계급이 신분의 모습으로 나타나는 전근대사회에서 '계급'이 생산관계상의 위치라는 경제적 내실에 규정된다면 '신분'은 그 내실을 덮은 법적·사회적 외피였다. 그렇다고 신분이 경제적인 요소에 의해서만 결정되는 것은 아니었다. 생산수단의 소유와 비소유로 나뉜 계급은 사회의 구성이 경제적 관계만으로 이루어진 것이 아닌 한 그 구성원에 대한 구별은 법적·사회적 관계를 고려하여 이루어져야 하는 것이었다. 양반과 양인은 지주와 전호일 뿐만 아니라 다스리는 관료와 다스림을 받는 백성, 상전과 하인, 혹은 향촌사회의 지배세력과 향촌민 등의 여러 모습을 갖고 있었다. 더구나 우리 사회에서는 지주와 전호라는 경제관계만 있었던 것이 아니라 자신의 소유토지를 경작하는 농민들이 있었다. 이들의 사회신분은 토지소유를 둘러싼 생산관계에 의하여 결정되는 것이 아니라 그의 사회 안에서의 위상을 결정짓는 여러 조건에 의해 규정되는 것이었다.84)

또한 신분제는 적대적 계급 사이만을 구분하는 것이 아니라 신분은 생산수단을 소유하고 타인의 잉여노동력을 착취하는 지배계급의 내부에서 지배기능의 맡겨진 역할에 따라서 신분이 나뉘며 그것은 피지배계급에서도 마찬가지여서 모습도 다르고 예속 정도도 다른 신분으로 구분된다. 그리고 사회적 분업 등으로 사회조직이 다원화되면서 전문적인 기능을 담당하는 집단이 형성됨에 따라 신분구조의 내부에는 여러 계층이 존재하게 되었다. 지배계급은 양반과 중인으로 나뉘었으며 피지배계급은 주로 양인과 노비이었다. 양반층과 중인은 각각 지배계

---

84) 계급, 계층, 신분에 대한 개념은 지승종, 「신분구조의 변화」, 신용하·박명규·김필동엮음, 『한국사회사의 이해』, 문학과 지성사, 1995에 비교적 정연하게 정리되어 있어 참고된다.

급으로서 지배 기능에 따라 분화되었던 계층이었다. 양반이 지배의 의사결정 계층이라면 중인은 그것을 집행하는 지배의 실무를 담당한 계층이었다.

양반층은 점차 생산자 대중을 안정적으로 지배하기 위한 여러 제도와 이데올로기를 만들어내며 양반층의 이해가 투영되는 국가의 체제를 갖추어 갔다. 이 과정에서 계급의 차이는 제도적으로 고정되어 신분의 차이로 나타났다. 양반층은 부와 권력의 독점을 합리화하고 자신의 지위를 지속적으로 유지·강화하기 위하여 피지배계급에 대한 우월성을 제도화하였던 것이다. 이에 신분은 법적으로 규정된 특권과 차별이 혈통에 따라 세습되는 폐쇄적인 집단을 뜻하게 되고 신분제가 사회제도로 정착되었다. 신분에 따라 태어날 때부터 권리와 의무에서 차별을 받았다. 조선후기 양반의 특권의 문제가 주목받고 벌열화의 비판이 가열되었다.

계급관계를 바탕으로 하는 신분제에는 그 시기의 계급관계가 반영되었다. 각 개인이 갖고 있는 능력보다는 경제력의 차이에 따라 나타나는 정치적 권리와 의무나 사회의 역할의 차등이 신분제에 반영되었다. 그런데 사회에 따라 변화하는 계급관계를 신분제가 그대로 반영하지 못하는 경우가 생겨났으며 그 괴리가 심해지면 신분제는 계급관계에 따라 재편되거나 무너졌다. 토지소유자로서 지주인 노비라든가 또는 경제적 처지가 노예와 같은 양반들의 등장 곧 계급과 신분이 완전히 괴리된 현상도 때로 존재했다. 조선후기 사회에서의 신분제 문제의 핵심 가운데 하나는 바로 이 양반층의 경제적 몰락이나 노비의 신분상승의 문제였다.

그런데 신분제는 법령은 물론 사회관습과 통념까지를 광범위하게 포괄하는 것이었다. 신분제의 법제적 규정은 주로 국가체제를 유지하기 위해 필요한 것이었으며, 사회관습과 통념은 주로 생산관계의 현실을 유지·강화하기 위해 필요한 것이었다. 이 둘은 시기에 따라 서로 합치하기도 하고 어긋나기도 하였는데, 중앙집권적 국가체제가 유지되었던 우리 역사에서는 대체로 국가의 법령이 규정적인 힘을 발휘하였다. 전술한 바대로 조선후기에는 계급관계와 신분제와의 괴리가 심화되면서 계급관계가 재편되거나 무너지는 과정에 들게 되었다. 생산관계를 유지하는 데 기여하였던 사회관습과 통념 등도 역시 변하지 않을 수 없었다.

실학자는 변화하고 있는 현실에서 갖가지 착종을 드러내고 있는 신분제의 모순을 파악하고 명분론적 질서의 문제를 지적하였다. 차별적 신분제를 철폐하여 평등의식을 사회적 현실 속에서 정립할 수 있을 때 분배의 균형이 실현 가능하게 되고, 분배의 정의가 이루어질 수 있을 때 실학자의 신사회 건설도 구현될 수 있게 되는 것이다. 그러한 문제를 드러내는 계층으로 양반과 천민 곧 노비들이 집중 거론되었기에 여기에서는 그 두 계층을 중심으로 계층재편의 내용을 파악하고자 한다.

(1) 양반

조선국가의 지배층은 관직을 중심으로 문무 양반으로 편제되었다. 지배층인 양반은 좁은 뜻에서는 문무관료를 가리키지만 넓게는 전현직 관료를 포함하여 문무관직에 나아갈 수 있는 자 및 그 가족까지 포함되었다. 蔭敍나 代加制와 같은 고급관료의 특권이 보장되는 제도가 있기는 하였으나 조선국가의 경우에는 科擧制가 주요한 관료충원방법이었다. 실학자가 관료선발 방식에 관심을 갖는 이유 가운데 하나는 과거제가 비합리적으로 운영되면서 관직이 마치 세습되는 것처럼 인식되고 현실적으로 그것으로 인하여 신분 세습이 가능해지고 그것이 차별적 신분제를 유지하는 매개고리가 되기도 하였기 때문이었다.

과거제는 관료의 충원뿐만 아니라 生員·進士層을 양산하여 양반층을 두텁게 하였다. 이는 한정된 관직에 모든 지배층을 수용할 수 없는 조건에서 시행된 것이었다. 물론 지배신분의 유지가 근본적으로는 토지소유에 근거하는 것이지만 과거제가 지배신분의 재생산에 이용된 것 또한 사실이었다. 나아가서 이들 가운데 대부분은 관직에 나아가지도 못할 뿐만 아니라 생산에도 종사하지 않는 遊食兩班이 되어 해결되어야 할 사회적 문제가 되었다.

이들 양반층은 대체로 지주층이었으며 남보다 나은 교육조건을 지니고 과거제를 통하여 신분을 재생산하고 있었으며 각종의 특권을 누리고 있었다. 법제적으로 양인의 범주에 들어 신역을 부담하여야 했지만 관직에 나아가 직역을 맡는다든가, 각종의 학교에 생도로 등록하여 면제받는다든가, 공신의 자손으로서 면제받는다든가, 그도 아니면 대가를 받는 서반특수직에 들어가 入仕의 기회로 삼기도 하였다.

조선국가가 양천을 명확하게 구별하고 전체 양인에 대하여 법제적으로 동등한 의무와 권리를 부여한 것은 국가의 기반을 확대하여 지배층의 이익을 안정적으로 유지코자 한 것이었다. 그러나 그 원칙이 현실에서 지켜지지 아니하였다. 그 이유 가운데 하나는 법제적으로 양인이라 하지만 사실 계급적으로 구별되는 지주와 전호농민이 함께 파악된다는 것을 뜻하는 것이었기 때문이었다. 공납과 역이 양인의 부담으로서 동일하게 부과되고 있었다지만 현실적으로 양반이 각종의 부담을 합법·비합법적인 방법으로 빠져나가고 있었다는 것은 이 시기 양반과 양인의 신분 차이를 나타내는 지표이기도 하였다.

양반은 가문을 형성하면서 족보를 만들고 祖先奉祀와 상호부조를 내세워 族契나 族會를 구성하여 결속력을 강화하면서 향촌사회에서도 주도권을 장악하였다. 일정한 通婚圈을 형성하여 양반 상호 간에 혈연적 유대를 공고히 하였다. 나아가서는 성리학적 질서의 확립이라는 차원에서 유향소를 세우고 향약을 시행하였으며 서원을 설립하였다. 신분제는 법제적으로 뒷받침 될 뿐만 아니라 이데올로기에 의해서도 뒷받침되고 있었던 것이다.

양반 문제는 양반의 특권 곧 다른 신분과의 문제가 있고, 다른 한편으로는 양반 내부의 문제가 있다. 전자의 문제는 차별적 신분제가 굳어지고 그것이 사회운영의 한 원리로 작동되고 있는 사회에서 양반은 다른 신분이 누리지 못하는 특권을 갖고 있고 역으로는 그 특권으로 인하여 다른 신분과 구별되고 있었다는 점이다. 이 문제에 대한 해결 방법은 양반의 특권을 철폐시키든가 아니면 다른 신분에도 같은 권한을 주든가 아니면 양반 자체를 없애든가 하는 것들이 있을 수 있다.

양반 내부의 문제는 양반의 배타적 성격을 유지하면서 관직의 실질적 세습화를 통해 신분을 유지하고 일부는 문벌을 형성하는 것으로 나타났다. 限品敍用制는 양면을 가진 제도이었다. 신분제 사회에서 그나마 혈연적으로 흠이 있는 양반을 지배신분 안에 유지시킬 수 있는 방법이기도 하지만, 다른 한편 혈연적으로 조금이라도 흠이 있는 자를 배척하는 배타성을 지니고 있었다. 더구나 관료사회 안에 들어간다 하여도 중요한 淸要職에서는 철저히 배제되고 있었기에 서얼차대의 철폐가 논의되는 것이었다.

실학자들이 인식하고 있던 당시의 양반을 모두 포괄하여 말하자면, 관료 및 관직 경력자 그리고 그 후보군 및 그들의 자손을 가리킨다. 그들은 세습문벌을 형성하고, 中人이나 常漢과는 交遊·同齒·婚姻을 하지 않으며, 농·공·상에 종사하지 않고, 군역의 면제를 받고, 향약을 비롯한 향촌의 조직에 참여하여 향촌사회에서 큰 영향력을 행사하고 있는 배타적 신분층으로 특징지어지고 있다.

반계는 전체 구성원을 양천으로 구별하고 그 내부에서 양반과 양반 서얼을 구별하고 있다. 그는 양반을 정의하여, 大夫·士의 자손과 족당으로 동서반 正職에 오를 수 있는 벌열을 가리키며, 그들만이 鄕籍에 들어가서 향촌을 주도하는 향촌사회의 지배자이기도 하였다고 말하였다.85) 박지원은 양반을 大夫(從政者-관료)와 士(讀書人), 그리고 君子(有德者) 등으로 구별하였다.86)

---

85) 『磻溪隨錄』 卷9, 「敎選之制」(上), 「鄕約事目」.

조선국가의 관직 특히 東西班 정직은 주로 양반에게 독점되었다. 조선사회에서는 모든 양인에게 관직이 열려있다고 하면서도 그를 가능케 하는 교육 기회를 얻기가 현실적으로 쉽지 않아 실질적인 신분 고정의 길을 마련해 두고 있었던 셈이다. 계급을 규정한 유일하고도 중요한 조건인 토지소유는 사회신분의 위상 결정에 중요한 요인임에는 틀림없지만 그것만이 유일한 것은 아니었다. 조선사회에서는 관직 역시 중요한 요인이었다. 향촌사회의 지배신분을 염두에 둘 때 학식이 중요한 요인일 수도 있었다. 양반은 곧 有識階層을 의미하는 것이어서 토지소유의 여부나 관직 경험의 유무를 떠나 학식은 양반이 되는 또 하나의 요인이었다. 그러나 학식만으로 사회신분이 결정되는 것은 아니었고 학식은 거꾸로 지배신분이 가져야 하는 일종의 자격요건이었다. 가족의 역사가 그 결정의 요인이기도 하였다. 본인이 관직을 경험하지 못하였어도 선대에 경험자가 있으면 같은 신분으로 인정되었다. 그러한 양반은 관직에도 나아가지 아니하고 살아가는 遊食兩班이었다.

그러한 사정에서 교육과 인재 등용을 결부시키는 貢擧制案은 관료 충원 방식이라는 점을 넘어서 신분제적 질서를 해체시킬 수 있는 것이었다. 군현의 邑學과 서울의 四學을 1차교육기관으로 하고 각도의 營學과 서울의 中學을 2차교육기관으로 하여 최상급 교육기관으로 서울에 태학을 두는 것이다. 물론 工商 및 시정배의 아들과 巫覡·雜類 및 공사천에게는 읍학과 사학의 입학 자격을 주지 않아 완전한 의미의 신분제적 질서의 해체의 길은 아니었다. 반계의 관심은 노비세습제의 폐지였으며 그와 함께 관료의 관직세습을 철폐시키려 하였다. "우리나라는 門地만 숭상하여 습속이 구차하여져서 오직 문족의 화려만 논할 뿐 그 사람의 行義의 修行 여부는 논하지 않음으로써 벌열의 자손은 능

---

86) 『燕岩集』 卷8, 別集 「放璃閣外傳」; 韓永遇, 「朝鮮初期의 社會階層과 社會移動에 관한 試論」, 『朝鮮時代身分史硏究』, 集文堂, 1997, 16쪽.

력이 없어도 대대로 卿相에까지 올라가고 가문이 시원찮으면 비록 그 자손이 덕이 크고 학업에 뛰어나도 士類에 들지 못하니 그러므로 세상 도덕이 향상되지 않고 인재가 일어나지 않으며 政刑의 문란이 모두 이 때문이다"[87]라 하여 세습제의 문제를 지적하고 그의 철폐를 주장하는 것이었다. 그는 이어서 "貴者의 대에 재덕이 없으면 일반 평범한 서민이 되어야 하는가라고 묻는다면, 옛말에 공경의 아들이 서인이 된다고 하지 않았는가, 귀천을 대대로 하지 않음이 옛 도이다"라고 설명하였다. 그는 누구든지 儒行을 닦으면 士類가 된다고 생각하는 것이다. 사대부의 자손이 되어야 가능한 士族은 당대에 되는 것은 어렵겠지만 사류는 가능한 것이다.[88]

영학이나 중학을 거친 인재는 태학에 천거되어 태학에서 교육하고 進士院에 입속시켜 실습을 마친 자를 관직에 임용한다면 관직이 신분 유지의 매개라는 점은 성격이 약화될 것이다. 더군다나 실질적인 세습적 성격을 가지고 있는 음직이 배제되고 공거제를 통한 관직으로의 진출이 당대에 한한다면 관직은 현실에서의 사회적 위세를 가질 수 있는 조건은 되어도 신분 그 자체는 아닌 것이 된다.

반계가 생각한 사회는 현실의 여러 세습제가 철폐되는 사회이었다. 그는 직역세습제의 폐지를 주장하였다. 조선사회에서 직역은 世傳되었으며, 賤役이 세전되어 그 직역이 그의 신분을 규정하기도 하였다. 유형원은 胥吏, 皂隷, 소사 등 관청의 사역을 맡은 자에게는 그의 출신 신분 여하에 관계없이 代耕할 수 있을 만큼 넉넉히 일정한 녹을 급여함으로서 그들의 생활을 보장시켜주며 또한 노비법 개혁 이전에도 양인, 천인의 구별을 하지 말고 능력있는 자를 선발 고용할 것을 주장하

---

87) 『磻溪隨錄』 卷10, 「敎選之制」(下), 「貢擧事目」, "本國徒尙門地俗成苟且 唯論族世之華楚 不問行義之修 否若世閥子孫則雖庸才鄙夫 分通於卿相 門係寒素則雖碩德茂學 不齒於士類 世道之不升 人才之不興 政刑之紊亂 皆以此也".

88) 정구복, 앞의 글, 1970, 18~19쪽.

였다.89) 이들에게 경제적 기반을 조성시켜주고 그 직의 감당이 역으로 서가 아니라 능력으로서 고용된다면 직역의 신분적 성격은 탈색되는 것이었다. 반계는 이와 같이 문무양반의 문제를 넘어서서 하급관리 및 관속류들의 신분적 편성과 그 운영을 개선코자 하였다. 기능직의 醫學·律學·陰陽學·譯學·曆學 등의 학생을 선발하는 데에는 경외를 막론하고 자원하는 자에 한하여 取才할 것이며 지금 같이 외방에 강제로 정하여서는 안되며, 그 常祿을 정하여 주고 寫字官·樂生·書員도 모두 그와 같은 방법으로 자원하는 자 가운데에서 우수한 자를 선발하여 쓰고 무능한 자는 도태시킬 것을 주장하였다.90)

그것은 驛吏·驛卒·漕水軍·漕卒의 경우에도 마찬가지이어서 그 재능에 따라 赴選을 허락하여야 한다고 주장하였다.91) 이처럼 하급관리나 기능직 및 천역을 세전시키거나 강제로 사역시킬 것이 아니라 녹을 후히 주고 신분에 구애됨이 없이 자원하는 사람 중에서 능력있는 자를 선발 등용하여야 한다고 강조하였다.

성호 이익은 과거제를 비판하면서 문벌, 서자 및 적자, 지방 신분 등의 차별에 대하여 비판하였다.92) 과거제에 대한 비판은 그 자체에 대한 비판이라기보다는 과거제의 내용에 대한 것이었다. 문벌에 대한 비판은 신분제의 문제와 관련하여 주목되는 것으로, 노비 세습과 마찬가지로 권력 세습 역시 문제로 생각한 것이다. 그러나 이익은 문벌제도는 반대하였으나 양반제도 자체는 부정하지 않았다. 현실적으로 양반의 특권화한 역 부담의 면제에 대해서도 현실을 인정하는 견해를 가졌다. 호민으로 재산 있는 자가 병역에서 벗어나는 것은 부당하다고 하면서도 "만일 높은 관리·양반의 자식도 함께 역 부담을 지운다면 그것은 타당치 못하다"라고 생각하였다.93) 그의 교육에 대한 생각은 이

---

89) 『磻溪隨錄』 卷15·16, 「職官之制」(上·下) ; 卷17·18, 「職官攷說」.
90) 『磻溪隨錄』 卷10, 「敎選之制」(下), 「諸學選制附」.
91) 『磻溪隨錄』 卷21, 「兵制」 「諸邑軍士」.
92) 『星湖僿說類選』 卷3 下, 「決鬱」.

러한 점이 잘 나타나 있어서 인재를 등용하고 문벌을 반대하는 입장에
서의 교육의 기능은 현 체제의 유지이었다.

　앞서의 이익과는 달리 대체로 실학자들은 이러한 양반들의 벌열화
및 군역 면제와 같은 이른바 특권화에 대하여 비판하였다. 유수원은
양반이 자손과 족당으로 상전·상습하면서 문벌을 형성하고 있으며,
인재등용이 오직 문벌에 치우치고 있다고 개탄했으며,94) 정약용도 「通
塞議」에서 인재등용이 소수의 문벌양반에 치우치고 있음을 개탄하면
서 그 타파를 주장하고 있다. 동시에 실학자들은 양반을 동경하여 常
民 중에서 여러 가지 방법을 써서 양반이 되는 현상을 지적하고 있는
데, 그들은 결국 양반사회에 기생하여 군역 면제의 특혜를 받는 부정
적 사회현상으로 인식되고 있다. 실학자들은 기생적 양반이 늘어난다
고 해서 양반문벌의 권력독점 현상이나 특권이 무너진다고는 보지 않
았기 때문에 이구동성으로 양반제도의 모순을 비판했던 것이다.95)

　실학자들은 본래 사민분업체계에서의 士가 변질되면서 조선후기 사
회의 양반의 폐해가 발생하였음을 지적하였다. 유수원이 판단하는 18
세기의 士는 본연의 사와는 거리가 있다는 것이다. 첫째 문벌자제를
무조건 사대부라 하고, 둘째 학교를 다니지 않아도 儒巾만 쓰면 사라
칭하며, 셋째 부조나 족당이 士이면 이를 상전·상습하여 스스로 儒生
·幼學으로 자처하고, 넷째 靑衿錄이란 본래 학교에 적을 둔 학생명부
를 가리키는데 아무나 임의로 청금록에 입적시켜 양반 또는 사로 행세
한다는 것이다.

　士가 변질되어 나타난 조선후기의 양반은 거의 농·공·상에 종사
하지 않으며 군역을 지고 있지 않다는 것이다. 부정한 방법으로 생계

---

93) 『星湖先生文集』 卷30, 雜著 「論兵制」, "今若卿士子弟而並編于行伍恐不妥
　　當".
94) 『迂書』, 「論門閥之弊」, 「論救門閥之弊」 등 ; 韓永遇, 앞의 글, 1972, 32~33
　　쪽.
95) 한영우, 앞의 책, 1997, 17쪽.

를 도모하기도 하며, 대리시험과 같은 부정한 방법으로 과거에 합격하거나 음직을 얻어 관리가 된다는 것이다. 그리고 防納이나 장리 또는 노비소송 등에 의해 생계를 영위하는 營利行爲를 일삼고, 관리가 되어 백성들의 토지와 노비를 불법적으로 약탈하여 家業을 이어가는 貪官汚職行爲를 한다는 것이다. 유수원은 富를 축적하며 특권을 향유한 세습적인 양반계층을 문벌이라고 불렀다.96)

이러한 문벌이 발달하면 음서제도가 발달하고 관직을 독차지하는 것이다. 四祖 가운데 현관이 없으면 군역에 충정되는 규정이 생겨나면서 양반 및 향품자제 양민들도 갖은 수단과 방법을 가리지 않고 관직을 얻으려 하였다. 문벌의 발달은 양반 상호 간에 등급의 차이를 가져오고 그들 상호 간에 서로 능멸하는 풍습이 일어나서 상쟁케 하였다. 그리고 모든 인민들에게 문벌에 대한 동경심과 분노심을 불어넣어 줌으로써 농공상이 자신들의 업을 부끄럽게 생각하게 하였다. 이들 世家巨族은 부귀만을 추구하고 당파를 형성하여 갖은 폐해를 만들었던 것이다.

"이미 양반에게서 身庸을 징수하지 않는데 中庶라고 즐거이 홀로 신용을 바치겠는가. 나라 안에서 속처가 없고 가장 피잔하여 용이하게 침탈할 수 있는 것은 오직 양민이 있을 뿐이다. 나라의 경비를 염출할 곳이 없기 때문에 부득이 양민을 재물로 삼아서, 콩팥을 쪼개듯이 쪼개어 各司에 귀속시켜서 軍保에 충당한다. 이것은 실로 고금에 없는 제도이다. (중략) 이미 문벌로서 사람을 등용하게 되니까 사람마다 모두 五臟 七竅가 있는지라 바보가 아닌 다음에야 누가 양반과 중인이 되기를 원하지 아니하고 軍保라는 賤役을 즐겨 짊어지려고 하겠는가. 따라서 비록 한 가닥의 布나 한 알의 곡식을 바치는 것이라 하더라도 이것을 바침으로써 군역의 명칭을 띠게 되는 것을 사람들은 수치로 여기게 되었다. 수치로 여기게 되니까 그것을 피하게 되고 피하게 되니

---

96) 『迂書』, 「論門閥之弊」.

까 군보가 채워지지 않는 것이다."[97]

양반은 실질적으로 역 부담에서 빠져나가 있으며 양민은 문벌에 들지도 못하고 관계 진출이 막혀 있고 군보를 홀로 담당하며 수탈당하는 계층인 것이다. 양민은 사회경제적 처지가 공사노비와 같은 처지로 떨어져 서로 구별할 수 없게 되었으며, 양반은 이들과 교유와 혼인관계를 거의 맺지 않고 있다고 말한다. 그러면서 그는 "양인이란 곧 공경 이하의 자손과 평민을 가리키는 말이다"라고 하였다.[98] "양인은 재덕만 있으면 크게는 卿相으로부터 작게는 百執事에 이르기까지 모든 관직을 담당할 수 있는 신분"이며 그렇기 때문에 "국가에 의하여 양인자제의 과거응시가 법제적으로 보장되어 있는 것"이라고 말한다.

유수원이 지향하는 신분제의 개혁 방향은 특권계급으로서의 양반=문벌을 없애어 그들을 평민과 똑같은 지위로 일원화시킴으로써 양반과 양인의 차별을 없애자는 것이다. 종전의 특권이 철폐된 양반은 단지 관료를 의미하는 것이 될 수밖에 없기에 한편 생각하면 그것은 마치 양반과 양인의 동질화를 이루려는 것처럼 보인다.[99] 그러나 앞서 보았듯이 학교와 연결된 과거제는 과거 응시자격 범위를 축소하고 있으며, 그 대상 범위가 줄어들긴 하였지만 제도로 존속하고 있는 음서제를 생각하면 분업화된 관직이 그대로 계층으로서 존재할 가능성은 여전히 높은 것이다.

정약용은 현재의 양반의 사회적 문제점을 「身布議」에서 다음과 같이 지적하였다.

---

97) 『迂書』, 「附金相堉甲申上疏」.
98) 『迂書』, 「論士庶名分」, "答曰所謂良人卽指公卿以下子孫及平民而言也".
99) 한영우, 앞의 글, 1972, 39쪽. 유수원의 양반의 위상 조정에 대한 생각이 특권이 배제된 양인으로 상정하였다고 하여도 그의 다른 구상을 종합하여 고려하면 양반층 자체가 없어지는 것은 아니었다.

"양반이 된 후에야 군포를 면할 수 있어 백성들이 밤낮으로 도모하는 것이 양반이 되는 것이다. 鄕案에 등록하면 양반이 되고, 거짓 족보를 만들면 양반이 되고, 본향을 떠나 먼 곳으로 이사하면 양반이 되고, 儒巾을 쓰고 科場에 들어가면 양반이 된다. 몰래 불어나고 암암리에 자라며 해마다 증가하고 달마다 불어 장차 온 나라가 모두 양반이 될 것이다."[100]

이 글은 軍布가 주제이지만 양반의 문제를 거론하고 있다. 양반이 되려는 가장 주된 이유는 양반이 되면 군포를 면제받을 수 있다는 점이다. 곧 양반의 신분적 특권의 가장 큰 것은 군포 면제라는 것이다. 문무관료가 되어 양반이 되는 것이 아니라 각종의 다른 방법으로 양반이 되는 것이었다. 향촌사회의 유력자가 되어 향안에 등록되든지, 양반을 사칭하려 가짜 족보를 만들든지 아니면 다른 곳으로 이사하여 행세하든지, 과거를 준비한다 하여 양반 행세를 하면 되는 것이었다. 양반의 폐해는 여전하면서 양반층은 증가되는 현상에 역설적인 비판이 행해지는 것이다.

"온 나라 사람들이 모두 양반이 되었으면 좋겠다. 온 나라 사람들이 모두 양반이 된다면 이는 곧 온 나라에 양반이 따로 남아 있지 않은 것이 될 것이다. 젊은이가 있기 때문에 늙은이가 있는 것이며 천한 이가 있기 때문에 귀한 이가 있는 것이다. 만일 모두가 다 존귀한 사람이 되어 버린다면 이는 곧 소위 존귀한 사람이란 것이 없어져 버리는 것이다."[101]

顧炎武가 지은 「生員論」에서 온 중국 사람이 생원이 되어 버리는 것이 아닌가 하고 걱정하는 것을 보고, 중국의 생원의 폐해보다 우리나라의 양반의 피해가 훨씬 크다고 분석하면서 역설적으로 자신은 온

---

100) 『與猶堂全書』 1, 雜著 「身布議」.
101) 『與猶堂全書』 1, 詩文集, 雜著, 「跋顧亭林生員論」.

나라 사람이 모두 양반이 되었으면 좋겠다고 언급하고 있다.[102] 물론 끝 부분에 管子의 말을 인용한 "온 나라 사람이 모두 존귀한 사람이 될 수는 없는 것이다. 만약 모두가 존귀한 사람이 되어 버린다면 하나의 사회가 구성되지 못하고 나라는 불리해질 것이다"라고 하였듯이 그것은 양반에 대한 비판일 뿐이었다.

다산은 특권으로의 군포 면제를 해결하는 방안으로 군포의 혁파를 주장하였다. 군포 그 자체가 완전 혁파하기 어려운 것이라면 부담자와 면제자라는 구분을 없애는 것이 현실적으로 특권을 없애는 것이었다. 軍布契와 役根田을 운영하는데, 군포계는 한 마을의 민이 모두 돈을 내어 이를 자본으로 이식하여 군포를 내는 것이며 역근전이란 한 촌리의 민이 공동으로 토지를 구입하여 이를 지주제로 경영하여 군역에 응하는 것이었다. 이렇게 되면 신분에 관계없이 군역을 부담하는 것이고 그 다음 단계는 戶布制를 실시하는 것이었다.[103]

양반의 특권은 비단 각종 역의 면제에 그친 것이 아니었다. 官職이 양반에 의해 독점되었기에 다산은 관직의 開放을 주장하면서 신분 및 지역에 따른 차별을 맹렬히 비판하였다. 그는 「人才策」에서 탕평책이 서북민이나 賤類에게는 관직 참여의 혜택이 없다는 것을 지적하였다. 그는 서얼에 대해서도 깊은 배려를 하였는데, 「通塞議」에서 서얼의 완전 철폐를 주장하였다. 그 대안으로 茂才異能科를 설치할 것을 주장하여 서북민, 개성·강화인 및 중인·서얼과 민 가운데 천한 자를 대상으로 하는 과거를 실시할 것을 구상하였다.

『경세유표』에서는 科擧의 폐단을 제거하고 개혁할 것을 주장하였다. 정원을 정하고 邑選을 거쳐 과거에 응시토록 구상하였다. 이 邑選은 표면적으로는 신분상 차별이 없는 것이었다. 그러나 양반이 거주하

---

102) 金永鎬, 앞의 글, 1989, 170쪽.
103) 金容燮, 「朝鮮後期의 賦稅制度 釐正策」, 『增補版 韓國近代農業史研究』 (상), 一潮閣, 1984 ; 趙誠乙, 앞의 글, 1986, 93~98쪽.

300

는 곳들이 천민들이 거주하는 곳보다 적은데 選士를 동일하게 뽑는다
면 결과적으로 양반 우대의 신분차별인 셈이다. 이러한 것은 현실에서
인재의 배출이 귀족들에 있기 때문에 불가피하다는 생각 때문인 것으
로 보인다. 우세하고 좋은 환경을 가진 신분에서 능력을 갖춘 자가 배
출되기 쉽다는 것이다. 즉 기회의 불균등에서 생긴 능력의 차이를 일
단 인정한 위에서 관직 참여 문제를 생각한 것이다.

　그는 음직과 같은 신분적 특권을 인정하면서도 음직의 수를 제한하
려 한다든가, 과거급제자의 경우 관리 임용에서 신분적 차별을 폐지한
다든가 하여 신분적 특권을 제한하려 하는 동시에 서얼을 위한 별도의
음직을 설치하고 井田 설치에 공이 있는 冷族의 기용과 같은 별도의
길을 마련함으로써 상대적으로 열악한 신분층에 대하여 관직을 개방
할 것을 생각하였다. 이는 신분적 특권을 인정한 위에서의 능력에의
지향으로 볼 수 있다. 그러나 점차 문벌에 의하여 관직을 차지하는 것
을 지양하려 하였다.

　그의 이상은 앞의 「通塞議」에서 본 바와 같이 신분과 지역의 차별
을 완전히 없애는 것이었다.104) 그리고 『牧民心書』에서도 농사에 功
이 있는 사람에게 관직을 주어야 한다고 주장하였다. 양반층에 대한
비판은 사회적 불평등뿐만 아니라 양반층 증대에서 야기되는 생산력
의 저하나 국가의 재정빈곤화와 같은 폐단이 그 이유이기도 하였다.
『大學』의 生道論 곧 일하는 자가 많으면 재물이 풍부해진다는 논리를
내세웠는데, 생도론에 입각하여 많은 사람의 양반화를 경계하는 것이
었다.105) 다산은 「전론」에서 지주전호제를 전면적으로 부정하였는데
그는 이렇게 토지에서 배제된 양반층을 생산자화하려 하였다. 그는 저
술 곳곳에서 양반층의 신분적 특권인 역의 면제와 관직 독점의 부정,
지주전호제의 부정을 통하여 양반층을 비판하였다.106)

---

104) 趙誠乙, 위의 글, 1986, 99~104쪽.
105) 김영호, 앞의 글, 1989, 172쪽.
106) 조성을, 앞의 글, 1986, 105쪽.

 그러나 그는 『牧民心書』에서 관직 개방의 문제를 고려하지 않았다. 그리고 『경세유표』 단계에서는 신분제를 긍정한 위에 능력본위의 방향을 지향하면서 力農層을 위한 6科의 설치, 井田 설치에 공이 있는 자에게 관직을 제수하는 것과 같은 관직 참여의 폭을 넓히려는 생각을 펼쳤다. 다산은 『목민심서』 단계이든 『경세유표』 단계이든 실질적인 통치의 규범이나 국가경영의 구도에서는 신분제적 질서를 완전히 부인하지 아니하였다. 그것은 신분질서가 계속 지켜져야 한다는 것이 아니라 현실의 신분제적 질서가 완전히 붕괴되지 아니한 상황에서 그를 고려한 제반 제도의 개선이나 국가경영 방식이 세워져야 한다는 생각이었다. 그의 지향은 평등사회이었다. 그러한 생각이 각종 제도의 정비에 관한 언급에서 그대로 나타났다. 예를 들어 「庶人服議」에서는 서인의 의복을 억제하여 귀천의 구별을 명확히 주장하였는데 이는 신분제 유지 강화론이었다. 이와 같은 것은 신분제적 질서가 완전히 해체되지는 아니한 사정 하에서 평등사회를 지향하면서도 취할 수 있는 방법이었다.

 그는 『목민심서』의 禮典 「辨等」條에서 신분제의 정비 문제를 다루었는데 "등위가 불분명하여 位級이 문란하면 백성들이 흩어져 기강이 흩어질 것이다"라 하였다. 신분제의 문제가 명분의 문제가 아닌 등급의 문제로 이해하고 있는 것이다. 다산은 이의 해설 부분에서 "복장에는 차등이 있고 旗遊에도 차등이 있고 車乘에도 차등이 있고 제사에도 차등이 있어 질서정연하게 줄줄이 늘어서서 상하가 밝아지니 이는 聖人이 세상을 어거하며 백성을 안정시키는 大權인 것이다. 우리나라 풍속으로는 등급을 구별함이 매우 엄하여 상하가 각각 제 분수를 지키도록 되었는데 근세 이래로 爵祿이 한쪽으로 치우치고 귀족은 쇠폐하여 호부한 아전들이나 호부한 농민들이 시세를 타고 호기를 부리어 그들의 집과 말의 사치스러움과 의복과 음식의 호사스러움은 모두 궤도를 넘고 상하가 서로 능멸 교체되어 등급이 없으니 장차 어떻게 유지하고 연락하여서 원기를 북돋고 혈맥을 통하게 할 수 있을 것인가. 등급을 분별하는 것이 오늘의 급선무이다"라 하였다.

다산은 이와 같이 신분제의 문제를 명분론의 차원에서 등급의 차원으로 전환시키면서 노비나 양인이 여러 방법으로 양반이 되는 현실에 대하여 일정하게 수용적인 자세를 취하였다. "혹 그들 중 행실이 돈후하여 그 싹이 앞으로 홍할 기미가 있는 자는 북돋우고 키워주는 것이 나의 덕에 해롭지 않다"라든가,107) "무릇 진사가 된 자는 비록 그 원인이 下賤이라도 모두 태학에 입학하기를 지금 法과 같이 한다"라 하는 것이다.108) 이는 앞서 거론한대로 평등사회라는 이상을 그대로 실현할 수 없는 사정에서 실현 가능한 것은 제도화하고자 하는 그의 생각이 표현된 것이었다.109)

신분제 개혁은 여러 방면에서 추진될 수 있는데 그 가운데 한 가지는 신분적 제특권을 제거함으로써 신분제 문제를 해결하려는 것이었다. 그것은 대체로 양반이 지닌 현실적 특권의 제거에 두어지고 있었다. 관직을 보다 넓게 개방하여 관직의 독점적 세습 곧 벌열화를 폐기하고 군역의 부담을 균평히 하고 각종 부세 부담에서의 신분적 차별을 철폐한다면 궁극적으로 신분이 지닌 제특권을 제거하는 것이고 그것이 결과적으로 차별적 신분제를 철폐시키게 된다는 것이다.

다른 측면에서는 양반의 계급적 지배를 제거해야 하는데 그것은 결국 가장 중요한 생산수단인 토지를 통한 지배를 제거하는 것이고 곧 지주제의 부정으로 나타나게 되는 것이다. 생산자 농민의 토지소유를 실현하고 지주제를 부정하는 것이다. 그런데 이 시기 농업생산력의 제

---

107) 『牧民心書』 卷8, 禮典 「辨等」條.
108) 『經世遺表』 卷13, 「地官修制」, 「敎民之法」.
109) 金永鎬, 앞의 글, 1989, 170~174쪽에서 다산은 점차 원칙적으로는 신분제의 유지를 표방하면서 현실적으로는 신분제의 개량 혹은 시세에 따를 것을 인정하고 있어서 일종의 논리의 역전을 느낀다고 하였는데 다산의 원칙과 이상은 평등사회인데 현실을 고려한 타협적 개량의 방법을 취하고 있다고 생각된다.

고나 혹은 토지소유의 집중화는 어느 누구라도 해결해야 할 문제이었다. 주자학자들의 토지개혁론은 개혁론이라기보다는 현재의 체제를 유지하는 선 위에서 지나친 대토지의 소유에 따른 토지소유자 내부의 대립과 갈등의 문제를 조정한다든가, 생산자 농민에 대한 지나친 침학을 억제하는 선에서 개량적인 방법을 제기하고 있었다. 조선전기의 限田論者들이 그러하였고 조선후기의 南塘 韓元震 등의 토지론이 그러하였다.110)

그러나 조선후기의 토지론은 점차 심각한 현실의 토지문제를 근본적으로 해결하지 않으면 안되는 상황에서 종전과는 전혀 다른 내용으로 제기하기도 하였다. 예를 들어 鄭齊斗는 신분제를 개혁할 것을 전제로 하면서 토지개혁론을 제기하였다.111) 그의 限田論이 지극히 점진적인 것이어서 개혁안이 온전히 이루어지기까지는 백년이 걸릴 것이라고 예상하는 것이기는 하지만 그 방향은 농민의 토지균등 소유이었다.

앞에서 살펴보았듯이 반계는 균전적 토지분급제를 주장하였으며 이익의 토지개혁안은 한전론으로 국가 전체의 여러 제도를 개혁하는 것 가운데 하나이었다. 1호당 永業田을 분급하고 그 토지의 매매를 철저히 금지하되 영업전 이외의 토지는 자유롭게 매매를 허용하는 것이었다. 결국 관에서 관리하는 토지제 아래 생산자 농민은 균등한 토지소유에서 均産을 이룰 수 있게 될 것이라는 것이다.112)

柳壽垣의 한전론의 경우에도 마찬가지이었다. 국가재정을 충실하게 하고 농민경제를 안정시키기 위해서는 토지겸병을 타개하여야 하는데

---

110) 이하 토지개혁론은 金容燮, 「朱子의 土地論과 朝鮮後期 儒者」, 『增補版 朝鮮後期農業史研究』(Ⅱ), 一潮閣, 1990에 의존하였다.

111) 朴京安, 「霞谷 鄭齊斗의 經世論-『霞谷集』 中 「箚錄」에 대한 一考察」, 『學林』 10, 1988.

112) 『星湖僿說類選』 卷4 下, 「均田」, "人無貴賤所賴者財 財出於田 故政莫大於田制".

그를 위해서는 철저한 사회적 분업체계 안에서의 농민이 되어야 한다는 것이다. 사민이 보다 철저하게 분업화하는 가운데 농민이 전업화하고 농민만이 토지를 소유케 한다는 것이다. 한전론은 결국 생산자 농민의 토지소유를 확보케 하여 재생산의 기반을 안정화시키며 철저한 사회적 분업을 유지하는 것이었다. 그것은 신분제 문제와 연결되어 거론되기도 하였으며 신분제 문제가 거론되지 않은 경우에도 그 개혁안이 실현되는 종국에는 종전과 같은 계급적 지배 내지 신분적 차별은 현실적으로 어려워지게 되는 것을 예상할 수 있다. 농민이 토지를 소유하고 있는 경우에 토지를 통한 계급지배는 원천적으로 부정되는 것이고 그렇지 않을 경우 남아 있을 사회신분의 차이는 계급지배가 배제된 상태에서 이루어지는 것이니 만큼 그 성격이 달라질 수밖에 없는 것이었다. 한전론 등의 토지론이 점진적이고 현실 타협적인 방안으로 이해되면서도 그 역사적 의미를 적극적으로 평가하게 되는 이유이다.

홍대용은 井田制의 이념에 가까운 균전제의 시행을 제기하였으며 박지원은 신분간 차이를 인정한 위에서의 균전제를 점진적 限田論의 방법으로 수행할 것을 제안하였다. 홍대용의 균전론은 균전론 본래의 모습과는 거리가 있는 것으로 구체적인 방안 없이 기본 원리만 제시하였다. 이에 반해 박지원은 좀더 상세하였다. 연암의 균전론은 농업생산의 최저 단위호를 설정하고 그 호를 기준호로 삼아 균등하게 분배한다는 것이다. 그의 토지론의 분급대상은 농자에게만 국한되는 것이 아니라 양반 사대부에게도 농자보다 후하게 분급하도록 하였다. 그는 일정한 기간 한전을 실시하면 점차 토지분급이 이루어질 것으로 예상하였다.

다산은 19세기 조선사회의 토지문제에 대해 더욱 근본적인 해결책을 마련토록 하였다. 주지하다시피 다산은 井田制에 기초한 여러 토지론을 제안하였으며 閭田論을 주장하기도 하였다. 빈농층, 무전농을 독립자영농으로 육성하려는 정전론은 봉건적 지주제를 해체시킬 것을 목표로 하고 있지만 그 시행 과정에서 한편으로는 지주제를 존속시키는 것이었다. 여전론은 현실의 토지제를 개혁하여 토지국유화를 이루고 농업생산을 여단위로 집단화 공동화함으로 농민경제를 안정시키려는 것이었다. 국가의 토지관리 하의 여전은 사회적 분업을 전제로 하는 것이었다. 이 여전제는 단순히 토지를 분급하는 것이 아니라 앞에서 살펴본 반계와 같이 향촌사회를 재편하여 운영하는 것이었다.

(2) 노비

조선후기 노비의 문제는 신분문제에 국한되는 것이 아니었다. 사회구조 내의 여러 측면이 변화하면서 생산관계에서의 노비의 위상도 변화하고 있었다. 단순히 예속적 노동력으로 노비주의 생산에 투입되는 것만이 아니었다. 그것은 이미 노비가 지주전호제에서 실질적인 전호농으로 존재하고 있었기에 전혀 새로운 것만은 아니었다. 노비노동력이 어떠한 형태로 생산에 투입되고 있었는가 하는 것보다도 오히려 주목해야 할 것은 일반적인 생산과정에서 어떠한 노동력을 필요로 하고 있었는가 였다.113)

조선후기 실학자 등의 일부 지식인이 노비제에 대한 인식에 변화를 보이게 된 것은 그들의 노비층에 대한 인도주의가 작용한 측면도 있겠지만 보다 근본적인 원인은 노비층의 성장에서 찾아야 할 것이다. 즉 심각한 노비층의 도망과 저항, 義兵 및 束伍軍 활동을 통한 立功과 免賤 등을 통해 의식의 향상 및 신분의 상승이 있었고, 그 영향으로 양반계층은 노비를 고공화시키는 노비지배 방법의 전환을 현실적으로 수용해야 했던 것이다.114) 그뿐 아니라 烟軍의 요역이나 기타 징발역군

---

113) 李榮薰, 「古文書를 통해 본 朝鮮前期 奴婢의 經濟的 性格」, 『韓國史學』 9, 韓國精神文化研究院, 1987. 이 글에서 노비의 예속성과 같은 신분문제도 중요하지만 생산과정에서 차지하는 위치가 중요하다고 주장하면서 노비의 경제적 의미에 대해서 심도있게 다루었다.

114) 金容晩, 『朝鮮時代 私奴婢研究』, 集文堂, 1997, 347~348쪽 ; 李榮薰, 「朝鮮

의 부역노동에 의해서 수행되던 각 분야의 잡역이 17세기 이후 점차로 募立의 노동력을 사용하게 되었다.[115] 나아가서, 18·19세기 양반토호지주의 지주경영으로 많은 농민들이 전호농이 됨에 따라 고율지대에 의한 '지주-전호'경영과 奴·婢夫·雇工, 挾戶의 예속적·고역적 노동, 그리고 日雇 등의 저보수 임노동에 의한 직영지 경영을 병행시키고 있었다. 노비가 감소하여 사역인구의 주축이 고공, 더부살이로 바뀐 이후 양반토호들은 사노비에 대한 집착을 쉽게 포기하지 않는 한편으로 사역인구쪽도 더부살이(挾戶)를 선호하여 전호농민에 대한 대여지 경영을 줄이고 대신 직영지 경영을 늘리는 추세를 보였다. 이와 같은 노비노동력의 유지를 지지하던 것은 양반토호들이었고 이들은 사노비 혁파에 반대하는 입장을 가졌다.[116]

16, 17세기는 良賤交婚이 성행하였으며[117] 임란 이후 노비수가 격감하고 있어서 노비제에 대한 근본적인 대책이 요구되는 시기이었다. 노비의 신분문제에 획기를 그은 것은 1669년(현종 10)의 從母從良法의 제정이었다. 이 법은 치폐를 거듭하다 1730년(영조 6)에 항구적으로 정착하게 되었다. 또한 1738년(영조 14)의 濫刑禁斷事目과 1744년(영조 20) 『續大典』상의 奴婢擅殺 및 債務奴隸化에 대한 규제는 노비에 대한 주인의 지배력을 크게 제한하였다. 점차 노비제는 해체되어 갔고

後期 社會變動과 實學」, 『韓國實學의 새로운 摸索』, 한국사연구회, 2001, 96쪽. 이영훈은 18세기 중반까지 父系宗法에 기초한 친족제와 그 기초단위로서 직계소가족이 성립하게 되는데, 이의 경제적 기초단위로 소가족에 의한 자립적 영농체로서 소농이 발달하며 소농경영이 안정적으로 자리잡기 위해서는 소농의 취약한 노동력 구성을 자의적으로 침탈하는 인신지배의 신분제가 해체되어야 했다고 설명하였다. 가족구성과 노동단위와의 결합적 이해라는 측면에서 주목할 만한 주장이라고 생각한다.

115) 윤용출, 「募立制의 성립과 전개」, 『조선후기의 요역제와 고용노동』, 서울대학교출판부, 219쪽.

116) 이세영, 「18·19세기 兩班土豪地主의 地主經營」, 『朝鮮後期 政治經濟史』, 혜안, 2001, 227~228쪽.

117) 韓榮國, 「朝鮮中葉의 奴婢結婚樣態」, 『歷史學報』 75·76, 77, 1977~1978.

이는 그를 대체할 만한 다른 노동형태가 발달하였기 때문이었다.[118]

　17세기 말엽 이후 고공은 국가에 대한 역의 의무를 기피한 것은 아니나 호적에는 오르지 않은 仰役無案雇工이 대부분이었다. 그런데 국가가 점차 이 계층의 존재를 공인하여 이를 호적에 기재토록 하여 仰役立案雇工과 收養立案雇工 등이 늘어나게 되어 법적으로 보호받는 受賃立案雇工이 정식으로 성립하게 되었던 것이다. 이렇게 되어 대부분 의식만을 해결하고 노동력을 제공하면서 立案이 없이 일시 留接상태였던 고공이 입안하게 되어 그가 본래 노비라도 公私 불문하고 身貢을 수취당하지 않는 것을 보장받았으며 한 걸음 더 나아가 고공법이 제정된 것은 국가가 이들의 생계를 보장해주려는 최소한의 법적 조처였던 것이다. 이렇게 국가가 새로이 생성되는 노동력에 대하여 법적 조처를 취하였다는 것은 새로운 단계의 사회적 발전을 국가가 이끌어 나가려는 ‘정책’의 노력이라 할 수 있는 것이다. 대부분의 고공이 노비 출신이라면 그것은 ‘신분적’ 질서를 ‘계약적’ 질서로 전환시키려는 뜻을 담은 것이기 때문에 역사적 의미가 중요시된다.[119]

　영조와 정조는 18세기 노비제의 해체에 가장 큰 영향력을 미쳤다. 영조는 종모종량법을 최종 확정하였으며 노비를 함부로 죽이지 못하게 입법하였고 죄인의 가솔을 노비로 적몰하는 連坐法을 폐지하였다. 즉 노비세습의 고리를 점차 끊어 나갔다.[120] 정조대에는 국왕 스스로 공사천 노비제도의 전면 혁파를 단행하기 위한 준비를 하고 있었다. 그는 『翼靖公奏藁』의 노비 항목의 서문에 해당하는 「奴婢引」에서 그와 같은 사실을 밝히고 있다. 사노비에 대해서는 “노비의 규정을 일소

---

118) 李榮薰, 앞의 글, 2001, 95~100쪽.
119) 李泰鎭, 앞의 글, 1992, 218쪽 ; 韓榮國, 「朝鮮後期의 雇工-18·19세기 大邱
　　府戶籍에서 본 그 실태와 성격」, 『歷史學報』 81, 1979. 이 글을 정리하면서
　　근거를 가지고 언급한 것은 아니지만 인력공급면에서 ‘경제정책’이 이미 성립
　　하고 있었다는 느낌을 강하게 준다고 하였다.
120) 이영훈, 앞의 글, 2001, 105~106쪽.

하고 고용의 법을 창행하여 그 몸에 한하고 세전을 불허하며” 公賤에 대해서는 “指劃을 조치하고 方略을 先定하여 給代와 出處에 모두 정수를 두는 것”을 원칙으로 하였다고 밝혔다. 즉 사노비는 현재의 주인과 노비 사이를 고용주와 피고용자의 관계로 바꾸면서 그 의무관계는 당대에 그치고 자녀들에게 물리지 않으며, 공노비는 신공의 결손분을 급대의 조정으로 처리하는 것을 혁파의 구체적 방안으로 삼았던 것이다. 사노비에 대한 대책은 앞서의 고공법의 원리를 적용한 것으로, 이것은 노비감소의 시대적 대세가 국가의 정책에 따라 새로운 노동력체계 확립으로 대전환을 할 수 있는 가능성을 보여주고 있는 것이다. 그러나 이것은 정조의 사망으로 계획에 그쳤다. 1801년 공노비 혁파가 이루어지게 되었다.[121]

조선후기 노비제의 위와 같은 변천에 대해서 때에 따라 그리고 정치적 입장이나 혹은 사상적 차이에 따라 각각의 대응방식이나 인식이 다르게 나타났다. 물론 대체적으로 위에서 말한 바와 같이 노비제의 문제가 사회 전면에 부각되면서 노비제를 비판하는 것이 일반적 경향이었다. 차이라면 노비제의 문제점을 무엇이라고 보는가 하는 것과 그것을 어떻게 처리할 것인가에 있었다.

그것은 성리학의 입장에서도 취해지는 것이었다. 점차 노비제를 비판하는 목소리가 커졌는데 그 이유 가운데 하나를 임진왜란에서 찾기도 하였다. 임란에서의 패전 이유 가운데 하나는 양인 군정이 적고 노비 인구가 많아서라는 것이다. 私賤革罷를 주장하는 철학적 논거는 “하늘이 이 蒸民을 낳음에 있어서 부여한 성품은 반드시 균일하다”라는 성리학의 公理였다. 그러면서 현실의 노비제를 비판하는데 동원된 근거는 임란과 같은 전쟁 수행이었다. 北伐을 위해서 노비인구를 줄이고 양인군정을 확보해야 한다는 것이다. 1669년(현종 10) 奴의 良妻所生을 양인으로 하는 從母從良法이 제정된 것도 송시열의 적극적인 주

---

121) 이태진, 앞의 글, 1992, 218~219쪽.

장의 결과이었다. 奴婢制의 문제점에 대한 인식은 17세기이래 대부분의 지식인이 공유한 시대적 사조였다. 서인·노론이나 영·정조에 의해 추진된 개혁은 磻溪·星湖 등의 주장보다 오히려 과격한 바가 있었다.[122]

유형원은 노비세습제의 폐지를 주장하면서 노비제의 문제를 다음과 같이 지적하였다.[123]

첫째, 다 같은 사람으로서 사람을 재물로 취급할 수는 없다는 것이다. "우리나라에서는 노비를 재물로 삼고 있는데 사람은 다 같은 사람인데 어찌 사람이 사람을 재물로 삼을 수 있으랴!"[124] 전근대사회에서의 가장 중요한 소유대상인 토지와 노비 가운데 노비가 소유대상이 될 수 없음을 지적한 것이다. 노비도 점차 소유주체로 성장하고 있는 현실에서 노비가 소유의 대상이 된다는 것은 부적절한 것으로 여겨지게된 것이다. 앞서 살펴보았듯이 반계는 노비 역시 토지분급 대상일 뿐만 아니라 다른 백성과 구별되어서는 안될 임금의 백성으로 생각하고 있었기에 재물로 취급될 수 없는 것이었다.

둘째, 노비신분의 세습은 부당하다는 것이다. 노비는 본래 죄에 대한 처벌 또는 전쟁포로로 된 것인데 우리나라의 노비는 本朝에 와서 법적으로 부모 중 어느 한쪽만 노비이어도 그 자손은 노비가 되어 이를 면할 길이 없어 8~9할이 노비로 되어 公民이 모두 私民으로 되었다는 것이다. 형벌도 자손에까지 미치지 않는 것인데 아무 죄없이 노비로된 자들이 대대로 노비가 되어 무지한 賤夫에게 죽음을 당하기도 하고 賢才로 태어나도 금고되어 남의 노예로서 사역된다는 것이다.[125] 죄에

---

122) 이영훈, 앞의 글, 2001, 106~107쪽.
123) 千寬宇, 「磻溪 柳馨遠 研究」, 『歷史學報』2·3, 1952 ; 鄭求福, 「磻溪 柳馨遠의 社會改革思想」, 『歷史學報』45, 1970. 본고에서의 반계의 노비제에 관한 이해는 후자를 중심으로 전자를 보완적으로 의존했다.
124) 『磻溪隨錄』卷26, 續篇下「奴隷」, "今我國以奴婢爲財 夫人者同類 豈有人以人爲財之理".
125) 『磻溪隨錄』卷26,「奴隷」.

대한 처벌이건 아니면 전쟁에 의한 포로이건 당대에 한하여야 하는데 그 자손에까지 미치는 것은 부당하다는 것이다.

셋째, 노비의 증가는 국가의 公民을 줄인다. 노비 인구의 증가는 상대적으로 공민의 감소를 의미하는 것이고 국가가 기반으로 삼을 노동력의 감소를 의미하며, 나아가서는 공민의 각종 부세 부담의 감소를 의미하는 것이었다. 아울러 사회구성원의 私民化는 전 사회체제의 유지에도 적지 않은 문제가 됨은 물론 지배층의 문제로 되는 것이다.

넷째, 노비는 인간이 가진 고유의 능력을 발휘할 기회를 원천적으로 가지지 못한다는 것이다. 賢才로 태어났다면 그에 맞는 사회의 일을 감당해야 하는데 노비로 태어났다는 이유 하나로 다른 사람의 소유로 되어 그 자신이 가진 능력을 스스로 발휘할 수 있는 기회를 갖지 못하게 된다는 것이다. 이는 그 자신에게도 부당한 일이며 사회적으로도 인재의 적절한 활용이라는 측면에서 손실이 되는 것이다.

다섯째, 노비의 관리와 통제는 국가력의 낭비이다. 노비 한 명에 대한 소송이 10년을 끌어도 해결되지 않는 경우도 있으며 도망친 한 명의 노비를 잡기 위하여 九族을 침해하고도 끝나지 않으며 그것이 비록 해결되어도 국가의 이익에는 거의 관계가 없는 일을 위하여 많은 행정력을 집중함으로써 더욱 중요한 일에 힘쓸 겨를이 없다는 것이다.

여섯째, 노비의 사용은 전체적으로 생산력 저하를 가져온다는 것이다. 앞서 살펴본대로 군역 부담자가 줄어 병력이 약해질 뿐만 아니라 노비는 국가나 주인의 일에 일부러 잘 하려고 하지 않는다는 것이다. 그럼에도 불구하고 이 노비제도 때문에 주인이 국가이건 개인이건 간에 일꾼을 선택하여 쓸 수가 없다는 것이다.

반계는 이러한 노비제를 개혁하기 위한 몇 단계를 제안하고 있다. 노비제 자체가 부당하다고 생각하지만 노비제를 인정한 위에 제기한 그의 개혁안은 현실을 고려한 노비법의 개혁이었다. 일차적인 단계는 노비의 수를 줄이는 데 있다. 노비의 母가 양인이건 천인이건 간에 그

자녀는 모의 신분을 따르는 從母法을 획일적으로 均用하여 모가 양인
이면 從良시킨다. 또 官役에 종사하는 公賤을 노비로 취급하는 것이
아니라 官府의 常用의 員數에 넣어 관리로 취급하여 그들에게도 반드
시 일꾼을 고용하여 농사를 지을 수 있을 만큼의 넉넉한 廩料를 준
다.126) 그 밖에도 속오군에게 시험을 보여 여러 번 우등을 하면 免賤
從良을 허용하는 등127)의 제 방법으로 노비수를 줄인다. 즉 종모법을
실시하는 한편 공천을 실질적인 임금노동자로 전환시키고 속오군 같
은 제도를 적극 이용하여 양인화하는 것이다.

　반계의 노비제 개혁안은 그 실현을 위한 구체적인 여건을 함께 제안
하고 있다. 노비제라고 하는 것이 사회의 하나의 제도에 그치는 것이
아니라 그 안에는 사회의 여러 역사적·구조적 의미를 갖고 있기 때문
이었다. 조선시대의 노비제가 當代의 조건에 따라 변화한 것은 틀림없
지만 그것은 고대로부터 형성되고 시대에 따라 역사적·사회적 성격
을 변화시키면서 전개되어 온 것이라는 역사성이 있다. 아울러 그 노
비제는 그 시대 사회구조 안에서 사회적 기능을 맡아왔다는 것을 상기
할 필요가 있다. 다른 사람의 노동력의 수탈이라고 하는 시대를 넘는
공통점을 지니고 있으며 또한 구성원의 상하차별의 제도였다고 하는
보편성을 지니고 있으면서도 고대사회에서와 중세사회에서의 노비의
사회적 의미가 다를 수밖에 없는 것이기도 하다. 노비는 생산과정에서
차지하는 위상, 존재에 대한 인간으로서의 인정여부, 통치의 실질적 대
상 포함여부, 교화의 대상 가능여부 혹은 토지와 비교되는 경제적 가
치의 비중 등 여러 면에서 해당 시기의 사회적 구조와 연관되어 이해
되어야 할 존재이었다. 그러하기에 반계의 노비제 개혁안은 사회의 제
반 제도의 개혁과 맞물려 제기되었으며 우리 역시 그것을 염두에 두고
그의 개혁안을 이해할 수밖에 없는 것이었다.

---

126) 『磻溪隨錄』 卷15, 「職官之制」(上).
127) 『磻溪隨錄』 卷21, 「兵制」; 卷26, 續篇(下) 「奴隷」.

312

그와 같은 점에서 반계의 노비제에 관한 생각을 이해하려면 그의 公田制 실시 주장을 먼저 이해해야 할 것이다. 토지개혁을 하고자 할 때 井田制를 이상으로 하지만 현실에서 시행하기 어려울 경우 취하는 것은 均田制와 같은 것이 있는데 반계의 균전제는 그 이념만을 취하는 唐의 균전제이었다. 사유화된 전국의 토지를 公田으로 하고 이를 일정한 기준에 의거하여 전국의 민에 분배함으로써 民産을 균등하게 할 수 있는 것이었다. 반계의 토지개혁안은 그 균전론의 입장이었다. 그의 균전론은 周의 균전제와 당의 균전제를 시의에 맞게 절충한 것으로서 당대의 균전제보다 구획정리의 문제에서는 더욱 철저한 점이 있는 것이었다. 전국의 농지를 箕子 정전의 전자형을 취한 佃田制로 구획을 정리하고 토지를 분급하고 그에 따른 세 부담을 정한 것이었다.

우리의 관심은 이 토지분급 대상의 선정 기준이 신분이 아니라는 점이다. 1頃의 농지를 받는 농민이 양인이거나 외거하는 공사천 농민이거나 동일하다는 것이다. 단지 군역을 각각 正軍과 束伍軍으로 차이를 두어 그 신분의 차이를 명확히 하였다. 양반은 관리가 되지 못해도 2경 내지 4경의 토지를 받게되고 관인이 되면 資品에 따라 차등을 두어 지급 받게 되는 것이다. 이는 사회적 분업에 따른 경제적 토대의 마련이라는 점에서 설명하고 있다. 지식계층은 관리로 분업체계에 들어가지만 그렇지 못한 관료예비자들에게도 분급 대상에 넣어 처리하는 것이었다. 그러할 경우 양반은 여전히 중소지주층으로 남을 소지가 많았다. 분급되는 토지는 일단 현재의 노비노동력으로 경작하게 되고 점차 고용노동력으로 대체될 것으로 기대하고 있는 것이다.[128]

이와 같은 반계의 토지개혁안은 지주제의 해체를 그 지향점으로 하고는 있으나 일정 기간 지주제는 유지 존속될 수밖에 없는 것이었다.

---

128) 金容燮, 「朝鮮後期 土地改革論의 推移」, 『增補版 朝鮮後期農業史研究』(Ⅱ), 一潮閣, 1990, 429~433쪽 ; 김준석, 「유형원의 공전제 理念과 유통경제 육성론」, 『인문과학』 74, 1996 ; 김선경, 「반계 유형원의 이상국가 기획론」, 『韓國史學報』 9, 2000.

그리고 신분세습제도 부정하고 있으나 그 역시 일정 기간 유지될 수밖에 없는 것이었다.129) 노비의 토지분급도 그 점에서 이해되는 것이다. 노비제의 혁파를 지향하지만 현재의 노비제를 인정할 수밖에 없고 단지 세습제의 폐지 방향으로 개혁의 가닥을 잡고 있었기에 현재 노비의 위상을 종전과는 다르게 역부담자 그리고 통치의 대상으로 조정하면서 분급체계에 넣고 있는 것이다.

반계가 제시한 公田制 아래서의 군역은 선비와 관료·서리·왕족 등은 면제되고 양인과 노비층만이 부담하게 하였다. 양인의 경우 토지 1頃을 지급받는 4명의 농부 중에서 1명이 正兵이 되며 나머지 3명은 그 保人이 되어 布 2疋이나 米 12斗를 내어 정병의 비용에 사용하게 하였다. 노비의 경우 토지 1경을 지급 받는 2명 중에서 1명이 정병이 되어 束伍軍을 편성하되 모두 지방군에 편입되게 하였다.130)

이렇게 公田制가 실시되면 관리는 후한 녹봉을 받아 雇工을 부릴 여유가 생기고 노비의 수가 점차 줄면 주인이 고공을 천대하고 형장으로 부리며 馬牛처럼 혹사, 살해하며 노비만이 남의 품팔이를 하며 또 노비만을 사역시켜야 될 줄 아는 당시의 폐습이 바꿔질 것이며 고공을 恩義로 대하면 고공의 관습이 점차 일어날 것이니 그 때에 노비의 세습법을 폐지한다는 것이다.131)

노비세습법의 폐지는 갑자기 모든 노비를 혁파할 것이 아니라 일정 시점을 잡아 그 당시의 노비를 등록시키고 그 이후의 출생자는 노비의 신분으로부터 해제한다는 것이다.132) 여러 가지 여건을 고려하여 현재

---

129) 金武鎭,「磻溪 柳馨遠의 郡縣制論」,『韓國史研究』49, 1985, 77쪽. 이 점은 기존연구에서도 지적된 바 있다. 천관우, 앞의 글, 1952, 41쪽.
130)『磻溪隨錄』卷1,「田制」(上)「分田定稅節目」의 내용을 姜萬吉,「爲民意識과 政策反映」,『實學論叢』, 光州 : 湖南文化研究所, 1975, 168쪽에서 정리했다.
131)『磻溪隨錄』卷26, 續篇(下)「奴隷」.
132)『磻溪隨錄』卷26, 續篇(下)「奴隷」, "所謂罷者亦非卒然 盡罷見在奴婢 但今止於見在者 而罷其世奴之法", "若行此法則當限立法年月 自今已前所生者 各今其主告官立案 且藏於官非此後勿聽理".

314

의 노비는 혁파의 대상에서 제외시키는데 법 시행의 연월을 한정하여 이전에 태어난 자는 그 주인이 관에 고하고 등록하여 노비로 인정하되 그 이후에는 접수 자체를 받지 않도록 한다는 것이다. 초점이 노비세습제 곧 世奴法의 혁파에 중심을 두었다. 그러므로 노비세습법을 폐지한 후에는 노비신분이 없어지나 범법자를 노비로 삼는 규정이 있으므로 형벌로서의 노비는 존재할 것이다. 그러나 이 경우에도 노비는 그 당사자 일대에 한정시키고 세습시키지 말 것을 강조하고 있다.133)

유형원은 노비세습법의 폐지는 노동관계의 변천—노비를 대대로 사역하던 세역법에서 계약에 의하여 임금을 주고 부리는 용역제로서의 변천—을 수반한다고 생각하였다. "노동관계가 그렇게 변천되면 노비측에서도 원한이 풀리어 좋을 뿐만 아니라 가난하고 의지할 곳 없는 사람은 고공이 될 것이며 고공의 경우에는 신분이 금고로부터 해방되고 자유로이 주인을 선택하여 일할 수 있고, 고용기간도 자유로이 정할 수 있다. 또한 주인측에서도 사역시키고 싶은 사람을 택하여 쓸 수 있으며 국가에서도 노비추쇄의 번거로움이나 노비를 둘러싼 소송문제가 없어져 다른 政事에 힘쓸 수 있을 것이다."134) 그러므로 노비제가 없어지고 용역법의 관습이 생기면 "천리가 실현되고 인정이 순하여지며 詞訟이 간략해지고 풍속이 후하여지며 예의가 행하여져 食足兵强의 효과가 그 가운데 있을 것이다. 현재 우리나라가 빈곤하고 병력이 줄어들어도 능히 국력을 진작시키지 못하는 것은 노비법 때문이다."라 하였다. 노비세습법의 철폐는 노비에게만 유리한 것이 아니고 使役者나 국가에게도 아주 유익하다는 것이다.

"노비법이 개혁된 이후에도 卿大夫의 가문은 금일과 서로 다를 바가

---

133) 『磻溪隨錄』 卷25, 續篇(上) 「禁僧尼」. 천관우, 앞의 글, 1952에서는 이것을 일대에 한하는 입역이라는 의미의 限身制 혹은 일정 연한에 한하는 입역이라는 의미의 限年制라 불렀다.
134) 『磻溪隨錄』 卷26, 續篇(下) 「奴隸」.

없다. 단지 용역의 법에서는 賢愚貴賤이 각각 자기 분수를 얻어 사람
들은 德義를 권하게 되나 세역의 법에서는 빈부가 귀천에 관계없고 귀
천이 현우에 관계없어 사람들은 쟁탈을 권하게 되니 이는 그 다른 바
이다. 이는 公田制度, 貢擧制度에 모두 일관된 사리이다.”

이처럼 노비법의 개혁은 公田·貢擧制와 함께 능력에 따라 관료로
서의 지위가 결정되고 또 그에 따라 빈부가 결정되는 사회를 이루려는
데 그의 개혁목표가 있었던 것이다.[135]

성호 이익은 농업을 해치는 여섯 가지 좀을 열거하면서 그 가운데
하나로 노비제도를 지목하였다.[136] 노비제는 천하 고금에 없는 법으로
상전이란 자를 놀리고 호의호식하게 한다는 것이다. 그는 특히 노비세
습제를 강력히 비판하였다. “우리나라의 노비법은 천하 고금에 없다.
한번 노비가 되면 백대에 걸쳐 그 고통을 감당하니 해롭기만 하다. 하
물며 법은 반드시 모역을 따르도록 된 바 어머니가 매 지아비와 그 어
머니의 어머니를 10대 백대 멀게까지 따져 어느 대 어느 사람인지 알
수 없는 아득하고 먼 외가 후손으로 하여금 하늘과 땅이 없어질 때까
지 무한한 고통과 번민을 당하게 하며 벗어날 수 없게 한다”는 것이
다.[137]

그는 노비의 처지에 대하여 인도주의에서 출발하여 노비제는 불합
리한 것이며 신분적으로 평등과 동일한 대우를 받아야 한다는 입장을
취하였다. 노비세습제는 통치자들이 정치를 잘못한 데서 기인하는 것
이라 생각하였다. 그렇기 때문에 그는 일부 노비세습제 지지자들이 노
비세습제를 합리화하기 위하여 고조선의 법인 犯禁8조를 근거로 삼고
있는 부당성을 지적하였으며, 통치자들이 노비법을 제정한 데 대한 비
판적 견해를 제기하였다. 그는 “성종 때에 奴婢還賤法을 정하였는 바

---

135) 정구복, 앞의 글, 1970, 37쪽.
136) 『星湖僿說類選』 卷3下, 「六蠹」.
137) 『星湖僿說類選』 卷3上, 「奴婢」.

그 노비에서 양인이 된 사람들이 해가 지나면서 혹은 본 주인을 경시하고 모독하게 되었기 때문에 하교하여 법을 정하여 막게 하였다. 만약 이렇다면 관청에서 살펴 다스리면 될 일이지 반드시 도로 노비로 물려야 했겠는가"라 하였다. 그런데 현실은 천한 사람이 오히려 많고 재능을 가졌다 하여도 보통 사람에도 속할 수 없으니 어찌 슬프지 않겠는가라 하였다.138)

그는 사노비의 존재는 양인을 기본으로 하는 소농경제에 입각한 봉건국가의 강화와 모순된다고 생각하였다. 사노비의 존재는 농업에서 이탈하여 놀고 먹는 상전을 가능하게 하며 국가재정 수입 원천인 부세의 부담에서 벗어나기 때문이었다. 그는 "백성이 몸이 있으면 庸이 있고 집이 있으면 調가 있는 바 모두 국가에 매어 있다. 그런데 지금의 법은 노비가 모두 그 주인에게 役을 지며 貢을 바치니 사사로운 집의 권한이 너무 무겁다"라 하였다.139) 이는 두 가지 점에서 주목할 만한 것이다. 하나는 民의 범주에 노비를 포괄하고 있는 것이다. 민과 노비를 비교했다고 보기보다는 민은 국가에 매어 있는데 노비가 유독 국가로부터 벗어나 사사롭게 예속되어 있다는 점을 지적하였다. 이는 민의 범주가 확대되면서 이 시기의 변화를 수용한 이해라 하겠다.

다른 하나는 노비제의 문제라 하겠다. 국가의 파악 대상과 제부담에서 벗어난 노비의 존재는 그 수만큼이나 국가의 인적 물적 기초의 손실을 의미하는 것이기 때문이다. 이 노비제의 존재는 나라가 가난하고 국방이 약화된 원인인 것이기도 하였다. 따라서 이러한 노비제는 개혁되어야 하는 것이다. 그러하기에 "나라의 비용을 줄일 수 없으면 노비를 감소시켜야 하며 노비를 감소시킬 수 없으면 나라의 비용을 줄여야 한다"고 생각하게 되는 것이다.140) 이익의 노비제 개혁안은 나라의 농업생산을 증대시키며 국가재정을 충실히 함으로써 봉건국가를 강화하

---

138) 『星湖先生全集』 卷30, 雜著 「論奴婢」.
139) 위의 글.
140) 『藿憂錄』, 「國用」.

고자 하는데 근본 의도가 있는 것이다. 그의 관심은 양민을 기본으로 하는 소농경제에 입각한 봉건국가의 강화에 최대의 관심을 두었음이 확인된다.

위에서 보듯이 성호는 노비의 문제를 해결하는 방법으로 노비 소유 구수의 제한을 주장하였다. 비록 여러 대로 전해오는 종들이라도 오히려 인원수를 정해서 외람되게 거느리지 못하게 함이 마땅하다는 것이다. 하물며 평민을 억압해서 종으로 부리는 것은 있어서는 안되는 일이었다.

그는 궁극적으로는 노비세습제가 폐지되어야 한다고 생각하였지만 현실에서는 점차적인 개량적 방법을 제기하였다. "혹자가 노비의 법을 기왕 개혁할 수 없다면 마땅히 매매를 금지하여야 한다고 하였는데 이 말은 사실 옳다"[141]고 하여 노비의 매매를 금지할 것을 주장하였다. 노비의 매매금지는 다음과 같은 점이 좋다는 것이다. 첫째, 많은 노비를 가진 자들은 그 이상 소유하지 못하게 제한 받으며 노비가 없는 자들은 사지 못하게 되니 부득이 자기가 노동에 종사할 것이며, 둘째, 신분이 혼란된 틈을 타서 위조증명으로 사기 매매 행위를 하는 것이 임시 멎어질 것이며, 셋째, 사람들은 짐승이 아니므로 비록 풍속에 따라 부릴 수 있다고 하더라도 그 값의 경중을 보아 기한을 제한하여 부리되 그 자손까지 부려서는 안되게 하며 천인들을 고무하고 은혜에 감격하게 하여야 한다는 것이다.

그는 노비노동에 의존하는 것 자체가 없어질 것을 기대하고 있으며 그 이해의 밑에는 노비 역시 사람이라는 인식이 깔려 있고 결국에는 세습제가 철폐될 것을 기대하고 있는 것이다. 그는 매매금지방안을 구체적으로 제기하였다. "옛날의 노비제한법에 준하여 백명이 넘으면 모두 노비를 면하여 良丁이 되게 하는데 사사로이 매매하지 못하게 한다. 백명이 못되는 자는 모두 매매를 허락한다. 노비가 良妻를 가진 경

---

141)『星湖僿說類選』卷4下,「禁民賣奴」.

우는 허락하지 말며 연한을 정하여 부리며 다섯 살 이하는 모두 양인 장정으로 놓아주지만 나이 많은 자는 **빼앗지** 않고 그대로 둔다면 양민은 점차 증가할 것이다."142) 백명 이상을 초과하는 노비는 관청에서 정한 값을 물고 해방하며 그것도 불가능한 자는 관청에서 값을 치르고 해방하며 노비 중에서도 특출한 재능이 있는 자는 과거를 보게 하여 문과·무과 또는 진사에 합격한 자는 관청에서 돈을 내어 노비를 면하게 한다는 것이다. 이러한 방안은 현실의 노비제를 바로 철폐시키는 것이 아니라 유지시키는 것이다. 앞서 살핀 것처럼 유형원이 노비제의 유지에 이은 점진적인 고용노동으로의 대체를 주장한 것보다도 후퇴한 내용이라 하겠다. 그는 공노비에 대해서도 거론하였는데, 양천을 불문하고 立番하여 역을 부담할 것을 주장하였다. 먼저 내수사의 奴부터 그렇게 하여 백성에게 신의를 보인다면 누가 감히 이의를 갖겠는가 하여 노비제 개혁에서 사노비보다 먼저 공노비를 대상으로 삼고자 하였다.143) 內寺·各司·驛奴·院奴의 수가 매우 많으니 모두 일정한 수로 한정하자는 주장을 하였다.144)

유수원 역시 노비제의 문제에 관하여 깊은 관심이 있었다. 그는 노비제의 문제에 관하여 고려 노비제의 문제점을 지적한 것과 같이 역사적인 접근을 하였다. 첫째는 일단 양인으로 贖身된 노비라도 本主人이나 또는 본주인의 친족을 輕侮 또는 相抗하는 경우에는 다시금 본주인의 노비로 환천시키는 還賤法 제도가 비인도적이라는 점을 지적하였다. 둘째는 관리등용에 있어서 內外八世의 호적 가운데 천인이 들어있으면 관리로 등용하지 아니하는 제도 역시 지나치게 참혹한 것이었

---

142) 『星湖先生文集』 卷30, 「論奴婢」.
143) 『星湖先生文集』 卷30, 「論兵制」. 정성철, 『실학파의 철학사상과 사회정치적 견해』, 한마당, 1989, 227쪽에서는 이익이 사노비의 문제는 거론하되 공노비의 문제는 거론치 않았다고 하였는데 공노비에 대해서도 부분적으로 언급하고 있음을 알 수 있다.
144) 『星湖先生文集』 卷30, 雜著 「論奴婢」, "其他內寺各司驛奴院奴之類 其數極多悉皆定限而點兵亦如例".

다고 지적하고 그것은 특히 조선시대의 서얼금고제도의 기원이 된 것
이라고 주장하였다. 왜냐하면 8세의 천인 가운데 반드시 공사천의 비
첩이 들어있을 가능성이 크고 그것은 결국 첩손의 금고를 가져왔을 것
으로 생각하기 때문이었다. 그런데 조선후기의 노비제는 고려의 것보
다 더욱 참혹하여 고려의 제도는 폐지되었으나 그 대신 증조부의 婢妾
所生을 노비로서 사역할 수 있는 제도가 명종 이후부터 생겨나서 시행
되었다는 것이다.[145]

유수원이 노비제에 관심을 두는 것은 두 가지 이유였다. 한 가지는
노비의 과중한 수탈에 대한 인간적인 동정에서 비롯된 것으로 노비는
아무리 천인이라도 역시 인간인 이상 지나친 수탈은 옳지 않다는 것이
다.[146] 둘째는 공사천으로부터 국가가 합리적으로 신역을 부과하지 못
하고 있는데 대한 불만 때문이었다. 그는 노비제의 완전 폐지를 주장
하지 아니하였으며 私賤에 대한 상전의 임의적인 私刑과 무절제한 身
貢의 수탈, 그리고 贖良노비에 대한 復贖의 금지와 비첩자손에 대한
금고법의 폐지, 공천에 대한 과중한 수탈과 불균등한 身貢額의 조정
등을 통하여 노비제도를 합리적으로 개선하고 그를 기초로 하여 공사
천으로부터 다같이 국가가 신역을 징수하여 국가재정 수입을 늘이자
는 것이었다.[147]

“노비는 비록 주인이 있다고 하지만 사실은 모두가 국가의 백성인
것이다. 그런데 국가가 그들을 마치 化外의 백성인양 도외시하면서 一
役도 정하지 않고 一錢도 징수하지 않은 채 그 上典의 所爲에만 맡겨
두고 감히 손을 대지 못하고 있다. 오늘날 양역의 폐는 실로 여기에서

---

145) 『迂書』, 「奴婢」, “續典奴婢條曰 祖父婢妾所産 本是同氣 不可專以奴婢例役
   使云而及至明廟朝 議者以爲 同生四寸 雖不可使喚 至於五寸 則親屬漸遠
   使喚固無不可 自今自五寸役使爲當云云 至於受敎 仍爲絜令”. 이하 유수원
   의 노비관은 한영우, 앞의 글, 1972.에 의존하였다.
146) 『迂書』, 「論奴婢貢役」, “奴婢亦人耳 其何忍酷徵無藝如今日之謬習乎”.
147) 한영우, 앞의 글, 1972, 40쪽.

연유하는 것이니 이것은 또한 무슨 政令이란 말인가! (중략) 국가는 만민을 동등하게 취급하여 均愛해야 하거늘 어찌하여 私賤에게는 징수함이 없이 홀로 양민만을 수탈하는 것인가."148)

그러나 당장 사천에게서 신역을 징수하자는 것은 아니었다. 현재의 조건에서 가난한 상전이 노비를 수탈하는 데도 오히려 부족하기 때문에 국가가 이중으로 그들을 수탈하는 것은 불가하다는 것이다. 따라서 국가의 사천에 대한 신역 부과는 사민의 직업적 전문화가 이뤄짐으로써 빈한한 양반상전이 없어진 다음에 고려할 문제라고 보는 것이다. 그런데 公賤의 경우 노비는 역시 천인이므로 그들의 신역 부담은 양인과 같을 수 없고 양인보다 무거워야 한다고 하였다. 즉 공천의 신역 부담은 현재보다는 경감시키되 양인보다는 무거운 수준에서 재조정되어야 하고, 사천의 경우는 사민분업을 전제로 하여 신역을 국가가 징수해야 한다는 것이다. 다만 사천의 경우 身役으로서 丁錢을 국가에 내야 하는데 外居奴의 경우에는 노 자신이 부담해야 하고, 솔거노인 경우에는 주인이 부담해야 한다고 제안하였다.149)

위에서 보았듯이 유수원은 모든 인민을 평등화시키자는 것은 아니었다. 양인과 노비를 동등하게 대우할 수는 없다고 생각하였다. 즉 양인 내부의 양반과 평민의 차별은 없애고 자유민으로서의 양인과 부자유민으로서의 천인의 구별은 명백하게 해야 한다고 주장하였다. 노비제의 모순은 비판하지만 노비제도의 폐지를 주장하지는 않았다. 결국 조선국가가 취해오던 구성원에 대한 법적 지위인 양천의 이원적 구분을 현실의 구분으로 삼고자 한 것으로 보인다.

---

148)『迂書』,「奴婢」, "且奴婢雖有主 其實則皆國家之氓民 而國家視之如化外之民 曾不得定一役 徵一錢 任其上典之所爲 莫敢下手 今日良役之弊 實由於此 此又何等政令也 中略 國家之於萬民 一視而均愛之 安有私賤 則不可徵而獨侵良民之理耶".

149)『迂書』,「論戶口格式」, "或曰 人家率奴 依例徵丁錢乎 答曰 然矣 或曰 渠自辦納乎 答曰 其主辦納矣 中略 或曰 外居奴丁錢 奴自辦納乎 答曰 然矣".

유수원이 노비제를 궁극적으로 부정하지 않은 까닭은 士의 생활경리에 있어서 노비의 역할을 무시할 수 없기 때문이었다. 士는 농공상과는 달리 학문을 업으로 하는 학생이기 때문에 어차피 다른 사람의 힘에 의지하여 먹고 살아야 했다. '食於人'하는 사람인 것이다. 관리가 된 후에는 조정에서 녹봉을 받아서 생활하게 마련이지만 관리가 되기 전에도 국가에서 생활비의 일부를 지급해 주어야 한다는 것이다. 그것만으로 부족하기 때문에 노비를 사용한다는 것이다. 노비를 솔거시키면서 농사를 짓거나 가사를 돌보거나, 외거노비로부터 身貢을 받아들이고 토지를 佃作시키는 것을 부인하지 않는 것이다. 세전노비가 없으면 士는 생계를 보전할 수 없다고 생각하는 것이다.150) 단지 현재의 노비의 경제적 처지가 넉넉한 것은 아니어서 지나치게 노비에만 생계를 의존하는 것은 노비의 부담을 과중하게 한다고 생각하였다.

양천의 차이는 出仕 교육에서 제외되고, 신역 부담, 형벌에 있어서도 적용되었다. 그러나 상전이 노비를 임의로 生殺을 自斷한다든지 혹독한 私刑을 가하든지 할 때에는 그 주인을 도리어 공노비로 屬公시켜야 한다고 주장하였다. 이러한 법이 세종 때에는 실시되었으나 지금은 실시되지 않는다는 것이다. 그리고 속량된 노비를 이중으로 복속시킬 경우에는 壓良罪로 다스릴 것과 婢夫 양녀 交嫁소생은 종량시킬 것을 주장하였다. 공천에 대해서도 그는 그들의 身貢을 公正化함으로써 그들의 부담을 가볍게 해주는 대신 공노비의 도망을 막아야 한다고 주장하였다.151)

정약용의 奴婢觀은 그의 저작 안에서도 각각 내용의 차이가 있다.

---

150) 『迂書』, 「奴婢」, "至于我朝 旣不以田科授士族 而崇尙門閥 甚於麗朝 雖至餓死 不習工商 士族何以保存乎 此所以奴婢世傳 一循麗制 使之自使喚 自收貢而國家置之度外 不復問及者也".

151) 『迂書』, 「論奴婢貢役」, "昔我世宗大王 深矜賤口之偏困 下敎曰 奴婢本主 生殺自斷 擅用酷刑 徵貢無節者 當房賤口屬公 仍依律科治 此眞聖王之政而後來朝臣 厭其不便於己 遂有當房屬公勿施之規 可勝痛哉".

하나는 노비제에 대하여 부정하는 것이고 다른 하나는 노비제를 긍정하는 입장이다. 수정되기 이전의 『餛飩錄』에 실려 있는 「芝峯亦憂奴婢」에서는 고려 충렬왕이 奴婢世傳의 법이 혁파되면 국가가 망하리라 생각한 것은 그 뜻이 지나치다 하고 영조의 奴婢從母法 실시가 위대한 것이라 평가하고 있다. 또한 『경세유표』의 서문인 「邦禮艸本序」에서도 영조의 노비종모법 실시를 '邦禮'의 한 전형으로 높이 평가하며 찬성하고 있다. 노비법을 고치고 군포법을 고친 일이 모두 天理에 합하고 인정에 합하여 四民이 능히 변동하지 않을 수 없는 것과 같다 하였다.152) 그는 노비와 대등한 입장에서 생각하려는 태도를 갖고 있으며 노비제 개혁을 찬성하였다. 노비종모법은 유형원·이익 등에 의해서도 주장되던 것이었으며 이는 세습 노비의 수를 줄일 수 있는 것이었다. 유형원은 종모법의 실시를 노비세습제의 폐지로 가는 과도적 단계로 생각하였는데 이는 다산에게도 마찬가지이었다. 이와 같은 견해는 세습제와 같은 노비제의 문제점을 인식하고 그 문제를 풀고자 시행했던 부분을 높이 평가한 것이다.153)

그러나 『목민심서』의 「변등」에서는 『酉山筆談』을 인용하여 "元世

---

152) 趙誠乙, 앞의 글, 1986에는 자료의 차이점에 대해 상세히 검토하고 있다. 그의 노비관을 알 수 있는 주요 자료는 『餛飩錄』에 실려 있는 「芝峯亦憂奴婢」와 『牧民心書』 禮典 「辨等」인데 그의 회갑 때 정리한 「芝峯亦憂奴婢」는 수정되어 있다. 조성을 교수는 『경세유표』의 노비종모법 실시 찬성을 다산의 견해로 보고 있다. 다산의 노비관에 대해서는 조성을 교수의 위의 글과 金永鎬, 앞의 글, 1989에 의존하였다.

153) 조성을, 앞의 글, 1986의 연구에서는 위와 같은 노비법에 대한 긍정적인 견해가 『목민심서』와 같이 저술 목적이 다르기에 나타날 수 있는 결과라는 점과 원전에 대한 문헌 비판의 잘못이라는 주장을 하였다. 노비법 유지의 내용은 다산의 글이 뒤에 수정된 것이라는 것과 『유산필담』의 저자가 정학연일 것이라는 추정 등을 통하여 면밀하게 논증하고 있다. 그럼에도 불구하고 다산의 여러 저작에서는 수정된 내용과 유사한 언급이 있다는 점을 상기해야 할 것이다. 곧 다산의 노비제에 관한 평등한 인간관적인 기본적인 생각과 현실의 노비제를 인정하는 상반된 견해 모두가 다산의 생각이다.

祖가 고려의 노비제에 대하여 하려 한 것은 從良의 길을 열려고 한 것이지 세습제를 혁파하려 한 것은 아니라는 것과 충렬왕이 노비제에 반대한 것은 까닭이 있다는 것과 영조의 노비종모법 실시가 잘못되었다'"고 하였다. 한편 그는 「田論」을 통해 閭田制 구상을 전개하면서 '奴僕을 양육하고 제택을 높이 짓는다'고 한 것을 보면 노비제를 긍정하고 있는 것으로 보인다. 「通塞議」에서도 등용 대상에서 제외된 각 계층과 각 지역 및 각 문벌을 들고 그 막힌 것을 뚫어야 한다는 주장을 펴고 있으나 노비는 포함되지 않았다. 이는 「芝峯亦憂奴婢」의 수정 내용과 일치한다. 체제 유지를 목적으로 하는 『목민심서』에서 노비제의 유지·강화를 바라는 것은 당연하다 하겠다. 영조대의 노비제 개량 정책을 국가 이익과 배치되는 것으로 비판하였던 것이다.154)

> "雍正 辛亥年 이후로 무릇 私奴의 양처 소생은 모두 양인 신분을 따르게 되었다. 이렇게 된 이후 상층은 약해지고 하층은 강해져서 기강이 무너지고 백성들의 뜻은 흩어져 서로 統領할 수 없게 되었다. 萬曆 임진란 때 남방에서 창의한 집은 가동 수백명으로 대오를 편성할 수 있었으나 嘉慶 壬申亂 때에는 옛 집안의 명문 귀족들도 서로 일을 의논하였지만 한 집에서 한 사람의 종을 내기도 어려운 처지였다. 이 한 가지 사실로도 그 대세가 온통 바뀐 것을 알 수 있다. 국가에서 의지하고 있는 자는 사족들인데 그들이 권세를 잃은 것이 이와 같은 것이다. 혹시라도 위급한 일이 생겼을 때 소민들이 서로 모여 난리라도 꾸미면 누가 이를 금할 수 있을 것인가. 이를 미루어 보면 노비법은 좋게 변한 것이 아니다."155)

1731년(영조 7)에 종모종량법을 시행한 후 사회를 통제할 수 없을 정도로 상하의 질서가 무너지고 있다고 진단하고 있으며 그에 따라 전

---

154) 金永鎬, 앞의 글, 175~177쪽.
155) 『목민심서』, 「禮典」, 「辨等」.

쟁과 같은 비상시에 병력을 동원할 수 없음은 물론이고 통제가 무너짐에 따라 소민이 난리를 일으키면 그를 진압할 힘도 없게 된다고 예측하고 있는 것이다. 따라서 영조 때의 노비종모법을 없애고 종래의 엄격한 奴婢世傳法을 복원해야 한다는 것이다. 『목민심서』의 「吏典」의 「馭衆」에서 "贖身代口의 법은 대명률의 율례와 서로 모순되니 행할 수 없다"고 강조한 것과 같은 생각이었다. 또한 이는 「신포의」에서 양반이 많아지면 생산자가 줄어들고 생산자가 줄어들면 나라가 가난해진다는 논리와 더불어 다산의 노비제 유지론의 중요한 근거가 되는 것이다.

　다산은 주례의 九職에서의 臣妾을 노비라 보았다.156) 다산은 구직론을 그대로 깔고 『경세유표』의 개혁론을 전개한 결과 노비제를 기본적으로 인정하고 있다. 『경세유표』의 「秋官」 刑曹에는 노비를 관장하는 掌隸院을 둘 것을 제안하였다. 혁파한 장예원을 별도로 만들어 노비제의 정비 강화를 제안한 것이다. 그런데 『경세유표』의 다른 부분에서는 구직을 논하면서 구직 가운데 士가 들어가고 그 대신 신첩이 빠져 있다. "백성의 직에는 아홉가지가 있다. 첫째는 士 둘째는 農 셋째는 商 넷째는 工 다섯째는 圃 여섯째는 牧 일곱째는 虞 여덟째는 嬪 아홉째는 走인데 走는 일정한 직업이 없는 자가 삯을 받고 남의 일을 해주는 것이다."157) 여기에서 보이듯이 士가 구직의 하나로 위치를 확보하고 동시에 노비는 구직에서 제외되는 것이다.158) 다산의 신분관은 이렇게 시기 및 저술된 내용과 그 저술의 목적에 따라서 차이를 보이고 있는데 이는 모두 그의 신분관으로 보인다.

---

156) 『經世遺表』 卷10, 「地官修制」 「賦貢制」, 九職論, 戶籍法.
157) 『經世遺表』 卷8, 「地官修制」 「田制」12.
158) 金永鎬, 앞의 글, 1989, 43쪽.

4. 평등사회의 윤리관

실학자들이 지향하는 사회는 기존의 상하차별의 신분제가 철폐되고 직업과 신분이 분리되어 움직여지는 사회이었다. 그럼에도 불구하고 현실의 신분질서의 견고성에 대한 인식이나 혹은 사회구조 변화의 예측 정도에 개인적인 차이가 있지만 즉각적인 평등사회로 전개될 수 있다고 생각한 실학자는 없었다. 따라서 새로운 가치관과 새로운 신분질서가 세워지면 자연스레 세워질 윤리도 내세우는 지향이었지 현실이 아니었다. 그것은 기왕의 윤리와는 다른 새로운 인간관계에 걸맞는 사회운영의 원리 내지는 가치관이었다. 그 기준은 현재의 문제점이 무엇인가에서 출발하여 어떻게 해결할 것인가에 달려 있는 것이었다. 곧 현재의 신분제의 문제는 기본적으로는 차별적 질서라는 점과 그리고 그것이 세습화되고 독점화되면서 특권화되었다는 데 있었다.

자연 새로운 기준은 평등과 개인의 능력 그리고 공개화와 형평에 두게 되는 것이었다. 법적으로 양천으로 나뉘고 현실에서 양반·중인·양인·천민으로 나뉜 차별질서는 동일한 사회의 동일한 구성원으로 평등한 인간관계를 맺게될 것이다. 그리고 무엇보다 중요한 변화 가운데 하나는 완전한 성취사회는 되지 못한다 하여도 개인의 능력이 사회를 운영하는 기본원칙이 될 것이다. 세습에 의하여 태생적으로 결정된 각종의 인간관계는 변화될 것이고 개인에 대한 존중이 서로 지켜야할 윤리가 될 것이다. 상하의 인간관계는 평등한 관계로 전환되고 직업은 그러한 능력의 서로 다른 점으로 이해될 것이다. 또 하나는 직역체계의 변동으로 관직에 대한 이해가 달라질 것이다. 그것은 세습된 권력의 향유가 아닌 열린사회에서의 능력에 따른 사회 분업의 실현이 되는 것이다. 따라서 기존의 지배층이 누렸던 특권은 독점될 수 없는 것이 되고 국가에 대한 균평한 부담과 같은 것이 지켜질 것이다. 일정한 기간 지주제가 존속될 것이나 종국에는 그러한 생산관계가 변화할 수밖에 없을 것이고 새로운 생산관계에 걸맞는 인간관계가 설정될 것이다.

삼강오륜으로 대표되던 차별적 질서를 지켜야 하는 윤리관은 변화할 수밖에 없는 것이었다. 가부장적 가족주의론, 사회윤리는 일상적 인간관계에 대한 규정뿐만 아니라 새로운 분업체계, 새로운 계층에서의 윤리이어야 하는 것이다. 상하차별의 엄격한 신분제적 질서가 유지되는 사회에서의 윤리와 상하관계가 점차 평등한 것으로 전환되는 사회에서의 윤리는 다를 수밖에 없는 것이다. 예를 들어 정치에서는 다스림의 대상으로 백성을 볼 수 없고 섬김의 대상으로 보게 되는 것이다. 직업을 사회의 분업체계에서의 자연스러운 선택으로 이해하면 그것은 기능의 문제이지 인간 본질의 차이로 이해되지는 않게 되는 것이다.

서얼차대의 비윤리성을 지적하는 데에서 알 수 있듯이 현실의 신분제적 질서는 그 질서를 유지하는 이데올로기와도 충돌하고 있었다. 철저한 상하차별의 질서를 유지하는 기준은 서얼 역시 가족이라는 점에서 그리고 때로는 나이가 많은 형제라는 점에서 또 다른 기준인 가부장제적 질서를 유지하면서 장유유서를 지켜야 하는 윤리와 충돌하고 있었다. 이것은 성리학적 사회를 유지하는 가운데에서도 어떻든 조정해야 하는 문제이었다. 명분론과 가부장적 가족주의론의 충돌이었기 때문이었다. 이러한 것들이 새로운 변화 가운데 여전히 문제로 부각되는 것이었다. 그 문제는 인간관계에 대한 새로운 이해가 제기되면서 시작된 것이 아니라 이미 내재되어 있던 문제가 변화된 사회 조건 속에서 비로소 부각되는 것이었다. 이렇게 새로운 문제만 드러나는 것이 아니라 기왕의 문화원리 속에서 문제로 되어 있던 것이 두드러지게 나타나기도 하는 것이었다.

유형원은 法治를 중시하였는데 그것은 삼대의 법제를 본따는 것이었다. 그러한 사회에서는 사회의 전 구성원이 각각의 맡은 일을 하고자 하는 대로 하게 되며 날로 착하게 되는 것이다. 새로 만드는 법제는 天理를 보장하고 제도화해야 하는데 그의 원칙이 分數·均平論이었

다. 사회의 각 신분·직업은 그 신분에 맞는 분수 또는 度數라 불리우
는 일정한 규모의 數가 있고, 귀천·직업·빈부의 성격과 규모는 이
分數·度數에 의해 결정된다고 이해했다.159)

 "尊卑登降各有度數 民之旣定皆安其分"160)이라 함은 사회적 分限
의 규정이 모두 이 분수·도수와 연결됨을 가리키는 것이었다. "禮儀
는 實理의 節文으로서 도수를 통하여 형태를 드러낸 것"이라고 파악
하는 것도 객관적 규범은 도수를 통하여 천리·실리를 실천한다는 의
미였다. 사회가 분수와 도수로 구성되어 있기에 각각의 등분에서 그
분수·도수가 적정한 양과 질을 확보하지 못하면 사회의 질서는 혼란
스러워지고 안정성을 잃게 마련이었다. 분수가 바르게 된다면 士와 大
夫는 국가에서 그들을 양육하는 의미를 알게 될 것이고 자신의 몸을
함부로 어쩌지 못하리라는 것이다.

 분수론에 기초한 사회는 차등적 分限構造를 이루고 있었다. 그렇다
고 하여 각 신분·계급·직역 간에 다른 크기, 내용을 갖는 분수는 절
대적 고정적인 것으로 주어지는 것은 아니었다. 각분의 귀천 고하에
따라 분수의 양이 다른 것은 당연하며, 그것이 천하의 通義라고 하면
서 그 내용은 고정불변한 것은 아니라고 하였다. 분수론은 私有化 또
는 私有를 부정하였다. 노비제의 世役性을 부정하는 것도 신분과 사회
적 분한이 사유화될 수 있는 것이 아니기 때문이었다. 환언하면 공공
성의 확대이었다. 적서의 차별, 門地와 학통을 중심으로 하는, 그리하
여 능력과는 아무런 상관이 없는 관리 등용책, 노비의 차별 등등은 모
두 공공성을 벗어난 것이었다. 노비제의 혁파는 국가의 공공성을 극대
화하는 가운데 제시되었다. 악법 중의 악법인 노비제는 반드시 철폐되
어야 하는데 노비 역시 국민이기 때문이다.161) 그것은 국가 구성원 범
주의 확장이었다.

---

159) 정호훈, 앞의 글, 2001, 399쪽. 반계의 윤리관은 이 글에 의존했다.
160) 『磻溪隨錄』 卷3, 「田制後錄」.
161) 『磻溪隨錄』 卷21, 「兵制」.

유형원은 名分·分限의 기준 준거를 德에서 구하였다. 명분은 천리인데 그것은 귀천에서 비롯하며 귀천은 賢愚의 덕, 곧 개별 주체가 가진 능력에서 결정된다는 것이었다. 모든 사회적 분한은 이 능력의 기준을 넘어서는 안될 일이었으며, 신분 계급간의 선천성·세습성은 부정되어야만 했다. "名分은 곧 천지 자연의 理이니 어찌 엄하지 않겠는가? 이른바 명분이란 본래 귀천에 等分이 있는데서 나왔으며 귀천은 본래 賢愚의 차이에서 나왔다."162) 세습되어 형성된 문벌을 기준으로 삼는 것은 명분을 엄히 하는 것이 아니었다.

명분·분한이 이와 같이 賢愚와 같은 도덕 요소에 의해 결정되고 그리하여 세습성·선천성이 사라진다면 거기에는 기본적으로 신분 직역의 개방성이 전제되어 있어야 하는 것이다. 동시에 사회적 분한에 규정되는 윤리덕목인 三綱五倫도 명분을 엄하게 유지하기 위한 수단으로서의 성격을 갖는 것은 아니게 된다. 현우에 의해 業과 事가 정해지고 그 안에서의 서열은 나이가 되는 것과 같이 삼강오륜은 덕을 확대하고 실천하기 위한 방편일 뿐 명분을 엄격히 강화하기 위한 수단은 아니었다. 동업·동사에서의 신분의 동등성은 삼강오륜의 윤리덕목과는 하등 상치될 것이 없었다.163) 반계는 『禮記』에 의하면 천하에 나면서부터 귀한 사람은 없으며 이 때문에 천자의 아들도 학교에 들어가면 나이로 서열을 정하는데, 하물며 사대부의 아들은 말할 것 없다 하여 동업 내에서의 동등성이 경학적 근거나 역사성을 지닌 것이라 주장하였다.

반계는 고공제를 실시하게 되면 노비제를 두었을 때에 비하여 인간 관계가 변화할 것으로 예측하였다. "노비제를 폐지하고 고공제도를 채택하는 것은 지극히 공정하고 지극히 마땅한 도리인 것이다. 지극히 공정한 도리는 상하좌우가 모두 마땅하지 않음이 없는 것이니 어찌 지

---

162) 『磻溪隨錄』 卷10, 「敎選之制」(下).
163) 위의 글.

극히 공정하면서 편벽되게 천인만을 이롭게 하고 사대부들에게 불편을 줄 리가 있겠는가. 진실로 이와 같이 하면 天理가 얻어지고 인정이 순화되며, 소송이 간략해지고 정사와 형벌이 깨끗해지고 풍속이 돈독해지고 예의가 행해져 백성이 편안해지고 산물이 풍족하여 먹을 것이 넉넉해지며, 군사력이 강화되는 효력이 그 가운데 있는 것이다.” 노비와 노비주와 사이의 갈등이 해소된다는 것이다. 고공제를 실시하면 노동력을 원하는 대로 골라 사용할 수 있고 고공의 입장에서도 달라지게 되는 것이다. 고공의 경우에는 신분이 금고로부터 해방되고 자유로이 주인을 선택하여 일할 수 있고, 고용기간도 자유로이 정할 수 있게 될 것이다. 노비제가 존속하는 상태에서의 고공은 극히 일부만이 되려고 하지만 노비가 없어지고 고공만이 유일한 노동력이라면 윗사람이 은의로 아랫사람을 대하게 되고 고공 스스로도 자립하고자 노동력을 자의로 팔게되는 상황이 된다는 것이다. 국가적으로도 노비추쇄의 번거로움이나 노비를 둘러싼 소송문제가 없어져 다른 政事에 힘쓸 수 있을 것이다.164)

이러한 고공제의 시행에 따라 주목되는 변화 가운데 하나는 종전과는 전혀 다른 인간관계가 형성된다는 것이다. 노비제 폐지는 천민만이 즐거워할 일이 아니고 公道의 회복은 상하좌우 모두가 기뻐할 일인 것이다. 이것은 천리의 실현인 것이며 여러 면에 걸쳐 인간관계가 변화하게 되는 것이다. 갈등의 관계가 종식되고 재판이 줄고 다스리는데 부패하지 않고 풍속이 좋아지고 예의를 행하게 되는 것이다. 그렇기에 백성이 편안해지고 자연 생산력도 높아지게 되며 나라의 군사력까지 튼튼해지는 것이다. 인간관계의 변화는 그 인간이 살아가는 삶의 온 터가 변화하도록 이끄는 것이다.

노비세습법의 철폐는 이렇게 노비에게만 유리한 것이 아니고 使役者나 국가에게도 아주 유익하다는 것이다. “노비법이 개혁된 이후에도

---

164) 『磻溪隨錄』 卷26, 續篇(下) 「奴隷」.

卿大夫의 가문은 금일과 서로 다를 바가 없다. 단지 용역의 법에서는 賢愚貴賤이 각각 자기 분수를 얻어 사람들은 德義를 권하게 되나 세역의 법에서는 빈부가 귀천에 관계없고 귀천이 현우에 관계없어 사람들은 쟁탈을 권하게 되니 이는 그 다른 바이다." 차별적 질서에서 특권을 누리고 있는 계층을 설득하여 변화에의 저항을 완화시키고자 하는 것이다.

이익의 윤리도덕은 봉건적이며 관념론적이었다. 그의 윤리론은 삼강오륜으로 표현되던 상하질서 유지의 틀을 벗어나지 못하였다. 그 실천이 곧 正名이었다.[165] 그는 삼강오륜에서 특히 孝悌를 강조하였다. 제란 순종을 의미하였기에 "제로써 아버지를 섬기면 효가 되고 제로써 임금을 섬기면 충이 된다"[166]고 하였다. "가정은 국가에 의하여 통솔되며 국가는 하늘에 의하여 통솔되는"[167] 종법제적 관념에 의하여 다스려지는 사회에서 효는 곧 충과 일치된다는 것이다. 그리하여 왕과 가장에 대한 무조건적인 순종과 신분의 귀천에 따른 복종관계가 이론적으로 합리화되었다.[168]

이익은 부자의 상하관계에서 출발하여 군신의 상하관계에까지 관통하는 상하종속적인 윤리관을 가졌다. 이 같은 인륜관계가 天道에 합치되는 人道라고 생각하고 그 도덕적 규범은 가정에서나 국가에서나 모두 禮로 나타났다는 것이다. 그렇기에 성호의 정치사상 역시 유교적인 논리에 기초한 덕치주의의 울타리를 벗어난 것은 아니었다. 성호는 인간의 본성은 선한 것이며, 다만 인욕과 이에 따른 습성에 따라서 사람의 선악이 나누어져 거리가 멀어지는 것이라 생각하였다. "천지는 살

---

165) 『星湖僿說類選』卷4 下,「禮樂可興」, "君君臣臣父父子子兄兄弟弟夫夫婦婦 皆正名".
166) 『星湖僿說類選』卷3 上,「孝悌爲本」, "悌者順也 以悌事父則孝 以悌事君則 忠".
167) 『星湖僿說類選』卷3,「不肖臣」, "家統於國 國統於天".
168) 정성철, 앞의 책, 1989, 193~197쪽.

아갈 수 있는 도리로써 만물을 만들었으니 이치에 순응하여 생성토록 함이 곧 천지의 本心이다. 그런데 폐단이 쌓이고 병통이 겹쳐짐은 곧 사람이 그 도리를 잘못한 것이다. 폐단과 병통이 이미 그 속에서 생겼으면 변통하는 방책도 반드시 그 속에 있다."169) 仁政과 德治의 이유이었다. 성호는 주자학적인 윤리관에 따라서 仁義禮智信의 덕목을 긍정하면서 그 가운데 仁은 인륜의 體를 극대화한 것으로 가장 기본적인 것이라 생각하였다.170)

홍대용은 객관적 현실세계를 중시하였으며 인식에 따른 실천을 중요하게 생각하였다. 그것은 국가와 개인에게 필요한 윤리규범이었다. 그의 인식론이 주자학자들과 완전히 구별되는 것이 아니었듯이 그의 윤리관은 일견 주자학자들의 것과 같은 면이 있었다. 그는 인간의 의식에 타고난 윤리도덕 의식이 구비되어 있다고 생각하였다. 그러나 일반인은 氣의 구속을 받아 제대로 발휘하지 못하는 것이라 하였다. 담헌은 주자학자들과는 달리 이 기가 변경될 수 있는 것으로 보았다. 곧 기의 절대적 규정성을 부인하여 인간이 변할 수 있는 존재로 이해하는 것이다. 그럼에도 불구하고 담헌의 윤리관은 기존의 윤리관에서 크게 벗어나는 것은 아닌 것으로 여겨진다. 그가 주장하는 윤리의 기본적인 규범은 여전히 인과 의리이었으며 그 인과 의리의 내용은 종전의 것과 다른 것이 아니었다.171)

다른 한편 홍대용은 신분제와 분리된 분업체계의 재편을 주장하였는데 이는 새로운 윤리의 수립을 말하는 것이다. 철저한 사회적 분업을 시행하고 그를 당연한 것으로 이해함으로 종전과 같이 각각의 직업에 대한 신분의 차이를 넘어서게 되니 새로운 가치관이 형성됨은 재론의 여지가 없다. 앞에서 거론한 바와 같이 명분을 중히 여겨 양반들이 일하지 아니하고 착실히 일하는 사람을 비웃고 노예처럼 여겨 놀고먹

---

169) 『星湖僿說』, 「拯捄」.
170) 한우근, 앞의 책, 1980, 81~92쪽.
171) 정성철, 앞의 책, 1989, 271~279쪽.

는 사람은 많은 것을 비난하고 엄격한 규제 법규를 제정한다면 노동을 당연시하고 누구라도 일하는 것을 천하게 여기지 않게 되는 것이다.

정약용은 윤리 도덕 질서는 인간 고유의 것이라 하고 그것에 의해 사회생활을 유지한다고 생각하였다. 그의 윤리관의 출발은 人性論에 있었다. 인성은 윤리 도덕 행위의 근원이며 이 인성에 선한 도덕적 행위의 능력이 선천적으로 구비되어 있다고 생각하였다.172) 인성은 도의와 기질 둘이 합하여 하나의 성으로 된 것인데 전술한 바대로 도의는 인간만이 가진 것이다. 다산은『大學』의 주석을 통하여 人道를 인륜으로 밝히고, 인륜을 孝·弟·慈의 인간 관계 속에 작용하는 규범으로 파악하였다. 이것은 그의 현실적 실천론인 동시에 결과론적인 가치론을 제시하는 것이었다. 그는 인간이 자율적이고 고유한 존재로서 그 인간이 자신에게 부여된 하늘의 명령을 실현하는 것이 인간의 완성이라고 한다면 인간의 자기 실현은 도덕적 성취에서 가능할 수 있는 윤리적 가치를 지닌 것으로 이해했다.

그는 인간의 근본가치로서의 인륜을 인간관계의 도덕성에서 찾고 있는 사실에서 인간 존재의 본질적 성격으로 사회성을 발견하였던 것이다. 그렇게 되면 유교의 기본 덕목인 仁을 재해석하게 되는 것이다. 仁은 인간 상호 간의 일로 이해하는 것이다. 한 사람으로서는 仁이 나타날 수 없고 인간관계에서 직분을 다할 때 仁이 되는 것이다.173) 인은 효·제·자의 다양성을 통해 인간관계를 사랑으로 맺게 하는 최고의 당위규범이다. 따라서 대학의 明德 곧 인륜의 모든 인간 속에서 親民으로 실현되어야 하는 것이다.

세속적 현실 속에서는 비록 신분의 귀천이 있다 하더라도 정약용은 모든 인간의 본질적 자기 중심성 위에 人道를 정립시키고 있는 것이

---

172) 정성철, 앞의 책, 1989, 424~430쪽.
173) 금장태, 앞의 책, 1987, 159~167쪽. 다산의 윤리관에 대해서는 이 책과 앞의 정성철의 책을 참고하였다.

다. 그러므로 다산에 있어서 人道로서의 恕내지 人倫으로서의 仁은 치인에 앞서서 수기의 문제이며, 수기의 실현으로서 치인이라 할 수 있다. 다산에게 治人은 정치적 지배행위가 아니라 인도적 자아실현이라고 할 수 있다. 『中庸』에서 以人治人라 할 때의 치는 다스리는 의미가 아니라 '인도로써 사람을 섬긴다'(以事人也)는 뜻이 되는 것이다. 치인이 지배자의 특권이 아니라 모든 인간이 다른 인간에 대한 관계의 실천이라 한다면 정치적 지배 복종의 관계는 인간의 본래적인 인간관계가 될 수 없다. 修己治人에서의 治人이나 以人治人에서의 治人이 권력에 의해 백성을 다스리는 것이 아니라 인간이 인간을 섬기는 방법이라 하고 있는데 그것은 다스리는 자와 다스림을 받는 자로 나뉘는 사회 구성원에 대한 근본적인 시각의 교정을 의미한다. 다산이 치인의 생각이 섬김에 있다고 하면 그 섬김의 대상인 백성의 신분에 관한 생각이 다스리는 대상과는 다를 수밖에 없다. 새로운 윤리가 세워지는 것이다.

인간이 다른 인간과의 관계를 仁의 실현으로 유지될 것을 추구한다면 인간의 사회적 신분의 차이는 본질적인 것이 될 수 없고 오히려 해소되어야 할 것이다. 그는 봉건적 신분계급을 근원적으로 부정한다. 그는 또한 국가에서 인재를 쓰는 데 서인과 중인을 버리고 서얼을 버리고 서북인을 버리고 당색이 다른 자를 버리는 당시의 폐단을 통박하면서, 四方에 구애되지 말고 親疎와 貴賤을 가리지 말아야 사람을 버리지 않는 것이라고 주장하였다.

인간사회에서 인간관계를 규정짓는 근본적 중심은 개인에게 있다. 이 개인의 중심이 사회의 제도적 중심에 의해 무시된다면 인도는 성립될 수 없으며 인륜도 실현될 수 없는 것이다. 그는 禮를 孝·弟·忠·信의 실천에 節文을 부여한 것이고, 樂은 孝·弟·忠·信의 실천을 즐겁게 한 것이요, 刑政도 孝·弟·忠·信의 실천을 도와서 이루도록 한 것이라 지적하여 교화제도가 인륜의 실현에 목적을 두고 있음을 강

조하였다.174)

　실학파는 고정화된 형식적 도덕규범을 거부하면서 신체를 가진 구체적 인간에 대한 관심을 고양시켰다. 인간의 본성만이 아니라 감성의 중요성을 강조하였던 것은, 인욕을 누르고 천리를 지키려는 주자학파의 입장에 따른 인간의 내면적 분열을 재통합시켜 전체적인 조화를 가능하게 해주었다. 그리고 지식계층이나 지배계급만에 대한 존중이 아니라 무지하고 빈곤한 하층의 노동 대중에 대한 인간애를 각성시킨 것이 바로 실학파의 공리사상이 지닌 사회윤리적 성격의 중요한 일면이다.175)

　실학자들이 노비제 특히 신분세습제를 부정하였다고 하여 인간을 평등하게 보고 있는 것은 아니었다. 그러나 존재론적인 인간 이해에 있어서 인간은 모두 같다고 보고 있거나 혹은 계층이나 직업과 관련없이 인간은 모두 같다고 규정하는 입장이라면 그것은 적어도 지향점을 인간평등에 두고 있다고 볼 수 있다. 문제는 지향점을 인간평등에 두고 있지만 현실의 인간관계는 쉽게 새로운 것으로 전환될 수 없는 것이었기에 실학자들은 현실의 인간관계를 유지하는 윤리를 기존의 윤리론에 의거하여 전개하게 되는 것이었다.176)

5. 맺음말

　조선후기에는 상품화폐경제가 발달하고, 지주제가 확대되면서 농민층 분화가 전개되고 있었다. 이러한 변동에 대해 경제구조 내지 사회

---

174)『與猶堂全書』1 卷11, 「五學論」.
175) 금장태, 앞의 책, 1989, 92쪽.
176) 李榮薰, 앞의 글, 2001, 105~108쪽. 18세기 성리학적 君子-小人의 등급에 상응하는 새로운 형태의 신분관계를 유지시킨 것은 아랫사람은 衷心으로 섬기고 윗사람은 情誼로서 보살펴 주는 上下義理이었다고 주장하였다.

체제의 재체제화의 방향에서 개혁방안이 제기되기도 하였다. 농민의 경작토지를 확보하여 재생산의 기반을 확보하고 상품화폐경제의 발달을 사회의 발전 기반으로 삼으며 왜곡된 사회분업체계를 바로 잡으면서 신분제를 폐기하는 방향으로 방안이 마련되는 것이었다. 이와 관련하여 실학자들은 상하차별의 신분제적 질서를 철폐하든가 혹은 재편성하고 아울러 분업체계를 재편하는 방안을 제시하였다.

이러한 신분제 개혁론은 근본적으로 인간에 대한 이해의 변화에서 출발한 것이었다. 나아가서는 조선사회의 인민을 어떻게 볼 것인가의 문제와 관련이 있는 것이었다. 실학자들은 관념적 인간관으로부터 벗어나 서서히 구체적인 실존으로서의 인간에 대한 이해를 넓혀 나갔다. 유형원은 仁義의 실현 방법으로 法治를 내세웠다. 人治의 경우에도 보편적인 가치관에 근거하여 이루어지는 것이지만 법치는 그 인치의 주체인 치자와 대상인 피치자 모두를 동일한 규범에 의해 대상으로 삼고 있다는 점이 주목되는 것이었다. 이렇게 실존하는 인간에 대한 이해는 이익의 경우에도 마찬가지여서 이익은 기와 혈액으로 이루어진 실재하는 인간을 인식하였다. 그의 인간 이해에 있어서 일반 유자들의 이해와 같은 점들도 있으나 天人感應論의 재이관의 전개에서 보이듯이 조금씩 차이를 보이고 있었다. 그리고 인간의 빈부귀천과 같은 것은 정해졌다기보다는 노력에 의하여 결정되는 것이라는 생각을 가졌다.

실학자들의 인간관은 인간이 만물과 함께 파악되다가 점차 자연과 인간이 분리되고 그 자연은 끝내 인간의 대상으로 존재하게 된다. 유형원은 자연질서에 입각하여 인간과 사물을 보다가 實理論을 가지게 되면서 자연이나 인간을 모두 理를 준거로 파악하였다. 홍대용은 인간과 사물을 분리해서 이해할 뿐만 아니라 그 둘을 객관적으로 파악해야 한다면서 하늘로써 사물을 보도록 요구하였다. 박지원의 경우에도 인간의 지위를 상대화시켰다는 점에서 동일하였다고 하겠다. 정약용의 경우에도 인간을 자연과 분리시켜 이해한 점에서는 동일하였다. 그러면서 다산은 인간을 그 현실성과 개체적 자율성 속에서 보고자 하였다. 실존하는 구체물로서의 욕구와 의지를 가진 인간이 자신을 둘러싼 인간과 자연을 상대로 道心을 펼쳐나가는 것이었다.

실학자들이 인식하는 실존하는 인간은 정치사회적 존재인 인민이었다. 인민은 사회의 구성원이자 다스림의 대상이었다. 대체적인 흐름을 보면 인간관에 따라 인민의 범주가 변화하였다. 그 과정은 두 갈래이었다. 하나는 인민의 범주 가운데 노비를 포함시키는 것이었다. 노비제 폐지를 지향하지만 현실을 감안한 신분제 운영을 구상할 경우에 가질 수 있는 생각이었다. 인민 내부의 신분적 차별을 없애지 않은 채로 노비를 인민으로 간주하는 것이다. 다른 하나는 노비제를 폐지하여 양인화 하는 길이다. 인간 이해의 진전에 따라 천민도 교화의 범주에 들어가고 있었으나 직접적 통치의 대상에 들어가지 않기도 하였다. 이러한 점에서 실학자들의 인민론은 현실을 그대로 반영하거나 혹은 한 걸음 더 나아가 노비제를 사회적 문제로 삼아 그 문제점을 타개하는 것으로 제시되었다.

유형원의 법치는 인민의 사회적 제 조건을 보다 합리적인 것으로 갖출 수 있는 것이었으며 유수원의 인민 이해는 국가의 통치 대상의 범주에 대한 인식의 외연이 확장되었음을 의미하는 것이다. 인민은 생업이나 신분의 차이를 두지 아니하고 국가로부터 토지를 나누어 받아 이를 경작하여 조세를 내고 각종의 역을 부담하는 사람들이다. 박지원은 인민은 통치의 대상임에는 틀림없지만 민이 없이는 군왕이 있을 수 없다는 爲民論을 확인해 주었다. 다산은 차별과 천대와 권력이 없는 사회적 처지에서 있으면서 균등한 생활을 위하여 싸우는 인민을 주장하였다. 이 균민은 신분제 문제의 해결을 의미하였다. 직업 재배치를 통하여 사회적 분업을 재조정하고 이들의 정치 참여의 문제를 해결하고 생존의 조건이자 사회적 신분 결정의 중요 요소인 토지소유에 대한 재조정을 통하여 차별적 질서를 유지하는 신분제를 평등한 관계로 재조정할 수 있는 것이었다. 신분 문제의 해결은 이와 같이 경제적 구조의 재편과 사회적 분업 체계의 재조정을 함께 고려하여 구조적으로 접근해야 하는 것이었다.

실학자들의 사회신분제에 관한 개혁론은 두 가지의 측면에서 전개되었다. 하나는 사회의 分業體系를 再編成하는 것이었고 다른 하나는 사회의 階層을 再編成하는 것이었다. 분업에서의 직업이 사회신분제와 결합되었던 사정 하에서는 그 둘이 별개의 것은 물론 아니었다. 그러나 그 둘은 엄밀히 말하자면 다른 것으로 이해될 수 있는 것이었다.

조선후기 사회는 사회적 분업의 문제가 심각한 시기였다. 양반층으로 지칭되는 士階層은 일부만이 관직을 맡아 분업의 한 부분을 감당하였으며 많은 양반은 이른바 유식양반으로 비생산적이며 사회의 병폐로 지적되었다. 다른 측면에서는 양반층의 재배치 문제가 불거진 데는 토지소유자로서의 위상이 변하고 있었던 것도 하나의 배경이었다. 신분은 양반이지만 계급적으로 생산수단의 소유자로부터 떨어져 나가고 있어 계급과 신분의 불일치가 전개되었다. 다른 한편 농민층의 분해가 이루어지는 시기이어서 사회적 분업의 담당층이 대폭적으로 조정되는 시기였다. 상품화폐경제의 발달로 인한 새로운 유통망이 형성되면서 상인층이 재편성되고 있었으며, 더구나 임노동층의 형성은 분업체계 전반을 재조정해야 하는 이유가 되었다. 이러한 조선후기 사회에 대한 진단의 내용은 차이가 나지만 분업체계가 조정되어야 할 것이라는 지적은 당연히 나오는 것이었다.

사회의 분업체계를 재편하는 것은 종전의 四民編成을 기준으로 논의를 전개하였다. 四民再編論은 사민 구도 자체를 건드리지 아니하고 사회구성원을 사민 안에 어떻게 새배치힐 깃인가의 문제이었다. 그것은 종전의 사민분업체계의 현실적 내용이 가지고 있는 불균형한 모습에 기인하는 것이었다. 특히 그것은 양반층, 엄밀히 말하자면 士계층의 문제가 중심이었다. 양반 관료층 가운데 일부는 양반의 모집단으로 기능하고 있었지만 그 官僚豫備群의 수와 실제 수용되는 관료의 수는 대단히 불균형한 것으로 보였다. 사민론에서 士와 農은 상호 교환적인 존재이었지만 현실의 士는 비생산적인 遊休勞動力으로 파악되었다. 사민재편론은 단순히 양반층의 농업 혹은 상업 등으로의 투신을 유도하는 것과 전사회구조의 재체제화를 수반하는 것으로 나누어 볼 수 있다. 전자의 경우에도 사회구조의 변화를 예상할 수 있는 것이지만 초점이 단순 재편에 두어졌다고 할 수 있다. 후자의 경우에는 결국 양반층의 사회적 제특권을 배제하고 새로운 신분질서를 형성하겠다는 것이고 그 지향은 평등한 사회이었다. 관직을 보다 넓게 개방하여 관직의 독점적 세습 곧 벌열화를 폐기하고 군역의 부담을 균평히 하고 각종 부세 부담에서의 신분적 차별을 철폐한다면 궁극적으로 신분이 지닌 제특권을 제거하는 것이고 그것이 결과적으로 차별적 신분제를 철폐시키게 되는 것이다. 다른 측면에서는 양반의 계급적 지배를 제거해야 하는데 결국 가장 중요한 생산수단인 토지를 통한 지배를 제거하는 것이었다. 생산자 농민의 토지소유를 실현하고 지주제를 부정하는 것이다.

사회구성원을 각각의 기준으로 두 부류로 나누기도 하였다. 上下貴賤, 賢愚, 貧富, 정신노동자와 육체노동자, 통치자와 피치자, 생산자와 관리자와 같이 구분하였다. 이러한 구성원의 분류는 四民과 같이 사회의 분업을 나타내기도 하였다. 성리학자들의 직업관은 신분관과 결합되었다. 신분의 귀천은 직업의 귀천을 결정하며 그 역으로 직업의 귀천은 신분의 귀천을 의미하기도 하였다. 양인의 직업은 士·農·工·商의 四民으로 나뉘었다. 실학자들의 신분제 개혁론은 신분과 직업이 결합된 것을 분리하여 사민평등의 원칙을 세우고자 한 것이었다. 신분과 직업을 분리하되 상하차별의 신분제적 질서를 유지하는 경우에 단순히 사회적 분업의 재조정에 그치기도 하였다. 그것은 전사회구조의 개혁과 짝하는 것이어서 토지제도를 개혁하고 교육제도를 바로 세워

겸업을 지양하고 전업적 분업을 이루어야 완성되는 것이었다. 반계는 분업체계에서의 각 산업의 담당자에 대한 조정을 전제로 하고 있었다. 예컨대, 사계층에서 관료를 배출하는 구도를 유지하되 이들 가운데 遊食兩班을 쇠퇴시킨다는 것이다. 그는 농업과 상공업의 균형적인 발전을 국가경제의 필수적인 요소로 생각하였는데, 상품생산, 유통기구, 유통수단, 상인 등에 대한 전면적인 개혁을 통하여 상업을 발전시키는 동시에 국가의 관리체제를 강화하고자 하였다. 반계의 분업론의 특징은 국가가 주도적인 위치에서 분업체계를 조정하는 데 있었다.

실학자의 사민분업론의 특징 가운데 하나는 사민의 틀을 그대로 유지하고 있지만 사민의 선택에 신분적 제약을 배제시키고 있다는 점이다. 반드시 농업만을 상호 선택할 수 있는 직업으로 정한 것이 아니라 공상을 선택할 수도 있는 것으로 설정하고 있다. 사민분업체계를 유지하되 이 시기 발달하고 있는 상품화폐경제의 발달을 재편에 반영하여 균형적인 상공업의 발전을 도모하는 것이었다. 특히 그를 위하여 재편되는 사계층이 관직뿐만 아니라 농공상의 발전을 위한 학문적 이바지를 그 기능의 하나로 강조하고 있었다. 홍대용에게서 보듯이 실학자들이 가진 자연관과 인간관의 변화는 곧 사회분업에 대한 생각에서도 신분차별적인 것에서 벗어나게 되는 것이다. 정약용도 토지제도의 정립을 통하여 농민은 물론 士·工·商도 각각 그들의 본업에만 전념하게 해야 한다고 주장하였다.

이익을 제외하고 대체로 실학자들은 이러한 양반들의 벌열화 및 그에 따른 관직의 세습적 독점, 군역 면제와 같은 이른바 특권화에 대하여 비판하였다. 유수원은 양반이 자손과 족당으로 상전·상습하면서 문벌을 형성하고 있으며, 인재등용이 오직 문벌에 치우치고 있다고 개탄했으며, 정약용도 「通塞議」에서 인재등용이 소수의 문벌양반에 치우치고 있음을 개탄하면서 그 타파를 주장하고 있다.

이러한 사민재편은 전술한 바와 같이 단순히 사회적 분업을 재조정

340

하는 것에 그치는 것이 아니고 계층을 재편하는 것이기도 하였다. 종
전의 분업이 계층화되어 운영되고 있었기에 그것을 재편하는 것은 종
전의 직업에서의 차별을 유지하건 아니면 새로운 분업의 조정이 직능
에 따르면서 차별적 성격을 불식시키건 간에 재편된 분업체계 안의 각
직업을 가진 자는 종전의 계층일 수는 없는 것이기 때문이다.

　양반층의 재편이라고 하는 것이 분업체계에서의 士계층을 재조정한
다는 것이어서 계층재편성론은 사민재편론과 무관할 수 없다. 양반의
특권을 배제하고 관직을 맡아 치인층을 구성하는 양반층은 재편된 계
층에서도 여전히 상층을 이루고 있다. 그러하기에 계층재편의 초점은
노비제에 있다고 할 것이다. 노비제의 운영을 개선하는 것과 노비제도
를 개선하는 것은 엄밀하게 말하자면 다른 것이었다. 전자가 노비에
대한 인도적인 견지에서의 착취를 금하면서 처우 개선이 주된 관심임
에 비하여, 제도개선은 노비층의 범주를 어디에 설정할 것인가 등의
문제에 관심이 있었다. 나아가서 제도개선론의 일부는 노비제 혁파론
으로 나아가는 과도적인 길이기도 하였다. 예컨대, 고공법의 제정은 대
상이 고공이었지만 내용적으로 노비를 그 대상의 하나로 삼고 있으며
종전의 인신적 지배 예속관계를 벗어나 단지 경제적 대상으로 설정하
였기에 세습노비의 혁파는 물론이고 점차 노비제가 소멸되는 길을 연
것이기도 하였다.

　반계는 노비제의 혁파를 지향하지만 현재의 노비제를 인정할 수밖
에 없고 단지 세습제의 폐지 방향으로 개혁의 가닥을 잡고 있었기에
현재 노비의 위상을 종전과는 다르게 역부담자 그리고 통치의 대상으
로 조정하면서 분급체계에 넣고 있다. 노비세습법의 폐지는 갑자기 모
든 노비를 혁파할 것이 아니라 일정 시점을 잡아 그 당시의 노비를 등
록시키고 그 이후의 출생자는 노비의 신분으로부터 해제한다는 것이
었다. 노비세습법의 폐지는 노비를 대대로 사역하던 세역법에서 계약
에 의하여 임금을 주고 부리는 용역제로서의 변천을 수반한다고 생각

하였다.

이익은 노비의 처지에 대하여 인도주의에서 출발하여 노비제는 불합리한 것이며 신분적으로 평등과 동일한 대우를 받아야 한다는 입장을 취하였다. 노비세습제는 통치자들이 정치를 잘못한 데 기인하는 것이라 생각하였다. 그는 노비문제를 해결하는 방법으로 노비 소유구수의 제한을 주장하였다. 궁극적으로는 노비세습제가 폐지되어야 한다고 생각하였지만 현실에서는 점차적인 개량적 방법을 제기한 것이다.

유수원은 노비제의 완전 폐지를 주장하지 아니하였으며 私賤에 대한 상전의 임의적인 私刑과 무절제한 身貢의 수탈, 그리고 贖良노비에 대한 復贖의 금지와 비첩자손에 대한 금고법의 폐지, 공천에 대한 과중한 수탈과 불균등한 身貢額의 조정 등을 통하여 노비제도를 합리적으로 개선하고 그를 기초로 하여 공사천으로부터 다같이 국가가 신역을 징수하여 국가재정 수입을 늘이자는 것이었다.

다산의 노비관은 저술의 목적에 따라서 차이를 보이고 있다. 하나는 노비제에 대하여 부정하는 것이고 다른 하나는 노비제를 긍정하는 입장이다. 그는 노비와 대등한 입장에서 생각하려는 태도를 갖고 있으며 노비제 개혁을 찬성하였다. 노비종모법은 유형원 이익 등에 의해서도 주장되던 것이었으며 이는 세습 노비의 수를 줄일 수 있는 것이었다. 유형원은 종모법의 실시를 노비세습제의 폐지로 가는 과도적 단계로 생각하였는데 이는 다산에게도 마찬가지이었다.

조선후기 사회에서의 신분제의 문제는 기본적으로는 차별적 질서라는 점과 그리고 그것이 세습화되고 독점화되면서 특권화되었다는 데에 있었다. 자연히 실학자들에 의해 제시되는 새로운 기준은 평등과 개인의 능력 그리고 공개화와 형평에 두게 되는 것이었다. 삼강오륜으로 대표되던 차별적 질서를 지켜야 하는 윤리관은 변화할 수밖에 없는 것이었다. 가부장적 가족주의론, 사회윤리는 일상적 인간관계에 대한 규정뿐만 아니라 새로운 분업체계, 새로운 계층에서의 윤리이어야 하는 것이다. 상하 차별의 엄격한 신분제적 질서가 유지되는 사회에서의 윤리와 상하관계가 점차 평등한 것으로 전환되는 사회에서의 윤리는 다를 수밖에 없는 것이다. 실학파는 고정화된 형식적 도덕규범을 거부하면서 신체를 가진 구체적 인간에 대한 관심을 고양시켰다. 인간의 본성만이 아니라 감성의 중요성을 강조하였던 것은, 인욕을 누르고 천리를 지키려는 주자학파의 입장에 따른 인간의 내면적 분열을 재통합시켜 전체적인 조화를 가능하게 해주었다. 그리고 지식계층이나 지배계급만에 대한 존중이 아니라 무지하고 빈곤한 하층의 노동 대중에 대한 인간애를 각성시킨 것이 바로 실학파의 공리사상이 지닌 사회윤리적 성격의 중요한 일면이다.

그러나 실학자들의 윤리관에는 여전히 종전의 가치 기준이 묻어 있었다. 이익의 윤리도덕은 봉건적이며 관념론적이었다. 그의 윤리론은 삼강오륜으로 표현되던 상하 차별의 틀을 벗어나지 못하였다. 홍대용은 객관적 현실세계를 중시하였으며 인식에 따른 실천을 중요하게 생각하였다. 그것은 국가와 개인에게 필요한 윤리규범이었다. 그의 인식론이 주자학자들과 완전히 구별되는 것이 아니었듯이 그의 윤리관은 일견 주자학자들의 것과 같은 면이 있었다. 실학자들이 노비제 특히 신분세습제를 부정하였다고 하여 모두가 인간을 평등하게 보고 있는 것은 아니었다. 그러나 존재론적인 인간 이해에 있어서 인간은 모두 같다고 보고 있거나 혹은 계층이나 직업과 관련없이 인간은 모두 같다고 규정하는 입장이라면 그것은 적어도 지향점을 인간평등에 두고 있다고 볼 수 있다. 문제는 지향점을 인간평등에 두고 있지만 현실의 인간관계는 쉽게 새로운 것으로 전환될 수 없는 것이었기에 실학자들은 현실의 인간관계를 유지하는 윤리를 기존의 윤리론에 의거하여 전개하게 되는 것이었다.

신분제적 질서는 지주전호제와 함께 조선사회를 유지해 온 기둥이었던 것에서 보듯이, 전사회의 구성요소들과 연관되어 있었고, 그러한 신분제의 개혁은 제도 가운데 한 가지를 고치는 것이 아니라 전 사회 구조의 개혁을 의미하는 것이었다. 조선후기에는 그 사회의 구조가 전면적으로 해체되지 아니하였으며 따라서 실학자들의 신분제 개혁론은 신분제가 유지되는 현실을 반영한 부분이 그 안에 그대로 들어 있으면서 차별적 질서가 철폐되고 평등한 인간관계를 바탕으로 하는 사회를 지향하고 있었다.

조선후기 실학파의 지방제도 개혁론

오 영 교[*]

1. 머리말

17세기 조선왕조는 왜란과 호란으로 인해 존립을 위협받게 되었다. 전자가 조선의 물적 토대를 비롯한 하부구조를 여지없이 파괴했다면 후자는 '雪恥'로 상징되는 패전의 쓰라림과 자존심의 손상 등 정신적인 상처를 안겨 주었다.

이러한 위기 상황에 직면하여 조선왕조는 양란의 후유증을 극복하고 국가를 再造·再建해야 하는 당위의 과제에 힘을 쏟게 되었다. 당시 봉건사회를 주도하고 있던 官人·儒者들 역시 각자의 정치적·사상적 처지에 따라 각기 다른 방향에서 다양한 타개책을 제시하고 있었다.[1] 그것은 16세기 조선사회의 사상적·정치적 전통을 계승하는 한편, 그것이 안고 있었던 여러 문제들을 적극적으로 해소하고자 하는 것이었다. 이와 같은 논의들은 현실적인 시행가능성을 전제로 재차 조

---

* 연세대학교 역사문화학과 교수, 국사학

1) 가령 중세적 질서의 두 축인 사회신분제와 토지제를 전면 개혁하려 하는 변법적 논리가 그 上限이라면 기존 체제의 유시를 전제로 부분 개선에 그치는 소극적 개량론이 그 下限을 이룬다고 보겠다. 이 시기 '국가재조론' '국가재조기'의 개념과 사상적 의미에 대해서는 金容燮, 『朝鮮後期 農學史 硏究』, 일조각, 1988, 111~113쪽 ; 金駿錫, 『朝鮮後期 政治思想史 硏究-國家再造論의 擡頭와 展開-』, 지식산업사, 2003 ; 오영교, 『朝鮮後期 鄕村支配政策硏究』, 2001, 혜안의 연구들에서 파악할 수 있다.

정된 후 17세기이래 각종 국가정책으로 채택·시행되었다.

18세기에 접어들면서 중세사회의 해체를 보여주는 여러 징후들이 전면적으로 나타나고 있었다. 정치적으로는 老論의 전제와 탕평정국이 전개되고 사상의 측면에서는 주자학의 보수적 측면이 강화되었으며 이와 맞서 주자학의 한계를 극복하고자 한 새로운 사상으로서 실학이 대두하였다. 경제적으로는 농업생산력의 향상에 힙 입어 지주제가 더욱 발달하고 상품화폐경제가 크게 진전되었으며 사회적으로는 신분이동과 사회구성원 사이의 분화가 가속되면서 신분제의 혼란이 있었다. 경제면으로부터 시작된 변화는 정치체제, 나아가 사회·사상 전반에까지 걸치는 광범한 것이었다.

이와 같이 17·18세기는 중세지배질서가 전면적으로 동요·해체되어 '經國大典적 체제'로 표징되는 조선전기적 질서가 변화하고 새로운 사회경제체제가 모색되고 있었다. 이러한 상황아래 조선후기 실학파로 분류되어지는 政論家·儒者들은 정치·경제·사회·문화 등 전 측면에서 야기되는 조선사회의 내적인 변화상을 염두에 두고 그들의 개혁론·정론을 전개하고 있다. 실학자들은 현실에 대한 비교적 분명한 인식 위에서 사회의 제반 폐단과 모순을 극복할 수 있는 이상적 정치론을 끊임없이 마련하고 이를 또한 실현하고자 했다.

지방제도 개혁론과 관련하여 실학자들은 군현제·외관제 개혁론을 통해 정치·지리적 영역·공간 설정과 직임에 대한 제도 운영론을 제시하였다. 다음으로 실학자들은 향촌문제의 하나로서 守令權과 재지세력 사이에 官治와 自治를 둘러싼 절충점의 모색과 조정문제를 고민하고 있었다. 이는 王道政治가 口頭禪만이 아닌 구체적으로 실천되어야 하는 명제라 할 때 그 실현의 場은 향촌사회였고 향촌문제의 해결이야말로 政事의 要諦라는 인식에서 비롯되었다.

향촌사회는 원기적인 사회단위와 조직을 바탕으로 동일한 생활문화를 형성·공유한 곳이며, 역사주체로서 성장하여 가는 민이 그 주체로서 역량을 실현할 수 있는 일차적 정치영역이 되는 곳이었다. 무엇보다 지역 내 행정적인 제도 차원에서 이루어지는 일상적 정치과정은 물론이고 여기에 포괄되지 않는 광범한 사회적 욕구의 결집 또는 조직화와 그들간의 대립, 타협, 배제 등의 넓은 의미의 정치과정이 행해지고 있었다.

우선 공적 사회제도(郡縣制·面里制·五家統制)의 운영과 지배실체, 특히 '중앙정부 차원에서 마련된 향촌지배정책이 향촌현장에서 구체적으로 어떻게 시행되는지'의 문제, 그리고 재지사족의 존재와 私的 社會組織으로서 鄕會, 鄕約·洞契의 운영실태의 문제에 대한 실학자들의 정치·사회적인 정견이 집중적으로 제기되었다.

실학자들은 특히 18세기에 들어 향촌사회의 변동에 따른 재지세력 내부의 분화와 상대적으로 官治의 강화에 따른 守令權의 전횡이 커다란 문제가 되었던 상황을 인지하고 그 대응책을 깊이 모색하였다.

17·18세기 실학파들의 지방제도 개혁론의 내용과 의의를 살피는데 있어서 첫째, 양란 이후 후유증을 극복하는 17세기 國家再造期의 문제와 18세기 적극적인 사회변동이 전개되는 시기의 지방제도·향촌문제는 다소 차이가 있음을 전제한다. 둘째, 동일 시기라 하더라도 당대 儒者·官人들의 지방제도 개혁안과 향촌문제 개혁론의 상이점을 동시에 비교해야 할 것이다. 셋째, 실학파로 분류되는 政論家·儒者들의 견해를 그들의 사유 전 구조에서 살피고 특히 토지·신분제 개혁을 비롯한 국가 전반에 대한 개혁논리를 염두에 두면서 정리해야 할 것이다.

그동안 축적된 상당량의 실학 연구성과에 비해 지방제도에 관한 연구는 다소 적다. 최근 활성화된 사회사·지방사 연구성과와 방법론이 축적되면 이 부분에도 큰 진전이 있으리라 본다. 본고는 17·18세기 대대적인 사회변동과정에서 제기된 磻溪 柳馨遠·順庵 安鼎福·茶山 丁若鏞의 지방제도 개혁론을 학계의 연구성과를 참조하며 검토하고자 한다.

2. 17세기 향촌사회 현실과 지방제도 개혁론

1) 향촌의 사회·경제 상황과 조선왕조의 대책

조선사회는 1592년부터 7년 간 전개된 壬辰倭亂·丁酉再亂의 과정에서 三南을 중심으로 전국토가 戰場化되는 상황을 겪었다. 그 후 女眞에 대한 조선의 통제력이 약화되면서 藩胡들이 점차 이탈하였고 결국 丁卯(1627년)·丙子(1636년)胡亂을 맞이하게 되었다. 조선은 잇달아 일어난 두 차례의 전쟁으로 인해 거의 반세기 동안 혼란 속에 빠지게 되었던 것이다.

전쟁과정에서 거듭된 패배로 각종 폐해가 발생하였고 이는 일차적으로 생산자 농민들에게 전가되었다. 경작농지의 황폐화는 물론 농민들의 流離·死亡으로 인구는 더욱 감소되었다. 이와 같이 사회의 재생산기반이 되는 농업생산력 및 경작지의 감소, 농가경제의 파탄은 조선왕조의 붕괴위기로 귀결되었다.

농업노동력의 감소, 경작지의 황폐화는 농업생산체계를 크게 붕괴시켰다. 壬亂 직전 전국의 總結數는 151만여 結이었으나[2] 전쟁 직후 경작지는 30여만 결에 불과했던 것으로 나타난다.[3] 경작지의 황폐화는 軍國之需의 주요 징수 대상지인 全羅道·慶尙道에서 보다 극명히 드러난다. 亂後 全羅道의 경우는 평시의 경작면적인 44만 결 가운데 6만 결만 경작되고 있었고[4] 壬亂時 최대 격전지였던 慶尙道 지역은 종전

---

2) 『增補文獻備考』卷141, 田賦考 1 ;『磻溪隨錄』田制, 攷說 下, 125~126쪽. 이 시기 農地의 감소실태와 향촌사정에 대해서는 金容燮,「宣祖朝 ‘雇工歌’의 農政史的 意義」,『學術院論文集』, 2002 가운데 2장「壬亂후 ‘雇工歌’ 작성시의 농업사정」참조.

3) 『宣祖修正實錄』卷142, 宣祖 34年 8月 丙寅, 25책 682쪽, “亂後 八道田結 僅三十餘萬結 則不及平時全羅道矣 其何以爲國乎”. 이는 토지결수 자체보다 時起結數의 감소로 여길 수 있다.

4) 上同.

43만 결의 토지가 7만 結로 감소되는 실정이었다.5)

이 시기 경작지의 감소, 생산력체계의 붕괴는 역으로 戰後에 엄청난 규모로 전개된 陳田開發事業에서 가늠해 볼 수 있다.6)

또한 전쟁을 겪은 후 향촌사회의 조직 자체가 무너지는 등 상상을 넘는 전쟁의 피해와 거기에 따르는 혼란이 드러난다. 咸安의 경우7) 기존 大村이었던 山翼里가 전쟁의 와중에서 소멸되어 버린 상황이 나타나며, 晉州 琴山里와 代村里가 壬亂 직후에 琴山으로 통합되는 사실도 보인다.8) 아울러 崔晛은 극심한 향촌사회의 붕괴 상황에서 守令의 파견만으로는 통치가 이루어질 수 없음을 지적하고 있다.9)

이제 16세기이래 자연촌의 성장에 따른 촌락구조의 변동은 전쟁을 통해 더욱 촉진되었으며, 전후 향촌편제에 대한 정비의 필요성이 대두되었던 것이다. 郡縣制·守令制의 일대 위기였다.

농업노동력이자 부세 담당층인 농민들의 유리 또한 심각한 문제였다. 都體察使 李元翼의 啓에 의하면 "流民들은 이미 본업을 잃고 뿔뿔이 흩어져 산골짜기로 들어온 처지인데, 守令이 비록 쇄환하려 하나 上司衙門의 슈이라도 시행되지 않는다"고 하며 "流民들 몫의 역이 본

---

5)『增補文獻備考』卷148, 田賦考8 光海君 3年(1611). 이는 戰後의 황폐화된 실정을 반영한 時起結數의 추정으로 보인다.

6) 仁祖년간 戶曹의 啓에 따르면 을해년 양전이후 삼남지방의 전결수가 51만 4,976결이며(『仁祖實錄』卷39, 仁祖 17年 12月 壬辰), 삼남지역의 경우 양전 이후 10만 결이나 늘어났음이 보고되었다(『仁祖實錄』卷40, 仁祖 18年 9月 24日 壬寅).

7)『咸州誌』, 吳澐 謹書 于漢城之寓舍, "吾鄕雖僻在海隅 百年樂土 民物盛居 姑以吾山翼一里言之 當時戶口見錄者 八百五十有餘 而今無一人還土者 一隅如此 四境可知";『朝鮮時代 私撰邑誌』23, 慶尙道 8, 한국인문과학원, 400쪽.

8)『晉陽誌』卷1, 各里條(『朝鮮時代 私撰邑誌』22).

9)『訒齋集』卷2, 陳時務九條疏, "經兵亂之後 或有數百里無炯火者 或有數十戶爲一縣者 爲守令者徒持空器 無爲成形". 西厓 柳成龍은 전쟁 직후 향촌사회의 실태에 대해 "今日亂離之余 各於民居稱闊 或數里而一家"라고 설정하였다(柳成龍,『軍門謄錄』, 丙申 宣祖 29年(1596) 正月 3日).

350

읍의 남은 백성에게 부과되므로 민원이 더욱 심해진다"라고 지적하였다.10)

壬亂 후 사회적 모순은 양반 신분과 상·천민의 갈등으로 극대화되었다. 李夢鶴의 난(1596)과 李适의 난(1624)에는 천민층이 다수 가담하고, 殺人契·殺主契의 조직이 성행했으며 소극적인 저항의 형태로 노비들의 도망이 극심하였다.11) 중세신분제의 심각한 동요현상이었다. 이러한 상황은 胡亂 후 더욱 심화되었다. 즉 小中華의 夷에 대한 굴복이라는 정신적 충격이 더하여 지고 遼東지역 개간을 위한 노동력과 牛의 공출 요구 등 朝貢에 대한 압력이 가해졌다. 이 과정에서 사회모순은 수습이 안 되는 상태였다.

따라서 당 시기 조선사회는 국가 전체제의 복원을 위하여 적극적인 노력이 강구되어야만 했다. 이에 조선왕조는 生産力 復元을 비롯한 여러 사회정책·재정정책을 간헐적이나마 거듭 추진하여 당면한 위기를 벗어나고자 하였다.12)

---

10) 『宣祖實錄』卷81, 宣祖 29年 10月 5 戊辰. 이 같은 사실은 정묘호란 이후인 仁祖 4년 윤 6월 "난을 치룬 후 백성의 수가 평시의 6분의 1이나 7분의 1에도 미치지 못하여" 民戶감소로 인한 軍政운영이 어렵다는 지적에서도 나타난다 (『仁祖實錄』卷13, 仁祖 4年 閏 6月 丁未, 34책 113쪽).

11) 鄭奭鍾, 『朝鮮後期社會變動研究』, 서울 : 일조각, 1983.

12) 17세기 조선왕조는 생산체계 및 農業榮農力의 시급한 회복과 복귀를 위해 다각도의 구체적인 대응책을 강구하였다. 戶口와 田結의 확보란 民의 생존조건의 회복과 국가재정체계의 확립이라는 民利·國計의 목표를 동시에 이루어낼 수 있는 전제조건이기 때문이다. 따라서 이 시기 사회·경제·재정정책은 17세기 전기간을 통해 집중적으로 제기되는 가운데 정부는 당시 국가적 현안과 향촌사정 그리고 政權擔當層의 입장 등을 감안하여 국가정책으로 수렴·확정하였다. 이러한 정책들은 生産·租稅收取·統治의 기반인 향촌사회의 제도적 정비가 수반되어야만 정책도 효율적으로 운영될 수 있는 것이다. 이에 따라 정부는 향촌의 기저적인 변화에 대응하고 國家再造를 위한 法制의 완성으로서 지방제도의 정비에 적극 나서고 있었다(오영교, 「17世紀 朝鮮王朝의 鄕村支配政策의 推移」, 『梅芝論叢』13, 연세대학교 매지학술연구소, 1996).

2) 磻溪 柳馨遠의 鄕政論

본 절에서는 南人系列의 실학자인 磻溪 柳馨遠이 17세기 조선사회의 위기상황을 극복하기 위해 제시한 國家 全體系에 걸친 개혁방략을 고찰하는 가운데 특히 地方制度의 정비, 鄕政論의 논리를 중점적으로 살피고자 한다.

柳馨遠의 개혁안은 土地制度의 근본적인 개혁, 小農經營의 확립을 바탕으로 財政體系·國防·學校制·貢舉制(官僚制) 등의 정비가 핵심 사안이다.[13] 따라서 柳馨遠의 對鄕村政策, 鄕政論은 이상의 정치제도 개혁론과 구조적으로 연결되어 있었다. 磻溪 柳馨遠의 鄕政論은 향촌공간구조에 대한 개혁론으로서 閭里頃·鄕里制 외에 재지세력에 대한 대책으로서 鄕約制·鄕官制 개혁론이 있다.

(1) 鄕政論의 理念과 郡縣制에 대한 理解

柳馨遠은 『磻溪隨錄』의 田制 敎選之制와 「補遺」의 郡縣制條를 통해 일정 공간을 법제적으로 조직하고 생산의 담당자인 기층민을 편제

---

13) 磻溪 柳馨遠의 國家再造論에 관련된 연구로는 다음의 논고들이 참조된다. 千寬宇,「磻溪 柳馨遠 硏究」上·下,『歷史學報』2·3, 1952·1953 ; 鄭求福, 「磻溪 柳馨遠의 社會·經濟思想」,『歷史學報』45, 1970 ; 金容燮,「朝鮮後期 土地改革論과 儒者」,『延世論叢』21, 1985 ; 金武鎭,「磻溪 柳馨遠의 郡縣制論」,『韓國史研究』49, 1985 ; 李存熙,「磻溪 柳馨遠의 官職論考-外官職을 중심으로」,『邊太燮博士華甲紀念 史學論叢』, 1985 ; 李佑成,「初期實學과 性理學과의 관계-磻溪 柳馨遠의 경우」,『東方學志』58, 1988 ; 金駿錫,「柳馨遠의 變法觀과 實理論」,『東方學志』75, 1992 ; 金駿錫,「柳馨遠의 政治·國防體制 改革論」,『東方學志』77·78·79 合輯, 1993 ; 양보경,「磻溪 柳馨遠의 地理思想-「東國輿地志」와 「郡縣制」의 내용을 중심으로」,『문화역사지리』4, 1992 ; 오영교,「磻溪 柳馨遠의 地方制度 改革論 研究」,『國史館論叢』57, 1994 ; 白承哲,「磻溪 柳馨遠의 商業觀과 商業政策論」,『韓國文化』22, 1998 ; 김선경,「반계 유형원의 이상국가 기획론」,『韓國史學報』9, 2000 ; 정호훈,「『磻溪隨錄』의 理念과 法制 認識」,『韓國實學의 새로운 摸索』, 경인문화사, 2001.

시킨 향촌제도의 개혁안을 제기하였다. 그는 統治의 客體와 對象이 되는 生産者 農民과 鄕村社會에 대한 法制的 整備가 중요하며, 향촌제도의 정비는 조선왕조의 민에 대한 전반적인 지배체제(民의 生養, 敎化, 法令 및 風俗을 다스림)의 완성과 밀접히 관련된다고 하였다.[14]

柳馨遠은 古制·先王之道·聖王之制는 모두 天理를 구현하는 것이지만 時勢의 轉變으로 인해 古制를 그대로 적용할 수 없음을 인정하였다.[15] 그러나 道理와 天理는 고금동서의 구분 없이 공통되므로 古道만은 따를 수 있다고 했다.[16] 그는 先王의 古制인 周代 封建制의 이념을 도입하고 이에 입각하여 실질적인 향촌내 조직체계와 諸職任을 임명하고자 했다. 또 封建 즉 '設官分土'야말로 天下를 經理하는 '大綱大器'라 규정하고[17] 백성으로 하여금 恒産을 누리고 '各得其所'하게 하는 古法制上의 표상이 封建制라고 규정하고 있다.[18] 柳馨遠은 封建으로 상징되는 古法의 이념을 현실에 대한 개혁방향의 준거로 삼았으며 개혁의 추진은 君主의 결단력에 달려있음을 강조했다.[19]

柳馨遠은 鄕村의 政制를 기본적으로 復心이 되는 京師에 대응하여 四方을 藩屛으로 설정하고 諸侯가 天子의 藩屛을 다스리듯, 朝鮮의 경우 監司가 藩屛을 감당하도록 했다. 藩屛을 강고하게 하는 것이 곧

---

14) 『磻溪隨錄』 卷3, 田制後錄(上), 52쪽.

15) 『磻溪隨錄』 卷26, 續篇(下) 奴隷條, "盖後世事異封建 任官制祿 縱不能一如 古制 亦必久任而後 治效可責"; 鄭求福, 앞의 논문, 4~5쪽 참조.

16) 『磻溪隨錄』 卷26, 續篇(下) 奴隷條, 507쪽, "夫趨利避害 萬古天下之同情 豈 有今異於古 東方異於中國之理哉".

17) 『磻溪隨錄』 卷17, 職官攷說(上), 17쪽.

18) 上同 ; 金駿錫, 앞의 논문, 1991, 113쪽.

19) 柳馨遠은 이미 "行法之初에는 富人은 괴로움을 면치 못할 것이다. 이와 같은 일들은 일시 微權에 달린 것이요 聖王의 割制는 天下를 위하여 꾀함이지 一己를 위하여 꾀함이 아니다."라고 하였으며(『磻溪隨錄』 卷2, 田制(下), 46쪽), "옛것에서 변화시키는 것을 어렵게 여기고 임시 간편하고 구차하게 하려는 것은 모두 정치를 아는 자가 아니다."라고 하여(『磻溪隨錄』 卷10, 敎選之制 下) 모든 개혁은 군주의 결단력에 달려 있음을 강조하였다.

국가를 반석의 기세 위에 올려놓는 것이라 하여 周代 封建制의 ‘굳건한 藩屛이 외침을 막고 宗室을 보호할 수 있다.’라는 논리를 적극적으로 추종하고 있다.[20]

柳馨遠은 굳건한 藩屛의 완성을 위해 첫째, 행정구역의 정비로서 郡縣의 倂省을 도모하였다. 또 그는 地小邑多 현상으로 인한 小邑이 난립하여 政事를 행하고 부역을 부과함에 어려움이 많고 편리하지 못함을 지적하였다. 결국 쇠잔한 縣은 합치고 줄여야 한다고 하여 이를 위해 『經國大典』상의 330여 개의 郡縣數를 3분의 1 정도로 감축하려 했다. 郡縣통합의 기준은 山川의 形勢와 田野, 人民과 守備상의 關防·城池, 交通상의 道路, 軍事상의 要害 등의 요소를 참작하되 土地의 開墾 여부를 논하지 아니하고 大府·都護府(4萬頃), 府(3萬頃), 郡(2萬頃), 縣(1萬頃)의 규모를 설정하고자 했다.[21]

둘째는 藩屛의 諸侯에 해당하는 監司가 오랫동안 임직을 수행하여 제반 鄕村事의 緩急을 休養시켜야 한다는 점이다. 이의 연장으로 守令에 의한 향촌사회 主宰權의 정립도 강조하고 있다. 그리고 監司·守令의 久任論을 통해 정치에 있어서 人心 즉 민의 신뢰를 얻는 것이 완벽한 제도 시행보다 우선한다는 점을 강조하였다.[22] 이와 관련하여 守令의 경우 9년의 임기, 觀察使·都事의 경우 6년을 임기로 정하도록 했다.[23]

---

20) 이는 李珥의 “서울은 곧 腹心이요 四方은 곧 울타리니 울타리가 完固한 뒤에야 腹心이 믿는 바가 있어 편안한 것인데 지금 四方 고을은 쇠잔하여 해어지지않음이 없고”(『磻溪隨錄』卷13, 「任官之制」, 263쪽)라는 논리를 계승한 것이다. 그 밖에 李珥가 통치기구의 재편을 위해 비대화된 통치기구를 축소하고자 하는 ‘冗官革罷論’, 對民支配의 일선을 담당하는 지방관을 보다 중시하자는 ‘外任重視論’, 책임행정의 구현을 위해 관직의 재임기간을 충분히 해야한다는 ‘官職久任論’을 주장했는데 그 이념을 柳馨遠이 계승한 것으로 볼 수 있다(李先敏, 「李珥의 更張論」, 『韓國史論』18, 1988, 266~267쪽).

21) 『磻溪隨錄』卷15, 職官之制(上) 外官職, 313쪽 ; 「補遺」卷1, 郡縣制, 7~10쪽.

22) 『磻溪隨錄』卷13, 任官之制, 263쪽.

또한 守令을 거치지 않는 자는 堂上官(正3品)職에 陞遷하지 못하도록 규정하였다.[24] 柳馨遠은 外職 기피 풍조를 비판하였고 향촌사회의 농민에 대한 진정한 장악이야말로 守令制의 요체임을 강조하였다.[25] 그리고 守令의 통치 기능을 강화하기 위해 監務官, 營將 등을 폐지하여 그 권한을 守令에게 이관시키고자 했다.

(2) 閭里頃의 設定과 鄕里制 改革論

柳馨遠의 鄕政論이 지닌 커다란 특징은 전통적인 守令制와 郡縣對策에 머무르지 않고 하부구조인 鄕里와 생산자 民을 위요한 각종 제도와 직임을 설정, 정비하고자 한 점이다. 柳馨遠이 구상하는 지방제도는 단순한 戶口數에 따른 인위적인 등급의 결정에 머무르지 않고 생산수단인 토지의 지급과 이를 담당할 생산주체로서의 家戶를 일정 수 배치하는 방안이었다.

그의 향촌제도 조직안은 2가지 계열로 제시되었다. 집단 취락지로서 閭里頃의 설정과 기존 面里制의 정비를 전제로 한 鄕里制의 시행을 들 수 있다. 전자는 「田制」 上篇에서, 후자는 「田制後錄」 上篇 및 「補遺」 郡縣制條에서 각각 언급되었다.

가. 閭里頃의 設定과 運營

柳馨遠은 「田制」 上篇을 통해 그의 핵심적인 개혁안인 토지분급제의 전면적인 실시를 주장하였다. 이와 관련하여 생산을 도모할 집단거주지의 설정, 즉 閭里頃을 설정하려 했다. 閭里頃은 20家 단위로 1頃을 定置한 것으로 생산단위를 최하 公的 社會制度에 결부시키고자 했던 것이다. 柳馨遠은 거주지로서 閭里頃, 城邑頃 및 大路沿邊의 站店

---

23) 『磻溪隨錄』 卷13, 仕官之制, 261쪽.
24) 『磻溪隨錄』 卷13, 任官之制, 261쪽.
25) 上同, 269쪽, "輕郡守縣令 是輕民也 民輕則 天下國家輕矣".

頃을 두어 경작지인 田野頃과 구분하였다.

인구가 감소하면 頃의 수를 줄이고 절반이 넘으면 그 頃을 감하여 田野頃으로 전환되도록 했다. 즉 1頃이 10家에 차지 못하면 半頃을 감하고 半頃이 5家에 차지 못하면 모두 감하도록 했다. 또한 人戶가 철거하여 비게 되는 경우 혹은 사람이 적은 곳은 田野頃으로 전환시키고 한 사람의 受田地로 만들도록 조치하게 했다.26)

그런데 閭里頃의 시행은 대대적인 田制改革과 맞물려 있었다. 즉 지급해야 할 토지와 受田人의 지역 조정을 목표로 인구가 많은 狹鄕에서 토지가 넓고 사람이 드문 寬鄕으로 옮기도록 유도하고 있다. 이와 같은 인구분산은 토지 지급시 일어날 수 있는 문제를 사전에 해결하려는 것이며 이를 통해 향촌의 균형적 편제가 가능함을 보여주는 것이다. 이상의 원리가 閭里頃에도 반영되어 徙民策이 단행되었다.27)

이와 같이 柳馨遠의 閭里頃은 토지분급을 전제로 20家내의 隣保關係와 相互扶助의 원칙을 관철시키고자 한 집단취락지의 설정 방안이었다. 즉 閭里頃은 강력한 토지개혁과 궤를 같이하며 封建制 井田論의 遺意에 부합한 것이었다. 그러나 이 방안은 柳馨遠 스스로 지적하듯 당시의 사세로 보아 실현 가능성이 적었고 그의 개혁안의 최종적인 지향점을 제시한 것이었다.28)

나. 鄕里制 改革論

柳馨遠의 鄕里制 개혁안은 조직과 이념의 측면에서 周代 封建制

---

26) 『磻溪隨錄』 卷1, 田制(上), 19쪽.
27) 『磻溪隨錄』 卷1, 田制(上), 19쪽.
28) 柳馨遠 스스로도 현실을 전제로 그 시행을 강권하지 않았다. 우선 "토지가 이미 개인의 사유가 되어 민이 흩어져 살고 있음이 事勢로서 파악된다."라고 하였고 특히 田籍式의 작성에서 기존 토지제도를 인정한 위에 "만일 閭里頃이 있다면"이라는 표현으로 후퇴하고 있다(『磻溪隨錄』 卷1, 田制 上, 23~24쪽).

및 역대 중국·조선의 행정촌을 따르고 있다. 그러나 실제 시행되는 地形의 便宜와 人口의 稠密을 참작하고 있다. 우선 先王의 제도를 따른다는 점에서 戶數에 의한 통치조직 정비의 측면이 크게 강조되었다.[29] 이에 따라 各邑에 5家 1統의 五家統制를 근간으로 하고 10統 정도의 戶口를 里로 규정하였다. 柳馨遠은 鄕里制의 예하 조직이자 戶數에 따른 조직단위인 五家統制를 통해 실질적으로 민을 管束하려 했으며 여기에 朱子의 「社倉事目」에서 나타나는 隣保機能을 접목시키려 했다.[30] 이때 10統을 채우고 남은 家戶는 기계적으로 連村에 分屬하는 것을 반대하고 5戶가 찰 때까지 기다리도록 하였다. 里의 家戶 배치도 이에 따르도록 했는데 대체로 10里를 鄕(外坊)·坊(서울)으로 명명하고 최하부의 행정단위로 삼도록 하였다.[31]

---

29) 조선시기 面里制–五家作統制의 조직원리와 관련있는 周代의 지방제도는 六鄕六遂制였다. 「周禮」 地官의 기재에 따르면 중앙에는 500里의 王城(國中)이 있고 그 주위 100里의 지역이 郊이고 6鄕이 위치한다. 그 밖의 주위 100里의 지역은 甸이고 여기에 6遂가 위치한다. 1鄕은 12500家로 이루어져 있으며 家數를 기본으로 比(5家)·閭(5比)·族(4閭)·黨(5族)·州(5黨)·鄕(5州)의 지역단위로 구분되고 있다. 甸에 두어졌던 6遂의 遂는 隣(5家)·里(5隣)·鄼(4里)·鄙(5鄼)·縣(5鄙)·遂(5현)의 지역단위로 구성되어 있다. 鄕과 遂는 소재지가 王城에 가까운 곳인가 또는 그밖에 있느냐의 차이가 있었고, 鄕이 군사기능을 주목적으로 한 조직이었던 데 비해, 遂는 본래 농업지역이었던 곳에 군사적인 능력을 부가시킨 형태를 지녔다(『周禮』 卷10, 地官 大司徒 ; 卷11, 地官 小司徒 ; 卷15, 地官 遂人 ;『磻溪隨錄』 卷7, 田制後錄 攷說 上, 鄕黨條, 128쪽). 先王이 六鄕六遂의 법을 제정한 것은 첫째 百姓의 維持와 綱目을 삼고자, 둘째 그 隣比로.하여금 서로 보호하게 한 것임을 강조하였다. 아울러 사람의 수는 모든 政事의 출발점으로(『磻溪隨錄』 卷7, 田制後錄 攷說 上, 鄕黨條, 131쪽) 정치에서 백성의 수를 주지함은 반드시 필요한 사안이라 했다.

30) 柳馨遠은 朱子의 「社倉事目」 가운데 保(19인)·社首·隊長직임의 존재와 운영상황이 수록된 保簿를 향관에게 보고하는 체계 및 그 민호들이 서로 약속하고 공로와 범죄를 서로 보증하는 사실을 주목하고 있다(『磻溪隨錄』 卷3, 田制後錄 上 鄕里, 52쪽).

31) 柳馨遠은 鄕의 명칭이 面·里·村으로 불리는데 黃海·平安道는 坊, 咸慶

그는 鄕里條에서 500家 700頃 규모의 鄕(坊)을 생산과 통치단위로 규정하며 이를 재차 50統 10里의 행정체계로 편제하려 했다.[32]

한편 鄕里制에는 다음과 같은 직임이 설정되어 있었다. 柳馨遠이 통치의 근간으로 삼은 행정단위인 鄕에는 鄕正(坊正)-里正-統長이 각 통치단위의 직임자로 임명되었다.

鄕正의 자격은 鄕內 內外舍免番生으로서 '清平正直者' 혹은 '有蔭有親之類'이며 守令이 향촌내 衆議를 택하여 觀察使에 보고하고 帖을 수여함으로써 임용하도록 했다. 이들의 祿俸은 常祿이 원칙이었으며「祿制」에 따르면 7천명의 鄕正을 상정하여 每員에 10斛씩 7천개所 7만斛이 책정되어 있었다.[33]

鄕正은 公事 및 各里에 대한 檢擧를 시행하고 農事와 養蠶 등 농사에 관계된 일체를 주관하였다. 특히 토지분급제의 운영과 관련하여 첫째 거짓 土地 授受者의 처벌,[34] 둘째 陳田의 보고,[35] 셋째 流離民의 통제업무가 있었다.[36]

또한 伺候 6人을 人的 자원으로 지원하여 公的인 일이 생길 때마다 윤번으로 使令에 임하도록 하되 邑內의 面은 4人의 伺候를 배치하도록 했다. 각 鄕에는 鄕의 左右를 나누어 勸農의 任으로서 良民 가운데 선출되는 稽夫 2人을 두어 稅納에 관한 傳諭·期限·督納의 일을 맡게 하고 그 保布를 면제하도록 했다.[37]

또한 柳馨遠은 17세기 당시 鄕正을 賤任視하는 풍조가 전개되어 士類들이 필사적으로 謀避하는 사실을 심각한 문제로 지적하였다.

道는 社라 하며 漢城府는 국초부터 坊이라 명명했음을 밝히고 그 적절한 명칭은 상호 의논하도록 하였다(『磻溪隨錄』,「補遺」郡縣制條, 536쪽).
32) 『磻溪隨錄』卷3, 田制後錄(上), 52쪽.
33) 『磻溪隨錄』卷19, 祿制, 373·380쪽.
34) 『磻溪隨錄』卷1, 田制(上), 23쪽.
35) 上同, 25쪽.
36) 『磻溪隨錄』卷3, 田制後錄(上), 52쪽.
37) 『磻溪隨錄』卷3, 田制後錄(上), 12쪽.

358

이에 대해 柳馨遠은 鄕正의 연원을 周代 500家의 長인 上士와 漢代 鄕三老—亭長의 사례를 들어 그 직임이 중요함을 강조하였다. 이와 더불어 구체적인 해결책으로써 우선 士秩의 위치를 인정하고 士를 대우하여 昇貢·祿俸의 특전과 伺侯를 붙여주어 鄕內 士族들의 적극적인 참여를 유도하고자 했다. 이를 위한 物的·人的 자원의 마련은 田制와 奴婢制 개혁이 동시에 이루어질 때 가능하다고 하였다.[38]

한편 鄕正의 예하 직임인 統長·里長은 良民 가운데 長成한 나이에 謹愼正直한 者를 선택하고 保布를 면제해 주고자 했다.[39]

(3) 在地勢力에 對한 對策 —鄕約制와 鄕官制 改革論

柳馨遠은 공적제도로서 鄕里制—五家統制를 설정하여 政令(務)을 관장하고 별도의 敎化업무를 위해 私的 社會組織인 鄕約機構를 주목하고 있다.[40] 국가의 목적 하에 편제된 鄕里制·五家統制에 비해 향촌민의 내적 자율의식을 이끌어내는 데 있어 전통적인 鄕約기구의 활용이 절실하였던 것이다. 柳馨遠은 『春秋』 公羊傳 何休의 說을 인용하여[41] 古法에서 里內의 高德者를 선발하여 父老라 하고 그 辨護剛健者를 里正이라 하여 民을 다스리는 데 分任者가 있었음을 예로 들고, "옛법에도 역시 일을 나누어 맡은 자가 있었는데 하물며 敎化를 펴는 것은 곧 人心을 바로 잡는 근본이요 모든 政令이 이것으로 말미암아 이루어진다"고 하여 政令과 별도로 敎化를 위한 업무수행기구의 필요성을 주장하였다.[42] 柳馨遠은 郡縣단위 鄕約기구의 직임으로 都約正·副約正을 두고 鄕마다 約正을 두어 卿·大夫·士 같은 재지세력의 임용을 규정했고, 副約正은 鄕官(鄕所)의 겸직으로 규정하였다.

---

38) 上同, 537쪽.
39) 『磻溪隨錄』 卷3, 田制後錄(上), 52쪽.
40) 오영교, 앞의 논문, 1994 참조.
41) 『春秋』, 公羊傳 卷16, 宣公.
42) 『磻溪隨錄』 卷9, 敎選之制(上) 鄕約事目, 168~169쪽.

그러나 가능하다면 鄕約기구의 約正·里正 업무를 鄕里制의 鄕正·里正에게 부과시킬 것을 주장하여 전체적으로 국가공권력에 의해 재지세력과 향촌 제 기구를 장악하려는 의도를 보여주었다.

柳馨遠은 鄕里制와 鄕約기구를 지방통치의 兩輪으로 구상하면서 조선전기 이래 지방기구였던 鄕官(鄕所)의 존재를 주목하였다.

柳馨遠은 우선 "만일 옛법을 設行하고자 하면 守令이 반드시 먼저 鄕官을 잘 가리고 또 鄕約으로 더불어 서로 表裏가 된 연후에야 잘 될 수 있다"라고 하여 鄕官 직임의 중요성을 강조하고 鄕約을 통치의 보조기구로서 활용할 것을 주장하였다.43)

柳馨遠의 견해에 따르면 鄕官(座首·鄕所)은 封建制의 遺意를 지니며 鄕遂制의 직임인 公侯(族師·黨正)에 비유되는 존재이나 事勢가 달라져 郡縣制下에서 守令이 主治之官이 됨에 따라 상대적으로 통치의 분담 직임으로 전변되었다는 것이다. 그러나 治郡·治民에 있어서 어질고 덕망 높은 士大夫가 임용되어 守令과 共治하지 않으면 올바른 敎化와 政事는 이루어질 수 없다고 주장했다.44)

柳馨遠은 구체적으로 鄕官(鄕所)의 선출 기능과 그 개선방안에 대해 언급하였다. 즉 各邑 鄕官은 公廉하고 學識이 있는 자 가운데 다수의 추천을 받은 1人을 座首로, 그 다음은 別監으로 임명하되 守令이 監司에게 薦報하고 監司가 差牒을 제수하도록 했다. 鄕所의 定員에서 座首는 1人이나 別監의 경우 大府와 都護府 4人, 府 3人, 郡 2人, 縣 1人을 원칙으로 하였다. 또한 柳馨遠은 守令과 더불어 大小 官事를 총찰하며 輔佐하는 직임이었던 鄕所가45) 17세기에 이르러 座首의 직임에 염치없는 무리들이 취임하고 守令이 그들을 吏隷와 동일하게 취급하여 驅使하기 때문에 많은 문제가 야기된다고 진단하였다.

柳馨遠은 이와 같은 문제를 해결하기 위해 첫째, 座首에게 官品을

---

43) 『磻溪隨錄』 卷3, 田制後錄(上) 鄕里, 52쪽.
44) 『磻溪隨錄』 卷9, 敎選之制(上) 鄕約事目, 170쪽.
45) 『磻溪隨錄』, 「補遺」 郡縣制條.

360

부여하도록 했다. 그는 國制에서 조선초기 土官을 鄕官과 유사한 직임으로 상정하였다.[46] 아울러 기존 座首체계는 官名을 삼을 수 없다고 하여 座首는 從9品의 典正으로 하고 別監은 典檢으로 정하여 임명하게 했다. 그러나 만약 원래 品階가 있는 자는 본래의 品階에 따르도록 하되 選士·營學生 및 內舍生免番者는 典正의 品階를 받을 수 있게 하여 前衡官 7品 이하라도 역시 제수할 수 있게 했다.[47]

둘째, 柳馨遠은 적절한 인물의 擇任이 중요함을 강조하였다. 座首의 자격은 前職 7品官 以下者, 選士, 營學生 및 內舍生免番者로 하되 本邑에 적절한 인물이 없으면 隣界邑의 인물까지 가능하다고 했다. 이러한 隣邑者를 許通하는 것은 널리 인재를 얻는 방법일 뿐 아니라 座首 임명대상자 스스로 그 직임을 천대하지 않을 것이며 아울러 豪强의 폐단도 사라져 有益無弊가 된다는 것이다. 다음으로 守令이 邑內 公論에 따라 추대받은 자를 재차 상세히 살펴 추천장을 監司에게 보내고 監司가 替罷與否를 결정하여 牒授하도록 했다.

셋째, 柳馨遠은 鄕官의 임기보장과 우대조건의 확립을 반드시 전제되어야 할 사항으로 제기하였다. 座首는 常祿이 있었다. 즉 座首에 대해 4孟朔에 4石 5斗를, 別監의 경우 3石을 각각 지급하도록 했다. 鄕所가 근무하는 때의 支供하는 쌀은 별도로 그 廳에 지출되었다.[48]

또한 鄕廳所定 吏隸外 추가로 伺候 6人을 붙여주도록 했다. 伺候는 邑內 民으로 充定되는데 윤번에 따라 매 2人씩 待令케 했다. 또한 漢代 亭長·三老가 해마다 爵級을 부여받고 조선의 土官도 30朔마다 昇級하는 규정을 들어[49] 鄕官 역시 임기가 차면 昇級시키고자 하였다.

---

46) 吉田光男,「十五世期朝鮮の土官制」,『朝鮮史研究會論文集』, 18, 1981, 18~27쪽 ; 李載龒,「朝鮮後期의 土官에 對하여」,『震檀學報』29·30, 1966.

47)『磻溪隨錄』卷1, 田制(上), 18쪽. 典正의 名은 明代 宮正司내 '宮闕의 糾察戒令 謫罰之事'을 맡은 正7品의 官職에서 나타난다(『明史』卷74, 志 第50 職官3, 1821쪽).

48)『磻溪隨錄』卷19, 祿制 鄕所廳, 372쪽.

49)『世宗實錄』卷84, 世宗 21年 3月 癸酉, 4책 198쪽.

座首의 仕滿은 6周年이며 이후 陞遷하도록 했는데 別監은 임기가 없으며 座首에 오른 이후에야 비로소 임기를 계산하도록 했다. 座首의 경우 수령이 仕滿을 감사에게 보고하면 감사가 考講하고 재차 移文하여 吏曹에서 考講케 했다. 才能을 가늠해서 正7品 이하 從8品 이상 內外官에 除授하되 만약 특이한 재능을 지닌 자는 곧바로 5, 6品 官으로 올리도록 했다.

柳馨遠은 鄕官을 外官과 京官을 순연시키는 직임으로 확정하여 조선왕조의 官僚機構·品階體系에 편제시키고자 했다. 이를 통해 향촌통치에 있어서 鄕官의 위치를 공고히 함과 동시에 貢擧에 의한 人才 선발의 중요성을 강조하였던 것이다.

앞서 살펴본 鄕里制와 鄕正이 국가적 목적 하에 위로부터 강제된 제도정비 및 직임자였다고 볼 때 민과의 결합이나 향촌장악력에서는 한계가 노출된다. 따라서 柳馨遠은 기존 鄕所(鄕官)제도를 활성화하고 중앙관직으로 薦選시키는 조건을 통해 재지세력을 적극 참여시키고 전통적인 鄕約機構·鄕會를 적극 장려하여 향촌통치질서와 내적 윤리의식을 함양하고자 하였다. 그러나 柳馨遠은 이러한 재지기구의 자율성이란 궁극적으로는 공적 통치권내에 포섭되는 것이어야 함을 주장하였다. 즉 그는 재지기구를 집권체제의 정비, 鄕里制의 확립을 위한 보조수단으로 활용하려는 입장을 표방한 것이다.

이상 磻溪 柳馨遠은 17세기 정치·사회 상황에 대한 인식을 바탕으로 전체제적인 개혁론과 함께 적극적으로 鄕政論을 개진하였다. 그의 鄕政論은 周代 封建制의 이념을 전제로 한 王室－藩屛의 확립과 郡縣 幷省論을 담고 있으며 구체적인 향촌조직으로서 鄕里制를 강조하였다. 鄕里制에 따르면 五家作統制를 근간으로 하되 10統을 里로, 다시 10里를 鄕, 坊으로 명명하여 최하부의 행정단위로 삼도록 하였다. 여기에 생산주체로서의 家戶를 일정 수 배치하고자 했다. 따라서 柳馨遠은 500家 700頃 규모의 鄕(坊)을 적절한 生産·行政 단위로 규정하였다. 鄕의 직임으로 鄕正(坊正)−里正−統長을 계열화하여 특히 士類의 鄕正任命을 강조하고 常祿, 伺侯를 덧붙여서 실질적인 권한을 담보해 주고자 하였다. 또한 재지사족의 향촌운영 참여를 유도하기 위한 보조기구로서 鄕約의 조직·직임과 洞契의 기능을 적극 활용시키고 鄕官(鄕所)과 같은 기존 재지기구를 보다 활성화시키는 데 목표를 두었다.

3. 18세기 지방제도 개혁론의 대두

1) 면리제의 정비와 재지세력의 동향

18세기는 老論의 전제와 탕평정국, 신분분화의 촉진, 농업생산력과 상품경제의 발전, 실학과 민중의식의 성장 등 여러 면에서 새로운 변화와 다양한 성격들이 지적되는 시기이다. 종래의 신분제와 지주제에 기초한 양반지배층 중심의 전통적 지배질서가 동요하면서 사회 전반적인 변화가 야기되는 시기였다. 즉 鄕案질서의 해체, 재지사족의 분화(儒鄕分岐)가 촉진되는 상황에서 수령을 통한 국가의 직접 지배가 강조되었으며 다양한 제도 개선과 함께 법제적인 지배가 적극 시행되었던 것이다.

18세기에 들어와 조선왕조의 지방지배정책이 보다 강화되고 外官職·守令職의 역할이 강조되었던 점을 주목할 필요가 있다. 당 시기 조선왕조는 지방현실의 파악을 위해 국가적인 차원에서 새로운 유형의 지도와 읍지(『輿地圖書』·『海東邑誌』)를 제작하였고, 이를 통해 확인된 사회문제를 효과적으로 해결하기 위해 三南量田(1716~1720), 均役法(1750) 실시 및 求言敎와 民所(民隱疏·所懷)의 활용, 어사제도의 강화를 모색하였다. 아울러 중앙차원의 法典 편찬과 함께 守令들이 행정업무를 수행하는 데 참조할 수 있는 일종의 행정지침서로서 民

政資料류가 집중적으로 편찬되고 있었다. 즉 18세기 조선왕조는 守令 중심의 지방지배를 여러 형태로 보장하고 법제적·관료제적 지배의 틀을 마련해준 셈이었다.[50]

아울러 조선왕조는 면리제의 향촌통제기능을 강화하고 五家作統法의 시행을 강조하였다.

조선후기에 이르러 자연촌이 성장함에 따라 전기의 방위면 체제가 해체되고 방위면 아래의 里가 面으로 승격하였으며, 그 아래에 자연촌이 하나 또는 몇 개의 리로 편제되었다. 그리고 자연촌이 독자적인 기능을 발휘할 수 있었던 상황이었기 때문에 조선왕조는 그 자체를 그대로 인정하여 농업경영, 수취, 향약적 교화의 기능을 부여하였다. 이제 면리제가 명실상부한 촌락지배체제로 확립되었던 것이다.[51] 조선후기의 면리임으로는 里에는 里正과 里有司가, 面에는 都尹과 副尹이 두어졌다. 이들은 권농업무, 부세수취, 관령전달, 호적업무, 치안유지, 향풍교화와 기초적 裁決權을 행사하고 있었다.[52]

이러한 새로운 面里編制로의 이행은 17세기 이후 18세기에 더욱 일반화되어 肅宗대에는 상당한 정도로 진척되어 있었다. 肅宗년간 제정·반포된「五家統事目」「寬恤事目」「良役變通節目」은 이 같은 面里 편제에 바탕을 두고, 국가의 강력한 村落지배의 의지를 관철하고자 했던 것이다.

그런데 문제는 面里의 수적 증가와 함께 村落구성이 재편되는 과정에서 한 개의 자연村落이 본래의 소속 里를 따라 새로운 里를 형성하는 경우 徵稅·賦役·鄕任擇定 등의 행정상의 제문제, 그리고 재지세력 간의 주도권 쟁취나 이해의 상충, 타협과정이 있게 마련이고 이러

---

50) 한국역사연구회편,『조선은 지방을 어떻게 지배했는가』, 아카넷, 2000,「제3부 조선후기 국가의 지방지배」참조.
51) 金俊亨,「朝鮮後期 面里制의 性格」, 서울대학교 석사학위논문, 1982 ; 金仙卿,「朝鮮後期의 租稅收取와 面里運營」, 연세대학교 석사학위논문, 1984.
52) 오영교,「17世紀 鄕村對策과 面里制의 運營」,『東方學志』85, 1994.

한 여러 양상들은 바로 향촌질서의 본질적인 변화요인으로서 작용하게 된다.[53]

자연촌의 내부구조에는 재지세력의 계급적 이해를 관철하는 조직과 기층민 사이의 族的 결합이 존재하므로 여기에 새로운 국가질서의 수립, 즉 面里編制를 시도할 때에는 복잡한 갈등양상이 나타난다.

차후 향촌사회의 운영을 둘러싸고 守令權과 官司體制를 통한 국가통치질서의 확장과 이에 대응하는 재지사족과 私的인 사회조직, 그리고 성장하는 민들의 저항 문제가 첨예하게 대두되었다.

조선왕조의 향촌지배정책이 강화됨에 따라 재지사족의 향촌지배는 새로운 面里편제의 정착과 자체의 물적 토대의 동요·축소 등의 요인이 복합되어 점차 부정되어가고 약화되는 형국이 전개되었다.

17세기까지 사족들은 대체로 중소지주적 기반 위에서 군현단위에서 자신들의 공동 이익을 추구하였다. 그러나 이후 경제구조가 변하고 지주제가 더욱 확대되어 감에 따라 사족 내부에서도 경제적 격차가 심해졌다. 이제 사족들 사이에서 경제력에 따라 이해관계를 달리하는 경우가 많아졌고, 군현차원의 공론, 즉 鄕論은 사족들 내부에서조차 형성되기 어려웠다.

그 반면에 재산을 많이 모은 饒戶나 일반민은 이에 편승하여 면임이나 이임 등의 지위를 획득하여 향촌통제기구의 담당자가 됨으로써 영향력이 감소된 사족의 지배력을 대체해 갔다.

饒戶富民層 가운데 경제력을 배경으로 새로이 鄕案에 오른 자들을 新鄕이라 불렀다. 新鄕층이 사회적 지위를 상승시키고 鄕任직을 차지하여 鄕權을 주도하려 하자 舊鄕들이 이에 반발하여, 鄕權을 둘러싼 鄕戰이 전국 각지에서 일어났다. 수령은 경제적 이해관계 때문에 대개 新鄕을 비호하고 鄕戰의 결과는 대체로 新鄕의 우세로 기울었다.[54]

---

53) 이해준, 「朝鮮後期 洞契·洞約組織과 村落共同體組織의 性格」, 『朝鮮後期 鄕約研究』, 民音社, 1990, 124~125쪽.

지역에 따라서는 饒戶富民이 향임직을 통하여 수령 중심의 향촌지배에 참여하였다. 이는 18세기 중엽 이후 보편화되기도 했다.

사족들은 군현을 단위로 한 향촌민의 지배가 어렵게 되자, 차츰 자기 거주지를 중심으로 촌락단위의 洞約을 실시하거나 族的 결합을 강화함으로써 신분적 경제적 이익을 지켜나가려고 하였다. 이에 따라 전국에 수많은 同族마을이 만들어지고 門中을 중심으로 書院, 祠宇가 세워지게 되었다.[55]

물론 재지사족의 힘이 바로 꺾이기만 했던 것은 아니었다. 그것은 기본적으로 이들이 주자학적 세계관을 유지하는 한, 정치의 전면에는 나서지 않는다 하더라도 지배층으로서의 지위를 내놓으려 하지 않았기 때문이다. 실제 이들 재지사족들은 양반층에게까지 군역을 지우려 했던 戶布論을 결사 반대하며 그 명분으로 조선양반은 옛날의 封建諸侯와 같다는 점을 거론하기도 하였다.[56] 그러나 조선왕조의 지방통제가 강화되고 재지사족의 조직기반을 장악하려는 움직임이 가시화되면서 점차 그들의 주장이 관철될 수 있는 시기는 지나가고 있었다.[57]

2) 順庵 安鼎福의 鄕社法

順庵 安鼎福은 18세기 향촌사회에서 조선왕조의 향촌지배정책이 강화되고 재지사족들의 향촌장악력이 약화되는 현실을 목도하였다. 이에 따라 안정복은 향촌사회의 정비가 국가 전 지배체제를 안정시키는데

---

54) 김인걸, 『朝鮮後期 社會變動에 관한 연구-18, 19세기 '鄕權'담당층의 변화를 중심으로』, 서울대학교 박사학위논문, 1991.

55) 이해준, 『조선후기 門中書院연구-전남지역 사례를 중심으로』, 국민대학교 박사학위논문, 1993 ; 정진영, 『조선시대 향촌사회사』, 한길사, 1998, 340~341쪽.

56) 金容燮, 「軍役制 釐正의 推移와 戶布法」, 『增補版 韓國近代農業史硏究』(上), 일조각, 1984, 265~267쪽.

57) 김인걸, 「조선후기 재지사족의 '居鄕觀'변화」, 『역사와 현실』 11, 1994, 167쪽.

중요하다고 보고 군현제·수령제 운영, 면리제 및 재지사족과 사회조직(鄕約·洞約)에 대한 견해를 적극 제시하였다.

안정복이 작성한 洞約은 「廣州府慶安面二里洞約」으로[58] 그의 나이 45세 되는 해인 1756년(영조 32)에 立約하였으며, 1765년(영조 41)에 重修하였다. 이듬해에는 목민서인 「臨官政要」를 저술하였다. 안정복의 사상체계에서 볼 때 후자가 향촌사회 전반 문제에 대한 통치론을 피력한 저술이라면 전자는 이러한 통치이념을 실현시킬 수 있는 구체적인 방안으로서 제시된 것이다.[59] 따라서 「臨官政要」에는 실천 가능한 구체적인 지방행정 관련 世務가 집대성되어 있다.[60] 「下學指南」 居官章에서는 관료로서 갖추어야 할 자세와 태도, 실직을 수행하기 위해 필요한 업무가 상세히 기술되어 있다.[61] 이는 保民 실현을 위해 지방관에게 요구되는 일반 행정업무를 면밀히 규정한 저술이었다.

안정복은 민의 몰락을 막기 위한 방안으로 이들을 자의적으로 침탈하였던 吏胥층과 執綱·風憲의 鄕任층에 대한 엄격한 형벌 적용을 수령의 주요한 시무로 상정하였다.[62] 그는 이들에 대한 제어가 시급했던 이유를 국정운영의 급선무인 通下情을 중간에서 방해했기 때문이라고 하였다.[63] 따라서 부정한 吏胥·鄕任들에게 적용되는 형법은 향촌민에 대한 국가의 一民的 지배를 방해하는 세력을 制裁하는 공적인 통치수단이었던 것이다. 안정복은 爲政之道로서 민에게는 너그러움으로,

---

58) 『順庵全集』 2, 雜著 「廣州府慶安面二里洞約」(문집총간 230, 100쪽).

59) 韓相權, 「順庵 安鼎福의 社會思想-民에 대한 認識을 중심으로」, 『韓國史論』 17, 1988, 275쪽.

60) 『臨官政要』는 上編·中編·續編·附錄으로 편성되었다. 上編은 지방행정에 관한 古今聖賢의 교훈을 기록한 '政語'(5장), 續編은 시대 사정을 참작하여 자기의 견해와 방책을 진술한 '時措'(21장)로 이루어져 있다. 부록에는 鄕社法과 「朱子社倉事目」 등이 편제되어 있다.

61) 『順庵全集』 2, 「下學指南」 卷下, 出世編 治道章, 351~353쪽.

62) 『順庵全集』 3, 「臨官政要」 時措 敎化章, 311~312쪽.

63) 『順庵全集』 3, 「臨官政要」 時措 臨民章, 267쪽.

吏胥에게는 嚴으로써 속박하는 법은 바꿀 수 없는 대체라고 하였다.[64] 즉 안정복은 향촌사회 내에서 객관적 통치질서인 국법을 확립·적용시킴으로써 對民지배의 원활함을 기대하였다. 특히 土豪와 吏胥들의 중간수탈을 배제함으로써 향촌사회 내에서 민의 사회경제적 위상을 보호하고자 했다.[65]

한편 安鼎福은 중국의 토지제도 개혁안 가운데 '配丁田法'을 時宜에 합당한 개혁안으로 간주하였다. 이 개혁안은 기존의 사적 토지소유권을 인정하는 기반 위에 民産의 均等化(限田論·均田論)를 기도할 뿐아니라 可耕勞動力을 지닌 자에게만 토지를 소유하게 함으로써(耕者有田) 생산력의 제고도 이루고자 한 것이다.[66]

安鼎福은 「臨官政要」에서 국가의 향촌사회에 대한 일원적 지배를 관철시키기 위해 면리제의 정비를 강조하였다. 면리제의 핵심운영 직임인 風憲은 公廉하고 根幹한 자를 一面의 公論에 의거하여 택정하도록 했다.[67] 이들의 임무는 官令을 奉行하고 문서를 管察하여 一面의 大小事를 관장하게 했다. 반면에 이들의 직접 지휘를 받는 하위실무진인 約正, 里長 등은 富力을 기준으로 하여 임명하도록 하였다. "至若約正里長之輩 別擇富民中根幹者"라 하여[68] 근간한 富民을 約正, 里長 등과 같은 향촌사회 운영조직의 말단 실무직에 차정하도록 하였다. 이들의 임무는 田政, 收稅, 糶糴, 稼穡 등 부세제도 운영의 실무직을

---

64) 『順庵全集』 3, 「臨官政要」 時措 御使章, 285쪽.
65) 원재린, 『朝鮮後期 星湖學派의 形成과 學風』, 연세대학교 박사학위논문, 2002, 182쪽.
66) 그러나 安鼎福은 이러한 개혁안을 조선의 토지문제에 연결시켜 당시의 토지제도가 지니는 모순을 적극적으로 타개하려는 시도는 없었다. 이는 그가 토지문제에 대하여 1740년 초기의 井田說부터 지속적 관심을 보였음에도 불구하고 이론적·관념적 차원에 머물렀을 뿐 실천적인 단계에까지 나아가지 못했음을 보여주는 것이다(韓相權, 앞의 논문, 299~300쪽).
67) 『順庵全集』 3, 「臨官政要」 時措 任人章.
68) 『順庵全集』 3, 「臨官政要」 時措 任人章.

368

수행하는 것이었다. 아울러 力農하는 富農을 勸農官으로 차정, 이들을 洞단위로 배치하여 농업기술 개발의 실효를 거둠으로써 생산력을 제고시킬 수 있도록 하였다.[69]

안정복은 富民을 향촌통치의 협조자 내지는 동반자로 간주하고 적극적으로 사회질서 속에 편입시키고자 하였다.[70] 그는 당대 농업생산력 발전에 따라서 사회적 지위가 상승하였던 민을 향촌사회의 운영주체로 상정하고 이들의 참여를 적극적으로 유도하려는 의도를 드러냈다.

안정복은 이 시기 기존 면리제 운영의 효율성을 높이기 위해 별도로 鄕社法을 제시하였다. 이는 향촌통제와 隣保組織의 정비를 목적으로 제시된 공적 사회제도였다.[71] 安鼎福은 鄕社法에 대해

> "이 법은 옛적 鄕遂制의 遺意이다. (중략) 이 제도가 성립한 뒤에야 生養을 이룰 수 있고 敎令을 행할 수 있으며 風俗을 동일하게 하고 獄訟을 그치게 할 수 있을 것이다. 또한 도적을 없애고 외적을 방어할 수 있는 것이니 가히 聖王의 정치를 부흥시킬 수 있을 것이다."

라고 의미를 부여하였다. 安鼎福은 鄕社法의 이념적 모형이 『周禮』의 鄕遂制에 있음을 강조하면서 동시에 "우리나라의 面이 옛적 鄕과 같은 것인데 古法처럼 人戶로써 설정하지 않고 지역을 구획해서 정하게 되었다. 그렇기 때문에 各面 人戶의 多寡가 같지 않다."라고 하여 戶數에 의해 구분되지 않는 조선의 鄕里制度 때문에 古法의 전면적 시행은 불가능함을 지적하였다. 따라서 그는 鄕社法에 대해 時宜에 따라

---

69) 『順庵全集』 3, 「臨官政要」 時措 農桑章.
70) 한상권, 앞의 논문, 309쪽.
71) 鄕社法은 安鼎福이 英祖 33년(1757)에 저술한 「臨官政要」의 부록에 실린 것이다. 이는 順庵이 일찍이 27세 되던 英祖 14년(1738)에 집필한 「牧民要術」에 保甲法으로 명명되어 있던 것이었다. 한편 安鼎福의 鄕社法은 劉宗周의 保甲說을 참조했음을 밝히고 있다.

古法을 모방하여 조목을 갖춘 것이라 했다.

鄕社法은 조직구성에서 統-甲-社-鄕의 편제를 설정하였다. 5家로 1統을 편성하고 2統을 1甲으로 편성하며 이 밖에 社(10統·社正), 鄕(面·鄕師)을 두어 面里制에 대응하도록 하였다. 邑에는 面단위로 존재하는 風憲이 官令의 奉行과 文書檢察을 맡고, 士族신분의 '齒德俱優者'인 鄕師가 敎化·爭訟에 관한 일체의 사무를 맡았다.[72]

또한 統首를 '良賤人 중 年長優産者', 甲長 역시 '良賤 중에 智慮勤幹者', 社正을 '中庶人 중 公正解事者' 중에서 선발하려 했다. 이때 향임직의 임명 조건은 기능적인 측면에서 분장업무를 성실히 수행하는 데 필요한 덕목들이었다. 사족이 임명되는 鄕師의 경우에도 문벌이나 가문에 기준하지 않고 나이와 덕을 기준으로 선발하려 했다.

鄕社의 기능은 政·敎·禮·養·備·禁으로 구분되어 그 세목이 각각 제시되었다. 이 가운데 도적의 발호에 대해 자체적인 향촌방어조직으로서의 기능을 특히 강조하였다. 鄕社牌式에 따라 統牌·鄕社牌의 사용을 통한 향촌민의 출입을 통제하고 각촌의 洞長과 민들에게 巡更의 임무를 부여하였다.

安鼎福의 鄕社法은 古法의 전통을 계승하고 鄕村 自衛團的 성격이 강한 宋代 保甲法의 조직체계를 기본으로 한 것으로, 당시 조선의 현실을 감안하여 그 세목을 정리한 향촌 통치책이었다. 安鼎福은 조선의 鄕里制度가 중국과 달리 호수의 기준이 아닌 공간의 분리에 따른 것이라는 차이점을 인정하면서 종전 面-里-統組織 대신 鄕-社-甲-統組織을 편성, 대비시키고 있다. 무엇보다 賊盜에 대비키 위해 철저한 隣保組織, 治盜機能을 강조했으며, 구체적으로 무장력을 구비케 함으로써 일차적인 향촌방어의 기능이 수행될 수 있게 하였다.[73]

---

72) 『順庵全集』 3, 「臨官政要」 時措 任人章에서는 鄕師가 鄕內 政事를 총괄하는 존재로 규정되어 있다.
73) 『順庵全集』 3, 「臨官政要」 附錄 鄕社法, 329쪽.

370

안정복의 鄕社法은 국가 공권력의 확장과 재지세력의 사적 지배를 제어하여 궁극적으로 國家 對 民의 직접지배관계를 수립하는 데 있었다. 그러나 安鼎福은 鄕社法의 실시로 民食이 넉넉해질 수 있으나 일시에 실시되기 어려움을 말하고 藍田 呂氏의 鄕約과 退溪·寒岡·栗谷鄕約의 規約을 참작하여 서로 비교 수행한다면 그 효과가 클 것임을 주장하였다.74)

안정복 역시 향촌에 대한 외적 구조(面里制·鄕社法)의 정비 못지 않게 내적 윤리의식의 확립이 절실함을 강조하여 敎化가 政事의 要諦임을 들고 敎化의 실현방법은 재지세력을 중심으로 한 鄕約과 洞約의 실시에 있다고 보았던 것이다.

안정복은 "敎化之政의 요체는 守令一身에 있으나 그 법은 鄕約에 시작한다"라고 하여75) 교화를 爲政의 본으로 생각하되 洞約·鄕約의 실시를 통해 교화가 달성될 수 있다고 보았다. 따라서 洞約의 실시는 향촌사회를 효과적으로 통치하기 위한 선행작업으로 여겼다. 시행범위가 큰 향약보다 洞約의 실시 가능성을 강조한 것은 사족들의 향촌사회 지배력의 약화를 반영한 것으로 보인다.

그러나 안정복의 鄕政論에는 '抑强扶弱論'이 내포되어 있었다. 이는 일면 下民을 권력층의 부당한 侵虐으로부터 보호한다는 점에서 일정한 의미를 지니는 것이다. 그러나 안정복은 곳곳에서 18세기 당시 사족지배체제가 형해화되고 있는 상황 하에서 '尊貴者'와 '上位者'인 사족이 '下民'들에게 능멸당하는 점이 보다 심각한 문제임을 지적하고 있다.76)

---

74) 『順庵 安鼎福全集』卷3, 「臨官政要」 附錄 鄕社法序文.
75) 『順庵全集』 3, 「臨官政要」 時措 敎化章.
76) 『順庵全集』 3, 「臨官政要」 時措 爲政章. 앞서 살펴본 것처럼 안정복은 下民(富民)의 성장을 인지하고 이들의 입장을 강화시켜주기도 하였으나 이러한 조치는 下民을 사족 중심의 사회질서 속에 수용하기 위한 양보에 불과하였다. 즉 그는 下民의 성장을 포착하였으면서도 이들이 앞으로의 새로운 사회를 담지해 나아갈 주체세력이라고까지는 인식하지 못하였다(한상권, 앞의 논

이에 대해 안정복은 사족들의 公論 형성을 통하여 향촌사회를 이끌어 나가는 것이 중요하다고 하였다. 이러한 점은 그가 위로는 수령을 輔導하여 詢問에 응하고 아래로는 一邑의 民事를 총괄하는 鄕所의 鄕任을 公論에 의해 擇定하도록 한 데서 잘 드러난다. 또한 안정복이 鄕所를 '親民尤莫如鄕所'라 하여 對民 업무를 간여하고 수령의 股肱이나 耳目에 비견될 수 있는 존재임을 강조한 데서 알 수 있다.[77]

안정복은 향촌사회를 재지세력에 기반한 공론을 활용하여 운영하고자 하였다. 이렇게 볼 때 안정복의 鄕政論은 체제개혁보다는 유지의 방향에서 그 방안이 강구되었다는 사실이다. 그러나 이를 단순히 세태에 순응한다는 뜻으로 이해해서는 안될 것이다. 비록 제도개혁의 차원에서 국가운영 전반에 걸친 변혁을 추구하지는 않았지만 사회발전에 따른 민의 성장을 고려하는 가운데 지방수령으로서 실현 가능한 개선방안을 모색한 점에 보다 주목해야 할 것이다. 민인과 토지가 편제되어 있는 향촌사회는 국가통치의 기본단위이자 기존 양반 사족층의 물적 토대임을 감안할 때 이를 대상으로 한 개혁은 토지제도만큼이나 그 실현 가능성을 담보하기 어려운 대상이었다. 따라서 양자간의 이해관계를 잘 조율하면서 保民·民産을 보장할 수 있는 방안을 모색하는 것이 보다 중요했다.[78]

3) 茶山 丁若鏞의 지방제도 개혁론

18세기말 조선의 사회상황을 주목한 丁若鏞은 『經世遺表』를 통해 郡縣制의 정비방향과 운영문제를 언급하였고 토지제도 개혁론을 제시하여 생산단위와 향촌민들의 구조적 결합을 모색하였다. 아울러 『牧民心書』吏典 用人條에서는 鄕政의 운영방안을 설명하였다. 대체로 기

문, 292쪽).
77) 『順庵全集』 3, 「臨官政要」 時措 任人章.
78) 원재린, 앞의 논문, 177쪽.

존의 제도를 용인하면서 운영의 개선을 주장한 것이다.

정약용은 총체적인 국가경영의 이념을 밝히고 그에 따른 구체적인 개혁안을 제시하는 가운데 지방제도·향촌사회에 대한 견해도 피력하였다.

(1) 향촌인식과 지방행정이념

丁若鏞의 경우『經世遺表』地官修制 井田議1(田制)에서 封建制를 명백히 지지하였다.[79] 사실 儒者들이 전통적으로 封建制를 지지하는 것은 보다 높은 지방자치와 향촌사회에서의 자신들의 이익을 대신하기 위한 것이었다. 그러나 丁若鏞은 향촌사회에 자치의 문제를 단순히 양반지배층의 자치권 강화차원에서 주장한 것이 아니라 民의 입장을 결부시키고 있다.[80] 정약용은 중국의 漢代 이후의 정치를 하향적 정치로 규정하여 이를 비판하고 漢代 이전의 정치를 상향적 정치로 규정하여 이를 찬양하였다. 그가 말하는 하향적 정치는 봉건적 전제정치를 의미하고, 상향적 정치는 그것과 대립되는 민본주의적 정치를 의미하는 것이다. 정약용은「湯論」에서 天子는 백성의 추대에 의해 天子가 된다고 하여 주권재민적 정치이념을 뚜렷이 하였다.[81]

---

79)『與猶堂全書』5集,「經世遺表」卷7, 135쪽.
80) 丁若鏞을 비롯하여, 삼대의 군주와 제후는 國君이든 方伯이든 皇王이든 모두 均民을 목적으로 하여 아래로부터 추대된 것이라는 '下而上'의 입장에 있는 저작들에서는 봉건제를 君主중심주의로 보느냐 人民중심주의로 보느냐하는 문제에서 인민 중심으로 본 것이 특징이다(박광용,「18~19세기 조선사회의 봉건제와 군현제 논의」,『한국문화』22, 1998, 215쪽).
81)『與猶堂全書』1集,「湯論」, 233쪽. 정약용은 정치의 주체를 백성이라고 보았고, 또 백성을 위한 정치를 강조하였으나, 민중을 정치의 담당자로까지 적극적으로 주장하였다고 보기는 곤란하다고 본다. 가령 그가 강진 유배시 홍경래란이 일어난 것을 보고 그 여파에 의하여 기타 지방에서도 민란이 있을 것을 지적하면서 그에 대한 대책으로 '以重民生'의 정신으로 농민의 경제적인 안정에 노력함과 동시에 민란을 진압할 수 있는 방비를 갖출 것을 촉구하였던 것이다(『與猶堂全書』5集,「牧民心書」兵典應變, 496~500쪽). 그는 군주

당시 권력이 점차 중앙집권화되고 守令에의 집중이 진행되는 상황에서 民의 自治의 이론적 근거가 될 수 있는 것이 封建制였다. 丁若鏞의 封建制 주장이 民의 입장을 취했던 점은 토지개혁론의 토대가 되는 井田의 주장과 결부되어 있음에서도 알 수 있다.[82]

그러나 政論家들의 封建制에 대한 인식이 지방자치로 귀결된다는 字意 그대로의 해석에 머물러서는 곤란하다. 丁若鏞이 지향한 국가·사회상은 몇 단계의 전변을 거쳐야만 도달될 수 있었으며 향촌사회 내 전형적인 주민자치의 실현도 그 예외는 아니었다. 丁若鏞이 「尙書古訓」에서 민에 의해 구성된 기관에서 지방관이 선출되어야 한다고 주장한 것은 생산자 농민에 대한 토지분급을 전제로 한 그의 개혁론과 지향을 같이함을 보여준다.[83]

丁若鏞은 이에 앞서 현존하는 제도의 改革·改善의 과정 또한 중시하였다. 그는 封建制의 이념 가운데 德政體制로서의 국가와 개혁주체로서의 君主權 확립의 모습, 그리고 능력있는 賢者를 들어 관료로 임용하는 방안을 취하고 있다. 고을 현장에서 守令－吏胥의 불법적인 행위는 德政體制를 훼손하는 것으로 규정하고, 이를 제어할 직임의 필요성을 강조하였다. 이에 따라 종래 鄕官제도의 遺意를 재현하고 당대 최대의 名士·在地士族을 포섭하되 차후 鄕官을 중앙관료로 편제시키려는 방안을 강구하였다. 이를 통해 향촌의 재지세력을 실질적으로 관속하며 궁극적으로 군현통치에서 국가·국왕의 權威가 신장될 수 있다는 사실을 지적하였다. 결국 집권관료체제의 外延을 확정함에 의해 향촌 내 土豪의 사적지배, 守令－吏胥의 불법행위를 배제하여 民

의 존재를 전적으로 부정하지는 않았으며, 오히려 왕정의 틀 속에서 민본주의적 제 목적을 달성하려 했다. 그는 왕정에서 유발되기 쉬운 통치자의 횡포를 통치자의 자발적인 善政으로 방지하려 하였으며, 德治主義를 이상적인 정치형태로 생각하고 통치자의 윤리를 촉구하였다.

82) 趙誠乙, 『丁若鏞의 政治經濟 改革思想에 관한 研究』, 연세대학교 박사학위 논문, 1992, 337~339쪽.
83) 『與猶堂全書』2集, 「尙書古訓」 卷1, 508쪽.

의 位相을 제고할 수 있게 되고 다음 단계의 民의 自治를 모색할 수 있다는 것이다. 이는 18세기 말의 향촌상황을 염두에 둔 농민적 입장의 鄕政論을 보여주는 것이다.

한편 정약용 역시, 향촌내의 내적 윤리 의식의 확립을 염두에 둔 교화작업을 위해 里長에 의한 鄕約의 강독을 시행하고자 하였다.

"(사계절) 첫달 초 하루에 里尹이 그 이의 백성을 모아서 효·제·충·신을 가르치는데, 법을 한 차례 읽고 鄕約을 한 차례 타이르면 듣는 자가 모두 절한다. 허물 있는 자는 벌주고 行誼가 있는 자는 상주는데, 그 해 마지막에는 가장 착한 사람 1인과 가장 허물 많은 자 1인을 뽑아서 縣令에게 상과 벌을 주도록 한다."[84]

즉 16井 1里 공동체의 里長의 지휘 아래 계절마다 향약을 강론하고, 공동체적 윤리도덕에 비추어 선행·악행을 구분하여 상·벌을 가하며, 그것을 왕권 대행의 국가행정단위로 연속시켜 가고자 모색하고 있다.[85] 이처럼 정약용은 단위공동체의 총체로서 里를 규정하고 里長의 행정업무뿐 아니라 향약을 통한 교화의 업무를 강조하고 있다. 그러나 이와 같은 사회조직의 활용은 근본적으로 井田制의 실현과 결부되어 있었다.

(2) 지방행정구역에 대한 개혁안

가. 郡縣分隷論

지방행정구역을 설정하는 기준에 관한 것으로 주로 縱的인 분할에 대해 논한 것이다. 丁若鏞은 당시 8道로 구성되어 있는 지방행정구역을 12省으로 개편할 것을 제안하였다.[86]

---

84) 『與猶堂全書』5集, 「經世遺表」 田制 井田議4.
85) 金泰永, 「茶山의 國家改革論 序說」, 『茶山의 政治經濟思想』, 창작과 비평사, 1990, 97~98쪽.

정약용의 12省 개편론

12省	8道	布政司(행정중심지)
奉天省	경기도	京畿敦義門 밖
泗川省	충청도	公州
完南省	전라도(북)	全州
武南省	전라도(남)	光州
嶺南省	경상도(洛東江 以北)	達州(大邱)
潢西省	경상도(洛東江 以西)	星州
冽東省	강원도	原州
松海省	황해도	中京(開城)
浿西省	평안도(남)	西京(平壤)
淸西省	평안도(북)	寧州(寧邊)
玄菟省	함경도(남)	咸州(咸興)
滿河省	함경도(북)	鏡州(鏡城)

정약용은 道를 省으로 개칭해야 할 이유를 분명하게 밝힌 바는 없으나 8개의 행정구역을 12개로 세분해야 할 필요성을 다음과 같이 제시하고 있다.[87] 우선 전라도와 경상도를 각각 2개 省으로 구분하였다. 그 이유로 많은 인구와 그에 따른 번거로운 政務를 들었다. 고려시대에도 각각 2개의 道가 있었고 조선조 宣祖년간에도 경상도에 좌·우도가 있었음을 예로 들었다. 또한 서도와 북도를 2개 省으로 구분한 것은 지역이 넓어 감사가 적절히 통제·관할할 수 없다는 사실을 들었다.[88] 분할원칙으로 평야를 그어서 주를 나누는 데는, 유명한 山과 川을 경계로 할 것과, 국방을 위한 관방 요충지의 경영을 고려할 것, 행정중심지와 촌락과의 거리를 고려할 것, 民戶의 多寡를 토지의 廣狹에

---

86)『與猶堂全書』5集,「經世遺表」卷3, 天官修制 郡縣分隷條, 59쪽.

87) 李存熙,『朝鮮時代 地方行政制度 研究』, 일지사, 1990, 226쪽. 이에 대해 조성을은 지방행정구역 개편 당시 사회경제적 발전이라는 역사적 추세에 따라 행정구역을 지역 경제권과 일치시키려는 것이며, 여기에는 각 지역의 균등한 발전과 조세부담의 균등화 의도도 포함된 것이라고 밝히고 있다(조성을,「丁若鏞의 地方制度 改革論」,『東方學志』77·78·79, 1993, 584쪽).

88)『與猶堂全書』5集,「經世遺表」卷3, 天官修制 郡縣分隷條, 59쪽.

우선할 것을 강조하였다.[89)

이밖에 정약용이 제시한 지방행정구역의 기준은 공동사회·행정량·재원 및 편의한 지역에 근거한 것이었다.[90)

나. 郡縣分等論

지방행정구역의 등급을 설정하는 기준에 관한 것으로 橫的 분할에 관한 것이다. 정약용은 민호의 많고 적음과 전결의 넓고 좁음으로써 군현의 등급을 정하는 것이 마땅하다고 하였다.[91) 이는 磻溪 柳馨遠이 전결 수에 의거하여 군현을 조정하고, 星湖 李瀷이 소군현 통폐합론을 주장한 것을 일관되게 계승한 점이라 볼 수 있다.

정약용은 '柴周'의 사례를 설명하면서 7등급으로 군현의 대소를 구분하였다. 즉 2만 5천 이상을 大州, 2만 이상은 大郡, 1만 5천 이상은 中郡, 1만 이상은 小郡, 8천 이상은 大縣, 6천 이상은 中縣, 4천 이상은 小縣으로 하고 4천 미만은 합병해서 줄이기를 논의하라고 하였다.[92) 예를 들어 大邱의 경우 大州로서 민호가 1만 3천이고 전결이 1만 2천으로, 합하면 2만 5천이었다. 이와 같이 군현의 등급을 정한다면, 해당 胥吏의 정원도 그 비율에 따를 것이라고 하였다.[93)

이밖에 정약용은 '臣謹案' '臣又案'이라 하여 군현분등에 관한 자신의 개혁안을 밝혔다.[94) 첫째, 松京留守는 황해감사를 겸임하여야 한다. 둘째, 경상도 監營은 현재의 위치인 상주로 옮기되 兵營은 왜구의

---

89) 『與猶堂全書』5集, 「經世遺表」卷3, 天官修制 郡縣分隷條, 60쪽.

90) 장동희, 『丁若鏞의 行政思想』, 일지사, 1986, 143쪽.

91) 『與猶堂全書』5集, 「經世遺表」卷3, 天官修制 郡縣分隷條, 68쪽.

92) 『與猶堂全書』5集, 「經世遺表」卷3, 天官修制 郡縣分隷條, 69~71쪽. 반면 西道와 강원도의 경우 면적은 넓고 인구는 적으므로 1만 5천은 大州, 1만 이상은 大郡, 8천 이상은 小郡, 6천 이상은 大縣, 4천 이상은 中縣, 4천 미만은 小縣으로 구분하였다.

93) 『與猶堂全書』5集, 「經世遺表」卷3, 天官修制 郡縣分隷條, 72쪽.

94) 『與猶堂全書』5集, 「經世遺表」卷3, 天官修制 郡縣分隷·郡縣分等條.

방어를 위해 진주에 그대로 둔다. 셋째, 효율적인 행정을 위해 감사의 업무를 일부 분산할 필요가 있다. 예를 들어 강원감사 외에 강릉부사에게 관찰사의 직명을 겸임케 하여 영동 9읍의 小事를 관장하게 한다. 넷째, 남쪽의 농민들을 北邊 국경지역에 徙民시켜아 한다. 이는 남쪽의 조밀한 인구를 분산시켜 생활대책을 마련하는 한편, 국경 산간지대를 개간하여 안주할 수 있게 한다는 것이다. 다섯째, 州와 府를 통합하여 都護府로 명명할 것과 군현의 昇降제도의 중지를 말하였다.[95]

그러나 군현의 등급을 정확하게 결정하기 위해서는 그 전제조건으로서 田地의 經界를 바르게 하고, 戶籍사무를 완벽하게 정비해야 한다고 하였다. 이 두 가지 政事를 거행하지 않으면 "온갖 일이 모두 막혀서 그 사이에 손 하나 쓸 수 없게 된다"고 하면서, 그 당시 三政紊亂을 비난하고 있다.[96]

특히 정약용은 三政의 紊亂을 잡고 지방제도의 원활한 운영을 위해 그리고 지방관, 서리, 재지세력의 奸細한 행위를 규제하기 위해 戶籍制度 整備論을 강조하였다. 그는 「戶籍議」·「身布議」·「通塞議」에서 호적관리의 개선방법을 논하고 이어서『經世遺表』地官修制 戶籍法에서 호적관리의 법제적 개혁을 검토하고 있으며, 다시『牧民心書』戶典 戶籍條에서 부역관리의 기본문제로 호적행정을 보다 실제적으로 서술하고 있다.

호적행정은 지방제도의 기초가 되는 인구의 관리방법으로 호적행정은 모든 행정사무의 기초가 되며, 田政·賦役·軍政의 관리에 있어 가장 기본이 되는 업무라 규정하였다. 정약용은 지방관의 첫째 임무가 호적행정의 정비에 있음을 강조하였다.[97]

정약용은 환곡제의 운영에 있어 穀簿를 정확히 작성해야 되는 것처럼 호적행정에 있어 호적의 정비는 家坐書를 기초로 하여 추진해야 한

---

95) 이존희, 앞의 책, 333~334쪽.
96)『與猶堂全書』5集,「經世遺表」卷3, 天官修制 郡縣分隷條, 2쪽.
97)『與猶堂全書』1集, 戶籍議, 181쪽.

다고 주장하였다. 이는 그가 곡산부사로 재직시 직접 작성했음을 설명하고 있다. 아울러 목민관은 고을의 城市·山林·川澤·道路·村落 등을 표시한 지도를 그리고, 마을마다 富戶와 貧戶를 일일이 구분한 후 호수를 표시하여 집무실에 걸어놓아 전체 인구실태를 일목요연하게 파악하고, 목민행정의 완벽을 기하도록 하였다.[98] 이와 함께 정약용은 五家作統·十家作牌의 법을 강화해서 호적행정에 부정이 나타나지 않도록 노력하도록 했다.[99]

(3) 守令制 개혁론

전통적으로 조선왕조가 시행한 향촌지배정책의 한 축은 郡縣制 정비와 守令制 대책에 맞추어져 있었다. 조선후기에 이르러서도 조선왕조는 守令權의 행사를 활성화시키고 통치단위로서 郡縣制의 효율적인 정비를 통해 중앙집권체제의 기반을 확립하며, 在地士族들을 통치기구 내에 영입시키거나 地方行政 使役人으로 격하시키는 등 재지세력의 분산화, 약화라는 정책을 일관되게 고수하였다. 직접적인 郡縣 지배자로서 郡縣民의 재생산을 보증한다는 守令의 기능 자체가 기존 시기와 비교하여 본질적으로 달라진 것은 아니었으나, 이 시기 조선왕조의 수령제 대책은 크게 제도 정비론(監司·御使制의 강화 및 통치단위의 조정)과 법적 제재론(任命·解由 절차의 정비 및 考課制의 강화)으로 나뉘어 볼 수 있다. 이는 守令制에 대한 조선왕조의 통제의 측면보다는 재지세력 제어와 집권체제 구축을 위한 활성화의 방향이며, 제도 운영의 효율성을 도모한 방안이었다.

한편 이 시기 政論家(官人·儒者)들도 鄕政論의 하나로서 守令制 改革論을 제시하였다. 黨色과 향촌현실에 대한 인식에 따라 다소의 차이는 있으나 업무의 연속성 보장을 위한 守令久任論, 궁극적으로 賢能

---

98) 『與猶堂全書』 5集, 「牧民心書」 戶典 戶籍條, 423쪽.
99) 『與猶堂全書』 5集, 「牧民心書」 戶典 戶籍條, 425쪽.

한 守令의 선발을 위한 다양한 守令자원의 확보 방안으로서 人才選拔
論, 그리고 外官重視論과 그 연장으로서 內外官(京外官)循環論이 제
기되었다. 17세기 이후 조선왕조는 이와 같은 守令制의 정비와 개혁론
을 적극 수용하여 집권관료체제의 구축을 모색하고 있었다.100)

  그러나 조선후기 향촌사회가 당 시기 객관적·총체적 변동에 기인
하며 변화하였던 점에서 향촌지배체제의 확립과정에서 개개인의 賢能
을 전제로 한 守令制의 법제적 강화란 한계가 쉽게 예견되는 것이며,
하부구조의 변동을 구조적으로 반영한 제도의 정비가 동시에 뒷받침
되어야 하는 것은 물론이다.101)

  정약용은 군현제의 행정·지리적 영역을 효율적으로 재배치하는 구
상과 함께 수령제 개혁론을 제시하였다. 그의 수령제(외관제)에 대한
인식은 대단히 부정적이었다. 그는 백성에게 혹독하였던 목민관을 '도
적'이라고 비판하면서 이러한 '도적'이 없어지지 않으면 백성은 살아남
지 못할 것이라고 격렬히 비난하였다.102) 또한 "백성의 休戚은 수령의
賢否에 달렸고 수령의 賢否는 감사의 褒貶에 달렸으니, 감사가 고과하
는 법은 바로 천명과 인심이 향배하는 기틀이며, 국가의 안위가 결판
되는 바이다."103)라고 하여 그 대책으로 지방관의 직무와 평가를 엄밀
히 하는 것이 중요하다고 하였다. 정약용은 관제개혁안 중 考績制를

---

100) 오영교, 「17세기 향촌상황과 守令制 整備論」, 『東方學志』 92, 1996.
101) 조선왕조는 차후 生産의 現場이자 統治의 客體인 鄕村社會·民에 대한 통
     치조직을 정비하고 운영직임을 확정하는데 노력을 기울이고 있다. 바로 公的
     社會制度로서 面里制·五家統制를 수립하고 향촌에 대한 체계적이고 지속
     적인 지배를 도모하였다. 동시에 재지사족에 대한 통제책도 적극 시행되었다.
     營將制의 실시, 書院濫設 금지조처 등과 함께 전통적인 재지세력의 권력기
     구인 鄕所의 기능을 국가가 장악하려 했던 것이다(오영교, 앞의 책, 2001).
102) 『與猶堂全書』 1集, 監司論, 245쪽.
103) 『與猶堂全書』 5集, 「經世遺表」, 天官修制 考績之法, 77쪽, "國家安危 係乎
     人心之向背 人心向背 係乎生民之休戚 生民休戚 係乎守令之臧否 守令臧否
     係乎監司之褒貶 則監司考課之法 乃天命人心向背之機 而國家安危之攸判
     也 基所關係若是甚重而基法之疏漏不覈莫今時若".

가장 중요시하고 강조하였다.

당시의 수령은 守令七事라는 개략적인 업무규정에 따라 해당 군현을 통치하였고 그 성과에 의해 감사의 포폄을 받았다. 감사는 1년에 두 차례씩 수령의 치적 및 능력을 8字成句로 표시하고 상·중·하의 3등급을 매겨 보고하였다.

그런데 정약용은 수령고과제의 소략함을 비판하고 보다 엄격한 고적제를 운영할 것을 주장하였다. 특히 수령7사를 비판하면서 그 대안으로 고적에 관한 논의를 3단계로 발전하며 완성하였다. 그는 최초 고적론에서 農·貨·敎·刑·兵·工의 6綱 4目(24조목)을 제시하였다.104)

그 후 그것을 더욱 발전시켜 『經世遺表』 考績之法에서 律己·奉公·愛民·吏典·戶典·禮典·兵典·刑典·工典의 9綱 6目(54조목)으로 체계화시켰으며,105) 마지막으로 『牧民心書』에서 12綱 6目(72조목)으로 완성하였던 것이다.106)

또한 엄격한 평가제의 실시를 주장하였다. 특히 현행 上·中·下考의 고과등급이 실질적이고 객관적인 평가기준이 될 수 없음을 파악하고, 上上·上中·上下·中上·中中·中下·下上·下中·下下의 9등급으로 엄격히 포폄해야 함을 주장하면서 12省에 따른 각 등급별 정원 및 비율을 별도로 제시하고 있다.107)

정약용은 당시 1년에 두 번씩 관리들을 고적하는 것은 周禮에 어긋난다 하여 연말에 한 차례 고적하는 것이 타당하다고 하였다. 이는 관리들에게 업무를 파악할 수 있는 충분한 기간이 주어져야 하고, 上司들도 고적에 필요한 자료를 수집할 수 있는 시간을 가질 수 있게 한 것이었다.108)

---

104) 『與猶堂全書』 1集, 「考績議」, 186~187쪽.
105) 律己의 경우 飾躬·礪行·觴政·色戒·減眷·屛容의 조목이 있다.
106) 赴任·律己·奉公·愛民·吏典·戶典·禮典·兵典·刑典·工典·賑荒·解官에 해당된다(『與猶堂全書』 5集, 「牧民心書」, 299쪽).
107) 『與猶堂全書』 5集, 「經世遺表」, 天官修制 考績之法, 75쪽.

정약용이 제안한 지방관 고과제는 감사의 수령에 대한 권한 축소와 중앙정부의 수령에 대한 통제와 감독의 강화를 목적으로 하고 있었다. 즉 감사의 경우 수령에 대한 자의적인 인사재량권이 줄어들었을 뿐 아니라 감사 역시 상대평가제에 의해 고과를 받도록 하였다. 수령에 대해서도 잦은 고과의 부담을 줄여 지속적인 통치가 이루어질 수 있도록 지방통치의 자율성을 보장해 주는 동시에 수령의 직접 보고와 암행어사의 규찰이라는 과정을 첨가하였다. 이는 감사의 권한을 제약하고 수령을 더욱 중앙정부의 통제아래 놓이게 한 것이다. 결국 정약용의 지방관 고과제는 지방행정의 일선을 담당하는 수령과 중앙정부의 직접 연결을 강화하여 중앙집권적 통치질서를 확립하고 행정체계 운영의 효율성을 증대하려 한 것이다.109)

또한 외방의 관직에 대하여 현실에 맞도록 관품을 조절해야 한다는 것이다. 즉 모든 외방직은 최소한 7품 이상자로 제수되어야 하며, 또한 필히 軍民兼材의 인사가 파견되어야 한다. 왜냐하면 외방의 목민관은 일반 행정뿐만 아니라 군사 관계사무도 담당해야 하기 때문이다. 정약용에 의하면 郡守와 尹은 4품, 判官은 5품, 縣令과 察訪은 6품, 監牧官은 7품으로 하는 것이 합당하다고 보았다.110)

정약용이 외관의 품계에 관심을 가진 이유는 그의 생의 후반기 대부분을 謫地 및 鄕里에서 보냈기 때문에 지방사정에 밝았고, 또 행정적 모순과 문제점도 누구보다 잘 파악할 수 있었을 것이며, 수령의 횡포 등 제도적·운영적인 면에 이르기까지 외관제의 불합리한 내용을 너무도 잘 알고 있었기 때문이다.111)

---

108) 『與猶堂全書』 5集, 「經世遺表」, 天官修制 考績之法, 72쪽.
109) 강석화, 「丁若鏞의 官制改革案 硏究」, 『韓國史論』 21, 1989, 229쪽.
110) 『與猶堂全書』 5集, 「經世遺表」 卷3, 外官之品條.
111) 이존희, 앞의 책, 338쪽.

(4) 재지세력 대책

가. 鄕所制 개혁론

18세기의 조선사회는 생산력 발달을 기저에 둔 사회변동이 진전되었고 신분제의 변화가 야기되고 있었다. 특히 차별적인 中世 身分制 하에서 지배세력으로 분류된 양반층 내부에 경제력을 내세운 새로운 세력의 부상과 편입이 전개되었다. 이에 대응하여 종래의 士族들은 鄕校와 書院을 중심으로 별도의 세력기반을 확립하고 新鄕의 진출에 적극 대처하고자 하였다. 이른바 儒·鄕간의 갈등이 도처에서 전개되었다.

신분상승을 도모했던 新鄕은 舊士族이 취임을 거부한 鄕任職에 적극 편제되었다. 面任은 물론 鄕廳의 하급직임에 가담했던 것이다. 이 시기 新鄕은 지방관청에 대한 재정보상을 통해 신분상승의 계기를 삼고 있었던 점에서 대체로 守令과의 이해관계도 일치되었다. 누대에 걸쳐 在地 有力家門으로서 존재했던 士族의 시각에서 볼 때 新鄕의 鄕任職 참여는 우려할 만한 사항이었다. 이들은 新鄕에 대해 염치도 없이 守令權에 예속되는 존재로 비유하였다. 당시 新鄕의 참여에 따른 鄕所지위의 격하는 이와 같이 諸原因이 서로 결합되어 야기된 것이었다.

18세기 政論家들은 향촌문제의 하나로서 守令權과 재지세력 사이에 官治와 自治를 둘러싼 절충점의 모색과 조정문제를 고민하고 있었다. 원활한 향촌운영을 위한 제 방안이 대두되는 가운데 기존 재지세력의 향촌지배기구였던 鄕所를 적시하고 그 활용을 주장하였다. 논의의 목적은 紀綱 확립과 官政의 효율성을 향상시키기 위해, 그리고 守令權의 자의적 행사의 견제와 유력한 재지세력의 참여를 유도하기 위해 鄕所를 개혁해야 한다는 것이었다.

그 방안은 역대 중국의 鄕官制度에서 유래를 찾아 原意(組織體系, 機能)를 회복함과 동시에 중앙의 관직체계에 편입시켜 公的 지위를

부여하고 공적기구로서 정착시키고자 하였다. 이는 貢擧制에 의한 選
人의 중요성을 강조하고 座首・別監을 從9品의 典正・典檢으로 임용
하고자 했던 앞 시기 磻溪 柳馨遠의 주장과 궤를 같이하는 것이었다.

　당시 재지세력이 鄕權장악을 제대로 장악해 수 없었던 것은 지배세
력 내부의 분화로 인해 일원화된 기구를 통한 조직적 대응이 어려웠던
데 한 원인이 있었다. 이에 따라 유력 士族이 많지 않은 郡縣에서는
상대적으로 守令權의 전횡이 커다란 문제가 되었다.

　英祖 36년 10월 司宰奉事 李存誠은 12개조의 疏 가운데 "守令이 一
邑을 自專해도 郡縣內 座首 이하 어느 직임자도 諫하여 시정하지 못
하고 조정에서도 적절히 통제하지 못함으로써 심각한 폐단을 야기한
다"고 지적하였다.[112] 이와 같은 향촌문제에 대해 郡의 佐臣인 座首職
의 제도개선, 즉 各邑 座首의 명칭을 개칭하고 읍내 閥閱望士를 銓曹
에 보고하여 京職처럼 擬望受点하는 안을 제시했다.[113] 士族이야말로
民俗을 잘 알고 있고 향촌사회에서 존경받기 때문이라는 것이다. 따라
서 專擅하는 守令을 견제하고 향촌의 효율적인 통치를 위해 座首의
名位를 重하게 하여 士族을 포진시킨 후 서로 政事를 상의하게 할 것
을 주장하였다. 李存誠은 治郡에서 守令의 전횡을 통제할 직임으로
座首를 내세우고 이를 위해 座首 지위의 개혁이 필요하다는 견해였다.

---

112) 『備邊司謄錄』139冊, 英祖 36年 10月 27日, 13책 474쪽, "嘗見守令自專一邑
　　人莫矯非 守令曰可 座首以下皆曰可 守令曰否 座首以下亦皆曰否之 其可惡
　　而欲殺之 殺之而後已 此無他 下無敢諫之人 惟意所欲故耳 朝家後雖隨聞重
　　繩 而已殺之人 不可後生 旣誤之政 責之無及 則朝家之不可不矯弊者".
113) 『備邊司謄錄』139冊, 英祖 36年 10月 27日, 13책 474쪽, "臣請各邑座首 改其
　　名號 使守令 擇邑中之閥閱望士 報于銓曹 銓曹擬望受点 一如京職之例 守
　　令盡職 敬待相議政事 監司別星 毋論侮辱 限以六十朔爲期 而監司褒貶 依
　　守令例 亦書等第 十考十上者 必使銓曹 起遷京職 而三百邑之郡佐 不可盡
　　爲付職 鄕多士夫之邑 則定爲應遷之窠 其餘則拔其治績之卓異者 除職似可
　　矣 士人習知民俗 助治不少 且其坐地尊 而名位不輕 則必與守令 互相可否
　　規警闕失 不如前日之俛首聽命 此非但祛守令專擅之弊 亦大有補於治道矣".

다음으로 英祖 35년 魏伯珪 역시 "列邑座首別監之號 皆改以丞主簿 爲仕進初階"114)이라 하여 座首는 丞, 別監은 主簿라 개칭하여 京官에 진출하는 末端 品階를 받도록 하였다. 여기에서 魏伯珪는 文治主義 관료체제의 전형이었던 宋代의 제도를 모방한 것으로 보인다.115)

丁若鏞 역시 治郡에서 鄕所의 중요성을 강조하였다. 그는

> "鄕丞은 수령의 보좌인이다. 반드시 한 고을에서 가장 착한 사람을 택하여 이 직역을 맡도록 할 것이다."116) "座首는 賓席의 우두머리다. 진실로 마땅한 사람을 얻지 못하면 모든 일이 잘 다스려지지 않을 것이다."117)

라 하여 鄕所職任의 중요성을 강조하였고 적임자의 선발이 政事의 요체임을 말하였다. 또한

> "대저 수령의 직책에는 백성의 목숨이 달려 있으니 한 사람이 횡포를 부리면 백성이 쓰러진다. 그러므로 감사로써 그를 살피게 하고 都事로써 그를 감시하게 하고 名士를 택하여 향소에 있게 하고 대신을 명하여 京所에 있게 하여, 서로 통제하며 수령으로 하여금 나쁜 짓을 못하게 하는 것이다. (중략) 지금 京所法은 비록 다시 복구할 수 없다 하더라도 향소를 반드시 名士를 등용하여 마땅히 安東의 제도와 같이 할 것이로되 조정의 명령이 있어야만 가능할 것이다"118)

---

114) 存齋 魏伯珪(1727~1798)의 學風과 대체적인 經世論에 관해서는, 이해준, 「存齋 魏伯珪의 社會改善論-18世紀末 鄕論의 自律性摸索을 中心으로-」, 『韓國史論』5, 1979 참조.
115) 宮崎市定, 「宋代州縣制度の由來とその特色」, 『アジア史研究』4, 東洋史研究會, 1974, 60~61쪽 ; 申採湜, 『宋代官僚制研究』, 三英社, 1981, 191~196쪽.
116) 『與猶堂全書』5集, 「牧民心書」, 吏典 用人條.
117) 위와 같음.
118) 위와 같음.

라고 하였다. 그는 무엇보다 전횡하는 守令의 통치에 대해 鄕所와 京在所에 각각 名士와 大臣을 등용하여 서로 연결 통제하여 감시하는 것이 중요하다고 지적하였다. 그러나 현실적으로 이미 혁파된 京在所를 염두에 둘 때 현실적인 방안은 고을 내 名士를 鄕所에 등용시켜야 한다는 것이다. 丁若鏞은 古法 이래 鄕任의 선택을 중히 여겼는데 근년에 와서 점차 가볍게 대한 사실을 지적하고 安東에서 최고의 名士를 座首에 임명함으로써 재지세력을 장악할 수 있었던 사례와 중국 後漢에서 마을 내 豪强을 제압하고 고을의 행정을 맡게 했던 功曹의 직임을 예로 들어 座首 임용의 준거를 제시하고 있다. 이는 鄕任職에 新鄕들이 대거 참여하고 점차 守令權에 예속화되는 현상으로 인해 在地士族들이 임용을 거부했던 당시의 상황을 지적한 것이다. 결국 지위회복과 자율성 증대를 통해 鄕任職이 守令에 의해 官任의 하나로 賤視되는 상황이 저지되며 궁극적으로 在地士族을 결집시켜 보다 완전한 향촌통치를 이룰 수 있다는 것이다.

한편 당시 諸政論家들이 鄕所에 대해 中央官職 내지 外官職의 品階를 부여할 것을 주장한 것처럼 丁若鏞 역시 유사한 주장을 통해 鄕所를 활성화하고 능력주의에 입각한 인재 선발의 방법으로 삼고자 했다. 丁若鏞은 座首를 鄕大丞, 別監은 左右副丞이라 하여 모두 正9品 從士郎의 품계를 부여하도록 했다. 이후 공적을 평가하여 監司나 御使로 하여금 式年에 각각 9백 명씩을 추천하게 하고 그 가운데 3人을 뽑아 京官에 임명하면 명성과 품행있는 사람이 반드시 그 속에서 나올 것임을 주장하였다. 이는 吏曹에서 文官을 임용할 때의 절차를 그대로 적용시키는 것이었다.119) 丁若鏞은 黃海道·平安道의 五營將의 中軍

---

119) 上同, 373쪽. 丁若鏞 역시 18세기의 諸論者와 같이 座首에 대해 군현내 名士를 중용시키되 正9品 文官의 品階 정도를 수여한다는 점에서 그 대우에 다소 격이 떨어진다고 보인다. 그러나 중국 宋代의 選人과 달리 확대 재생산되는 士族에 비해 實職의 수가 적었던 사정을 감안할 때 비교적 현실적인 주장으로 여겨진다.

386

과 宋 이후 중국의 守令 보좌 직임인 丞·尉·主簿도 모두 考課 대상
이었다는 점을 들어 鄕官도 이에 따를 수 있다고 주장하였다. 즉 丁若
鏞은 鄕官의 임용시 능력주의에 입각한 貢擧制의 적용을 말한 것이다.
　丁若鏞은 鄕廳이 지니는 본래의 자치기능을 확대 신장하여 守令－
吏胥 중심의 官司體系의 독주를 견제하고 향촌지배체제의 균형을 확
보하고자 했다. 그 중 하나가 邑事를 주무하는 吏胥들의 업무를 감시
하도록 한 것이다. 丁若鏞은 鄕任 6명으로써 六房을 나누어 그 업무를
감독 관찰하도록 했다. 座首는 吏房을, 首倉監은 戶房을 겸하여 맡고,
左別監이 禮房을, 軍倉監이 兵房을 겸해 맡고, 右別監은 刑房을, 庫監
이 工房을 겸해 맡게 하여 직책을 나누어주고 각각 업무를 살피게 하
였다. 六房의 문서는 모두 이들의 서명을 받게 하여 만약 농간이 발생
하면 허물을 서로 나누어 가지게 했다. 이를 통해 체모가 엄정해지면
정사의 처리가 난잡하지 않을 것임을 말하였다. 한편으로 守令이 일에
밝지 못함으로 인해 軍訟과 賦訴 등의 주요 政事를 鄕廳에 맡겨서 운
영하는 실태를 적시하였다. 이로 인해 座首가 吏胥와 더불어 농간을
부려서 뇌물을 받고 부정을 저지르는 일이 많다고 하였다. 이와 같은
부정을 방지하기 위해 守令은 座首를 면전에 불러놓고 소송을 제기한
백성의 변명을 직접 들음으로써 그 일을 조사 처리하도록 했다. 丁若
鏞은 鄕任들의 자율성 제고에 상응하는 부정방지대책을 동시에 제기
한 셈이다. 그리고 座首의 任免이 수령에 의해 좌우되는 것을 막기 위
해 曾經鄕所들이 모여 圈点을 통해 선발하되 수령은 형식적인 差帖만
을 부여하도록 했다. 다만 鄕所가 추천한 風憲·約正이 부정을 저지르
는 경우 守令이 座首의 差帖을 거두어들이도록 하였다.
　이상에서 丁若鏞은 治郡의 중핵으로서 守令－吏胥의 官司體系를
상정하면서도 이들을 견제 감시하고 재지세력을 결집시키는 방안으로
鄕所의 기능을 복구시키고자 하였다. 丁若鏞의 경우 鄕任에 新鄕이
대거 진출하고 열악한 邑財政으로 인해 鄕所의 인원 확보가 어려웠던

현실적인 문제점을 동시에 지적하면서도 安東의 예와 역대 중국의 鄕官 사례를 적시하면서 在地 名士의 등용과 그 자율권의 확립을 주장하였다.

나. 鄕吏論

鄕吏는 조선시기 지배기구의 말단에서 행정의 실무를 장악했던 계층이다. 복잡한 지방관청의 운영체제에서 부세문제를 비롯한 제반 업무의 관장이 향리에 의해 좌우되었다. 목민관에게는 禦吏의 요령이 가장 터득하기 어려운 것으로 지적되었고,120) 많은 정론가들이 鄕吏의 作奸에 대해 문제를 제기하였으며, 심지어 曺植은 '吏胥亡國論'을 언급하기도 했다.121)

정약용 역시 이전 정론가들의 鄕吏觀과 크게 다르지 않지만 鄕吏의 作奸이 통치질서의 문란을 가져오는 일 요인으로 보고 『經世遺表』나 『牧民心書』, 그리고 鄕吏論과 奸吏論에서 그 해결책을 모색하고 있다.

정약용은 향리가 지배자의 지위에서 권한을 가진 존재라고 하였다. 더구나 그 권한이 生殺禍福에 관계되며 백성에게 미치는 영향이 막중한 것임을 지적한다.122) 특히 "백성은 토지로서 논밭을 삼지만 아전들은 백성으로서 논밭을 삼아 백성의 껍질을 벗기고 골수를 긁어내는 것으로서 농사짓는 일로 여기고, 머릿수를 모으고 마구 거두어들이는 것으로 수확하는 일로 삼는다"라고 지적하며123) 향리의 폐를 반드시 矯

---

120) 「治郡要訣」 6, 臨下.
121) 『增補文獻備考』 卷229, 職官16 雜職吏胥, "李睟光曰 曺植言朝鮮以吏胥亡國 可謂痛切 至于今日吏胥之害滋甚".
122) 『與猶堂全書』 1集, 詩文集 論 鄕吏論1, "今守令久者四三年 不然者朞年而已 其在位也 若逆旅之過客 然而鄕吏於此 無恩義相係屬 故其權恒在於鄕吏".
123) 『與猶堂全書』 5集, 「牧民心書」 卷4, 吏典 束吏, "民以土爲田 吏以民爲田 剝膚槌髓 以爲耕耨 頭會箕斂 以爲刈穫".

救해야 됨을 말하고 있다.

정약용은 향리의 부정은 첫째, 일정한 녹봉이 없고 둘째, 직임의 임용시 定制가 없기 때문이라고 하였다.[124]

이에 따라 정약용은 향리의 작간을 방지하는 대책을 제시하고 있다.[125] 먼저 수령의 律己와 行法이다. 수령이 아랫사람에게 위엄과 덕망을 보이며 스스로 청렴해야 한다는 것과 향리의 부정행위를 법대로 懲治하여 다른 부정을 미연에 방지해야 한다는 것이다. 다음으로 향리의 정원을 정하여 시행해야 함을 강조하였다.[126] 이때 정원은 현재의 수보다 감축하는 것이 원칙이다. 향리론에서는 戶의 다소를 기준하여, 1천 戶일 때 10인을 두고 매 千戶의 증가시 2인씩을 증액시키어 大邑이라도 30인을 넘지 않도록 하는 방안을 제시하였다.[127] 즉 정약용은 吏胥 정원제를 시행하면 스스로 행동에 주의할 것이라고 여겼다.[128] 셋째로는 세습제의 폐지, 즉 輪番差任制의 폐지이다. 구체적으로 같은 집안의 세습을 금하고 친형제 사이에는 함께 차임되지 못하게 하며, 8촌간에는 3인의 임용을 넘지 못하게 하였다. 또한 吏房·倉吏 등 權要之任은 營吏의 예처럼 鄰邑의 吏로서 充差시키며 吏任의 差任은 매년 봄 掌胥院의 差帖을 받아 수행하게 했다.[129] 끝으로 정약용은 京邸吏·營邸吏를 비롯한 전국의 향리를 관장하는 기구로 掌胥院을 두어

---

124) 『與猶堂全書』1, 集鄉吏論 三.
125) 김동수, 「茶山의 鄕吏論」, 『龍鳳論叢』13, 전남대학교 인문과학연구소, 1983, 7~15쪽. 김동수는 정약용에 의해 제기된 정책이 향리의 부정이라는 현실적인 사안에 대한 대응책일 뿐 향리들의 사회·경제적 처지에 대한 개선이나 법조문의 신설을 통한 체계적인 규제를 주장한 것은 아닌 대체로 소극적인 성격이 강하였음을 지적하였다.
126) 『與猶堂全書』1集, 鄉吏論 二, "定吏額 國家之切務也".
127) 『與猶堂全書』1集, 鄉吏論 三. 掌胥院條에는 田民의 다소를 기준으로 하되 大邑이라도 30인을 넘지 않도록 하였다. 俗吏條 역시 1천 결마다 5인을 두고자 했다.
128) 『與猶堂全書』1集, 鄉吏論 3.
129) 『與猶堂全書』5集, 「經世遺表」卷2, 秋官刑曹 掌胥院.

운영하고자 했다. 掌胥院이 서리의 정원을 정하고 그 조례를 반포하여 엄격하게 지켜나가면 당시의 문란한 지방행정도 바로 잡아질 수 있을 것이라 하였다.[130)]

정약용에 앞서 일찍이 趙憲·李德馨·柳馨遠 등의 정론가들이 일찍이 향리들의 俸祿制를 주장한 바가 있다.[131)] 그런데 정약용은 향리들의 봉녹제에 대해 그 필요성은 인정하지만 적극적인 제안을 하지는 않았다. 무엇보다 향리에게 녹봉을 주는 것은 대대적인 田制의 개혁이 이루어진 다음에야 가능한 것으로 보았다. 일 예로 田結의 개혁이 이루어져 隱結의 반만 찾아내도 향리의 廩料는 충분하다고 하였다.[132)] 결국 정약용의 개혁론은 토지제도와 신분제 내지 행정·재정상의 개혁이 전 구조적으로 연결되었음을 보여준다.

정약용은 지방행정의 쇄신을 위한 방안으로 지방의 목민관에게는 개인적인 덕성에 호소하여 경제적으로 절약청백을 요구하고, 胥吏단속에 있어서는 법에 의하여 엄하게 다루라고 제안하였다. 이것은 그의 지방행정정책의 '二大根幹'으로 평가되기도 한다.[133)]

4. 맺음말

조선후기 실학은 전근대의 마지막 시기에 일어난 현실개혁의 학풍이었다. 따라서 그 개혁론의 주된 내용은 당시 봉건국가 지배체제의 속성이 극단적으로 드러난 여러 사회 모순의 현실을 극복하기 위함이었다. 여느 정론가들과 달리 조선후기 실학자들은 자기 시대의 현실문

---

130)『與猶堂全書』5集,「經世遺表」秋官刑曹, 32쪽.
131) 김동수, 앞의 논문, 42쪽.
132)『與猶堂全書』5集,「牧民心書」卷4, 吏典 束吏, "吏之稍餼 不可遽議 唯大革
　　　田制 始可經紀 詳見余田制考 今姑略之(括出隱結之半 以爲吏廩亦有餘矣)".
133) 홍이섭,『丁若鏞의 政治經濟思想研究』, 한국연구원, 1959, 189쪽.

제를 깊이 인식하고 토지·신분제를 비롯한 전 국가체제에 대한 변혁을 염두에 둔 개혁론을 제시하였다.

조선후기 국제정세와 사회추세를 통찰하였던 실학자들은 각종의 法制를 재정비하고 농업진흥책의 실시, 賦稅制度의 釐正을 통해 經國濟民, 富民富國의 정책을 실현하고자 했다. 사회변동과 혼란의 와중에서 요구된 국가적 과제는 禮治·文治의 달성만이 아니라 武力과 경제력을 갖춘 강고한 국가체제의 확립이었다. 이 과정에서 실학자들은 앞서 축적된 국가운영의 경험을 바탕으로 富國强兵에 기초한 강력한 중앙집권국가의 확립을 목표로 내세웠다.

실학자들의 지방제도 개혁론은 국가재정 확보, 治安·行政체계의 유지 차원을 넘어서서 근본적으로 향촌사회를 재편성하고 對民支配體制를 확립하려는 견해였다.

政論家들은 새로운 鄕政論의 정치이념상의 원형으로 周代 鄕遂制를 비롯한 先王의 政制를 제시하고 역대 중국 행정촌의 시행사례를 참고하려 했다. 그러나 대부분의 경우 조선과 중국의 地宜 및 時宜의 차이를 염두에 두고 다양한 내용을 담고 있었다. 국가권력이 집약적으로 실현되고 있는 향촌사회를 어떻게 개혁·정비할 것인가 하는 문제는 국가권력과 在地勢力, 基層民과의 관계를 여하히 설정할 것인가의 문제로 치환되기도 한다. 따라서 향촌개혁안에는 당시 전 사회체제의 정비에 관련된 개혁이념이 적극 반영되어 있는 것이다.

17세기 磻溪 柳馨遠은 적극적으로 鄕政論을 개진한 대표적인 인물이었다. 柳馨遠 당시 조선왕조에서 논의되는 지방제도 개혁론은 郡縣의 倂合論과 守令制 改革論이라는 전통적인 정책의 수준을 벗어나지 못했다. 유형원의 外任重視論, 官職 久任論 및 冗官革罷=倂省州縣論은 앞선 李珥의 지방제도 更張論을 계승한 것이었다. 이에 柳馨遠은 한 걸음 더 나아가 토지제도 개혁론과 토지분급제를 바탕으로 생산단위와 적절한 家戶數와의 일치를 통해 古法制의 향촌사회를 재현시키려 했다.

그의 鄕政論은 周代 封建制의 이념을 전제로 한 王室－藩屛의 확립과 郡縣 幷省論을 담고 있으며 구체적인 향촌조직으로서 鄕里制를 강조하였다. 즉 전통적인 守令制와 郡縣對策에 머무르지 않고 生産의 場이자 統治의 客體인 鄕村과 民을 위요한 面里制(鄕里制)에 보다 주목한 政論家였다. 鄕里制에 따르면 五家作統制를 근간으로 하되 10統을 里로 다시 10里를 鄕, 坊으로 명명하여 최하부의 행정단위로 삼도록 하였다. 여기에 생산주체로서의 家戶를 일정수 배치하고자 했다. 따라서 柳馨遠은 500家 700頃 규모의 鄕(坊)을 적절한 生産・行政 단위로 규정하였다. 鄕의 직임으로 鄕正(坊正)－里正－統長을 계열화하여 특히 士類의 鄕正 任命을 강조하고 常祿, 伺侯를 덧붙여서 실질적인 권한을 담보해 주고자 하였다. 또한 재지사족의 향촌운영의 참여를 유도하기 위한 보조기구로서 鄕約의 조직・직임과 洞契의 기능을 적극 활용시키고 鄕官(鄕所)과 같은 기존 재지기구를 보다 활성화시키는 데 목표를 두었다. 특히 座首・別監을 從9品의 典正과 典檢으로 임명하여 새롭게 관직체계 속에 편입시키고자 했다. 이는 鄕所의 공적 지위를 회복시키며 그들로 하여금 守令權과 재지세력 사이의 이해 조정 역할을 담당하도록 한 것이다.

그의 鄕政論은 국가의 향촌지배정책의 강화, 기저의 생산력 발전에 기인한 자연촌의 성장이라는 향촌상황을 직시한 논리였다. 무엇보다 토지분급을 전제로 한 향촌제도의 단위 확정과 이를 기반으로 한 貢擧制・學校制 및 軍士制度의 개혁을 강조한 사실이 나타난다.[134] 이와 같은 토지분급을 전제로 한 본격적인 향촌제도 개혁안은 井田制를 기반으로 했던 고내 封建制의 遺意에 가장 적합한 방안이 되는 것이다. 이러한 全體制的인 柳馨遠의 개혁안은 즉시 국정에 정책적으로 반영된 것은 아니지만, 차후 18・19세기 향촌문제를 운위한 政論家들의 개

---

134) 김준석, 앞의 논문, 1993, 110~113쪽.

혁방향을 제시한 논거의 하나가 되었다.

18세기 대대적인 사회변동 과정에서 順庵 安鼎福은 국가의 향촌지배정책·면리제가 확대되고 재지사족의 향촌지배력이 현저히 약화되는 사실을 확인할 수 있었다. 順庵 安鼎福은 향촌통치에 대한 방책과 鄕社法의 시행방안을 제시하였다. 특히 경제력을 담보한 富民을 주목하고 그들의 향촌지배기구(말단 실무 향임직)에의 참여를 유도하였다. 아울러 「廣州府慶安面二里洞約」의 운용사례에서 보듯 실질적인 군현통치 과정에서 수령중심의 향촌교화를 도모하려 하였다. 안정복은 18세기 신분제 변동과 양반층의 형해화된 현상을 깊이 인식하고 있었다. 그러나 그는 下民의 이익을 옹호하는 논리를 발전적으로 계승하기보다는 '抑强扶弱'의 논리와 洞約실시를 통하여 사족 중심의 사회질서의 재구축을 모색하고 있었다. 중세사회를 해체시키면서 성장하고 있는 민의 실체를 예리하게 포착하였지만 이들 사회세력을 중세적인 사회질서 속에 재편입시키고자 노력하였을 뿐이었다.[135]

안정복은 29세인 1740년(영조 16)에 井田說을 지어 토지문제에 대한 관심을 나타냈다.[136] 이후 영조 말년에 저술된 것으로 보이는 『雜同散異』의 井田溝洫諸法에서 재차 토지제도에 대한 생각을 밝히고 있다. 자신이 선호한 「配井田法」에서 대토지 겸병을 비판하고 노동력에 따른 토지소유의 상한선을 규정하고 民産의 균등화를 지향하고 있다. 특히 경작능력을 지닌 자만이 토지를 소유할 수 있도록 하는 '耕者有田'의 원칙을 내세움으로써 생산력의 제고를 도모하였다. 향촌문제의 해결은 궁극적으로 민들이 일정한 산업과 거처가 있을 때 가능한 것임을 밝히고자 하였다.

茶山 丁若鏞은 18세기 말 중세사회가 전면적으로 해체되어 가는 것을 목도하면서 토지제·신분제를 비롯한 국가 전체제에 대한 개혁을

---

135) 한상권, 앞의 논문, 293쪽.
136) 『順庵先生文集』 卷19, 井田說.

구상함으로써 중세사회의 기본모순에 대한 인식을 심화시켜 나갔다. 그는 당시 사회를 근본적 개혁이 필요한 위기적 상황으로 규정하였다. 대응책으로 강한 실천지향성을 띠는 경학사상을 바탕으로 하여 집권 관료제의 확립을 전제로 한 새로운 질서체계를 제안하였다.

그는 郡縣分隸論·郡縣分等論을 통해 지방행정구역의 조정을 모색하였고, 목민관으로서 守令制 개혁론을 考績制와 더불어 전면 제시하였다. 이어 재지세력에 대한 대책으로 鄕所制 개선론 및 束吏論을 통한 이서제의 문제를 제기하였다. 우선 鄕所대책은 18세기 향촌지배에 있어 재지사족의 위상이 현저히 약화되어 상대적으로 守令權·吏胥의 전횡이 문제시되는 상황에서 官治체제로서의 수령권을 견제할 사족의 육성을 모색한 것이었다. 다음으로 鄕吏의 문제는 이전 시기부터 痼弊로서 지적되었던 것으로, 당시에도 집권관료체제의 말단 실무조직이 방만하게 운영되는 제도적 모순 속에 철저히 利權化되어 사욕을 추구하는 문제점을 해결하고자 한 것이었다. 정약용은 앞 시기 政論家들의 견해를 계승하여 농봉제·정원규정·세습규제 등 구체적인인 鄕吏制 개혁안을 제시하고 있다.

정약용의 지방제도 개혁론은 周禮의 6典 編制에 근거하고 있으며, 그것은 지나친 이상론이 아니라 당시 조선사회의 현실을 직시하여 실천이 가능하도록 전용시킨 방안이었다.

이상에서 살펴 본 柳馨遠과 安鼎福 및 丁若鏞의 鄕政論은 다음과 같이 정리된다. 첫째, 기존 郡縣制 대책에서 군현의 효율적인 배치와 수령·향리제의 개혁론을 언급하고, 보다 하부기구인 面里制를 향촌통치의 근간조직으로 설정하면서 향촌내 여러 사회조직을 통일적으로 접합시키고자 하였다. 둘째, 재지사족은 私的 토지소유, 노비에 대한 인신적 지배를 통해 그리고 차별적인 신분제 및 국가권력에 의해 보장된 계급적 이해관계를 발현하고 있었던 바, 이들을 공적 사회제도인 面里機構의 제직임 속에 적극 포섭하고자 노력한 점을 볼 수 있다. 특

394

히 향촌의 직임자로는 중국 역대 사례와 조선조의 사례를 안출하여 입
증함으로써 士族 임용의 타당성을 밝히고 있다.

한편 유력한 재지사족에 대해서는 전통적인 鄕約조직의 직임을 부
여하고 守令 보좌기구로서 鄕官의 직임을 공식화하여 임용시키려 했
다. 이처럼 재지사족을 面里기구의 운영직임으로 적극 유치함으로써
효율적인 향촌통치가 이루어진다는 점에 공통된 견해를 보이고 있다.
즉 향촌사회·민에 대한 국가의 단일 지배체제의 확립을 도출하고자
하였다.

셋째, 철저히 토지분급을 전제로 한 향촌조직을 강조하여 생산자·
생산단위와 향촌통치조직을 연계시키려고 한 점에서 보다 근본적인
변혁을 주장하였다.

실학자들 사이에서도 지방제도 개혁론의 변화, 발전상은 조선후기
사회경제의 단계적 변화, 그리고 실학 전반의 발전과 대응하며 달라진
다. 17세기 단계의 柳馨遠이 兩亂 후 사회혼란의 극복을 위해 국왕 중
심의 집권 관료제의 시행을 모색하였다. 따라서 鄕里制(면리제)의 정
비와 강력한 재지세력의 제어를 중심으로 한 鄕政論을 펼치고 있다.
반면 18세기 단계의 安鼎福은 전국적인 면리제의 시행을 인정하고 鄕
社法을 소개하며 富民들의 성장을 주목하고 이들을 실무 향임으로 적
극 등용하고자 했다. 아울러 향촌지배의 조력자로서 재지사족의 존재
를 수긍하여 그들의 公論을 확보하고자 했다.

다음으로 丁若鏞은 대대적인 생산력 발전·상품화폐경제의 성장을
전제로 군현의 행정구역을 전국 각지의 지역경제권과 일치시키려고
했다. 또한 지방통치에서 상대적으로 전횡하는 '수령－이서'의 官治체
제를 견제하고 향촌에서 왜곡되는 봉건적 덕정체계의 손상을 막기 위
해 수령 考績制와 束吏論을 강하게 제기하였다.

이상에서 살펴 본 조선후기 실학파의 지방제도 개혁론의 흐름이 이
후 한말기 개혁기에 어떻게 계승되며 관계되는지는 별고를 통해 검토

할 예정이다.

실학자의 군사제도 개혁론

서 태 원[*]

1. 머리말

군대는 전쟁을 행하거나 대비하는 역할은 물론이고, 변란의 진압 등을 통해 현존 지배체제를 물리적으로 뒷받침하여 준다는 점에서 국가의 조직이나 운영에서 핵심적인 위치를 차지하였다. 조선시대의 군사제도는 왜란과 호란 등을 겪으면서 조선후기에 많은 변동과 모순을 보여주었다. 즉 임진왜란 중에 紀效新書法이 도입되어 훈련도감과 속오군이 창설되는 가운데 군대의 편제·진법·무기·군역담당층 등의 변동이 이루어졌고, 훈련도감에 이어 인조대 후금과의 전쟁을 치루기 위해 총융청·수어청·어영청이 그리고 숙종대 금위영이 창설됨으로써 조선후기 중앙의 오군영 제도가 확립되었다.[1] 아울러 현종대 이후 청

---

[*] 충북대학교 중원문화연구소 전임연구원, 국사학
[1] 조선후기 군제에 관한 단행권 및 연구사 정리 등으로는 다음의 글이 참고가 된다. 車文燮, 『朝鮮時代軍制研究』, 檀大出版部, 1973 ; 車文燮, 『朝鮮時代 軍事關係 研究』, 檀國大學敎出版部, 1996 ; 李泰鎭 외, 『韓國軍制史—近世 朝鮮後期篇—』, 陸軍本部, 1977 ; 李泰鎭, 「朝鮮後期의 政治와 軍營制變遷」, 한국학연구원, 1985 ; 崔孝軾, 『朝鮮後期 軍制史研究』, 신서원, 1995 ; 張學根, 『朝鮮時代海洋防衛史』, 창미사, 1988; 吳宗祿, 「군사제도」, 『한국역사입문(2)』, 풀빛, 1995 ; 徐台源, 『朝鮮後期 地方軍制研究-營將制를 중심으로-』, 혜안, 1999 ; 김우철, 「조선후기 군사사 연구의 현황과 과제」, 『조선후기사 연구의 현황과 과제』, 창작과 비평사, 2000 ; 김우철, 『朝鮮後期 地方軍制史』, 경인문화사, 2001 ; 송양섭, 「조선후기 군역제 연구현황과 과제」, 『조선후기사

과의 전쟁 위험성이 감소되고 평화의 시대가 전개되자 지방군이 치안유지에 적극 활용되었고, 조선후기에는 군역의 賦稅化도 강화되었다.

하지만 임진왜란 이후 창설된 중앙의 군영과 지방의 鎭營 등은 국가의 재정부담·군포의 폐단·병권을 둘러싼 당파간의 대립 등을 심화시켰으며, 대외전쟁이 없었던 18세기~19세기 전반기 평화의 시대에는 武에 대한 소홀로 인하여 국방력이 크게 약화되었다. 이에 정부지배층과 식자층은 국가의 재정 부담을 줄이고 군인의 생활을 안정시키면서 국방력을 강화하는 것 등을 목표로 군사제도 개혁론을 제기하였는데, 실학자의 방안도 그러한 차원에서 제기된 것이었다.

실학자의 군사제도 개혁론에 대한 연구는 1950년대 천관우의 반계 유형원에 대한 논문을 시작으로, 1970년대부터 본격적으로 연구가 진행되어 현재에 이르고 있다. 지금까지의 연구경향은 크게 2가지로 구분된다. 첫 번째는 인물을 중심으로 한 연구로, 여러 명을 살펴본 경우도 있지만2) 대체로 한 사람을 중심으로 이루어졌다.3) 이러한 연구는

연구의 현황과 과제』, 창작과 비평사, 2000 ; 백기인, 『朝鮮後期 國防論 研究』, 혜안, 2004.

2) 여러 명의 실학자를 나열하면서 그들의 군제개혁론을 살핀 논문 및 저서로는 정성철, 『실학파의 철학사상과 사회정치적 견해』, 사회과학출판사, 1974(『실학파의 철학사상과 사회정치적 견해』, 한마당, 1989) ; 박시형, 「우리나라 실학유산에 대한 연구-실학자들의 군사개혁론을 중심으로-」, 『역사과학』 100, 1981 등을 들 수 있다.

3) 실학자 한 사람의 군제개혁론을 살펴본 연구로는 다음의 논문을 들 수 있다. 첫 번째로 17세기 磻溪 柳馨遠에 대해서는 千寬宇, 「磻溪柳馨遠研究-實學 發生에서 본 李朝社會의 一斷面-」, 『歷史學報』 2·3, 1952·53(千寬宇, 『近世朝鮮史研究』, 일조각, 1979, 270~280쪽 및 311~321쪽) ; 宋正炫, 「實學派의 軍制改革案에 대하여-磻溪隨錄을 중심으로-」, 『湖南文化研究』 5, 1973 ; 金駿錫, 「柳馨遠의 政治·國防體制 改革論」, 『東方學志』 77·78·79 합집, 1993 ; 尹用出, 「柳馨遠의 役制改革論」, 『韓國文化研究』 6, 1993 ; 徐台源, 「壬辰倭亂 및 孝宗의 北伐論이 內政에 끼친 영향-磻溪 柳馨遠의 軍役制改革論을 중심으로-」, 『國史館論叢』 80, 1998 등이 있다. 두 번째로 18세기 실학자 중 星湖 李瀷에 대해서는 韓㳓劤, 『星湖李瀷研究』, 서울대출판부,

실학자 한 사람의 군제개혁론을 전체적으로 파악하는 데에는 도움이
되지만, 실학자로 분류되지 않은 인물이나 다른 실학자와의 비교연구
등이 이루어지지 않았다는 점에서 실학자의 사상을 객관적으로 조명
하는 데 어려움이 있다. 두 번째는 실학자 군제개혁론을 주제별로 세
분하여 여러 실학자 및 실학자가 아닌 사람들의 주장과 비교하여 살펴
본 경우이다.4) 이러한 연구는 인물중심의 연구에 비해 적지만, 실학자
군제개혁론의 역사적 특성이나 사상사적인 위치를 객관적으로 파악하
는 것 등에 도움이 된다. 한편 조선후기 실학자의 군제개혁론에 대한
연구사 정리는 아직 독립된 영역으로 다루어지지 않고, 군사사 또는

1980 ; 趙楨基, 「星湖의 軍政論」, 『論文集』 6-2, 마산대, 1984 ; 李棕浩, 「李
瀷의 國防觀」, 『論文集』 6-2, 마산대, 1984 ; 朴原出, 「星湖 李瀷의 軍役變通
論」, 『釜山史學』 22, 1998 등이 있고, 그밖에 趙楨基, 「農圃子 鄭尙驥의 國防
論」, 『釜山史學』 7, 1983 ; 趙楨基, 「汝寶 禹禎圭의 國防論」, 『釜山史學』 9,
1985 ; 趙楨基, 「湛軒 洪大容의 國防論」, 『慶南史學』 3, 1986 ; 趙楨基, 「饔菴
柳壽垣의 軍政思想」, 『中齋張忠植博士華甲紀念論叢』(역사학편), 1992 ; 潘
允洪, 「順菴 安鼎福의 鄕村自衛論 硏究」, 『軍史』 5, 1982 ; 姜世求, 「安鼎福
의 國防論-『東史綱目』의 史論을 중심으로-」, 『實學思想硏究』 2, 1991 등이
있다. 세 번째로 茶山 丁若鏞에 대해서는 鄭景鉉, 「19세기의 새로운 國土防
衛論-茶山의 民堡議를 중심으로-」, 『韓國史論』 4, 서울대 국사학과, 1978 ;
鄭夏明・李忠珍, 「丁若鏞의 軍事防衛體制와 民堡議」, 『軍史』 3, 1981 ; 趙楨
基, 「茶山의 軍政論」, 『論文集』 9-2, 창원대, 1987 ; 趙誠乙, 「丁若鏞의 軍事
制度 改革論」, 『京畿史學』 2, 1998 등이 있다.

4) 실학자의 군제개혁론을 주제별로 비교하여 살펴본 연구로는 趙珖, 「朝鮮後
期의 邊境意識」, 『白山學報』 16, 1974(백산학회편, 『朝鮮時代 北方 關係史
論攷(2)』, 백산자료원, 1995 재수록) ; 趙珖, 「實學者의 國防意識」, 『韓國史
論』 9(朝鮮後期 國防體制의 諸問題), 국사편찬위원회, 1981 ; 趙珖, 「朝鮮後
期 實學者의 軍制改革論」, 『東洋學』 18, 단국대학교 동양학 연구소, 1988 ;
姜萬吉, 「軍役改革論을 통해서 본 實學의 성격」, 『東方學志』 22, 1979 ; 申大
鎭, 『朝鮮後期 實學者의 國防思想 硏究』, 동국대학교 박사학위논문, 1995 ;
金駿錫, 「조선후기 國防意識의 전환과 都城防衛策」, 『典農史學』 2, 1996 ;
朴成壽, 「朝鮮後期 實學의 國防論-宋奎斌과 丁若鏞을 中心으로-」, 『道山學
報』 5(대전), 1996 ; 서태원, 「朝鮮後期 實學者의 中央軍制 改革論」, 『軍史』
49, 국방부 군사편찬연구소, 2003 등을 들 수 있다.

군역 연구 등의 일부분으로 간략하게 취급되고 있다.[5] 따라서 실학자 군제개혁론에 대한 지금까지의 연구성과를 종합적으로 검토함으로써, 그동안의 연구에서 얻어진 성과와 문제점을 파악하는 것이 필요하다고 여겨진다. 그러한 작업은 지금까지의 연구에서 부족한 분야를 보완하고, 새로운 연구 과제를 설정하는 것 등에 도움을 줄 수 있기 때문이다.

이에 본고에서는 지금까지 실학자의 군사제도 개혁론에 대한 연구성과에 대해 '첫째 국방개혁의 방향과 이념에서는 병농일치론과 문무일치론을, 둘째 군사조직 개혁론에서는 중앙군·지방군·수군을, 셋째 軍備 개혁론에서는 무기·군수 및 축성론을, 넷째 방어체제 개혁론에서는 읍성론·도성방어론 및 민보의와 변방론' 등을 검토해 보려 한다. 그럼으로써 조선후기 군사제도에 대한 이해는 물론이고, 중세사회가 해체되고 근대사회로 전환되는 과도기에 위치한 실학의 역사적 성격을 객관적으로 파악해 보려 한다.[6]

2. 국방개혁의 방향과 이념

조선후기에는 군역제의 모순으로 군역 담당자의 몰락이 가중되었고, 양란을 겪은 후 18~19세기에 평화의 시대가 전개되자 무에 대한 소홀로 인하여 국방력이 크게 약화되었다. 이에 실학자들은 토지를 지급하여 군인의 생활을 안정시키면서 군역자원의 정확한 파악을 통해 군역의 불평등과 기피를 막고, 문무일치를 통해 무를 강화하려는 국방개혁을 추진하려 하였다. 이러한 실학자의 개혁안은 병농일치론과 문무일

---

5) 김우철, 앞의 글, 2000, 112~115쪽 ; 송양섭, 앞의 글, 2000, 418~420쪽.
6) 실학자의 군제개혁론과 밀접하게 연관된 군역은 '조세·재정제도개혁론'에서, 군사지휘관의 충원과 관련된 무과제도는 '중앙관제와 관직개혁론' 등의 연구사에 포함되어 있으므로 여기에서는 간략하게 언급하였다.

치론에 잘 반영되었으므로, 여기에서는 병농일치론과 문무일치론에 대한 연구성과를 통해 실학자의 국방개혁 방향과 이념에 대해 살펴보려 한다.

1) 兵農一致論

조선후기에는 군포의 징수와 관련된 폐단이 심각하였고, 신·구군제의 중첩[7] 및 각종 형태의 군역기피로 인하여 軍多民少의 불균형이 심화되어 군역민의 몰락이 가중되었다. 그 결과 국가재정 수입의 확보는 물론이고, 군사력을 크게 약화시켜 외적의 침략으로부터 국가를 방어하는 것 등에 문제점을 초래하였다. 이에 정부와 識者層은 그러한 현상을 타개하기 위한 다양한 방안을 제기하였는데, 정부가 시행하였던 閑丁收括策이나 均役法을 비롯하여 정부지배층 일각에서 제기된 戶布論 및 실학자의 병농일치론 등이 바로 그것이다.[8]

실학자의 병농일치론은 국가가 正軍과 保(봉족)에게 군역의 반대급부로서 군 복무기간 동안 토지를 제공해 줌으로써, 군포의 폐단을 시정하고 군역자원을 안정적으로 확보하여 국방력을 강화하려는 방안이다.[9] 따라서 병농일치론은 군인에 대한 대우 개선 및 군역자원의 정확한 파악을 통해 군역의 불평등과 기피를 방지하는 것을 비롯하여, 군인의 편성원칙과 군역담당계층 등의 내용이 담겨져 있으므로 실학자

---

7) 柳馨遠, 『磻溪隨錄』 卷21, 兵制, 諸色軍士條 ; 白承哲, 「17·18 군역제의 변동과 운영」, 『李載龒博士還曆紀念 韓國史學論叢』, 한울, 1991, 515~524쪽.

8) 조선후기 군역제의 문란과 이에 대한 정부나 실학자 등의 대책과 관련된 연구현황에 대해서는 송양섭, 앞의 글, 2000, 407~433쪽이 참고가 된다.

9) 반계는 비록 농민이 군인이 되었다 하더라도 국가가 군인에게 토지를 지급하지 않으면 병농이 분리된 것으로 보았다. 따라서 토지를 국가로부터 제공받지 못해도 농민이 군사가 되는 것을 병농일치로 보는 관료들의 병농일치론과는 차이가 있다(서태원, 「束伍軍의 設置意義에 대한 研究」, 『기전여자대학 논문집』 13, 1993, 20쪽 ; 서태원, 앞의 글, 1998, 266쪽).

군제개혁론의 핵심이다. 아울러 병농일치론은 정부의 한정수괄책이나 일부 지배층이 제기한 戶布論 등과의 비교를 통해, 조선후기 실학의 특성을 파악하는 데 매우 중요하다. 때문에 병농일치론은 비록 하나의 독립된 논문으로 다루어진 경우는 거의 없지만, 실학자 군제개혁론의 일부로서 또는 토지개혁론 등과 결부되어 연구성과가 비교적 많이 축적되었다. 여기에서는 대표적인 重農的 실학자인 '17세기 반계 유형원, 18세기 성호 이익, 19세기 다산 정약용' 등을 중심으로 실학자의 병농일치론에 대해 살펴보기로 하겠다.

17세기 반계 유형원의 병농일치론에 대해서는 군인의 대우개선, 군역자원의 정확한 파악을 통한 피역 및 불평등한 군역의 방지, 거주지 중심의 군대편성, 군역담당계층 등과 관련하여 연구가 진행되었으며, 진보적·愛民的 측면과 함께 보수성·양반 계급적 한계성도 지적되었다. 먼저 반계의 병농일치론에 관한 기초적인 연구는 천관우에 의해 시작되었는데, 반계는 傭兵制를 반대하고 병농일치를 기반으로 강력한 국방군의 정비를 꾀하기 위해 국방체제를 재편성하려 하였다고 보았다.[10] 즉 반계는 保人制를 부활 정비하여 현역군사의 代布제도를 폐지하고, 良人인 기병·보병·수군과 賤人인 속오군·능로군[11]에게 각각 토지 1頃을 주어 소정의 역과 세를 부담하게 하며,[12] 군둔전을

---

10) 천관우, 앞의 글, 1979, 318~320쪽.

11) 能櫓軍의 일부는 토지가 지급되지 않았는데, 그것은 어업과 제염업을 통해 이익을 얻는 것이 농부가 농사를 지어서 얻는 이익과 마찬가지로 보았기 때문이다(柳馨遠, 『磻溪隨錄』 卷1, 田制 上, 分田定稅節目).

12) 柳馨遠, 『磻溪隨錄』 卷21, 兵制, 諸色軍士, "凡出丁定軍以田 一夫受田百畝 百畝爲一頃 四頃爲一佃 除大夫·士·諸選·世嫡有親·有蔭及吏胥·徒隸 凡有職役者外 騎兵·步兵·水軍 每四頃出一名 擇壯健者一人爲主戶 餘三人爲保 束伍軍則每田二頃 出一名 以公私賤爲之 擇一人爲主戶 餘一人爲保 凡軍裝馬匹 皆在其中 鳥銃·鞭棍則官給 甲冑則有征行官給 軍士逃故則繼受其田者代之 或其保中推一人爲主戶 而代受者充爲保 已見田制 漕卒 三頃出一名 水夫 二頃出一名 烽燧軍·能櫓軍·伺候·旗鼓手等 每一頃 出一名 各陵守護軍·牧子之類 皆一頃一名 並詳田制".

폐지하고 군역의 중복을 피하고, 보포의 징수에서 중간착취를 근절하려고 하였다. 따라서 반계의 병농일치론은 군대복무의 대가로 토지소유권이나 경작권을 부여하려 한 것이므로 給保에만 의존했던 15세기의 군역제도에 비해 진일보하였고, 국가의 근본인 토지제도의 개혁을 고려하지 않고 고안된 호포제에 비해 본질적인 개혁이었다.13) 아울러 반계의 병농일치론은 17세기 役制 운영의 모순을 극복하는 것이었으며, 거주지 중심의 군대편성 이점도 있었다.14) 즉 田과 兵을 일치시켜 경지에 따라 군역을 부과함으로써 피역과 불균등한 부담도 시정하고 아는 사람끼리 대오에 편성시켜 전투의 효율성을 높이며, 山郡水軍과 海邑陸軍을 교환하여 왕래 및 멀리서 番을 서는 고통을 시정하려 한 것이다. 이렇게 반계의 거주지중심 병농일치론은 피역을 방지하면서 전투력을 극대화시키는 방안이며, 당시 군역의 최대 담당층이었던 농민의 입장에 서서 농민에게 삶의 토대가 되는 토지를 제공하여 군역제의 모순을 개혁하려 했다는 점에서 정부지배층이 추진한 한정수괄책에 비해 근본적이고 종합적인 개혁론이었다.15)

하지만 반계의 병농일치론에 대한 연구에서는 공전제의 실현가능성과 군역담당계층 등과 관련하여 양반계급적 한계와 보수성도 지적되었다. 즉 인민을 착취하는 군포법을 폐지하고 토지개혁에 기초하여 군사제도를 개편함으로서 국방력을 강화하려 한 것은 애국적이고 진보적인 사상이지만, 병농일치제의 토대가 되는 공전제의 실현이 국왕이 과단성 있게 시행하면 가능하다고 본 것에서 양반계급적 제한성과 관념성 그리고 봉건제도 자체를 부인하지 못했다는 지적이다.16) 아울러 병농일치론은 호포제가 간접적이나마 중세적 신분제의 해체문제와 연관성을 가지는 데 비하여 군역부담의 대상을 일반 양민층에게 한정시

---

13) 강만길, 앞의 글, 1979, 159~160쪽 ; 조광, 앞의 글, 1988, 508쪽.
14) 尹用出, 「柳馨遠의 役制改革論」, 『韓國文化硏究』 6, 1993.
15) 서태원, 앞의 글, 1998, 276쪽.
16) 정성철, 앞의 글, 1989, 134쪽.

키는 데 그치고, 농민부담 이외의 분야에서 양병재원을 찾지 못한 것
은 시대적 한계라고 보았다.[17) 그리고 직업군인 또는 몇 년간 전문적
으로 군복무만을 담당하는 군인에 비해 농민이 군사를 겸하는 데에서
나타나는 비전문성을 감안하지 못하였고, 정부지배층 일각에서 양반지
배층에게도 군역세를 납부하게 하자는 호포론이 제기되고 있는 상황
에서 士 이상에게 군역면제의 특권을 부여하려 한 것은 반계의 병농일
치론에서 보이는 보수적 측면이라는 지적도 있다.[18) 따라서 반계는
"토지는 국가의 근본이므로 토지제도를 바로잡으면 온갖 일이 옳게 될
것이지만, 토지제도가 문란해지면 民産의 不恒·賦役의 不均·戶口
의 不明·軍伍의 不整 등 온갖 일이 잘못될 것"[19)이라는 생각에서 토
지개혁을 통한 군제개혁을 모색하였지만, 사 이상에게 토지를 주면서
도 병역의무를 부담시키지 않는 이유에 대해 "국가에서 사를 양성하는
것은 인민을 위해서이고, 정신노동과 육체노동은 귀하고 천한 직책의
구분이다. 따라서 사를 양성하는 것이 군대를 양성하는 것보다 못하다
는 것이 어찌 도리에 맞겠는가"[20)라는 데서 알 수 있듯이 군역부담에
서의 신분적 차등을 철저히 극복하지는 못했다고 여겨진다.

18세기 성호 이익의 병농일치론은 농포자 정상기와 유사한데, 정전
법을 활용한 군역담당자의 파악 및 반대급부 제공 그리고 양반계급적
한계 등과 관련하여 연구가 진행되었다. 즉 성호는 정전법을 활용하여
병역 의무대상자를 철저히 파악하여 군정충원의 어려움과 군역의 불
균형 문제를 시정하고 농민에게 농지소유권을 부여한 뒤 반대급부로
의무병역을 부과하려 하였으며,[21) 糾覈御使를 보내 隱漏者 수에 따라

---

17) 강만길, 앞의 글, 1979, 159쪽.
18) 서태원, 앞의 글, 1998, 269쪽.
19) 柳馨遠, 『磻溪隨錄』 卷1, 田制 上, 分田定稅節目, "若不正田制 則民産終不
　　可恒 賦役終不可均 戶口終不可明 軍伍終不可整……土地天下之大本也 大
　　本而擧 則百度從而無一不得其當 大本其紊 則百度從而無一不實其當也".
20) 柳馨遠, 『磻溪隨錄』 卷1, 田制 上, 分田定稅節目, "夫國之養士 莫非爲民 故
　　勞心勞力 貴賤之職攸分 養士而不如養軍 則豈是道理".

수령이나 감사를 처벌하거나 수령·감사가 은루자를 색출하여 책임자를 처벌함으로써 군정과 치안을 확보하려 하였다.[22] 아울러 성호의 거주지 중심 병농일치론은 동향에서 함께 생활하면서 상호 구휼하고 同苦同樂하므로 전쟁에서도 一當百의 용맹을 발휘할 수 있는 장점이 있었다.[23] 하지만 성호는 높은 관리와 양반의 자식에게 병역의무를 지우는 것은 타당하지 않다고 한 점에서 양반계급적 입장이 잘 드러난다.[24] 그러한 사실은 성호가 양반은 군역에서 제외시키면서도 일반 양민과 천민 즉 良賤合一의 군대 편성[25]을 찬성한 것이나, 동시대의 농암 유수원이 일반 양민에게만 軍國의 경비를 조달하므로 그들의 고통은 형언할 수 없다며 양반우대의 잘못된 신분제도를 비판하였다는 점[26] 등과 비교해보면 잘 알 수 있다. 한편 농포자 정상기는 병농일치론과 대비되는 兵漁一致論을 주장하였는데,[27] 육군의 屯田처럼 수군도 해안의 각 진에서 관내에 좋은 어장을 두고 수군으로 하여금 고기를 잡거나 해산물을 채취하게 하고 그 수입으로 전선·병기·군복 등을 구입하는 비용으로 활용하게 하자는 것이다.[28] 물론 실학자의 병어일치론은 병농일치론과 마찬가지로 수군에 종사하는 대가로 어업과 관련된 반대급부를 정부로부터 받은 경우를 의미하지, 반대급부 없이 연해민이나 해도인이 수군이 되는 것을 병어일치라고 보는 것은 아니

---

21) 조정기, 앞의 글, 1984, 123~127쪽.
22) 한우근, 앞의 글, 1980, 202쪽.
23) 조정기, 앞의 글, 1984, 124쪽.
24) 정성철, 앞의 글, 1989, 233쪽 ; 박원출, 앞의 글, 1998, 300쪽 ; 조광, 앞의 글, 1981, 278쪽.
25) 한우근, 앞의 글, 1980, 205쪽.
26) 조정기, 앞의 글, 1992, 395쪽.
27) 신대진, 앞의 글, 1995, 110~111쪽.
28) 鄭尙驥, 『農圃問答』, 「設兵制」, "今當使沿海各鎭 擇其鎭內所管處便好漁場 告于水營或統營 量所用得錢布 或設漁箭 或備漁網 或取漁鰕 或採蚌蛤 和買錢布 以備戰船與兵器 且給軍士之衣資及賞格之物 與古屯田者無異 而利則倍矣".

406

라고 생각된다.

19세기 다산 정약용의 병농일치론에 대한 연구는 여전론과 정전론과 관련하여 진행되었다. 먼저 여전론은 토지를 국유화한 후 공동농장을 설치하여 토지를 직접 경작할 수 있도록 해준 후, 여민 3분의 1은 군대에 편입시키고 3분의 2는 호포를 내어 군대 비용을 도와주게 한 것이다.[29] 여전론에서 나타나는 병농일치론은 토지에 대한 사적 소유를 철폐하면서 종래 일반 양인들이 주로 담당하였던 군역 의무를 여의 모든 구성원이 동일하게 의무지게 하였다는 점에서 신분과 계급관계를 개혁하였고, 군포수탈 등 관리나 아전의 중간 수탈을 없앨 수 있다는 점에서 진보적인 견해였다.[30] 다산은 점진적인 방법보다는 여전법 시행으로 군정의 문란과 국방력 虛疎 요인을 개혁하여 민생의 안정 및 부국강병을 일거에 해결하려 하였고,[31] 유형원과 이익이 주장한 농민의 제도적 토지소유를 여전법에서 토지공유로 해결하면서 농민의 군역복무와 호포제가 채택되게 함으로써 선배 실학자의 개혁론을 집대성하였다.[32] 다음으로 정전론과 연계된 다산의 병농일치론에 대해서는 정전제 시행의 단계 및 군역담당층을 중심으로 살펴본 연구가 주목된다.[33] 즉 토지제도 개혁의 2단계인 井田議에서는 부분적인 토지개혁이 이루어져 중앙의 경우 왕궁을 중심으로 사방 30리에 토지를 매입하고, 지방은 성 주변 5~10리에 토지를 매입한 다음 농민들에게 토지를 분배한 대가로 군역에 편성하게 하였다. 이어 3단계에서는 전국의 지방군이 모두 토지를 받고 군대에 복무하게 하였다. 특히 다산은 19세기초 농민층 분해가 급진전되고 농업·상업·수공업이 분리되는 시대

---

29) 金容燮, 『增補版 韓國近代農業史研究』(上), 일조각, 1984, 106쪽 ; 조정기, 「다산의 군정론」, 1984, 49쪽.
30) 정성철, 앞의 글, 1989, 480쪽.
31) 조정기, 앞의 글, 1987, 48쪽.
32) 강만길, 앞의 글, 1979, 166쪽.
33) 조성을, 앞의 글, 1998, 154~158쪽.

적 상황에 부응하여 농민만이 군인이 되게 함으로써 반계나 성호에 비해 중세적 병농일치에서 벗어났고, 상공인을 군역의 부담없이 자기 직업에 전문적으로 종사하게 하여 상공업의 발전을 촉진시키려 하였다고 보았다. 하지만 다산이 농민만 군인이 되게 하고 상공인은 물론이고 반계·성호와 마찬가지로 士를 군역에서 제외시켰다는 점에서, 다산의 정전론에서는 군역부과에서 신분적 차별을 철저하게 극복하지는 못했다고 여겨진다.

이상에서 보았듯이 실학자의 병농일치론은 군인에게 토지를 제공해준다는 점에서 給保에만 의존했던 조선전기의 군사제도에 비해 군인의 처우를 크게 개선하려 한 진보적인 견해이며, 국가의 근본인 토지제도의 개혁을 통해 군포의 폐단 등 군역문제를 해결하려 하였다는 점에서 정부지배층의 한정수괄론이나 지배층 일각에서 제시된 호포론에 비해 종합적이고 본질적인 개혁론이었다. 아울러 거주지를 중심으로 里에 따라 군역을 부과하므로 병역의 기피를 방지하면서 효과적으로 군역자원을 파악할 수 있고, 이웃이나 친척이 함께 대오에 편성됨으로서 전투에서의 효율성을 증대시키는 이점이 있었다. 하지만 병농일치론에서는 사 이상의 양반들은 토지를 받으면서도 군역을 면제받음으로써 양반에게도 군역부담을 하려 했던 호포론이나 조선전기 오위제에 비해 국민개병제적 성격이 약하며, 직업 군인이나 장기 복무하는 군인에 비해서 농민이 군인을 겸함으로서 군인의 전문성을 떨어뜨리는 데서 야기되는 문제점 등을 제대로 인식하지 못하였다. 더욱이 토지개혁이 선행되어야만 병농일치론은 실시될 수 있었으나, 당시 상황으로는 토지개혁의 가능성이 거의 없었다. 따라서 실학자의 병농일치론에서는 진보적·애민적 측면은 물론이고 양반으로서의 계급적 한계와 현실에서의 실현가능성이 거의 없는 문제점 등이 함께 엿보인다고 여겨진다.

2) 문무일치론

병자호란이 끝난 후 효종대에는 북벌론을 내세우며 군비강화가 있었지만, 18~19세기에는 평화의 시대가 전개되자 무를 소홀히 하는 풍조가 만연되어 국방력의 약화가 초래되었다. 이에 실학자들은 문무일치를 내세우며 무를 강화함으로써 유사시를 대비하려 하였다. 실학자의 문무일치론은 대부분의 실학자가 관심을 보인 것에 비해서는 연구는 소략하게 이루어졌는데, '實學에 대한 정의를 비롯하여 문무의 불일치 및 무에 대한 소홀로 인한 문제점과 개선책' 등을 중심으로 연구가 이루어졌다.

17세기 반계는 실학은 문무를 겸비하는 학술·기능·예능을 의미한다고 보았다.[34] 때문에 문무차별로 인한 국방의 취약 및 관료간의 알력을 해결하기 위해 동·서반의 구분을 철폐하여 문·무관의 명칭을 통일하고 문과는 물론이고 무과도 폐지하려 하였다.[35] 이러한 문과 무의 일치는 군현통치의 철저화를 기해서 집권체제의 운영을 정상화하려는 것이었으며,[36] 六藝 즉 문무를 고루 익힌 자에게 직무를 맡겨 평시에는 행정을 담당하는 수령이 전시에는 적을 방어하는 장수의 역할을 하게 하는 문무일치의 관점에서 비롯된 것이다.[37] 반계는 이렇게 행정과 군사가 하나가 되는 문무일치를 지향하였는데, 이것은 조선전기 진관체제와 일맥 상통하는 것이었다. 때문에 반계는 1654년(효종 5) 이후 정부가 巨鎭 수령을 대신하여 지방군의 훈련과 지휘를 담당하기 위해 삼남에 파견한 營將을 공연히 설치한 관직이라며 폐지하자고 주장하였던 것이다.[38] 이러한 반계의 문무일치론은 별도의 무장을 파견

---

34) 박시형, 앞의 글, 1981, 33쪽.

35) 천관우, 앞의 글, 1979, 307쪽 및 320쪽.

36) 김준석, 앞의 글, 1993, 392쪽.

37) 柳馨遠,『磻溪隨錄』卷21, 兵制, 五衛及諸衛, "夫文武本非二道 古者養士於學 講習六藝 拔其賢能 養材而任之職 是以 居則爲鄕遂守牧之吏 出則爲師旅禦侮之師 盖士皆實學而不學者 固不可加之軍民之上也".

하지 않는다는 점에서 경제적인 측면에서 유리하고, 행정과 군사를 하나로 묶어 일사분란한 지휘체계를 수립할 수 있다. 하지만 정묘호란에서 영장을 겸임하였던 문관·蔭官 출신의 수령이 병법을 몰라 군사를 이끌고 적과 싸우지 못하는 문제점이 노출되었고,[39] 새로운 병법의 도입이나 무기의 발달 등을 고려하면 전문적 군사 지식이나 경험이 풍부한 무관이 평소의 훈련과 유사시 지휘를 전담하는 것이 군사적 측면에서 더욱 효과적이라고 생각된다. 아울러 반계가 생존하였던 시기는 청과의 전쟁을 대비하여 군사력 강화가 추진되었던 인조대·효종대 및 그러한 군비강화에 대한 문제점을 시정하기 위해 군비축소론이 제기되었던 현종대였다는 점에서, 반계의 문무일치론은 武의 약화가 아니라 무의 강화에 따른 문제점을 시정하려는 측면에서도 살펴볼 필요가 있다고 여겨진다.

18세기의 성호·순암·담헌·농암 등은 문을 숭상하고 무를 천시하는 데서 야기되는 문제점을 지적하며, 문무를 병행해야 한다며 무를 강화하기 위한 방안을 제시하였다.

먼저 성호는 실학의 의미를 반계와 같이 보았고, 문무를 병행하여 나라를 유지하되 국방을 강화하기 위해 무관인재를 많이 등용해야 한다고 하였다.[40] 즉 북쪽의 무사를 많이 등용하여 여진의 침입을 물리치고, 무관은 무예와 지략을 함께 살펴보며 문관들 가운데에서도 무예는 좀 약하더라도 뛰어난 지혜와 지략이 있는 사람을 무관으로 등용하자고 하였다. 아울러 애국적 명장인 강감찬·이순신 등을 높게 평가하고 武廟에 모셔 무를 강화하려 하였고,[41] 반계처럼 과거제를 폐지하는 것이 아니라 과거제와 薦擧制를 병용하되 무과는 弓馬(무술)와 武經으로 분리하여 한 쪽이라도 능한 사람을 적극 활용하려 하였다.[42] 농

---

38) 서태원, 앞의 글, 1999, 272~273쪽.
39) 『仁祖實錄』 卷16, 5년 4월 丙辰, 34책 194쪽.
40) 박시형, 앞의 글, 1981, 36쪽.
41) 정성철, 앞의 글, 1989, 232쪽.

410

암도 무과의 폐지보다는 무과의 시험과목에 論과 策을 부과시키는 등
고시과목을 문과와 비슷하게 하여 무과의 질적 저하를 방지함으로서
문무일치를 이루려 하였다.43) 안정복은 문무는 둘이 아니므로 문무균
형정책을 전개해야 하는데 문을 숭상하고 무를 경시함으로써 군사적
으로 약국이 되고 고려시대에 무신란도 발생하였으므로 숭문정책을
지양하여야 하며, 유능한 장수를 발탁하여 軍律을 바로 잡고 군의 지
휘권은 전적으로 무인에게 일임하여 지휘계통을 일원화자고 하였다.44)
담헌 홍대용은 국방을 홀시한 문치로서는 나라를 멸망에 이끈다며 중
국에서 무력이 강대하였던 한나라를 왕도정치가 어느 정도 실현된 시
기로 보았고,45) 무를 권장하기 위해 자신의 월급 일부를 상금으로 제
공하여 權武廳을 복설하였다.46) 한편 무의 강화와 밀접한 관련이 있는
장수의 자질과 관련하여, "홍대용은 正心을, 정상기는 智와 德을 그리
고 19세기의 혜강 최한기는 천하의 안정과 昇平을 도모할 수 있는 능
력과 자신보다 타인을 먼저 배려하는 마음가짐"을 들었다.47)

　이상에서 실학자들의 문무일치론에 대한 연구성과를 통해 실학은
문무를 겸비한 학문이며, 문무 균형정책을 추진하여 국방력을 강화하
려는 실학자들의 견해를 파악할 수 있었다. 그런데 실학자들간의 문무
일치론에서는 차이가 있었다. 즉 17세기 반계는 貢擧制를 염두에 둔
것은 물론이고, 무가 강화되었던 시대적 분위기 속에서 문·무과를 폐
지하는 등 문무의 구분을 없애어 문무일치를 하려 하였다. 반면 18세
기 이후 실학자들은 무가 약화된 시대적 상황에서 무관인재를 많이 등
용하고 무과의 문제점을 보완하는 등 문에 비해 경시된 무를 강화함으

---

42) 한우근, 앞의 글, 1980, 128~132쪽.
43) 조정기, 앞의 글, 1992, 403쪽.
44) 강세구, 앞의 글, 1991, 88쪽.
45) 정성철, 앞의 글, 1989, 293쪽.
46) 조정기, 앞의 글, 1986, 78쪽.
47) 신대진, 앞의 글, 1995, 36~38쪽.

로써, 문과 무를 동등하게 하는 문무일치론을 주장하였다는 점에서 양자의 차이가 있었다. 한편 반계는 문무일치의 관점에서 무장인 영장을 별도로 파견하여 巨鎭 수령을 대신하여 군사지휘권을 행사하는 것을 반대하였는데, 인조대와 효종대에 정부 관료로 활약하였던 김육 등도 영장의 파견을 반대하였다. 따라서 실학자의 문무일치론을 정부지배층이나 주자학자 등의 방안과 비교한 연구가 좀 더 이루어진다면, 실학자의 문무일치론에 대한 사상사적인 위치를 객관적으로 조명하는 데 도움이 되리라 여겨진다.

3. 군사조직 개혁론

조선전기의 군사조직은 중앙의 오위제와 지방의 진관체제에 의해 운용되었다. 하지만 각종 형태로 군역을 기피하는 현상 등이 심화됨으로써 오위제와 진관체제가 크게 무너져 군사력이 약화되고, 일본군의 조총 및 制勝方略의 문제점 등으로 조선군은 임진왜란 초기 내륙전투에서 크게 고전하였다. 이에 정부는 일본군을 효과적으로 격퇴하기 위해 明의 紀效新書法을 도입하여 임진왜란 중 중앙에 훈련도감을, 그리고 지방에 속오군을 창설하였다. 이어 인조대에는 淸과의 전쟁을 대비하여 중앙에 총융청·수어청·어영청을 창설하고 지방 鎭營에 영장을 파견하여 수도와 지방의 방어를 강화하였고, 효종대에도 북벌론과 관련하여 중앙군과 지방군이 강화되었고 숙종대에는 금위영이 창설되는 등 군사조직에 변화가 있었다.

하지만 중앙의 軍營 및 지방의 鎭營 등 임진왜란 이후 창설된 新軍制는 국가의 재정부담·一身兩役·군포의 폐단 등을 심화시켰지만, 청의 군대에게 패배하였고 顯宗代 이후 평화의 시대가 도래하자 군사훈련이 자주 정지[48]되는 등 무에 대한 소홀로 인하여 군사력이 크게 약화되었다. 이에 실학자들은 군사면에서 국가의 재정부담을 경감시키면서 군역 담당자를 안정시키고, 전쟁에서 승리를 극대화시키기 위해 군사조직 개혁론을 제기하였다. 크게 중앙군·지방군·수군에 대한 개혁론으로 구분되었고, 병농일치론·군액감축론 등과 연계되어 주장되었다. 따라서 실학자의 군사조직 개혁론에 대한 연구도 중앙군·지방군·수군을 중심으로 이루어졌는데, 중앙군에 대한 연구는 5군영의 문제점을 시정하는 것, 지방군은 진관체제처럼 행정과 군사를 일치시키는 것과 치안문제, 수군에 대해서는 연해인을 수군에 충정시키는 것과 戰船을 漕運에 활용하는 것 등에 대한 연구가 바로 그것이다.

1) 중앙군

실학자들의 중앙군 개혁론은 조선전기 오위제의 복구, 오군영의 축소 및 군액 감축, 서울 인근 주민의 중앙군 편성 등을 중심으로 연구가 이루어졌다. 여기에서는 17세기의 반계 유형원, 18세기의 성호 이익·농포자 정상기·농암 유수원·여보 우정규·담헌 홍대용, 19세기의 다산 정약용 등의 중앙군 개혁론에 대한 연구현황을 살펴보겠다.

17세기 반계의 중앙군 개혁론에 대한 연구는 오위제의 복구 및 훈련도감의 존속 등을 중심으로 진행되었다.

반계가 조선전기 오위제도를 다시 복구하려 한 것은 2가지 이유가 있다고 보았다. 하나는 임진왜란 이전에 오위제도가 완전히 유명무실해져 임진왜란 초기에 크게 고전하였고, 조선후기 오군영 제도는 군인들로부터 군포를 착취하여 막대한 재정을 투입하였음에도 불구하고 실제로 군대강화가 이루어지지 못하여 1627년 및 1636년 청나라의 거듭된 침입을 막아내지 못했기 때문이다.[49] 다른 하나는 조선후기 여러

---

48) 조선후기 지방군 훈련이 정지된 실태와 관련해서는 김우철, 앞의 글, 2000, 261~266쪽이 참고가 된다.
49) 박시형, 앞의 글, 1981, 35쪽.

군영들은 각 당파의 군사적 기반이라는 인상을 지울 수 없었는데, 오위를 복구하여 병조의 통제하에 두어 국왕 직속의 지휘체계로 정비함으로써 군통수권의 일원화를 통해 公兵의 기능을 강화하고, 왕권을 보강함으로써 비대해진 신권 및 당쟁을 억제하기 위해서 였다.[50] 이러한 오위제 복구론은 정부지배층에게서도 제기되었는데, 華城에서 시도된 오위체제가 조선후기에 계속된 오위 복구논의의 최종적인 귀결점이며 정조의 국왕권 강화에 기여하였다는 연구가 있다.[51] 따라서 반계와 정부지배층의 오위제 복구론은 국왕권을 강화하려는 측면에서는 일치한다. 하지만 정부지배층의 방안은 반계와 달리 국가가 군역의 대가로 군인에게 토지를 지급하지 않는다는 점에서 차이가 있다. 한편 반계는 조선전기 오위제를 그대로 복구하는 것이 아니라 갑사(14,800명)·팽배(5,000명)·대졸(3,000명) 등을 폐지하자고 한 것에서 알 수 있듯이, 오위 군액을 대폭 축소함으로서 軍多民少의 폐단을 시정하려 하였는데 그러한 사실은 훈련도감의 군액도 약 1~2천 명으로 축소하려 한 것에서 잘 알 수 있다.[52] 아울러 반계는 오위제의 강화를 위해, 오위장이 정변이나 반란을 일으키는 것을 막기 위해 지휘부대를 3일마다 교체하는 것을 고쳐 지휘하는 부대를 고정하여 오랫동안 지휘하게 하자고 하였다.[53] 하지만 반계는 오위를 복구하되 일반 양민인 번상 보병을 중심으로 운용하고 양반의 군대인 갑사를 제외시켰다는 점에서, 비슷한 시기에 살았던 산림 이유태의 오위복구론이나 관료인 유계의 호포론에 비해 국민개병제적인 성격이 약하다.[54]

다음으로 훈련도감의 존속 여부에 대해서는 오위가 완전히 복구될

---

50) 이태진, 앞의 책, 1985 ; 김준석, 앞의 글, 1993, 396~396쪽.
51) 盧永九, 「正祖代 五衛體制 復舊 시도와 華城 방어체제의 개편」, 『震檀學報』 93, 2002, 346쪽.
52) 서태원, 앞의 글, 1998, 271쪽.
53) 송정현, 앞의 글, 1973, 54쪽.
54) 서태원, 「朝鮮後期 實學者의 中央軍制 改革論」, 『軍史』 49, 2003.

414

때까지만 일시적으로 존속시키려 했다는 견해도 있지만,[55] 대체로 조선후기 중앙군영 중 훈련도감을 오위와 함께 중앙군의 핵심 군대로 활용하려 하였다는 것이 일반적이다. 훈련도감의 존속에 대해서는 용병제를 인정한 것이므로 以田出兵의 원칙에 어긋난다는 점에서 군제를 전면적으로 개혁하지 못하였다는 견해가 있는 반면,[56] 급료병제도인 훈련도감의 존속은 병농일치의 입번제인 오위제와 달리 군역에서의 새로운 노동력 수급체계를 반영한다는 긍정적 견해도 있다.[57] 아울러 훈련도감 군인은 서울 근처의 사람으로 충원함으로써 지방인이 부모와 이별하고 농토를 버린 채 서울로 올라오는 등의 폐단도 바로잡으려 했다.[58] 그밖에 반계는 宮中守衛를 위해 금군청을 폐지하는 대신 무과출신자 200여 명으로 구성된 內禁衛와 宗姓과 공신자제로 구성된 충순위를 신설하고, 城內巡衛를 위해 포도청을 폐지하는 대신 金吾衛를 신설하여 이들을 병조에 소속시키자고 주장한 바 있다.[59]

이어 18세기의 성호 이익·농포자 정상기·농암 유수원·여보 우정규·담헌 홍대용의 중앙군 개혁론에 대한 연구현황을 살펴보자. 17세기 실학자 반계가 오위를 복구하여 훈련도감과 함께 중앙군으로 활용하려 한 데 비해, 18세기 이후의 실학자는 오위제를 부정적으로 본 성호를 제외하고는 대체로 오위제를 긍정적으로 보면서도 복구는 현실적으로 어려운 것으로 보았다. 때문에 그들은 조선후기 중앙군제로 자리잡은 오군영제도의 문제점을 시정하는 데 초점을 맞추었다.

먼저 성호는 반계와 달리 오위제의 복구에 반대하였다고 보았다. 그 이유는 멀리 떨어진 지방의 후미진 곳을 중앙의 해당 위에서 통솔한 것은 실책이며,[60] 오위제는 사족에게도 군역을 부과한 면이 있기 때문

---

55) 천관우, 앞의 글, 1979, 320쪽.
56) 김준석, 앞의 글, 1993, 395쪽.
57) 윤용출, 앞의 글, 1993, 354쪽.
58) 박시형, 앞의 글, 1981, 35쪽.
59) 천관우, 앞의 글, 1979, 320쪽.

이라는 것이다.61) 대신 도성 삼영 즉 훈련도감·어영청·금위영의 변
통책으로 軍需用 미포를 상납하는 保 제도를 점진적으로 혁파하며,62)
禁兵의 질을 높이기 위해 포폄제를 시행하자고 하였다.63) 농포자 정상
기는 지금 군사의 폐단은 오위를 혁파하고 새로운 군문을 설치한 것에
서 비롯되었지만, 오군영 제도가 설치된 지 오래이므로 일시에 혁파하
면 오히려 폐단이 나타날 수 있으므로 오위와 오군영 제도의 장점을
취합한 禁衛營 제도를 시행하자고 하였다.64) 농암 유수원은 오위제의
복구에 찬성하였지만 현실을 감안하여 중앙의 오군영에 무사 1명을 둔
다음 2품 이상의 문신이나 병조참판과 軍務를 협의하고, 監紀御使 1인
을 두어 功賞을 감찰하여 군무가 편중되는 폐단 및 장수가 군병을 괴
롭히는 횡포를 근절하려 하였다.65) 한편 여보 우정규는 경비절감과 정
병양성이 곧 국방력 강화의 원천이라며 중앙군을 감축하자는 견해를
제시하였다.66) 즉 당의 부병도 3천을 넘지 않는데 우리나라와 같은 작
은 나라가 훈련도감의 군사로 5천여 명을 양성하는 것은 국력낭비이므
로 3천 명을 한정하여 丁壯만 뽑아 도성을 호위하면 이것이 곧 부국강
병책이라고 하였다. 아울러 훈국제도에 의해 어영청과 금위영의 군사
도 五部에서 소집하여 각각 1500명씩 두고, 每番 500명씩 入直하여 3
번으로 나누면 强銳한 군졸이 되어 향군과는 비교가 안될 것이라고 하
였다. 더욱이 감축된 향군의 원호나 보 모두에게 米布를 징수하여 군

---

60) 한우근, 앞의 글, 1980, 200쪽.
61) 박원출, 앞의 글, 1998, 300쪽.
62) 한우근, 앞의 글, 1980, 201쪽.
63) 조정기, 앞의 글, 1984, 130쪽.
64) 조정기, 앞의 글, 1983, 111~113쪽.
65) 柳壽垣, 『迂書』 卷9, 論軍制, "京營制度何如 內復五衛之制 外復鎭管之規
    非名實行職事 而五營各設武師 又以文臣二品以上有望者 或以本兵貳堂 設
    爲協理軍務 凡軍中約束號令 皆得參聞 又說監紀御史一員 凡昇出功賞 各按
    文冊 據實參劾 則軍務偏重之弊 將絶擅兵之嫌 兵制嚴正 非今日軍門之比
    也".
66) 조정기, 앞의 글, 1985, 347~348쪽.

416

수에 보충하고, 그들을 속오군에 속하게 한다면 경비절감과 정병양성의 목적을 동시에 실현시킬 수 있는 좋은 방안이라 생각하였다. 물론 이렇게 중앙군을 감축하자는 주장은 이미 17세기에 반계가 훈련도감 군인 수를 축소하자고 한 것을 비롯하여, 顯宗代에 훈련도감의 축소 내지 혁파의 논쟁이 정부지배층에게서도 제기된 바 있다.[67]

19세기에 다산은 중앙의 5군영을 3군영(도통영·좌어영·우위영)으로 개편하고 비변사에 속하였던 군영의 장을 병조 소속으로 돌려 군의 통수권을 일원화함으로써 군대에 대한 세도정권의 간섭을 없애면서 그들의 군사적 기반을 제거하려 하였고, 군역은 서울 근교에 토지를 분배받은 계층이 지도록 함으로써 먼 지방의 사람들이 중앙군에 편입되어 야기되는 문제점을 시정하려 하였다.[68]

2) 지방군

실학자의 지방군 개혁론은 군사와 행정을 일치시키는 것에 중점을 두면서 천민을 지방군에 편성하여 양인의 군역부담을 경감시키고 군사력도 강화하려 하였는데, 18세기 이후에는 치안문제에도 깊은 관심을 보였다.

17세기 반계의 지방군 개혁론은 진관체제의 복구 등과 관련하여 연구가 진행되었다. 즉 반계는 조선후기 지방군의 지휘체계를 '절도사(1명은 감사가 겸임)-절제사(목사 등이 겸임)-첨절제사(군수)·절제도위(현령)'로 회복함으로써 조선전기 진관체제처럼 수령이 군사와 행정을 겸임하도록 하였고, 여러 도의 병영과 연해 鎭은 반드시 要害地를 택하여 설치하고 지휘관은 가족을 대동하여 장기간 상주하게 하였다.[69] 이렇게 반계가 진관체제를 복구하려는 것은, 그가 조선전기 오

---

67) 이태진, 앞의 글, 1977, 135쪽 ; 최효식, 앞의 글, 1995, 33쪽.
68) 조성을, 앞의 글, 1998, 142~143쪽.
69) 천관우, 앞의 글, 1979, 320~321쪽.

위제 복구를 통해 조선후기 중앙군의 문제점을 개혁하려 한 것과 마찬
가지로, 지방군 개혁에서도 조선전기 체제를 지향하는 것을 잘 보여준
다. 반계가 진관체제를 회복하려 하였던 것은 2가지 이유에서였다. 하
나는 임진왜란 때 制勝方略 전술이 실패하여 빠른 속도로 넓은 지역
에 적이 진격하는 문제점이 노출되자, 반계는 여러 개의 巨鎭을 각각
방어함으로써 그러한 문제점을 시정할 수 있는 진관체제를 복구하려
한 것이다.70) 반계의 이 방안은 서애 유성룡의 진관체제복구론을 그대
로 수용한 것이었다.71) 다른 하나는 효종대 이후 三南과 강원도 삼척
등에 파견되어 군사지휘권을 행사하고 있는 營將에 대해, 문무일치 및
영장의 폐단 등을 이유로 영장 파견을 폐지한 다음 조선전기처럼 거진
수령이 그 권한을 행사해야 한다고 보았기 때문이다.72) 이렇게 파견된
영장을 혁파하라는 주장은 관료인 인조대의 李貴나 효종대의 金堉 등
에게도 제기되었다73)는 점에서 진관체제의 복구나 영장의 파견반대는
반계의 고유한 견해는 아니었다. 하지만 반계는 중앙군의 경우 오위제
를 복구하면서도 훈련도감을 존속시킨 것처럼, 지방군의 경우에도 진
관체를 복구하되 영장 아래의 '파총-초관-기총-대총'의 지휘체계는
그대로 따르고 있다는 점에서 임진왜란 중 도입된 기효신서법의 지휘
체계도 함께 활용하려 하였음을 알 수 있다. 한편 반계는 公私賤만을
속오군에 편성함으로써 양인이 속오군과 중앙군 등에 이중으로 편입
되어 一身兩役의 고통을 겪는 것을 해소시키려 하였고, 李珥처럼 지방
군사지휘관에게 녹봉을 지급함으로써 放軍收布의 폐단을 시정하려 하
였다.74)

---

70) 柳馨遠, 『磻溪隨錄』 卷21, 兵制, 各道營鎭鎭管.
71) 柳成龍, 『西厓先生文集』 卷7, 啓辭, 請修擧鎭管之制啓 ; 허선도, 「'鎭管體制
　　復舊論'硏究」, 『국민대학논문집』 5, 1973 ; 서태원, 「壬辰倭亂에서의 地方軍
　　指揮體系」, 『실학사상연구』 19·20, 2001, 329~330쪽.
72) 서태원, 앞의 글, 1998, 272~273쪽.
73) 서태원, 앞의 글, 1999, 68~70쪽.
74) 서태원, 앞의 글, 1998, 276쪽.

18·19세기 실학자의 지방군 개혁론도 행정과 군사를 일치시키려 하였다는 점에서는 진관체제의 방안과 유사하였지만, 井田法과 閭田法 등을 활용하여 平時의 향촌조직을 戰變時 군사조직으로 활용하려 하였다는 점 및 지방군의 치안유지 기능을 강조하였다는 점 등에서 17세기 반계의 방안과 차이가 있었다.

먼저 18세기 성호는 정전법을 활용하여 평상시 향촌조직을 유사시 군사조직으로 활용하는 가운데, 행정과 군사가 일치되는 지방군 제도를 시행하려 하였다.[75] 즉 성호는 정전법에 따라 향촌조직을 比(5家)·閭(25家)·族(100家)·黨(500家)으로 하고 이를 수령−감사−京兆에 연결되는 행정계통을 마련하고, 전변시에는 비·여·족·당을 伍·兩·卒·旅의 지방군 조직으로 전환하자고 하였다. 아울러 양천을 구별하지 말고 지방군에 편성하되, 속오군에 공천이 제외되는 것을 시정하려 하였다.[76] 이어 성호는 保甲法과 十家牌法을 실시하여 이동의 자유를 금지하고 연대책임제를 활용함으로써 도둑을 근절하며, 농민반란을 방지하되 폭동군을 진압하는 가장 효과적인 전술은 자수와 회유 그리고 기만 등으로 폭동군을 와해시키는 것으로 보았다.[77] 이렇게 지방군의 치안기능을 강조하는 것은 속오군에게 명의 보갑제를 병행하면 부정을 없애고 외적을 막는데 실효를 거둘 수 있다고 한 유수원에게서도 나타나는데, 속오군의 파총·초관·기총·대총을 巡捕正校尉−巡捕副校尉−巡捕小校−巡捕軍士로 하고 상벌제도도 포획한 도둑의 숫자에 기준을 둔 것 등이 바로 그것이다.[78] 이와 같이 18세기에 지방군의 치안유지 기능이 강조되는 것은 중국이나 일본과의 대외정세가 안정되면서 중앙의 포도청처럼 별도의 치안기구가 없었던 지방에서는 지방군이 보다 더 치안유지에 주력할 수 있게 되었고, 三政

---

75) 조정기, 앞의 글, 1984, 123~124쪽.
76) 조정기, 위의 글, 1984, 126쪽 ; 박원출, 앞의 글, 1998, 290쪽.
77) 정성철, 앞의 글, 1989, 235~236쪽.
78) 조정기, 앞의 글, 1992, 398쪽.

姦亂으로 대표되는 부세수탈 및 상품화폐경제의 발달 등으로 인하여 도둑의 발생 빈도도 잦아지고 규모가 커졌기 때문이다. 그리하여 鎭營의 최고책임자 營將이 討捕使를 겸임하는 등 치안유지에 적극 가담하는 변화가 나타난 것이다.[79]

한편 담헌은 지방행정관이 군사지휘관을 겸하게 함으로써 행정과 군사를 일치시키려 하였고, 중앙군과 지방군을 통합하여 군 최고통수권자인 국왕을 정점으로 100만 대군을 양성하려 하였다.[80] 아울러 담헌은 군대편제에서 특수병과는 물론이고 고급장교의 업무를 보좌하는 참모직 운용을 제시하는 등 독창적인 주장을 하였는데, 특수병과는 일반 전투병과의 전투능력을 향상하는 보완책으로 주특기에 따라 전문성을 살린 병사를 양성함으로써 효율적으로 부대를 운영하려 하였다.[81] 이어 농포자는 전술뿐만 아니라 군사조직 등에도 중추적 역할을 한 기효신서법은 남방 왜구를 방어하는 것이므로 오위진법을 개량하여 북쪽 여진족을 대비하려 하였고,[82] 여보는 평안도 지역의 出身者를 別武士로 삼아 서북의 방어에 활용하자고 하였다.[83]

다음으로 19세기 다산도 閭田制를 바탕으로 행정과 군사가 일치되게 하는 지방군제를 시행하려 하였다.[84] 즉 '閭長을 哨官, 里長을 把摠, 坊長을 千摠'으로 하여 행정상의 長으로 하여금 군사직을 겸무케 하고, 읍의 현령으로 절제하게 하는 군사지휘계통을 형성하려 한 것이다. 그리하여 영농조직과 군대조직이 일치하는 가운데 군사훈련은 성과를 거둘 수 있고, 영농에 통용되던 평소의 지휘계통이 전시에 그대로 적용됨으로써 將卒 간의 이질감을 배제하여 전투력 향상을 기할 수

---

79) 서태원, 앞의 글, 1999, 168쪽.
80) 조정기, 앞의 글, 1986, 81쪽 ; 조광, 앞의 글, 1988, 509쪽.
81) 조정기, 위의 글, 1986, 82~84쪽 ; 조광, 위의 글, 1988, 510쪽.
82) 조정기, 앞의 글, 1983, 136쪽.
83) 조정기, 앞의 글, 1985, 345쪽.
84) 김용섭, 앞의 글, 1984, 106쪽 ; 조정기, 앞의 글, 1987, 49쪽.

있게 하였다. 아울러 다산은 정전제를 시행하는 가운데 12성의 감사 및 10路의 兵馬使가 각각 1000명씩 도합 22,000명을 지방군으로 양성하려 하였고, 지방군은 番上과 巡邏를 하지 않으며 낮에 교련하는 일이 드물고 매년 최우수자 1명을 천거하여 벼슬을 줌으로써 민심을 흥기시키려 하였다.[85]

3) 수군

수군의 복무기간은 육군에 비해 길고, 漕運 등 잡역에도 동원되었다. 때문에 代立이나 放軍收布 등 각종 형태의 군역기피가 발생하였고, 노약자나 山郡人이 수군에 편성되는 등의 문제점이 발생하였다. 이에 실학자들은 연해민이나 해도인을 수군으로 편입시키고, 수군에게 반대급부로 어장 또는 목장을 開墾地로 제공하여 주며, 전선을 조운선으로 활용하자는 것 등 수군개혁론을 제기하였다. 비록 연구가 적게 이루어졌지만, 실학자의 수군 개혁론에 대해 살펴보면 다음과 같다.

17세기 반계는 수군의 과도한 부담 및 세습제를 폐지하고, 山郡출신자를 강제로 편입하지 말고 연해의 거주자로만 수군에 충당하며, 육군의 경우와 마찬가지로 수군 鎭將에게도 녹봉을 지급하고, 군선 건조비를 국가경비에서 책정함으로써 수군 수탈의 폐를 제거하자고 하였다.[86] 특히 수군을 연해의 거주자로서 편성하려 한 것은 먼 곳의 육지사람은 바다에 익숙지 않고 왕래에서의 폐단과 유사시 즉각적으로 동원하기 어려운 점 등이 있었기 때문인데, 이러한 주장은 관료였던 송시열 등에게서도 제기된 바 있다.[87]

18세기 이후 실학자들의 수군개혁론에 대해서 살펴보자. 성호는 농포자와 마찬가지로 수군의 질적 수준을 높이고 군병을 충원할 수 있는

---

85) 조성을, 앞의 글, 1998, 145쪽.
86) 김준석, 앞의 글, 1993, 396쪽.
87) 신대진, 앞의 글, 1995, 107~108쪽.

방안으로 연해인을 取才하여 군사조련을 시키고, 산골 백성은 육군에 충원하면 군정이 한층 정돈될 수 있다고 보았다.[88] 즉 島嶼民과 연해민에게 국가에서 마치 승도와 같이 文券을 작성하여 18세 이상 50세 이하의 건장한 자에게 주어 관노들이 함부로 침학하지 못하게 한다면, 수군 충원이 한층 용이해지고 海防에도 큰 도움이 될 것이라 보았다.[89] 농포자는 육군의 둔전처럼 각 진에서 관내에 좋은 어장을 설치하여 활용하자는 병어일치론은 물론이고, 수군의 習操를 조운으로 대체하면 稅船의 안전 항해와 稅米의 운반도 원활해지고 훈련도 겸할 수 있다고 주장하였다.[90] 여보는 수군으로 해변 어부들이 가장 적합하다며 목장을 농경지로 개간시켜 경작권을 어부에게 지급한 후 반대급부로 수군에 충원시키자고 하였고, 경강선대를 조직하여 조운의 폐단을 시정하면서 수군충원도 동시에 하려 하였다.[91] 즉 60척의 선박과 천여 명을 확보하여 선대를 조직한 후 이들을 수군으로 충원하여 강화도와 교동도 중 한강 하류의 요충지에 대기시켜 비상시에 도성을 호위하게 하고, 전업적인 조운을 통해 운송체계를 갖추면서 해상훈련을 하려 한 것이다. 아울러 海防 및 수군충원을 용이하게 하기 위해 군역청에서 관장하던 어·염·선세를 혁파하여 종전처럼 환원시키고, 세율도 경감시켜 어민을 侵魚하지 못하게 하자고 하였다. 한편 순암 안정복은 숙종대 강화유수 민진원이 "각 섬에 포를 설치하고 돌발사태가 발생하면 포성을 울리게 하자"고 한 것을 훌륭한 계책이라고 하면서 서해안의 섬과 섬 사이에 통신망을 이용하여 경보체제를 확립함으로써 외적의 침입 및 일본인과 중국인의 불법 어로행위 등을 방지하고, 왜구의 침략행위는 모두 대마도에서 조종하기 때문에 이 섬을 섬멸하여 근거지를 없애자고 하였다.[92]

---

88) 조정기, 앞의 글, 1984, 135쪽.
89) 한우근, 앞의 글, 1980, 207~208쪽 ; 조정기, 위의 글, 1984, 135쪽.
90) 조정기, 앞의 글, 1983, 119~121쪽.
91) 조정기, 앞의 글, 1985, 351~352쪽.

422

19세기 실학자 다산도 전선을 조운선으로 활용하여 조운과 군무를 겸하도록 하자고 하였다.93) 즉 다산은 삼면이 바다인 우리나라는 해양방어가 중요하므로 戰船을 잠시도 쉬지 않게 하여 바다와 배에 水夫가 익숙하게 하고, 민간인이 公船을 私船보다 싸게 이용하게 하는 대신 국가는 그 수입을 선박을 수선하는 경비에 투입하고 훈련도 겸함으로써 군사와 백성 모두에게 혜택을 주려 하였다.

이상에서 실학자의 군사조직 개혁론에 대한 연구성과를 중앙군·지방군·수군 등을 중심으로 살펴보았다. 실학자의 군사조직 개혁론이 정부지배층과 구별되는 것은, 군역에 대한 대가를 담고 있는 병농일치론·병어일치론과 연계하여 군사조직을 개혁하려 하였다는 점이다. 따라서 실학자의 방안은 군역에 대한 반대급부로 토지나 어장 등을 군인에게 제공하는 것을 제외하면, 오위제와 진관체제 복구론 및 오군영과 수군제도 개선책, 그리고 군액감축 등과 관련된 개혁론은 정부지배층의 방안과 큰 차이가 없었다. 반면 실학자들 사이에는 17세기 반계가 조선전기 오위제와 진관체제를 복구하려 한 데 비해, 18세기 이후의 실학자들은 조선전기 군사제도를 복구하기보다는 현존의 오군영제도를 인정하는 가운데 그 문제점을 시정하고 치안에 보다 관심을 두었다는 점 등에서 차이가 있었다. 즉 18세기 이후의 실학자들은 오위제나 진관체제로의 복귀보다는 오군영의 폐단을 바로 잡고, 행정과 군사를 일치시키는 진관체제의 이념을 바탕으로 정전론·여전론 등과 연계하여 지방군 조직을 개편하려 하였다. 아울러 18~19세기에는 평화시대가 전개되고 중세사회의 해체와 관련하여 도적의 규모도 커지고 발생빈도도 많아짐에 따라 지방군이 보다 치안에 깊이 관여하는 상황에서, 17세기 반계에 비해 18세기 이후의 실학자들은 치안문제의 해결에 보다 치중하는 변화를 보였다.

---

92) 강세구, 앞의 글, 1991, 75쪽.
93) 조정기, 앞의 글, 1987, 53쪽.

4. 군비개혁론

조선은 임진왜란 초기의 내륙전투에서 크게 고전하면서 무기·군사시설 등의 劣惡性을 절감하였다. 이에 평양성 전투에서 왜군을 효과적으로 물리쳤던 기효신서법(절강병법)을 임진왜란 중에 도입하여 훈련도감과 속오군을 창설하는 가운데 砲手·殺手·射手로 구성된 삼수병을 육성함으로써 조총 및 각종 화기와 槍·劍을 조작하는 법을 배우고, 성곽을 개축하는 등의 조치를 취하였다. 이어 후금과의 전쟁을 대비하여 기병을 육성하고, 무기와 군사시설을 개선하려는 노력이 있었다. 하지만 2차례의 胡亂에서 패배하였고, 18~19세기에 평화시대가 전개되자 무기와 군사시설 등에 대한 관심이 소홀해져 국방력은 크게 약화되었다. 이에 실학자들은 후금과의 전쟁에서 노출된 문제점 및 평화시대에 크게 소홀해진 군비를 강화함으로써, 외적의 침입에 효율적으로 대처하려는 주장을 하게 된다. 실학자의 군비개혁론에 대해서는 무기·군수개혁론과 축성론으로 구분하여 살펴보겠다.

1) 무기·軍需

무기는 적을 공격하고 자신을 방어하는 도구인데, 무기체계를 어떻게 갖추고 활용하느냐 하는 것은 전쟁의 승패를 결정짓는 주요한 척도이므로 실학자들은 무기의 중요성을 깊이 인식하였다.[94] 아울러 군수품을 원활하게 조달하는 것은 전투 못지 않게 전쟁에서 중요한 요소였다. 따라서 여기에서는 실학자의 무기와 군수개혁론에 대해 무기의 제작과 관리를 비롯하여 兵車·활·戰船 및 군수 등을 중심으로 살펴보겠다.

---

94) 신대진, 앞의 글, 1995, 145쪽.

(1) 무기의 제작과 관리

17세기 반계의 무기의 제작과 관리에 대한 연구는 매우 소략한데, 각 읍에 鹽硝局(화약 제조소)을 설치하고 지방군을 강화하기 위해 무기와 군량 등을 잘 준비하자고 하였다.[95]

18세기 실학자들은 반계에 비해서는 무기의 제작과 관리와 관련하여 다양한 견해를 제시하고 있다. 먼저 성호는 화살의 제작과 사용 및 보관 상태에 문제가 있음을 지적하면서 하나의 표준을 정하여 우수한 무기를 제작함으로써 불필요한 무기제작을 방지하고,[96] 무기를 관에서 제작하여 나누어주고 일정하게 검열하자고 하였다.[97] 농포자는 무기 가운데 화기가 가장 편리하다며 화기와 화약을 대량으로 제작한 다음 평시에 훈련을 충분히 하여 비상시를 대비하고, 무기의 관리상태를 철저히 점검하여 쓸 수 없는 무기가 있으면 그것을 만든 匠人과 관리 책임자 및 수령도 論罪함으로서 무기관리의 허술함을 바로 잡으려 하였다.[98] 우정규는 무기에 제작자의 이름을 새겨 넣음으로서 무기의 질을 높이려 하였고,[99] 안정복은 평시에도 병기와 탄약을 비축할 것을 주장하며 고려 성종이 병기를 거두어 농기구를 주조한 사실을 잘못된 처사라고 비판하였다.[100] 한편 박제가는 백성들의 생활 일용품을 병기로 활용함으로서 나라의 부강책과 결부[101]시킨 실학자로서의 특성이 엿보인다. 즉 "수레는 병기가 아니나 군수품을 운반하는 데에 활용될 수 있고, 벽돌은 병기가 아니나 백성들을 보호하는 성곽으로 이용될 수 있으며, 목축은 병기가 아니나 말을 군대에서 활용하면 적을 공격하는 軍馬가 된다는 것" 등이 바로 그것이다. 이렇게 수레·벽돌 등을 사용

---

95) 송정현, 앞의 글, 1973, 56쪽 ; 박시형, 앞의 글, 1981, 35쪽.
96) 신대진, 앞의 글, 1995, 145~146쪽.
97) 이종호, 앞의 글, 1984, 88쪽.
98) 신대진, 앞의 글, 1995, 147~149쪽.
99) 신대진, 위의 글, 1995, 149쪽.
100) 강세구, 앞의 글, 1991, 80~81쪽.
101) 정성철, 앞의 글, 1989, 381~382쪽.

하자는 주장은 정조대의 고위관료였던 洪良浩 등에게서도 제기되었다.102)

19세기 다산은 무기의 제작과 관리에 대한 여러 방안을 제기하였는데, 그 중에서 서양의 선진기술을 도입하여 무기를 제작하자는 것과 무기의 재료를 비축하였다가 유사시에 제작하자는 주장이 주목된다. 다산은 국가재정의 빈곤과 전쟁에 대한 무관심으로 무기의 보관상태가 불량하고, 중국이나 일본에 비해 무기의 수준이 뒤떨어진다고 보았다.103) 이에 무기와 재료에 대한 點檢을 강화하고 무기를 훔친 자를 중하게 처벌하며,104) 이용감을 설치하고 工匠을 중국에 보내 서양이나 중국의 선진 기술을 도입하여 새로운 무기를 개발함으로써 남북의 위험에 대비하려 하였다.105) 이렇게 다산이 서양의 앞선 기술을 받아 들여 新武器를 개발하려는 것은, 금·은전 등 서양 근대화폐에 관한 소식을 듣고 자신의 화폐경제론 구상에 적극 활용하는 데서도 알 수 있듯이 다산의 근대지향적 의식을 엿볼 수 있다.106) 한편 다산의 무기 제작과 관리에서 특이한 것은 전쟁의 위험이 없는 데도 병기를 수선하는 것은 재물을 허비하는 것이라며, 평소의 점검과 보수에 따른 시간과 경비를 절감하기 위해 병기제조에 필요한 물품을 비축하였다가 전쟁 기미가 보이면 제작하여 사용하자는 것이다.107) 그리고 전쟁은 갑작스럽게 일어나므로 무기를 제작할 시간적 여유가 없는 것에 대비하기 위해 匠人을 읍에 모여 살게 하고 군적에 넣은 다음, 戶役을 면제해주고 기술에 따라 급여양곡을 증감하며 탁월한 자는 장관으로 발탁하는 등

---

102) 徐仁源, 「耳溪 洪良浩의 北學論」, 『實學思想研究』 2, 1991.
103) 조정기, 앞의 글, 1987, 54쪽 및 56쪽.
104) 신대진, 앞의 글, 1995, 152쪽.
105) 조정기, 앞의 글, 1997, 56쪽 ; 조성을, 앞의 글, 1998, 150쪽.
106) 원유한, 「實學思想 研究視角의 摸索을 위한 試論」, 『實學思想研究』 7, 132
　　~133쪽.
107) 조정기, 앞의 글, 1987, 55쪽 ; 신대진, 앞의 글, 1995, 150~151쪽 ; 조성을, 앞
　　의 글, 1998, 152쪽.

426

의 조치를 취하면 갑자기 전쟁이 발생하더라도 병기를 제작할 수 있다
고 보았다. 물론 이러한 다산의 방안은 현실적·실용적·애민적인 측
면도 있다. 하지만 무기가 없으면 평시에 훈련을 어떻게 하며, 훈련받
지 않은 군사가 유사시에 무기만 준비된다고 해서 전투에서 효과적으
로 싸울 수 있겠느냐는 점 등에서 문제가 있다고 여겨진다.

(2) 兵車·활·戰船

실학자들의 무기 개선론과 관련된 연구에 대해서는 병거·활·전선
등을 중심으로 살펴보겠다.

먼저 병거108)에 대해 살펴보자. 17세기 반계는 2차례 胡亂에서의 패
배를 경험삼아 청군을 효과적으로 물리치기 위해서는 兵車를 활용해
야 한다고 강조하였다.109) 즉 반계는 남쪽의 왜군을 제압하는 데에는
舟師가 효과적이었듯이 병자호란에서는 병거로써 北虜의 기병을 저지
했어야 옳았으며, 북벌의 실행 및 아군의 기병과 보병활동을 강화하기
위해서도 병거를 활용할 필요가 있다고 보았다. 따라서 반계는 지형사
정을 내세우며 병거를 쓸 수 없다는 견해에 적극 반대하였는데, 반계
의 병거 활용론은 박지원·박제가 등 북학론자들의 用車論에 영향을
끼쳤다. 18세기 성호도 군사적 목적은 물론이고 민간에서도 편리함을
볼 수 있도록 수레의 활용을 적극 권장하였으며, 養馬法을 개선하고

---

108) 전쟁에서 병거의 용도는 다음과 같다. 즉 "첫째 적의 공격을 막을 수 있고, 둘
째 군량과 무기를 운반할 수 있고, 셋째 적의 화살을 막을 수 있고, 넷째 적의
저항을 물리치고 전진할 수 있으며, 다섯째 기병을 은폐하여 놓고 요충을 살
필 수 있으며, 여섯째 비와 눈을 피하면서 아픈 군사를 후송할 있다. 때문에
움직이면 진이 되고, 정지하면 영이 되므로 전쟁용 도구로 수레보다 좋은 것
이 없다"(柳馨遠, 『磻溪隨錄』 卷22, 兵制後錄, 兵車, "按車之用大矣 而在行
師爲尤重 一可以止衝突 二可以載糧粮兵裝 三可以捍禦矢石 四可以冒敵前
進 五可以櫼騎伺便 六可以庇雨雪昇病卒 又行則爲陣 止則爲營 行師之用
莫善於車").
109) 김준석, 앞의 글, 1993, 396~397쪽.

목장을 증설함으로써 국토방위 및 교통에 말을 활용하려 하였다.110) 정상기는 養馬法과 군마조련술이 잘못되어 아무 쓸모가 없게 된 마병을 車兵으로 대체하자고 하였고,111) 안정복도 騎馬術이 발달한 북방민족과의 싸움에서 재래식 무기로 무장한 보병으로는 승산이 없다며 평안도·함경도 중에서 병거의 사용이 가능한 곳에 병거를 미리 배치하여 유사시에 대비하자고 하였다.112) 하지만 반계 등 실학자들의 병거 사용론은 독창적인 견해는 아니었다. 기효신서법은 왜적을 제압하는 병법이므로 북방 여진족의 기병을 막기 위해서는 전차를 제작하여 사용해야 한다는 주장이 임진왜란 이후 선조대 후반기부터 제기된 이래, 광해군대·인조대 등은 물론이고 정조대까지 지속적으로 정부의 관료나 군사지휘관 등에게서 제기되었다.113) 특히 18세기에 무관으로 활동하였던 宋奎斌은 전차전법으로 常勝陣을 제시하였다는 점에서 그러한 사실을 잘 알 수 있다.114)

다음으로 성호는 홍이포 등 화기의 단점을 보완할 수 있는 무기로 활을 실용화하자고 주장하였고,115) 농포자도 佛狼機와 鳥銃은 火力이 우수하지만 연발이 불가능하고 風雨時와 潛伏時에 불편하므로 재래식 무기인 連弓 등을 활용하여 그러한 단점을 보완하자고 하였다.116) 한편 농포자는 전선의 제조도 宋史를 참고하여 종래의 함선건조와는 달리 선박의 양면에 스크류를 붙여 인위적인 힘으로 航速을 높일 수 있게 고안하였고,117) 다산은 거북선·학선 같은 특수한 구조의 전함은

---

110) 한우근, 앞의 글, 1980, 209쪽 ; 이종호, 앞의 글, 1984, 90쪽, 94~96쪽.

111) 조정기, 앞의 글, 1983, 130~131쪽.

112) 강세구, 앞의 글, 1991, 79~80쪽.

113) 盧永九, 『朝鮮後期 兵書와 戰法의 硏究』, 서울대학교 박사학위논문, 2002.

114) 李在範, 「해제 : 宋奎斌의 生涯와 그의 軍事實學思想」, 『防守雜說·風泉遺響 : 軍事史硏究 資料集』 4, 국방군사연구소, 1997, 27~30쪽 ; 백기인, 앞의 글, 2004, 186~208쪽.

115) 이종호, 앞의 글, 1984, 88쪽.

116) 조정기, 앞의 글, 1983, 130쪽.

117) 조정기, 위의 글, 1983, 130쪽.

따로 건조하여 침략에 대처해야 한다고 하였는데 그의 기술발전에 대한 사상은 북학파를 계승한 것으로 보여진다.[118]

(3) 軍需

군수와 관련해서는 농포자 정상기의 방안이 주목된다. 농포자는 군수물자의 원활한 조달을 위해 주둔이 장기적인 경우 군량 보급이 어려워지고 찬거리가 부족한 문제를 해결하기 위해 주둔지에 무를 심자고 하였고, 試卷을 활용하여 油紙軍幕을 준비하여 우천에 대비하며, 行軍時에 소금과 간장을 간편하게 휴대하는 방법 등을 제시함으로써 실용주의적인 사고를 잘 보여주었다.[119] 한편 유수원은 군사의 갑옷 제작은 야생 짐승의 피혁을 이용하자고 하였다.[120]

2) 築城論

성은 상대적으로 적은 수의 병력으로 적군의 공격을 효과적으로 방어하면서 공격을 준비하는 곳이므로 매우 중요한 군사시설이다.[121] 그러나 우리나라의 성은 임진왜란에서 드러났듯이, "성은 넓어 방어하기 힘들고, 女墻은 낮아 기어다녀도 탄환을 피할 수 없고, 여장과 여장 사이는 몇 사람이 지나갈 정도로 넓고, 성에는 甕城이 거의 없으며 설사 있어도 雉가 없어 적의 공격을 효과적으로 막아낼 수 없다"[122]는 등의 문제점이 있었다. 이에 서애 유성룡은 그러한 문제점을 바로 잡기 위해 '『기효신서』 卷13, 守哨篇'에 있는 城制 등을 참고하여 "垜의 높이는 城體의 3분의 1로 하고, 참호를 깊게 파서 적의 접근을 차단하며 甕

---

118) 정성철, 앞의 글, 1989, 488쪽.
119) 조정기, 앞의 글, 1983, 134~135쪽 ; 신대진, 앞의 글, 1995, 152~156쪽.
120) 조정기, 앞의 글, 1992, 398쪽.
121) 신대진, 앞의 글, 1995, 156쪽.
122) 『萬機要覽』 軍政編 4, 附關防摠論, 柳成龍築城論.

城·羊馬墻·雉·懸眼·砲樓 등도 설치하자"고 건의하였고, 그의 방안은 정부정책으로 채택되었다.[123] 하지만 이러한 성의 개조는 당시 방어의 중심인 산성에만 집중되었다. 그러다가 18세기에 들어서서 인구가 증가하고 상공업 발달 등으로 인하여 도성·읍성의 방어력 증강이 요청되고, 강력한 攻城用 화포의 등장 등으로 말미암아 새로운 축성재료 및 방어시설이 필요하게 되었다.[124] 이에 실학자들도 다양한 축성론을 제기하였는데, 실학자의 축성론에 대한 연구는 "성의 입지조건, 축성 시기와 인력 동원, 축성 재료, 방어시설" 등을 중심으로 이루어졌다.

성의 입지조건으로 17세기 반계는 산이 아니라 인구가 많고 물화와 商賈가 모이는 巨邑을 들었다는 점에서 유성룡의 산성 중심론과 구별된다.[125] 18세기 성호는 성은 큰 고을의 요새에 쌓아야 하고, 반드시 높은 곳이라 하더라도 민이 거주하는 데 불편함이 없어야 하며, 성을 지키기 위해서는 식량을 비롯하여 사전에 충분한 전쟁물자의 비축이 있어야 한다는 것을 강조하였다.[126] 농포자는 성의 입지조건으로는 물이 안정적으로 확보되어야 하지만, 위치가 낮아 적군이 물을 댈 염려가 있는 곳은 피해야 한다고 하였다.[127]

축성시기와 인력동원에 대해 17세기 반계는 겨울철 농한기를 이용하여 시간이 좀 더 걸리더라도 튼튼하게 하여 부실공사를 막으며 '성의 높이는 반드시 5장 이상, 타의 높이는 1장, 참호의 넓이는 4장'으로 하고, 가까운 고을의 군사를 징발하여 축성하되 성 쌓기에 1개월을 나오면 2개월의 번과 시험 및 조련을 면제하자고 하였다.[128] 아울러 성

---

123) 趙楨基, 『西厓 柳成龍의 國防政策研究』, 단국대학교 박사학위논문, 1990, 104~106쪽.

124) 盧永九, 「조선후기 城制변화와 華城의 城郭史的 의미」, 『진단학보』 88, 1999, 293~306쪽.

125) 김준석, 앞의 글, 1993, 392~393쪽.

126) 이종호, 앞의 글, 1984, 90~93쪽.

127) 정상기, 앞의 글, 1983, 125쪽.

430

을 견고히 쌓지 않고 민을 늘 동원하여 고통을 당하게 하는 것을 비판
하면서 한 곳에 규정에 의해 성을 쌓고 다른 지역에서 본받게 하자고
하였다.[129] 18세기 농포자는 흙이 얼 때 성을 쌓으면 해빙기에 흙과 얼
음이 함께 녹아 견고하지 못하므로 2월부터 9월까지가 성 쌓기에 좋
고, 농번기에는 농민을 괴롭히지 말고 승려·관노·使令 등을 동원하
여 천천히 견고하게 쌓으려 하였다.[130] 한편 다산은 축성에 필요한 무
거운 돌을 올릴 때에는 起重小架를, 그리고 운반에는 遊衡小車를 제
작하여 사용하면 편리하다고 하였는데, 수원 華城 축성때 사용한 기구
들을 지칭한 것으로 여겨진다.[131]

　성벽의 재료에 대해 반계는 흙은 여름과 겨울에 관리하기 어렵고 쉽
게 무너질 위험이 있으므로 흙을 대신하여 돌을 사용하여 영구히 보존
하려 하였는데, 성의 허리 위쪽과 타 등에는 『기효신서』의 방식대로
벽돌을 이용하고 벽돌 사이에는 석회를 이겨 넣음으로써 돌의 부족함
을 보충하여 성벽을 튼튼하게 만들려 하였다.[132] 농포자는 『기효신서』
와는 달리 토성이 돌이나 벽돌 성보다 견고한 것으로 보고, 성의 각 부
분별 중요도에 따라 灰와 찰흙 및 모래를 적당한 배율로 섞어 석회를
만들어 사용함으로써 화포 공격시 벽돌이나 돌이 무너지면 안쪽 흙도
무너져 성이 함락되는 문제점을 시정하려 하였다.[133] 유형원과 이익이
축성과정에서 일부 회를 사용한 것에 비해, 농포자는 대부분의 과정에
서 회를 이용하였다는 점에서 주목된다. 이렇게 정상기가 성벽의 재료
로 흙을 사용하려 한 것은 1731년(영조 7) 서양식 화포인 홍이포가 조
선에서도 제작되고 화포를 수레에 실어 야전에서도 사용할 수 있게 되
는 등 강력한 攻城用 화포의 등장으로, 돌로 만들어진 기존의 성곽 및

---

128) 신대진, 앞의 글, 1995, 158~159쪽.
129) 정성철, 앞의 글, 1989, 146쪽.
130) 조정기, 앞의 글, 1983, 125쪽.
131) 조정기, 앞의 글, 1987, 59쪽.
132) 신대진, 앞의 글, 1995, 160~161쪽.
133) 조정기, 앞의 글, 1983, 125~126쪽.

벽돌로 만들어진 새로운 성곽은 모두 쉽게 파괴될 수 있다고 보았기 때문이다.[134) 한편 19세기 다산은 토성의 중요성을 民堡議에서 자세히 서술하였지만, 중국에서는 벽돌성이 주축을 이루었기 때문에 견고하여 깨뜨리기 어렵다며 성을 쌓을 때 벽돌을 활용하자고 하였다.[135)

성의 방어시설에 대해 17세기 반계는 砲樓를 설치하자고 하였는데,[136) 특히 18세기 농포자는 성에 다양한 방어시설을 설치하자고 한 점이 주목된다.[137) 즉 농포자는 성 밑 30~40보 거리에 해자를 설치하여 적을 함정에 빠뜨리려 했으며, 적을 관찰하는 敵臺 및 砲樓의 역할을 하는 墩臺를 성의 꼭대기와 밑에도 설치하여 위와 아래의 돈대가 서로 구원하며 적을 공격함으로써 雉堞制度와 羊馬場制度의 단점을 보완하려 하였고, 성문의 취약성을 보강하기 위해 옹성이나 성문 좌우에 곡성을 쌓자고 한 것 등이 바로 그것이다. 다산도 옹성·치성·적대·포루 등 다양한 방어시설을 설치하여 적의 공격에 효율적으로 대응하려 하였다.[138)

이상에서 실학자의 군비 개선론에 대한 연구성과를 살펴보았다. 비록 정상기의 군수품 확보 방안에는 실용성이 돋보이고 돈대의 설치방법은 독특하였지만, 대체로 실학자의 군비개선론은 정부지배층에게서 이미 제기되었거나 정부지배층의 방안과 유사한 것이 많았다. 아울러 17세기 반계에 비해, 18·19세기의 실학자들은 무기의 제작과 관리 및 성의 방어시설에 보다 많은 관심을 보였다. 그것은 군비강화 및 군비강화에 따른 문제점을 시정하기 위한 군비축소론이 제기되었던 효종·현종대 등에 살았던 반계에 비해, 18·19세기는 평화의 시대로서 무기의 보관과 관리에 문제점이 많았고 국방력도 약화되었기 때문이라

---

134) 노영구, 앞의 글, 1999, 301쪽.
135) 조정기, 앞의 글, 1987, 58~59쪽.
136) 송정현, 앞의 글, 1973, 57쪽.
137) 조정기, 앞의 글, 1983, 127~129쪽.
138) 조정기, 앞의 글, 1987, 59~60쪽 ; 조성을, 앞의 글, 1998, 150쪽.

고 여겨진다. 한편 실학자의 군비에 대한 연구는 매우 미흡하므로, 이 분야에 대한 연구가 크게 보완되어야 할 것으로 생각된다.

5. 방어체제 개혁론

조선후기 방어체제 개혁론은 전쟁에서 표출된 방어전술의 문제점은 물론이고, 인구의 증가 및 상품유통경제의 발달 그리고 평화시기에 야기된 군사력의 약화와 국경문제 등과 관련하여 제기되었다. 조선후기 방어체제 개혁론으로는 '진관체제복구론, 읍성·도성방어론, 民堡議·邊防論' 등을 들 수 있다. 그 중에서 진관체제복구론은 군사조직 개혁론에서 상당 부분 살펴보았으므로, 여기에서는 '읍성·도성 방어론, 민보의, 변방론'을 중심으로 실학자의 방어체제 개혁론에 대한 연구현황을 살펴보기로 하겠다.

1) 읍성·도성방어론

조선전기에는 산성보다는 읍성이 증가하였지만,[139] 임진왜란을 겪은 후 산성을 중심으로 성의 개축이 이루어졌다. 임진왜란에서 노출된 우리나라 성의 문제점[140]을 『기효신서』 등을 활용하여 시정하되,[141] 읍성보다는 방어에 유리한 것이 입증된 산성을 중심으로 개축이 이루어진 것이다. 특히 유성룡은 산성의 유리한 점에 대해 "높은 곳에 위치하므로 적의 長技인 鳥銃이 위력을 발휘할 수 없고, 土山과 雲梯를 설치할 곳이 없어 적이 성안의 사정을 모르고, 적은 산 밑부터 오르다가

---

139) 유재춘, 「朝鮮前期 城郭 硏究-"新增東國輿地勝覽"의 기록을 중심으로-」, 『軍史』 33, 1996, 92~93쪽.
140) 『萬機要覽』 軍政編 4, 附關防摠論, 柳成龍築城論.
141) 조정기, 앞의 글, 1990, 104~106쪽.

성 밑에 이르면 숨이 차고 기력이 빠지는 반면 우리의 군병은 안정되
어 적이 움직이는 대로 맞아 싸우되 큰 돌만 굴려도 적을 물리칠 수
있다"[142]며 산성 중심의 방어론을 제기하였고, 유성룡의 방안은 정부
정책으로 채택되어 17세기까지 지속되었다. 하지만 도성의 인구는 18
세기에 들어서서 30만 명 이상으로 증가하고 상공업 유통경제의 발달
등으로 도성이 대도시로 변모하자, 번화한 도시와 도성민을 보호할 필
요성이 높아져 1704년(숙종 30)을 전후하여 도성을 고수하자는 도성수
축론이 강화되었고 1728년(영조 4) 李麟佐 난을 계기로 도성수비체제
가 확립된다.[143]

실학자의 읍성·도성방어론에 대해서는 17세기 반계 유형원의 留城
戰守論과 18세기 농포자와 여보의 도성방어론 등에 대해 연구가 이루
어졌다.

먼저 17세기 반계의 유성전수론은 평시 생활근거지인 성을 전시에
鎭·堡로 활용하려는 것으로, 임진왜란을 겪은 후 유성룡이 주장한 淸
野入保의 山城中心論과 구별된다. 반계는 방어거점으로서 성은 반드
시 향토와 농민들의 재산을 보호하는 거점이 되어야 하므로 기술적 측
면만 타산하여 무조건 산성이 유리하다는 것을 비판하면서 읍과 산성
을 일치시켜야 한다고 하였다.[144] 반계의 유성전수론에 대해서는 "國
家再造 및 이 시기의 인구증가와 서민층의 성장 그리고 농업과 상공업
의 발전에 따른 사회경제변동"과 연관지어 살펴본 연구가 주목된
다.[145] 즉 반계는 두 차례 전쟁의 패배를 분석하여 평소의 생활 근거지

---

142) 『萬機要覽』軍政篇 4, 附關防總論, 柳成龍山城論.
143) 이태진, 앞의 글, 1977, 184쪽 ; 이태진, 앞의 글, 1985, 225~246쪽 ; 吳宗祿,
     「朝鮮後期 首都防衛體制에 대한 一考察-五軍營의 三手兵制와 守城戰-」,
     『史叢』 33, 1988, 28~30쪽 ; 이근호, 「숙종대 중앙군영의 변화와 수도방위체
     제의 성립」, 『조선후기의 수도방위체제』, 1998, 62~93쪽 ; 강성문, 「영조대의
     도성 사수론」, 『韓民族의 軍事的 傳統』, 2000, 144~145쪽.
144) 정성철, 앞의 글, 1989, 145~146쪽.
145) 김준석, 앞의 글, 1993, 393~394쪽.

434

를 중심으로 한 방어대책이 적에 대한 저항력을 최대로 발휘한다며 수령의 책임아래 軍民이 함께 戰守하되, 영세한 군현을 통폐합하여 인구가 많고 물화와 商賈가 모이는 巨邑 위주의 방어체제를 구축하려 하였다. 비록 반계의 유성전수론은 당시에는 받아들여지지 않았지만, 18세기에 유통경제·상공업의 발달로 부를 축적한 상공인 세력이 성장하여 도성을 고수하자는 사회적 압력으로 작용하자 18세기 전반(영조대 전기) 도성고수의 방침이 확정되어 유성전수론이 현실화되었다고 보았다.146) 이러한 주장에 대해 유형원은 공인이나 시민의 성장은 고려하지 않았고 그가 계획했던 사회는 어디까지나 사대부 우위의 사회이며, 도성방어론은 양반지배층 중심에서 민생·생산담당층 중심으로 간 것이라기보다는 京華閥閱이나 이인좌의 난으로 선택된 결과가 시민들의 성장으로 인해 명실공히 도성고수론으로 갔다는 지적이 있다.147)

18세기의 농포자 정상기와 여보 우정규는 도성방어론을 주장하였다. 정상기는 도성은 宗廟와 社稷이 있는 곳이고 자녀와 玉帛가 모인 곳이므로 꼭 지켜야 한다며, 여장을 6~7자로 높이고 돈대·砲樓·치성·옹성 등 방어시설을 설치하고, 강변의 창고를 南小門 일대로 옮겨 적의 기습에도 양식을 빼앗기지 않도록 하자고 하였다.148) 아울러 도성의 외곽 및 청석골·교동·영종도 등 인근 도의 전략적 요충지를 선별하여 도성방어를 위한 지휘체계를 마련하고 원군을 확보하려 하였으며, 도성방위를 위한 保障으로 강화·남한산성·북한산성은 입지조건에 문제가 있다며 춘천을 추천하였다. 우정규의 도성방어론은 정상기보다는 덜 구체적이었지만 정상기의 방안과 유사한 것이 많았는데, 강변 창고의 성내 이전과 청석골·교동·영종도를 전략적 요충지로

---

146) 金駿錫, 「조선후기 國防意識의 전환과 都城防衛策」, 『전농사학』 2, 1996.
147) 박광성, 약정토론요지(金駿錫, 「조선후기 國防意識의 전환과 都城防衛策」, 『전농사학』 2, 1996, 38~42쪽).
148) 신대진, 앞의 글, 1995, 67~73쪽.

보고 방어하려 한 것이 바로 그것이다.[149] 한편 영조대에 무관으로 활약하였던 宋奎斌도 도성의 자체방어체계와 松都·江都·남한산성·수원 禿山山城 등 주변의 방어체계를 적절히 조화시키면, 우리나라의 도성은 그 어느 지역보다도 방어작전을 완벽히 펼칠 수 있다며 도성방어론을 주장한 바 있다.[150]

2) 民堡議

조선시대 국가의 방위는 정부에 의해서 공식적으로 편성된 중앙군과 지방군이 담당하였다. 하지만 유사시 정부군이 열세에 놓이거나 위기 또는 붕괴에 직면하는 경우 등에는, 민간군이 정부군의 역할을 보완하였다. 임진왜란과 호란 등에서 보여준 의병 활동이 대표적이며, 18~19세기의 민보의도 그러한 목적을 위해 제기되었다. 민보의는 18세기 이후 지방군의 약화가 두드러진 상황속에서 戰時에 향촌민이 스스로 자기의 생명과 재산을 지키려는 민간방위론으로, 유리한 산세를 선택하여 보를 구축하고[151] 淸野入堡[152]함으로써 先守後戰하려는 방어전술이다. 민보의는 안정복과 정약용 등에 의해 제기되었으며, 특히 정약용의 민보의에 대한 연구가 많이 이루어졌다.

먼저 순암 안정복(1712~1791)의 향촌자위론은 다산에 비해 훨씬 미숙하고 초보적이지만, 소극적 치안유지론에서 적극적 외침방어론으로

---

149) 조정기, 앞의 글, 1985, 353~357쪽.
150) 孫承喆, 「정조시대『風泉遺響』의 도성방위책」,『鄕土서울』54, 1994 ; 이재범, 앞의 글, 1997, 31~38쪽 ; 백기인, 앞의 글, 2004, 99~120쪽.
151) 물론 민보는 산에만 설치하는 것은 아니다. 작은 섬일 경우 섬 전체를 1개의 堡로 삼고, 면적이 넓은 곳은 여러 개의 민보를 설치하려 하였다(신대진, 앞의 글, 1995, 127쪽).
152) 비록 淸野入堡는 생산활동을 위축시키고 방어시설이 미비할 때 집중적인 인적·물적 손실을 입게 되는 등 소극적 방위전략이지만, 허소한 지방군사력의 실상을 감안할 때 산성을 거점으로 하는 군사방위체제로서 저항하는 것이 급선무였다(정하명·이충진, 앞의 글, 1981, 101~102쪽).

진전되었다는 지적이 있다.153) 즉 순암은 향약적 체제에 保甲法적 성격을 가미함으로써 향촌의 치안유지와 외적을 방어할 수 있는 自戰自守的 기반을 구축하여, 민생을 안정시키고 국방에 도움이 되는 적극적인 향촌자위론을 구상하였다. 순암이 이러한 방안을 제기한 이유는 유사시 영장이 지방의 속오군을 이끌고 전쟁터에 가면, 郡衙를 수비하는 정도에 그치는 吏奴隊로서는 향촌의 인명과 재산을 수호하며 지연작전을 전개할 수 없었기 때문이다. 이에 순암은 향촌편제를 종래의 '면－리－통'에서 '향－사－갑－통'제로 바꾸고 조직단위별 책임자의 주관 아래 민의 훈련을 강화하며, 비상 근무조를 운용하여 유사시에 대비하고 각 편제별로 성격에 맞는 병기나 물건을 항상 비축하게 하였다. 특히 유사시 공동방위체제의 채택이나 향촌 요해처에 城堡를 수축하고 지연전 및 선수후전하는 전략은 조선후기 지역방위론에 啓導的 의의가 있었다.

다산의 민보의는 19세기 국방력이 현저히 약화된 상황에서 1811년 홍경래의 난을 겪고 특히 서양의 신식무기로 무장한 일본의 침략 위험 등 대내외적인 위기를 맞이하여 제기되었다. 지금까지 다산의 민보의에 대해서는 민보의 의미와 구조를 살핀 정경현154) 및 정하명·이충진155) 등의 연구를 비롯하여,156) 다산의 군제개혁론을 살펴보는 가운데 민보의를 간략하게 검토한 연구 등이 있다.157) 지금까지의 연구에서 민보가 민간방위조직이며 산성을 거점으로 한 방어체제라는 점에는 견해가 일치되었지만, 몇 가지 내용에서는 서로 다른 견해가 제기되었다.

---

153) 潘允洪, 앞의 글, 1982.
154) 정경현, 앞의 글, 1978.
155) 정하명·이충진, 앞의 글, 1981.
156) 그 밖에 민보의에 대한 연구로는 신대진, 앞의 글, 1995, 115~140쪽 ; 김우철, 앞의 글, 2001, 242~244쪽 ; 정해은, 『조선후기 국토방위전략』, 국방부 군사편찬연구소, 2002, 171~300쪽 등이 참고가 된다.
157) 정성철, 앞의 글, 1989, 494~497쪽 ; 조성을, 앞의 글, 1998, 151~153쪽.

먼저 민보의가 제기되었던 19세기 초의 군사력에 대해 살펴보자. 하나는 당시에 유명무실한 것은 상번하는 정규군이 아니라, 예비역으로 되어 있는 속오군·이노대 등이라고 본 견해이다. 따라서 이러한 조직은 유명무실하므로 민보를 조직하는 것이 유리하며, 민보는 임진조국전쟁에서의 의병투쟁 경험 및 선배 실학자의 사상을 바탕으로 조직된 전시의 임시방어조직인 동시에 관군과 의병의 원천이라고 하였다.158) 다른 하나는 군사력의 약화로 상비 국방전력이 부재한 것은 물론이고 전시의 비상 국방전력의 동원마저 불가능해졌다는 견해이다. 때문에 서양 무기로 무장한 왜의 전력비대 등을 고려하여 民間自衛戰力과 선수후전의 병법에 기초한 對倭 備邊策으로 민보의를 제기하였고, 민보에서는 평시에도 향촌 민들을 군대에 편성시켜 훈련시키고 그러한 군대편성을 전국적으로 확대하여 민간자위체제를 상비 국방전력화함으로써 임란 의병을 보다 조직적 형태로 발전시켜 19세기 조선사회에 재현시킨 것으로 보았다.159) 아울러 다산의 민보론은 1876년 조정에 의해 비변책으로 공인되었는데, 민보방위체제 속에 내포된 잠재적 반란화 가능성을 감안할 때 19세기는 군사적으로 당면한 위기가 너무나 절박하였다고 보았다.

다음으로 민보에 대한 관군의 통제여부에 대해서도 상반된 견해가 있다. 하나는 민보가 관군의 통제를 받는다는 지적으로, 민보는 농민들의 자위조직과 같은 계급적인 것이 아니라 관군과의 배합하에 나라와 향토를 방위하기 위한 방위조직이므로 봉건국가의 통제하에 놓여 있는 조직이라고 보았다.160) 그러한 사실은 민보의 堡長과 保總은 旗를 병마절도사 본부에서 받아오고, 민보에 대한 상벌은 관군 본부의 통제를 받게 되어 있다는 점 등에서 잘 알 수 있다고 하였다. 다른 하나는 민보는 민간주도형 향촌자위체제로서 관권의 개입 없이 징집되고, 임

---

158) 정성철, 위의 글, 1989, 494~497쪽.
159) 정경현, 앞의 글, 1978, 363~365쪽.
160) 정성철, 앞의 글, 1989, 496쪽.

438

란 의병처럼 관군의 지휘통솔권을 벗어나 독자적 자율적 군사작전을
수행하였다고 보았다.161) 한편 민보는 향촌 주민이 자급자족적으로 방
위하며 미약한 단위 방어력을 보완하기 위해 민보 간에 상호 돕고 게
릴라전적인 전법을 전개하지만 관군의 방어작전을 지원하는 데 주목
적이 있고,162) 민보 편성은 전시를 대비한 것이고 전시에 운영되므로
지방군 등과의 협조 체제를 이루도록 되어 있었다163)는 중간적 입장에
서의 지적도 있다.

이어 민보에서 신분적 제약이 극복되었느냐에 대해서도 견해가 일
치하지 않는다. 우선 민보에서는 평등적 요소도 있지만 신분계급적 차
별의 한계성을 면하지 못하였다는 견해가 있다.164) 즉 대오와 주거에
서 귀천을 가리고 귀족 부인과 천족 부인을 차별하며, 부자는 식량을
제공하고 벼슬을 얻었으며, 민보가 국가와 양반에 의하여 통솔되었다
는 점 등에서 민보는 봉건국가 및 착취자를 위한 것이라고 지적하였
다. 비록 민보에서 전투 및 노동조직에 양반층까지 포함시키는 것은
물론이고 식량도 양반층의 사유식량에 의존함으로로써 양반층의 擔役문
제를 해결하였으나, 귀족 부인과 천족 부인의 차별 등 신분의 차등이
존재한다는 것이다.165) 반면 다산의 민보의는 부국강병으로 발생하는
이익을 특권층이 아닌 민중에게 환원시킬 방안으로 제시한 것으로 볼
수 있다는 점에서 근대 내셔널리즘이 가지는 방어체계로서의 기능을
지녔고,166) 신분차등이 무시된 상태에서 조직 편성되고 엄격한 내규에
의해 운용되는 鄕村死守防禦의 戰時村落共同體라고 본 견해도 있
다.167)

---

161) 정경현, 앞의 글, 1978, 363~364쪽.
162) 정하명·이충진, 앞의 글, 1981, 129쪽.
163) 조성을, 앞의 글, 1998, 153쪽.
164) 정성철, 앞의 글, 1989, 496쪽.
165) 정하명·이충진, 앞의 글, 1981, 113~114쪽.
166) 조광, 「정약용의 민권의식연구」, 『아세아연구』 56, 1976.
167) 정경현, 앞의 글, 1978, 363쪽.

한편 정약용의 토지개혁론의 단계와 관련하여 민보군의 편성을 살펴본 연구도 있다.[168] 즉 토지개혁의 제2단계인 井田議 단계에서 지방군은 토지 또는 군전을 지급받고 군역을 담당하는 지방군과, 단지 편성만 하여 놓고 실지 군역을 지지 않는 2부류가 있다고 보았다. 그 중 군역을 지지 않는 지방군에 해당되는 사람이 전시에 민보군의 정군이 되고, 기타 사람들은 모두 민보군의 노동부대로 편성되었다는 것이다. 이어 제3단계인 정전론 단계에서는 지방군이 모두 실지 군역을 지게 되어 순수 민간군이 있을 수 없으므로, 이때의 민보군은 군역을 지지 않는 소년·노인·부녀자로 구성된 지방군 보조조직으로만 존재할 수 있다고 하였다.

3) 邊防論

1712년(숙종 38) 白頭山定界碑 건립을 계기로 고조된 邊境意識은 민족주의적 경향의 일단으로 표출되어 失地 회복 및 국경 강화의 성격을 지니는 변방론으로 발전하였고, 이는 주로 정계비가 세워진 土門江 일대와 廢四郡 지역을 대상으로 제기되었다.[169] 실학자의 변방론에 대한 연구는 여보 우정규와 다산 정약용 등을 중심으로 이루어졌다.

18세기 여보는 폐사군을 복설하고 이 지역을 개척하여 주민을 안집시키는 것이 변방의 保障之策이 된다며 경제적·군사적 측면에서 복설을 주장하였으며, 특히 厚州 지역이 전략적 가치가 높은 곳으로 철저히 대비하자고 하였다.[170] 한편 영조와 정조대에 고위관료로서 활약하였던 洪良浩는 동북 변경에 대해 "土門江 이남의 지역이라도 철저히 방어하기 위해 行營을 존속시키고, 두만강 일대의 주민들에게 火砲使用禁止令을 철폐해주어 평소에 화포를 익히게 하며, 두만강 연변에

---

168) 조성을, 앞의 글, 1998, 151~153쪽.
169) 조광, 앞의 글, 1995, 760~62쪽 ; 신대진, 앞의 글, 1995, 60쪽.
170) 조정기, 앞의 글, 1985, 357~358쪽.

버드나무를 심을 것과 戍卒의 대우를 개선해주자"고 하였고, 압록강 연변의 방어를 위해 토지가 기름지고 국방상의 요해지인 후주에 鎭·堡를 설치하자고 하였다.171)

19세기 정약용도 폐사군 지방의 방위와 관련된 진과 보들을 정확히 설정하여 방위체제를 철저히 수립하자고 하였으며,172) 사군이 무너지면 청천강 이북의 땅은 조선의 소유가 될 수 없다며 사군을 복설하고 이곳의 경제적 이익을 조선인이 이용할 수 있도록 하자고 하였다.173)

이상에서 방어체제 개혁론에 대해 '읍성·도성방어론, 민보의, 변방론' 등을 중심으로 살펴보았다. 그 중에서 17세기 반계의 유성전수론은 인구의 증가와 상품화폐경제의 발달에 따른 사회경제변동을 미리 인식하여 정부지배층의 방안보다 훨씬 앞서 제기되었고, 민보의는 지방 군사력이 약화된 현실을 인정하여 유사시 향촌민이 스스로 자기의 재산과 생명을 지키려는 민간방어론이라는 점에서 현실성이 돋보이며, 변방론은 실학의 특성인 민족주의가 잘 드러난다는 점에서 주목된다.

6. 맺음말

임진왜란 이후 창설된 중앙의 군영과 지방의 진영 등은 국가의 재정부담 및 군포의 폐단 등을 심화시켰으나 청의 군대를 효과적으로 격퇴하지 못하였고, 18~19세기에 평화시대가 도래하자 무에 대한 소홀로 인하여 국방력이 크게 약화되었다. 이에 실학자들은 이러한 문제점을 시정함으로써, 국가의 재정부담을 줄이면서 군인의 생활을 안정시키고 국방력을 강화하는 것 등을 목표로 군사제도 개혁론을 제기하였다. 실학자들의 방안은 크게 국방개혁의 방향과 이념을 설정하고 군사조직

---

171) 조광, 앞의 글, 1995, 742~744쪽, 759쪽.
172) 박시형, 앞의 글, 1981, 37쪽.
173) 조광, 앞의 글, 1995, 756쪽 및 759쪽.

·군비·방어체제 등을 개혁하는 것에 초점이 두어졌으므로, 실학자의 군제개혁론에 대한 연구도 그러한 측면에서 이루어졌다. 지금까지 살펴본 실학자의 군제개혁론을 정리해보면 다음과 같다.

첫째 실학자의 국방개혁의 방향과 이념에서는 병농일치론과 문무일치론을 중심으로 연구성과를 살펴보았다.

먼저 실학자의 병농일치론은 군인에게 토지를 제공해준다는 점에서 給保에만 의존했던 조선전기의 군사제도에 비해 군인의 처우를 크게 개선하려 한 진보적인 견해이며, 국가의 근본인 토지제도의 개혁을 통해 군포의 폐단 등 군역문제를 해결하려 하였다는 점에서 정부지배층의 한정수괄론이나 지배층 일각에서 제시된 호포론에 비해 종합적이고 본질적인 개혁론이었다. 아울러 거주지를 중심으로 군역을 부과하므로 병역의 기피를 방지하면서 효과적으로 군역자원을 파악할 수 있고, 이웃이나 친척이 함께 대오에 편성됨으로서 전투에서의 승리를 극대화시키는 이점이 있었다. 하지만 사 이상의 양반들은 토지를 받으면서도 군역을 면제받음으로써 양반에게도 군역부담을 시키려 했던 정부지배층의 호포론이나 조선전기 오위제에 비해 국민개병제적 성격이 약하며, 직업 군인이나 장기 복무하는 군인에 비해 농민이 군인을 겸함으로써 군인의 전문성을 떨어뜨리는 데서 야기되는 문제점 등을 제대로 인식하지 못하였다. 더욱이 토지개혁이 선행되어야만 병농일치론은 실시될 수 있었으나, 당시 상황으로는 토지개혁의 가능성이 거의 없었다. 따라서 실학자의 병농일치론에서는 진보적·애민적 측면은 물론이고 양반으로서의 계급적 한계와 현실에서의 실현가능성이 거의 없는 문제점 등이 함께 엿보인다고 여겨진다.

다음으로 문무일치론에 대해 살펴보자. 17세기 반계는 문과와 무과를 폐지하는 등 문무의 구분을 없게 하여 문무일치를 하려 하였다. 즉 반계는 과거제도를 폐지하고 학교 교육과 관직 진출을 일치시키는 공거제를 제기하였으며, 무가 강화되었던 효종대 및 군비축소론이 제기되었던 현종대 등을 배경으로 문무일치론을 제기하였다. 반면 18세기 이후 실학자들은 평화시대를 맞이하여 무가 소홀히 다루어지는 분위기에서 문무일치를 주장하였는데, 무과의 폐지가 아니라 문에 비해 경시된 무를 강화하여 문과 무를 동등하게 하는 문무일치론을 주장하였다는 점에서 반계와 차이가 있었다. 한편 정부 관료인 효종대의 김육 등은 조선전기 거진 수령을 대신하여 군사지휘권을 행사하는 영장의 파견을 반대하여 수령으로 하여금 군사권과 행정권을 겸임하게 하자고 한 점에서, 반계와 공통점이 있었다.

둘째 실학자의 군사조직 개혁론에서는 중앙군·지방군·수군 등의 연구성과를 살펴보았다. 실학자들의 군사조직 개혁론은 병농일치론과 연계되어 주장되었다는 점에서 정부 관료들의 방안과 다르며, 실학자 간에도 차이가 있었다. 즉 17세기 반계는 조선전기 오위제와 진관체제를 복구하되 조선전기와는 달리 군인에게 토지를 지급하려 하였고, 중앙에는 군액이 축소된 훈련도감을 존속시키고 지방에는 기효신서의 편제를 지방군 하부조직에 유지시키는 가운데 신·구군제를 병용하려 하였다. 반면 18세기 이후의 실학자들은 조선전기 오위제나 진관체제를 복구하려 하지 않았다는 점에서 반계와 차이가 있었다. 즉 중앙군 개혁에서는 이미 조선후기 중앙군제로 자리 잡은 오군영의 문제점을 시정하려 하였고, 지방군 개혁에서는 행정과 군사를 일치시키는 진관체제의 이념을 바탕으로 하되 정전법·여전법 등과 결부하여 향촌조직과 군사조직을 일치시키려 하였다. 아울러 18~19세기에 평화의 시대가 전개되고 중세사회 해체기를 맞이하여 도적의 저항 규모도 커지고 빈도도 많아짐에 따라, 이 시기의 실학자들도 치안문제의 해결에 보다 관심을 기울이는 변화도 나타난다. 한편 수군제도에 대한 연구는 미흡하지만, 연해인과 해도인에게 수군에 종사하는 대가로 어장 등을 제공함으로써 해안방어 및 수군 충원을 용이하게 하자는 병어일치론과 전선을 조운에 활용하자는 방안 등이 주목된다.

셋째 실학자의 군비개선론에서는 무기와 군수 및 축성론을 살펴보았는데, 군제개혁론 중 연구가 가장 미진한 분야의 하나이다. 군수품 확보·돈대의 설치·석회축성법 등 농포자의 군비개선론이 주목되지만, 대체로 실학자의 방안은 병거의 사용 등에서 알 수 있듯이 관료나 군사지휘관 등에게서 이미 제기되었거나 그들의 방안과 유사한 것이 많았다. 실학자들 간에서는 17세기의 반계에 비해 18·19세기의 실학자들이 무기의 제작과 관리 및 성의 방어시설에 보다 많은 관심을 보였는데, 이것은 반계가 생존하였던 시기에 비해 18·19세기는 무기의 보관과 관리에 문제점이 많았고 군사력도 약해졌기 때문이라고 여겨진다.

넷째 방어체제 개혁론에서는 읍성·도성방어론 및 民堡議와 변경론을 살펴보았다. 17세기 반계의 유성전수론은 인구의 증가와 상공업의 발달 등에 따른 사회경제변동을 미리 인식하여 18세기 정부지배층의 도성방어론보다 훨씬 앞서 제기된 개혁안이며, 민보의는 지방 군사력이 약화된 현실에서 유사시 향촌민 스스로 자기의 재산과 생명을 지키게 하는 민간 방어론이라는 점에서 실학자로서의 현실성이 돋보인다. 한편 변방론은 영조와 정조대의 고위관료였던 홍양호 등에게서도 보이지만, 실학의 특성인 민족주의가 표출되었다는 점에서 의미가 있다고 여겨진다.

이상을 통해 실학자의 군사제도 개혁론은 관료 등의 방안과 비교해 볼 때 진보성은 물론 보수성도 엿보이고, 실학자들 사이에서도 공통점과 함께 차이점이 있었다. 즉 반계·성호·다산 등 실학자에게서 공통적으로 제기된 병농일치론은 실학자가 아닌 사람들의 방안과 차별성을 분명히 보여주며, 문무일치론·군비개선론·변방론 등에서는 실학자와 정부 관료의 방안이 일치하거나 오히려 정부 관료의 방안이 실학자보다 앞서 제기된 경우도 있었다. 아울러 실학자 상호 간에도 차별성이 나타났는데 군사조직 개혁론에서 17세기의 반계가 현재의 군사제도를 일부 인정하되 조선전기 오위제나 진관체제의 복구에 초점을 둔 반면, 18~19세기 실학자들은 조선전기 군사체제로의 환원보다는 이미 조선후기 군사제도로 자리 잡은 오군영의 문제점 등을 시정하는 데 중점을 둔 것 등이 바로 그것이다.

한편 지금까지 실학자의 군제개혁론 연구에서는 다음과 같은 점이 보완 또는 개선되었으면 한다. 첫 번째로 실학자의 군제개혁론에 대한 연구는 실학의 다른 분야에 비해 적은 편이며, 특히 무기·軍需·수군 등에 대한 연구가 적으므로 이 분야에 관련된 연구가 보다 많이 이루어졌으면 한다. 두 번째로 실학자의 군제개혁론이 지니는 특성이나 사상사적인 위치를 객관적으로 파악하기 위해서는, 한 인물에 대한 연구보다는 같은 시대 실학자가 아닌 사람 및 다른 시대 실학자의 군제개혁론과 비교 검토하는 연구가 많이 이루어졌으면 한다. 아울러 실학이나 실학자에 대한 긍정 또는 부정 등의 선입관을 전제로 한 연구를 지양해하는 것도, 실학자 군제개혁론의 객관적인 이해를 위해서 필요하다고 생각된다. 세 번째로 실학자의 군제개혁론을 통해 실학의 성격이나 정의를 보완하는 연구도 이루어졌으면 한다. 하나의 예로 실학자의 병농일치론은 군인의 대부분인 농민의 입장에 서서 그들에게 삶의 토대인 토지를 제공함으로써 군역문제를 종합적이고 근본적으로 해결하려 한 점에서, 정부의 한정수괄책이나 지배층 일각에서 제기된 호포론 등의 부분적인 개혁과 구별되는 실학의 특성이라고 생각된다. 물론 병농일치론은 실현가능성이 낮고, 중국 고대의 정전제 등에 기초하였다는 점에서 실학자의 고유한 사상은 아니다. 하지만 실학자와 주자학자는 중국 고대의 토지제도 및 주자의 부세제도에 대한 이해가 있었음에도 불구하고 각기 다른 방안을 제시한 것에서, 군역문제에 대한 인식 및 해결방안에서 나타나는 양자의 차이를 통해 실학의 성격을 추출해낼 수 있다고 여겨진다.

실학자의 교육제도 개혁론
: 연구 현황과 과제

차 미 희[*]

1. 머리말

1920년대 근대 역사학이 성립된 이후 지금에 이르기까지 한국사 연구에서 큰 비중을 차지하는 것은 조선후기 실학 연구라고 할 수 있다. 조선후기의 사회경제적 변동 속에서 지배층 위주의 기존 사상체계와 다른 새로운 사상체계 및 학문경향을 가지고 등장한 학자들을 기존의 성리학자와 대비하여 실학자라고 부르며, 실학의 성격을 근대(지향)적 사상으로 규정해 오다가 1980년대 중반 이후 실학을 보다 객관적으로 인식하고 평가하려는 다양한 노력이 전개되고 있다.

실학의 성격에 대한 규정은 주로 실학자의 개혁론을 연구하면서 이루어으며, 다양한 분야의 개혁론이 검토되어 왔지만, 실학자의 교육제도 개혁론은 연구성과가 그다지 많지 않은 상황이다. 연구 역량이 부족하여 교육사에까지 관심이 확대되지 못한 때문이기도 하지만, 근본 원인은 교육사에 관심이 있더라도 그것을 사회사 분야의 일부로서만 연구해 온 것에서 찾을 수 있다.[1] 한국사 연구자들이 실학자의 교육제

---

* 이화여자대학교 사회생활학과 교수, 국사학

1) 고석규, 「조선후기 교육제도 연구현황」, 近代史硏究會 編, 『韓國中世社會 解體期의 諸問題-朝鮮後期史 연구의 현황과 과제』(下), 한울, 1987 ; 尹熙勉,

도 개혁론이 지니는 중요성을 제대로 인식하지 못하고 있음은, 그동안 실학 연구가 활성화되면서 연구사 정리가 몇 차례 이루어졌음에도 불구하고 실학자의 교육제도 개혁론을 다룬 연구들이 언급조차 되지 않은 것에서도 확인된다.[2]

인간은 다른 동물들과 달리 어떠한 삶의 수단이나 능력을 갖지 못한 상태로 태어나기 때문에 생존을 위해서는 생산 경험을 비롯한 문화적 경험을 교육시키고, 교육받아야 했다. 원시사회에서 교육은 일상 생활을 통해서도 얼마든지 가능했지만, 이후 사회가 점차 발전하고 복잡해지면서 조직적·계획적인 교육을 위한 교육제도가 출현하였는데, 그것은 대체로 보수적인 속성을 지니게 되었다. 본래 교육은 기성세대가 주로 자신의 삶의 경험을 신세대에게 교육시키기 때문이기도 하지만, 사회구조적인 관계 속에서도 보수적 속성은 나타난다. 기성의 제도나 사회 구조, 문화적 조건 속에서 주도권을 쥐거나 유리한 입장에 있으면서 그 질서나 구조가 바뀌기를 스스로 바라는 집단은 거의 없다. 따라서 교육제도를 만드는 집단이나 세력은 기존의 질서와 체제 옹호를 교육의 일차적 목적으로 삼을 수밖에 없기 때문이다.[3]

이와 같이 1980년대 중반 이후 실학을 객관적으로 인식하고 평가하기 위한 다양한 노력이 전개되고 있는 상황과 교육제도 자체가 지니는 보수적 속성을 고려할 때, 앞으로 실학의 성격을 보다 객관적으로 규명하기 위해서는 다른 무엇보다도 실학자의 교육제도 개혁론에 대한

『朝鮮後期 鄕校硏究』, 一潮閣, 1990 ; 鄭萬祚, 『朝鮮時代 書院硏究』, 集文堂, 1997.

2) 김현영, 「'실학' 연구의 반성과 전망」, 近代史硏究會 編, 『韓國中世社會 解體期의 諸問題-朝鮮後期史 연구의 현황과 과제』(상), 한울, 1987 ; 조성을, 「실학과 민중사상」, 한국역사연구회 엮음, 『한국역사입문』 2권, 풀빛, 1995 ; 朴連鎬, 「朝鮮時代의 敎育·科擧에 관한 硏究의 현황과 과제」, 『朝鮮時代 硏究史』, 정신문화연구원, 1999.

3) 金仁會, 「韓國敎育史 敍述의 諸問題」, 『韓國敎育史硏究의 새 方向』, 集文堂, 1982 참고.

연구가 제대로 이루어져야 한다. 이에 본고에서는 그 기초 작업의 일환으로 실학자의 교육제도 개혁론에 대한 지금까지의 연구성과를 정리하고 향후 연구를 위한 의견을 제시하고자 한다.

본고는 이러한 목적을 위해 2장에서는 실학 연구 동향의 전반적인 변화 속에서 실학자의 교육제도 개혁론에 대한 기존 연구를 시기별로 살펴봄으로써 기존 연구를 실증과 논리의 측면에서 분석·검토해야 할 필요성을 제기하고자 한다. 조선후기 교육 현실에 대한 실학자들의 인식은 그들이 주장하는 교육제도 개혁론의 출발점이다. 따라서 3장에서는 기존 연구에서 제시된 실학자의 문제 인식을 검토하여 실증의 여부를 가리고, 실증되지 않았을 경우 그러한 문제 인식이 제시된 배경 등을 살핌으로써 실학자의 교육제도 개혁론을 올바로 평가하기 위한 첫 번째 작업으로 삼고자 한다. 4장에서는 기존 연구에서 제시된 실학자의 교육제도 개혁론의 내용과 지향점을 실증성과 논리성 두 측면에서 검토하고, 이를 실학자의 교육 현실에 대한 문제 인식과도 연결하여 기존의 연구성과를 객관적·종합적으로 정리하고자 하며, 5장 결론에서는 향후 연구를 위한 필자의 견해를 제시하겠다.

본고에서 검토하려는 실학자의 교육제도 개혁론 연구는 해방 이후부터 최근까지 한국사학계에서 배출된 것으로 한정하고, 교육학계의 연구성과는 앞으로의 연구에 도움을 받을 수 있는 부분에서만 인용했음을 밝혀둔다.4)

---

4) 교육학계에서는 그동안 교육사 연구를 전담하다시피 하면서 실학의 교육사상에 대한 연구를 많이 배출하였지만 대개는 실학의 근대적 성격을 확인하려는 경향에 머물렀다. 그 결과 교육학계 내에서 기존의 실학에 대한 교육사 연구의 관행과 성과에 대한 종합적인 비판과 반성이 제기되었고, 이를 계기로 새로운 접근이 시도되고 있다(李昌國, 「實學의 敎育思想 硏究序說-燕巖 朴趾源을 중심으로 하여」, 『敎育硏究』 5집, 공주사범대학 교육연구소, 1988 ; 우용제, 『조선후기 교육개혁론 연구』, 교육과학사, 1999 참고).

2. 시기별 연구 동향

조선후기에 나타난 새로운 사상과 학문의 경향을 실학으로 규정하여 연구하기 시작한 것은 1930년대부터였다. 식민지 상황 속에서 문화적으로나마 민족의 주체성을 유지하고자 하는 '조선학운동'이 민족주의 계열에 의해 전개되면서 실학 연구가 시작된 것이다. 이때 처음으로 유형원, 이익, 정약용으로 이어지는 실학의 학문적 체계가 세워진 한편 정약용에 대한 평가가 "근대 국민주의, 자유주의의 선구자이다"라는 민족주의 계열의 입장과 "종래 계급의 반성적 요구를 반영한 것이지 신흥계급의 대표로서의 사상체계는 아니다"라는 사회주의 계열의 입장으로 나뉘기도 하였다.5)

해방 이후부터 1950년대까지는 실학의 개념을 좀더 분명히 하고자 하는 논의가 이루어졌으며, 이전 시기의 연구 경향을 계승하려는 노력도 있었는데, 후자를 대표하는 것이 千寬宇의 「磻溪 柳馨遠 研究 - 實學發生에서 본 李朝社會의 一斷面」(1952 · 53)이다. 이 논문은 토지소유관계, 부세제도, 학교제도와 과거제도, 국방체제 등 각 부분에 대한 유형원의 개혁안을 종합적으로 검토하여 실학의 성격을 규정하고자 하였으며, 실학자의 교육제도 개혁론을 부분적으로나마 처음 다루었다는 점에서도 의미를 찾을 수 있다.

천관우의 논문에서는 유형원이 관학을 과거시험의 준비기관에 불과하게 된 것으로 보고, 이것을 개혁하기 위해서 위계적인 학제의 정비, 과거제도의 폐지와 공거제의 실시, 덕행과 식견을 기르기 위한 교육 내용, 朱子의 白鹿洞書院 학규 실시 등을 주장하였는데, 이것은 관료적 집권봉건제를 전제로 하는 중앙집권의 강화를 위한 것이며, 궁극적으로는 尙古的인 왕도사상을 기본 원리로 하는 합리적인 봉건국가를 실현하려는 것이라고 평가하였다. 그럼에도 천관우는 유형원의 개혁론

---

5) 김현영, 앞의 글, 313~319쪽.

을 종합적으로 평가하는 단계에서 실학을 "근대적 사상은 아니지만 정체된 봉건사회를 극복하고 '근대'를 가져오는 거대한 별개의 역사적 세계와의 접촉을 준비하는 한 시련을 겪고 있었다는 의미에서, 실학은 근대정신의 내재적인 태반의 역할을 담당하였다"[6]라고 하여, 근대사상의 맹아로 규정하였다.

실학자의 교육제도 개혁론을 독립적으로 다룬 연구는 李成茂의 「李德懋의 實學思想 - 그의 敎育思想을 중심으로」(1967)이다. 1960년대에는 조선후기 사회를 식민사학의 정체론적 시각에서 보아 왔던 것을 반성하여, 내재적 발전론의 입장에서 사회경제사를 연구하고자 하였으며, 그 연구성과를 적극적으로 수용하여 실학의 성격을 규정하려는 경향이 나타났다. 그 중에는 실학의 역사적 성격을 강조하여 18세기 이후의 사상으로 한정하여, 18세기 전반의 경세치용학파, 18세기 후반의 이용후생학파, 19세기 전반의 실사구시학파로 구분하는 연구가 있었는데,[7] 여기에서 이덕무는 이용후생학파로 분류되었다. 그러나 이덕무는 경제적인 측면에서보다 청나라에서 考證學을 도입·확립한 측면에서 더 강조해야 하며, 그의 고증학적 방법론은 보다 합리적이고 현실적인 사고·생활 방식의 추구로 나타나는데, 그것이 이덕무의 교육사상에 가장 잘 반영되었음을 규명하고자 한 것이 이성무의 연구 목적이었다.[8]

이성무의 논문에서는 이덕무가 주장한 교육개혁론의 내용을 凡民的 初學敎育의 중시, 경서에 대한 기초 교육을 제대로 하기 위한 문자 교육의 전면적 개선, 실증적으로 구성된 역사교과서의 사용, 새로운 교육

---

6) 千寬宇, 「磻溪 柳馨遠 硏究 (上)·(下) - 實學發生에서 본 李朝社會의 一斷面」, 『歷史學報』2·3집, 1952·53(歷史學會 편, 『韓國史論文選集』(朝鮮後期) 5, 一潮閣, 1976, 71~73쪽, 95~97쪽, 109~110쪽 재수록). 본고에서는 재수록된 논문을 참고하였음을 밝힌다.

7) 김현영, 앞의 글, 326~327쪽.

8) 李成茂, 「李德懋의 實學思想 - 그의 敎育思想을 중심으로」, 『향토서울』31호, 1967, 93~94쪽.

450

방법의 모색 등으로 정리하면서, 특히 범민적 초학교육을 높이 평가하였다. 범민적 초학교육은 종래 양반자제만을 대상으로 하던 봉건지배자 교육의 폐쇄적 교육에서 신분과 직업에 관계없이 인간의 도야를 목적으로 하는 개방적 교육으로 전환하자는 것으로, 비록 그 교육 내용이 유교적인 가치기준으로서의 孝悌倫常을 기초로 하고 있다 하더라도, 이덕무가 직접생산자들에 대한 새로운 인식을 가지고 그들의 교육적 욕구를 반영하여 참여 기회를 인정하고자 했다는 것이다.9) 결국, 1960년대 실학을 내재적 발전론의 입장에서 규정하려는 연구가 시작된 가운데, 1967년 이성무의 연구에서는 관료양성 교육의 초학 단계에서부터 양반 신분 이외의 피지배층에게도 교육 기회를 확대해야 한다는 이덕무의 주장을 제시하고, 그것을 합리적이고 현실적인 것으로 평가하였다.

　실학자의 교육개혁론에 대한 본격적인 연구는 趙湲來의 「朝鮮後期 實學者의 敎育思想 一考」(1979)이다. 1970년대에는 사회경제사적 연구성과와 내재적 발전론의 시각에 힘입어 실학의 성격을 더욱 더 발전적으로 규정하려는 경향이 나타났다. 우선, 천관우의 경우에는 종래 실학을 근대사상의 맹아로 규정하였던 것에서 한 걸음 더 나아가, "前근대의식에 대립하는 근대의식(또는 근대지향의식)을, 沒민족의식에 대립하는 민족의식을 뜻한다"라고 실학의 성격을 규정하였다. 개항 이후 서양의 근대문명이 수용되면서 이것과 가장 유사한 전통적 요소를 발견하여 그것을 매개로 스스로를 깨우치고 남에게 설명하며, 나아가서는 전통의 주체성을 지키면서 새로 도입된 것을 섭취하려는 노력이 갑신정변, 독립협회활동, 애국계몽운동으로 이어지게 되었는데, 그 전통적 요소가 바로 실학이라는 설명도 제시되었다.10)

---

9) 李成茂, 위의 글, 100~101쪽.
10) 千寬宇, 「朝鮮後期 實學의 槪念 再論」, 『韓國史의 再發見』, 一潮閣, 1974, 100~130쪽.

1970년대에는 실학사상의 근대사상으로의 변용 발전이 지속적으로 추구되어 북학사상과 개화사상의 관련성이 더욱 심도 있게 추구되었으며, 특히 북학파와 개화파의 인적·학문적 연결 과정이 집중적으로 검토되었다. 심지어 토지개혁론을 중심으로 조선후기의 사상 흐름을 보수적인 것과 진보적인 것으로 구분하여, 실학이 근대농민사상으로 발전했을 가능성까지 예측하는 경우도 있었다.[11] 이러한 결과 1970년대에는 한국사에 대한 역사상이 내재적 발전론의 입장에서 전면적으로 재구성되어 갔으며, 실학자의 개혁론에 대한 연구는, 그것이 어느 분야를 대상으로 삼던지 간에, 실학의 성격을 '근대지향적', '민족지향적'인 것으로 규정하였다. 조원래의 경우에도 조선후기의 실학은 한국이 근대로 발전하는 과정에서 필연적인 역사적 당위였음을 밝히기 위해 이수광에서부터 정약용에 이르는 대표적 실학자들의 교육관이 단계적으로 발전하는 과정을 조감하고 아울러 그들의 교육사상을 통해서 근대의식을 검토하고자 하였다.[12]

조원래의 논문에서는 조선후기 교육의 문제점을 생산활동의 종사자인 민중에게 교육의 기회가 전혀 부여되지 못한 것, 관학 교육의 부실화, 교육 내용이 윤리 도덕적·관념적인 것에 치우치고 문예 기량만을 강조함으로써 생산적·실용적인 것이 되지 못하는 것 등으로 정리하였다. 그리고 이후에는 실학자들이 주장하는 개혁론의 내용과 이에 대한 평가를 서술하여, 실학자들은 점진적·단계적으로 신분·지역·당파·문벌 간의 차별을 없애고 교육 기회를 개방·확대하자고 하였으며, 생산적 실천 윤리와 과학기술 교육을 강조하는 무실적인 방향과 중국 중심의 화이론적 세계관을 부정하고 민족적 자주의식을 표방하는 민족지향적인 방향으로 교육 내용도 개혁해야 힌다고 주장했는데,

---

11) 김현영, 앞의 글, 323~324쪽.
12) 趙湲來, 「朝鮮後期 實學者의 敎育思想 一考」, 『歷史敎育』 26, 1979, 33~35쪽.

452

이러한 교육 내용의 개혁론은 이후 근대 개화파의 교육사상 형성에 도움이 되었다고 평가하였다. 실학자들은 교육 방법도 종래의 암송, 기억 위주에서 독서에서의 의미 터득, 학습자의 흥미 유발과 개인차 고려, 탐구적 정신 자세 등으로 바뀌어야 한다고 주장했는데, 이 역시 근대적인 교육론, 현대 진보주의 교육사상에 연결되는 것이라고 높이 평가하였다.13)

앞서 살펴본 바와 같이 1967년 이성무의 연구에서는 이덕무의 교육제도 개혁론에서 교육 기회의 확대를 중시했었다. 그러나 실학자들의 교육사상을 본격적으로 다루고 이를 통해 근대의식을 검토하고자 했던 1979년 조원래의 연구에서는 교육 기회의 개방 확대는 물론 무실론적·민족지향적인 교육 내용, 학습자 중심의 탐구적인 교육 방법 등으로 개혁론의 내용을 정리하고, 그 성격을 '근대지향적', '민족지향적'으로 규정하였다. 서양의 근대 교육사에서는 교육제도의 체계화와 국가 관리, 교육 기회의 개방, 교육 내용과 방법적 원리의 변질, 교육의 민족주의화 등을 근대 교육의 일반적인 특징으로 보여 주었는데,14) 연구자들은 실학자의 교육개혁론을 검토하면서 서양 근대 교육의 특징들과 관련된 내용들을 제시하였던 것이다.

이후 실학자의 교육개혁론에 대한 연구는 1980년대의 공백기를 거쳐서 1990년대에 가서야 다시 이어졌다. 사실 1970년대에는 실학을 '근대지향적', '민족지향적'으로 평가하는 것이 주류를 이루었지만, 그러한 가운데에서도 정약용의 개혁론이 위정척사파의 거장인 李恒老, 奇正鎭에게도 영향을 끼쳤다든지 실학과 개화사상의 단절이 강조되어야 개화사상의 근대성을 살릴 수 있다는 주장들이 일부에서 제기되었다.15) 또한 실학의 성격이 '~지향적'이라는 모호한 개념으로 규정되면

---

13) 趙湲來, 앞의 글, 53~55쪽.
14) 우용제, 앞의 책, 1쪽.
15) 조광, 「실학과 개화사상의 관계에 대한 재검토」, 강만길 엮음, 『조선후기사 연구의 현황과 과제』, 창작과 비평사, 2000, 532~533쪽.

서 연구자 사이에서는 실학의 범주를 둘러싸고 극심한 인식 차이가 초
래되기도 하였다.16) 더구나 1980년대에 성리학에 대한 연구가 심화되
면서 종래 실학에 대한 평가가 지나치게 확대 해석되었다는 반성이 나
타나고 80년대 중반 이후에는 실학을 보다 객관적으로 인식하고 평가
하려는 노력이 시작되었다.

그러한 노력으로는 우선 조선시대의 유학사를 15·16세기의 주자성
리학 시기, 17·18세기의 조선성리학 시기, 18세기 말부터 19세기까지
의 북학사상 시기로 구분하면서, 북학사상만을 실학으로 한정시킨
1987년의 연구를 들 수 있다. 조선성리학과 북학사상이 철학, 역사인
식, 토지개혁론 등에서 차이가 있음을 부각시키면서 종래 실학의 범주
에 넣어왔던 시기와 유파 가운데에서 유형원, 이익 등을 조선성리학자
로 구분하고, 홍대용 이후의 북학사상만을 근대사상적 요소를 지니는
실학으로 제한시킨 것이다.17) 한편 1990년에는 17세기 사대부의 정
치·사회운영론의 성격을 국가재조론의 대두와 전개라는 측면에서 검
토하여, 유형원의 진보적 체제개혁론을 학문방법, 인식논리, 사회·정
치운영론에서 송시열의 체제보수적 개선개량론과 명확히 구분함으로
써 주자학과 실학, 실학과 근대사상과의 관계, 실학의 개념 설정에 대
한 시사점을 제시하고자 하는 연구도 나왔다.18)

위의 두 연구는 실학의 범주 설정을 달리하고는 있지만, 실학의 근
대성에 대해서는 대체로 의견을 같이 하였다. 그러나 이후에는 실학의
근대성에 대해 다른 견해를 제시하는 연구가 나타나기도 하였다. 실학
은 朱子學을 유일한 기준으로 삼기를 거부하고 古經의 원칙을 추구함
으로써 三代 王政과 같은 이상적 국가공동체를 조선후기 사회에 실현

---

16) 조성을, 앞의 글, 561~562쪽.
17) 池斗煥, 「朝鮮後期 實學研究의 問題點과 方向」, 『泰東古典研究』 3, 1987, 참
  고.
18) 金駿錫, 『朝鮮後期 國家再造論의 擡頭와 그 展開』, 연세대학교 박사학위논
  문, 1990 참고.

454

하고자 했던 전근대 국가론의 마지막 원형이며, 이러한 실학을 서양식 근대주의의 사유에 입각하여 판단할 수 없다는 1997년의 연구가 바로 그것이다.[19] 뒤이어 2000년에는 실학과 개화사상의 관계를 통해 실학의 개념 및 범주를 규정했던 종래의 연구성과들을 다시 한번 검토하면서, 실학과 개화사상은 시간의 선후관계를 가지고 있지만, 그 논리구조에 있어서 인과적 관계로 파악하기 힘들다는 결론을 내림으로써,[20] 실학의 근대성을 조심스레 부정하는 의견도 제기되었다.

이와 같이 실학을 객관적으로 인식하고 평가하기 위한 다양한 노력이 전개되는 속에서 1990년대에 실학자의 교육제도 개혁론에 대한 연구가 나왔는데, 우선, 成大慶의 「茶山의 敎育改革論」(1993)을 들 수 있다. 이 논문에서는 조선후기 교육의 현실을 정리하여, 본래 주자성리학 하에서의 교육 목표는 도덕과 수양만을 내세운 추상적인 것이며, 호란 이후에는 대명의리론, 소중화론을 내세워 민족적 자아를 상실한 유생들까지 배출하게 되었다. 따라서 18세기 이후 국가 부강과 인민 생활의 향상이라는 당면 과제에 직면하게 된 조선은 종래의 관료로서는 과제 해결을 위한 정책을 수립할 수 없었으며, 당시는 더욱이 성균관·향교·서원 등이 이미 그 교육적 기능을 상실한 상황이었다고 서술하였다. 그리고 뒤이어, 정약용은 새로운 관료를 양성하기 위해 경세치용파, 이용후생파의 개혁론을 토대로 삼아 四民평등 교육, 민족주체 교육, 생산기술 교육 등을 주장하였으며, 특히 무위도식하는 유생을 농업기술 관리로 육성하자고 하였는데, 이것은 당시의 역사적 조건을 감안할 때 봉건적 신분제의 제약을 타파할 수밖에 없는 사상이었다고 평가하였다.[21]

趙誠乙의 「丁若鏞의 敎育制度 改革論」(1995)에서도 먼저 조선후기

---

19) 金泰永, 「조선후기 實學에서의 현실과 이상」, 『韓國思想史方法論』, 도서출판 소화, 1997, 232쪽.
20) 조광, 앞의 글, 참고.
21) 成大慶, 「茶山의 敎育改革論」, 『大東文化硏究』 28, 1993, 65~76쪽.

교육의 현실을 정리하여, 신분제의 동요 해체와 더불어 성균관에는 한미한 신분의 사람이 들어오는 가운데 관리의 양성과 등용이라는 본래의 기능을 상실하였으며, 향교와 서원 역시 교육의 기능을 상실하였다. 교육 내용은 조선전기 이래로 詞章과 주자학적 유교경전이 중심을 이루어 현실 정치에는 도움이 되지 않았으며, 그나마 연결되었던 교육제도와 과거제도는 조선후기에 이르러 완전히 분리되었다. 반면에 당시 사회경제적 변동과 함께 중소상공업자와 경영형부농 등의 신흥계층들은 서당의 확대를 통해서 교육의 기회를 증대시켰지만, 이들이 공적 기관과 연계하여 체계적으로 상급 교육기관에 흡수되지 못하는 문제점이 있음을 서술하였다. 그리고 뒤이어 정약용은 신흥계층을 관료체계에 흡수하여 이들을 중심으로 제도 전체의 개혁을 추진하고자 했기 때문에 국자감과 6학이라는 체계적인 교육기관들을 통해서 교육의 기회를 천인에게까지 확대하고자 하였으며, 이것은 과거제도와 인사제도의 개혁과도 연결되어 궁극적으로는 신분제를 타파하고 능력 중심의 사회를 지향하는 것이라고 평가하였다.[22]

이와 같이 1980년대 중반 이후 실학을 보다 객관적으로 인식·평가하려는 노력이 전개되면서, '실학에서 근대성을 찾을 수 있는가'라는 근본적인 문제가 다시금 중요한 주제로 부상하였다. 그럼에도 1990년대에 이루어진 실학자의 교육제도 개혁론 연구들은 서양의 근대 교육에서 나타난 특징들과 관련된 내용을 제시하고, 그 성격을 '근대지향적', '민족지향적'으로 규정했던 1979년 조원래의 연구 경향을 한결같이 계승하고 있다. 1993년 성대경의 논문은 정약용의 교육개혁론을 제목으로 내세웠지만, 본문에서는 유형원을 비롯한 실학자들을 모두 함께 다룸으로써 조원래의 연구 내용과 결론에서 크게 벗어나지 않았다. 1995년 조성을의 논문 역시 정약용의 교육개혁론 중에서도 교육 기회의 확대라는 부분을 신분제 개혁·타파와 관련하여 집중적으로 검토

---

22) 趙誠乙, 「丁若鏞의 教育制度 改革論」, 『歷史教育』 57, 1995, 51~53쪽.

함으로써 실학의 근대성을 찾고자 하였던 것이다.

해방 이후부터 지금까지 기존 연구에서 한결같이 실학자의 교육제도 개혁론을 '근대지향적', '민족지향적'으로 평가하는 경향은, 이미 서론에서 서술한 교육제도의 보수적 속성을 고려해 볼 때, 1980년대 중반이후부터 지금까지 실학의 성격을 객관적으로 인식하고 평가하기 위해서 모색되고 있는 다양한 노력이 더 이상 필요 없을 수도 있음을 의미한다. 그리고 바로 이러한 점 때문에 실학자의 교육제도 개혁론을 다룬 기존 연구의 실증성과 논리성은 더욱 철저히 분석·검토되지 않으면 안 된다. 이를 위한 첫 번째 작업으로서, 다음 3장에서는 조선후기 교육 현실에 대한 실학자들의 인식을 살펴보고자 한다.

3. 조선후기 교육 현실에 대한 실학자의 인식

일반적인 개혁론이 그러하듯이, 조선후기 교육 현실에 대한 실학자들의 인식은 그들이 주장하는 교육제도 개혁론의 출발점이다. 그런데 기존 연구에서는 거의 공통적으로, 실학자들이 교육 기회, 교육 내용 및 방법, 학교의 교육적 기능 등에 대해 문제 의식을 지니고 있었음을 제시한다. 따라서 실학자의 교육제도 개혁론을 올바로 평가하기 위한 첫 번째 작업으로서 기존 연구에 의해 제시된 실학자들의 문제 의식을 차례대로 살펴보겠다.

교육 기회와 관련된 실학자의 문제 의식을 처음 제시한 것은 1967년 이덕무의 교육사상을 다룬 이성무의 논문이다. 이덕무는 조선초기 이래로 봉건지배자 교육이 양반자제만을 교육대상으로 삼는 폐쇄적인 것이었기 때문에 조선후기 봉건질서가 문란해지면서 점차 성장하던 일상생활용품의 직접생산자, 하층민의 교육적 요구가 반영되지 못한 것을 문제로 인식하였다는 것이다.[23] 그러나 이성무의 논문에는 이덕무의 문제 의식을 뒷받침해 줄 사료가 제대로 제시되지 않았다.

그럼에도 1979년 조원래의 논문에서는 '문반관료의 양성 교육이 조선초기부터 양반층에 한정되어 왔다'라는 이성무의 견해 일부가 계승되었다. "교육의 대상이 되어야 할 민중의 대부분이 생산활동에만 종사하였을 뿐, 교육의 기회가 부여되지 못하였으니, 사실상의 교육은 특권지배층의 전유물이었다고 보아야 옳을 것이다. 예컨대, 당시의 대표적 교육기관으로서의 성균관은 그 입학 자격이 양반계층에 제한되었다"24)라고 서술된 것이다. 그러나 여기에서도 사료가 제시된 것은 아니었으며, 오직 이성무의 「鮮初의 成均館硏究」가 각주로 달려 있었을 뿐이다.25) 이러한 조원래의 서술은 1993년 성대경의 연구에서도 다시 반복되었다.26) 결국, 기존 연구자들은 실학자들이 '문반관료의 양성 교육이 조선초기부터 양반층에 한정되어 왔다'는 것을 문제로 인식하고 있음을 제시했지만, 그것은 실증된 것이 아니었다. 오히려 그것은 이성무의 견해에 영향 받은 연구자들의 문제 의식으로 보인다.

이성무는 1967년 「이덕무의 실학사상」을 발표하면서 동시에 「선초의 성균관연구」도 함께 학술지에 게재하였다.27) 알다시피 이성무는 조선시대의 신분제에 대해 조선초기부터 4개의 신분층(양반, 중인, 상민, 천인)이 형성되어 있었다고 주장하는 양반 전공자로서, 연구 초창기부터 양반을 교육을 받을 수 있는 기회는 물론 과거에 응시할 수 있는 기회를 독점하는 계층으로 설정하였다. 이성무가 이덕무의 교육사상을 다룬 논문에서 아무런 근거도 제시하지 않은 채 조선초기 이래로 문반관료의 양성 교육을 받을 수 있는 기회가 양반 신분층에 의해 독점되었다고 서술한 것은 이 때문인 듯하다.

---

23) 李成茂, 앞의 글, 100~101쪽.
24) 趙湲來, 앞의 글, 35~36쪽.
25) 위의 글.
26) 成大慶, 앞의 글, 65쪽.
27) 李成茂, 「鮮初의 成均館硏究」, 『歷史學報』 35·36합집, 1967.

458

사실 조선초기 신분제 논쟁에서 이성무의 '4신분제설'에 맞서 한영
우는 '양천제설'을 주장하였다. 또한 후자와 연결하여 향교 연구를 통
해서 양인(여기에는 상민을 의미함)에게도 실질적인 교육 기회가 주어
졌음을 주장한 연구가 1976년에 나왔는데,28) 대체로 한영우의 견해와
동조하는 연구들은 조선왕조의 건국으로 상징되는 신분제, 사상과 교
육제도의 변화에 대해서 주목하자는 것이었다. 따라서 이성무의 견해
를 수용하여 '문반관료의 양성 교육이 조선초기부터 양반층에 한정되
어 왔다'는 것을 실학자의 문제 의식으로 제시한 기존 연구를 검토하
기 위해서는 한영우를 비롯한 일련의 연구들을 바탕으로 조선 초·중
기(15·16세기) 문반관료 양성 교육 기회를 정리할 필요가 있다.

조선은 법제적으로 양천제를 유지하면서 학교에서 교육받을 수 있
는 권리를, 천인 신분을 제외한, 양인 신분(이 신분 내에 양반 신분층,
중인 신분층, 상민 신분층이 존재하는 것으로 봄) 모두에게 부여하였
다. 군역을 비롯한 국가의 조세부담을 담당하게 된 양인 신분에게 그
반대급부로서 교육의 기회와 과거시험 응시의 권리를 함께 부여한 것
이다. 이것은 고려시대에 비해 생산을 담당하던 계층의 신분이 점차
상승하던 측면을 반영하며 건국세력이 국가의 정치적·경제적·군사
적 기반을 양인으로까지 확대시켜 나가고자 했던 것에서 비롯되었
다.29)

한편 조선은 성리학을 지배이념으로 채택하여 새로운 사회체제를
실현하고자 하였으며, 특히 學校를 '風俗과 敎化의 근원'으로 인식하
고, 治國의 요체가 풍속과 교화에 있다고 생각하였다. 풍속과 교화란
지배층이 도덕적 통솔력을 갖추고, 이를 통해서 민의 관습이나 습관을
변화시켜서 성리학에 기반을 둔 도덕적·윤리적 덕목을 실천할 수 있

---

28) 李範稷, 「朝鮮前期의 儒學敎育과 鄕校의 機能」, 『歷史敎育』 20, 역사교육연
   구회, 1976 ; 李範稷, 「朝鮮前期의 校生身分」, 『韓國史論』 3, 서울대 국사학
   과, 1976.
29) 車美姬, 『朝鮮時代 文科制度 硏究』, 國學資料院, 1999 참고.

는 덕성의 함양을 의미하는 것으로, 국가에서는 학교를 통해서 지배층을 길러내고 민을 교화시키는 방향으로 교육제도를 정비해 나가게 되는데, 이것은 『禮記』, 『周禮』의 교육제도적 이상과 원리를 지향하는 것이기도 하였다.[30] 특히 향교는 문반관료의 양성 교육과 민에 대한 교화를 아우르면서도 후자의 기능에 중점을 두는 교육기관으로 성립되었다.[31]

이와 같이 양천제라는 신분제도가 유지되고, 교육제도적 이상과 원리가 지향되면서 조선초기부터 상민 이상의 신분층들은 문반관료 양성의 교육을 담당하는 학교(四學과 향교, 성균관)에 입학하거나 입학시험을 볼 수 있었으며, 과거시험에도 응시할 수 있는 제도적 규정이 마련되었다. 그러나 이상은 현실과 괴리되어 상민 신분층은 경제력이나 시간적 여유 등으로 인해 문반관료 양성 교육을 받을 수 없었으며, 기술관료 교육을 받는 대상 역시 중인층으로 고정되면서 문반관료 양성의 교육은 양반 신분층으로만 한정되었다. 그러다가 16세기 중반 이후 양반층이 굳이 학교에 소속을 두지 않더라도 군역을 면제받을 수 있게 되어 향교를 기피하는 양상이 나타나는 가운데 상민 신분층은 향교의 校生 대다수를 차지하게 되었다. 그러나 이때 교생들은 과거시험 등을 통해서 관직에 진출하는 경우가 거의 없었으며, 교생이라는 직역 그 자체가 이미 상민층의 것으로 자리잡고 있었다.[32]

결국, 조선초기부터 문반관료 양성 교육은 양반 신분층 뿐만 아니라 상민 신분층에게도 법제적으로 기회가 주어졌지만, 현실적으로 상민은 문반관료 양성 교육을 받을 수 없게 되어 교화 교육의 대상으로만 남게 되었다는 것이다. 이러한 정리는 '문반관료의 양성 교육이 조선초기부터 양반층에 한정되어 왔다'는 이성무 등의 견해와 다를 바가 없는

---

30) 우용제, 앞의 책, 113~125쪽.
31) 李範稷, 「朝鮮前期의 儒學敎育과 鄕校의 機能」 참고.
32) 尹熙勉, 앞의 책 ; 丁淳佑, 「조선전기 영남지역 평민층에 대한 교화와 교육」, 『정신문화연구』 76, 1999 참고.

것처럼 보인다. 그러나 그 차이는 기존 연구에서 '문반관료의 양성 교육이 조선초기부터 양반층에 한정되어 왔다'는 것을 실학자들이 왜 문제로 인식하는지에 대한 배경 설명과 연결해 보면 더 분명해 질 것이다.

이미 1967년 이성무의 논문에서 제시된 것처럼 '문반관료의 양성 교육이 조선초기부터 양반층에 한정되어 왔다'는 실학자의 문제 의식은 이로 인해서 '조선후기에 성장하고 있던 하층민의 교육 욕구가 반영되지 못했다'는 것으로 이어졌다. 그리고 이후 1995년 조성을의 논문에서는 이성무의 견해를 받아들이면서도 특히 후자의 부분을 구체화시켜 "민은 경제력의 향상을 바탕으로 서당을 확대하면서 교육 기회를 증대시켰지만, 공적 기관과 연계하여 상급 교육기관으로 흡수되지 못했다."33)라고 서술하였다.

'문반관료의 양성 교육이 조선초기부터 양반층에 한정되어 왔다'는 이성무의 견해와 곧바로 상응되는 부분이 바로 '민의 교육 기회가 상급 교육기관으로 흡수되지 못했다'는 조성을의 서술이며, 이 부분이 바로 앞서 한영우를 비롯한 일련의 견해를 바탕으로 조선 초·중기(15·16세기) 문반관료 양성 교육의 기회를 정리한 것과 차이를 보이는 것이다. 즉, 조선초기부터 양반층만이 문반관료의 양성 교육기관인 사학과 향교, 성균관에 입학할 수 있었기 때문에 조선후기에 경제적으로 성장한 민은 초등교육 단계인 서당 교육에만 머물고 공적 기관과 연계하여 상급 교육기관(사학과 향교, 성균관)으로 흡수되지 못했다는 것이 조성을의 설명이다. 그러나 이미 앞에서 정리한 것에 의하면, 이 시기에도 상민층은 법제적으로 성균관을 비롯한 관학에 입학할 수 있는 법제적 자격이 있었으며, 실제로 향교에 입학하고 있었다.

한편 조성을이 '민의 교육적 욕구가 서당의 확대를 통해서 나타났다'라고 서술한 것에도 실학자들의 사료는 전혀 제시되지 않았으며, 渡部

---

33) 趙誠乙, 앞의 글, 28쪽.

學이 1969년에 출판한 『近代朝鮮 敎育史硏究』가 그 근거로서 제시되었을 뿐이다.[34] 渡部學은 일본 교육학계의 교육사 연구자인데, 조성을은 역사학계의 범위를 넘어서 교육학계의, 그것도 한국을 넘어서 일본의 연구성과까지 수용하고자 한 것이다. 그러나 조성을의 연구가 나오기 10년 전인 1985년 이미 한국 교육학계의 교육사 분야에서는 조선후기 서당에 대한 논의를 촉발하는 한 편의 논문이 발표되었는데, 정순우의 박사학위논문 『18세기 서당 연구』가 그것이었다.

정순우의 논문에서는 우선 소농민이 교육주체로 성장한 것을 주목하였다. 18세기 신분관계의 혼란으로 교육과 신분의 상응관계가 무너지고, 非사족 중에서 상거래와 광작경영, 상품경제적 농업경영 등을 통해서 부를 축적한 집단이 성장하였다. 이들이 소위 '자본주의 맹아'의 담지자들이며, 이들의 서당 교육에서의 참여는 기존의 계조직을 원용한 서당계의 활용을 통해서이며 유랑지식인인 서당훈장에게 일정 급료를 주고 서당을 운영하였다는 것이다. 정순우의 논문에서는 서당의 교육 내용이 변화하는 것에도 주목하였다. 18세기 후반에 이르러 성리학적 예악질서는 '역사적 응고물화'하고, 서당의 교육 내용도 충효 이데올로기를 중심으로 하는 소학류가 아니라, 민간유희, 민속, 만담, 나라 풍속 및 조선의 현실 인식을 다룬 내용으로 변화하였다는 것이다.[35]

이러한 정순우의 서당 연구에 대해 1990년 정재걸은 우리나라 자생적 근대교육의 맹아를 봉건교육의 해체라는 內因에 두었다는 점에서 매우 높이 평가하면서도 그 한계점을 지적하였다. 우선 서당계의 주역들이 자본주의 맹아의 담지자인지의 여부가 불분명하며, 교육 내용에도 그다지 큰 변화가 나타난 것이 아니고, 서당 훈장의 혁명성 역시 극소수의 사례일 뿐이라고 하여 그 근대성의 구체적인 증거가 빈약하다

---

34) 조성을, 앞의 글, 28쪽.
35) 丁淳佑, 『18世紀 書堂 硏究』, 정신문화연구원 박사학위 논문, 1985 참고.

는 것이었다. 또한 정순우의 주장은, 봉건교육 해체의 특질, 자생적 근대교육의 봉건교육과의 차별성, 자생적 근대교육의 전개과정, 서구 근대교육 이식과의 차별성, 서구 근대교육에 의한 몰락과정 등 거대한 역사적 흐름 전체를 체계화하여 제시되어야 완결될 수 있는, 현재까지는 정당성을 확보하기에 상당한 무리가 따르는 하나의 가설에 불과함을 지적하기도 하였다.[36]

결국, 1985년에는 이미 한국 교육학계의 교육사 분야에서도 渡部學의 것을 뛰어넘는 연구성과가 나오고, 1990년에는 이에 대한 연구사적 의의와 그 한계를 검토함으로써 조선후기 신흥계층의 교육적 욕구, 교육 기회를 서당 확대와 관련시키기 위해서는 그 실증성과 논리성을 더욱 보강해야 한다는 촉구가 이루어졌다. 그러나 1995년 조성을의 연구에서는 이러한 연구가 고려되지 않은 채, 1969년 渡部學의 연구성과만이 수용된 것이다.

이상에서 살핀 바와 같이 기존 연구에서는 실학자들이 문반관료의 양성 교육을 받을 수 있는 기회가 조선초기 이래로 양반 신분층에게만 독점되었기 때문에 조선후기에 경제력 향상을 바탕으로 교육적 욕구를 표출하고 교육 기회를 만들어 나가던 피지배 신분층이 서당 교육 단계에서만 머물던 것을 문제로 인식하고 있었음을 제시하였다. 그러나 이러한 실학자의 문제 의식은 문집 및 기타 사료를 통해서 실증된 것이 아니었다. 오히려 그것은 다양한 연구성과 중에서도 1967년 이성무의 성균관 연구, 1985년 渡部學의 서당 연구 등을 근거로 삼은 연구자의 문제 의식이었다. 이러한 경향이 기존 연구에서 실학자의 또 다른 문제 의식으로 제시된 교육 내용과 방법, 학교의 교육적 기능 등에서도 나타나는지의 여부를 계속 살펴보겠다.

문반관료를 양성하는 교육 내용과 방법에 대해 실학자들이 문제 의

---

36) 鄭在傑, 「韓國 近代敎育의 起點에 관한 硏究」, 『敎育史學硏究』 2·3집, 1990, 113~116쪽.

식을 가지고 있었음을 처음으로 제시한 것은 1979년 조원래의 연구였
다. 성리학을 지배이념으로 삼은 조선에서는 윤리적·도덕적인 수양을
통해서 聖賢과 같은 학자관료가 되는 것을 문반관료 양성의 교육 목표
로 삼았고, 이로 인해 경서와 성리서 등이 교육 내용의 중심이 되었기
때문에 현실과 유리된 非실용적·非생산적인 관료를 양성하게 되었다
는 것이다.37)

그러나 이러한 실학자들의 문제 의식을 뒷받침할 수 있는 사료가 조
원래의 논문에서는 전혀 제시되지 않았다. 그 대신에 "교육의 본질이
합리적인 생활태도와 문화창조의 능력을 기르는 것이라면, 성리학적
교육내용으로서는 창의적인 인간육성이 어려웠고, 일상생활에 필요한
實事實物의 교육 또한 기대할 수 없었다."38)라고 하여, 연구자의 교육
관이 조선시대의 교육 내용을 평가하는 기준으로 작용하였음을 보여
주었다. 조원래의 이러한 서술 양상은 조선시대의 전통적인 교육 방법
에 대해서 "경서를 암송하는 기억 만능의 학습법은 문제해결을 위한
지적활동이나 추리능력의 계발에는 무관한 것이었으며, 사고의 독창성
이나 상상력의 발전을 기대하기 어려웠다."39)라고 한 것에서도 다시
확인된다.

이후 1993년 성대경의 연구에서는 非실용적·非생산적인 문반관료
를 양성하는 것 이외에 민족적 자아를 상실한 崇明 事大主義 관료를
양성한다는 것이 교육 내용의 또 다른 문제점으로 제시되었다. 또한
18세기에 조선은 나라의 부강, 인민 생활의 향상이라는 새로운 당면
과제에 직면하게 되는데 기존의 교육 내용으로는 과제를 해결할 수 있
는 문반관료를 양성할 수 없기 때문에 실학자들이 문제 의식을 지니게
되었나는 배경 설명이 추가되었다.

그러나 성대경의 연구에서도 이러한 실학자의 문제 의식은 실증되

---

37) 趙湲來, 앞의 글, 35쪽.
38) 위의 글, 35쪽.
39) 위의 글, 62쪽.

464

지 않았다. 그리고 그 역시 "개인의 인격 향상이라든지 실천도덕과 정
신수양을 강화하는 등 좋은 점도 있었지만, 그 목적하는 바가 너무 고
원하고 추상적이어서 국민교육이 사상으로 될 수 없었다"[40]라고 하여,
성리학적 교육 목표와 내용에 대한 자신의 부정적 입장을 강력하게 드
러내었다. 1995년 조성을의 연구에서도 아무런 근거를 제시하지 않은
채 "조선전기 이래 변함 없이 詞章, 주자학적 유교 경전을 중심으로
한 교육 내용은 현실 정치에 도움이 되지 않았다."[41]라는 서술은 되풀
이되었다.

　결국, 기존 연구에서는 실학자들이 非실용적·非생산적인 관료, 崇
明 事大主義 관료를 양성하는 성리학적 교육 내용, 기억과 암송 위주
의 교육 방법 등에 대해서 문제 의식을 가지고 있음을 제시하였다. 그
러나 그것은 실학자의 인식임이 실증된 것이 아니었으며, 오히려 연구
자의 성리학에 대한 부정적 인식에서 기인되었음을 알 수 있다.

　사실 실학 연구는 그것이 시작될 때부터, 조선후기 성리학자들이 예
송이나 이기철학의 공허한 논쟁이나 벌이면서 실제 민생문제나 사회
개혁에 대한 논의는 도외시했다고 규정하는 반면, 실용적이고 실증적
인 연구를 통해 민생문제나 사회개혁을 추구했던 실학을 역사에 부각
시키고자 했다. 그리고 1960·70년대에 연구가 본격적으로 전개되면서
는 처음의 의도에서 한 걸음 더 나아가 조선후기 사회를 중세봉건사회
를 탈피하여 근대사회로 이행하는 과도기로서 설정하여, 성리학은 중
세봉건적·反민족적이며 실학은 근대지향적·민족지향적이라는 도식
적인 구분을 하게 되었다.[42] 1979년 조원래의 연구에서 조선시대의 성
리학적 교육 내용과 방법에 대해 연구자 자신의 부정적인 입장을 드러
낸 것은 당시의 실학 연구 경향에 크게 영향 받았기 때문으로 보인다.

　그러나 1970년대 후반부터 1980년대에 걸쳐 조선후기의 정치사, 사

---

40) 成大慶, 앞의 글, 60쪽.
41) 趙誠乙, 앞의 글, 28쪽.
42) 池斗煥, 앞의 글, 113~114쪽.

상사, 문화사 부분에 대해서는 본격적인 재검토가 이루어져 점차 긍정적인 평가가 나타나기 시작하고, 17·18세기의 붕당정치와 맞물린 조선성리학에 대한 긍정적인 평가는 성리학 전반에 대한 부정적 평가를 극복할 수 있는 여지를 마련하였다. 특히 조선시대 문반관료 양성 교육을 '현실과 유리된 非실용적·非생산적'으로 평가하는 것과 관련하여 주목할 연구는, 조선시대 학자들이 실용적·생산적이라는 내용을 포함하여 사용한 '실학'이라는 용어의 사용 과정을 검토한 것이다.

조선초기에 학자들은 經學을 공부하는 것 그 자체를 실학이라고 지칭하여 과거시험의 하나인 講經 준비 공부를 실학으로 여기게 되었는데, 그 이유는 조선초기 주자학이 道學, 理學으로 자리잡을 정도로 이해되지 못한 상태에서 유명한 글이나 문장을 뽑아서 외우는 것보다도 직접 원전인 경서를 외우고 뜻을 밝히는 경학 공부가 주자학을 이해하는 데 근본이 되었기 때문이다. 그러다가 16세기 이후 경학의 궁극적 목표였던 도학, 이학에 대한 중요성이 강조되면서 그것이 실학으로 칭해지고, 경학은 이학의 기초학문으로 필수교양화되어 그 격이 점차 떨어지게 되었다. 이후 주자학이 말폐를 드러내어 공리공담화하게 되는 18세기 후반에는 사회개혁의 이념을 찾으려는 노력이 일어나면서 다시 경학을 통해 이용후생, 실사구시를 찾아내어 그것을 실학으로 칭하게 되었다는 것이다.[43]

결국, 1980년대를 거치면서 조선왕조의 시대적 요구에 따른 성리학의 순기능이 강조되는 연구들이 나오고, 이를 통해 성리학의 교육 내용과 방법에 대해서 종전의 부정적 인식을 재고할 수 있는 바탕이 마련되었지만, 1993년 성대경, 1995년 조성을의 연구에서는 여전히 성리학과 실학을 도식적으로 구분하는 영향에서 벗어나지 못하고 있었던 것이다.

한편 기존 연구에서는 문반관료 양성의 교육 내용 및 방법과 연결하

---

43) 池斗煥, 위의 글, 6~10쪽.

여 학교의 교육적 기능에 대한 실학자의 문제 의식도 제시하였다.
1967년 이성무의 연구에서는 이덕무가 관학(성균관)을 문벌귀족자제
의 출세도구에 불과하게 된 것으로 인식하고 있다고 하면서, 원문 사
료를 제시하였다. 예를 들면, "이덕무는 당시 특권문벌귀족자제들의 출
세도구로 전락된 관학 교육의 부패상을 다음과 같이 지적하였다"라고
하면서 원문 사료를 제시하였다. 그러나 사료를 번역하면, "館學의 月
課는 선비들을 경박하게 만드는 일로 요즈음의 비루한 습속이다. 사내
아이가 남의 손을 빌려서 글을 지어 올려 試官을 능멸하는 것은 더욱
미치광스러운 짓이니, 부형이 된 자는 어린아이들로 하여금 월과를 지
음으로써 그 경박한 풍조를 배우고 양심을 망치게 해서는 안 된다."44)
라는 것이다. 과거 시험장에서 나이 어린 응시생이 남의 글솜씨를 빌
려 글을 짓는 것은 숙종 28년 당시에 이미 고위관리에서부터 각 관사
의 일반 관리 자제들에게로까지 확대되는 상황이었다.45) 따라서 이 사
료는 이덕무가 사대부 일반에게 자식에 대한 올바른 교육을 당부하는
것이기 때문에 이성무가 주장하는 것처럼 특권문벌귀족자제와 관련된
것으로 보기 어렵다.

그럼에도 1979년 조원래의 연구에서는 성균관이 15세기 후반 이후
특권자제들의 출세도구가 되었다는 종래 이성무의 견해가 그대로 수
용되었다. 또한 더 나아가 향교도 성균관과 거의 같은 시기에 지방관
의 재원 마련을 위한 수단 혹은 양역 도피처, 성현의 제사를 지내는 곳
으로 바뀌었으며, 관학을 대신하여 교육을 담당하던 서원 역시 17세기
말 당쟁의 소굴 또는 피역의 온상이 되었음을 강조하였다.

종래 이성무의 견해를 수용하면서도, 문반관료를 양성하는 교육 내
용과 방법을 검토하면서 이것을 학교의 교육적 기능 상실이 연결시킨

---

44) 李成茂, 앞의 글, 99~100쪽 ;『靑莊館全書』31, 「士小節」 8, 童規3, 事物3(민
　　족문화추진회 번역본).
45)『肅宗實錄』卷36, 肅宗 28년 3월 己亥(국편 영인본 39권 677쪽 나면).

것은 1993년 성대경의 연구이다. "18세기 이후 관학, 사학 어디에도 조
선이 새로이 당면한 과제를 해결할 수 있는 문반관료를 양성할 수 있
는 교육기관조차 찾아볼 수 없게 되었다."[46]는 것이며, 이러한 서술은
1995년 조성을의 연구에서도 되풀이되었다.

결국, 조선은 개국 50여 년만인 15세기 말부터 성균관과 향교가 그
교육적 기능을 상실하고, 이후 관학을 대신하던 서원도 17세기 말에
교육적 기능을 상실함으로써 17세기 말 이후 조선은 非실용적·非생
산적이며 민족적 자아를 상실한 관료조차도 양성할 수 없는 상황, 더
나아가 지배이념의 재생산이 더 이상 이루어지지 못하는, 조선이라는
국가를 더 이상 유지하기 어려운 상황에 이르렀다는 것이다.

이와 같이 기존 연구에서는 학교가 교육적 기능을 상실한 것을 실학
자들이 문제 의식으로 삼았음을 제시했지만, 역시 제대로 실증된 것이
아니었다. 이 역시 연구자들의 문제 의식으로 볼 수 있는데, 그것은 해
방 이후 조선시대 교육 연구가 제대로 전개되지 못한 상황과 관계가
있었다.

이성무는 1967년에 「이덕무의 실학사상」을 발표하는 동시에 「鮮初
의 成均館 硏究」도 학술지에 게재하였음을 이미 앞에서 서술하였다.
이 중에서 「선초의 성균관 연구」는 연구사적으로 매우 높이 평가받는
논문이다. 성균관이 주자학을 보급하는 학문의 전당으로서, 새로운 인
재를 양성하는 관리양성소로서의 기능적 측면을 분석하고, 더 나아가
門蔭子弟에 의한 仕路의 문란으로 성균관이 침체되어 가는 과정, 그리
고 지방의 私學에 의하여 교육기관으로서의 역할이 대체되어 양상을
밝혔다. 이 논문은 성균관에 대한 체계적인 최초의 연구로서 교육학계
에 실증의 자료를 제공하고, 조선초기 훈구와 사림의 대립이라는 정치
사적 맥락 위에서 성균관의 변천과정을 체계적으로 살핀 연구라는 평
가이다.[47]

---

46) 成大慶, 앞의 글, 64쪽.

그러나 이성무의 「선초의 성균관연구」는 이후 교육제도사 연구에 어려움을 제공하기도 하였다. 특히 "세종 재위 후반기부터 성균관은 집권한 훈구세력 자제들의 출세도구로 이용되면서 그 기능이 침체되어 마침내는 서원에 의해서 대체되었다."[48]는 주장이 바로 그것이다. 성균관은 조선 건국 50년 만에 제 기능을 상실하고, 조선이 망할 때까지 그 양상이 지속되었다는 연구 결과는 사실 이후에 한 번 재검토해볼만한 것이었음에도 불구하고, 이성무의 연구 결과를 극복할 만한 연구가 배출되지 못하는 가운데, 이성무의 연구는 인용에 인용을 거듭하면서 하나의 고전이 되어 갔다. 이성무가 이덕무의 교육개혁사상을 검토하면서 정확한 사료를 제시하지도 않고 조선후기에 성균관의 교육적 기능이 상실한 것으로 단정한 것도 이러한 맥락에서 이해된다. 또한 1979년 조원래, 1993년 성대경, 1995년 조성을의 연구도 '고전'의 강력한 위력에서 벗어날 수 없었던 것으로 보인다.

향교 연구 역시 1969년 이성무의 논문이 그 시초를 이루어 향교는 성균관과 같은 시기에 교육적 기능을 상실하는 것으로 규정되었다.[49] 그러다가 1980년대 이후 향교와 서원에 대한 연구가 교육사적 관점보다 사회사적 시각에 의한 것에 초점을 맞추어 활성화되면서, 종래 향교의 교육적 기능에 대한 견해는 그대로 유지되는 한편 서원의 사회적 기능이 부각되면서 17세기 말 이후 서원까지도 교육적 기능을 상실하는 것으로 규정되었던 것이다.[50]

결국, 기존 연구에서는 실학자들이 교육 내용과 방법 및 학교의 교육적 기능 상실에 대해서, 조선은 개국 50여 년만인 15세기 말부터 성균관과 향교가 그 교육적 기능을 상실하고, 이후 관학을 대신하던 서

---

47) 고석규, 앞의 글, 305~306쪽.
48) 李成茂, 「鮮初의 成均館研究」, 1967, 236~241쪽.
49) 李成茂, 「朝鮮初期의 鄕校」, 『漢坡李相玉博士回甲紀念論文集』, 1969, 참고.
50) 고석규, 앞의 글, 317~318쪽 ; 尹熙勉, 앞의 책, 참고 ; 鄭萬祚, 『朝鮮時代 書院研究』, 集文堂, 1997, 참고.

원도 17세기 말에 교육적 기능을 상실함으로서, 18세기 이후 조선은 새로운 당면 과제를 해결할 수 있는 문반관료를 양성할 수 없게 되었음은 물론 종래 非실용적·非생산적이며 민족적 자아를 상실한 관료조차도 양성할 수 없게 되었다는 문제 의식을 가지고 있었음을 제시하였다.

그러나 이러한 실학자의 문제 의식은 실증된 것이 아니었다. 교육 내용과 방법에 대한 인식은 다양한 실학 연구가 전개되는 가운데에서도 '성리학은 중세봉건적·反민족적이며 실학은 근대지향적·민족지향적이다'라는 1970년대 실학 연구의 도식적인 구분을 철저히 고수하려는 연구자 자신의 것이었으며, 학교의 교육적 기능 상실에 대한 것은 부실한 조선시대 교육제도사 연구가 초래한 연구자의 인식이었다.

이상에서 살핀 바와 같이 실학자들은 조선후기 교육 현실 중에서도 특히 교육 기회, 교육 내용과 방법 및 학교의 교육적 기능 상실에 대해 문제 의식을 가지고 있었음이 기존 연구에 의해서 제시되었다. 그러나 이러한 실학자의 문제 인식은 모두 실학자의 것임이 실증되지 않았으며, 그것은 다양한 연구 중에서도 특정의 연구 경향만을 고수한, 그리고 부실한 교육사 연구로 인해 초래된 연구자의 문제 의식이었음을 알 수 있다. 조선후기 교육 현실에 대한 '실학자'의 문제 의식에서가 아니라 '연구자'의 문제 의식에서 출발한 실학자의 교육제도 개혁론 연구가 지니는 의미는 다음 4장에서 개혁론의 내용과 그 지향점을 검토함으로써 보다 분명해질 것이다.

4. 실학자의 교육개혁론의 내용과 지향

실학자의 교육제도 개혁론은 조선후기 교육 현실에 대한 문제 의식을 바탕으로 이루어져 있으며, 개혁론의 내용 그 자체에는 지향점까지 내포하고 있다. 따라서 실학자의 교육제도 개혁론에 대한 성격은 개혁론의 내용 그 자체에 대한 검토를 통해서 규정될 수 있다. 기존 연구에서 제시된 개혁론의 내용은 이미 앞 3장에서 살핀 바 있는, 조선후기 교육 현실에 대한 실학자의 문제 의식과 연결되는데, 그것을 교육 기회, 교육 내용 및 방법 등의 순서로 살펴보겠다.

실학자가 문반관료를 양성시키는 교육의 기회를 확대시켜야 한다고 주장했음을 처음으로 제시한 것은 1967년 이성무의 논문이다. 이덕무는 문반관료의 양성 교육을 받을 수 있는 기회가 조선초기 이래로 양반 신분층에게만 한정되었기 때문에 조선후기 봉건질서가 문란해지면서 점차 성장하던 하층민이 문반관료의 양성 교육에 대한 욕구를 드러냈음에도 불구하고 그 욕구가 반영되지 못한 것을 문제로 인식하고, 이를 해결하기 위해서 凡民的 初學敎育을 주장하였다. 이러한 주장은 신분과 직업에 관계없이 인간의 도야를 목적으로 하는 개방적 교육으로 전환하고자 하는 것으로서, 이덕무는 직접생산자들에 대한 새로운 인식을 가지고 그들의 교육적 욕구를 반영하여 교육 기회를 인정하고자 했다는 것이다.[51]

이후 1979년 조원래의 연구에서도 문반관료를 양성시키는 교육의 기회를 확대시켜야 한다는 것이 실학자 전체의 공통된 주장이었음을 밝히려는 노력이 계속되었다. 유형원에서부터 이익, 유수원, 홍대용 등으로 시기가 흐를수록 교육 기회의 개방 요구가 점진적으로 확대되었으며, 정약용 단계에서는 무위도식하는 유생을 농업기술을 가진 관료로 육성하고, 천인에게까지도 교육의 기회를 개방하고자 하였는데, 이러한 주장은 전근대의 신분제 자체를 전면적으로 부정하고, 근대적 시민평등사회론의 일면에 접근했다는 것이 조원래의 평가였다.[52] 1993년 성대경의 논문에서도, 교육 기회를 확대시키자는 실학자의 주장을 '四

---

51) 李成茂, 「李德茂의 實學思想」, 100~101쪽.
52) 趙湲來, 앞의 글, 39~45쪽.

民평등교육'으로 칭하였을 뿐, 종래 조원래의 서술을 그대로 반복하였
다.53)

교육 기회를 확대시키자는 실학자의 주장이 지향하는 바가 더욱 구
체적으로 제시된 것은 1995년 조성을의 연구이다. 정약용은 학교에 입
학할 수 있는 자격에서 신분적 제한을 없애고, 國子監(종래의 성균관
을 개편한 것)-六學(종래의 四學과 향교를 개편한 것)의 체계적 교육
기관을 통해서 당시 경제적으로 성장하며 서당의 확대를 통해서 교육
적 욕구를 나타내던 신흥 하층계층을 관료체계에 흡수하고자 하였다.
이러한 정약용의 교육제도 개혁론은 과거제도의 개혁론, 인사제도의
개혁론 등과 연결하여 궁극적으로는 신흥계층을 중심으로 제도 전체
의 개혁을 추진함으로써, 신분제가 철폐된 능력 중심의 사회로 지향하
고자 했다는 것이다.54)

이와 같이 기존 연구에서는 실학자들이 문반관료를 양성시키는 교
육의 기회를 천인에게까지도 확대시키려는, 이른바 '凡民的 初學敎育'
또는 '四民평등교육'을 주장하였는데, 이것은 신분제 철폐를 지향하는
근대(내지 지향)적인 성격을 지니고 있음을 규명하고자 한 것이다. 이
는 서양의 근대 교육이 지니는 여러 특징 중에서 '하나의 천부적 인권
으로서의, 인간의 제 권리의 평등을 현실적인 것으로 하는 수단으로서
인간의 가장 기본적 권리로서의, 교육권을 사회구성원 전체에게 확대
하였던, 교육 기회의 개방'에 해당하는 것을 실학자의 교육제도 개혁론
에서 찾으려는 노력이었다.

그러나 이러한 기존 연구에 대해서는 여러 측면에서 검토해야 할 것
들이 있다. 우선 이성무는 1967년의 논문에서 이덕무가 凡民的 初學敎
育을 주장했다는 근거로서『靑莊館全書』의 원문 사료를 제시하였는
데, 그 적합성을 확인하기 위해 번역문을 인용하면 다음과 같다.

---

53) 成大慶, 앞의 글, 65~68쪽.
54) 趙成乙, 앞의 글, 39~50쪽.

　농사짓고 나무하고 고기 잡고 짐승 치는 일은 인생의 본업인 것이다.
목수의 일, 미장이의 일, 대장장이의 일, 옹기장이의 일에서부터 새끼
꼬는 일, 신 삼는 일, 그물 뜨는 일, 발 엮는 일, 먹 만들고 붓 만드는
일, 재단하는 일, 책 매는 일, 술 빚는 일, 밥 짓는 일에 이르기까지와
인생이 일상 생활에 필요로 하는 일 및 孝悌倫常으로서 아울러 행하
여 폐지할 수 없는 것은 재주와 능력에 따라서 글을 읽고 행실을 닦는
여가에 때때로 배워 익혀야 하지, 조그만 기예라 해서 멸시해서는 안
된다. 그러나 만약 전념함으로써 거기에 빠져서 헤어나지 못한다면 또
한 큰 잘못이다.55)

　이 사료는 사대부가 해야 할 공부와 실천의 범주를 이덕무가 제시하
면서 孝悌 倫常과 관련된 것과 일상 생활에서 해야 할 일들을 병행하
되 중용을 지키도록 당부한 것이기 때문에 문반관료 양성의 교육 기회
를 하층민에게까지 확대시키고자 한다는 '범민적 초학교육'과는 관련
이 없다. 따라서 이성무의 논문에서 이덕무의 범민적 초학교육을 제시
하고, 이를 내재적 발전론의 입장에서 긍정적으로 평가하고자 한 것은
실증보다 해석이 앞섰던 것임을 알 수 있다.
　1979년 조원래의 연구에서는 실학자들이 문반관료를 양성하는 교육
의 기회를 양반층 이외로 확대 개방시켜야 한다고 주장한 근거로서 다
양한 사료들을 제시하였다. 우선, 유형원의 『磻溪隨錄』 敎選之制의
"지금 지방의 향교에서 양반은 東齋에 거처하고, 庶民은 西齋에 거처
하게 한다.……마땅히 한 가지로 하여 편의에 따라서 들어가 거처하게
하고, 그 등급을 정하여 차별하게 해서는 안된다."56)라는 사료를 제시
하였다. 그러나 이것은 당시 양반 신분층 이외에 상민 신분층들도 이
미 향교에 거재하고 있음을 보여주기 때문에 유형원이 양반 이외의 나
머지 신분층 모두에게 교육의 기회를 확대시키도록 주장했다는 것의

---

55)『靑莊館全書』27~29,「士小節」5, 士典5, 事物1(민족문화추진회 번역본).
56) 趙湲來, 앞의 글, 41쪽.

근거 사료로 볼 수 없다.

또한 정약용이 교육 기회의 확대 개방을 주장했다는 근거로서『與猶堂全書』「通塞議」의 "小民은 버린 자이고, 중인도 버린 자이다. 평안도·함경도 사람도 버린 자이며, 황해도·개성·강화도 사람도 버린 자이고, 강원도와 호남 사람의 반도 버린 자들이며, 서얼 또한 버린 자이다. 북인과 남인은 버리지는 않았지만 버린 것과 같고, 버림받지 않은 사람은 단지 문벌 좋은 수십 집안일 뿐이다"[57]라는 사료도 제시되었다. 이것은 당시 문반관료의 선발과 인사행정에서 특정한 신분·지역·당파 등이 제외되어 소수 문벌만이 선발되는 폐단을 언급하고 이를 개혁하기 위한 방법을 제시한 것이다.

조원래의 연구에서 이 사료를 근거로서 내세운 것은 바로 小民 때문이었던 것으로 보이지만, 일반적으로 사료에서 小民은 일반 상민층을 의미하여, 大民이 양반층을, 中人이 기술관 및 서얼층을 가리키는 것과 구별되는 것이 보통이다.[58] 따라서 이 사료는 오히려 상민층에게 문반관료 양성 교육의 기회, 관료 선발시험의 응시 기회가 주어졌음을 보여주는 것이지, 교육 기회를 양반 신분층 이외로 확대 개방해야 한다는 주장을 증명하기에 적합한 것이 아님을 알 수 있다.

조원래의 연구에서는 특히 정약용이 교육의 기회를 천인에게까지 확대시키자고 주장하였다는 근거로서 "무릇 進士가 된 자는 비록 신분이 下賤이라도 모두 太學에 입학하기를 지금의 법과 같이 해야 한다."[59]라는 사료를 제시하였다. 그러나 여기에서의 下賤은 어떤 신분인지를 분명히 해야 한다. 이 사료의 맨 끝에 "지금의 법과 같이 해야 한다."라고 되어 있는데, 이것은 下賤이 太學에 입학하는 것이 당시 이미 법제화되었음에도 불구하고 제대로 실행되지 않아 다시 그 법령의 적용을

---

57) 위의 글, 40~41쪽.
58) 李碩圭,「朝鮮初期 官人層의 民에 대한 認識-民本思想과 관련하여」,『歷史學報』151집, 47~48쪽.
59) 趙湲來, 앞의 글, 44쪽.

강조하는 것으로 생각되며, 이러한 경우 下賤은 상민 신분층을 포함하는 것으로 보이기 때문이다.

더 나아가 교육 기회에 대한 정약용의 주장이 지향하는 바와 연결하여 「跋顧亭林生員論」의 일부 사료도 제시되었다. 이 사료를 제대로 이해하기 위해서는 글 전체를 이해하는 것이 필요하며, 이를 위해서 전체를 번역하면 다음과 같다.

> 中國의 生員은 우리나라의 兩班과 같다. 亭林은 온 천하 사람들이 생원이 될까 걱정했는데, 이것은 내가 온 나라가 양반이 될까 걱정하는 것과 같다. 그러나 양반의 폐단은 더욱 심하니 생원은 과거에 실제로 나아가 이 이름을 얻지만, 양반은 文武가 아닌데도 헛된 이름을 함부로 얻는다. 생원은 오히려 定額이 있지만, 양반은 제한이 없다. 생원은 대대로 변천이 있지만 양반은 한 번 얻으면 백세가 지나도록 버려지지 않으니 하물며 생원의 폐단을 양반이 실제로 함께 가지고 있는 데에 있음에 서랴 !
>
> 비록 그러하나 내가 바라는 것이 있다면 온 나라가 양반이 되는 것이니, 그렇게 되면 곧 온 나라에 양반이 없어지게 될 것이다. 어린 자가 어른인 듯 드러내고, 천한 자가 귀한 자인 듯 드러내는 일이 있어서 진실로 어린 자와 천한 자 모두가 존귀해지면 곧 존귀함을 가진 사람이 없어지게 될 것이다. 管子가 말하기를, "온 나라 사람이 모두 존귀한 사람이 될 수는 없는 것이다. 만약 모두가 존귀한 사람이 되어 버리면 사회가 이루어지지 못하고 나라는 不利해질 것이다."60)

60) 이 사료의 전체 해석은 조성산의 다음 논문을 참고로 하였으며, 兩班一獲而百世不捨 이하는 필자 나름대로 번역했음을 밝혀둔다. 『與猶堂全書』2(여강출판사), 第1集 卷14, 「跋顧亭林生員論」, 498쪽, "中國之生員 猶我邦之有兩班 亭林憂盡天下而爲生員 若余憂通一國而爲兩班 然兩班之弊 尤有甚焉 生員實赴科擧而得玆號 兩班竝非文武而冒虛名 生員猶有定額 兩班都無限制 生員世有遷變 兩班一獲而百世不捨 況生員之弊 兩班實兼而有之哉 雖然若余所望則有之 使通一國而爲兩班 卽通一國而無兩班矣 有少斯顯長 有賤斯顯貴 苟其皆尊 卽無所有尊也 管子曰 一國之人 不可以皆貴 皆貴則不成 而國不利也"; 조성산, 「丁若鏞 身分論의 洙泗學的 性格」, 『號院論集』 7, 고려

지금까지 기존 연구에서는 정약용이 신분제의 혁파를 지향했다는 핵심 근거로서 이 사료의 "내가 바라는 것이 있다면 온 나라가 양반이 되는 것이니, 그렇게 되면 곧 온 나라에 양반이 없어지게 될 것이다." 라는 일부 문구만을 제시해 왔다. 그러나 이 사료는 앞 부분에서 정약용이 "내가 온 나라가 양반이 될까 걱정하는 것과 같다."라고 하여 양반제도의 문란에 대해 매우 염려하고 있음을 보여주고, 그 폐단을 언급한 뒤에 "비록 그러하나 내가 바라는 것이 있다면 온 나라가 양반이 되는 것이니, 그렇게 되면 곧 온 나라에 양반이 없어지게 될 것이다." 라고 하였다가, 다시 맨 끝은 "모든 사람이 귀한 양반이 되어서는 안 된다"라는 管子의 말로써 마무리되었다. 자신의 주장을 문장의 앞과 끝에서 연결시키는 서술상의 특징을 고려해 보면, 정약용은 양반제도 내지 신분제도의 혁파를 지향했다기 보다는 기존의 양반제도를 해체하고 새로운 신분제도를 정비하고자 한 것으로 여겨진다.[61] 현재 신분제도 연구에서도 정약용은, 어느 정도 放良의 길을 열어놓은 노비제도이기는 하지만, 노비 신분을 인정하면서 사사로운 노비매매와 소유를 막아 국가 관리 하에서 엄격히 통제하고자 한 것으로 보고 있다.[62]

이와 같이 1979년 조원래의 연구에서는 실학자들이 문반관료를 양성시키는 교육의 기회를 개방 확대하고자 했다는 것을 실증하기 위해서 다양한 사료들을 제시했지만, 그것들은 매우 불충분하였다. 그럼에도 1993년 성대경의 연구에서는 똑같은 사료들이 다시 제시되었으며,[63] 1995년 조성을의 연구에서는 비슷한 사료가 추가로 제시되었다. 정약용이 교육 기회를 천인에게도 제시했다는 것과 관련하여 "隸下賤은 오직 선행을 행할 때에 상을 주고 악행을 행할 때에 벌을 주어서 권선징악을 해야 하는데……太學에서 주는 상으로는 간혹 隸下賤을

대 대학원, 1999, 참고.
61) 조성산, 위의 글, 참고.
62) 위의 글 참고.
63) 成大慶, 앞의 글, 68~77쪽.

476

進士로 만드는 경우도 있다."[64]는 것이었다. 그러나 이 사료 역시 下賤이 어떤 신분층을 가리키고 있는지 명확하게 설명되어야 하며, 下賤이 六學 단계의 學徒에서 選士와 擧子의 단계를 뛰어넘어 進士가 되는 것은 선행에 대한 포상 차원으로만 국한되었던 것은 아닌지에 대해서도 고민해야 할 필요가 있다.

이상에서 살핀 바와 같이 기존 연구에서는 실학자들이 문반관료를 양성시키는 교육의 기회를 천인에게까지 확대시키고자 주장하였으며, 이것은 신분제도의 철폐를 지향하는 근대(내지 지향)적인 성격을 지니고 있음을 제시하였다. 서양 근대 교육의 특징 중 '교육 기회의 개방'을 실학자의 교육제도 개혁론에서 찾고자 한 것이다. 그러나 이러한 실학자들의 주장은 제대로 실증된 것이 아니었으며, 이는 앞의 3장에서 살펴본 바와 같이, 실학자들이 문반관료의 양성 교육을 받을 수 있는 기회가 조선초기 이래로 양반 신분층에게만 독점되어 조선후기에 경제력 향상을 바탕으로 교육적 욕구를 표출하고 교육 기회를 만들어 나가던 피지배 신분층이 서당 교육 단계에서만 머물던 것을 문제로 인식하였다는 것 역시 실증되지 않았던 것과 연결된다.

결국 기존 연구에서 교육 기회에 대한 실학자의 문제 인식과 개혁론으로 제시된 것은, '교육 기회의 개방'이라는 서양 근대 교육의 특징을 실학자의 개혁론에 찾아내야 한다는 의도 하에, 연구자 자신의 문제 의식과 박약한 근거 사료를 토대로 논리를 전개시켜 나간 것으로 생각된다. 다음은 교육 내용과 방법 등에 대한 실학자의 개혁론에서도 근대지향적 성격을 찾을 수 있음을 제시한 기존 연구를 검토해 보고자 한다.

실학자들이 교육 내용과 교육 방법을 바꾸어야 한다고 주장했음을 처음으로 제시한 것은 1979년 조원래의 논문이다. 실학자들은 성리학을 바탕으로 문반관료를 양성하면서 윤리적·도덕적인 수양을 통해서

---

64) 趙成乙, 앞의 글, 47쪽.

聖賢과 같은 학자관료가 되는 것을 교육 목표로 삼아 경서와 성리서 등을 중심으로 교육시켰기 때문에 현실과 유리된 非실용적·非생산적인 관료를 양성하였던 것을 문제로 인식하고, 이를 해결하기 위해 교육 내용을 務實的 교육과 민족지향적 교육으로 바꾸고자 했다.

그 중에서도 무실적 교육은 생산적·실용적·실천적인 인간 양성을 목표로 삼아 생산적 실천 윤리, 과학기술 교육 등을 중시하는 것으로, 특히 놀고 먹는 유생들에게 농업 기술 등의 연마를 강조하고, 과거제도의 고시과목 개혁안에서 물리, 병서, 산서, 율서 등 실용과목의 비중을 늘이고자 주장한 정약용의 경우에 잘 나타난다. 이 무실적 교육은 당시 사회에 뿌리내리지 못했지만 그 사상적 맥락은 후대에 이어져 한국근대 교육사상의 형성에 일조하였다.

또한 민족지향적 교육은 이익, 홍대용, 박지원, 박제가, 정약용에게 나타나듯이 민족적 자주의식을 강조하는 것으로 국학, 그 중에서도 특히 국사를 체계화하려는 노력으로 나타났다. 이덕무, 유득공의 경우에는 초등교육 단계에서 『紀兒年覽』 등과 같이 국사 비중을 강화한 교재를 사용해야 한다고 했고, 정약용의 경우에는 과거시험의 고시과목에서 국사 비중을 강화해야 한다고 주장하였다. 이러한 민족지향적 교육은 개화기 지식인들에게 그 사상적 영향을 미쳤으며, 특히 국사교육의 중요성은 박영효에 의해 다시 제고되었다는 것이다.[65]

조원래의 논문에서는 실학자들이 종래의 교재 암송, 기억 위주의 교육 방법도 개혁해야 한다고 주장했음을 강조하였다. 우선, 유형원은 학습성과가 독서암송의 능력을 신장시키는 것에 있는 것이 아니라 내용의 의미를 터득하여 실질을 구해야 한다고 인식하였는데, 이는 17세기 조선사회 현실에 비추어 선진적인 탁견이다. 또한 이익은 끊임없이 의문을 가지고 질문하는 학습자의 정신 자세, 무한한 탐구 의지가 학습의 성패를 좌우한다고 보았으며, 박지원과 이덕무는 어려운 것을 적어

---

65) 趙湲來, 앞의 글, 50~55쪽.

두었다가 질문하는 적극적인 배움의 자세를 강조하는 등 실학자들은 학습 태도의 문제에 대해서 관심을 두었다. 이외에 이덕무는 학습자의 재질과 능력에 따라 해설의 상략이 조절되어야 하며, 학습자 스스로가 흥미를 갖고 이치를 터득할 수 있어야 한다고 강조하였다. 이러한 교육 방법의 개혁은 학습자의 개인차를 고려하는 근대적인 교육론에 접근하는 것이며, 현대 진보주의 교육사상의 일면에 상통하기도 한다는 것이 조원래의 평가였다.66)

이와 같이 1979년 조원래의 논문에서는 실학자들이 문반관료 양성 교육의 내용을 종래 윤리적·도덕적인 교육에서 '務實的 교육(생산적 실천 윤리, 과학기술 교육)'과 '민족지향적 교육'으로 바꾸도록 주장했으며, 이 주장은 근대 교육사상 내지 개화사상으로 연결되었음을 서술하였다. 또한 실학자들이 교육 방법도 종래의 암송, 기억 위주에서 독서에서의 의미 터득, 학습자의 흥미 유발과 개인차 고려, 탐구적 정신 자세 등으로 바뀌어야 한다고 주장했으며, 이 역시 근대적 교육론 내지 현대 진보주의 교육사상과 서로 통하는 것이라고 평가하였다.

이후 1993년 성대경의 연구에서도 교육 내용에 대한 실학자의 개혁론은 '무실적 교육'에서 '생산기술 교육'으로, '민족지향적 교육'에서 '민족주체 교육'으로 명칭만 바꾸었을 뿐 그 내용과 지향점은 종래의 견해가 그대로 서술되었다. 이 역시 서양의 근대 교육 특징 중에서 '윤리와 과학 기술을 중시하는, 교육 내용으로의 변화', '국민경제를 바탕으로 한 민족주의의 확산을 위한, 교육의 민족주의화', '아동이 학습할 권리를 확인함과 더불어 학생의 자발성이 존중되는, 교육 방법의 변화'에 해당하는 것을 실학자의 교육제도 개혁론에서 찾고자 한 것이다.

그러나 이러한 기존 연구에 대해서는 검토해야 할 몇 가지 문제점이 있다. 우선, 논문의 구성에 대한 문제를 들 수 있다. 일반적으로 개혁론은 현실에 대한 문제 의식을 바탕으로 이루어질 수밖에 없음에도 불구

---

66) 趙湲來, 위의 글, 62~65쪽.

하고 이미 앞 3장에서 살펴보았듯이, 조원래의 논문에서는 민족지향적 교육에 대한 문제가 조선후기 교육 현실에 대한 실학자의 문제 의식에서는 전혀 언급되지 않은 채, 교육 내용의 개혁론 부분에서만 다루어졌다. 따라서 종래의 견해를 그대로 수용하였던 1993년의 성대경 연구에서도 실학자들은 문반관료 양성이 민족적 자아를 상실한 사대주의 교육이었음을 문제로 인식하고 있었다는 것도 추가시켜야 했다.

성대경의 논문 구성에도 문제는 있었다. 조선후기의 교육 현실에 대해 실학자들은 교육 내용은 물론 이와 관련하여 학교의 교육적 기능이 상실했음을 문제로 인식하고 있음을 이미 앞 3장에서 분석했다. 그러나 교육제도의 개혁론 부분에서는 교육 내용에 대한 것만 제시되었을 뿐 학교의 교육적 기능을 되살려야 한다는 개혁론은 전혀 제시된 바가 없다. 그리고 이러한 논문 구성대로 본다면 "18세기 이후 관학, 사학 어디에도 조선이 새로이 당면한 과제를 해결할 수 있는 문반관료를 양성할 수 있는 교육기관조차 찾아볼 수 없게 되었다."라는 상황 속에서 교육 내용에 대한 개혁론은 아무런 의미가 없기 때문이다.

기존 연구의 또 다른 문제점은 실학자들의 주장을 그들만의 특징으로 볼 수 있는가 하는 것이다. 조원래의 논문에서는 실학자들이 생산적 실천윤리를 강조하는 무실적 교육을 주장했다는 근거로서, 이수광의 문집을 비롯한 여러 사료가 제시되었다.67) 이 사료들은 학문에서의 실천과 실용을 강조한 것인데, 사실 정통성리학자의 대표격으로 분류되는 宋俊吉도 孝宗 9년 12월 19일에 경연에서 "독서를 해도 몸소 행

---

67) 보다 구체적으로 제시하면, 이수광의 "아무리 독서를 하여도 실천이 따르지 못한다면 신상에 상관없는 것이 되고 말 것이니, 성현의 글이 무슨 소용이 있을 것이며……實을 얻지 못하면 비록 노심초사하여 밤낮으로 요동하여도 마침내 무익한 것이 되고 마는 것이다", 유형원의 "그 학문의 도가 높은 곳 먼 곳에 있는 것이 아니고 곧 내 자신에게 있으니 의심할 것도 머뭇거릴 것도 없으며 다만 부지런히 힘쓰고 실천할 뿐이라고 하였다", 이익의 "학문의 급선무가 생활자체를 돌보는 일이 되어야 하며, 生理가 부족하면 학문에 방해가 될 뿐이다" 등이 그것이다(趙湲來, 위의 글, 50~52쪽).

하지 않으면 책은 책이고, 나는 나가 되고 마니, 날마다 다섯 수레의 책을 읽는다 하더라도 무슨 이익이 있겠습니까?"[68]라고 하여, 효종에게 독서와 학문의 실천성을 진언하였기 때문이다.

실학자들만의 주장이라고 보기 힘든 부분은 교육 방법에 대한 개혁론에서 보다 분명히 드러난다. 연구자는 "유형원이 학습 성과는 독서 암송의 능력을 신장시키는 것에 있는 것이 아니라 내용의 의미를 터득하여 실질을 구해야 한다고 인식하였는데, 이는 17세기 조선사회 현실에 비추어 선진적인 탁견이다."[69]라는 평가를 내리면서, 학습자의 흥미를 유발하고 개인차이를 고려해야 하며, 학습자의 탐구적 정신 자세가 강조한 실학자들의 교육 방법 개혁론은 근대적 교육론 내지 현대 진보주의 교육사상과 맞물린다고 강조하였다.

그러나 17세기 정통성리학자로 불리는 金長生도 "후진을 교육함에는 비록 어리고 비천한 자라도 반드시 마음을 열어 정성을 보이고, 반복하여 가르쳐 인도하되, 성실히 하여 게을리 하지 않았으며, 글을 읽음에 반드시 句讀를 변명하고 의리를 玩索하여 배우는 자가 스스로 알기를 기다려서 몸과 마음에 체득하고 일상생활에서 체험하게 하니, 반드시 立志를 먼저 하고 躬行으로 실천을 하게 하되, 그 개인차를 따라서 여러 가지 방법으로 이끌어 인도하였다."[70]라는 평가를 받고 있기 때문이다. 결국, 실학자들은 생산적 실천윤리를 강조하는 무실적 교육, 교육 방법에 대한 근대적 개혁을 주장했다는 근거로서 여러 사료들이 제시되었지만, 그것은 정통성리학자들과 구분되지 않는 것이었다.

기존 연구는 논리적 비약이라는 부분에서도 문제를 찾을 수 있다. 실학자들의 교육 방법 개혁론을 현대 진보주의 교육사상으로까지 연결시킨 논리적 비약은 말할 것도 없으며, 이미 앞에서 살펴 본 바와 같

---

68) 『孝宗實錄』 卷20, 孝宗 9년 12월 辛巳(국편 영인본 36권 167쪽 나면).
69) 趙湲來, 앞의 글, 62~63쪽.
70) 『沙溪全書』 卷48, 行狀.

이 실학자의 생산적 실천 윤리에 대한 언급들이 곧바로 무실적 교육으로 연결되었는데, 이러한 양상은 과학기술 교육에도 나타난다. 과학기술 교육을 주장했다는 근거로서 제시된 사료는 홍대용, 박제가의 것이었다.[71] 이것들은 북학사상가들이 청나라의 선진 기술을 도입하자고 주장하면서 그 중요성과 실용성을 언급한 것인데, 연구자는 이 언급들을 곧바로 과학기술 교육으로 연결시킨 것이다. 또한 청나라와 비교하여 조선의 문화적 자부심을 내세우거나 명분론적 화이론의 실없음을 비판하여 자국의 독자성을 강조한 이익, 홍대용의 언급들이[72] 모두 민족지향적 교육으로 직결되었다.

이와 같이 실학자들이 학문의 실천성과 실용성, 북학의 중요성과 실용성, 자국의 독자성 등에 대해 언급한 것을 모두 무실적 교육, 민족지향적 교육으로 직결시키는 논리적 비약은 연구자도 의식하지 않을 수 없었을 것이다. 조원래의 논문에서 민족지향적 교육을 서술하기에 앞서서 "조선후기의 실학사상에서 종래에 없었던 민족관념이 생겨난 것이라면 이는 곧 당시 사회의 의식 성장을 촉구한 것이 되며, 한 단계 역사적 전진의 표징으로서 그것만으로도 민족교육적 의의는 크다 할 것이다. 나아가서 실학자들이 의식하였건 그렇지 못하였건 간에 그들의 민족적 자주의식이 당시 사회에 일정한 영향을 미쳤을 때에, 그 교

---

71) 구체적으로 제시하면, 홍대용의 "기술을 어찌 末技라고 할 것인가……정신의 극한이다", 박제가의 "기와나 벽돌을 사용하여 가옥을 건축하는 것이 실비는 적게 들면서도 그 수명이 오래간다" 등이다(趙湲來, 앞의 글, 54쪽).
72) 보다 구체적으로 제시하면, 이익의 "오늘날 중국이라는 것은 대륙 중의 一片 土에 지나지 않는다.……크게는 九州도 하나의 나라이지만 작게는 楚나 齊도 하나의 나라이다", 홍대용의 "하늘이 소생케 하고 땅이 길러내어 무릇 혈기 있는 것은 모두 같은 사람이며 무리 가운데 뽑혀서 한 나라를 다스리는 임금은 모두 같은 임금이며……하늘에서 보면 어찌 내외의 구분이 있겠는가. 따라서 자기네 사람들끼리 서로 친하고 자기네 임금을 받들고 자기 나라를 지키면서 자기네 풍속을 따르는 것은 華夷가 모두 한 가지이다" 등의 사료가 제시되었다(위의 글, 46~47쪽).

육사상적 공헌은 민족교육이란 차원에서 평가되어도 좋을 것으로 믿는다."[73]라고 언급한 것은 그러한 맥락에서 파악된다.

실학자들이 '무실론적 교육'과 '민족지향적 교육'을 주장했음을 제시한 기존 연구는 이처럼 실증 및 논리에 문제가 있었기 때문에 정약용이 과거개혁론에서 물리, 병서, 산서, 율서 등 실용과목의 비중을 늘이고, 국사 비중을 강화해야 한다고 주장한 것은 다른 무엇보다 중요한 근거로 제시될 수밖에 없었을 것이다. 그러나 정약용은 과거개혁론에서 실용과목과 국사과목의 비중을 어느 정도로, 왜 강화해야 한다고 주장했던 것일까. 더 나아가 정약용을 비롯한 실학자들의 도덕적·윤리적 교육에 대한 인식은 어떤 것이었을까.

이러한 의문을 해결할 수 있는 단서로는 1952·53년 천관우의 연구를 들 수 있다. 이미 2장의 시기별 연구 동향에서 살펴보았듯이, 유형원은 덕행과 식견을 기르기 위한 교육 내용과 이의 실현을 위한 위계적 학제의 정비, 과거제도의 폐지와 공거제의 실시를 주장했으며, 합리적인 봉건국가의 실현을 위한 것이라고 제시하였다. 이 연구는 실학을 내재적 발전론에 입각하여 평가하게 된 1960년대 이후 연구들과 달리 그 이전 시기에 이루어져, 실학 연구에서 근대성을 찾으려는 의도 보다는 사료를 있는 그대로 정리했을 가능성이 크다고 판단되기 때문이다.

최근 교육학계 교육사의 연구 성과를 통해서 위의 의문은 해결할 수 있을 것으로 보인다. 실제로 유형원은 말할 것도 없고, 북학사상가들 역시 문반관료의 양성 교육에서 가장 큰 비중을 두는 것은 德行과 道藝였으며, 이러한 교육 목표를 충실히 견지하기 위해 최종 단계의 학교에서 관료의 선발권을 쥐게 되는 공거제, 천거제, 과거제와 천거제의 병행 등을 주장하였다. 이러한 가운데 북학사상가들은 사대부, 군자가 해야 하는 학문의 범위를 이용후생 문제와 직결되는 농학, 천문학, 산

---

73) 위의 글, 46쪽.

학 등으로까지 확대시켜 나가야 한다고 주장하였으며, 정약용 역시 같은 맥락에서 놀고 먹는 유생들을 기술관료로 만들고, 과거시험의 고시과목에서 실용과목의 비중을 좀더 강화하고자 했다. 그리고 이들의 새로운 학문적 관심 추구는 전통적인 사대부상에 대한 재해석으로 연결되었을 뿐, 학교의 교육과정이나 인재를 선발하는 기준을 재구성하는 작업으로까지 일관되게 적용되지 못했다는 것이다.74)

결국, 기존 연구에서는 정약용의 과거제도 고시과목 개혁안을 사료로서 제시했지만, 이것 역시 고시과목 전체에서의 비중이 고려되지 않은 채 '무실론적 교육'과 '민족지향적 교육'을 뒷받침하기 위해 실용과목과 국사과목만이 집중 강조되었다. 기존 연구에서 실학자의 교육 내용 개혁론을 근대사상, 개화사상으로 연결시키고자 하면서 근거 사료는 물론 개화파의 교육사상에 대한 구체적 논문조차 없었던 것도 같은 맥락에서 이해된다.

이상에서 살핀 바와 같이 기존 연구에서는 실학자들이 문반관료를 양성시키는 교육 내용을 종래 윤리적·도덕적인 교육에서 '무실적 교육'과 '민족지향적 교육'으로, 교육 방법은 종래의 암송, 기억 위주에서 독서에서의 의미 터득, 학습자의 흥미 유발과 개인차 고려, 탐구적 정신 자세 등으로 바뀌어야 한다고 주장했으며, 이것은 근대 교육사상 내지 현대 진보주의 교육사상과 통하는 것이라고 평가하였다. 이 역시 '교육 내용의 변화', '교육의 민족주의화', '교육 방법의 변화' 등과 같은 서양의 근대 교육 특징에 해당하는 것을 실학자의 교육제도 개혁론에서 찾고자 한 것이다.

그러나 이러한 실학자들의 주장에는 정통성리학자의 주장과 같은 사료, 혹은 교육과 직접적인 관계가 없는 사료, 관련되더라도 비중이 작은 사료 등이 제시되는 등 실증과 논리성에 큰 문제가 있었다. 이는 실학자의 교육 내용 및 방법에 대한 문제 인식이 전혀 실증되지 않았

---

74) 우용제, 앞의 책, 166~173쪽.

던 것과도 연결된다. 결국, 기존 연구는 실학에서 근대성을 찾기 위한 목적 하에, 성리학과 실학을 도식적으로 구분하는 연구자의 문제 의식을 바탕으로, 서양 근대 교육의 특징들을 실학자의 교육 내용과 방법의 개혁론에 무리하게 적용시켜 나갔던 것이다.

5. 맺음말—향후 연구를 위한 제언

본고에서는 해방 이후부터 최근까지 실학자의 교육제도 개혁론을 다룬 연구들을 시기별로 나누어 동향을 살펴보고, 연구에서 제시된 실학자의 조선후기 교육 현실에 대한 인식, 교육제도 개혁론의 내용과 지향점을 분석 검토하였다. 그 결과 연구자들은 대개 서양 근대 교육에서 나타난 일반적인 특징들을 실학자의 교육제도 개혁론에서도 찾아내기 위해 특정한 연구 성과만을 고집하고, 무리하게 사료를 이끌어 대거나 논리적 비약을 서슴지 않아 왔으며, 여기에는 실학 연구의 역사를 그대로 반영되어 있음도 알게 되었다. 따라서 기존의 연구사를 검토한 것을 바탕으로 향후 연구를 위해 필자의 견해를 덧붙이는 것은 실학 연구의 향후 과제와도 연결되지 않을 수 없을 것이다.

실학자의 교육제도 개혁론을 제대로 연구하기 위해서는 다른 무엇보다도 전통시대의 교육, 조선시대의 교육이 지니는 특질을 정리하고, 그것이 조선후기에 이르러 교육에 어떠한 변화를 나타내는지를 정확하게 이해해야 한다. 이를 위해서는 조선시대 교육제도사에 대한 연구 역량이 보다 강화되어야 하며, 교육제도를 사회사적인 관점이 아닌 교육사적 입장에서 연구하는 경향도 회복되어야 할 것이다. 또한 조선후기 국가 차원, 관료(중앙관료, 지방관)들의 교육 현실에 대한 문제 인식과 대응책을 함께 다루고, 더 나아가 실학자의 교육제도 개혁론을 개화기 정부의 교육정책 및 지식인의 교육개혁론과도 비교해야 실학자의 교육제도 개혁론이 지향하는 바를 정확하게 끄집어낼 수 있을 것이다. 조선후기 실학자들의 교육개혁론은 그들의 사회개혁론 속에서 매우 중요한 비중을 차지하기 때문에 기타 사회 부분의 개혁론과도 연결하여 검토되어야 할 필요가 있으며, 따라서 실학 연구 전체의 동향 변화에도 관심을 기울여야 함은 더 이상 언급할 필요도 없을 것이다. 서양의 근대 교육사를 정확하게 이해해야 하는 것 역시 필수적으로 보인다. 이와 같은 제언들은 하나마나한 원칙 제시로 들릴지도 모르겠지만, 향후 실학 연구에는 반드시 이러한 원칙 준수가 필요하다고 생각한다.

이와 같은 원칙적인 제언 이외에 기존의 연구들과 이를 분석 검토하기 위해서 제시했던 한국사학과와 교육학과의 연구성과들을 통해서도 향후 연구를 위한 제언이 가능하다. 실학자들의 교육제도 개혁론이 문반관료 양성 교육을 중심으로 나타나는 점이 그 첫째이고, 둘째는, 특히 유형원, 홍대용, 정약용과 같이 체계적인 개혁론을 제시한 실학자에서 공통적으로 볼 수 있듯이, 학교제도의 조직과 운영을 국가의 행정조직에 따라 보다 위계적으로 체계화하고, 그 중 행정 최하위 단위의 교육기관(초등교육)에서는 신분의 제한이 없게 하자고 주장한 점인데, 이 두 가지를 가지고 새로운 해석을 시도하면 다음과 같다.

실학자들은 조선후기의 사회 변화를 수용하여 초등교육 단계에서는 종래 교육은 물론 교화의 대상에서도 제외된 천인까지를 포함한 모든 신분의 아동에게 기초 유교 교육과 문자 교육을 실시함으로써 체제 내에서 유교적 교양과 지식의 확산을 시도하였다. 한편 행정 최하위 다음의 상위 교육기관(중등·고등교육)에서는 기존의 양반 사대부를 중심으로 삼고 기타 신분층 내의 뛰어난 몇몇 사람들을 포함하여 관료를 양성시키는 교육을 담당한다. 이때는 새로운 관료상에 맞추어 종래의 德行과 道藝를 중심으로 하면서도 이전에 비해 실용과목과 국사의 비중을 강화한 내용을 교육하는데, 이것은 국내외의 현실 변화를 지배층이 주도적으로 수용하면서도, 새로운 신분체제를 지향함으로써 국가체제를 유지하려는 의도로 이해된다는 것이다.

이 새로운 제언은 기존의 연구에서 실학을 근대지향적인 것으로 평가해 온 것과 거리가 멀며, 실학을 개화사상과 연결시키려는 의도도 실현하기 어려울 것이다. 그러나 이렇게 해석을 할 때 실학은 이후 시기의 사상과도 연결될 수 있다고 본다. 사실 지금까지도 실학은 개화사상과 연결되어야 한다는 당위성에도 불구하고, 연결시키지 못하고 있다. 18세기 말의 북학사상과 19세기 후반기의 개화사상을 곧바로 연결시킴으로써 19세기 초·중반의 사상적 변화를 무시해 왔고, 사상의 내재적 발전논리에 집착한 나머지 개화사상의 외래적 요인을 무시해 왔기 때문이다. 그러나 개화기 연구성과에 의하면, 18세기 말의 북학사상이 개항 이후 청나라의 中體西用論을 바탕으로 형성된 東道西器論으로 이어지며, 이 가운데 일부가 1882년 이후 일본의 문명개화론을 접하면서 개화론으로 질적 전환을 하였다.[75] 실학과 개화사상 사이에는 동도서기론이 전개되고 있었던 것이다.

한편 개항기 교육의 전개 양상도 실학이 동도서기론으로 연결되었을 가능성을 보여주는데, 1883년에 설립된 원산학사의 교육 내용이 그것이다. 원산학사는 어윤중을 비롯한 동도서기론자들이 중심이 되어 기존의 서당을 개량하여 만든 것으로서 우리나라의 근대 교육의 기점으로 설정되기도 한다. 그런데 원산학사의 문예반(50명)에서는 성균관 입학 시험 내지는 문반관료를 목표로 삼아 경학과 산수, 격치, 각종기기, 농업, 양잠, 광채 등의 실용 과목을 교육시킴으로써 실학자들이 주장한 교육 내용과 거의 일치하기 때문이다.[76] 그러나 필자의 이 견해 역시 앞으로 실증성과 논리성이 뒷받침되어야 함은 물론이다.

---

75) 주진오, 「개화파의 성립과정과 정치·사상적 동향」, 한국역사연구회 편, 『1894년 농민전쟁연구』 3, 역사비평사, 1993, 참고.
76) 鄭在傑, 앞의 글, 109~112쪽.

　우리는 지금까지 실학과 성리학과의 단절성, 실학과 근대 개화사상과의 연결성을 주문처럼 머리에 외워 왔고, 간절히 바래 왔다. 이것이 식민사학을 극복하고 내재적 발전론에 의해서 한국의 역사상을 구성하는 지름길이라고 여기고 실증의 부재, 논리적 비약에는 눈감아 왔던 것이다. 그러나 이제까지의 실학 연구를 총정리하고, 다시 실학 연구를 출발시키려는 지금, 똑같은 결과를 되풀이하지 않길 바라면서 조심스레 제언을 마무리한다.

찾아보기

【ㄱ】

減租論　223
갑술양전　201
甲長　369
綱常倫理　168
綱常名分論　157
姜瑋　224
개별사물의 이치　160, 165
개별조리　163
개화사상　451
擊錚　150
經界論　196
經國大典적 체제　346
經常　172
『經世遺表』　67, 88, 90, 91, 109, 141,
　　　299, 371
『經世遺表』地官修制 戶籍法　377
경자양전　201, 203
階梯的 신분질서　168
고공　307
고공제　329
顧炎武　298
考績制　379, 394
古典主義　106
貢擧制　386, 482
「公孤職掌圖說」　68, 69
公과 私　116

공론정치론　136, 138
공사천 노비제도의 전면 혁파　307
公田論　237
公田制　313
功曹　385
공효의 측면　164
科擧制　146
官僚制 整備論　143
「廣州府慶安面二里洞約」　366
교육 기회　471
교육 내용　476
교육 방법　476
교육사　462
교육사상　451
교육제도　446
丘井量法　215
『丘井量法事例幷圖說』　216
國家=公의 관점　116
國家再造　190
국가재조론　345
國學　155
軍需　428
君主聖學論　254
郡縣 幷省論　361, 391
郡縣分隸論　374
郡縣의 幷省　353
權　172
勸農官　368

균민주의 268
均佃論(均作論) 225
均田論 230
均田制 237
『紀兒年覽』 477
箕田遺制說 187
奇正鎭 452
起主 200
기호 165
紀效新書法 397
金炳昱 224

【ㄴ】

南人 實學者 110, 121
內外官(京外官)循環論 379
내재적 발전론 472
노론계 북학파 112, 133
노론계 실학자 110, 130
奴婢制 109
농민층의 분화 202

【ㄷ】

다산의 閭田論 242
다산의 정전론 227
다산의 정전제 241
다원적 세계관 178
다원주의적 대외인식 176
黨派政治 135, 139
대외인식 156
貸田論 226
『大學』 119
『大學』의 先本從末論 253
道理 163
渡部學 460
도성방어론 434

都約正 358
東國 161
동도서기론 486
동북아시아 국제질서의 재편과정 157
東事 161, 183
『東事』 170
『東史綱目』 179
『東史外傳』 179
洞約 365
同族마을 365

【ㄹ】

루소의 民約論 150

【ㅁ】

『孟子疾書』 77
『牧民心書』 301, 324, 371
『목민심서』禮典「辨等」條 301
『牧民心書』戶典 戶籍條 377
무기 423
務本抑末論 253
務實勸業 167
문무일치론 408
문반관료 470
物理 163
民國 96
民權 144
民堡議 435

【ㅂ】

朴世堂 113
朴齊家 176, 180, 226
朴趾源 111, 131, 133, 167, 175, 189,
    226, 234, 258, 267, 282, 304

박지원의 사회 분업체계　283
朴致遠　224
『磻溪隨錄』　57, 58, 60, 63, 64
磻溪의 井田制　238
反朱子　221
方田法　211, 212
방전법의 목적　214
配丁田法　233, 367
『백호전서』　66
邊防論　439
병거　426
병농일치론　401, 421
복수설치론　169
封建　62, 71, 89, 90, 91
封建制　372
富民　129
副約正　358
북방강역　184
北人系 南人　173
북학론　158, 168, 176
북학사상　451
北學派　157, 160, 182
北學派의 사상적 연원　257

【ㅅ】

司諫院　140
四民分業에서의 務本補末論　253
四民分業체계　276
四書學　119
事勢　170
私的所有　198
사적소유의 17세기적 형태　199
社正　369
산성　432
三韓正統論　183

상대적 관점　160, 166
상대주의적 관점　176, 178
상대주의적 인식　166
「尙書古訓」　373
上言　150
상황윤리　173
『書經』　69
徐命膺　241
서원　454
徐有榘　114, 130, 229
城　428
성균관　454
『성호사설』　73, 75
성호학파　160, 184
소농경제　198
小道　181
소론계 실학자　128
소유권　198
소유권 발달　201, 202
소유권을 제약하는 요소　200
所有論　196
小中華의식　158
束吏論　394
「巽菴尺牘」　89
宋時烈　157, 158, 169
守令久任論　353, 378
守令七事　380
修文論　126
荀子　72
崇禎年號　171
時勢　161, 171
時宜　172
時主　201
柴周　376
身分制 改革論　109
「身布議」　377

492

新鄉　382
實利의 차원　159
實政·實事의 政治論　130
實學　155, 159, 161
실학자들의 인간관　262
실학자의 사민분업론　286
12省 개편론　375

【ㅇ】

安民　186
安鼎福　179, 233, 365
約正　358, 367
양반　289, 290, 299
양반토호지주의 지주경영　306
양전론　199
양전보류론　206
양전시행론　206
魚鱗圖　205
魚鱗圖法　209
언관제 개혁 구상　142
閭里頃　354
域外春秋　166
『洌水全書』　89
禮法主義 政治論　127
五家作統　378
五家統制　356
오군영제도　414
오위제도　412
王道　76
王道政治　76, 77
王覇並用　77
外官重視論　379
「堯典」　82, 83, 90
饒戶富民　364
禹夏永　226

「原牧」　80, 83, 84, 86, 87
원산학사　486
「原政」　79
魏伯珪　384
『酉山筆談』　322
유성전수론　433
柳壽垣　113, 128, 129, 141, 275, 297,
　　　318
柳壽垣의 한전론　303
兪鎭億　216
兪集一　212
유집일의 방전법　213
儒鄉分岐　362
柳馨遠　107, 121, 140, 146, 224, 237,
　　　254, 264, 269, 271, 291, 309,
　　　314, 326, 351, 448
유형원의 법 중시의 정치론　123
「六蠹論」　274
輪番差任制의 폐지　388
尹鑴　123
『豎山問答』　258
李家煥　179
李光漢　226
李沂　216
李德懋　176, 177, 449
吏胥亡國論　387
李睟光　181
利用厚生과 正德의 關係論　131
理의 주재력　163
李瀷　108, 109, 124, 125, 140, 147,
　　　155, 158, 159, 164, 171, 172,
　　　173, 178, 183, 210, 232, 255,
　　　265, 273, 294, 315, 453
이익의 科擧制 革罷論　148
이익의 윤리도덕　330
里長　367

里正　357
李存誠　383
李恒老　452
『翼靖公奏藁』　307
人物性同論　157
人物性同異論　257
因時順俗　175
인식론의 변화　162
人才選拔論　379
一面의 公論　367
「逸周書克殷編辨」　80, 81, 83, 84, 85
「臨官政要」　366, 367
壬辰倭亂　348
『林下經綸』　112, 133

【ㅈ】

「杼材」　87
掌隷院　388
張載의 井田法　213
再造藩邦論　169
典檢　360
전선　427
田野頃　355
典正　360
政論書　142
鄭尙驥　225
丁淳佑　461
丁若鏞　109, 126, 141, 149, 155, 159,
　　　165, 180, 209, 241, 284, 297,
　　　452, 454
정약용의 奴婢觀　321
丁若鏞의 인간관　259
井田　59, 68, 73
井田溝洫諸法　392
井田難行說　189

井田論　195, 241
井田制　195, 220, 240
井田制難行說　203
鄭齊斗　113, 224, 231, 303
丁志宬　241
齊民編戶　71
朝鮮性理學　159
朝鮮中華主義　157
조선후기 노비제　308
조선후기의 성리학　260
조선후기의 토지론　303
漕運　420
尊周論　157
尊華攘夷사상　158
尊華攘夷的 명분론　168
從母從良法　306
從士郎　385
座首　359
左右副丞　385
周代 封建制　352
『周禮』　58, 106, 280
主論者　142
朱子　158
주자성리학　159
朱子의「社倉事目」　356
주자의 화이관　169
朱子學의 道德政治論　117, 120
주자학의 學問論　119
朱熹 經界法　204, 213
중세의 토지지배　196
地球說　166
『芝峯類說』　181
지주제 견제론　208
지주제 발달　198
지주제 유지론　203
지주제 통제　222

지주제 혁파론 235
紙牌法 71
職官攷說 60
진관체제 416
陳田開發事業 349

【ㅊ】

천거제 482
天主敎 181
『天學問答』 182
『蜻蛉國志』 177
淸朝肯定論 174
崔錫鼎의 箕田 213
치안유지 418
치용 182

【ㅌ】

「湯論」 80, 81, 83, 84, 85, 86
蕩平政治 139
토문강 186
토지개혁론 189
토지개혁론의 의의 197
토지관리론 208
토지론 219
토지론의 핵심 221
土地制 改革論 109
「通塞議」 299, 323, 377
統首 369
統長 357

【ㅍ】

覇道 76
品階 360
楓石의 屯田論 226

風憲 367

【ㅎ】

「下學指南」 366
限民名田 232
「限民名田議」 112
한백겸 187
韓元震 164, 188, 229
限田 74
限田論 227
韓泰東의 井田可行論 213
「漢學論」 274
『合編 尙書古訓』 82, 83, 87, 90
鄕擧里選의 薦擧制 147
鄕官 359
鄕大丞 385
鄕吏 387
鄕里制 354, 355, 391
鄕師 369
鄕社法 368, 369
鄕遂制 368, 390
鄕案 362, 364
鄕約機構 358
鄕戰 364
鄕正 357, 358
鄕政論 351, 391
향촌조직 418
許穆 123, 169
許傳 234
許衡 164
湖洛논쟁 157
「戶籍議」 377
戶布論 365
洪大容 111, 112, 130, 140, 160, 166,
        174, 175, 183, 188, 234, 258,

280, 304, 331, 453
홍대용의 인재 등용책 148
華夷觀 156, 160, 162
화이론적 국제질서 157
활 427
훈련도감 413

연세국학총서 61

韓國實學思想研究 2 政治經濟學篇

연세대학교 국학연구원 편

2006년 11월 10일 초판 1쇄 발행

펴낸이 · 오일주
펴낸곳 · 도서출판 혜안
등록번호 · 제22-471호
등록일자 · 1993년 7월 30일

㈜ 121-836 서울시 마포구 서교동 326-26번지 102호
전화 · 3141-3711~2 / 팩시밀리 · 3141-3710
E-Mail hyeanpub@hanmail.net

ISBN 89 - 8494 - 285 - 5 93910
값 30,000원